JLPT 한권으로 끝내기 N1~N5 교재 연계 강의 구성

JLPT 수강료 100% 환급 패키지

환급 패키지 혜택

N1~N5 전 급수
유형 분석&팁 강의 무료

N1~N3 실전 모의고사
N1~N4 한자/족집게 특강 무료

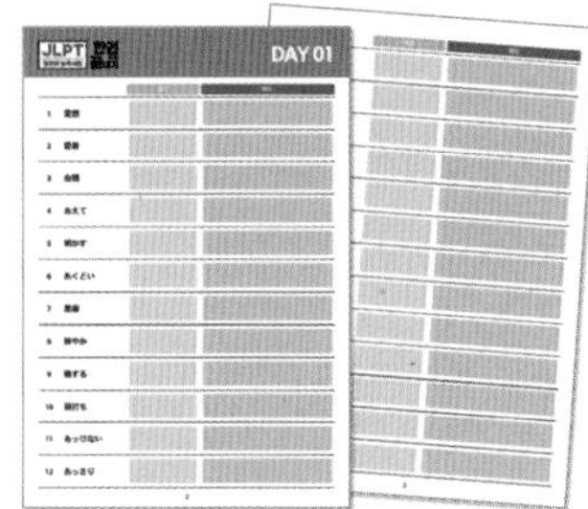

N1~N5 전 급수
비법 자료 무료

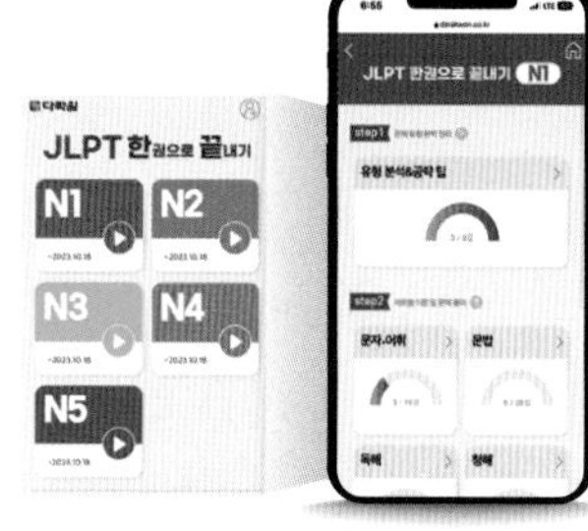

편리한 학습 환경
JLPT 전용 강의실 이용

합격 후기 이벤트

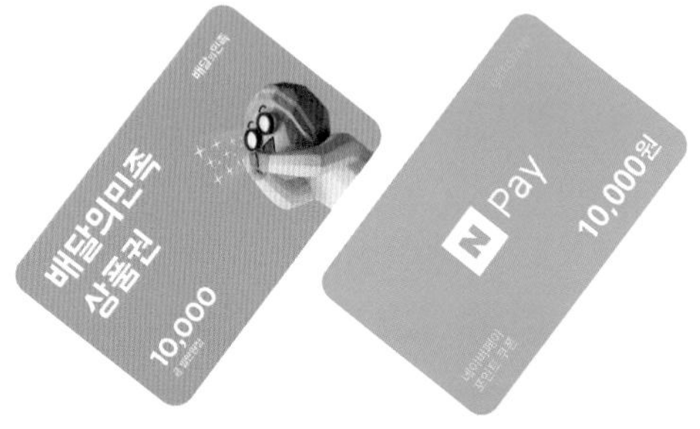

상기 혜택 및 이벤트 상품은 변경될 수 있으며, 자세한 내용은 다락원사이트〉JLPT 환급 패키지 페이지를 참고해 주세요.

JLPT

일본어 능력시험

한권으로 끝내기

이치우, 北嶋千鶴子 공저

다락원

저자

이치우 (lcw7639@yahoo.co.jp)

인하대학교 문과대학 일어일문학과 졸업
일본 横浜国立大学 教育学部 研究生 수료
(전) 駐日 한국대사관 한국문화원 근무
(전) 일본 와세다대학 객원 연구원
(전) 한국디지털대학교 외래교수
(현) TAKARA 대표
(현) 일본어 교재 저술가

저서
「2021 최신개정판 JLPT(일본어능력시험) 한권으로 끝내기 N1 / N2 / N3 / N4 / N5」 (다락원, 공저)
「(4th EDITION) JLPT [문자·어휘 / 문법 / 한자] 콕콕 찍어주마 N1 / N2 / N3 / N4·5」 (다락원)

기타지마 치즈코 (北嶋千鶴子)

일본 早稲田大学 第一文学部 졸업
(전) 早稲田京福 語学院 교장
(현) のぞみ日本語学校 교장
(현) J-cert 生活·職能日本語検定 監修委員長
(현) ノースアイランド 대표

저서
「2021 최신개정판 JLPT(일본어능력시험) 한권으로 끝내기 N1 / N2 / N3」 (다락원, 공저)
「にほんごであそぼうシリーズⅠ～Ⅴ」 (日本文化研究会出版部)
「読解問題５５シリーズⅠ～Ⅲ」 (ノースアイランド)

JLPT 일본어 능력시험
한권으로 끝내기 N3

지은이 이치우, 기타지마 치즈코
펴낸이 정규도
펴낸곳 (주)다락원

초판 1쇄 발행 1998년 7월 15일
개정2판 1쇄 발행 2005년 8월 10일
개정3판 1쇄 발행 2010년 8월 19일
개정4판 1쇄 발행 2015년 12월 21일
개정5판 1쇄 발행 2021년 10월 11일
개정5판 15쇄 발행 2025년 1월 10일

책임편집 임혜련, 송화록, 김은경, 한누리
디자인 장미연, 정규옥
일러스트 오경진

다락원 경기도 파주시 문발로 211
내용문의: (02)736-2031 내선 460~465
구입문의: (02)736-2031 내선 250~252
Fax: (02)732-2037
출판등록 1977년 9월 16일 제406-2008-000007호

ISBN 978-89-277-1243-5
978-89-277-1240-4(세트)

http://www.darakwon.co.kr

- 다락원 홈페이지를 방문하시면 상세한 출판 정보와 함께 동영상강좌, MP3 자료 등 다양한 어학 정보를 얻으실 수 있습니다.
- 다락원 홈페이지 또는 표지의 QR코드를 스캔하시면 MP3 파일 및 관련자료를 다운로드 하실 수 있습니다.

머리말

JLPT(일본어능력시험)는 일본어를 모국어로 하지 않는 학습자들의 일본어 능력을 측정하고 인정하는 것을 목적으로 하는 시험으로, 국제교류기금 및 일본국제교육지원협회가 1984년부터 실시하고 있습니다. JLPT는 일본 정부가 공인하는 세계 유일의 일본어 시험인 만큼 그 결과는 일본의 대학, 전문학교, 국내 대학의 일본어 특기자 전형과 기업 인사 및 공무원 선발 등에서 일본어 능력을 평가하는 자료로도 활용되고 있습니다.

JLPT의 수험자층은 초등학생에서 일반인으로 그 폭이 넓어지고 있고 수험의 목적도 실력 측정뿐만 아니라 취직 및 승진, 대학이나 대학원 등의 진학을 위해서 등등 다양해지고 있습니다. 이와 같은 변화에 대응하여 국제교류기금과 일본국제교육지원협회는 시험 개시로부터 20년 넘게 발전해 온 일본어 교육학이나 테스트 이론의 연구 성과와 지금까지 축적해 온 시험 결과의 데이터 등을 활용하여 JLPT의 내용을 개정하여 2010년부터 새로운 JLPT를 실시하고 있습니다.

『JLPT 한권으로 끝내기 N3』은 2015년에 발행된 『JLPT(일본어능력시험) 한권으로 끝내기 N3』의 개정판으로, 실제 시험 문제와 같은 형식인 1교시 언어지식(문자 · 어휘 · 문법) · 독해, 2교시 청해 순으로 구성되어 있습니다. 이번 개정판에서는 JLPT N3에서 고득점을 받을 수 있도록 문자 · 어휘, 문법, 독해, 청해의 각 파트별 총정리는 물론, 예상문제와 실전모의테스트까지 준비하였습니다. 또한 2010년부터 현재까지 출제된 어휘와 문법을 연도별로 정리하였고, 새롭게 출제된 문제 유형을 철저히 분석 및 반영하여 JLPT N3의 모든 파트를 종합적으로 마스터할 수 있도록 하였습니다.

이 책을 이용하는 독자 여러분 모두에게 아무쪼록 좋은 결과가 있기를 바랍니다. 끝으로 이 책의 출판에 도움을 주신 (주)다락원의 정규도 사장님과 일본어 편집부 직원분들께 이 자리를 빌어 감사 드립니다.

저자 이치우 · 北嶋千鶴子

JLPT (일본어능력시험)에 대하여

❶ JLPT의 레벨

시험은 N1, N2, N3, N4, N5로 나뉘어져 있어 수험자가 자신에게 맞는 레벨을 선택한다. 각 레벨에 따라 N1~N2는 언어지식(문자·어휘·문법)·독해, 청해의 두 섹션으로, N3~N5는 언어지식(문자·어휘), 언어지식(문법)·독해, 청해의 세 섹션으로 나뉘어져 있다.

시험 과목과 시험 시간 및 인정 기준은 다음과 같으며, 인정 기준을 「읽기」,「듣기」의 언어 행동으로 나타낸다. 각 레벨에는 이들 언어행동을 실현하기 위한 언어지식이 필요하다.

레벨	과목별 시간		인정기준
	유형별	시간	
N1	언어지식(문자·어휘·문법) 독해	110분	**폭넓은 장면에서 사용되는 일본어를 이해할 수 있다.** 【읽기】 신문의 논설, 논평 등 논리적으로 약간 복잡한 문장이나 추상도가 높은 문장 등을 읽고, 문장의 구성과 내용을 이해할 수 있으며, 다양한 화제의 글을 읽고 이야기의 흐름이나 상세한 표현의도를 이해할 수 있다. 【듣기】 자연스러운 속도의 체계적 내용의 회화나 뉴스, 강의를 듣고, 내용의 흐름 및 등장인물의 관계나 내용의 논리구성 등을 상세히 이해하거나 요지를 파악할 수 있다.
	청해	55분	
	계	165분	
N2	언어지식(문자·어휘·문법) 독해	105분	**일상적인 장면에서 사용되는 일본어의 이해에 더해, 보다 폭넓은 장면에서 사용되는 일본어를 어느 정도 이해할 수 있다.** 【읽기】 신문이나 잡지의 기사나 해설, 평이한 평론 등, 논지가 명쾌한 문장을 읽고 문장의 내용을 이해할 수 있으며, 일반적인 화제에 관한 글을 읽고 이야기의 흐름이나 표현의도를 이해할 수 있다. 【듣기】 자연스러운 속도의 체계적 내용의 회화나 뉴스를 듣고, 내용의 흐름 및 등장인물의 관계를 이해하거나 요지를 파악할 수 있다.
	청해	50분	
	계	155분	
N3	언어지식(문자·어휘)	30분	**일상적인 장면에서 사용되는 일본어를 어느 정도 이해할 수 있다.** 【읽기】 일상적인 화제에 구체적인 내용을 나타내는 문장을 읽고 이해할 수 있으며, 신문기사 제목 등에서 정보의 개요를 파악할 수 있다. 일상적인 장면에서 난이도가 약간 높은 문장은 대체 표현이 주어지면 요지를 이해할 수 있다. 【듣기】 자연스러운 속도의 체계적 내용의 회화를 듣고, 이야기의 구체적인 내용을 등장인물의 관계 등과 함께 거의 이해할 수 있다.
	언어지식(문법)·독해	70분	
	청해	40분	
	계	140분	
N4	언어지식(문자·어휘)	25분	**기본적인 일본어를 이해할 수 있다.** 【읽기】 기본적인 어휘나 한자로 쓰여진, 일상생활에서 흔하게 일어나는 화제의 문장을 읽고 이해할 수 있다. 【듣기】 일상적인 장면에서 다소 느린 속도의 회화라면 내용을 거의 이해할 수 있다.
	언어지식(문법)·독해	55분	
	청해	35분	
	계	115분	
N5	언어지식(문자·어휘)	20분	**기본적인 일본어를 어느 정도 이해할 수 있다.** 【읽기】 히라가나나 가타카나, 일상생활에서 사용되는 기본적인 한자로 쓰여진 정형화된 어구나 문장을 읽고 이해할 수 있다. 【듣기】 일상생활에서 자주 접하는 장면에서 느리고 짧은 회화라면 필요한 정보를 얻어낼 수 있다.
	언어지식(문법)·독해	40분	
	청해	30분	
	계	90분	

※N3 – N5 의 경우, 1교시에 언어지식(문자·어휘)과 언어지식(문법)·독해가 연결실시됩니다.

❷ 시험결과의 표시

레벨	득점 구분	득점 범위
N1	언어지식(문자·어휘·문법)	0 ~ 60
	독해	0 ~ 60
	청해	0 ~ 60
	종합득점	0 ~ 180
N2	언어지식(문자·어휘·문법)	0 ~ 60
	독해	0 ~ 60
	청해	0 ~ 60
	종합득점	0 ~ 180
N3	언어지식(문자·어휘·문법)	0 ~ 60
	독해	0 ~ 60
	청해	0 ~ 60
	종합득점	0 ~ 180
N4	언어지식(문자·어휘·문법)·독해	0 ~ 120
	청해	0 ~ 60
	종합득점	0 ~ 180
N5	언어지식(문자·어휘·문법)·독해	0 ~ 120
	청해	0 ~ 60
	종합득점	0 ~ 180

N1, N2, N3의 득점 구분은 '언어지식(문자·어휘·문법)', '독해', '청해'의 3구분입니다.
N4, N5의 득점 구분은 '언어지식(문자·어휘·문법)·독해'와 '청해'의 2구분입니다.

❸ 시험결과 통지의 예

다음 예와 같이 ①'득점 구분 별 득점'과 득점 구분 별 득점을 합계한 ②'종합득점', 앞으로의 일본어 학습을 위한 ③'참고정보'를 통지합니다. ③'참고정보'는 합격/불합격 판정 대상이 아닙니다.

* 예 : N3을 수험한 A씨의 '합격/불합격 통지서'의 일부 성적 정보 (실제 서식은 변경될 수 있습니다.)

① 득점 구분 별 득점			② 종합득점
언어지식 (문자·어휘·문법)	독해	청해	
50 / 60	30 / 60	40 / 60	120 / 180

③ 참고 정보	
문자·어휘	문법
A	C

A 매우 잘했음 (정답률 67% 이상)
B 잘했음 (정답률 34%이상 67% 미만)
C 그다지 잘하지 못했음 (정답률 34% 미만)

이 책의
구성과 활용

이 책은 2010년부터 시행된 JLPT N3에 완벽하게 대응할 수 있도록 출제 경향 및 문제 유형을 철저히 분석·정리하여 종합적으로 대비할 수 있도록 한 학습서이다. 최신 기출어휘, 문법과 함께 새 문제 경향에 대비한 문제도 함께 추가하였다. 전체 구성은 본책 〈1교시 끝내기 - 언어지식(문자·어휘·문법) / 독해〉, 〈2교시 끝내기 - 청해〉와 별책부록 〈해석 및 해설집〉, 〈실전모의테스트〉, 〈스피드 체크북〉으로 이루어져 있다.

1교시 끝내기 언어지식(문자·어휘·문법) / 독해

제1~2장 언어지식 – 문자·어휘 기출 공략편/예상 공략편

제1장은 문자·어휘 기출 공략편으로 JLPT N3에 출제된 기출어휘를 2024~2016, 2015~2010년으로 각각 나누어 정리하고 확인문제를 실었다. 제2장에서는 출제 가능성이 높은 문자·어휘를 품사별로 나누어 정리하고 예상문제를 통해 학습한 내용을 다시 한 번 확인할 수 있도록 하였다.

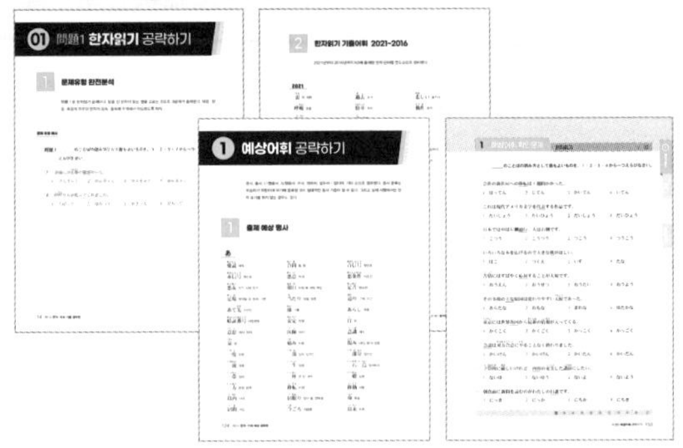

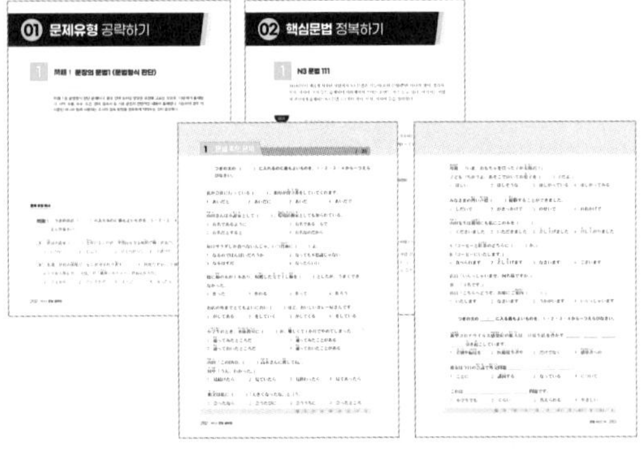

제3장 언어지식 – 문법 공략편

JLPT N3 대비용으로 선정한 기능어와 경어, 부사, 접속사 등을 정리하였다. 또한 문제 유형에 맞추어 제시한 문법 확인문제로 기능어가 가진 역할과 함께 새로운 문제 패턴을 충분히 이해하고 연습할 수 있게 하였다.

제4장 독해 공략편

JLPT N3 독해 문제의 유형 분석과 함께 독해를 푸는 요령을 정리하였다. 각 문제 유형별로 예제를 통해 실전 감각을 익히고, 다양한 연습문제를 통해 실전에 대비할 수 있도록 하였다.

2교시 끝내기 청해

제5장 청해 공략편

우리나라 사람들이 알아 듣기 힘든 발음을 항목별로 정리하고 원어민 음성을 통해 요령을 터득할 수 있도록 하였다. 또한 각 문제 유형별로 예제를 통해 실전 감각을 익히고, 다양한 연습문제를 통해 실전에 대비할 수 있도록 하였다.

MP3 파일은 다락원 홈페이지에서 다운로드하거나 QR코드를 스마트폰으로 스캔해서 들을 수 있다.

별책부록

해석 및 해설집

학습의 이해도와 능률을 높이기 위하여 각 단원별로 확인문제의 해석, 독해 지문의 해석 및 정답과 해설, 청해 스크립트 및 정답과 해설을 실었다. 문제를 풀고 확인하기 편리하게끔 별책으로 제공한다.

실전모의테스트 문제집

별책에 실제 시험과 동일한 형식의 모의테스트가 2회분 수록되어 있다. 모의테스트를 통해 학습한 내용을 최종적으로 점검하고 함께 수록된 채점표를 통해 본 시험에서의 예상 점수를 확인해 볼 수 있다. 함께 실은 해답용지를 이용하여 사전에 해답 기재 요령을 익혀 시험에 쉽게 적응할 수 있다. 또한 온라인에서 실전모의테스트 2회분을 더 제공하고 있으므로 충분히 연습할 수 있다.

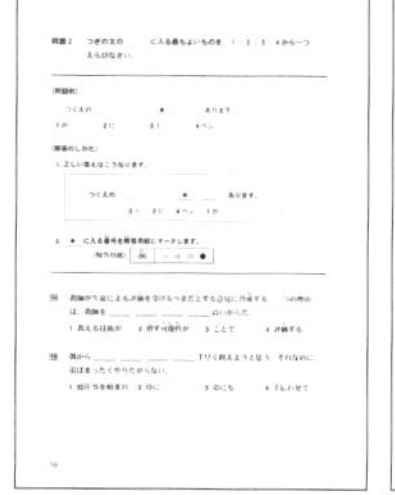

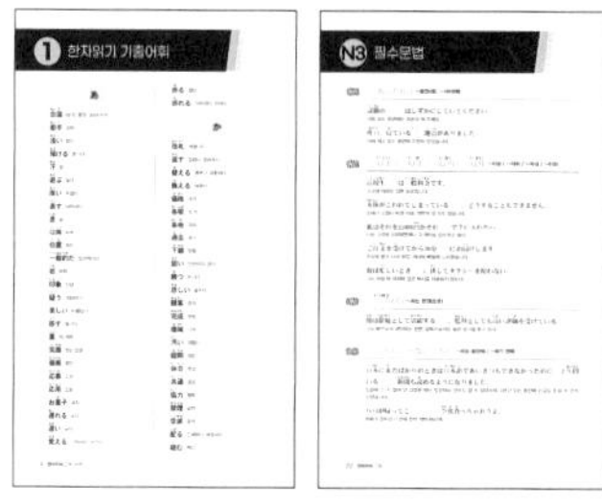

스피드 체크북

문자·어휘 파트의 기출어휘를 각 문제 유형별로 나누고 히라가나 순으로 정리하였다. 문법 파트에서는 N3에서 출제되는 기능어를 정리하였다.

목차

1교시 끝내기 언어지식(문자・어휘・문법) / 독해

제1장

제2장

제3장

1교시 끝내기

언어지식(문자·어휘·문법) / 독해

N3

제 1 장

문자·어휘 기출 공략편

問題 1 한자읽기 공략하기
問題 2 표기 공략하기
問題 3 문맥규정 공략하기
問題 4 유의표현 공략하기
問題 5 용법 공략하기

01 問題1 한자읽기 공략하기

문제유형 완전분석

問題 1은 한자읽기 문제이다. 밑줄 친 한자의 읽는 법을 고르는 것으로, 8문제가 출제된다. 탁음·장음·촉음의 유무와 한자의 음독·훈독에 주의해서 학습하도록 하자.

문제 유형 예시

問題 1 ＿＿＿のことばの読み方として最もよいものを、1・2・3・4から一つえらびなさい。

1 会場には大勢(おおぜい)の<u>観客</u>がいた。

1 けんぎゃく　　2 かんぎゃく　　3 けんきゃく　　4 かんきゃく

2 田村(たむら)さんが<u>払って</u>くれました。

1 くばって　　2 はらって　　3 かざって　　4 ひろって

2 한자읽기 기출어휘 2024~2016

2024년부터 2016년까지 N3에 출제된 한자 단어를 연도순으로 정리했다.

2024

- □ 返(かえ)す 돌려주다
- □ 家具(かぐ) 가구
- □ 加熱(かねつ) 가열
- □ 感情的(かんじょうてき) 감정적
- □ 基本(きほん) 기본
- □ 配(くば)る 나누어 주다, 배포하다
- □ 最初(さいしょ) 최초, 처음
- □ 主要(しゅよう) 주요
- □ 石油(せきゆ) 석유
- □ 適当(てきとう)だ 적당하다
- □ 残(のこ)す 남기다
- □ 深(ふか)い 깊다
- □ 父母(ふぼ) 부모
- □ 包丁(ほうちょう) 부엌칼
- □ 横(よこ) 옆
- □ 割(わ)る 나누다, 쪼개다, 깨뜨리다

2023

- □ 疑(うたが)う 의심하다
- □ 裏(うら) 뒤, 뒤쪽
- □ 月末(げつまつ) 월말
- □ 高価(こうか) 고가
- □ 小型(こがた) 소형
- □ 断(ことわ)る 거절하다
- □ 産業(さんぎょう) 산업
- □ 選手(せんしゅ) 선수
- □ 退院(たいいん) 퇴원
- □ 朝刊(ちょうかん) 조간
- □ 広場(ひろば) 광장
- □ 夫婦(ふうふ) 부부
- □ 復習(ふくしゅう) 복습
- □ 細(ほそ)い 좁다
- □ 汚(よご)す 더럽히다
- □ 留守(るす) 부재중

2022

□ 横断(おうだん) 횡단	□ 角(かど) 모퉁이	□ 比べる(くらべる) 비교하다
□ 計算(けいさん) 계산	□ 血圧(けつあつ) 혈압	□ 件(けん) 건
□ 現在(げんざい) 현재	□ 情報(じょうほう) 정보	□ 包む(つつむ) 싸다, 포장하다
□ 複数(ふくすう) 복수	□ 丸い(まるい) 둥글다	□ 難しい(むずかしい) 어렵다
□ 夕日(ゆうひ) 석양	□ 有名だ(ゆうめいだ) 유명하다	□ 容器(ようき) 용기

2021

□ 裏(うら) 뒤, 뒤쪽	□ 過去(かこ) 과거	□ 悲しい(かなしい) 슬프다
□ 恋しい(こいしい) 그립다	□ 呼吸(こきゅう) 호흡	□ 自然(しぜん) 자연
□ 増減(ぞうげん) 증감	□ 駐車(ちゅうしゃ) 주차	□ 通知(つうち) 통지
□ 動作(どうさ) 동작	□ 努力(どりょく) 노력	□ 逃げる(にげる) 도망치다, 달아나다
□ 残り(のこり) 나머지	□ 生える(はえる) 나다, 자라다	□ 秒(びょう) 초
□ 郵送(ゆうそう) 우송		

2020

□ 預ける(あずける) 맡기다	□ 岩(いわ) 바위	□ 疑う(うたがう) 의심하다
□ 交流(こうりゅう) 교류	□ 種類(しゅるい) 종류	□ 調査(ちょうさ) 조사
□ 普通(ふつう) 보통, 대개	□ 留守(るす) 부재중	

2019

- □ 印象(いんしょう) 인상
- □ 勝(か)つ 이기다
- □ 線(せん) 선
- □ 調査(ちょうさ) 조사
- □ 未来(みらい) 미래
- □ 若(わか)い 젊다
- □ 遅(おそ)い 늦다
- □ 腰(こし) 허리
- □ 助(たす)ける 돕다, 살리다
- □ 包(つつ)む 싸다, 포장하다
- □ 郵便(ゆうびん) 우편
- □ 各駅(かくえき) 각 역
- □ 上品(じょうひん)だ 고상하다
- □ 昼食(ちゅうしょく) 중식, 점심 식사
- □ 方角(ほうがく) 방위, 방향
- □ 予約(よやく) 예약

2018

- □ 遊(あそ)ぶ 놀다
- □ 換(か)える 바꾸다
- □ 血圧(けつあつ) 혈압
- □ 制服(せいふく) 제복
- □ 確(たし)かに 확실히
- □ 命令(めいれい) 명령
- □ 疑(うたが)う 의심하다
- □ 機械(きかい) 기계
- □ 恋(こい)しい 그립다
- □ 相談(そうだん) 상담, 상의
- □ 得意(とくい)だ 자신이 있다
- □ 改札(かいさつ) 개찰(구)
- □ 休日(きゅうじつ) 휴일
- □ 塩(しお) 소금
- □ 卒業(そつぎょう) 졸업
- □ 部分(ぶぶん) 부분

memo

2017

- □ 位置(いち) 위치
- □ 過去(かこ) 과거
- □ 下線(かせん) 밑줄
- □ 汚(きたな)い 더럽다
- □ 禁煙(きんえん) 금연
- □ 計算(けいさん) 계산
- □ 転(ころ)ぶ 넘어지다
- □ 手術(しゅじゅつ) 수술
- □ 主要(しゅよう)だ 주요하다
- □ 商品(しょうひん) 상품
- □ 早退(そうたい) 조퇴
- □ 直接(ちょくせつ) 직접
- □ 冷(ひ)える 차가워지다, 식다
- □ 回(まわ)す 돌리다, 회전시키다
- □ 結(むす)ぶ 잇다, 매다, 묶다
- □ 燃(も)える 타다

2016

- □ 折(お)れる 부러지다, 꺾이다
- □ 観客(かんきゃく) 관객
- □ 共通(きょうつう) 공통
- □ 加(くわ)える 더하다, 보태다
- □ 訓練(くんれん) 훈련
- □ 個人(こじん) 개인
- □ 税金(ぜいきん) 세금
- □ 到着(とうちゃく) 도착
- □ 独立(どくりつ) 독립
- □ 努力(どりょく) 노력
- □ 測(はか)る 재다, 달다
- □ 払(はら)う 내다, 지불하다
- □ 方向(ほうこう) 방향
- □ 豆(まめ) 콩
- □ 丸(まる)い 둥글다
- □ 申(もう)し込(こ)み 신청

memo

1 기출어휘 확인문제 　한자읽기 　/ 10

問題 1 ＿＿＿のことばの読み方として最もよいものを、1・2・3・4から一つえらびなさい。

1 その町(まち)の人口(じんこう)を調査します。

1 ちょうさ　　2 ちょうさつ　　3 ちょさ　　4 ちょさつ

2 入(い)り口(ぐち)でコートを預けた。

1 あすけた　　2 とどけた　　3 あずけた　　4 ととけた

3 わたしの家の裏は幼稚園(ようちえん)です。

1 うら　　2 よこ　　3 かげ　　4 そば

4 若く見られることはいいことばかりではない。

1 さむく　　2 わかく　　3 こわく　　4 わるく

5 留学(りゅうがく)について両親(りょうしん)に相談した。

1 しょうたん　　2 しょうだん　　3 そうたん　　4 そうだん

6 そういう命令するような言い方はやめてほしい。

1 めれん　　2 めいれん　　3 めれい　　4 めいれい

7 これはよく燃えます。

1 にえます　　2 ひえます　　3 きえます　　4 もえます

8 重要(じゅうよう)な所に赤で下線を引いてください。

1 かぜん　　2 かせん　　3 げぜん　　4 げせん

9 会費(かいひ)は山下(やました)くんに払ってください。

1 ひろって　　2 くばって　　3 はらって　　4 かざって

10 これは個人の力でできるものではない。

1 こうじん　　2 こじん　　3 こにん　　4 こうにん

답 1① 2③ 3① 4② 5④ 6④ 7④ 8② 9③ 10②

2 기출어휘 확인문제　한자읽기　/ 10

問題１　＿＿＿のことばの読み方として最もよいものを、１・２・３・４から一つえらびなさい。

1 この店はケーキの種類が多い。

1 しゅれい　2 じゅれい　3 しゅるい　4 じゅるい

2 わたしは自分の目を疑った。

1 ことわった　2 うたがった　3 きらった　4 おこった

3 「結婚なんかしない」と言ったら母は悲しそうだった。

1 やさしそう　2 きびしそう　3 さびしそう　4 かなしそう

4 彼は市長(しちょう)を助けて市政(しせい)を再建(さいけん)した。

1 うけて　2 とどけて　3 たすけて　4 かたづけて

5 今は遊ぶ気分じゃない。

1 よぶ　2 あそぶ　3 まなぶ　4 さけぶ

6 山田(やまだ)さんはときどき休日出勤(しゅっきん)します。

1 しゅくじつ　2 きゅうじつ　3 きゅうにち　4 しゅくにち

7 母は店の売り上げを計算している。

1 けいかく　2 けいざん　3 けいさん　4 けいがく

8 このビールはまだ冷えていないよ。

1 ひえて　2 うえて　3 もえて　4 にえて

9 彼はパイロットになるための訓練を受(う)けた。

1 ぐんれい　2 ぐんれん　3 くんれい　4 くんれん

10 チケットの申し込みをインターネットで行(おこな)った。

1 もしくみ　2 もしこみ　3 もうしくみ　4 もうしこみ

답 1③ 2② 3④ 4③ 5② 6② 7③ 8① 9④ 10④

3 기출어휘 확인문제 한자읽기 / 10

問題 1 ＿＿のことばの読み方として最もよいものを、１・２・３・４から一つえらびなさい。

1 岩の多い山に登(のぼ)りました。

1 かい　2 いわ　3 すな　4 どろ

2 しばらく旅行(りょこう)で留守にします。

1 りゅうす　2 しゅうしゅ　3 るす　3 るしゅ

3 未来には人類(じんるい)は月に住(す)むようになるかもしれない。

1 みいらい　2 みらい　3 しょうらい　4 しょらい

4 この列車(れっしゃ)は各駅に停車(ていしゃ)する。

1 かくえき　2 がくえき　3 きゃくえき　4 ぎゃくえき

5 窓(まど)を開けて空気(くうき)を換えてください。

1 つたえて　2 くわえて　3 つかまえて　4 かえて

6 山本(やまもと)さんは数学が得意です。

1 とくい　2 とうい　3 どくい　4 どうい

7 これをリボンで結んでください。

1 たたんで　2 むすんで　3 つつんで　4 ならんで

8 川の水はごみで汚くなっています。

1 せまく　2 うるさく　3 くさく　4 きたなく

9 その国は税金が高い。

1 せいきん　2 せっきん　3 ぜいきん　4 ぜっきん

10 姉(あね)は親から独立して生計(せいけい)を立てている。

1 どくりつ　2 とくりつ　3 どくれつ　4 とくれつ

답 1② 2③ 3② 4① 5④ 6① 7② 8④ 9③ 10①

問題1 ＿＿のことばの読み方として最もよいものを、1・2・3・4から一つえらびなさい。

1 この絵を見て強い印象を受けた。
1 いんしょう　2 いんしょ　3 いんそう　4 いんぞう

2 あの人たちとは交流がない。
1 ごうりゅ　2 こうりゅう　3 こうりゅ　4 ごうりゅう

3 ぼくはどんなけんかにも勝ったことがない。
1 かった　2 かざった　3 おった　4 のこった

4 駐車は30分以内です。
1 しゅうしゃ　2 しゅしゃ　3 ちゅしゃ　4 ちゅうしゃ

5 そのレストランの人はみんな同じ制服を着(き)ている。
1 せいふう　2 せいふく　3 ようふう　4 ようふく

6 改札の前で待ってるよ。
1 かいさつ　2 かいせつ　3 けいさつ　4 けいせつ

7 社長に直接お目にかかりたいのですが。
1 ちょうぜつ　2 ちょくせつ　3 ちょくぜつ　4 ちょうせつ

8 体調(たいちょう)が悪いので早退します。
1 そうてい　2 ぞうたい　3 そうたい　4 ぞうてい

9 列車(れっしゃ)は8時に東京駅(とうきょうえき)に到着した。
1 とうつく　2 とつく　3 とうちゃく　4 とちゃく

10 昨日体重(たいじゅう)を測った。
1 まもった　2 したがった　3 しまった　4 はかった

답 1 ① 2 ② 3 ① 4 ④ 5 ② 6 ① 7 ② 8 ③ 9 ③ 10 ④

5 기출어휘 확인문제

한자읽기 / 10

問題1 ＿＿＿のことばの読み方として最もよいものを、1・2・3・4から一つえらびなさい。

1 わたしは、普通朝食前に新聞を読みます。

1 ふうつう　2 ふつう　3 ふうだん　4 ふだん

2 あまり遅くならないうちに帰ってきなさい。

1 おそく　2 きたなく　3 みじかく　4 とおく

3 祖父は年のせいで少し腰が曲がっています。

1 むね　2 かた　3 こし　4 くび

4 興味ある部分には下線を引いてください。

1 ぶふん　2 ぶうぶん　3 ぶうふん　4 ぶぶん

5 トマトに塩をつけて食べた。

1 まめ　2 こめ　3 あぶら　4 しお

6 このテーブルの位置を変えたほうがいいよ。

1 とち　2 いち　3 とじ　4 いじ

7 その店はもうクリスマスの商品をならべている。

1 せいひん　2 せひん　3 しょうひん　4 しょひん

8 その試合に約３万人の観客が集まった。

1 けんぎゃく　2 かんぎゃく　3 けんきゃく　4 かんきゃく

9 司会者が説明を加えました。

1 くわえました　2 かえました　3 おえました　4 つたえました

10 転んで前歯が２本折れた。

1 われた　2 おれた　3 ぬれた　4 こわれた

답 1② 2① 3③ 4④ 5④ 6② 7③ 8④ 9① 10②

問題 1 ＿＿＿のことばの読み方として最もよいものを、１・２・３・４から一つえらびなさい。

1 このえんぴつで線をかいてください。

1 ず　2 せん　3 え　4 もじ

2 安全な場所へ逃げてください。

1 にげて　2 こげて　3 なげて　4 あげて

3 娘は来年卒業します。

1 さつきょう　2 さつぎょう　3 そうきょう　4 そつぎょう

4 こたつが恋しい季節になった。

1 やさしい　2 こいしい　3 したしい　4 なつかしい

5 彼が腕をぐるぐる回した。

1 おした　2 まわした　3 のばした　4 おろした

6 手術は成功した。

1 しゅしゅつ　2 しゅじゅつ　3 てしゅつ　4 てじゅつ

7 階段で転んでしまった。

1 はこんで　2 ふんで　3 ころんで　4 つつんで

8 ゆでる前に豆を一晩水につけておいてください。

1 いも　2 こな　3 まめ　4 かい

9 彼の長年の努力が実った。

1 ぎょうりょく　2 きょうりょく　3 とりょく　4 どりょく

10 病院で血圧を測ってもらった。

1 けつえき　2 けつあつ　3 ちいき　4 ちあつ

답 1 ② 2 ① 3 ④ 4 ② 5 ② 6 ② 7 ③ 8 ③ 9 ④ 10 ②

7 기출어휘 확인문제 　한자읽기 　/ 10

問題 1 ＿＿＿のことばの読み方として最もよいものを、１・２・３・４から一つえらびなさい。

1 彼は動作がにぶい。

1 とうさ　　2 どうさ　　3 とうさく　　4 どうさく

2 そのプレゼントはきれいな紙で包んでありました。

1 むすんで　　2 あんで　　3 つつんで　　4 はこんで

3 手紙(てがみ)はきのう確かに受(う)け取(と)りました。

1 たしか　　2 しずか　　3 たじか　　4 しすか

4 池田(いけだ)さんは機械に弱(よわ)いらしい。

1 きかい　　2 きけい　　3 ぎかい　　4 ぎけい

5 あすから禁煙するつもりです。

1 きねん　　2 きえん　　3 きんねん　　4 きんえん

6 わたしは山本(やまもと)先生の講義(こうぎ)の主要な点をメモした。

1 しゅよ　　2 じゅよ　　3 しゅよう　　4 じゅよう

7 過去から学(まな)ぶことは多い。

1 かこう　　2 かきょ　　3 かこ　　4 かきょう

8 音楽(おんがく)は人類(じんるい)に共通のことばだ。

1 きょうつ　　2 きょうつう　　3 こうつ　　4 こうつう

9 丸い皿を買った。

1 まるい　　2 ひくい　　3 かるい　　4 ほそい

10 駅はどちらの方向ですか。

1 ほうほう　　2 ほうこう　　3 ほうぼう　　4 ほうごう

답 1② 2③ 3① 4① 5④ 6③ 7③ 8② 9① 10②

3 한자읽기 기출어휘 2015~2010

2015년부터 2010년까지 N3에 출제된 한자 단어를 연도순으로 정리했다.

2015

- □ 表す（あらわ） 나타내다
- □ 美しい（うつく） 아름답다
- □ 首（くび） 목
- □ 経営学（けいえいがく） 경영학
- □ 血液型（けつえきがた） 혈액형
- □ 支給（しきゅう） 지급
- □ 想像（そうぞう） 상상
- □ 朝食（ちょうしょく） 조식, 아침 식사
- □ 伝える（つた） 전하다
- □ 荷物（にもつ） 짐, 화물
- □ 分類（ぶんるい） 분류
- □ 平均（へいきん） 평균
- □ 変化（へんか） 변화
- □ 干す（ほ） 말리다
- □ 湖（みずうみ） 호수
- □ 汚れる（よご） 더러워지다

2014

- □ 相手（あいて） 상대
- □ 厚い（あつ） 두껍다
- □ 一般的だ（いっぱんてき） 일반적이다
- □ 応用（おうよう） 응용
- □ 覚える（おぼ） 기억하다, 외우다
- □ 替える（か） 바꾸다, 교환하다
- □ 検査（けんさ） 검사
- □ 広告（こうこく） 광고
- □ 呼吸（こきゅう） 호흡
- □ 自然（しぜん） 자연
- □ 集中（しゅうちゅう） 집중
- □ 商業（しょうぎょう） 상업
- □ 食器（しょっき） 식기
- □ 大会（たいかい） 대회
- □ 横（よこ） 옆, 가로
- □ 割れる（わ） 갈라지다, 깨지다

2013

- □ 浅い（あさ） 얕다
- □ 改札（かいさつ） 개찰(구)
- □ 各地（かくち） 각지
- □ 苦しい（くる） 괴롭다, 난처하다
- □ 事情（じじょう） 사정
- □ 実力（じつりょく） 실력
- □ 出張（しゅっちょう） 출장
- □ 席（せき） 자리
- □ 選手（せんしゅ） 선수
- □ 貯金（ちょきん） 저금
- □ 通知（つうち） 통지
- □ 根（ね） (식물) 뿌리

- ☐ 生える（は） (풀, 이, 머리 등이) 나다
- ☐ 文章（ぶんしょう） 문장
- ☐ 留守（るす） 부재중
- ☐ 笑う（わら） 웃다

2012

- ☐ 合図（あいず） (눈짓, 몸짓, 소리) 신호
- ☐ 汗（あせ） 땀
- ☐ 以降（いこう） 이후
- ☐ 笑顔（えがお） 웃는 얼굴
- ☐ 横断（おうだん） 횡단
- ☐ 固い（かた） 단단하다, 굳다
- ☐ 完成（かんせい） 완성
- ☐ 配る（くば） 분배하다, 배포하다
- ☐ 外科（げか） 외과
- ☐ 困る（こま） 곤란하다
- ☐ 島（しま） 섬
- ☐ 示す（しめ） 가리키다, 보이다, 나타내다
- ☐ 卒業（そつぎょう） 졸업
- ☐ 他人（たにん） 타인
- ☐ 平日（へいじつ） 평일
- ☐ 短い（みじか） 짧다

2011

- ☐ 応募（おうぼ） 응모
- ☐ 遅れる（おく） 늦다
- ☐ 折る（お） 접다, 꺾다
- ☐ 返す（かえ） 돌리다, 돌려주다
- ☐ 価格（かかく） 가격
- ☐ 過去（かこ） 과거
- ☐ 疑問（ぎもん） 의문
- ☐ 協力（きょうりょく） 협력
- ☐ 首都（しゅと） 수도
- ☐ 情報（じょうほう） 정보
- ☐ 単語（たんご） 단어
- ☐ 地球（ちきゅう） 지구
- ☐ 到着（とうちゃく） 도착
- ☐ 発表（はっぴょう） 발표
- ☐ 表面（ひょうめん） 표면
- ☐ 深い（ふか） 깊다

2010

- ☐ 表す（あらわ） 나타내다
- ☐ 息（いき） 숨
- ☐ 岩（いわ） 바위
- ☐ 移す（うつ） 옮기다
- ☐ 空席（くうせき） 공석
- ☐ 組む（く） 짜다
- ☐ 苦労（くろう） 고생
- ☐ 件（けん） 건, 사항
- ☐ 失業（しつぎょう） 실업, 실직
- ☐ 順番（じゅんばん） 순번, 차례
- ☐ 通勤（つうきん） 통근
- ☐ 包む（つつ） 싸다, 포장하다
- ☐ 得意だ（とくい） 잘하다
- ☐ 努力（どりょく） 노력
- ☐ 発見（はっけん） 발견
- ☐ 夫婦（ふうふ） 부부

1 기출어휘 확인문제 한자읽기 / 10

問題 1 ＿＿＿のことばの読み方として最もよいものを、１・２・３・４から一つえらびなさい。

1 少年は成長し美しい若者になった。

1 こいしい　2 くるしい　3 うつくしい　4 おそろしい

2 この箱は横50センチあります。

1 よこ　2 たて　3 そば　4 うら

3 江戸(えど)時代、大阪(おおさか)は商業の中心地だった。

1 こうぎょ　2 こうぎょう　3 しょうぎょ　4 しょうぎょう

4 彼女は旅行に行っていて留守だ。

1 ふざい　2 ふさい　3 るす　4 るしゅ

5 松の根はかなり遠いところまで伸びる。

1 め　2 ね　3 は　4 かわ

6 彼女は笑顔でわたしを迎えてくれた。

1 えがん　2 えがお　3 しょうがん　4 しょうがお

7 彼は困っていた老人を助けた。

1 よわって　2 しばって　3 とまって　4 こまって

8 子どもはいろいろなことに疑問を持ちます。

1 ぎもん　2 きもん　3 ぐもん　4 くもん

9 秘書(ひしょ)が社長の日程を組んでいる。

1 あんで　2 かこんで　3 くんで　4 つつんで

10 努力してもむだです。

1 どうりょく　2 とうりょく　3 どりょく　4 とりょく

답 1③ 2① 3④ 4③ 5② 6② 7④ 8① 9③ 10③

2 기출어휘 확인문제 한자읽기 / 10

問題 1 ＿＿のことばの読み方として最もよいものを、１・２・３・４から一つえらびなさい。

1 この話を聞いて彼が何と言うかは、容易に想像がつく。

1 そうそう　2 そうぞう　3 そうしょう　4 そうじょう

2 自然を守ることは人間を守ることです。

1 しぜん　2 しねん　3 じぜん　4 じねん

3 父が何と言ったかよく覚えています。

1 かんがえて　2 つかまえて　3 おぼえて　4 つたえて

4 あまり泳げないので、いつもプールの浅い方で泳いでいる。

1 ふかい　2 あさい　3 あつい　4 うすい

5 彼は働きながら大学を卒業した。

1 そつぎょう　2 そつぎょ　3 そつごう　4 そつご

6 息を深く吸ってください。

1 ながく　2 ふかく　3 だるく　4 ゆるく

7 3月に発表された論文です。

1 はっぴょ　2 はっぴょう　3 はつひょ　4 はつひょう

8 大韓民国(だいかんみんこく)の首都はソウルです。

1 しゅとう　2 しゅうと　3 しゅと　4 しゅうとう

9 こちらに３名様分(めいさまぶん)の空席がございます。

1 あいど　2 あいせき　3 くうど　4 くうせき

10 彼は料理が得意だ。

1 どくい　2 どおくい　3 とくい　4 とおくい

답 1② 2① 3③ 4② 5① 6② 7② 8③ 9④ 10③

3 기출어휘 확인문제 한자읽기 / 10

問題 1 ＿＿＿のことばの読み方として最もよいものを、１・２・３・４から一つえらびなさい。

1 布団(ふとん)は汚れたら洗いにくいです。

1 かくれたら　2 おぼれたら　3 たおれたら　4 よごれたら

2 このシャツをもっと小さいサイズのと替えてもらえますか。

1 きえて　2 かえて　3 うえて　4 はえて

3 その店は新聞に広告を出した。

1 こうこく　2 こうごく　3 こうこう　4 こうごう

4 君は文章が下手だ。

1 もんしょ　2 もんしょう　3 ぶんしょ　4 ぶんしょう

5 道路の横断には気をつけてください。

1 よこたん　2 よこだん　3 おうたん　4 おうだん

6 友達にノートを返した。

1 わたした　2 さがした　3 かえした　4 もどした

7 単語テストは月曜日(げつようび)です。

1 だんご　2 たんご　3 げいご　4 けいご

8 地球温暖化(おんだんか)を防止(ぼうし)するために京都議定書(きょうとぎていしょ)が採択(さいたく)された。

1 じきゅ　2 じきゅう　3 ちきゅ　4 ちきゅう

9 夫婦になって40年です。

1 ふふ　2 ふぶ　3 ふうふ　4 ふうぶ

10 新しい生物(せいぶつ)が発見された。

1 はけん　2 はっけん　3 はつけん　4 ぱつけん

답 1④ 2② 3① 4④ 5④ 6③ 7② 8④ 9③ 10②

4 기출어휘 확인문제 　한자읽기 　/ 10

問題 1 ＿＿＿のことばの読み方として最もよいものを、１・２・３・４から一つえらびなさい。

1 あしたの朝食は遅(おそ)めでいいです。

1 ちょうしょく　　2 ちょうじき　　3 あさしょく　　4 あさじき

2 彼はその老人にとっていい話し相手だ。

1 あいて　　2 あいしゅ　　3 そうて　　4 そうしゅ

3 もう改札は閉まりました。

1 かいさつ　　2 かいじょう　　3 けいさつ　　4 けいじょう

4 彼はサッカーの選手です。

1 せんて　　2 せんしゅ　　3 ぜんて　　4 ぜんしゅ

5 10時の時報(じほう)を合図にパレードが出発した。

1 ごうず　　2 ごうと　　3 あいず　　4 あいと

6 昼休みが短すぎて何もできない。

1 きたなすぎて　　2 あつすぎて　　3 みじかすぎて　　4 あさすぎて

7 皿の表面には少し傷がついていた。

1 ほめん　　2 ほうめん　　3 ひょめん　　4 ひょうめん

8 その男には複雑(ふくざつ)な過去があった。

1 かきょう　　2 かきょ　　3 かこう　　4 かこ

9 子どもたちは順番に立って歌を歌った。

1 しゅんばん　　2 しゅんじょ　　3 じゅんばん　　4 じゅんじょ

10 このグラフは価格(かかく)の変化を表している。

1 うごかして　　2 あらわして　　3 しめして　　4 ふやして

답 1① 2① 3① 4② 5③ 6③ 7④ 8④ 9③ 10②

問題 1 ＿＿のことばの読み方として最もよいものを、1・2・3・4から一つえらびなさい。

1 彼女は首に白い包帯（ほうたい）をしていた。

1 こし　2 くび　3 かた　4 のど

2 そのようにするのが一般的です。

1 いっぽんてき　2 いっぽんでき　3 いっぱんてき　4 いっぱんでき

3 あすマラソン大会があります。

1 たいがい　2 たいかい　3 だいがい　4 だいかい

4 彼は英語の実力があります。

1 じつりょく　2 じつりき　3 しつりょく　4 しつりき

5 毎朝５時に起きるのはとても苦しかった。

1 くやしかった　2 さびしかった　3 くるしかった　4 すずしかった

6 他人に迷惑（めいわく）をかけてはいけない。

1 ほかじん　2 ほかにん　3 たじん　4 たにん

7 汗をかいたら風邪（かぜ）が治った。

1 なみだ　2 あせ　3 いき　4 あわ

8 列車は午前11時に上野駅（うえのえき）に到着した。

1 とうちく　2 とちく　3 とうちゃく　4 とちゃく

9 席を後ろから前に移す。

1 すごす　2 わたす　3 なおす　4 うつす

10 内田（うちだ）さんから、来週のセミナーの件で電話がありました。

1 けん　2 よう　3 あん　4 ほう

답 1② 2③ 3② 4① 5③ 6④ 7② 8③ 9④ 10①

6 기출어휘 확인문제 한자읽기 / 10

問題 1 ＿＿のことばの読み方として最もよいものを、1・2・3・4から一つえらびなさい。

1 わたしの専門は経営学です。

1 げいざいがく　2 けいざいがく　3 げいえいがく　4 けいえいがく

2 患者(かんじゃ)は呼吸が荒(あら)かった。

1 ほきゅ　2 ほきゅう　3 こきゅ　4 こきゅう

3 検査の結果(けっか)彼は入院することになった。

1 けんさ　2 けんしゃ　3 かんさ　4 かんしゃ

4 赤ちゃんの歯(は)がようやく生えてきた。

1 かえて　2 ふえて　3 はえて　4 きえて

5 来月大阪(おおさか)に１週間出張します。

1 しゅっちょ　2 しゅっちょう　3 しゅつじょ　4 しゅつじょう

6 この表は地球温暖化(ちきゅうおんだんか)が進んでいることを示している。

1 のばして　2 しめして　3 こぼして　4 あらわして

7 このビルは６月完成予定です。

1 かんしょう　2 かんじょう　3 かんせい　4 かんぜい

8 彼は桜(さくら)の木の枝を１本折った。

1 おった　2 かった　3 とった　4 へった

9 ご協力、ありがとうございます。

1 どりょく　2 どうりょく　3 きょりょく　4 きょうりょく

10 彼は病院に着いたときにはまだ息があった。

1 あわ　2 あせ　3 いわ　4 いき

답 1④ 2④ 3① 4③ 5② 6② 7③ 8① 9④ 10④

7 기출어휘 확인문제

한자읽기 / 10

問題 1 ＿＿のことばの読み方として最もよいものを、１・２・３・４から一つえらびなさい。

1 領収書（りょうしゅうしょ）は項目別に分類してください。

1 ぶんるい　2 ぶんすう　3 ぶんりゅう　4 ぶんべつ

2 今日は頭が痛くて仕事に集中できなかった。

1 しゅじゅう　2 しゅちゅう　3 しゅうじゅう　4 しゅうちゅう

3 ハムを厚く切りました。

1 あさく　2 うすく　3 あつく　4 かたく

4 貯金なら300万円あります。

1 ちょきん　2 だいきん　3 げんきん　4 ぜいきん

5 指示があるまで席を立たないこと。

1 ふた　2 あな　3 かぎ　4 せき

6 本日の外科担当医師は山田（やまだ）先生です。

1 げか　2 けが　3 がいか　4 がいが

7 彼はその件に関してわたしに情報をくれた。

1 ぞうほう　2 ぞうほ　3 じょうほう　4 じょうほ

8 写真コンテストに応募した。

1 おうぼ　2 おうぼう　3 おうも　4 おうもう

9 わたしの父は失業した。

1 しつこう　2 しつきょう　3 しつごう　4 しつぎょう

10 この海岸（かいがん）は岩が少ない。

1 なみ　2 いわ　3 すな　4 かい

답 1 ① 2 ④ 3 ③ 4 ① 5 ④ 6 ① 7 ③ 8 ① 9 ④ 10 ②

8 기출어휘 확인문제 한자읽기 / 10

問題１ ＿＿＿のことばの読み方として最もよいものを、１・２・３・４から一つえらびなさい。

1 天気のいい日は布団を干す。

1 さす　2 おす　3 ほす　4 たす

2 プレゼントは赤い紙で包んであった。

1 つうづんで　2 つうつんで　3 つづんで　4 つつんで

3 詳しい事情がわかればすぐご連絡します。

1 じじょう　2 じじょ　3 じこう　4 じこ

4 合格通知を受け取って彼は大喜びした。

1 とうち　2 とうじ　3 つうち　4 つうじ

5 びんのふたが固くてなかなか開かない。

1 かたくて　2 ふるくて　3 こわくて　4 ふかくて

6 時計が５分遅れる。

1 よごれる　2 おくれる　3 こわれる　4 たおれる

7 彼女は無理に笑ってみせた。

1 おこって　2 わらって　3 こまって　4 うたがって

8 安いアパートを探すのに苦労した。

1 ころ　2 ころう　3 くろ　4 くろう

9 ガチャンと皿の割れる音がしました。

1 おれる　2 われる　3 かれる　4 たれる

10 食器をテーブルに並べました。

1 しょつわ　2 しょっき　3 しょくわ　4 しょくき

답 1③ 2④ 3① 4③ 5① 6② 7② 8④ 9② 10②

 問題2 표기 공략하기

1 문제유형 완전분석

問題 2는 표기 문제이다. 밑줄 친 단어의 한자 표기를 고르는 것으로, 6문제가 출제된다. 비슷한 한자와 한자의 획에 주의해서 학습하도록 하자.

문제 유형 예시

問題 2 ＿＿＿のことばを漢字で書くとき、最もよいものを、１・２・３・４から一つえらびなさい。

9 しばらく、きれいななみを見ていた。

1 池　2 湖　3 港　4 波

10 もう少しはやく歩きましょう。

1 軽く　2 急く　3 速く　4 進く

2 표기 기출어휘 2024~2016

2024년부터 2016년까지 N3에 출제된 한자 단어를 연도순으로 정리했다.

2024

□ 過去(かこ) 과거	□ 規則(きそく) 규칙	□ 逆(ぎゃく) 반대, 거꾸로
□ 腰(こし) 허리	□ 左右(さゆう) 좌우	□ 順番(じゅんばん) 순번, 차례
□ 勤(つと)める 근무하다	□ 解(と)く 풀다	□ 低(ひく)い 낮다
□ 方向(ほうこう) 방향	□ 負(ま)ける 지다, 패하다	□ 翌週(よくしゅう) 다음주

2023

□ 降(お)りる 내리다	□ 会費(かいひ) 회비	□ 必(かなら)ず 반드시
□ 空(から) (속이) 빔	□ 帰宅(きたく) 귀가	□ 細(こま)かい 작다, 잘다
□ 心配(しんぱい)する 걱정하다	□ 制服(せいふく) 교복	□ 短気(たんき)だ 성질이 급하다
□ 法律(ほうりつ) 법률	□ 焼(や)く 굽다	□ 薬局(やっきょく) 약국

2022

□ 胃(い) 위	□ 一般的(いっぱんてき)だ 일반적이다	□ 笑顔(えがお) 웃는 얼굴
□ 絵画(かいが) 회화, 그림	□ 記録(きろく) 기록	□ 検査(けんさ) 검사
□ 広告(こうこく) 광고	□ 黒板(こくばん) 칠판	□ 吸(す)う 들이마시다
□ 確(たし)かだ 확실하다	□ 冷(ひ)える 차가워지다	□ 短(みじか)い 짧다

2021

□ 預ける(あず) 맡기다	□ 暖かい(あたた) 따뜻하다	□ 重ねる(かさ) 포개다, 겹치다
□ 規則(きそく) 규칙	□ 高価(こうか) 고가	□ 性格(せいかく) 성격
□ 伝言(でんごん) 전언	□ 泊まる(と) 묵다, 숙박하다	□ 娘(むすめ) 딸
□ 命令(めいれい) 명령	□ 薬局(やっきょく) 약국	□ 予想(よそう) 예상

2020

□ 以降(いこう) 이후	□ 観察(かんさつ) 관찰	□ 逆(ぎゃく) 반대, 거꾸로임
□ 泣く(な) 울다	□ 低い(ひく) 낮다	□ 複雑だ(ふくざつ) 복잡하다

2019

□ 浅い(あさ) 얕다	□ 現れる(あらわ) 나타나다	□ 一般的だ(いっぱんてき) 일반적이다
□ 内側(うちがわ) 안쪽	□ 家具(かぐ) 가구	□ 必ず(かなら) 반드시
□ 記念(きねん) 기념	□ 最初(さいしょ) 최초	□ 島(しま) 섬
□ 停電(ていでん) 정전	□ 訳する(やく) 번역하다	□ 理由(りゆう) 이유

2018

□ 当たる(あ) 맞다	□ 厚い(あつ) 두껍다	□ 右折(うせつ) 우회전
□ 帰宅(きたく) 귀가	□ 週刊誌(しゅうかんし) 주간지	□ 出勤(しゅっきん) 출근
□ 退院(たいいん) 퇴원	□ 疲れ(つか) 피로	□ 続き(つづ) 계속, 연결
□ 泣く(な) 울다	□ 熱心だ(ねっしん) 열심이다	□ 複雑だ(ふくざつ) 복잡하다

2017

□ 預ける(あずける) 맡기다	□ 関係(かんけい) 관계	□ 期待(きたい) 기대
□ 教師(きょうし) 교사	□ 経由(けいゆ) 경유	□ 困る(こまる) 곤란하다
□ 坂道(さかみち) 비탈길, 언덕길	□ 頭痛(ずつう) 두통	□ 違う(ちがう) 다르다
□ 飛ぶ(とぶ) 날다	□ 葉(は) 잎, 잎사귀	□ ～秒(びょう) ～초

2016

□ 記録(きろく) 기록	□ 組む(くむ) 끼다	□ 乗車(じょうしゃ) 승차
□ 成績(せいせき) 성적	□ 波(なみ) 파도, 물결	□ 逃げる(にげる) 도망치다, 달아나다
□ 眠る(ねむる) 잠자다	□ 速く(はやく) 빨리	□ 回す(まわす) 돌리다
□ 満足(まんぞく) 만족	□ 焼く(やく) 굽다, 태우다	□ 輸出(ゆしゅつ) 수출

memo

1 기출어휘 확인문제 표기 / 10

問題２ ＿＿のことばを漢字で書くとき、最もよいものを、１・２・３・４から一つえらびなさい。

1 今日は気温(きおん)がひくい。

1 冷い　2 低い　3 底い　4 令い

2 ３時いこうなら空(あ)いています。

1 以降　2 以向　3 移降　4 移向

3 もう終電には間に合わないよ。今夜はうちにとまっていけば？

1 止まって　2 留まって　3 停まって　4 泊まって

4 そのしまにはだれも住(す)んでいません。

1 寺　2 島　3 庭　4 村

5 彼はねっしんに勉強しています。

1 熱心　2 燃心　3 熱身　4 燃身

6 ボールが頭にあたった。

1 過たった　2 打たった　3 当たった　4 何たった

7 カーブの多いさかみちです。

1 岩道　2 板道　3 石道　4 坂道

8 今朝はずつうがしました。

1 腹病　2 頭病　3 腹痛　4 頭痛

9 わたしは今の仕事に一応(いちおう)まんぞくしています。

1 満続　2 万続　3 満足　4 万足

10 パンをオーブンでやいて食べた。

1 爆いて　2 燃いて　3 煙いて　4 焼いて

답 1② 2① 3④ 4② 5① 6③ 7④ 8④ 9③ 10④

2 기출어휘 확인문제 표기 / 10

問題 2 ＿＿のことばを漢字で書くとき、最もよいものを、1・2・3・4から一つえらびなさい。

1 わたしの趣味(しゅみ)は野鳥(やちょう)のかんさつです。

1 観祭　2 視察　3 観察　4 視祭

2 それは問題をふくざつにするだけだ。

1 復推　2 復雑　3 複推　4 複雑

3 ことしの冬はあたたかい。

1 明かい　2 暑かい　3 暖かい　4 熱かい

4 いっぱんてきに言って日本人は野球(やきゅう)が好きです。

1 一般的　2 一方的　3 一時的　4 一半的

5 湖(みずうみ)の氷(こおり)があつくなりました。

1 丸く　2 厚く　3 細く　4 浅く

6 つぎの信号(しんごう)でうせつしてください。

1 左折　2 左曲　3 右折　4 右曲

7 父は仕事のかんけいでよく出張(しゅっちょう)します。

1 関系　2 関係　3 間系　4 間係

8 息子(むすこ)が公園でいろいろな形(かたち)のはを集(あつ)めてきました。

1 草　2 葉　3 菜　4 芽

9 その国は原料(げんりょう)を日本にゆしゅつしている。

1 輸出　2 論出　3 輪出　4 諭出

10 事件(じけん)をきろくした映画が公開(こうかい)された。

1 議録　2 記禄　3 記録　4 議禄

답 1③ 2④ 3③ 4① 5② 6③ 7② 8② 9① 10③

問題２ ＿＿＿のことばを漢字で書くとき、最もよいものを、１・２・３・４から一つえらびなさい。

1 その絵は上下（じょうげ）がぎゃくだ。

1 途　2 辺　3 逆　4 造

2 あかちゃんがないています。

1 恋いて　2 涙いて　3 悲いて　4 泣いて

3 今夜かならず電話してね。

1 要ず　2 必ず　3 寝ず　4 忘ず

4 不意（ふい）に一人の男が玄関先（げんかんさき）にあらわれた。

1 明れた　2 乱れた　3 荒れた　4 現れた

5 彼にしゅうかんしを買ってきてもらいました。

1 週完誌　2 週刊記　3 週刊誌　4 週完記

6 夏のつかれがまだ残（のこ）っているようだ。

1 疲れ　2 痛れ　3 疫れ　4 病れ

7 その競技（きょうぎ）は100分の１びょうを争（あらそ）う競技だ。

1 培　2 抄　3 倍　4 秒

8 歯が悪くてこまっています。

1 因って　2 困って　3 固って　4 囚って

9 今日はなみが荒（あら）い。

1 池　2 湖　3 港　4 波

10 彼は店にあったお金を全部（ぜんぶ）持ってにげた。

1 遠げた　2 返げた　3 逃げた　4 逆げた

답 1③ 2④ 3② 4④ 5③ 6① 7④ 8② 9④ 10③

4 기출어휘 확인문제 표기 / 10

問題2 ＿＿のことばを漢字で書くとき、最もよいものを、1・2・3・4から一つえらびなさい。

1 彼女はその山に登ったさいしょの外国人でした。

1 最後　2 最始　3 最初　4 最終

2 医師のしょほうせんがないと、やっきょくで薬が買えない。

1 楽曲　2 薬曲　3 楽局　4 薬局

3 この小説は多くの言語にやくされています。

1 訳されて　2 説されて　3 記されて　4 語されて

4 この小説(しょうせつ)のつづきが早く読みたい。

1 統き　2 続き　3 総き　4 績き

5 医者はあと3日で彼をたいいんさせる予定だ。

1 帰院　2 帰員　3 退院　4 退員

6 たくさんの風船(ふうせん)が空中(くうちゅう)をとんでいた。

1 飛んで　2 転んで　3 投んで　4 打んで

7 あの兄弟(きょうだい)は性格(せいかく)がまったくちがいます。

1 違います　2 遅います　3 達います　4 遺います

8 彼は親(おや)のきたいどおりには勉強しなかった。

1 期願　2 期待　3 規願　4 規待

9 彼は腕をくんで立っていた。

1 結んで　2 接んで　3 折んで　4 組んで

10 日本語の試験でいいせいせきを取った。

1 成積　2 成績　3 整績　4 整積

답 1③ 2④ 3① 4② 5③ 6① 7① 8② 9④ 10②

5 기출어휘 확인문제 표기 / 10

問題2 ＿＿のことばを漢字で書くとき、最もよいものを、1・2・3・4から一つえらびなさい。

1 友だちが読めるようにでんごんを残した。

1 伝記　2 伝言　3 転記　4 転言

2 お母さんが留守（るす）のときはうちがわからかぎをかけておきなさい。

1 裏測　2 裏側　3 内測　4 内側

3 この川はあそこであさくなっています。

1 軽く　2 浅く　3 厚く　4 細く

4 父は日曜日もしゅっきんした。

1 出勤　2 出働　2 出勘　4 出歓

5 わたしは地元（じもと）の小学校できょうしをしています。

1 教任　2 教師　3 教帥　4 教仕

6 わたしはいつのまにかねむってしまった。

1 宿って　2 眼って　3 眠って　4 寝って

7 銀行にお金をあずけるのがきらいな人もいる。

1 借ける　2 替ける　3 預ける　4 貯ける

8 用紙を１枚ずつ取って後ろの人へまわしてください。

1 回して　2 曲して　3 押して　4 引して

9 ネットワークけいゆでサーバーにアクセスした。

1 経郵　2 経由　3 係郵　4 係由

10 まちがって反対（はんたい）方向の電車にじょうしゃした。

1 下車　2 乗車　3 降車　4 上車

답 1② 2④ 3② 4① 5② 6③ 7③ 8① 9② 10②

3 표기 기출어휘 2015~2010

2015년부터 2010년까지 N3에 출제된 한자 단어를 연도순으로 정리했다.

2015

□ 楽器(がっき) 악기	□ 借(か)りる 빌리다	□ 関心(かんしん) 관심
□ 規則(きそく) 규칙	□ 欠点(けってん) 결점	□ 原因(げんいん) 원인
□ 現在(げんざい) 현재	□ 正解(せいかい) 정답	□ 勤(つと)める 근무하다
□ 投(な)げる 던지다	□ 願(ねが)う 바라다, 원하다	□ 緑(みどり) 녹색

2014

□ 移(うつ)る 옮기다, 이동하다	□ 温泉(おんせん) 온천	□ 仮定(かてい) 가정
□ 消(け)す (불, 전기 등을) 끄다	□ 欠席(けっせき) 결석	□ 減少(げんしょう) 감소
□ 恋(こい)しい 그립다	□ 細(こま)かい 잘다, 작다	□ 雑誌(ざっし) 잡지
□ 駐車(ちゅうしゃ) 주차	□ 複数(ふくすう) 복수	□ 若(わか)い 젊다

2013

□ 遅(おそ)い 늦다	□ 重(かさ)ねる 겹치다, 포개다	□ 貸(か)す 빌려주다
□ 残業(ざんぎょう) 잔업	□ 信(しん)じる 믿다	□ 疲(つか)れる 피곤하다
□ 包(つつ)む 포장하다, 감싸다	□ 停電(ていでん) 정전	□ 独身(どくしん) 독신
□ 逃(に)げる 도망치다	□ ～倍(ばい) ～배	□ 容器(ようき) 용기, 그릇

2012

□ 温(あたた)める 따뜻하게 하다, 데우다	□ 帰宅(きたく) 귀가	□ 記録(きろく) 기록
□ 原料(げんりょう) 원료	□ 自信(じしん) 자신	□ 週刊誌(しゅうかんし) 주간지
□ 相談(そうだん) 상담, 의논	□ 育(そだ)てる 키우다, 기르다	□ 歯(は) 이, 이빨
□ 復習(ふくしゅう) 복습	□ 守(まも)る 지키다, 보호하다	□ 結(むす)ぶ 잇다, 묶다

2011

□ 案内(あんない) 안내	□ 痛(いた)い 아프다	□ 解決(かいけつ) 해결
□ 観光(かんこう) 관광	□ 気温(きおん) 기온	□ 券(けん) 권, 표
□ 健康(けんこう) 건강	□ 現在(げんざい) 현재	□ 自由(じゆう) 자유
□ 大量(たいりょう) 대량	□ 涙(なみだ) 눈물	□ 法律(ほうりつ) 법률

2010

□ 内側(うちがわ) 안쪽	□ 追(お)う 좇다, 뒤따르다	□ 降(お)りる (탈것에서) 내리다
□ 楽器(がっき) 악기	□ 暮(く)らす 살다, 생활하다, 지내다	□ 血液(けつえき) 혈액
□ 身長(しんちょう) 신장, 키	□ 正常(せいじょう) 정상	□ 成績(せいせき) 성적
□ 制服(せいふく) 제복, 교복	□ 専門家(せんもんか) 전문가	□ 物語(ものがたり) 이야기

memo

1 기출어휘 확인문제 표기 / 10

問題2 ＿＿のことばを漢字で書くとき、最もよいものを、1・2・3・4から一つえらびなさい。

1 せいかいに丸をつけてください。

1 成解　2 成確　3 正解　4 正確

2 この場所にちゅうしゃしてはいけません。

1 駐車　2 駅車　3 停車　4 亭車

3 彼は昨日風邪(かぜ)で学校をけっせきした。

1 欠度　2 欠席　3 決度　4 決席

4 赤ちゃんは１年で体重(たいじゅう)が３ばいになった。

1 倍　2 部　3 加　4 足

5 お皿はかさねて置いてください。

1 結ねて　2 連ねて　3 吊ねて　4 重ねて

6 主人は毎晩(まいばん)きたくが遅(おそ)い。

1 帰家　2 帰宅　3 帰屋　4 帰沢

7 その犬は目の不自由(ふじゆう)な主人をいろいろな危険(きけん)からまもった。

1 迷った　2 移った　3 守った　4 保った

8 わたしはげんざいの仕事に満足(まんぞく)している。

1 今存　2 今在　3 現存　4 現在

9 今年の夏はきおんが高かった。

1 気混　2 気湯　3 気温　4 気湿

10 彼女(かのじょ)は門のすぐうちがわに立っていた。

1 内則　2 内側　3 家則　4 家側

답 1③ 2① 3② 4① 5④ 6② 7③ 8④ 9③ 10②

2 기출어휘 확인문제 표기 / 10

問題 2 ＿＿のことばを漢字で書くとき、最もよいものを、1・2・3・4から一つえらびなさい。

1 若者の政治へのかんしんが薄れてきている。

1 関心　　2 歓心　　3 感心　　4 肝心

2 となりの席にうつって話を聞く。

1 動って　　2 写って　　3 映って　　4 移って

3 字がこまかくて読めない。

1 畑くて　　2 畑かくて　　3 細くて　　4 細かくて

4 にげる犯人を追いかけた。

1 送げる　　2 逃げる　　3 亡げる　　4 忘げる

5 空(から)のようきはあとで回収(かいしゅう)に来ます。

1 用具　　2 用紙　　3 容器　　4 容機

6 部下(ぶか)をきびしくそだてる。

1 息てる　　2 健てる　　3 育てる　　4 建てる

7 きょう発売(はつばい)のしゅうかんしを読んだ。

1 週刊紙　　2 週刊誌　　3 日刊紙　　4 日刊誌

8 わたしの自転車をじゆうに使っていただいてもけっこうです。

1 利用　　2 使用　　3 事由　　4 自由

9 頭がいたいので、薬を飲みました。

1 病い　　2 疫い　　3 症い　　4 痛い

10 学生時代は京都(きょうと)でくらした。

1 暮らした　　2 幕らした　　3 募らした　　4 墓らした

답 1① 2④ 3④ 4② 5③ 6③ 7② 8④ 9④ 10①

3 기출어휘 확인문제 표기 / 10

問題 2 ＿＿のことばを漢字で書くとき、最もよいものを、1・2・3・4から一つえらびなさい。

1 ボールをこっちになげてください。

1 投げて　2 役げて　3 捨げて　4 放げて

2 このざっしの４月号はありますか。

1 雑紙　2 雑誌　3 冊紙　4 冊誌

3 この学校の先生はみなわかい。

1 強い　2 細い　3 若い　4 苦い

4 電力会社(でんりょくがいしゃ)のストのため、その地域一帯(ちいきいったい)はていでんになった。

1 止電　2 落電　3 停電　4 開電

5 パソコンの仕事は目がつかれる。

1 疲れる　2 労れる　3 突れる　4 苦れる

6 その事件(じけん)はきろくに残(のこ)っている。

1 紀緑　2 紀録　3 記緑　4 記録

7 わたしは成功(せいこう)するじしんがある。

1 自信　2 自身　3 目信　4 目身

8 彼(かれ)は大学でほうりつを学んでいる。

1 法律　2 法理　3 放律　4 放理

9 英語のせいせきは上(あ)がったり下(さ)がったりです。

1 成箱　2 成積　3 成適　4 成績

10 健康診断(けんこうしんだん)でけつえき検査(けんさ)をうけた。

1 皿液　2 皿圧　3 血液　4 血圧

답 1① 2② 3③ 4③ 5① 6④ 7① 8① 9④ 10③

4 기출어휘 확인문제 표기 / 10

問題 2 ＿＿のことばを漢字で書くとき、最もよいものを、1・2・3・4から一つえらびなさい。

1 事故のげんいんはスピードの出しすぎです。

1 源因　2 源困　3 原因　4 原困

2 別(わか)れた彼女がこいしい。

1 愛しい　2 悲しい　3 恋しい　4 変しい

3 ふくすうの人がそれに関係(かんけい)している。

1 複数　2 複類　3 復数　4 復類

4 友だちに本を3冊(さつ)かす。

1 消す　2 貸す　3 削す　4 賃す

5 列車は予定より1時間おそく着いた。

1 送く　2 早く　3 速く　4 遅く

6 ゴムで髪(かみ)を一つにむすぶ。

1 結ぶ　2 運ぶ　3 巻ぶ　4 締ぶ

7 わたしは寝(ね)る前にかならずはをみがく。

1 首　2 顔　3 靴　4 歯

8 30代男性の4割がどくしんです。

1 単身　2 単者　3 独身　4 独者

9 きのう新しいがっきを買いました。

1 薬器　2 薬機　3 楽器　4 楽機

10 母親が子どもの後をおって走っている。

1 折って　2 押って　3 送って　4 追って

답 1 ③ 2 ③ 3 ① 4 ② 5 ④ 6 ① 7 ④ 8 ③ 9 ③ 10 ④

5 기출어휘 확인문제 표기 / 10

問題2 ＿＿＿のことばを漢字で書くとき、最もよいものを、1・2・3・4から一つえらびなさい。

1 彼女は銀行につとめています。

1 働めて　　2 勤めて　　3 務めて　　4 勉めて

2 スマホがないとかていしてみましょう。

1 仮定　　2 仮程　　3 過定　　4 過程

3 この町の人口はげんしょうしている。

1 滅小　　2 滅少　　3 減小　　4 減少

4 やきにくをレタスにつつんで食べる。

1 包んで　　2 含んで　　3 内んで　　4 泡んで

5 今夜はざんぎょうなので遅(おそ)くなるよ。

1 残庫　　2 残業　　3 産庫　　4 産業

6 そのことを医者にそうだんしましたか。

1 相詰　　2 相談　　3 相語　　4 相話

7 その子の目になみだがあふれてきた。

1 泡　　2 泉　　3 涙　　4 汗

8 わたしはけんこうのために毎日走っています。

1 建庫　　2 建康　　3 健庫　　4 健康

9 彼(かれ)は環境(かんきょう)問題のせんもんかです。

1 専門屋　　2 専門家　　3 専問屋　　4 専問家

10 電車をおりるときに、かさを忘(わす)れてしまった。

1 降りる　　2 降る　　3 移りる　　4 移る

답 1② 2① 3④ 4① 5② 6② 7③ 8④ 9② 10①

問題2 ＿＿のことばを漢字で書くとき、最もよいものを、1・2・3・4から一つえらびなさい。

1 薬の輸入に関しては多くのきそくがあります。

1 基律　2 基則　3 規律　4 規則

2 海外(かいがい)から安いげんりょうを輸入する。

1 源料　2 源量　3 原料　4 原量

3 初めに昨日の授業(じゅぎょう)のふくしゅうをしましょう。

1 復数　2 復類　3 復習　4 復学

4 レンジで料理をあたためる。

1 湿める　2 温める　3 覚める　4 冷める

5 アジアの多くの国がかんこうに力を入れている。

1 観告　2 観光　3 勧告　4 勧光

6 みんなで話し合って、問題をかいけつした。

1 改結　2 改決　3 解結　4 解決

7 このシャツは工場でたいりょうに作られている。

1 大量　2 大料　3 多量　4 多料

8 機械(きかい)がせいじょうかどうかチェックした。

1 正情　2 正常　3 成情　4 正精

9 このものがたりは、だれでも知っている。

1 物語　2 物記　3 物説　4 物話

10 高校に入ってから、しんちょうが変わっていない。

1 身張　2 身長　3 背張　4 背長

답 1④ 2③ 3③ 4② 5② 6④ 7① 8② 9① 10②

03 問題3 문맥규정 공략하기

문제유형 완전분석

問題3은 문맥규정 문제이다. 괄호 안에 들어갈 알맞은 어휘를 고르는 것으로, 11문제가 출제된다. 문맥에 맞는 단어를 찾는 문제인 만큼 여러 품사의 어휘와 표현이 출제된다. 비슷한 뜻·음·한자가 선택지로 제시되므로 이 점에 주의하자.

문제 유형 예시

問題 3 （　　　）に入れるのに最もよいものを、1・2・3・4 から一つえらびなさい。

15 この紙は、ぬれても破(やぶ)れにくいという（　　　）があります。

1 実力(じつりょく)　　2 特長(とくちょう)　　3 専門(せんもん)　　4 主張(しゅちょう)

16 佐藤(さとう)さんには、おとなしい（　　　）があるが、本当(ほんとう)は活動的(かつどうてき)な人らしい。

1 ヒント　　2 タイトル　　3 アイディア　　4 イメージ

2 문맥규정 기출어휘 2024~2016

2024년부터 2016년까지 N3 문맥규정에 출제된 어휘를 정리했다.

2024

□ あきらめる 포기하다	□ アクセス 접근, 접근성	□ あせ 땀
□ あやしい 수상하다	□ 一応(いちおう) 일단	□ 一度(いちど)に 한꺼번에
□ うらやましい 부럽다	□ うろうろ 어슬렁어슬렁, 허둥지둥	□ 運休(うんきゅう) 운휴
□ 影響(えいきょう) 영향	□ 隠(かく)す 숨기다	□ 我慢(がまん)する 참다
□ 禁止(きんし) 금지	□ 経由(けいゆ) 경유	□ 覚(さ)める 잠이 깨다, 눈이 뜨이다
□ 消極的(しょうきょくてき) 소극적	□ 通知(つうち) 통지	□ 取(と)り出(だ)す 꺼내다
□ 仲(なか) 사이, 관계	□ 派手(はで)だ 화려하다	□ マイク 마이크
□ もったいない 아깝다		

2023

□ あくび 하품	□ うっかり 깜빡	□ おたがいに 서로
□ 可能(かのう) 가능	□ 感覚(かんかく) 감각	□ 期限(きげん) 기한
□ きちんと 깔끔히	□ 恋(こい)しい 그립다	□ 効果的(こうかてき) 효과적
□ 差(さ) 차, 차이	□ 制限(せいげん) 제한	□ 想像(そうぞう) 상상
□ だるい 나른하다	□ 付(つ)き合(あ)う 사귀다	□ テーマ 테마
□ 動作(どうさ) 동작	□ なめる 핥다	□ 番(ばん) 차례
□ ヒント 힌트	□ 振(ふ)る 흔들다	□ 平気(へいき)だ 괜찮다
□ めんどうくさい 귀찮다		

2022

- □ 追(お)い越(こ)す 앞지르다, 추월하다
- □ 渇(かわ)く 마르다
- □ 希望(きぼう) 희망
- □ キャンセル 취소
- □ 偶然(ぐうぜん) 우연히
- □ 悔(くや)しい 분하다
- □ 資源(しげん) 자원
- □ しみ 얼룩
- □ 親戚(しんせき) 친척
- □ ずきずき 욱신욱신
- □ たたく 두드리다
- □ 登場(とうじょう) 등장
- □ どきどき 두근두근
- □ 話(はな)し合(あ)う 의논하다
- □ ぴったり 꼭 맞는 모양, 딱
- □ 防(ふせ)ぐ 막다
- □ べつべつ 따로따로
- □ ほえる 짖다
- □ 干(ほ)す 말리다
- □ 迷(まよ)う 망설이다
- □ むく 벗기다
- □ レシピ 레서피, 조리법

2021

- □ 当(あ)たる 맞다
- □ 意志(いし) 의지
- □ 延期(えんき) 연기
- □ おつかれさま 수고하십니다, 수고하셨습니다
- □ かれる 시들다
- □ 訓練(くんれん) 훈련
- □ 効果(こうか) 효과
- □ このあいだ 일전, 요전
- □ 材料(ざいりょう) 재료
- □ ～者(しゃ) ～자
- □ 渋滞(じゅうたい) 정체
- □ セット 세트, 조절
- □ チャレンジ 챌린지, 도전
- □ 土地(とち) 토지, 땅
- □ なるべく 되도록
- □ ばらばら 제각각, 제각기
- □ ぺらぺら 줄줄, 술술
- □ 報告(ほうこく) 보고
- □ 身(み)につける 익히다
- □ 無駄(むだ) 낭비, 헛됨
- □ もったいない 아깝다
- □ 翌日(よくじつ) 익일, 다음날

2020

- □ あくび 하품
- □ 囲(かこ)む 둘러싸다, 에워싸다
- □ 希望(きぼう) 희망
- □ 偶然(ぐうぜん) 우연히, 뜻밖에
- □ 登場(とうじょう) 등장
- □ 配達(はいたつ) 배달
- □ 比較(ひかく) 비교
- □ 引(ひ)き受(う)ける 맡다
- □ ぴったり 딱 맞는 모양
- □ 文句(もんく) 불만, 불평
- □ ユーモア 유머

2019

□ うろうろ 허둥지둥	□ 間隔(かんかく) 간격	□ 芸術(げいじゅつ) 예술
□ さっそく 즉시	□ 事情(じじょう) 사정	□ 親(した)しい 친하다
□ しまう 치우다	□ 締(し)め切(き)り 마감	□ 就職(しゅうしょく) 취직
□ 集中(しゅうちゅう) 집중	□ 冗談(じょうだん) 농담	□ 信(しん)じる 믿다
□ 清潔(せいけつ) 청결	□ 積極的(せっきょくてき) 적극적	□ 通訳(つうやく) 통역
□ デザイン 디자인	□ どきどき 두근두근	□ とける 녹다
□ 突然(とつぜん) 돌연	□ 取(と)り消(け)す 취소하다	□ ノック 노크
□ めんどうくさい 귀찮다		

2018

□ あふれる 넘치다	□ 意外(いがい)に 의외로	□ うっかり 무심코, 깜박
□ エネルギー 에너지	□ 重(かさ)ねる 쌓다, 거듭하다	□ 乾燥(かんそう) 건조
□ 期待(きたい) 기대	□ きつい 끼다	□ 偶然(ぐうぜん) 우연히, 뜻밖에
□ 経営(けいえい) 경영	□ 原料(げんりょう) 원료	□ しっかり 꽉, 단단히
□ 自動的(じどうてき)に 자동적으로	□ しぼる 짜다	□ 制限(せいげん) 제한
□ 想像(そうぞう) 상상	□ バケツ 양동이	□ 発展(はってん) 발전
□ 交(ま)ざる 섞이다	□ 待(ま)ち合(あ)わせる 만나기로 하다	□ まよう 헤매다
□ 目標(もくひょう) 목표		

2017

□ 応募(おうぼ) 응모	□ 落ち着く(おちつく) 가라앉다, 침착하다	□ 解決(かいけつ) 해결
□ 確実だ(かくじつだ) 확실하다	□ 完成(かんせい) 완성	□ 苦しい(くるしい) 고통스럽다, 난처하다
□ しみ 얼룩	□ 申請(しんせい) 신청	□ ずいぶん 꽤, 상당히
□ 正常だ(せいじょうだ) 정상이다	□ 底(そこ) 바닥, 속	□ そっくり 꼭 닮음
□ そっと 살짝	□ 登場(とうじょう) 등장	□ 比較(ひかく) 비교
□ ふく 닦다	□ 平均(へいきん) 평균	□ マナー 매너
□ 目的(もくてき) 목적	□ 床(ゆか) 마루	□ 呼び掛ける(よびかける) 호소하다
□ 列(れつ) 열, 행렬		

memo

2016

□ アドバイス 충고
□ イメージ 이미지
□ うっかり 깜빡
□ うまい 맛있다, 솜씨가 좋다
□ うわさ 소문
□ おしい 아깝다
□ 囲む(かこむ) 둘러싸다
□ がらがら 텅텅 빈 모양
□ 傷(きず) 상처, 흠
□ 検査(けんさ) 검사
□ 断る(ことわる) 거절하다
□ 自信(じしん) 자신
□ しずむ 가라앉다, 지다
□ 姿勢(しせい) 자세
□ たしかめる 확인하다
□ 頼る(たよる) 의지하다
□ チャレンジ 도전
□ 特長(とくちょう) 특별한 장점
□ 内緒(ないしょ) 비밀, 은밀
□ 農業(のうぎょう) 농업
□ 許す(ゆるす) 용서하다, 허락하다
□ 流行している(りゅうこうしている) 유행하고 있다

memo

1 기출어휘 확인문제

문맥규정 / 10

問題 3 （　　）に入れるのに最もよいものを、１・２・３・４から一つえらびなさい。

1 電車の中で（　　）学生時代（がくせいじだい）の友人に会い、とても驚（おどろ）いた。

1 案外（あんがい）　2 せっかく　3 ついでに　4 偶然（ぐうぜん）

2 人間（にんげん）は眠くなった時や、退屈（たいくつ）な時に（　　）が出てしまいます。

1 あくび　2 くしゃみ　3 せき　4 しゃっくり

3 雨でマラソン大会は来週まで（　　）になりました。

1 遅刻　2 連休　3 延期　4 早退

4 この服、自分で（　　）したのよ。

1 レシピ　2 デザイン　3 サイン　4 ミックス

5 今日が池田（いけだ）さんの誕生日（たんじょうび）であることを（　　）忘れていた。

1 そっと　2 ぐっすり　3 うっかり　4 どっと

6 この授業の（　　）は君たちが実用的（じつようてき）な日本語能力を身につけることだ。

1 指定　2 満点　3 一流　4 目標

7 この（　　）を達成（たっせい）するためにはみんなが協力（きょうりょく）しないといけません。

1 影響　2 目的　3 様子　4 原因

8 ちょっと見ないうちに（　　）大きくなったわね。

1 かならず　2 なるべく　3 ずいぶん　4 いつでも

9 来年は苦手（にがて）だった日本語の勉強に（　　）しようと思います。

1 アクセス　2 チャレンジ　3 オープン　4 セット

10 （　　）によると将来（しょうらい）ここに大きなスーパーができるそうです。

1 うわさ　2 宣伝（せんでん）　3 うそ　4 冗談（じょうだん）

답 1 ④　2 ①　3 ③　4 ②　5 ③　6 ④　7 ②　8 ③　9 ②　10 ①

2 기출어휘 확인문제 문맥규정 / 10

問題3 (　　　) に入れるのに最もよいものを、1・2・3・4から一つえらびなさい。

1 タオルでぬれた手を (　　　)。

1 ふく　2 はく　3 洗う　4 吹く

2 たぶん行けると思うけど、(　　　) な返事はあすまで待ってよ。

1 確実(かくじつ)　2 単純(たんじゅん)　3 簡単(かんたん)　4 身近(みぢか)

3 まだ (　　　) だけど、あの2人は今年の秋に結婚するそうだよ。

1 裏側(うらがわ)　2 内緒(ないしょ)　3 後方(こうほう)　4 中身(なかみ)

4 部屋の (　　　) を変(か)えるため、壁(かべ)を薄(うす)いピンクにしました。

1 タイトル　2 ヒント　3 イメージ　4 アイディア

5 おじの話は (　　　) たっぷりだったので、私たちは笑ってばかりいた。

1 カロリー　2 アップ　3 ユーモア　4 レジャー

6 スーパーに行って買った商品(しょうひん)を当日中に自宅の玄関まで (　　　) してくれる。

1 配達(はいたつ)　2 報告(ほうこく)　3 送信(そうしん)　4 訪問(ほうもん)

7 田中(たなか)さんは中国語を日本語に (　　　) してくれる。

1 通訳　2 案内　3 伝言　4 連絡

8 花は水をやらないとすぐに (　　　) しまう。

1 かれて　2 やせて　3 さめて　4 とけて

9 その会社では (　　　) のある有能(ゆうのう)な人材(じんざい)を求(もと)めています。

1 サービス　2 エンジン　3 ヒント　4 エネルギー

10 列車(れっしゃ)がゆれますのでお近くのつり革(かわ)や手すりに (　　　) おつかまりください。

1 ぐっすり　2 そっくり　3 はっきり　4 しっかり

답 1① 2① 3② 4③ 5③ 6① 7① 8① 9④ 10④

3 기출어휘 확인문제 문맥규정 / 10

問題3 (　　) に入れるのに最もよいものを、1・2・3・4から一つえらびなさい。

1 携帯電話の (　　) で、最近は公衆電話を利用する人が少なくなった。
1 入門　2 外出　3 発生　4 登場

2 私たちはその問題が早急に解決されることを心より (　　) します。
1 感覚　2 希望　3 意識　4 決心

3 チョコレートがポケットの中で (　　) しまった。
1 もえて　2 とけて　3 さめて　4 かれて

4 オーブンのタイマーを30分に (　　) してください。
1 マーク　2 ストップ　3 スタート　4 セット

5 コーラを勢いよくそそいだらコップから泡が (　　)。
1 おぼれた　2 余った　3 あふれた　4 逃げた

6 子どもに新鮮なオレンジを (　　) ジュースを作ってやった。
1 おして　2 たたんで　3 つかんで　4 しぼって

7 その有名な歌手のサイン会にはファンの長い (　　) ができた。
1 波　2 帯　3 線　4 列

8 あの姉妹は双子のように顔が (　　) で、区別ができない。
1 すっかり　2 そっくり　3 はっきり　4 うっかり

9 左右の安全をよく (　　) から道路を渡ってください。
1 見つめて　2 くりかえして　3 気にして　4 たしかめて

10 なにごとにも前向きの (　　) で取り組むことが大切だと思う。
1 姿勢　2 様子　3 間隔　4 印象

답 1④ 2② 3② 4④ 5③ 6④ 7④ 8② 9④ 10①

4 기출어휘 확인문제 　문맥규정 　/ 10

問題 3 （　　　）に入れるのに最もよいものを、１・２・３・４から一つえらびなさい。

1 さっき着てみたワンピースは少し大きかったが、このワンピースは（　　　）です。

1 はっきり　　2 がっかり　　3 ぴったり　　4 そっくり

2 一部のお客さんからこのレストランのサービスについて（　　　）が出ている。

1 失礼　　2 文句　　3 我慢　　4 反対

3 池田さんは外国に行けると思っただけで（　　　）しました。

1 ちかちか　　2 どきどき　　3 だぶだぶ　　4 こんこん

4 わたしはそのスイートホームの完璧な（　　　）さに感心しました。

1 新鮮　　2 正常　　3 丁寧　　4 清潔

5 （　　　）すると静電気が発生しやすくなります。

1 減少　　2 沸騰　　3 乾燥　　4 縮小

6 1,000年後の地球がどうなっているかなんて（　　　）もつかない。

1 期待　　2 確認　　3 想像　　4 観察

7 今取りかかっている小説の翻訳は１か月で（　　　）するはずです。

1 成功　　2 開場　　3 発展　　4 完成

8 スカートにコーヒーがついて（　　　）になってしまい、何回も洗ったがなかなか落ちない。

1 泡　　2 かび　　3 傷　　4 しみ

9 17時には（　　　）だった店内が19時にはいっぱいになっていた。

1 がらがら　　2 うっかり　　3 ふらふら　　4 ぐっすり

10 その先生はそれぞれの生徒の（　　　）を巧みに引き出した。

1 特長　　2 実用　　3 専門　　4 主張

답 1③ 2② 3② 4④ 5③ 6③ 7④ 8④ 9① 10①

5 기출어휘 확인문제

문맥규정 / 10

問題 3 (　　　) に入れるのに最もよいものを、１・２・３・４から一つえらびなさい。

1 人数に (　　　) があるため、申し込み者が多数の場合は抽選となります。
1 最終　　2 禁止　　3 制限　　4 順番

2 その試験は難しいと思っていたが、(　　　) やさしかった。
1 無理に　　2 意外に　　3 急に　　4 完全に

3 妹の帰りが遅いので、母は (　　　) 様子でした。
1 引き受けない　　2 気にならない　　3 間に合わない　　4 落ちつかない

4 このポケットは (　　　) のところに穴があいている。
1 壁　　2 見かけ　　3 底　　4 辺り

5 クラスのみんなの前できちんと発表できて (　　　) がつきました。
1 関心　　2 自信　　3 印象　　4 興味

6 忙しかったのでパーティーへの招待を丁重に (　　　)。
1 断った　　2 否定した　　3 禁止した　　4 取り消した

7 アメリカのガソリン価格は日本と (　　　) にならないほど安い。
1 区別　　2 比較　　3 選択　　4 戦争

8 友人の結婚式の司会を頼まれて (　　　) が、どうしたらよいかわからない。
1 引き出した　　2 受け取った　　3 取り付けた　　4 引き受けた

9 石原さんは玄関のドアを (　　　) しました。
1 ノック　　2 スタート　　3 サイン　　4 カット

10 (　　　) とは、広い意味で言うならば美術、建築、音楽、文学、演劇など多くのものを含みます。
1 貿易　　2 科学　　3 芸術　　4 工業

답 1 ③　2 ②　3 ④　4 ③　5 ②　6 ①　7 ②　8 ④　9 ①　10 ③

6 기출어휘 확인문제 문맥규정 / 10

問題 3 （　　）に入れるのに最もよいものを、1・2・3・4から一つえらびなさい。

1 今朝、コップを（　　）に落として割ってしまいました。

1 屋根　2 天井　3 壁　4 床

2 住民からの情報が事件の（　　）につながりました。

1 解決　2 中止　3 修理　4 回収

3 持ち物を（　　）します。テーブルの上に置いてください。

1 検査　2 研究　3 証明　4 観察

4 外科医は足にできた（　　）に薬をつけて包帯を巻いてくださいました。

1 欠点　2 故障　3 傷　4 汚れ

5 きのう夜遅く、空港に着いた韓国の歌手は、待っていた大勢のファンに（　　）。

1 うめられた　2 つつまれた　3 かこまれた　4 まぜられた

6 機械の導入に親方は（　　）でなかった。

1 感情的　2 積極的　3 自動的　4 効果的

7 鈴木さんは多くの作家と（　　）つきあっています。

1 したしく　2 おとなしく　3 えらく　4 めずらしく

8 テナント募集の（　　）まで一件の申し込みもなかった。

1 あて先　2 合図　3 締め切り　4 合計

9 わたしは小林さんと午後1時に美術館の入口で（　　）ことにした。

1 待ち合わせる　2 付き合う　3 間に合わせる　4 知り合う

10 こんな大きなショッピングモールでは（　　）しまいそうだ。

1 うたがって　2 こわがって　3 はらって　4 まよって

답 1④ 2① 3① 4③ 5③ 6② 7① 8③ 9① 10④

7 기출어휘 확인문제　문맥규정　/ 10

問題３（　　　）に入れるのに最もよいものを、１・２・３・４から一つえらびなさい。

1 彼女はさくら化粧品の愛用（　　　）です。

1 員　　2 者　　3 民　　4 手

2 キャンセル料とは、予約を（　　　）場合にとられる料金のことです。

1 引き落とした　　2 言い直した　　3 取り消した　　4 投げ捨てた

3 毎朝出勤前にひげをそるのは（　　　）。

1 にくらしい　　2 だらしない　　3 しょうがない　　4 めんどうくさい

4 彼女は大きな美容室を３つも（　　　）しているそうだ。

1 商売　　2 経営　　3 会計　　4 貿易

5 山田さんは自分の事業を全国チェーンにまで（　　　）させた。

1 進歩　　2 開始　　3 発展　　4 出発

6 わたしは登山のときは靴下を３枚ぐらい（　　　）はきます。

1 むかえて　　2 あずけて　　3 そそいで　　4 かさねて

7 インターネットの本質を理解して（　　　）を守って正しく使いましょう。

1 マナー　　2 メニュー　　3 スピード　　4 アイディア

8 物音がしたので、扉ののぞき穴から（　　　）廊下をのぞいた。

1 がらがら　　2 とんとん　　3 そっと　　4 ぐっすり

9 その詩人がそんなに若くして亡くなったのは（　　　）ことだ。

1 くさい　　2 おしい　　3 こわい　　4 まずしい

10 田中さんは英語を話すのがとても（　　　）なりました。

1 おとなしく　　2 なつかしく　　3 えらく　　4 うまく

답 1② 2③ 3④ 4② 5③ 6④ 7① 8③ 9② 10④

8 기출어휘 확인문제 문맥규정 / 10

問題３（　　）に入れるのに最もよいものを、１・２・３・４から一つえらびなさい。

1 両親はわたしがそのパーティーに行くことを（　　）くれません。

1 従(したが)って　2 抑(おさ)えて　3 許(ゆる)して　4 守(まも)って

2 （　　）して切手を貼(は)らずに彼に手紙を出してしまいました。

1 そっと　2 ぐらぐら　3 やっと　4 うっかり

3 医者は規則的(きそくてき)に運動するようにと（　　）してくださいました。

1 アンケート　2 インタビュー　3 アドバイス　4 スピーチ

4 まだ着られる服を捨てるのは（　　）。

1 しつこい　2 しょうがない　3 こいしい　4 もったいない

5 ここに書かれていることは本当だと（　　）います。

1 手伝って　2 褒(ほ)めて　3 守って　4 信じて

6 宣伝(せんでん)の直接的(ちょくせつてき)な（　　）はなにもなかった。

1 応援　2 価値　3 効果　4 成績

7 くつが（　　）足が痛いです。

1 きつくて　2 ぬるくて　3 まぶしくて　4 ゆるくて

8 お酒には穀物を（　　）とするものが多い。

1 基礎　2 原料　3 栄養　4 資源

9 ただ今、各列車とも（　　）運行しています。

1 丁寧(ていねい)に　2 立派(りっぱ)に　3 健康(けんこう)に　4 正常(せいじょう)に

10 わたしはそのクイズにはがきで（　　）しました。

1 予約(よやく)　2 応募(おうぼ)　3 交流(こうりゅう)　4 注文(ちゅうもん)

답 1③ 2④ 3③ 4④ 5④ 6③ 7① 8② 9④ 10②

2 문맥규정 기출어휘 2015~2010

2015년부터 2010년까지 N3 문맥규정에 출제된 어휘를 정리했다.

2015

□ 編(あ)む 엮다, 뜨다
□ 香(かお)り 향기
□ キャンセル 취소
□ 順番(じゅんばん) 순번, 차례
□ 戦(たたか)う 싸우다, 전투하다
□ 防(ふせ)ぐ 방어하다, 막다
□ 破(やぶ)れる 찢어지다, 깨지다
□ 割合(わりあい) 비율
□ 栄養(えいよう) 영양
□ 隠(かく)す 감추다, 숨기다
□ 興味(きょうみ) 흥미
□ そっくり 꼭 닮음
□ 発表(はっぴょう) 발표
□ 守(まも)る 지키다
□ リサイクル 리사이클, 재활용
□ 演奏(えんそう) 연주
□ 観察(かんさつ) 관찰
□ 盛(さか)んだ 번창하다
□ 代表的(だいひょうてき)だ 대표적이다
□ ぴったり 딱 들어 맞음
□ 文句(もんく) 불평, 불만
□ 料金(りょうきん) 요금

2014

□ あきる 질리다, 싫증나다
□ お祝(いわ)い 축하, 축하선물
□ 記念(きねん) 기념
□ 合計(ごうけい) 합계
□ 積極的(せっきょくてき)だ 적극적이다
□ パンフレット 팸플릿, 소책자
□ 方法(ほうほう) 방법
□ 分(わ)ける 나누다, 분배하다
□ 穴(あな) 구멍
□ 我慢(がまん) 참음
□ くせ 버릇, 습관
□ 覚(さ)める 깨다, 눈이 뜨이다
□ テーマ 테마
□ ぶつける 부딪치다, 맞부딪치다
□ 目標(もくひょう) 목표
□ 印象(いんしょう) 인상
□ 間隔(かんかく) 간격
□ 悔(くや)しい 분하다
□ 資源(しげん) 자원
□ 当日(とうじつ) 당일
□ ふらふら 비틀비틀
□ ～料(りょう) ~료

2013

- □ うわさ 소문
- □ 追(お)いつく 따라잡다
- □ おかしい 이상하다
- □ おぼれる 빠지다
- □ 主(おも)に 주로
- □ かわく 마르다, 건조하다
- □ 交換(こうかん) 교환
- □ 材料(ざいりょう) 재료
- □ 自慢(じまん) 자랑
- □ 渋滞(じゅうたい) 정체, 밀림
- □ たたむ 접다, 개다
- □ たつ (시간, 세월이) 지나다
- □ 調子(ちょうし) 상태, 컨디션
- □ 閉(と)じる 닫다, (눈을) 감다
- □ 突然(とつぜん) 돌연, 갑자기
- □ なるべく 가능한 한, 되도록
- □ 引(ひ)き受(う)ける (일, 역할을) 떠맡다
- □ 不安(ふあん) 불안
- □ 物価(ぶっか) 물가
- □ 別々(べつべつ) 따로따로, 각각
- □ ゆるい 헐렁하다, 느슨하다
- □ リサイクル 리사이클, 재활용

2012

- □ 意志(いし) 의지
- □ 応援(おうえん) 응원
- □ 起(お)きる 기상하다, 발생하다
- □ 外食(がいしょく) 외식
- □ がっかり 실망, 낙담하는 모양
- □ 片方(かたほう) 한 쪽, 한 짝
- □ カバー 덮개
- □ 枯(か)れる 마르다, 시들다
- □ 期待(きたい) 기대
- □ ～差(さ) ~차
- □ しつこい 끈질기다
- □ 自動的(じどうてき)に 자동적으로
- □ セット 조절, 세트
- □ 想像(そうぞう) 상상
- □ 代金(だいきん) 대금
- □ 流(なが)れ 흐름
- □ なつかしい 그립다
- □ 延(の)ばす 연기하다, 연장하다
- □ ヒント 힌트
- □ 振(ふ)る 흔들다
- □ むく 벗기다, 까다
- □ 別(わか)れる 헤어지다, 작별하다

2011

- □ 合(あ)わせる 맞추다, (마음을) 합치다
- □ インタビュー 인터뷰
- □ 影響(えいきょう) 영향
- □ カーブ 커브
- □ かかる (병에) 걸리다
- □ からから 바싹 마른 모양
- □ さっそく 즉시
- □ ～産(さん) (지역, 나라) ~산
- □ しっかり 꽉, 단단히
- □ 主張(しゅちょう) 주장
- □ 出張(しゅっちょう) 출장
- □ 冗談(じょうだん) 농담
- □ 清潔(せいけつ)だ 청결하다
- □ 整理(せいり) 정리
- □ 前後(ぜんご) 전후
- □ ためる (돈을) 모으다
- □ 流(なが)れる 흐르다
- □ 複雑(ふくざつ)だ 복잡하다
- □ 不満(ふまん) 불만
- □ ぶらぶら 어슬렁어슬렁, 빈둥빈둥
- □ 申込書(もうしこみしょ) 신청서
- □ 両替(りょうがえ) 환전

2010

- □ 扱(あつか)う 취급하다
- □ あわ 거품
- □ うっかり 깜박, 멍청히
- □ カタログ 카탈로그
- □ 感(かん)じ 느낌
- □ 感動(かんどう) 감동
- □ 希望(きぼう) 희망
- □ キャンセル 취소, 캔슬
- □ 最新(さいしん) 최신
- □ しばらく 한동안, 오랫동안
- □ しばる 묶다
- □ しまう 안에 넣다, 치우다
- □ 全(ぜん)～ 전～
- □ 体力(たいりょく) 체력
- □ どきどき 두근두근
- □ ノック 노크
- □ 早(はや)めに 빨리, 일찌감치
- □ 半日(はんにち) 반일, 한나절
- □ 迷(まよ)う 망설이다, (길을) 헤매다
- □ ～向(む)き ~향
- □ 家賃(やちん) 집세
- □ りっぱだ 훌륭하다

1 기출어휘 확인문제 문맥규정 / 10

問題3 (　　　) に入れるのに最もよいものを、1・2・3・4から一つえらびなさい。

1 秋に新製品を（　　　）する予定です。

1 発見　　2 発表　　3 発展　　4 発生

2 わたしの（　　　）はオリンピックで金(きん)メダルを取ることです。

1 目標(もくひょう)　　2 効果(こうか)　　3 予報(よほう)　　4 投票(とうひょう)

3 私たちは皆(みな)、（　　　）の飲み物を注文(ちゅうもん)した。

1 続々(ぞくぞく)　　2 順々(じゅんじゅん)　　3 次々(つぎつぎ)　　4 別々(べつべつ)

4 コンサートの参加者は（　　　）学生だった。

1 なかなか　　2 かならず　　3 おもに　　4 じゅうぶん

5 遊具(ゆうぐ)から（　　　）を得て新製品を開発(かいはつ)した。

1 ライト　　2 カーブ　　3 ヒント　　4 セット

6 監督(かんとく)を続けたい（　　　）はあるが健康(けんこう)に自信(じしん)がない。

1 意識　　2 意志　　3 目的　　4 目標

7 わたしは大阪(おおさか)への（　　　）を命(めい)じられた。

1 注文　　2 注目　　3 出張　　4 主張

8 セミナーに参加したい人は、（　　　）に住所、氏名、希望日(きぼうび)を記入(きにゅう)してください。

1 参考書(さんこうしょ)　　2 証明書(しょうめいしょ)　　3 領収書(りょうしゅうしょ)　　4 申込書(もうしこみしょ)

9 （　　　）がグラスからあふれた。

1 ひも　　2 あわ　　3 なみだ　　4 すがた

10 新しい車を買うために、店で（　　　）をもらってきた。

1 オーダー　　2 セール　　3 カタログ　　4 レシート

답 1② 2① 3④ 4③ 5③ 6② 7③ 8④ 9② 10③

問題3 （　　）に入れるのに最もよいものを、１・２・３・４から一つえらびなさい。

1 （　　）ひとつ言わずに30年間働いてくれて感謝しています。

1 うそ　2 うわさ　3 宣伝　4 文句

2 弟は寝ても（　　）サッカーのことばかり考えている。

1 とめても　2 さめても　3 とじても　4 ためても

3 やせてズボンが（　　）なった。

1 えらく　2 あわく　3 ゆるく　4 だるく

4 わたしはいつも目を（　　）、深呼吸(しんこきゅう)をする手軽(てがる)な方法でストレスを軽減(けいげん)させている。

1 やめて　2 とめて　3 さげて　4 とじて

5 その歌を聞くと（　　）故郷(こきょう)のことを思い出す。

1 なつかしい　2 あやしい　3 おそろしい　4 すばらしい

6 駅で友だちと（　　）家に帰りました。

1 あふれて　2 おぼれて　3 はずれて　4 わかれて

7 田中(たなか)さんは、よく（　　）を言う面白(おもしろ)い人です。

1 冗談(じょうだん)　2 文句(もんく)　3 感想(かんそう)　4 希望(きぼう)

8 この計算(けいさん)は（　　）なので、コンピューターを使っても時間がかかる。

1 重大(じゅうだい)　2 正常(せいじょう)　3 複雑(ふくざつ)　4 意外(いがい)

9 玄関(げんかん)のドアを（　　）する音が聞こえる。

1 マーク　2 チェック　3 インク　4 ノック

10 山田(やまだ)さんの服装(ふくそう)は、とても上品な（　　）がします。

1 感(かん)じ　2 考(かんが)え　3 気分(きぶん)　4 関心(かんしん)

답 1④ 2② 3③ 4④ 5① 6④ 7① 8③ 9④ 10①

3 기출어휘 확인문제 문맥규정 / 10

問題3 （　　）に入れるのに最もよいものを、1・2・3・4から一つえらびなさい。

1 番号札を取って、（　　）を待ってください。

1 順番　2 順調　3 調子　4 調節

2 今日の話の（　　）は愛です。

1 メリット　2 ドラマ　3 テーマ　4 セミナー

3 人間(にんげん)の性格を血液型(けつえきがた)のタイプに（　　）説明(せつめい)することはおかしい。

1 のせて　2 かれて　3 ためて　4 わけて

4 セーターを（　　）箱(はこ)に入れてください。

1 むすんで　2 たたんで　3 まげて　4 しめて

5 いつも買ってくれてるから、このトマトの（　　）は要らないよ。

1 家賃(やちん)　2 資源(しげん)　3 会費(かいひ)　4 代金(だいきん)

6 母は朝（　　）から夜寝(よるね)るまで文句(もんく)を言っている。

1 起(お)きて　2 磨(みが)いて　3 あきて　4 とじて

7 電話局(でんわきょく)に電話をして聞いたら、（　　）番号を調(しら)べてくれた。

1 ずいぶん　2 さっそく　3 なるべく　4 まもなく

8 このオレンジは日本（　　）です。

1 産(さん)　2 製(せい)　3 作(さく)　4 品(ひん)

9 この本は（　　）で読めます。

1 半日(はんにち)　2 先日(せんじつ)　3 半分(はんぶん)　4 先週(せんしゅう)

10 このあたりでアパートを借(か)りるには、毎月の（　　）として5万円必要(ひつよう)だ。

1 会費(かいひ)　2 代金(だいきん)　3 価格(かかく)　4 家賃(やちん)

답 1① 2③ 3④ 4② 5④ 6① 7② 8① 9① 10④

4 기출어휘 확인문제 문맥규정 / 10

問題３（　　　）に入れるのに最もよいものを、１・２・３・４から一つえらびなさい。

1 万一の時には自分でしっかり自分の身を（　　　）。

1 まぜる　2 まなぶ　3 まげる　4 まもる

2 彼らは道路に２メートルの（　　　）を掘(ほ)った。

1 いわ　2 ふた　3 きず　4 あな

3 家族みんなで新年の（　　　）をしました。

1 おみまい　2 おいわい　3 おれい　4 おまつり

4 先に出発した父にやっと（　　　）。

1 おいついた　2 とおりすぎた　3 ひきうけた　4 うちあわせた

5 またくつ下の（　　　）に穴(あな)があいてしまった。

1 大方(おおかた)　2 他方(たほう)　3 片方(かたほう)　4 一方(いっぽう)

6 母はときどきわたしの子育(こそだ)てを（　　　）してくれる。

1 感動(かんどう)　2 応援(おうえん)　3 歓迎(かんげい)　4 期待(きたい)

7 彼は飛(と)ばしすぎていて（　　　）を曲がり切れずにガードレールにぶつかった。

1 エネルギー　2 セット　3 スケート　4 カーブ

8 優勝(ゆうしょう)した選手(せんしゅ)に（　　　）をして記事を書いた。

1 スピーチ　2 インタビュー　3 メッセージ　4 コミュニケーション

9 わたしたちの学校では遅刻３回を欠席１回として（　　　）いる。

1 ことわって　2 うしなって　3 あつかって　4 あたえて

10 テストを始めますから、辞書はかばんの中に（　　　）ください。

1 たたんで　2 しまって　3 とじて　4 ためて

답 1④ 2④ 3② 4① 5③ 6② 7④ 8② 9③ 10②

問題３（　　　）に入れるのに最もよいものを、1・2・3・4から一つえらびなさい。

1 子どもはお菓子(かし)が欲しいと母親に（　　　）言った。

1 きびしく　2 しつこく　3 くわしく　4 こまかく

2 デパートで買い物をしたら（　　　）5万円以上にもなった。

1 合計　2 制限　3 合宿　4 制服

3 山田(やまだ)先生と連絡(れんらく)をとる（　　　）がありますか。

1 方法　2 方向　3 予約　4 予習

4 子どもがプールで（　　　）という事故が多い。

1 かれる　2 あきる　3 おぼれる　4 ぶつける

5 ドアを開けると、明(あ)かりは（　　　）につきます。

1 受動的　2 自動的　3 一般的　4 絶対的

6 台風のため試合を翌日(よくじつ)に（　　　）。

1 ながす　2 くらす　3 のばす　4 はなす

7 ホテルで円を韓国のウォンに（　　　）してもらった。

1 両替　2 両側　3 両面　4 両方

8 父はやっとわたしの（　　　）を受け入れてくれた。

1 命令(めいれい)　2 返信(へんしん)　3 主張(しゅちょう)　4 注文(ちゅうもん)

9 （　　　）生徒が体育館に集まった。

1 再　2 全　3 名　4 半

10 日本の若者(わかもの)の（　　　）のファッションを知りたい。

1 最中　2 最多　3 最新　4 最大

답 1② 2① 3① 4③ 5② 6③ 7① 8③ 9② 10③

6 기출어휘 확인문제 문맥규정 / 10

問題 3 （　　）に入れるのに最もよいものを、1・2・3・4から一つえらびなさい。

1 これはスペインの（　　）な家庭料理です。

1 定期的　2 絶対的　3 一方的　4 代表的

2 あんなに頑張ったのに試験に落ちて（　　）。

1 まぶしい　2 くやしい　3 こいしい　4 うらやましい

3 彼女は地域のボランティア活動に（　　）に参加している。

1 比較的　2 感情的　3 一般的　4 積極的

4 母にケーキの（　　）と作り方を教えてもらった。

1 成分　2 材料　3 仲間　4 部品

5 （　　）のどをうるおすにはビールがいちばんです。

1 かわいた　2 すいた　3 ぬれた　4 おぼれた

6 お客さんが見えなくなるまで手を（　　）見送ります。

1 にぎって　2 さわって　3 かこんで　4 ふって

7 事故（　　）の状況をくわしく話してもらえませんか。

1 前年　2 前半　3 前後　4 前面

8 近所の人と力を（　　）火事を消す。

1 あわせて　2 ながめて　3 ためて　4 あつかって

9 みんなが世界の平和を（　　）している。

1 希望　2 目標　3 意識　4 理想

10 要らない新聞や雑誌を重ねて、ひもで（　　）捨てた。

1 かこんで　2 しめて　3 あんで　4 しばって

답 1④ 2② 3④ 4② 5① 6④ 7③ 8① 9① 10④

7 기출어휘 확인문제 문맥규정 / 10

問題３ （　　　）に入れるのに最もよいものを、１・２・３・４から一つえらびなさい。

1 インスタント食品ばかりでは（　　　）にならない。

1 作法　2 節約　3 栄養　4 材料

2 あかんぼうが机(つくえ)のかどに頭を（　　　）泣(な)く。

1 うばって　2 にぎって　3 はなして　4 ぶつけて

3 オーストラリアは天然(てんねん)（　　　）に恵(めぐ)まれている。

1 貴重(きちょう)　2 秘密(ひみつ)　3 資源(しげん)　4 満点(まんてん)

4 ぼくが（　　　）できることと言えば足が速いことくらいだ。

1 自慢(じまん)　2 我慢(がまん)　3 評価(ひょうか)　4 評判(ひょうばん)

5 国道１号線は事故のため８キロ（　　　）している。

1 集中(しゅうちゅう)　2 故障(こしょう)　3 運休(うんきゅう)　4 渋滞(じゅうたい)

6 コートに（　　　）をかけてたんすにしまった。

1 マスク　2 ケース　3 オーバー　4 カバー

7 学生たちの服装(ふくそう)は明らかにファッション雑誌(ざっし)の（　　　）を受けている。

1 条件(じょうけん)　2 面倒(めんどう)　3 影響(えいきょう)　4 内緒(ないしょ)

8 将来(しょうらい)のために、お金を（　　　）います。

1 のせて　2 ためて　3 くわえて　4 かさねて

9 （　　　）彼(かれ)には会っていません。

1 まもなく　2 ただちに　3 しばらく　4 それなら

10 急に用事ができたので、レストランの予約(よやく)を（　　　）した。

1 カット　2 キャンセル　3 オーダー　4 チェックアウト

답 1③ 2④ 3③ 4① 5④ 6④ 7③ 8② 9③ 10②

8 기출어휘 확인문제 문맥규정 / 10

問題３（　　）に入れるのに最もよいものを、１・２・３・４から一つえらびなさい。

1 母が部屋に入ってきたので急いで漫画本を（　　）。

1 かくした　2 のばした　3 くらした　4 すごした

2 バスは10分（　　）で発車(はっしゃ)します。

1 規則(きそく)　2 普段(ふだん)　3 間隔(かんかく)　4 共通(きょうつう)

3 この応募者(おうぼしゃ)は（　　）がうすくてよく覚(おぼ)えていない。

1 購読(こうどく)　2 過去(かこ)　3 経由(けいゆ)　4 印象(いんしょう)

4 勤(つと)めてまだ２年しか（　　）いない。

1 のびて　2 たって　3 かわって　4 おって

5 彼女の様子(ようす)が（　　）のが心配だ。

1 まずしい　2 しつこい　3 おかしい　4 きびしい

6 100年後の未来を（　　）してみてください。

1 想像(そうぞう)　2 縮小(しゅくしょう)　3 確認(かくにん)　4 観察(かんさつ)

7 外(はず)れないようにねじを（　　）しめてください。

1 のんびり　2 がっかり　3 はっきり　4 しっかり

8 引(ひ)っ越(こ)し後(ご)の荷物(にもつ)の（　　）に１日かかった。

1 整理(せいり)　2 指導(しどう)　3 断定(だんてい)　4 募集(ぼしゅう)

9 種類(しゅるい)が多くてどれを買おうか（　　）しまう。

1 あわてて　2 はかって　3 つかれて　4 まよって

10 わたしの部屋は東（　　）だ。

1 向(む)き　2 沿(ぞ)い　3 込(こ)み　4 建(だ)て

답 1① 2③ 3④ 4② 5③ 6① 7④ 8① 9④ 10①

9 기출어휘 확인문제 문맥규정 / 10

問題３（　　　）に入れるのに最もよいものを、１・２・３・４から一つえらびなさい。

1 この学校は２対１の（　　　）で女子生徒が多い。

1 分解　　2 割合　　3 比較　　4 間隔

2 いつもの（　　　）でわたしはつい息子たちの会話に口をはさんでしまった。

1 くせ　　2 むき　　3 せい　　4 わけ

3 眠いのを（　　　）して一生懸命勉強した。

1 我慢　　2 自慢　　3 目標　　4 目的

4 今朝からおなかの（　　　）がおかしい。

1 感覚　　2 感心　　3 調子　　4 調査

5 この機械を新しいものと（　　　）したい。

1 入力　　2 交換　　3 変化　　4 移動

6 バナナの皮を手で（　　　）。

1 ふせぐ　　2 はぶく　　3 むく　　4 ぬく

7 まずはプロジェクト全体の（　　　）を把握することが大切です。

1 ながれ　　2 みのり　　3 むかい　　4 みだし

8 その運動選手の額から汗が（　　　）いた。

1 しまって　　2 かかって　　3 おぼれて　　4 ながれて

9 マラソンに出るためにはもう少し（　　　）をつけないといけない。

1 体力　　2 分量　　3 配分　　4 動作

10 きのう映画を見たとき、（　　　）して泣いてしまった。

1 期待　　2 応援　　3 歓迎　　4 感動

답 1② 2① 3① 4③ 5② 6③ 7① 8④ 9① 10④

10 기출어휘 확인문제　문맥규정　/ 10

問題 3 (　　) に入れるのに最もよいものを、1・2・3・4から一つえらびなさい。

1 わたしは小さい頃は父親に (　　) で、だんだん母に似てきたそうです。

1 そっくり　2 しっかり　3 がっかり　4 はっきり

2 彼はよっぱらいみたいに (　　) と歩いて行った。

1 どきどき　2 ふらふら　3 ばらばら　4 がらがら

3 わたしたちは卒業 (　　) に桜(さくら)の木を植(う)えた。

1 再会　2 記念　3 内容　4 開館

4 (　　) 部屋の明(あ)かりが全部消(き)えた。

1 ずいぶん　2 さっそく　3 なるべく　4 とつぜん

5 (　　) すれば、ごみは少なくなります。

1 リサイクル　2 キャンセル　3 チェンジ　4 カット

6 世界的に有名なピアニストの演奏(えんそう)は (　　) どおりだった。

1 応援(おうえん)　2 期待(きたい)　3 感動(かんどう)　4 歓迎(かんげい)

7 ひさしぶりの (　　) はインドの本格的なカレーです。

1 正常　2 外出　3 通常　4 外食

8 山田(やまだ)さんは重い病気に (　　) います。

1 ためて　2 とまって　3 かかって　4 しまって

9 初(はじ)めてのスピーチなのですっかり上(あ)がってしまって (　　) した。

1 からから　2 どきどき　3 ぶらぶら　4 うろうろ

10 急いでいたので、(　　) 違(ちが)うバスに乗ってしまった。

1 ぐっすり　2 がっかり　3 うっかり　4 ぴったり

답 1① 2② 3② 4④ 5① 6② 7④ 8③ 9② 10③

04 問題4 유의표현 공략하기

문제유형 완전분석

問題4는 유의표현 문제이다. 밑줄 친 어휘와 가장 가까운 뜻의 어휘를 고르는 것으로, 5문제가 출제된다. 선택지는 쉬운 어휘, 쉽게 풀어 쓴 어휘, 한자어를 가타카나로 쓴 것 등이 제시된다. 밑줄 친 어휘와 선택지 모두 의미를 알아야 하므로, 비슷한 뜻을 가진 어휘를 묶어서 학습하도록 하자.

문제 유형 예시

問題 4 ＿＿＿＿＿に意味が最も近いものを、１・２・３・４から一つえらびなさい。

26 水の表面(ひょうめん)が<u>かがやいて</u>います。

1 止(と)まって　　2 揺(ゆ)れて　　3 汚(よご)れて　　4 光(ひか)って

27 その知らせを聞いたとき、わたしはとても<u>がっかりした</u>。

1 残念(ざんねん)だと思(おも)った　　2 うれしかった

3 驚(おどろ)いた　　4 安心(あんしん)した

2 유의표현 기출어휘 2024~2016

2024년부터 2016년까지 N3 유의표현에 출제된 어휘를 정리했다.

2024

□ 一流(いちりゅう) 일류	≒	素晴(すば)らしい 훌륭하다, 멋지다
□ 売(う)り切(き)れました 품절되었다	≒	全部(ぜんぶ)売(う)れました 전부 팔렸다
□ カーブして 커브를 돌아	≒	曲(ま)がって 꺾어서, 돌아서
□ 企業(きぎょう) 기업	≒	会社(かいしゃ) 회사
□ 検討(けんとう)して 검토해서	≒	よく考(かんが)えて 잘 생각해서
□ さっそく 곧, 즉시	≒	すぐに 곧, 바로
□ 退屈(たいくつ) 따분함	≒	つまらない 재미없다
□ バックして 후진해서	≒	後(うし)ろに下(さ)がって 뒤로 물러나서
□ ゆるい 느슨하다, 헐렁하다	≒	大(おお)きい 크다
□ ようやく 겨우, 간신히	≒	やっと 겨우

2023

□ 案(あん) 안	≒	アイデア 아이디어
□ 暗記(あんき)する 암기하다	≒	覚(おぼ)える 외우다
□ 欠点(けってん) 결점	≒	よくないところ 좋지 않은 점
□ サイズ 사이즈	≒	大(おお)きさ 크기
□ だまっていた 입을 다물고 있었다	≒	話(はな)さなかった 말하지 않았다
□ 得意(とくい)だ 가장 잘하다	≒	とても上手(じょうず)だ 아주 잘하다
□ どならないで 호통치지 말고	≒	大声(おおごえ)で怒(おこ)らないで 큰 소리로 화내지 말고

- □ 配達(はいたつ)する 배달하다 ≒ 届(とど)ける 보내다
- □ 避難(ひなん)する 피난하다 ≒ にげる 피하다, 벗어나다
- □ ベストだ 최선이다 ≒ 最(もっと)もよい 가장 좋다

2022

- □ あたえる 주다 ≒ あげる 주다
- □ おい 조카 ≒ 姉(あね)の息子(むすこ) 언니(누나)의 아들
- □ グラウンド 그라운드, 운동장 ≒ 運動場(うんどうじょう) 운동장
- □ 詳(くわ)しい 상세하다 ≒ 細(こま)かい 자세하다
- □ 指定(してい)の 지정된 ≒ 決(き)められた 정해진
- □ ずいぶん 꽤 ≒ 非常(ひじょう)に 매우, 상당히
- □ スケジュール 스케줄 ≒ 予定(よてい) 예정
- □ 短気(たんき)だ 성급하다 ≒ すぐ怒(おこ)る 쉽게 화내다
- □ 不安(ふあん) 불안 ≒ 心配(しんぱい) 걱정
- □ ふだん 평소 ≒ いつも 항상

2021

- □ おしまい 끝 ≒ おわり 끝
- □ 学校(がっこう)をサボってしまった 학교를 빼먹고 말았다 ≒ 遊(あそ)びたくて学校(がっこう)を休(やす)んでしまった 놀고 싶어서 학교를 쉬고 말았다
- □ 機会(きかい) 기회 ≒ チャンス 찬스, 기회
- □ きつい 고되다 ≒ 大変(たいへん)だ 힘들다
- □ さまざまな 여러 가지 ≒ いろいろな 여러 가지
- □ 絶対(ぜったい)に 반드시, 꼭 ≒ かならず 반드시
- □ 退屈(たいくつ)だ 지루하다 ≒ つまらない 재미없다
- □ 納得(なっとく)した 납득했다 ≒ とてもよく分(わ)かった 아주 잘 알았다

□ ふれる 만지다	≒	触(さわ)る 만지다, 건드리다
□ 報告(ほうこく)する 보고하다	≒	知(し)らせる 통지하다, 알리다

2020

□ おこづかい 용돈	≒	お金(かね) 돈
□ 回収(かいしゅう)する 회수하다	≒	あつめる 모으다
□ 価格(かかく) 가격	≒	値段(ねだん) 값, 가격
□ めい 조카딸	≒	兄弟(きょうだい)の娘(むすめ) 형제의 딸
□ らくだ 쉽다	≒	簡単(かんたん)だ 간단하다

2019

□ おかしな 이상한	≒	変(へん)な 이상한
□ お腹(なか)がぺこぺこだ 배가 고프다	≒	お腹(なか)がすいている 배가 고프다
□ 感謝(かんしゃ) 감사	≒	お礼(れい) 사례
□ キッチン 키친	≒	台所(だいどころ) 부엌
□ 欠点(けってん) 결점	≒	よくないところ 좋지 않은 점
□ 済(す)ませる 끝내다, 마치다	≒	終(お)わらせる 끝내다
□ 整理(せいり)する 정리하다	≒	片(かた)づける 치우다
□ そのまま 그대로	≒	何(なに)も変(か)えないで 아무것도 바꾸지 않고
□ 黙(だま)って 말하지 않고	≒	何(なに)も話(はな)さないで 아무것도 말하지 않고
□ 不安(ふあん) 불안	≒	心配(しんぱい) 걱정

2018

□ 駆(か)けてきた 달려왔다	≒	走(はし)ってきた 달려왔다
□ 指導(しどう)する 지도하다	≒	教(おし)える 가르치다
□ しゃべらないで 수다떨지 말고	≒	話(はな)さないで 이야기하지 말고

□ 手段(しゅだん) 수단	≒	やり方(かた) 하는 법
□ 退屈(たいくつ)だ 지루하다	≒	つまらない 재미없다
□ 多少(たしょう) 다소, 약간	≒	ちょっと 조금
□ 団体(だんたい)で 단체로	≒	グループで 그룹으로
□ トレーニング 트레이닝	≒	練習(れんしゅう) 연습
□ ぺらぺらです 유창합니다	≒	上手(じょうず)に話(はな)せます 잘 말할 수 있습니다
□ ようやく 겨우, 간신히	≒	やっと 겨우

2017

□ あらゆる 모든, 온갖	≒	すべての 모든, 전부
□ おしまい 끝	≒	終(お)わり 끝
□ 逆(ぎゃく) 역, 반대	≒	反対(はんたい) 반대
□ 協力(きょうりょく)する 협력하다	≒	手伝(てつだ)う 돕다
□ 信(しん)じている 믿고 있다	≒	本当(ほんとう)だと思(おも)っている 진짜라고 생각하고 있다
□ スケジュール 스케줄	≒	予定(よてい) 예정
□ 絶対(ぜったい) 절대로	≒	必(かなら)ず 반드시
□ どなられた 혼났다, 야단 맞았다	≒	大声(おおごえ)で怒(おこ)られた 큰 소리로 혼났다
□ まぶしい 눈부시다	≒	明(あか)るすぎる 너무 밝다
□ 約(やく) 약	≒	だいたい 대개, 대략

2016

□ あまりました 남았습니다	≒	多(おお)すぎて残(のこ)りました 너무 많아서 남았습니다
□ 延期(えんき)になった 연기되었다	≒	後(あと)の別(べつ)の日(ひ)にやることになった 나중의 다른 날에 하게 되었다
□ 横断禁止(おうだんきんし)です 횡단 금지입니다	≒	渡(わた)ってはいけません 건너서는 안 됩니다
□ かがやく 빛나다	≒	光(ひか)る 빛나다
□ がっかりした 실망했다	≒	残念(ざんねん)だと思(おも)った 유감스럽게 생각했다
□ 決(き)まり 규칙	≒	規則(きそく) 규칙
□ 当然(とうぜん) 당연히	≒	もちろん 물론
□ 不安(ふあん)だ 불안하다	≒	心配(しんぱい)だ 걱정스럽다
□ まったく 전혀	≒	ぜんぜん 전연, 전혀
□ 学(まな)んでいる 배우고 있다	≒	勉強(べんきょう)している 공부하고 있다

memo

問題4 ＿＿＿に意味が最も近いものを、１・２・３・４から一つえらびなさい。

1 父からおこづかいをもらいました。

1 お菓子(かし)　2 お金(かね)　3 おもちゃ　4 おみやげ

2 安部(あべ)さんはだまっていました。

1 何も話さないで　2 何も食べないで　3 勉強しないで　4 寝ないで

3 部屋を整理した。

1 調べた　2 借りた　3 片付けた　4 直した

4 彼は目的達成(もくてきたっせい)には手段(しゅだん)を選(えら)ばない。

1 連絡(れんらく)　2 楽(たの)しみ　3 やり方(かた)　4 理由(りゆう)

5 そのテレビドラマは退屈(たいくつ)だった。

1 楽(たの)しかった　2 つまらなかった　3 忙(いそが)しかった　4 静(しず)かだった

6 食事代は約５千円だった。

1 だいたい５千円　2 ちょうど５千円　3 ５千円以上　4 ５千円以下

7 あすは絶対(ぜったい)来てください。

1 いつでも　2 すぐに　3 また　4 必ず

8 夜空(よぞら)に星(ほし)がかがやいています。

1 止(と)まって　2 揺(ゆ)れて　3 汚(よご)れて　4 光(ひか)って

9 パーティーの食べ物があまりました。

1 多すぎて残りました　2 少し足りませんでした
3 とてもおいしかったです　4 そんなにおいしくなかったです

10 彼はまったくお酒を飲みません。

1 あまり　2 ぜんぜん　3 まだ　4 もう

답 1 ② 2 ① 3 ③ 4 ③ 5 ② 6 ① 7 ④ 8 ④ 9 ① 10 ②

2 기출어휘 확인문제 유의표현 / 10

問題4 ＿＿に意味が最も近いものを、１・２・３・４から一つえらびなさい。

1 午後アンケートを回収（かいしゅう）します。
1 あつめます 2 おくります 3 わたします 4 すてます

2 公演前はみんな不安だった。
1 親切 2 上品 3 危険 4 心配

3 もしなにかあったら早めに報告してください。
1 頼んで 2 知らせて 3 たずねて 4 さがして

4 毎朝トレーニングをしている。
1 準備（じゅんび） 2 競争（きょうそう） 3 質問（しつもん） 4 練習（れんしゅう）

5 わたしは団体（だんたい）で行動（こうどう）した。
1 一人で 2 グループで 3 歩いて 4 タクシーで

6 川村（かわむら）さんも協力（きょうりょく）してください。
1 急（いそ）いで 2 決（き）めて 3 手伝（てつだ）って 4 がんばって

7 佐藤（さとう）さんにどなられた。
1 大声で笑われた 2 小声で笑われた 3 大声で怒られた 4 小声で怒られた

8 まぶしくて看板（かんばん）の字が読めません。
1 小さすぎて 2 暗すぎて 3 薄すぎて 4 明るすぎて

9 新生活（しんせいかつ）に不安は当然（とうぜん）あった。
1 いろいろ 2 少し 3 もちろん 4 いつも

10 今日のパーティーは延期（えんき）になった。
1 後の別の日にやることになった 2 始まるのが予定より早くなった
3 終わるのが予定より遅くなった 4 後の別の日に続けることになった

답 1① 2④ 3② 4④ 5② 6③ 7③ 8④ 9③ 10①

3 기출어휘 확인문제 유의표현 / 10

問題 4 ＿＿に意味が最も近いものを、1・2・3・4から一つえらびなさい。

1 野菜の価格が上がった。

1 結果　2 返事　3 都合　4 値段

2 先週、塾をサボってしまった。

1 遊びたくて塾をやめてしまった　2 遊びたくて塾を休んでしまった

3 病気になって塾をやめてしまった　4 病気になって塾を休んでしまった

3 リンゴ、ナシ、そのほかさまざまな種類のくだものがある。

1 とくべつな　2 すばらしい　3 あたらしい　4 いろいろな

4 原田さんに指導してもらった。

1 教えて　2 探して　3 調べて　4 決めて

5 彼女は日本語がぺらぺらです。

1 あまり書けません　2 上手に書けます　3 あまり話せません　4 上手に話せます

6 その馬は全速力で駆けてきた。

1 走って　2 登って　3 入って　4 集まって

7 彼はあらゆる機会を利用した。

1 一つの　2 すべての　3 難しい　4 簡単な

8 みな彼の話を信じている。

1 面白いと思っている　2 面白くないと思っている

3 本当だと思っている　4 本当じゃないと思っている

9 そのチームが負けたと知ってがっかりした。

1 残念だと思った　2 うれしかった　3 驚いた　4 安心した

10 ここではそういう決まりになっているんだ。

1 料金　2 技術　3 結果　4 規則

답 1④ 2② 3④ 4① 5④ 6① 7② 8③ 9① 10④

4 기출어휘 확인문제 유의표현 / 10

問題4 ＿＿に意味が最も近いものを、１・２・３・４から一つえらびなさい。

1 これは楽(らく)な仕事です。

1 大変(たいへん)　2 危険(きけん)　3 安全(あんぜん)　4 簡単(かんたん)

2 なべの中にはスープが多少(たしょう)残(のこ)っている。

1 とても　2 ちょっと　3 ときどき　4 いつも

3 あそこは横断禁止(おうだんきんし)です。

1 渡(わた)ってはいけません　2 座(すわ)ってはいけません
3 入(はい)ってはいけません　4 走(はし)ってはいけません

4 わたしのめいは外国に住んでいる。

1 両親(りょうしん)の兄　2 両親(りょうしん)の姉　3 兄弟の息子(むすこ)　4 兄弟の娘(むすめ)

5 彼の話はようやく終わった。

1 やっぱり　2 なぜか　3 やっと　4 とても

6 彼女は逆(ぎゃく)のほうに行ったよ。

1 反対(はんたい)　2 外(そと)　3 遠(とお)く　4 奥(おく)

7 テレビで日本語をまなんでいる。

1 紹介(しょうかい)している　2 たくさん飾(かざ)っている
3 勉強(べんきょう)している　4 たくさん持(も)っている

8 話はそれでおしまいです。

1 初(はじ)めて　2 終(お)わり　3 成功(せいこう)　4 簡単(かんたん)

9 急いで済ましてください。

1 使わせて　2 終わらせて　3 見せて　4 帰らせて

10 人から聞いた話をそのまま話しました。

1 何も変えないで　2 自分のことばで　3 急いで　4 少し後で

답 1④ 2② 3① 4④ 5③ 6① 7③ 8② 9② 10①

3 유의표현 기출어휘 2015~2010

2015년부터 2010년까지 N3 유의표현에 출제된 어휘를 정리했다.

2015

□ 相変(あいか)わらず 변함없이	≒	前(まえ)と同(おな)じで 전과 같이
□ 疑(うたが)っている 의심하고 있다	≒	本当(ほんとう)ではないかと思(おも)っている 진짜가 아닌가 하고 생각하고 있다
□ 機会(きかい) 기회	≒	チャンス 찬스, 기회
□ 次第(しだい)に 점점, 차츰	≒	少(すこ)しずつ 조금씩
□ 手段(しゅだん) 수단	≒	やり方(かた) 하는 법, 방법
□ すべて 모두	≒	全部(ぜんぶ) 전부
□ だまって 말을 하지 않고	≒	何(なに)も言(い)わずに 아무말도 하지 않고
□ 短気(たんき)だ 성질이 급하다	≒	すぐ怒(おこ)る 바로 화내다
□ 得意(とくい)な 잘하는	≒	上手(じょうず)にできる 능숙하게 할 수 있는
□ 配達(はいたつ)してもらった 배달받았다	≒	届(とど)けてもらった 보내 받았다

2014

□ あわてて 서둘러	≒	急(いそ)いだようすで 서두른 모습으로
□ 案(あん) 안, 생각	≒	アイデア 아이디어
□ おかしな 이상한	≒	変(へん)な 이상한
□ カーブする 굽다	≒	曲(ま)がる 굽다
□ きつい 고되다	≒	大変(たいへん)だ 힘들다
□ くたびれる 지치다	≒	つかれる 피로하다
□ さっき 아까, 조금 전	≒	少(すこ)し前(まえ)に 조금 전에

□ 指導(しどう)する 지도하다 ≒ 教(おし)える 가르치다

□ 経(た)つ (시간이) 지나다 ≒ 過(す)ぎる 지나다

□ 約(やく) 약 ≒ だいたい 대략, 대개

2013

□ 位置(いち) 위치 ≒ 場所(ばしょ) 장소

□ 売(う)り切(き)れる 다 팔리다, 매진되다 ≒ すべて売(う)れる 전부 팔리다

□ 回収(かいしゅう)する 회수하다 ≒ 集(あつ)める 모으다

□ キッチン 부엌 ≒ 台所(だいどころ) 부엌

□ このごろ 요즘 ≒ さいきん 최근

□ サイズ 사이즈 ≒ おおきさ 크기

□ しゃべる 지껄이다, 재잘거리다 ≒ 話(はな)す 이야기하다

□ 確(たし)かめる 확인하다 ≒ チェックする 확인하다

□ 注文(ちゅうもん)する 주문하다 ≒ たのむ 의뢰하다

□ わけ 이유 ≒ 理由(りゆう) 이유

2012

□ あきらめる 포기하다 ≒ やめる 그만두다

□ うばう 빼앗다 ≒ 取(と)る 빼앗다

□ 気(き)に入(い)っている 마음에 드는 ≒ 好(す)きな 좋아하는

□ 共通点(きょうつうてん) 공통점 ≒ 同(おな)じところ 같은 점

□ 整理(せいり)する 정리하다 ≒ 片(かた)づける 정리하다

□ 絶対(ぜったい)に 반드시, 절대로 ≒ かならず 반드시

□ そっと 가만히, 조용히 ≒ 静(しず)かに 조용히

□ ないしょにして 비밀로 하고 ≒ だれにも話(はな)さないで 아무에게도 말하지 않고

□ 年中(ねんじゅう) 항상, 늘 ≒ いつも 항상, 늘

□ まぶしい 눈부시다 ≒ 明(あか)るすぎる 너무 밝다

2011

□ おそろしい 무섭다 ≒ こわい 무섭다

□ 欠点(けってん) 결점 ≒ わるいところ 나쁜 점

□ さっき 아까, 조금 전 ≒ 少(すこ)し前(まえ)に 조금 전에

□ スケジュール 스케줄 ≒ 予定(よてい) 예정

□ 通勤(つうきん)する 통근하다 ≒ 仕事(しごと)に行(い)く 일하러 가다

□ 減(へ)る 줄다 ≒ 少(すく)なくなる 적어지다

□ やり直(なお)す 다시 하다 ≒ もう一度(いちど)やる 다시 한 번 하다

□ 翌年(よくねん) 익년, 다음해 ≒ 次(つぎ)の年(とし) 다음 해

□ 楽(らく)だ 편하다, 쉽다 ≒ 簡単(かんたん)だ 간단하다

□ わけ 이유, 사정 ≒ 理由(りゆう) 이유

2010

□ 明(あ)ける 끝나다 ≒ おわる 끝나다

□ 覚(おぼ)える 외우다 ≒ 暗記(あんき)する 암기하다

□ きつい 고되다, 심하다 ≒ 大変(たいへん)だ 힘들다

□ きまり 정해진 바, 규칙 ≒ 規則(きそく) 규칙

□ くたびれる 지치다, 피로하다 ≒ つかれる 피로하다

□ 混雑(こんざつ)している 혼잡하다 ≒ 客(きゃく)がたくさんいる 손님이 많이 있다

□ たまる (일이) 쌓이다 ≒ 残(のこ)る 남다

□ 短気(たんき)だ 성질이 급하다 ≒ すぐ怒(おこ)る 바로 화내다

□ 単純(たんじゅん)だ 단순하다 ≒ わかりやすい 알기 쉽다

□ まご 손자 ≒ 娘(むすめ)の息子(むすこ) 딸의 아들

1 기출어휘 확인문제　유의표현　　/ 10

問題 4 ＿＿に意味が最も近いものを、１・２・３・４から一つえらびなさい。

1 商品を家へ配達してもらった。

1 とどけて　　2 なげて　　3 のばして　　4 つなげて

2 おかしな夢(ゆめ)を見ました。

1 いろいろな　　2 大変(たいへん)な　　3 楽(らく)な　　4 変(へん)な

3 母は今キッチンにいます。

1 居間(いま)　　2 屋上(おくじょう)　　3 台所(だいどころ)　　4 部屋(へや)

4 どのくらいのサイズをお求(もと)めですか。

1 つよさ　　2 おおきさ　　3 たかさ　　4 ながさ

5 絶対(ぜったい)にその手紙を書いてください。

1 かならず　　2 さっそく　　3 いきなり　　4 もちろん

6 あきらめるのはまだ早い。

1 おきる　　2 おえる　　3 はじめる　　4 やめる

7 彼とはさっき話したばかりです。

1 少し前に　　2 たいぶ前に　　3 内緒(ないしょ)にして　　4 そっと

8 わたしは妻(つま)といっしょに通勤している。

1 勉強に行って　　2 仕事に行って　　3 散歩(さんぽ)に行って　　4 買い物に行って

9 難(むずか)しい漢字(かんじ)を苦労(くろう)して覚(おぼ)える。

1 忘(わす)れる　　2 書(か)く　　3 暗記(あんき)する　　4 読(よ)む

10 今回の仕事はとてもきつい。

1 おもしろい　　2 つまらない　　3 簡単(かんたん)だ　　4 大変(たいへん)だ

답 1 ①　2 ④　3 ③　4 ②　5 ①　6 ④　7 ①　8 ②　9 ③　10 ④

2 기출어휘 확인문제 유의표현 / 10

問題４ ＿＿＿に意味が最も近いものを、１・２・３・４から一つえらびなさい。

1 だまって人の話を聞いてください。

1 すぐ怒らずに　2 すぐ話さずに　3 何も言わずに　4 何も飲まずに

2 道はゆるやかに右にカーブしている。

1 さがって　2 さわって　3 まがって　4 まわって

3 冷蔵庫（れいぞうこ）を置く位置を教えてください。

1 地位（ちい）　2 地方（ちほう）　3 近所（きんじょ）　4 場所（ばしょ）

4 カレーライスを注文（ちゅうもん）しました。

1 たのみました　2 くわえました　3 おぼえました　4 かさねました

5 コンサートに行くこと、内緒（ないしょ）にしてください。

1 だれにもあげないで　2 だれかにあげて
3 だれにも話さないで　4 だれかに話して

6 事故（じこ）が息子（むすこ）の命（いのち）をうばった。

1 どなった　2 たまった　3 取（と）った　4 握（にぎ）った

7 発売した翌年（よくねん）には爆発的（ばくはつてき）にヒットした。

1 次々の年　2 次の年　3 前々の年　4 前の年

8 とてもおそろしい経験をしました。

1 はずかしい　2 たのしい　3 うれしい　4 こわい

9 服装（ふくそう）についてのきまりは特にありません。

1 規則（きそく）　2 秘密（ひみつ）　3 計画（けいかく）　4 連絡（れんらく）

10 今日はとてもくたびれた。

1 こまった　2 はずかしかった　3 つかれた　4 いそがしかった

답 1③ 2③ 3④ 4① 5③ 6③ 7② 8④ 9① 10③

問題4 ＿＿＿に意味が最も近いものを、１・２・３・４から一つえらびなさい。

1 この責任はすべてわたしにあります。

1 ほとんど　2 少し　3 全部　4 半分

2 学校では生徒(せいと)にもっと本を読むように指導(しどう)している。

1 おぼえて　2 おしえて　3 はずれて　4 ながれて

3 アンケートの用紙を回収(かいしゅう)しました。

1 あつめました　2 しまいました　3 むすびました　4 かえました

4 答えを確(たし)かめてから出してください。

1 カバーして　2 オーバーして　3 ヒントして　4 チェックして

5 あかちゃんが目をさまさないようにそっと歩いてください。

1 きれいに　2 しずかに　3 単純(たんじゅん)に　4 簡単(かんたん)に

6 このドラマの中で一番気に入っているエピソードは何ですか。

1 清潔(せいけつ)な　2 きれいな　3 すきな　4 きらいな

7 手紙より電話で連絡(れんらく)するほうが楽(らく)だ。

1 たのしい　2 うれしい　3 簡単(かんたん)だ　4 短気(たんき)だ

8 先生にわけを話した。

1 理由(りゆう)　2 秘密(ひみつ)　3 ルール　4 アイデア

9 仕事がたまっている。

1 ほとんど無(な)くなっている　2 だいぶ片(かた)づいている
3 順調(じゅんちょう)に進(すす)んでいる　4 たくさん残(のこ)っている

10 休みが明けたら、また連絡(れんらく)します。

1 きまったら　2 おわったら　3 とれたら　4 はじまったら

답 1③ 2② 3① 4④ 5② 6③ 7③ 8① 9④ 10②

問題４ ＿＿に意味が最も近いものを、１・２・３・４から一つえらびなさい。

1 最後の手段としては人員削減(さくげん)もありうる。

1 乗り気　2 乗り物　3 やる気　4 やり方

2 まだそれほど時間はたっていない。

1 すぎて　2 あきて　3 くんで　4 はえて

3 森(もり)さんは会社に遅れそうになってあわてて家を出た。

1 がっかりしたようすで　2 急いだようすで
3 困ったようすで　4 疲れたようすで

4 このごろあまり食欲(しょくよく)がない。

1 最初(さいしょ)　2 最後(さいご)　3 最近(さいきん)　4 最新(さいしん)

5 彼は年中(ねんじゅう)いそがしい。

1 ときどき　2 ほとんど　3 たまに　4 いつも

6 われわれには共通点が多い。

1 ちがうところ　2 おなじところ　3 わるいところ　4 よいところ

7 すべてスケジュールどおりに行った。

1 希望(きぼう)　2 目的(もくてき)　3 期待(きたい)　4 予定(よてい)

8 最近、この川は水がへった気がします。

1 多くなった　2 きれいになった　3 少なくなった　4 きたなくなった

9 彼(かれ)は短気だ。

1 すぐ泣(な)く　2 すぐ怒(おこ)る　3 すぐ驚(おどろ)く　4 すぐ笑(わら)う

10 この店はいつも混雑(こんざつ)している。

1 客(きゃく)がたくさんいる　2 品物(しなもの)がたくさんある
3 客(きゃく)があまりいない　4 品物(しなもの)があまりない

답 1④ 2① 3② 4③ 5④ 6② 7④ 8③ 9② 10①

5 기출어휘 확인문제 유의표현 / 10

問題4 ＿＿に意味が最も近いものを、1・2・3・4から一つえらびなさい。

1 時間の経過とともに痛みも次第によくなると思われます。

1 少しでも　2 少しずつ　3 少しあとで　4 少しまえに

2 駅まで歩いて約10分ほどだ。

1 たぶん　2 つまり　3 たいへん　4 だいたい

3 インターネットを安く使うなら、いい案(あん)があるよ。

1 サービス　2 プラン　3 アイデア　4 イメージ

4 うっかり先生の前でまずいことをしゃべってしまった。

1 聞いて　2 話して　3 どなって　4 きれて

5 太陽(たいよう)がまぶしい。

1 明(あか)るすぎる　2 暗(くら)すぎる　3 少し明(あか)るい　4 少し暗(くら)い

6 このファイルを整理(せいり)してください。

1 あきらめて　2 かたづけて　3 たずねて　4 くらべて

7 彼の最大の欠点はすぐにあきらめることだ。

1 わるいところ　2 きついところ　3 大変(たいへん)なところ　4 単純(たんじゅん)なところ

8 実験(じっけん)がうまくいかなかったので、やりなおした。

1 やり方を調べた　2 もう一度やった

3 やり方を教わった　4 やるのを途中(とちゅう)でやめた

9 きのうまごが遊(あそ)びに来た。

1 むすめのいとこ　2 子どもの兄(あに)　3 むすめのむすこ　4 子どもの姉(あね)

10 このスポーツのルールは単純(たんじゅん)だ。

1 あまり知られていない　2 わかりにくい

3 よく知られている　4 わかりやすい

답 1② 2④ 3③ 4② 5① 6② 7① 8② 9③ 10④

05 問題5 용법 공략하기

1 문제유형 완전분석

問題5는 용법 문제이다. 제시된 어휘의 올바른 쓰임을 묻는 것으로, 5문제가 출제된다. 제시된 어휘가 문장 속에서 어떻게 쓰이는지 이해하려면 품사를 파악하는 것이 중요하다. 특히 명사와 な형용사의 구분에 주의해서 학습하자.

문제 유형 예시

問題 5　つぎのことばの使い方として最もよいものを、1・2・3・4から一つえらびなさい。

31 急

1 この料理は電子レンジを使って急にできるので、とても簡単(かんたん)だ。

2 あと10分で電車が出発してしまうので、急に駅に向(む)かった。

3 部屋(へや)から急に人が飛(と)び出(だ)してきたので、ぶつかりそうになった。

4 新しいゲームを買ったので、家に帰って急にやってみた。

32 沸騰(ふっとう)

1 今日は朝からどんどん暑くなり、昼には気温(きおん)が沸騰(ふっとう)した。

2 鍋(なべ)のお湯(ゆ)が沸騰(ふっとう)したら、とうふを入れて火を少し弱くしてください。

3 昼ごろから具合(ぐあい)が悪(わる)くなり、夕方熱(ねつ)が沸騰(ふっとう)したので病院(びょういん)へ行った。

4 このストーブは沸騰(ふっとう)するのが早いので、すぐに部屋(へや)が暖(あたた)かくなる。

2 용법 기출어휘 2024~2016

2024년부터 2016년까지 N3 용법에 출제된 어휘를 정리하였다.

2024

□ あわてる 당황하다, 서두르다
□ 落ち着く(おちつく) 진정하다, 차분하다
□ 活動(かつどう) 활동
□ 完成(かんせい) 완성
□ ぐっすり 푹
□ 実物(じつぶつ) 실물
□ 性格(せいかく) 성격
□ 知識(ちしき) 지식
□ 内容(ないよう) 내용
□ ひびく 퍼지다

2023

□ 共通(きょうつう) 공통
□ 交流(こうりゅう) 교류
□ 渋滞(じゅうたい) 정체
□ 診察(しんさつ) 진찰
□ 進歩する(しんぽする) 진보하다
□ 詰める(つめる) 채우다, 담다
□ 取り消す(とりけす) 취소하다
□ にこにこ 생긋생긋
□ 話しかける(はなしかける) 말을 걸다
□ 行き先(ゆきさき) 행선지, 목적지

2022

□ 諦める(あきらめる) 단념하다
□ 異常だ(いじょうだ) 이상하다, 정상이 아니다
□ 重なる(かさなる) 겹치다
□ 原料(げんりょう) 원료
□ 盛んだ(さかんだ) 왕성하다
□ 参加(さんか) 참가
□ 整理(せいり) 정리
□ だく 안다
□ 通り過ぎる(とおりすぎる) 지나치다
□ 発展(はってん) 발전

2021

- □ 追(お)い抜(ぬ)く 앞지르다, 추월하다
- □ オーバー 초과
- □ 欠点(けってん) 결점
- □ 支給(しきゅう) 지급
- □ 親(した)しい 친하다
- □ 集合(しゅうごう) 집합
- □ だるい 나른하다
- □ 中古(ちゅうこ) 중고
- □ 詰(つ)める 채워 넣다
- □ 見本(みほん) 견본

2020

- □ 栄養(えいよう) 영양
- □ 気(き)づく 알아채다, 깨닫다
- □ 滞在(たいざい) 체재, 체류
- □ ふらふら 휘청휘청, 흔들흔들
- □ 割引(わりびき) 할인

2019

- □ お互(たが)いに 서로
- □ 落(お)ち着(つ)く 진정되다, 안정되다
- □ かき混(ま)ぜる 뒤섞다
- □ 健康(けんこう) 건강함
- □ 参加(さんか) 참가
- □ 中旬(ちゅうじゅん) 중순
- □ 発生(はっせい) 발생
- □ 報告(ほうこく) 보고
- □ ほえる 짖다
- □ 満員(まんいん) 만원

2018

- □ 埋(う)める 묻다, 메우다
- □ 延期(えんき) 연기
- □ 追(お)いつく 따라잡다
- □ 活動(かつどう) 활동
- □ 距離(きょり) 거리
- □ 区別(くべつ) 구별
- □ 建築(けんちく) 건축
- □ 盛(さか)ん 성함, 번창함
- □ 重大(じゅうだい) 중대함
- □ 知(し)り合(あ)う 서로 알게 되다

2017

□ 受け取る(うけとる) 수취하다, 받다
□ かれる 마르다, 시들다
□ 減少(げんしょう) 감소
□ 断る(ことわる) 거절하다
□ 滞在(たいざい) 체재, 체류
□ 中古(ちゅうこ) 중고
□ どきどき 두근두근, 울렁울렁
□ 引き受ける(ひきうける) 떠맡다
□ 分類(ぶんるい) 분류
□ 身につける(みにつける) 익히다, 습득하다

2016

□ 空(から) 빔, 공
□ 急(きゅう) 급함, 갑작스러움
□ 出張(しゅっちょう) 출장
□ 消費(しょうひ) 소비
□ 性格(せいかく) 성격
□ 慰める(なぐさめる) 위로하다, 달래다
□ 似合う(にあう) 어울리다, 잘 맞다
□ 沸騰(ふっとう) 끓어오름, 비등
□ 募集(ぼしゅう) 모집
□ 曲げる(まげる) 굽히다, 구부리다

memo

1 기출어휘 확인문제 용법 / 5

問題 5 つぎのことばの使い方として最もよいものを、1・2・3・4から一つえらびなさい。

1 割引

1 その市の人口は10年間で20万人から18万人に割引された。

2 あの店にこのクーポンを持っていけば500円割引になる。

3 山田(やまだ)さんは軽い割引でその仕事を引き受けた。

4 つまが髪を割引したのに中村(なかむら)さんは気づかなかった。

2 オーバー

1 中央線(ちゅうおうせん)で30分程度(ていど)のオーバーが発生している。

2 その講義(こうぎ)は予定の時間をはるかにオーバーした。

3 父が亡くなってから５年がオーバーした。

4 このセミナの参加者は前回に比べ30パーセントオーバーした。

3 消費(しょうひ)

1 日ごろからこまめに運動(うんどう)してカロリーの消費(しょうひ)に努(つと)めている。

2 一度消費(しょうひ)されたデータは復元(ふくげん)できませんのでご注意(ちゅうい)ください。

3 山本(やまもと)さんは多忙(たぼう)なスケジュールを予定どおり消費(しょうひ)している。

4 この問題の消費(しょうひ)をあやまると私は苦(くる)しい立場(たちば)になる。

4 追(お)いつく

1 その棚(たな)は高い所にあるので私には手が追(お)いつかない。

2 ひどい風邪をひいて、レポートの締切(しめき)りに追(お)いつかなかった。

3 あちこち迷(まよ)ってわれわれはようやくコンサートホールへ追(お)いついた。

4 小林(こばやし)さんは一生懸命(いっしょうけんめい)勉強してクラスのみんなに追(お)いついた。

5 どきどき

1 初めて彼女の手を握(にぎ)ったときは胸(むね)がどきどきした。

2 シャンデリアがどきどき揺(ゆ)れていると思ったら地震(じしん)だった。

3 病気になると体がどきどきすることがある。

4 部屋がとても静(しず)かなので、時計のどきどきする音が聞こえる。

답 1② 2② 3① 4④ 5①

2 기출어휘 확인문제 용법 / 5

問題5 つぎのことばの使い方として最もよいものを、1・2・3・4から一つえらびなさい。

1 気づく

1 多くの人が近い将来また大地震が来るのではと気づいている。
2 わたしは小さい時、看護師になりたいと気づいていた。
3 家に着いた時、財布がなくなっているのに気づいた。
4 この写真を見ると日本で過ごした日々に気づく。

2 欠点

1 欠点と言うほどではないが、この車はややハンドルが甘い。
2 生徒たちの無関心が目標達成の欠点となっている。
3 台風の接近にともない飛行機の欠点が相次いでいる。
4 アメリカの友だちは私が書いた英文の欠点を訂正してくれた。

3 建築

1 その芸術家によって建築された絵画に、約80億円の値がついて話題となっている。
2 昨日見学した工場では、毎日自動車が100台以上建築されているそうだ。
3 社員が働きやすい環境を建築するための取り組みをご紹介します。
4 あの美術館は60年前に建築されたそうで、今修理が行われている。

4 減少

1 過去10年間この市の人口は絶えず減少してきた。
2 わたしの成績はクラスで15番まで減少してしまった。
3 日本旅行のために今おこづかいを減少している。
4 豊作のおかげでキャベツの値段が減少した。

5 沸騰

1 昼ごろから具合が悪くなり熱も沸騰してきたので病院に行った。
2 お湯が沸騰したら、ネギを入れて火を少し弱くしてください。
3 部屋の温度が沸騰しやすい家には、様々な構造上の要因が考えられる。
4 朝からどんどん暑くなり、昼には気温が36度まで沸騰した。

답 1③ 2① 3④ 4① 5②

3 기출어휘 확인문제 용법 / 5

問題５　つぎのことばの使い方として最もよいものを、１・２・３・４から一つえらびなさい。

1 ふらふら

1　あの店のカレーは舌がふらふらするほど辛い。

2　長いこと病気で寝ていたのでまだ足がふらふらする。

3　緊張のあまり口の中がふらふらなので、うまくスピーチできなかった。

4　暑い中で仕事をしたので汗で体中がふらふらだ。

2 中旬

1　次の大会ではこの若い選手たちがチームの中旬になります。

2　この会社の社員はほとんどが20代か50代で中旬がいません。

3　妹は７月中旬に日本へ帰国します。

4　湖の中旬に小さな島があります

3 知り合う

1　この取扱説明書をよく読んで知り合ってから本品を使用してください。

2　この近くにこんな大きな公園があるとはつい２、３日前まで知り合わなかった。

3　山下さんとはピアノ教室で知り合った。

4　田中さんに手を振ったけれど、田中さんは知り合わなかった。

4 断る

1　どんなにつらくても希望を断ってはいけない。

2　わたしは50歳の時、勤めていた銀行を断って、農業を始めた。

3　半年間も行方不明だった息子が生きて帰ってきた時には、自分の目が断られなかった。

4　彼はひどい格好をしていたので、レストランに入るのを断られた。

5 募集

1　現在、テニス部では部員を募集しています。

2　その資料はあとで募集しますので、持ち帰らないでください。

3　わたしの町では毎週火曜と土曜にごみを募集しに来ます。

4　わたしの趣味は、いろいろなおもちゃを募集することです。

답 1 ②　2 ③　3 ③　4 ④　5 ①

4 기출어휘 확인문제 용법 / 5

問題5 つぎのことばの使い方として最もよいものを、1・2・3・4から一つえらびなさい。

1 滞在

1 この列車は仙台で3分間滞在します。

2 少し疲れたので木の下で10分間滞在した。

3 私たちは朝子どもを両親に滞在してから仕事に出かける。

4 あすから2週間、仕事で大阪に滞在します。

2 親しい

1 箸を使うのは最初は難しかったが少しずつ親しくなってきた。

2 私は入り口にいちばん親しいところにある絵が気に入った。

3 私の父は彼の父親と親しくしている。

4 上達するにつれ英会話の授業が親しくなってきた。

3 盛ん

1 一人っ子のぼくは盛んな家庭がうらやましかった。

2 子供たちが盛んな教育を受けられない国が世界にはたくさんある。

3 盛んに勉強したので、昨日のテストはよくできた。

4 わたしのふるさとは漁業が盛んだ。

4 分類

1 エアコンの代金を6回に分類して払うことにした。

2 この辺りは、歩道と車道が分類されていない。

3 インフルエンザウイルスはA型、B型、C型の3つに分類される。

4 人間と動物を分類しているものの一つは言語の使用だ。

5 空

1 テレビを見る空があるなら、部屋の片付けでもしなさい。

2 飲み終わって空になった缶やペットボトルは、この箱に入れてください。

3 空の計画では工事はとっくに終わっているはずだった。

4 砂糖やミルクを入れた紅茶もおいしいけど、わたしは空の紅茶の方が好きだ。

답 1④ 2③ 3④ 4③ 5②

5 기출어휘 확인문제 용법 / 5

問題 5　つぎのことばの使い方として最もよいものを、1・2・3・4から一つえらびなさい。

1　似合う

1　土曜日ならみんなの予定が似合うので、その日にパーティーをしましょう。
2　われわれは彼が有能な教師だという認識で似合っている。
3　この税制改革案について彼らは首相と意見が似合わなかった。
4　そのスカーフ、小林さんによく似合っていますね。

2　身につける

1　ちちは再就職するために何か技術を身につけたいと言っている。
2　卒業する生徒たちはみな手に花束を身につけていた。
3　彼女は毎日２度、犬を身につけて散歩に出る。
4　わたしは栄養を身につけているので、とても健康だ。

3　栄養

1　この自動車は、スピードは速いが、とても多くの栄養がかかる。
2　人形についてなら彼女はとても栄養がゆたかだ。
3　栄養が偏った食事をしないように気をつけてください。
4　その会社は新商品発売が成功し、どんどん栄養が増えている。

4　ほえる

1　ベルがほえると鈴木さんは玄関へ飛んでいった。
2　夜中に犬がきゃんきゃんほえて目が覚めた。
3　待合室には静かで心地よい音楽がほえている。
4　スズメのちゅんちゅんほえる声で目が覚めた。

5　延期

1　いつもより延期して勉強したので、今回の成績は上がった。
2　天気が悪かったので運動会は延期された。
3　チェックアウトの時間を午後１時まで延期できますか。
4　今朝は具合が悪かったので、会社に行く時間を３時間延期した。

답 1④　2①　3③　4②　5②

6 기출어휘 확인문제 용법 / 5

問題５　つぎのことばの使い方として最もよいものを、１・２・３・４から一つえらびなさい。

1 出張

1　おじは年に数回海外へ出張します。
2　山田先生の講義はいつも出張する生徒が多いです。
3　両親は箱根の温泉地へ２泊３日の出張に行きました。
4　勝つことではなく出張することに意義があります。

2 慰める

1　本当はやりたくなかったが、慰めて仕事を引き受けることにした。
2　わたしが芸能界に入ることについて父は反対だったが、母は慰めてくれた。
3　失敗したが、初めてなのだからしょうがないと自分を慰めた。
4　私たちは結婚10周年を慰めてシャンパンで乾杯した。

3 支給

1　病院に行くときは必ず健康保険証を支給してください。
2　先月の支給は収入を３万円超過していました。
3　先月でやっと住宅ローンの支給が終わった。
4　給料のほかに交通費が支給されます。

4 埋める

1　熱帯の植物は日本に持ってきて埋めてもたいていはよく育たない。
2　このセーターを全部埋めるには引き出しが小さすぎる。
3　山田さんの家では、生ごみを庭に埋めているそうだ。
4　手袋を埋めたままではドアのかぎを開けられない。

5 かれる

1　１週間以上も水やりを忘れたので、庭の花がかれてしまった。
2　もうすぐおもちがかれるから、待っていてください。
3　息子が作った雪だるまも夕方にはかれてしまった。
4　このコピー機はかれているので、あちらにあるのを使ってください。

답 1① 2③ 3④ 4③ 5①

問題5 つぎのことばの使い方として最もよいものを、1・2・3・4から一つえらびなさい。

1 重大(じゅうだい)

1 夫婦間の争(あらそ)いは子どもの精神形成(せいしんけいせい)に重大(じゅうだい)な影響(えいきょう)を及(およ)ぼす。
2 池田(いけだ)さんは健康(けんこう)のために重大(じゅうだい)なことは何もしていないそうだ。
3 重大(じゅうだい)な時間を使ってアンケートに協力してくださり、ありがとうございます。
4 息子が入試前の重大(じゅうだい)な時なので、うちは旅行に行かないことにした。

2 区別(くべつ)

1 自分に合った学校を区別(くべつ)するのはほんとうに難(むずか)しい。
2 姉よりこんなにおこづかいが少ないのは区別(くべつ)だと思う。
3 男女の区別(くべつ)に関係(かんけい)なく同等(どうとう)の機会が与(あた)えられている。
4 大学では授業を自由に区別(くべつ)することができる。

3 引(ひ)き受(う)ける

1 きみの風邪(かぜ)を引(ひ)き受(う)けたようで、わたしも熱(ねつ)が出た。
2 忘年会の幹事を引(ひ)き受(う)けることにした。
3 わたしの学校では遅刻(ちこく)をきびしく引(ひ)き受(う)けている。
4 あらゆる製品(せいひん)は出荷(しゅっか)される前に入念(にゅうねん)な検査(けんさ)を引(ひ)き受(う)ける。

4 詰(つ)める

1 スーツケースにうまく荷物を詰(つ)める方法を教えてください。
2 おうかがいするときには子どもたちを家に詰(つ)めてまいります。
3 書類の記入は鉛筆(えんぴつ)ではなく、ボールペンで詰(つ)めてください。
4 パーティーに私も詰(つ)めてくださってほんとうにありがとうございます

5 発生

1 ルールがわかるようになったら、アメフトに対する興味が発生した。
2 その店にはいろいろな商品が発生している。
3 当日キャンセルされますとキャンセル料が発生します。
4 この化学薬品はもう発生されていない。

답 1① 2③ 3② 4① 5③

8 기출어휘 확인문제 용법 / 5

問題 5 つぎのことばの使い方として最もよいものを、１・２・３・４から一つえらびなさい。

1 かき混ぜる

1 パーティーの出席者はほとんどが男性で、数名だけ女性がかき混ぜていた。

2 コーヒーに砂糖を入れスプーンでゆっくりかき混ぜた。

3 きみの捜していた書類がわたしのファイルにかき混ぜていた。

4 この大学は３つの学部がかき混ぜられている。

2 満員

1 講座は満員を越したので受け付けを締め切った。

2 コンピューターの故障で仕事が満員している。

3 彼の家の辺りは細い道が満員でわかりにくい。

4 電車が満員で乗れなかった。

3 活動

1 当店の活動は午後６時から11時までです。

2 わたしの同僚は活動のために埼玉から東京まで自転車で通勤している。

3 山本さんは環境保護運動で活発に活動している。

4 大雨のために列車の活動が止まっているらしい。

4 距離

1 ２台の車は５センチもないくらいの距離ですれ違った。

2 何秒かの距離で最終電車に乗り遅れてしまった。

3 京都から奈良までの距離はどれくらいありますか。

4 スカートの距離を３センチ短くしてもらった。

5 中古

1 池田さんは大学ではわたしより２年中古でした。

2 昨日、店で中古のパソコンをとても安く買った。

3 石原さんは小学校時代からの中古の友だちです。

4 同じ高校を卒業した２人は中古の友情で結ばれている。

답 1② 2④ 3③ 4③ 5②

3 용법 기출어휘 2015~2010

2015년부터 2010년까지 N3 용법에 출제된 어휘를 정리하였다.

2015

□ 預(あず)ける 맡기다	□ 移動(いどう)する 이동하다	□ 親(した)しい 친하다
□ 締(し)め切(き)り 마감	□ 修理(しゅうり) 수리	□ 渋滞(じゅうたい) 정체
□ 新鮮(しんせん) 신선함	□ 清潔(せいけつ) 청결함	□ 混(ま)ぜる 섞다
□ ゆでる 데치다, 삶다		

2014

□ 期限(きげん) 기한	□ 縮小(しゅくしょう) 축소	□ 制限(せいげん) 제한
□ たまる 쌓이다	□ 伝(つた)わる 전해지다, 알려지다	□ どなる 고함치다, 호통치다
□ 内容(ないよう) 내용	□ 発展(はってん) 발전	□ 話(はな)しかける 말을 걸다
□ 離(はな)す 떼다, 간격을 벌리다		

2013

□ 余(あま)る 남다	□ 建設(けんせつ) 건설	□ 効果(こうか) 효과
□ こぼす 흘리다, 엎지르다	□ 進歩(しんぽ) 진보	□ 早退(そうたい) 조퇴
□ だるい 나른하다, 지루하다	□ 握(にぎ)る 쥐다, 장악하다	□ 発生(はっせい) 발생
□ 身(み)につける 익히다, 습득하다		

2012

- □ 暗記(あんき) 암기
- □ 活動(かつどう) 활동
- □ 空(から) 빔, 허공
- □ 緊張(きんちょう) 긴장
- □ 経由(けいゆ) 경유
- □ 通り過ぎる(とおりすぎる) 지나가다, 통과하다
- □ 訪問(ほうもん) 방문
- □ 募集(ぼしゅう) 모집
- □ 翻訳(ほんやく) 번역
- □ 行き先(ゆきさき) 행선지, 목적지

2011

- □ 植える(うえる) 심다
- □ 受け入れる(うけいれる) 받아들이다
- □ 断る(ことわる) 거절하다
- □ ころぶ 넘어지다, 구르다
- □ 指示(しじ) 지시
- □ 正直(しょうじき) 정직함
- □ 性格(せいかく) 성격
- □ そろそろ 이제 슬슬
- □ 見送る(みおくる) 배웅하다
- □ 緩い(ゆるい) 느슨하다, 헐렁하다

2010

- □ 落ち着く(おちつく) 침착하다, 안정되다
- □ 回収(かいしゅう) 회수
- □ 区切る(くぎる) 구분하다, 구획 짓다
- □ 修理(しゅうり) 수리
- □ そっくり 똑 닮음
- □ なだらか 완만함
- □ はかる (무게, 길이, 넓이 등을) 재다
- □ まずしい 가난하다
- □ 未来(みらい) 미래
- □ ユーモア 유머

問題5 つぎのことばの使い方として最もよいものを、1・2・3・4から一つえらびなさい。

1 移動する

1 ここで予定を移動して最新のニュースをお伝えします。
2 そのつくえを左へ移動してください。
3 祖父は若いころブラジルに移動した。
4 来週、事務所(じむしょ)を移動します。

2 活動

1 辞書をもっと活動してください。
2 朝早くから活動すると気持ちがいい。
3 毎朝犬に活動させることにしている。
4 彼は平和な活動を送っている。

3 ことわる

1 頼まれた仕事をことわった。
2 兄弟でも個々の性格はまったくことわる。
3 いつもとことわって今日はとても静(しず)かだ。
4 年齢(ねんれい)をことわるにつれ疲(つか)れやすくなる。

4 指示(しじ)

1 「トイレはどこにありますか」と店員に指示(しじ)した。
2 「あした映画を見に行こうよ」と友だちに指示(しじ)した。
3 「この書類、25部(ぶ)コピーしておいて」と秘書(ひしょ)に指示(しじ)した。
4 「この作文を見ていただけませんか」と先生に指示(しじ)した。

5 落(お)ち着(つ)く

1 電車が駅に落(お)ち着(つ)いたら電話をください。
2 あわてないで落(お)ち着(つ)いて話してください。
3 家のかぎが穴(あな)に落(お)ち着(つ)いた。
4 この商品(しょうひん)は人気がなくて、棚(たな)にずっと落(お)ち着(つ)いている。

답 1② 2② 3① 4③ 5②

2 기출어휘 확인문제 용법 / 5

問題5 つぎのことばの使い方として最もよいものを、1・2・3・4から一つえらびなさい。

1 新鮮(しんせん)

1 ボランティアは新鮮(しんせん)な気持ちだけでは続かない。
2 新鮮(しんせん)な気持ちで言ったが相手にされなかった。
3 両親が新鮮(しんせん)な顔で先生と相談している。
4 新鮮(しんせん)な食材を使った料理はとても味がいい。

2 内容

1 息子はよい内容とつき合っている。
2 静岡(しずおか)は東京(とうきょう)と名古屋(なごや)の内容に位置(いち)する。
3 内容でばかり遊ぶ子どもたちが増(ふ)えた。
4 わたしたちは内容の充実(じゅうじつ)した講演(こうえん)を期待(きたい)する。

3 ゆるい

1 暑さと湿度(しつど)で彼女はゆるくなった。
2 やせてズボンがゆるくなった。
3 彼女は夫にいつもゆるいことを言う。
4 係(かかり)の人がゆるく説明してくれた。

4 見送る

1 電車の窓から景色(けしき)を見送るのが好きだ。
2 何ページか見送ってみたが、難(むずか)しくてわからなかった。
3 毎日かならずメールを見送るようにしている。
4 姿(すがた)が見えなくなるまで恋人(こいびと)を見送った。

5 回収(かいしゅう)

1 彼女はわたしの質問に手紙で回収(かいしゅう)した。
2 疲労回収(かいしゅう)のためにオレンジジュースを飲んだ。
3 答案用紙(とうあんようし)はすべて回収(かいしゅう)した。
4 その会社は今、事務員を回収(かいしゅう)している。

답 1④ 2④ 3② 4④ 5③

3 기출어휘 확인문제 용법 / 5

問題5 つぎのことばの使い方として最もよいものを、1・2・3・4から一つえらびなさい。

1 清潔(せいけつ)

1 自分の気持ちを清潔(せいけつ)に伝えるのはむずかしい。

2 治安もよく、道路も常に掃除されていて清潔(せいけつ)だ。

3 手術後2週間で清潔(せいけつ)な健康状態に戻った。

4 その夜なにをしていたかの清潔(せいけつ)な記憶がない。

2 発展

1 彼女の新作(しんさく)の発展は遅(おく)れている。

2 雪で列車の発展が数時間遅(おく)れた。

3 それは大きな政治事件へと発展した。

4 このレストランからは飛行機の発展がみえる。

3 性格(せいかく)

1 数学は予想(よそう)以上に性格(せいかく)がよかった。

2 彼女はりっぱな性格(せいかく)の持(も)ち主(ぬし)だ。

3 そんな人に教師(きょうし)をする性格(せいかく)はない。

4 彼女はおなかをこわしやすい性格(せいかく)だ。

4 植(う)える

1 道に電灯(でんとう)を植(う)えたので明るくなった。

2 この空港は海に土を植(う)えて造られた。

3 近所の公園(こうえん)にはいろいろな花が植(う)えてある。

4 ケーキにいちごやクリームをたくさん植(う)えた。

5 はかる

1 八百屋(やおや)はスイカを一つ一つ手で重さをはかった。

2 りんごの数をはかってみたら、12個あった。

3 この宿題(しゅくだい)は1時間ぐらいで終わるとはかっている。

4 先月の生活費(せいかつひ)を電卓(でんたく)ではかってみた。

답 1② 2③ 3② 4③ 5①

4 기출어휘 확인문제 용법 / 5

問題5 つぎのことばの使い方として最もよいものを、1・2・3・4から一つえらびなさい。

1 あずける

1 部下がかぎをわたしにあずけたまま取りに来ない。
2 田舎(いなか)の親類(しんるい)が新鮮な野菜をあずけてくれた。
3 困った時、友達にずいぶんあずけてもらった。
4 雑誌で紹介されたレストランをあずけた。

2 つたわる

1 通訳(つうやく)の難(むずか)しい試験に見事(みごと)につたわった。
2 話の輪(わ)に皆(みな)がつたわってにぎやかになった。
3 合格者の中にはわたしもつたわっている。
4 受話器(じゅわき)を通して喜(よろこ)ぶ気配(けはい)がつたわって来る。

3 受け入れる

1 フランスは多くの難民(なんみん)を受け入れた。
2 学生たちには成績を個々に受け入れてある。
3 現地の天候(てんこう)を前もって受け入れて出かける。
4 手数料(てすうりょう)も受け入れると全部で10万円になる。

4 正直(しょうじき)

1 この商品(しょうひん)の正直(しょうじき)な使い方をこれから説明します。
2 この問題は正直(しょうじき)な答えがわかりません。
3 内田(うちだ)さんは正直(しょうじき)な人で、決してうそは言いません。
4 正直(しょうじき)な距離(きょり)は分かりませんが、10キロぐらいだと思います。

5 ユーモア

1 山田(やまだ)さんはユーモアがあって、いっしょにいると楽しい。
2 わたしは映画が好きで、ユーモアした映画をよく見る。
3 きのう友達(ともだち)が貸してくれた本はとてもユーモアだった。
4 彼(かれ)はユーモアに自己紹介(じこしょうかい)をして、名前を覚(おぼ)えてもらった。

답 1① 2④ 3① 4③ 5①

5 기출어휘 확인문제 용법 / 5

問題５　つぎのことばの使い方として最もよいものを、１・２・３・４から一つえらびなさい。

1　まぜる

1　実験は失敗をまぜた結果、ついに中止された。
2　贈り物をリボンでまぜてきれいに飾った。
3　国内産に外国産の米をまぜて売っている。
4　小説の最後を印象的な場面でまぜている。

2　どなる

1　夕方になると市場(いちば)は次第(しだい)に活気(かっき)をどなってくる。
2　電話がどなって目が覚めた。
3　怪我人(けがにん)を見て「救急車(きゅうきゅうしゃ)を呼べ」とどなった。
4　どなったことに開店と同時に全部売れたそうだ。

3　緊張(きんちょう)

1　緊張(きんちょう)のときの連絡先(れんらくさき)を決(き)める。
2　試合時間が近づくにつれて緊張(きんちょう)が高まった。
3　彼はあくまで自分は正しいと緊張(きんちょう)した。
4　みなが君の将来(しょうらい)に緊張(きんちょう)している。

4　そろそろ

1　美術関係(かんけい)の本をそろそろ持っている。
2　そろそろ昼食(ちゅうしょく)にしようか。
3　息子(むすこ)もそろそろ大人(おとな)になった。
4　外はそろそろ雪だった。

5　区切(くぎ)る

1　一部屋を棚(たな)で区切(くぎ)って二人で使う。
2　母が来たのであわてて日記(にっき)を区切(くぎ)った。
3　ずっと店を区切(くぎ)ったまま商売(しょうばい)をしていない。
4　運転手が車のドアを区切(くぎ)ってくれた。

답 1③ 2③ 3② 4② 5①

6 기출어휘 확인문제 용법 / 5

問題 5 つぎのことばの使い方として最もよいものを、1・2・3・4から一つえらびなさい。

1 期限

1 このきっぷは有効期限を過ぎている。

2 わたしにできることはこれが期限だ。

3 今日は期限のたつのが遅く感じる。

4 われわれはすでに体力の期限に達していた。

2 だるい

1 風邪(かぜ)をひいてとてもだるくなった。

2 今学期の成績にはとてもだるかった。

3 窓ガラスがだるいから磨(みが)いてください。

4 川の流れはこのあたりではだるい。

3 行き先

1 何かあったら行き先に連絡(れんらく)してください。

2 かならず行き先を言って行ってください。

3 インフルエンザが広い行き先で流行(りゅうこう)した。

4 娘(むすめ)は会社の行き先にアパートを借(か)りている。

4 暗記

1 わたしは7歳のときから暗記をつけている。

2 価格はふたの上に暗記してある。

3 バスの中で英単語を暗記した。

4 その通信文は暗記で書かれていた。

5 未来(みらい)

1 内田(うちだ)さんは未来(みらい)何になりたいですか。

2 未来(みらい)の今ごろ、大学が建つ予定だ。

3 いつ来られるか、未来(みらい)の都合を教えてください。

4 このままではわれわれに未来(みらい)はない。

답 1① 2① 3② 4③ 5④

問題5 つぎのことばの使い方として最もよいものを、1・2・3・4から一つえらびなさい。

1 たまる

1 仕事が早くすんで半日たまった。
2 つくえの上に古い雑誌がたまっている。
3 ぶつかったが車には傷(きず)がたまらなかった。
4 渋滞(じゅうたい)で車の列がたまったまま動かない。

2 早退

1 きのうは熱っぽいので会社を早退した。
2 2週間前に早退して体調(たいちょう)もよくなってきた。
3 早退後は妻とのんびり田舎(いなか)で暮(く)らすつもりだ。
4 仕事が忙しくて早退時間になっても帰れない。

3 経由(けいゆ)

1 悲しみは時の経由(けいゆ)とともに消えていく。
2 髪(かみ)を短かく切った特別な経由(けいゆ)はない。
3 学生時代の失恋(しつれん)はいい経由(けいゆ)になった。
4 彼女は成田経由(なりたけいゆ)でハワイへ行った。

4 通り過ぎる

1 学校の運動場へ車を通り過ぎないでください。
2 急がないと最終の電車に通り過ぎるよ。
3 このホテルはサービスが通り過ぎている。
4 台風が通り過ぎた後はさわやかに晴れ上がった。

5 修理(しゅうり)

1 仕事に行く途中で車が修理(しゅうり)してしまった。
2 うちの会社でも人員の修理(しゅうり)が始まった。
3 この機械(きかい)は修理(しゅうり)できないほどこわれている。
4 この料理は修理(しゅうり)にたいへん手間(てま)がかかる。

답 1② 2① 3④ 4④ 5③

8 기출어휘 확인문제 용법 / 5

問題５　つぎのことばの使い方として最もよいものを、１・２・３・４から一つえらびなさい。

1　縮小

1　妻が髪を縮小したのに彼は気づかなかった。

2　飛行機に乗るのが縮小するという人もいる。

3　工場の規模を縮小する必要がある。

4　労働時間の縮小は仕事の効率を高める。

2　進歩

1　建設工事の進歩は当初の計画どおりだ。

2　担任の先生のところに進歩相談に行った。

3　日本の自動車産業は海外各地に進歩している。

4　彼の英語を話す力はかなり進歩した。

3　建設

1　家に太陽熱暖房を建設してもらった。

2　海外で建設された車を買った。

3　新しい体育館が建設された。

4　この工場では車の部品を建設している。

4　翻訳

1　このひらがなをカタカナに翻訳してください。

2　その小説は日本語の翻訳で読んだ。

3　２人は翻訳を交わさず目と目で合図した。

4　そんなことは遅刻の翻訳にならない。

5　なだらか

1　なだらかに見える山だが、実際は岩だらけだ。

2　このなしは口当たりのよい甘さとなだらかな食感が特長だ。

3　冷房の利いた室内はなだらかで、外の暑さがうそのようだ。

4　親にとってわが子がいちばんかわいいのはなだらかだ。

답 1③ 2④ 3③ 4② 5①

問題5 つぎのことばの使い方として最もよいものを、1・2・3・4から一つえらびなさい。

1 制限

1 その地方には独特(どくとく)の家族制限が残っている。

2 女子高に行くならおしゃれな制限のところがいい。

3 むすめは母親の制限を振(ふ)り切(き)って家を出た。

4 今回の求人募集(きゅうじんぼしゅう)に年齢(ねんれい)の制限はない。

2 あまる

1 あまったパンは捨(す)てず鳥にやる。

2 このデパートは夜8時半にあまる。

3 広場にはおおぜいの人があまっている。

4 気がついたら時計があまっていた。

3 身につける

1 頭にボールを身につけてけがをした。

2 むかしのことをよく身につけている。

3 コンピューターの技術を身につけたい。

4 彼女はあかんぼうを身につけていた。

4 訪問

1 ここ数年で通信手段は驚(おどろ)くほど訪問した。

2 会議は訪問より30分早く終わった。

3 わたしたちはまだ訪問の答えをもらっていない。

4 彼は就職(しゅうしょく)のための会社訪問を始めた。

5 そっくり

1 夫(おっと)と息子(むすこ)は顔だけでなく声までもそっくりだ。

2 わたしの祖母(そぼ)の誕生日(たんじょうび)はそっくりだ。

3 父は毎朝そっくりの時間に会社に行く。

4 わたしにそっくりのサイズの服(ふく)が見つかった。

답 1④ 2① 3③ 4④ 5①

10 기출어휘 확인문제 용법 / 5

問題５ つぎのことばの使い方として最もよいものを、１・２・３・４から一つえらびなさい。

1 話しかける

1 警察(けいさつ)に事故を話しかけてください。

2 人とあいさつを話しかけてください。

3 いま忙(いそが)しいから、話しかけないでください。

4 友だちと話しかけ、授業(じゅぎょう)に遅(おく)れてしまった。

2 はなす

1 試験の時は机(つくえ)をはなして並べた。

2 病気が治るまで結婚式をはなした。

3 地震(じしん)で愛する家族をはなした。

4 進んでいる時計の針を５分はなす。

3 発生する

1 駅前にスーパーが発生するらしい。

2 春になると白い花が庭に発生する。

3 65歳で年金を受け取る権利(けんり)が発生する。

4 友だちの活躍(かつやく)が新聞に発生している。

4 募集(ぼしゅう)

1 午前10時に公園に募集(ぼしゅう)してください。

2 彼女は北海道(ほっかいどう)へ植物募集(ぼしゅう)に行った。

3 人口が東京およびその周辺(しゅうへん)に募集(ぼしゅう)している。

4 われわれは新入部員を募集(ぼしゅう)している。

5 まずしい

1 彼女(かのじょ)は息子(むすこ)をまずしくしかった。

2 彼女(かのじょ)はまずしい家に生まれた。

3 この料理はまずしくて食べたくない。

4 ダイヤはまずしいほどきらきらと輝(かがや)いた。

답 1 ③ 2 ① 3 ③ 4 ④ 5 ②

제2장

문자·어휘 예상 공략편

예상어휘 공략하기

1 예상어휘 공략하기

명사, 동사, い형용사, な형용사, 부사, 외래어, 접두어・접미어, 기타 순으로 정리했다. 품사 분류는 학습하기 위함이며 여기에 분류된 것이 절대적인 품사 기준이 될 수 없다. 그리고 실제 시험에서는 한자 표기를 하지 않는 경우도 있다.

1 출제 예상 명사

あ

- ☐ 愛読(あいどく) 애독
- ☐ 合間(あいま) 틈, 짬
- ☐ 青信号(あおしんごう) 청신호
- ☐ 赤信号(あかしんごう) 적신호
- ☐ 悪意(あくい) 악의
- ☐ 悪条件(あくじょうけん) 악조건
- ☐ 悪友(あくゆう) 악우, 나쁜 친구
- ☐ 朝日(あさひ) 아침 해, 아침 햇살
- ☐ 足音(あしおと) 발소리
- ☐ 足場(あしば) 발디딜 곳, 토대, 기반
- ☐ 当(あ)たり 맞음, 명중
- ☐ 辺(あた)り 근처, 부근
- ☐ あて先(さき) 수신인
- ☐ 油(あぶら) 기름
- ☐ あらし 폭풍
- ☐ 暗証番号(あんしょうばんごう) 비밀번호
- ☐ 安定(あんてい) 안정
- ☐ 胃(い) 위
- ☐ 意思(いし) 의사, 의지
- ☐ 医師(いし) 의사
- ☐ 意識(いしき) 의식
- ☐ 泉(いずみ) 샘
- ☐ 痛(いた)み 아픔
- ☐ 傷(いた)み (과일 등이) 상함
- ☐ 一度(いちど) 한번
- ☐ 一部(いちぶ) 일부, 일부분
- ☐ 一部分(いちぶぶん) 일부분
- ☐ 一流(いちりゅう) 일류
- ☐ 一生(いっしょう) 일생
- ☐ 一石二鳥(いっせきにちょう) 일석이조
- ☐ 一帯(いったい) 일대
- ☐ 一杯(いっぱい) 한 잔, 가득
- ☐ 一般(いっぱん) 일반
- ☐ 一方(いっぽう) 한편, 한쪽
- ☐ 移転(いてん) 이전
- ☐ 移動(いどう) 이동
- ☐ 以内(いない) 이내
- ☐ 居眠(いねむ)り 앉아 졺, 말뚝잠
- ☐ 命(いのち) 목숨
- ☐ 居間(いま) 거실
- ☐ 今(いま)ごろ 지금쯤
- ☐ 以来(いらい) 이후

- □ 入(い)り口(ぐち) 입구
- □ 印刷(いんさつ) 인쇄
- □ 飲酒(いんしゅ) 음주
- □ 受付(うけつけ) 접수(처)
- □ 受(う)け取(と)り 수취함, 받음
- □ 打(う)ち合(あ)わせ 협의, 미리 상의함
- □ 宇宙(うちゅう) 우주
- □ 裏表(うらおもて) 안과 겉, 표리
- □ 売上(うりあげ) 매상
- □ 売(う)り切(き)れ 품절
- □ 雨量(うりょう) 강우량
- □ 運休(うんきゅう) 운휴
- □ 運賃(うんちん) 운임
- □ 運命(うんめい) 운명
- □ 永遠(えいえん) 영원
- □ 永久(えいきゅう) 영구
- □ 営業(えいぎょう) 영업
- □ 液体(えきたい) 액체
- □ 絵(え)の具(ぐ) 그림물감
- □ 演説(えんぜつ) 연설
- □ 遠足(えんそく) 소풍
- □ 延長(えんちょう) 연장
- □ 応対(おうたい) 응대
- □ 往復(おうふく) 왕복
- □ 大型(おおがた) 대형
- □ お菓子(かし) 과자
- □ 奥(おく) 깊숙한 곳, 속
- □ 屋外(おくがい) 옥외
- □ 屋内(おくない) 옥내, 실내
- □ 親(おや) 부모
- □ お湯(ゆ) 뜨거운 물
- □ 泳(およ)ぎ 수영

か

- □ 開館(かいかん) 개관
- □ 会社員(かいしゃいん) 회사원
- □ 外出(がいしゅつ) 외출
- □ 解説(かいせつ) 해설
- □ 会談(かいだん) 회담
- □ 開店(かいてん) 개점, 개업
- □ 解答(かいとう) 해답
- □ 回答(かいとう) 회답
- □ 開発(かいはつ) 개발
- □ 会費(かいひ) 회비
- □ 係(かか)り 담당, 계, 계원
- □ 係員(かかりいん) 담당자
- □ 夏季(かき) 하계
- □ 各自(かくじ) 각자
- □ 各社(かくしゃ) 각사
- □ 学習(がくしゅう) 학습
- □ 角度(かくど) 각도
- □ 確認(かくにん) 확인
- □ 格安(かくやす) (품질에 비해서) 값이 쌈
- □ 学歴(がくれき) 학력
- □ 可決(かけつ) 가결
- □ 加減(かげん) 가감
- □ 火山(かざん) 화산
- □ 貸(か)し出(だ)し 대출
- □ 貸家(かしや) 셋집
- □ 箇所(かしょ) 개소, 장소, 군데
- □ 数(かず) 수
- □ 肩(かた) 어깨
- □ 片付(かたづ)け 정리, 정돈
- □ 形見(かたみ) 유품, 유물
- □ 片道(かたみち) 편도
- □ 勝(か)ち 이김, 승리
- □ かっこう 모습, 모양
- □ 各国(かっこく) 각국
- □ 合宿(がっしゅく) 합숙
- □ 活躍(かつやく) 활약

- □ 家庭(かてい) 가정
- □ 角(かど) 모퉁이
- □ 加入(かにゅう) 가입
- □ 可能(かのう) 가능
- □ 可能性(かのうせい) 가능성
- □ 神(かみ) 신
- □ 髪型(かみがた) 머리 모양
- □ 科目(かもく) 과목
- □ 火(曜)(かようび) 화(요일)
- □ から 속이 빔
- □ 皮(かわ) 가죽
- □ 考え(かんがえ) 생각
- □ 環境(かんきょう) 환경
- □ 歓迎(かんげい) 환영
- □ 歓迎会(かんげいかい) 환영회
- □ 感情(かんじょう) 감정
- □ 感心(かんしん) 감탄
- □ 感想(かんそう) 감상
- □ 完走(かんそう) 완주
- □ 官庁(かんちょう) 관청
- □ 館内(かんない) 관내
- □ 観念(かんねん) 관념
- □ 管理(かんり) 관리
- □ 機会(きかい) 기회
- □ 着替え(きがえ) 옷을 갈아입음
- □ 期間(きかん) 기간
- □ 企業(きぎょう) 기업
- □ 帰国(きこく) 귀국
- □ 記事(きじ) 기사
- □ 基準(きじゅん) 기준
- □ 季節外れ(きせつはずれ) 계절에 걸맞지 않음
- □ 基礎(きそ) 기초
- □ 気体(きたい) 기체
- □ きっかけ 계기
- □ 記入(きにゅう) 기입
- □ 機能(きのう) 기능
- □ 客(きゃく) 손님
- □ 休業(きゅうぎょう) 휴업
- □ 急増(きゅうぞう) 급증
- □ 急速(きゅうそく) 급속
- □ 休息(きゅうそく) 휴식
- □ きゅうり 오이
- □ 給料(きゅうりょう) 급료, 월급
- □ 器用(きよう) 손재주가 있음
- □ 教育(きょういく) 교육
- □ 業績(ぎょうせき) 업적
- □ 共同(きょうどう) 공동
- □ 共有(きょうゆう) 공유
- □ 許可(きょか) 허가
- □ 曲(きょく) 곡
- □ 局(きょく) 국
- □ 曲線(きょくせん) 곡선
- □ 曲名(きょくめい) 곡명
- □ 議論(ぎろん) 의논, 논의
- □ 緊急(きんきゅう) 긴급
- □ 禁止(きんし) 금지
- □ 金(曜)(きんようび) 금(요일)
- □ 空港(くうこう) 공항
- □ 草(くさ) 풀
- □ 苦情(くじょう) 불평, 불만
- □ 薬(くすり) 약
- □ 具体(ぐたい) 구체
- □ 具体化(ぐたいか) 구체화
- □ 口ぐせ(くちぐせ) 입버릇
- □ 工夫(くふう) 궁리, 고안
- □ 組(くみ) 조, 반
- □ 組合(くみあい) 조합
- □ 組長(くみちょう) 조장, 반장
- □ 組分け(くみわけ) 몇 개로 나눔
- □ 雲(くも) 구름
- □ 景気(けいき) 경기
- □ 掲示(けいじ) 게시
- □ 形式(けいしき) 형식
- □ 芸能(げいのう) 예능
- □ 経費(けいひ) 경비

- 今朝(けさ) 오늘 아침
- 景色(けしき) 경치
- 結果(けっか) 결과
- 結局(けっきょく) 결국
- 結婚(けっこん) 결혼
- 決心(けっしん) 결심
- 決定(けってい) 결정
- 月(曜)(げつよう) 월(요일)
- 結論(けつろん) 결론
- 月刊誌(げっかんし) 월간지
- 気配(けはい) 기색, 낌새
- 煙(けむり) 연기
- 原液(げんえき) 원액
- 現役(げんえき) 현역
- 原価(げんか) 원가
- 限界(げんかい) 한계
- 見学(けんがく) 견학
- 現金(げんきん) 현금
- 現象(げんしょう) 현상
- 現代(げんだい) 현대
- 県庁(けんちょう) 현청〈한국의 도청에 해당〉
- 限定(げんてい) 한정
- 検討(けんとう) 검토
- 件名(けんめい) 건명
- ごい 어휘
- 恋人(こいびと) 연인, 애인
- 好意(こうい) 호의
- 幸運(こううん) 행운
- 公園(こうえん) 공원
- 講演(こうえん) 강연
- 後援(こうえん) 후원
- 高価(こうか) 고가
- 合格(ごうかく) 합격
- 高学歴(こうがくれき) 고학력
- 公共(こうきょう) 공공
- 交際(こうさい) 교제
- 交差点(こうさてん) 교차로
- 講師(こうし) 강사
- 工事(こうじ) 공사
- 公式(こうしき) 공식
- 工場(こうじょう) 공장
- 公正(こうせい) 공정
- 構造(こうぞう) 구조
- 交代(こうたい) 교체, 교대
- 交替(こうたい) 교체
- 交通(こうつう) 교통
- 行動(こうどう) 행동
- 後輩(こうはい) 후배
- 幸福(こうふく) 행복
- 公務(こうむ) 공무
- 声(こえ) 목소리
- 氷(こおり) 얼음
- 小型(こがた) 소형
- 国際(こくさい) 국제
- 克服(こくふく) 극복
- 国民(こくみん) 국민
- 腰掛け(こしかけ) 걸상, 의자
- 固体(こたい) 고체
- 国家(こっか) 국가
- 国会(こっかい) 국회
- 骨折(こっせつ) 골절
- 小遣い(こづかい) 용돈
- 小包(こづつみ) 소포
- 好み(この) 좋아함, 기호
- 個別(こべつ) 개별
- ゴミ箱(ばこ) 쓰레기통
- 小麦(こむぎ) 밀
- 小麦粉(こむぎこ) 밀가루
- ご免(めん) 미안함, 용서함
- ご覧(らん) 보심
- 婚約(こんやく) 약혼

さ

- □ ～際（さい） ~때
- □ ～歳（さい） ~세, ~살
- □ 再開（さいかい） 재개
- □ 再会（さいかい） 재회
- □ 在庫（ざいこ） 재고
- □ 最高（さいこう） 최고
- □ 最終（さいしゅう） 최종
- □ 最多（さいた） 최다
- □ 最大（さいだい） 최대
- □ 最中（さいちゅう） 한창 ~임
- □ 最低（さいてい） 최저
- □ 才能（さいのう） 재능
- □ 再利用（さいりよう） 재이용
- □ 先ほど（さき） 아까, 조금 전
- □ 作業（さぎょう） 작업
- □ 昨日（さくじつ） 어제〈きのう로도 읽음〉
- □ 作成（さくせい） 작성
- □ 昨年（さくねん） 작년
- □ 作品（さくひん） 작품
- □ 桜（さくら） 벚꽃, 벚나무
- □ 酒（さけ） 술
- □ 座席（ざせき） 좌석
- □ 作曲（さっきょく） 작곡
- □ 左右（さゆう） 좌우
- □ 差別（さべつ） 차별
- □ 作法（さほう） 예의범절
- □ 作用（さよう） 작용
- □ 参考（さんこう） 참고
- □ 算数（さんすう） 산수
- □ 産地（さんち） 산지
- □ 算定（さんてい） 산정
- □ 残念（ざんねん） 유감스러움
- □ 幸せ（しあわ） 행복
- □ 寺院（じいん） 사원
- □ 司会（しかい） 사회
- □ 資格（しかく） 자격
- □ 時間割（じかんわり） 시간표
- □ 式（しき） 식
- □ 時期（じき） 시기
- □ 式場（しきじょう） 식장
- □ 時給（じきゅう） 시급
- □ 事件（じけん） 사건
- □ 時刻（じこく） 시각, 시간
- □ 指示（しじ） 지시
- □ 地震（じしん） 지진
- □ 施設（しせつ） 시설
- □ 市町村（しちょうそん） 시읍면
- □ 実現（じつげん） 실현
- □ 実験（じっけん） 실험
- □ 実行（じっこう） 실행
- □ 実際（じっさい） 실제
- □ 実績（じっせき） 실적
- □ 室内（しつない） 실내
- □ 失敗（しっぱい） 실패, 실수
- □ 失望（しつぼう） 실망
- □ 指定（してい） 지정
- □ 支店（してん） 지점
- □ 視点（してん） 시점
- □ 自転（じてん） 자전
- □ 自動（じどう） 자동
- □ 自動販売機（じどうはんばいき） 자동판매기
- □ 支配（しはい） 지배
- □ 支払い（しはら） 지불
- □ 耳鼻科（じびか） 이비과
- □ 死亡（しぼう） 사망
- □ 時報（じほう） 시보
- □ 島国（しまぐに） 섬나라
- □ 氏名（しめい） 성명
- □ 指名（しめい） 지명
- □ しめきり 마감
- □ 社員（しゃいん） 사원
- □ 弱点（じゃくてん） 약점

□ 車道(しゃどう) 차도
□ 周囲(しゅうい) 주위
□ 充実(じゅうじつ) 충실
□ 集団(しゅうだん) 집단
□ 週末(しゅうまつ) 주말
□ 終了(しゅうりょう) 종료
□ 宿泊(しゅくはく) 숙박
□ 出身(しゅっしん) 출신
□ 取得(しゅとく) 취득
□ 順(じゅん) 순서, 차례
□ 奨学金(しょうがくきん) 장학금
□ 乗客(じょうきゃく) 승객
□ 上司(じょうし) 상사
□ 小数点(しょうすうてん) 소수점
□ 小児(しょうに) 소아, 어린이
□ 将来(しょうらい) 장래
□ 職員(しょくいん) 직원
□ 食欲(しょくよく) 식욕
□ 知(し)り合(あ)い 아는 사람, 아는 사이
□ 進学(しんがく) 진학
□ 新規(しんき) 신규
□ 新春(しんしゅん) 신춘, 신년
□ 身体(しんたい) 신체, 몸
□ 新入社員(しんにゅうしゃいん) 신입 사원
□ 新年会(しんねんかい) 신년회

□ 車内(しゃない) 차내
□ 習慣(しゅうかん) 습관
□ 収集(しゅうしゅう) 수집
□ 充電(じゅうでん) 충전
□ 住民(じゅうみん) 주민
□ 重量(じゅうりょう) 중량
□ 受験(じゅけん) 수험
□ 出席(しゅっせき) 출석
□ 寿命(じゅみょう) 수명
□ 使用(しよう) 사용
□ 小学生(しょうがくせい) 초등학생
□ 上級(じょうきゅう) 상급
□ 乗車券(じょうしゃけん) 승차권
□ 状態(じょうたい) 상태
□ 証明(しょうめい) 증명
□ 女王(じょおう) 여왕
□ 職業(しょくぎょう) 직업
□ 処理(しょり) 처리
□ 私立(しりつ) 사립
□ 新学期(しんがっき) 신학기
□ 信号(しんごう) 신호
□ 人生(じんせい) 인생
□ 診断(しんだん) 진단
□ 新入生(しんにゅうせい) 신입생
□ 信用(しんよう) 신용

□ じゃま 방해
□ 重視(じゅうし) 중시
□ 住宅(じゅうたく) 주택
□ 収入(しゅうにゅう) 수입
□ 重役(じゅうやく) 중역
□ 塾(じゅく) 기숙사
□ 首相(しゅしょう) 수상
□ 出版(しゅっぱん) 출판
□ 主役(しゅやく) 주역
□ 小学(しょうがく) 초등학교
□ 上記(じょうき) 상기
□ 条件(じょうけん) 조건
□ 小数(しょうすう) 소수
□ 承知(しょうち) 동의, 승낙
□ 正面(しょうめん) 정면
□ 初回(しょかい) 초회, 첫 번
□ 職場(しょくば) 직장
□ 書類(しょるい) 서류
□ 視力(しりょく) 시력
□ 新幹線(しんかんせん) 신간센<일본 고속철도>
□ 人種(じんしゅ) 인종
□ 親族(しんぞく) 친족, 친척
□ 新入(しんにゅう) 신입, 신참
□ 新年(しんねん) 신년
□ 進路(しんろ) 진로

- □ 水温(すいおん) 수온
- □ 推薦(すいせん) 추천
- □ 水(曜)(すいよう) 수(요일)
- □ 数字(すうじ) 숫자
- □ 数式(すうしき) 수식
- □ 数人(すうにん) 몇 사람, 수명
- □ 数年(すうねん) 수년, 몇 년
- □ 姿(すがた) 모습
- □ すし 초밥
- □ 勧め(すすめ) 권유
- □ 薦め(すすめ) 추천
- □ 住まい(すまい) 주거
- □ せい 탓, 원인, 이유
- □ 成果(せいか) 성과
- □ 生活(せいかつ) 생활
- □ 成功(せいこう) 성공
- □ 生産(せいさん) 생산
- □ 政治(せいじ) 정치
- □ 生存(せいぞん) 생존
- □ 成長(せいちょう) 성장
- □ 生徒(せいと) 학생〈주로 초·중·고생〉
- □ 制度(せいど) 제도
- □ 青年(せいねん) 청년
- □ 性能(せいのう) 성능
- □ 政府(せいふ) 정부
- □ 生物(せいぶつ) 생물
- □ 成分(せいぶん) 성분
- □ 性別(せいべつ) 성별
- □ 生命(せいめい) 생명
- □ 正門(せいもん) 정문
- □ 責任(せきにん) 책임
- □ 接続(せつぞく) 접속
- □ 接待(せったい) 접대
- □ 設置(せっち) 설치
- □ 節約(せつやく) 절약
- □ 背中(せなか) 등
- □ 全員(ぜんいん) 전원
- □ 全課(ぜんか) 전과, 모든 과목
- □ 全科(ぜんか) 전과, 전교과
- □ 全会(ぜんかい) 전회, 회원 전체
- □ 全学(ぜんがく) (그) 대학 전체
- □ 選考(せんこう) 선고, 전형
- □ 専攻(せんこう) 전공
- □ 全国(ぜんこく) 전국
- □ 先日(せんじつ) 요전(날)
- □ 前日(ぜんじつ) 전날
- □ 全日(ぜんじつ) 전일, 하루 종일
- □ 前者(ぜんしゃ) 전자
- □ 全集(ぜんしゅう) 전집
- □ 全身(ぜんしん) 전신
- □ 全体(ぜんたい) 전체
- □ 洗濯(せんたく) 세탁, 빨래
- □ 選択(せんたく) 선택
- □ 選定(せんてい) 선정
- □ 宣伝(せんでん) 선전
- □ 前半(ぜんはん) 전반
- □ 全般(ぜんぱん) 전반
- □ 全部(ぜんぶ) 전부
- □ 全米(ぜんべい) 미국 전국
- □ 前面(ぜんめん) 전면
- □ 全力(ぜんりょく) 진력
- □ 増加(ぞうか) 증가
- □ 相互(そうご) 서로, 상호
- □ 想定(そうてい) 상정
- □ 速度(そくど) 속도
- □ 速力(そくりょく) 속력
- □ そば 메밀국수
- □ 祖父(そふ) 할아버지
- □ それぞれ 각자, 제각기
- □ 存在(そんざい) 존재

た

- □ 対応(たいおう) 대응
- □ 体温(たいおん) 체온
- □ 退職(たいしょく) 퇴직
- □ 代表(だいひょう) 대표
- □ 題名(だいめい) 제목
- □ 太陽(たいよう) 태양
- □ 大陸(たいりく) 대륙
- □ 対立(たいりつ) 대립
- □ 多数(たすう) 다수
- □ 多数決(たすうけつ) 다수결
- □ 畳(たたみ) 다다미
- □ 卓球(たっきゅう) 탁구
- □ 達成(たっせい) 달성
- □ 谷(たに) 계곡
- □ 種(たね) 씨앗
- □ 頼(たの)み 부탁
- □ 束(たば) 다발, 뭉치
- □ 度(たび) 때, 번, 횟수
- □ 旅(たび) 여행(길)
- □ 卵(たまご) 알, 달걀
- □ ためいき 한숨
- □ 単位(たんい) 단위
- □ 単価(たんか) 단가
- □ 短所(たんしょ) 단점
- □ 単色(たんしょく) 단색
- □ 単身(たんしん) 단신
- □ 単数(たんすう) 단수
- □ 男性(だんせい) 남성
- □ 断定(だんてい) 단정
- □ 担当(たんとう) 담당
- □ 担任(たんにん) 담임
- □ 地(ち) 땅
- □ 地位(ちい) 지위
- □ 違(ちが)い 차이, 틀림
- □ 近(ちか)ごろ 요즈음, 최근
- □ 地方(ちほう) 지방
- □ 中学(ちゅうがく) 중학
- □ 中学生(ちゅうがくせい) 중학생
- □ 中型(ちゅうがた) 중형
- □ 中間(ちゅうかん) 중간
- □ 中国(ちゅうごく) 중국
- □ 中心(ちゅうしん) 중심
- □ 中性(ちゅうせい) 중성
- □ 中毒(ちゅうどく) 중독
- □ 中年(ちゅうねん) 중년
- □ 注目(ちゅうもく) 주목
- □ 中立(ちゅうりつ) 중립
- □ 超過(ちょうか) 초과
- □ 朝刊(ちょうかん) 조간
- □ 駐車場(ちゅうしゃじょう) 주차장
- □ 長所(ちょうしょ) 장점
- □ 通学(つうがく) 통학
- □ 通行(つうこう) 통행
- □ 通常(つうじょう) 통상
- □ 通信(つうしん) 통신
- □ 通用(つうよう) 통용
- □ 使(つか)い捨(す)て 한 번 쓰고 버림
- □ 使(つか)い道(みち) 용도, 쓸모
- □ 机(つくえ) 책상
- □ 付(つ)き合(あ)い 사귐, 교제
- □ 都合(つごう) 형편, 사정
- □ 包(つつ)み 싼 물건, 보따리
- □ つながり 연계, 연결
- □ つなぎ 이음, 막간
- □ 手当(てあて) 수당
- □ 定期(ていき) 정기
- □ 停止(ていし) 정지
- □ 停車(ていしゃ) 정차
- □ 程度(ていど) 정도
- □ 手先(てさき) 손끝, 바로 눈앞
- □ 手続(てつづ)き/手続(てつづき) 수속, 절차
- □ 手配(てはい) 수배

- 手間(てま) 수고, 노력
- 手前(てまえ) 바로 앞
- 天(てん) 하늘
- 電線(でんせん) 전선
- 電卓(でんたく) 전자식 탁상 계산기
- 天地(てんち) 천지, (책·물건의) 상하
- 天地無用(てんちむよう) '화물의 위아래를 거꾸로 하지 말라'는 뜻
- 電池(でんち) 전지, 건전지
- 天然(てんねん) 천연
- てんぷら 튀김
- 問い(とい) 물음, 질문
- 冬季(とうき) 동계
- 倒産(とうさん) 도산
- 同時(どうじ) 동시
- 同窓会(どうそうかい) 동창회
- 道路(どうろ) 도로
- 得(とく) 이익, 이득
- 特異(とくい) 특이
- 読書(どくしょ) 독서
- 特性(とくせい) 특성
- 特徴(とくちょう) 특징
- 特定(とくてい) 특정
- 得点(とくてん) 득점
- 特有(とくゆう) 특유
- 登山(とざん) 등산
- 都市(とし) 도시
- 図書館(としょかん) 도서관
- 年寄り(としより) 늙은이, 노인
- 土台(どだい) 토대
- 土地(とち) 땅, 토지
- 都道府県(とどうふけん) 일본의 행정 구역〈1도・1도・2부・43현〉
- 徒歩(とほ) 도보
- 泊まり(とまり) 묵음, 숙박
- 土(曜)(どよう) 토(요일)

な

- 内科(ないか) 내과
- 長生き(ながいき) 장수
- 仲直り(なかなおり) 화해
- 長年(ながねん) 긴 세월, 오랜 동안
- 半ば(なかば) 절반, 중간
- 仲間(なかま) 동료, 동아리
- 中身(なかみ)・中味(なかみ) 알맹이, 내용
- ながめ 전망, 경치
- 並木(なみき) 가로수
- 苦手(にがて) 서투름, 대하기 싫은 상대
- 肉親(にくしん) 육친
- 日時(にちじ) 일시, 날짜
- 日(曜)(にちよう) 일(요일)
- 日刊紙(にっかんし) 일간지
- 日課(にっか) 일과
- 日中(にっちゅう) 주간, 낮
- 日程(にってい) 일정
- 二倍(にばい) 두 배
- 入場(にゅうじょう) 입장
- 入隊(にゅうたい) 입대
- 入力(にゅうりょく) 입력
- 人気(にんき) 인기
- 人間(にんげん) 인간
- 人数(にんずう) 인원수
- 願い(ねがい) 바람, 소원
- 年少(ねんしょう) 연소
- 年代(ねんだい) 연대
- 年長(ねんちょう) 연장
- 年度(ねんど) 연도
- 年齢(ねんれい) 연령, 나이
- 能力(のうりょく) 능력
- のち 뒤, 후
- 野原(のはら) 들, 들판

□ のり 풀 □ 乗り越し(のりこし) 타고 가다 목적지를 지나침

は

□ 配分(はいぶん) 배분 □ 箱(はこ) 상자 □ 外れ(はずれ) 빗나감
□ 畑(はたけ) 밭 □ 発刊(はっかん) 발간 □ 発行(はっこう) 발행
□ 発想(はっそう) 발상 □ 発送(はっそう) 발송 □ 発売(はつばい) 발매
□ 発明(はつめい) 발명 □ 話し合い(はなしあい) 의논, 교섭 □ 花束(はなたば) 꽃다발
□ 花火(はなび) 불꽃, 폭죽 □ 場面(ばめん) 장면 □ 早起き(はやおき) 일찍 일어남
□ ばら 장미 □ 払い込み(はらいこみ) 납입, 납부 □ 針(はり) 바늘
□ 半音(はんおん) 반음 □ 半額(はんがく) 반액 □ 反省(はんせい) 반성
□ 反対(はんたい) 반대 □ 半年(はんとし)・半年(はんねん) 반 년 □ 販売(はんばい) 판매
□ 半面(はんめん) 반면, 다른 한 면 □ 反面(はんめん) 반면, 한편 □ 番(ばん) 순서, 차례
□ 被害(ひがい) 피해 □ 日帰り(ひがえり) 당일치기 □ 光(ひかり) 빛
□ 光通信(ひかりつうしん) 광통신 □ 光電気(ひかりでんき) 광전기
□ ～匹(ひき) ～마리<수에 따라 びき・ぴき로도 읽음> □ 秘書(ひしょ) 비서
□ 美人(びじん) 미인 □ 必死(ひっし) 필사 □ 必要(ひつよう) 필요함
□ 人差し指(ひとさしゆび) 집게손가락 □ 一晩(ひとばん) 하룻밤 □ 一人暮らし(ひとりぐらし) 독신 생활
□ 秘密(ひみつ) 비밀 □ ひも 끈 □ 費用(ひよう) 비용
□ 美容(びよう) 미용 □ ひょう 우박 □ 評価(ひょうか) 평가
□ 表現(ひょうげん) 표현 □ 表示(ひょうじ) 표시 □ 評判(ひょうばん) 평판
□ 昼寝(ひるね) 낮잠 □ 風景(ふうけい) 풍경 □ 夫婦げんか(ふうふげんか) 부부 싸움
□ 部下(ぶか) 부하 □ 付近(ふきん) 부근 □ 福祉(ふくし) 복지
□ 服装(ふくそう) 복장 □ 夫人(ふじん) 부인<남의 아내의 경칭> □ 婦人(ふじん) 부인, 여성
□ 無事(ぶじ) 무사함 □ 不足(ふそく) 부족 □ ふた 뚜껑, 덮개
□ 普段(ふだん) 평소, 일상 □ 布団(ふとん) 이불, 요 □ 部品(ぶひん) 부품

- □ 吹雪(ふぶき) 눈보라
- □ 不平(ふへい) 불평
- □ 不明(ふめい) 불명
- □ 分(ぶん) 분수, 몫, 부분
- □ 分解(ぶんかい) 분해
- □ 文房具(ぶんぼうぐ) 문방구
- □ 分野(ぶんや) 분야
- □ 分量(ぶんりょう) 분량
- □ 米国(べいこく) 미국
- □ 閉店(へいてん) 폐점
- □ 変更(へんこう) 변경
- □ 便所(べんじょ) 변소
- □ 返信(へんしん) 회신
- □ 貿易(ぼうえき) 무역
- □ 方言(ほうげん) 방언
- □ 方針(ほうしん) 방침
- □ 忘年(ぼうねん) 망년, 그 해의 괴로움을 잊음
- □ 忘年会(ぼうねんかい) 망년회, 송년회
- □ 方面(ほうめん) 방면
- □ 保健(ほけん) 보건
- □ 星(ほし) 별
- □ 保守(ほしゅ) 보수
- □ 歩道(ほどう) 보도
- □ 保存(ほぞん) 보존
- □ 骨(ほね) 뼈
- □ 本式(ほんしき) 본식, 정식
- □ 本日(ほんじつ) 금일, 오늘
- □ 本人(ほんにん) 본인

ま

- □ 毎度(まいど) 매번
- □ 前髪(まえがみ) 앞머리
- □ 前金(まえきん) 선금
- □ 負け(ま) 짐, 패배
- □ 街(まち) (번화한) 거리, 상가 따위가 밀집된 곳
- □ 待ち合わせ(まちあ) (약속하여) 만나기로 함
- □ 間違い(まちが) 틀림, 실수, 오류
- □ 町工場(まちこうば) (시내에 있는) 영세 공장
- □ 窓(まど) 창문
- □ 窓口(まどぐち) 창구
- □ 万一(まんいち) 만일
- □ 万が一(まんいち) 만에 하나
- □ 満点(まんてん) 만점
- □ 身(み) 몸, 신체
- □ 実(み) 열매, 과실
- □ 見合(みあい) 맞선
- □ 見かけ(み) 외관, 겉보기
- □ 見方(みかた) 보기, 견해, 생각
- □ 味方(みかた) 자기 편, 아군
- □ みそ 된장
- □ 見出し(みだ) 표제어
- □ 道順(みちじゅん) 길(순서), 순서
- □ 未定(みてい) 미정
- □ 実り(みの) 결실, 소득, 성과
- □ 見本(みほん) 견본
- □ 都(みやこ) 서울, 두읍
- □ 名字(みょうじ) 성씨, 성
- □ 民家(みんか) 민가
- □ 無(む) 무, 헛됨
- □ 向かい(む) 건너편, 맞은편
- □ 昔(むかし) 옛날
- □ 向き(む) 취지, 경향
- □ 無効(むこう) 무효
- □ 虫(むし) 벌레
- □ 娘(むすめ) 딸
- □ 無名(むめい) 무명
- □ 無料(むりょう) 무료
- □ 名産品(めいさんひん) 명산품

□ 名詞(めいし) 명사
□ 名刺(めいし) 명함
□ 迷惑(めいわく) 폐
□ 面会(めんかい) 면회
□ 免許(めんきょ) 면허
□ 面接(めんせつ) 면접
□ 申(もう)し出(で) 신청, 제의
□ 毛布(もうふ) 담요
□ 木(もく)(曜(よう)) 목(요일)
□ 文字(もじ) 문자
□ 物事(ものごと) 물건과 일, 모든 일
□ 物差(ものさ)し 자, 척도
□ 最寄(もよ)り 가장 가까움, 근처
□ 門(もん) 문

や

□ 役所(やくしょ) 관청, 관공서
□ 役目(やくめ) 임무, 역할
□ 役割(やくわり) 역할
□ 宿(やど) 숙소, 여관
□ 宿屋(やどや) 여관
□ 屋根(やね) 지붕
□ 唯一(ゆいいつ) 유일
□ 勇気(ゆうき) 용기
□ 優勝(ゆうしょう) 우승
□ 夕食(ゆうしょく) 저녁밥, 저녁 식사
□ 友人(ゆうじん) 친구
□ 郵送(ゆうそう) 우송
□ 有料(ゆうりょう) 유료
□ 行方(ゆくえ) 행방
□ 輸入量(ゆにゅうりょう) 수입량
□ 指(ゆび) 손가락, 발가락
□ 容易(ようい) 용이함
□ 溶岩(ようがん) 용암
□ 用具(ようぐ) 용구, 도구
□ 用件(ようけん) 용건
□ 用紙(ようし) 용지
□ 用心(ようじん) 조심, 경계
□ 様子(ようす) 모양, 상황
□ 用途(ようと) 용도
□ 曜日(ようび) 요일
□ 用品(ようひん) 용품
□ 用法(ようほう) 용법
□ 預金(よきん) 예금
□ 翌月(よくげつ) 익월, 다음 달
□ 翌日(よくじつ) 익일, 다음날
□ 欲張(よくば)り 욕심이 많음
□ 汚(よご)れ 더러움
□ 予算(よさん) 예산
□ よそ 딴 곳, 타처
□ 夜中(よなか) 한밤중

ら

□ 来日(らいにち) 내일, 외국인이 일본에 옴
□ 落選(らくせん) 낙선
□ 落第(らくだい) 낙제
□ 利益(りえき) 이익
□ 理科(りか) 이과
□ 理解(りかい) 이해
□ 理想(りそう) 이상
□ 留学(りゅうがく) 유학
□ 寮(りょう) 기숙사
□ 量(りょう) 양
□ 両国(りょうこく) 양국
□ 領収(りょうしゅう) 영수

□ 了承(りょうしょう) 승낙, 납득	□ 両親(りょうしん) 양친, 부모	□ 寮費(りょうひ) 기숙사비
□ 良友(りょうゆう) 좋은 친구	□ 旅費(りょひ) 여비	□ 留守番(るすばん) 빈 집을 지킴, 집보기
□ 例(れい) 예, 늘, 여느	□ 例外(れいがい) 예외	□ 礼儀(れいぎ) 예의
□ 歴史(れきし) 역사	□ 列車(れっしゃ) 열차	□ 列島(れっとう) 열도
□ 恋愛(れんあい) 연애	□ 連休(れんきゅう) 연휴	□ 連続(れんぞく) 연속
□ 老人(ろうじん) 노인	□ 労働(ろうどう) 노동	□ 録音(ろくおん) 녹음
□ 論文(ろんぶん) 논문		

わ

□ 若者(わかもの) 젊은이, 청년	□ 別れ(わかれ) 헤어짐, 이별	□ わさび 고추냉이
□ 話題(わだい) 화제	□ 割り勘(わりかん) 각자 부담	□ われわれ 우리들

2 출제 예상 동사

あ

□ 愛する(あいする) 사랑하다	□ 上がる(あがる) 들어오다, 들어가다	□ 上がる(あがる) (비 따위가) 그치다, 멈추다
□ 上がる(あがる) (일 따위가) 끝나다	□ 空ける(あける) 틈·시간을 내다	□ 預かる(あずかる) 맡다, 보관하다
□ 温まる(あたたまる) 훈훈해지다	□ あてはまる 들어맞다	□ あびる (물을) 뒤집어쓰다
□ 言い返す(いいかえす) 말을 되받다	□ 言い出す(いいだす) 말을 꺼내다	□ いじめる 괴롭히다
□ 痛む(いたむ) 아프다, 괴롭다	□ 傷む(いたむ) 상하다, 파손되다	□ 至る(いたる) 다다르다
□ 受かる(うかる) 합격되다	□ 浮く(うく) 뜨다	□ 受ける(うける) 받다
□ 動かす(うごかす) 움직이다, 옮기다	□ 失う(うしなう) 잃어버리다, 놓치다	□ 打ち合わせる(うちあわせる) 미리 상의하다
□ 映る(うつる) 비치다, 영상이 나타나다	□ うなずく 수긍하다, 끄덕이다	□ うらやむ 부러워하다

□ 売れる (잘) 팔리다
□ 得る 얻다
□ 応じる·ずる 응하다, 따르다
□ 贈る 선사하다, 주다
□ おさめる 납부하다
□ 教わる 가르침을 받다, 배우다
□ 思い付く (문득) 생각이 떠오르다
□ 思える 생각되다
□ 泳ぐ 헤엄치다, 수영하다
□ 下ろす (돈 따위를) 찾다

か

□ 書き出す (필요한 것을) 뽑아 쓰다
□ かける (말 등을) 걸다
□ 欠ける 빠지다, 없다, 결여하다
□ 重なる 포개지다, 겹치다
□ 数える 세다
□ 片付く 정돈되다
□ 傾く 기울다
□ 語る 말하다, 이야기하다
□ 乾かす 말리다
□ 感じる 느끼다
□ 関する 관하다
□ 着替える 갈아입다
□ きく 약효가 듣다, 효과가 있다
□ 傷付ける 상처를 입히다
□ 着せる (옷 따위를) 입히다
□ 気付く 눈치채다, 깨닫다
□ 決まる 정해지다
□ 決める 정하다
□ きれる 다 떨어지다
□ 比べる 비교하다
□ 繰り返す 되풀이하다
□ くわしい 상세하다, 자세하다
□ 削る 삭감하다, 없애다
□ 腰掛ける 걸터앉다
□ 異なる 다르다
□ こなす 해치우다, 능숙하게 다루다
□ こぼれる 넘쳐 흐르다
□ こもる 담기다, 어리다
□ 殺す 죽이다

さ

□ 捜す 찾다
□ 咲く 꽃피다
□ 支える 떠받치다, 지탱하다
□ 指す 가리키다
□ 誘う 꾀다, 권유하다, 부르다
□ 覚ます 깨우다
□ 従う 따르다
□ 支配する 지배하다
□ 支払う 지불하다, 치르다
□ しびれる 마비되다, 저리다
□ 締め切る 마감하다
□ 占める 차지하다
□ しゃべる 수다를 떨다
□ 優れる 뛰어나다
□ 進む 나아가다, 자진해서 ~하다
□ 勧める 권하다
□ 進める 진척시키다
□ 薦める 추천하다
□ 座る 앉다
□ 接する 접하다
□ 攻める 공격하다

- □ 育(そだ)つ 자라다, 성장하다

た

- □ 対(たい)する 대하다
- □ 高(たか)める 높이다
- □ 助(たす)かる 살아나다
- □ 達(たっ)する 달하다
- □ 例(たと)える 예를 들다, 비유하다
- □ 付(つ)き合(あ)う 사귀다, 교제하다
- □ 付(つ)く 붙다, 묻다
- □ 続(つづ)く 계속되다, 잇따르다
- □ つながる 이어지다, 연결되다
- □ つなぐ 매다, 묶다
- □ つなげる 매다, 묶다
- □ できる 다 되다, 만들어지다
- □ 解(と)く 풀다, 개봉하다
- □ 届(とど)く 닿다
- □ 跳(と)ぶ 뛰다, 도약하다
- □ 取(と)り入(い)れる 받아들이다, 도입하다
- □ 取(と)り組(く)む 맞붙다, 몰두하다
- □ 取(と)れる (시간이) 나다, 풀리다

な

- □ 治(なお)す 고치다, 치료하다
- □ 流(なが)す 흘리다, 떠내려 보내다
- □ 眺(なが)める 바라보다
- □ 名付(なづ)ける 이름짓다
- □ 悩(なや)む 고민하다
- □ 成(な)り立(た)つ 성립하다
- □ 慣(な)れる 익숙해지다, 사람을 따르다
- □ 抜(ぬ)く 뽑다
- □ 抜(ぬ)ける 빠지다
- □ 残(のこ)す 남기다
- □ 残(のこ)る 남다
- □ 載(の)せる 위에 놓다, 싣다
- □ 乗(の)せる 태우다
- □ 伸(の)ばす 펴다, 성장시키다
- □ 伸(の)びる 늘다, 자라다
- □ 延(の)びる 길어지다, (길이가) 연장되다
- □ 述(の)べる 말하다, 진술하다
- □ 載(の)る 실리다

は

- □ 配達(はいたつ)する 배달하다
- □ ばかげる 시시하다, 말 같잖다
- □ 計(はか)る (시간·정도를) 재다
- □ 運(はこ)ぶ 운반하다
- □ 外(はず)れる 빠지다, 벗어나다
- □ 働(はたら)く 일하다
- □ 話(はな)し合(あ)う 서로 이야기하다
- □ 放(はな)す 놓다, 풀어 놓다
- □ 省(はぶ)く 줄이다, 생략하다
- □ 払(はら)い込(こ)む 불입하다
- □ 反(はん)する 반하다
- □ 引(ひ)き出(だ)す 꺼내다
- □ 引(ひ)っ張(ぱ)る 끌다, 끌어당기다
- □ 冷(ひ)やす 차게 하다, 식히다
- □ 広(ひろ)がる 넓어지다, 확대되다
- □ ぶつかる 부딪치다
- □ 触(ふ)れる 접촉하다, 닿다
- □ 減(へ)らす 줄이다, 덜다

□ 減(へ)る 줄다, 적어지다

ま

□ 実(みの)る 열매를 맺다, 여물다
□ 迎(むか)える 맞이하다
□ 向(む)き合(あ)う 마주 보다, 상대하다
□ 向(む)く 향하다
□ 命(めい)じる 명령하다, 임명하다
□ 申(もう)し込(こ)む 신청하다
□ 持(も)ち歩(ある)く 가지고 다니다
□ 用(もち)いる 사용하다
□ 持(も)ち帰(かえ)る 집에 싸가지고 가다
□ 求(もと)める 구하다, 사다

や

□ 休(やす)める 쉬게 하다, 휴식시키다
□ 辞(や)める 그만두다, 사직하다
□ 敗(やぶ)れる 패하다
□ 夢見(ゆめみ)る 꿈을 꾸다

ら

□ 論(ろん)じる·ずる 논하다

わ

□ 分(わ)かれる 갈리다, 나뉘다
□ 渡(わた)す 건네다, 양도하다

3 출제 예상 い형용사

□ 温(あたた)かい 따뜻하다
□ 甘(あま)い 달콤하다, 엄하지 않다
□ 怪(あや)しい 수상하다, 의심스럽다
□ ありがたい 감사하다, 고맙다
□ 淡(あわ)い 엷다
□ 忙(いそが)しい 바쁘다
□ うらやましい 부럽다, 샘이 나다
□ 偉(えら)い 훌륭하다, 심하다
□ おとなしい 얌전하다
□ 我慢強(がまんづよ)い 참을성 있다
□ かわいらしい 귀엽다, 사랑스럽다
□ 臭(くさ)い 고약한 냄새가 나다, 구리다

□ 険(けわ)しい 험하다　□ こい 짙다, 빽빽하다　□ 素晴(すば)らしい 훌륭하다

□ するどい 날카롭다　□ とんでもない 당치않다　□ 激(はげ)しい 심하다, 격렬하다

□ 久(ひさ)しい 오래다　□ 細(ほそ)い 가늘다, 좁다　□ ややこしい 까다롭다, 복잡하다

□ 良(よ)い 좋다

4 출제 예상 な형용사

□ あきらかだ 분명하다, 명백하다　□ あたりまえだ 당연하다　□ 意外(いがい)だ 의외이다

□ 偉大(いだい)だ 위대하다　□ 主(おも)だ 주요하다　□ 快適(かいてき)だ 쾌적하다

□ 貴重(きちょう)だ 귀중하다　□ 巨大(きょだい)だ 거대하다　□ 気楽(きらく)だ 마음이 편하다, 홀가분하다

□ 個人的(こじんてき)だ 개인적이다　□ 幸(さいわ)いだ 다행이다　□ 様々(さまざま)だ 여러 가지이다

□ 幸(しあわ)せだ 행복하다　□ 重要(じゅうよう)だ 중요하다　□ 順調(じゅんちょう)だ 순조롭다

□ 正直(しょうじき)だ 정직하다　□ 心配(しんぱい)だ 걱정스럽다　□ すてきだ 멋지다

□ 素直(すなお)だ 순진하다, 솔직하다　□ 全国的(ぜんこくてき)だ 전국적이다　□ 全面的(ぜんめんてき)だ 전면적이다

□ たしかだ 확실하다, 정확하다　□ 同様(どうよう)だ 다름없다　□ なめらかだ 매끄럽다, 순조롭다

□ 派手(はで)だ 화려하다　□ 皮肉(ひにく)だ 얄궂다, 짓궂다　□ 不思議(ふしぎ)だ 불가사의하다, 이상하다

□ 部分的(ぶぶんてき)だ 부분적이다　□ 平気(へいき)だ 아무렇지도 않다, 걱정없다　□ 平和(へいわ)だ 평화롭다

□ 朗(ほが)らかだ 명랑하다　□ 間近(まぢか)だ 아주 가깝다　□ まれだ 드물다, 희소하다

□ 満足(まんぞく)だ 만족하다　□ 夢中(むちゅう)だ 열중하다, 몰두하다　□ 無用(むよう)だ 필요없다

□ 明確(めいかく)だ 명확하다　□ 有効(ゆうこう)だ 유효하다　□ 余計(よけい)だ 쓸데없다

5 출제 예상 부사

あ

- □ 案外(あんがい) 뜻밖에도, 의외로
- □ いきなり 갑자기
- □ いちいち 일일이, 하나하나
- □ 一度(いちど)に 일시에, 한꺼번에
- □ 一体(いったい) 도대체
- □ 今(いま)でも 지금도, 현재도
- □ 今(いま)に 곧, 조만간, 언젠가
- □ いよいよ 마침내, 드디어
- □ 思(おも)い切(き)り·思(おも)いっ切(き)り 마음껏

か

- □ 格別(かくべつ) 각별, 특별, 별로
- □ 必(かなら)ずしも 반드시 ~라고는
- □ かなり 제법, 꽤
- □ からから 텅 비어 있는 모양
- □ きちんと 정확히, 규칙 바르게
- □ 逆(ぎゃく)に 반대로, 거꾸로
- □ ぐっすり 푹 (잠)
- □ ぐらぐら 흔들흔들, 근들근들
- □ けっこう 그런대로, 제법, 충분히

さ

- □ ざっと 대충, 대강
- □ さっぱり 전혀, 전연
- □ 更(さら)に 더욱더, 더욱이
- □ 自然(しぜん)(に) 자연(히), 저절로
- □ 次第(しだい)に 서서히, 점점
- □ 実(じつ)に 실로
- □ 実(じつ)は 실은, 사실은
- □ しばしば 자주, 종종
- □ しょっちゅう 언제나, 늘
- □ 少(すく)なくとも 적어도
- □ すごく 굉장히
- □ 少(すこ)しも 조금도
- □ 進(すす)んで 자진하여
- □ すなわち 즉
- □ せっかく 모처럼
- □ せめて 적어도
- □ そうそう 서두르는 모양, 부랴부랴
- □ 相当(そうとう) 상당히
- □ 続々(ぞくぞく)(と) 잇달아, 끊임없이
- □ そのうち 일간, 머지않아

た

- □ だいいち 무엇보다도, 우선
- □ 大(たい)して 그다지, 별로
- □ たしか 분명히
- □ ただちに 즉시, 당장
- □ ただ 오직, 그저, 오로지
- □ たちまち 금세, 갑자기

□ たった 단지, 겨우, 오직
□ たびたび 여러번, 자주
□ 断然(だんぜん) 단연(코), 결단코
□ ちゃんと 분명히, 정확하게
□ つい 무심코, 그만
□ 常(つね)に 늘, 항상
□ つまり 결국, 즉, 요컨대
□ 点々(てんてん) 점점이
□ どうしても 기어코, 꼭
□ どっと 왈칵, 우르르
□ とにかく 하여간, 어쨌든, 좌우간
□ 共(とも)に 다 같이, 함께, 동시에
□ どんどん 계속, 자꾸

な

□ 何(なん)で 어째서, 무슨 이유로
□ 何(なん)でも 무엇이든지
□ にこにこ 생긋생긋, 싱글벙글, 생글생글
□ のちほど 나중에
□ のんびり 한가로이, 유유히

は

□ はっきり 확실히, 분명히
□ ばらばら 뿔뿔이
□ ぱらぱら 비 따위가 조금 오는 모양
□ 比較的(ひかくてき) 비교적
□ ぴかぴか 번쩍번쩍
□ 再(ふたた)び 재차, 다시
□ ほとんど 거의, 대부분
□ ほぼ 거의, 대부분, 대개, 대강

ま

□ まあまあ 그저 그런 정도임
□ ますます 더욱더, 점점 더
□ 全(まった)く 전혀, 아주, 완전히
□ まるで 마치, 전혀
□ もちろん 물론

や

□ 喜(よろこ)んで 기꺼이

わ

□ わくわく 두근두근

□ わずか 불과

출제 예상 외래어

□ アナログ 아날로그
□ アニメ 애니메이션
□ アルバム 앨범
□ アンケート 앙케트
□ インク·インキ 잉크
□ インターネット 인터넷
□ エリート 엘리트
□ エンジン 엔진
□ オーダー 오더, 주문
□ オープン 오픈, 개업
□ オリンピック 올림픽
□ カー 자동차
□ カード 카드
□ カセット 카세트
□ カット 컷, 삭제
□ キー 키, 열쇠, 실마리
□ キーワード 키워드, 중심어
□ クーラー 쿨러, 냉방 장치
□ クラスメート 클래스메이트, 급우
□ グラフ 그래프
□ クリーム 크림
□ ケース 케이스, 경우, 용기
□ コーナー 코너, 구석
□ コピー 카피, 복사
□ コミュニケーション 커뮤니케이션
□ コンクール 콩쿠르
□ コンビニ 편의점
□ サービス 서비스
□ サイト 웹사이트
□ サラリー 샐러리, 봉급
□ サラリーマン 샐러리맨
□ シーズン 시즌
□ ショー 쇼
□ ショーウィンドー 쇼윈도
□ スープ 수프
□ スキー 스키
□ スケート 스케이트
□ スケジュール 스케줄
□ スタート 스타트
□ ストレス 스트레스
□ スパゲッティ 스파게티
□ スピーチ 스피치, 연설
□ セール 세일, 판매
□ ゼミ 세미나
□ セミナー 세미나
□ ターミナル 터미널
□ ダイエット 다이어트
□ タイトル 타이틀, 제목
□ タイヤ 타이어
□ ダンス 댄스, 춤
□ チェックアウト 체크아웃
□ チェックイン 체크인
□ チェックポイント 체크 포인트
□ チェンジ 체인지, 교체, 바꿈
□ チップ 팁
□ チーム 팀

□ テークアウト 테이크아웃	□ デート 데이트	□ デジタル 디지털
□ デジタルカメラ 디지털카메라	□ テニスコート 테니스 코트	□ トイレットペーパー 화장지
□ ドライブ 드라이브	□ ドラマ 드라마	□ パーセント 퍼센트
□ ハード 하드, 엄격함, 고됨	□ バイキング 바이킹	□ バス 바스, 목욕(탕)
□ パス 패스, 합격	□ バッグ 백, 가방	□ パッケージ 패키지
□ パレード 퍼레이드	□ ハンバーガー 햄버거	□ ピクニック 피크닉, 소풍
□ ビジネス 비즈니스	□ ビデオ 비디오	□ ファックス 팩스
□ ファン 팬	□ プラス 플러스	□ プラットホーム 플랫폼
□ フランス 프랑스	□ プリンター 프린터	□ プリント 프린트, 인쇄(물)
□ ペットボトル 페트병	□ ホーム 플랫폼	□ ホーム 홈, 가정
□ ホームステイ 홈스테이	□ ホームページ 홈페이지	□ ボール 볼, 그릇
□ ポスター 포스터	□ ホステル 호스텔	□ ホストファミリー 호스트 패밀리
□ マーク 마크, 표시	□ マラソン 마라톤	□ マンション 맨션
□ メール 메일	□ メッセージ 메시지	□ メニュー 메뉴, 식단
□ メモ 메모	□ メリット 메리트, 장점	□ ライオン 사자
□ ライト 라이트, 빛	□ ラッシュアワー 러시아워	□ ランチ 런치
□ リーダー 리더	□ リスト 리스트, 목록	□ リビング 리빙(룸)
□ ルーム 룸, 방	□ ルール 룰, 규칙	□ レンタカー 렌터카
□ レンタル 렌털, 임대	□ レベル 레벨, 수준	□ ワンピース 원피스

7 출제 예상 접두어·접미어

접두어 10

□ 高(こう)～	고~	高学歴(こうがくれき) 고학력	高収入(こうしゅうにゅう) 고수입	高性能(こうせいのう) 고성능
□ 再(さい)～	재~	再使用(さいしよう) 재사용	再提出(さいていしゅつ) 재제출	再利用(さいりよう) 재이용
□ 第(だい)～	제~	第一(だいいち) 첫 번째	第二(だいに) 두 번째	第三(だいさん) 세 번째
□ 短(たん)～	단~	短期間(たんきかん) 단기간	短距離(たんきょり) 단거리	短時間(たんじかん) 단시간
□ 長(ちょう)～	장~	長時間(ちょうじかん) 장시간	長距離(ちょうきょり) 장거리	長期間(ちょうきかん) 장기간
□ 不(ふ)～	불~	不完全(ふかんぜん) 불완전	不規則(ふきそく) 불규칙	不必要(ふひつよう) 불필요함
□ 毎(まい)～	매~	毎回(まいかい) 매회	毎土曜(まいどよう) 매 토요일	毎年度(まいねんど) 매년도
□ 無(む)～	무~	無意味(むいみ) 무의미	無条件(むじょうけん) 무조건	無得点(むとくてん) 무득점
□ 名(めい)～	명~	名演説(めいえんぜつ) 명연설	名産地(めいさんち) 명산지	名場面(めいばめん) 명장면
□ 翌(よく)～	다음 (날)~	翌朝(よくあさ) 다음날 아침	翌営業日(よくえいぎょうび) 다음 영업일	翌月曜(よくげつよう) 다음 월요일

접미어 43

□ ～位(い)	~위	一位(いちい) 1위	二位(にい) 2위	三位(さんい) 3위
□ ～歌(か)	~가	応援歌(おうえんか) 응원가	主題歌(しゅだいか) 주제가	流行歌(りゅうこうか) 유행가
□ ～課(か)	~과	経理課(けいりか) 경리과	交通安全課(こうつうあんぜんか) 교통안전과	人事課(じんじか) 인사과
□ ～科(か)	~과	家庭科(かていか) 가정과	社会科(しゃかいか) 사회과	小児科(しょうにか) 소아과
□ ～化(か)	~화	具体化(ぐたいか) 구체화	国際化(こくさいか) 국제화	自由化(じゆうか) 자유화
□ ～箇所(かしょ)	~군데, 개소	3箇所(さんかしょ) 3군데	2箇所(にかしょ) 2군데	破損箇所(はそんかしょ) 파손 개소
□ ～間(かん)	~간	兄弟間(きょうだいかん) 형제간	夫婦間(ふうふかん) 부부간	4日間(よっかかん) 4일간
□ ～感(かん)	~감	使命感(しめいかん) 사명감	責任感(せきにんかん) 책임감	満足感(まんぞくかん) 만족감

□ ～館(かん) ~관	写真館(しゃしんかん) 사진관	図書館(としょかん) 도서관	美術館(びじゅつかん) 미술관
□ ～巻(かん) ~권	一巻(いっかん) 1권	二巻(にかん) 2권	三巻(さんかん) 3권
□ ～期(き) ~기	産卵期(さんらんき) 산란기	少年期(しょうねんき) 소년기	青年期(せいねんき) 청년기
□ ～局(きょく) ~국	電話局(でんわきょく) 전화국	編集局(へんしゅうきょく) 편집국	ラジオ局(きょく) 라디오국
□ ～組(ぐみ) ~패	年少組(ねんしょうぐみ) 나이 어린 패	年長組(ねんちょうぐみ) 나이 많은 패	落第組(らくだいぐみ) 낙제생 패
□ ～券(けん) ~권	乗車券(じょうしゃけん) 승차권	入場券(にゅうじょうけん) 입장권	割引券(わりびきけん) 할인권
□ ～湖(こ) ~호	河口湖(かわぐちこ) 가와구치호	相模湖(さがみこ) 사가미호	琵琶湖(びわこ) 비와호
□ ～込(こ)み ~을 포함	消費税込(しょうひぜいこ)み 소비세 포함	税込(ぜいこ)み 세금 포함	送料込(そうりょうこ)み 송료 포함
□ ～際(さい) ~때	お帰(かえ)りの際(さい) 돌아가실 때	この際(さい) 이때	非常(ひじょう)の際(さい) 비상시
□ ～先(さき) ~곳, ~처	出張先(しゅっちょうさき) 출장처	勤(つと)め先(さき) 근무하는 곳	連絡先(れんらくさき) 연락처
□ ～紙(し) ~지	試験紙(しけんし) 시험지	新聞紙(しんぶんし) 신문지	包装紙(ほうそうし) 포장지
□ ～社(しゃ) ~사	新聞社(しんぶんしゃ) 신문사	赤十字社(せきじゅうじしゃ) 적십자사	旅行社(りょこうしゃ) 여행사
□ ～書(しょ) ~서	証明書(しょうめいしょ) 증명서	申込書(もうしこみしょ) 신청서	領収書(りょうしゅうしょ) 영수증
□ ～場(じょう) ~장	運動場(うんどうじょう) 운동장	スキー場(じょう) 스키장	駐車場(ちゅうしゃじょう) 주차장
□ ～ずまい ~살이	貸家(かしや)ずまい 셋집살이	宿屋(やどや)ずまい 여관살이	田舎(いなか)ずまい 시골살이
□ ～性(せい) ~성	安全性(あんぜんせい) 안전성	可能性(かのうせい) 가능성	危険性(きけんせい) 위험성
□ ～帯(たい) ~대	火山帯(かざんたい) 화산대	時間帯(じかんたい) 시간대	地震帯(じしんたい) 지진대
□ ～長(ちょう) ~장	学校長(がっこうちょう) 학교장	警察署長(けいさつしょちょう) 경찰서장	支店長(してんちょう) 지점장
□ ～帳(ちょう) ~장	写真帳(しゃしんちょう) 사진첩	日記帳(にっきちょう) 일기장	メモ帳(ちょう) 메모장
□ ～通(つう) ~통	映画通(えいがつう) 영화통	経済通(けいざいつう) 경제통	情報通(じょうほうつう) 정보통
□ ～店(てん) ~점	食料品店(しょくりょうひんてん) 식료품점	販売店(はんばいてん) 판매점	料理店(りょうりてん) 요리점
□ ～道(どう) ~도 (지방 행정 단체의 하나)	北海道(ほっかいどう) 북해도		
□ ～年生(ねんせい) ~학년	1年生(いちねんせい) 1학년	3年生(さんねんせい) 3학년	6年生(ろくねんせい) 6학년
□ ～泊(はく) ~박	一泊(いっぱく) 1박	二泊(にはく) 2박	三泊(さんぱく) 3박

□ ～費(ひ) ~비	参加費(さんかひ) 참가비	住宅費(じゅうたくひ) 주택비	生活費(せいかつひ) 생활비
□ ～日(び) ~일	記念日(きねんび) 기념일	希望日(きぼうび) 희망일	出発日(しゅっぱつび) 출발일
□ ～品(ひん) ~품	貴重品(きちょうひん) 귀중품	記念品(きねんひん) 기념품	不良品(ふりょうひん) 불량품
□ ～部(ぶ) ~부	一部(いちぶ) 1부	営業部(えいぎょうぶ) 영업부	何部(なんぶ) 몇 부
□ ～府(ふ) ~부 (지방 공공 단체의 하나)	大阪府(おおさかふ) 오사카부	京都府(きょうとふ) 교토부	
□ ～分(ぶん) ~분	一箇月分(いっかげつぶん) 한달치	人数分(にんずうぶん) 인원수분	不足分(ふそくぶん) 부족분
□ ～向け(む) ~용	一般向け(いっぱんむ) 일반용	子ども向け(こ・む) 어린이용	新学期向け(しんがっきむ) 신학기용
□ ～名(めい) ~명	学校名(がっこうめい) 학교명	科目名(かもくめい) 과목명	旅行名(りょこうめい) 여행명
□ ～よい ~멀미	車(くるま)よい 차멀미	二日(ふつか)よい 숙취	船(ふな)よい 뱃멀미
□ ～用(よう) ~용	工業用(こうぎょうよう) 공업용	散歩用(さんぽよう) 산책용	水泳用(すいえいよう) 수영용
□ ～量(りょう) ~량	積載量(せきさいりょう) 적재량	輸出量(ゆしゅつりょう) 수출량	輸入量(ゆにゅうりょう) 수입량

8 기타

❶ 복합동사

□ ～合う(あ)	助け合う(たす・あ) 서로 돕다	話し合う(はな・あ) 서로 이야기하다
□ ～変える(か)	書き変える(か・か) 고쳐 쓰다	作り変える(つく・か) 고쳐 만들다

❷ 접속사

□ および 및	□ しかも 게다가, 그 위에	□ したがって 따라서
□ そこで 그래서	□ そのうえ 게다가	□ それでも 그런데도, 그래도
□ それとも 그렇지 않으면, 아니면	□ それなのに 그런데도	□ それなら 그렇다면

- □ だが 그러나, 그렇지만
- □ ですから 그러니까
- □ ところが 그런데, 그러나
- □ ところで 그런데, 그건 그렇고
- □ なぜなら 왜냐하면

❸ 관용구

- □ お世話(せわ)になる 신세를 지다
- □ 顔(かお)が広(ひろ)い 발이 넓다
- □ 気(き)が重(おも)い 마음이 무겁다
- □ 気(き)がつく 깨닫다, 생각이 나다
- □ 気(き)が長(なが)い 성미가 느긋하다
- □ 気(き)が短(みじか)い 성질이 급하다
- □ 気(き)にする 걱정하다, 신경쓰다
- □ 気(き)になる 신경쓰이다
- □ 口(くち)が重(おも)い 과묵하다
- □ 口(くち)がかたい 입이 무겁다
- □ 口(くち)が軽(かる)い 입이 가볍다
- □ 習慣(しゅうかん)をつける 습관을 들이다
- □ 手(て)にする 손에 넣다, 손에 들다
- □ 手(て)を出(だ)す 손을 대다
- □ 目(め)をとじる 눈을 감다

❹ 유의어

□ 青空(あおぞら) 푸른 하늘, 창공	≒	晴天(せいてん) 맑은 하늘
□ 明(あか)るい 밝다	≒	くわしい 밝다
□ 上(あ)がる 끝나다	≒	終(お)わる 끝나다
□ あぶない 위험하다, 위태롭다	≒	あやうい 위태롭다, 위험하다
□ あやしい 수상한	≒	不審(ふしん)な 수상한
□ 言(い)い分(ぶん) 할 말, 주장	≒	主張(しゅちょう) 주장
□ 行(い)き先(さき)・行(ゆ)き先(さき) 행선지, 목적지	≒	目的地(もくてきち) 목적지
□ いきなり 갑자기	≒	突然(とつぜん) 돌연, 갑자기
□ いっぱい 가득	≒	たくさん 많이
□ 要(い)る 필요하다	≒	必要(ひつよう)だ 필요하다

□ 宇宙(うちゅう) 우주	≒	コスモス 우주
□ えらぶ 고르다	≒	取(と)る 택하다
□ オイル 오일	≒	あぶら 기름
□ おしゃべりな 수다스러운	≒	よく話(はな)す 잘 말하는
□ おそらく 아마, 어쩌면	≒	たぶん 아마
□ オフ 비번	≒	休(やす)み 휴가, 휴식
□ 顔出(かおだ)し 얼굴을 내밂, 참석함	≒	参加(さんか) 참가
□ 確認(かくにん)して 확인하여	≒	調(しら)べて 점검하여
□ がっかりする 실망하다	≒	失望(しつぼう) 실망하다
□ 気(き)に入(い)る 마음에 들다	≒	すきになる 좋아하게 되다
□ 興味(きょうみ) 흥미	≒	関心(かんしん) 관심
□ 嫌(きら)いになる 싫어지다	≒	興味(きょうみ)を失(うしな)う 흥미를 잃다
□ 気(き)をつける 조심하다	≒	注意(ちゅうい)する 주의하다
□ ぐっと 힘껏	≒	力(ちから)を入(い)れて 힘을 넣어
□ 暮(く)らし 살림, 생계, 일상 생활	≒	生活(せいかつ) 생활
□ 暮(く)らす 보내다, 살다	≒	生活(せいかつ)する 생활하다
□ 苦(くる)しい 괴롭다, 힘들다	≒	難(むずか)しい 어렵다, 곤란하다
□ 契機(けいき) 계기	≒	きっかけ 계기
□ 決(けっ)して 결코	≒	絶対(ぜったい)に 절대로
□ 欠点(けってん) 결점	≒	短所(たんしょ) 단점
□ 元気(げんき)になる 건강해지다	≒	健康(けんこう)を回復(かいふく)する 건강을 회복하다
□ 検討(けんとう)する 검토하다	≒	考(かんが)える 생각하다
□ 購読(こうどく)する 구독하다	≒	取(と)る 구독하다, 보다
□ 公平(こうへい)に 공평하게	≒	均等(きんとう)に 균등하게
□ こく 감칠맛	≒	深(ふか)み 깊은 맛

□ コスト 코스트, 원가, 가격 ≒ 値段(ねだん) 값

□ このあいだ 전날 ≒ 先日(せんじつ) 전날

□ ころす 죽이다 ≒ 取(と)る 죽이다

□ 最低(さいてい) 최저 ≒ 少(すく)なくとも 적어도

□ 採用(さいよう)する 채용하다 ≒ 採(と)る 뽑다, 채용하다

□ 差(さ)し支(つか)え 지장, 장애 ≒ 問題(もんだい) 문제

□ さしつかえない 지장이 없다 ≒ かまわない 상관없다

□ さっそく 곧, 즉시 ≒ すぐに 곧, 즉시

□ さっぱり 전혀 ≒ まったく 전혀

□ 参加(さんか)する 참가하다 ≒ 加(くわ)わる 참가하다

□ サンプル 샘플 ≒ 見本(みほん) 견본

□ シーン 신, 장면 ≒ 場面(ばめん) 장면

□ 事件(じけん) 사건 ≒ できごと 사건, 일

□ 支度(したく) 준비 ≒ 準備(じゅんび) 준비

□ 実(じつ)は 사실은 ≒ 本当(ほんとう)は 사실은

□ しるす 기록하다 ≒ 取(と)る 필기하다

□ すまない 미안하다 ≒ もうしわけない 미안하다

□ 清潔(せいけつ)に 청결하게 ≒ きれいに 깨끗하게

□ せいぜい 가능한 한 ≒ できるだけ 가능한 한

□ 相互(そうご) 상호 ≒ たがい 서로, 상호

□ そっくりだ 꼭 닮다 ≒ 似(に)ている 닮다

□ ただ 무료, 공짜 ≒ 無料(むりょう) 무료

□ 食(た)べる 먹다 ≒ 取(と)る 먹다

□ 使(つか)う 쓰다, 사용하다 ≒ 用(もち)いる 쓰다, 이용하다

□ 次々(つぎつぎ)に 잇달아, 차례차례 ≒ どんどん 속속, 잇달아

□ テスト 시험, 검사	≒	検査(けんさ) 검사
□ どうしても 꼭	≒	ぜひ 꼭
□ どなる 호통치다, 야단치다	≒	しかる 혼내다
□ とらえる 잡다	≒	取(と)る 쥐다
□ 中身(なかみ)が濃(こ)い 내용이 실하다	≒	内容(ないよう)がある 내용이 있다
□ ぬぐ (모자 등을) 벗다	≒	取(と)る 벗다, 풀다
□ のぞく 제거하다	≒	取(と)る 없애다
□ 延(の)ばす 연장시키다	≒	延長(えんちょう)させる 연장시키다
□ 残(のこ)らず 남김없이	≒	全部(ぜんぶ) 전부
□ はかる 재다	≒	取(と)る 재다
□ ヒント 힌트, 암시, 시사	≒	手(て)がかり 단서
□ 不足(ふそく)だ 부족하다	≒	足(た)りない 부족하다
□ 分(ぶん) 상태, 정도	≒	ペース 페이스
□ ほうぼう 여기저기	≒	あちこち 이곳저곳
□ まもなく 머지않아	≒	もうすぐ 이제 곧
□ 見事(みごと)だ 훌륭하다	≒	すばらしい 훌륭하다
□ ミス 미스, 실패, 잘못	≒	失敗(しっぱい) 실패
□ もうしこみ 신청	≒	申請(しんせい) 신청
□ もっとも 가장	≒	一番(いちばん) 가장
□ もらう 얻다, 받다	≒	取(と)る 얻다
□ 文句(もんく) 불만, 불평	≒	不平(ふへい) 불평
□ ゆるい 허술하다	≒	厳(きび)しくない 엄하지 않다
□ 用意(ようい) 용의, 준비	≒	準備(じゅんび) 준비
□ 容器(ようき) 용기	≒	ケース 케이스, 용기
□ 用心(ようじん) 조심, 주의	≒	注意(ちゅうい) 주의

□ 予約(よやく)する 예약하다 ≒ 取(と)る 예약하다

5 그 외

□ いろんな 여러 가지

□ おじゃまします 실례(방문)하겠습니다

□ おまちどおさま(でした) 오래 기다리셨습니다

□ ~限(かぎ)り ~만, ~까지

□ しかたがない 할 수 없다

□ そのまま (그냥) 그대로

□ ~だらけ ~투성이

□ 何(なに)も 별로, 일부러, 특히

□ なんて 뭐라고 (하는), 어쩌면 이토록

□ ひくい声(こえ) 낮은 목소리

□ 皆様(みなさま) 여러분

□ おかまいなく 걱정마시고 (마음대로 하십시오)

□ お世話(せわ)になりました 신세를 졌습니다

□ お目(め)にかかる 만나 뵙다

□ ご苦労様(くろうさま) 수고하셨습니다

□ そのほか 그 외

□ たとえ~ても 비록 ~해도

□ 単(たん)なる 단순한

□ なにもかも 무엇이든, 모두

□ なんという 뭐라고 하는, 이렇다 할

□ ほんの~ 그저, 단지

1 예상어휘 확인문제 한자읽기 / 10

問題 1 ＿＿＿のことばの読み方として最もよいものを、1・2・3・4から一つえらびなさい。

1 会社の新社屋への移転は1週間かかった。

1 はってん　2 じてん　3 かいてん　4 いてん

2 これは現代アメリカ文学を代表する作品です。

1 たいしょう　2 たいひょう　3 だいしょう　4 だいひょう

3 日本では車は左側通行、人は右側です。

1 こつう　2 こうつう　3 つこう　4 つうこう

4 いろいろな本を広げるので大きな机がほしい。

1 はこ　2 つくえ　3 いす　4 たな

5 苦情(くじょう)にはすばやく応対することが大切です。

1 おうえん　2 おうせつ　3 おうたい　4 おうよう

6 その事故の主な原因は変わりやすい天候(てんこう)であった。

1 あらたな　2 おもな　3 まれな　4 ゆたかな

7 東京(とうきょう)には世界各国から最新(さいしん)の情報(じょうほう)が入ってくる。

1 かくこく　2 かくごく　3 かっこく　4 かっごく

8 会談は双方合意(そうほうごうい)に至(いた)ることなく終わりました。

1 かいけん　2 かいげん　3 かいたん　4 かいだん

9 予算的(よさんてき)に厳(きび)しいけれど、内容の充実(じゅうじつ)した講演(こうえん)にしたい。

1 ないゆ　2 ないゆう　3 ないよ　4 ないよう

10 朝食前に新聞を読むのがわたしの日課です。

1 にっき　2 にっか　3 にちか　4 にちき

답 1④ 2④ 3④ 4② 5③ 6② 7③ 8④ 9④ 10②

問題 1 ＿＿＿のことばの読み方として最もよいものを、1・2・3・4から一つえらびなさい。

1 車は駅とは反対の方向に走っていった。

1 はんだい　2 はんたい　3 ほんだい　4 ほんたい

2 森(もり)さんの意見には部分的に賛成(さんせい)です。

1 ぶふんてき　2 ぶぶんてき　3 ぶんぶてき　4 ぶんぷてき

3 今シーズンあのチームが優勝(ゆうしょう)する可能性はない。

1 かんのうしょう　2 かのうしょう　3 かんのうせい　4 かのうせい

4 村の小学校は新入生が減って廃校寸前(はいこうすんぜん)だ。

1 あまって　2 へって　3 そって　4 いたって

5 今度の会議は京都(きょうと)で開催(かいさい)されることに決まった。

1 きまった　2 おさまった　3 かたまった　4 まとまった

6 休息をたっぷり取ったらすっかり元気になりました。

1 きゅうそく　2 きゅうか　3 きゅうよう　4 きゅうけい

7 連絡しておけば駅や空港まで迎(むか)えにきてくれます。

1 くうこ　2 くうこう　3 こうくう　4 こくう

8 日本の対米(たいべい)貿易は年々増加(ぞうか)しています。

1 ぼうえき　2 ぼうい　3 りゅうえき　4 りゅうい

9 野党(やとう)は政府(せいふ)の方針にはげしく反発(はんぱつ)しました。

1 ほうしん　2 ほうじん　3 かたより　4 かたばり

10 今夜はとても明るいので、星明(あ)かりでも本が読めるくらいだ。

1 ふし　2 ふうし　3 ほし　4 ほうし

답 1② 2② 3④ 4② 5① 6① 7② 8① 9① 10③

3 예상어휘 확인문제

한자읽기　　/ 10

問題１ ＿＿＿のことばの読み方として最もよいものを、１・２・３・４から一つえらびなさい。

1 監督（かんとく）は５回に先発ピッチャーを交代させた。
1 こうだい　2 こうたい　3 こうはつ　4 こうばつ

2 今朝は水が氷のように冷たかったです。
1 あぶら　2 こおり　3 こな　4 こめ

3 彼の行動は両国にとってなんの得にもならない。
1 ろうくに　2 ろうこく　3 りょうくに　4 りょうこく

4 この小包を送るのにいくらかかりますか。
1 しょうほう　2 しょうぼう　3 こつづみ　4 こづつみ

5 自分の役目はよくわかっているつもりです。
1 やきめ　2 やくもく　3 やくめ　4 やきもく

6 わたしの父は最近体調（たいちょう）が良くない。
1 うまくない　2 まずくない　3 いくない　4 よくない

7 古新聞を再利用してエコバックを作りました。
1 さいかつよう　2 ざいかつよう　3 さいりよう　4 ざいりよう

8 外に出ると幸いなことに雪がやんでいた。
1 からい　2 とくい　3 あいまい　4 さいわい

9 これが今、若者の間で流行の水着（みずぎ）です。
1 にゃくもの　2 にゃくしゃ　3 わかもの　4 わかしゃ

10 その傷害（しょうがい）事件は新聞で詳しく報道（ほうどう）されました。
1 じじょう　2 じだい　3 じけん　4 じこ

답 1② 2② 3④ 4④ 5③ 6④ 7③ 8④ 9③ 10③

問題 1 ＿＿＿のことばの読み方として最もよいものを、1・2・3・4から一つえらびなさい。

1 その法律は例外なく適用されるべきです。

1 れがい 2 れいがい 3 れつがい 4 れんがい

2 当社訪問の方は正門からお入りください。

1 しょうもん 2 しょうむん 3 せいむん 4 せいもん

3 野党は国会で過半数を占めることを目指している。

1 しめる 2 うめる 3 つめる 4 はめる

4 人類の長い歴史から見れば、これも１つの小さな変化に過ぎない。

1 えきし 2 ねきし 3 りきし 4 れきし

5 この曲は５週連続シングルチャート第１位だ。

1 れいそく 2 れいぞく 3 れんそく 4 れんぞく

6 快適な海辺の生活を楽しんでいます。

1 かいてき 2 かいでき 3 かいそく 4 かいぞく

7 お昼の12時、正午の時報が鳴りました。

1 じほ 2 じほう 3 じぼ 4 じぼう

8 おならは生理現象なのでしかたがない。

1 げんぞう 2 げんしょう 3 げんそう 4 げんじょう

9 宇宙で見る景色はまるで夢のようでした。

1 うっちょう 2 うちゅう 3 うちょう 4 うっちゅう

10 正直なところ彼女のことはあまり好きではありません。

1 せいちょく 2 せいじき 3 しょうじき 4 しょうちょく

답 1② 2④ 3① 4④ 5④ 6① 7② 8② 9② 10③

5 예상어휘 확인문제 한자읽기 / 10

問題１ ＿＿＿のことばの読み方として最もよいものを、１・２・３・４から一つえらびなさい。

1 外国からの訪問客を温かく迎えた。

1 あたたかく 2 やわらかく 3 こまかく 4 わかく

2 悩(なや)んでいるときが、成長しているときでもあるのです。

1 せいなが 2 ぜいなが 3 せいちょう 4 ぜいちょう

3 読んでみたらこの本は案外やさしかった。

1 あんがい 2 あんかい 3 いがい 4 いかい

4 そのスキャンダルは彼の社会的信用を傷(きず)つけた。

1 しにょう 2 しんおう 3 しんよう 4 しんにょ

5 ここ数年でいちばん楽しい仕事でした。

1 すうねん 2 すねん 3 そうねん 4 そねん

6 彼女の明るい性格にひかれた。

1 せいしつ 2 せいかく 3 しょうしつ 4 しょうかく

7 その時、妻の収入はわたしの二倍以上になっていました。

1 にかい 2 にき 3 にばい 4 にぶ

8 ケーキが１つ残っているけど、だれか取り忘れていない？

1 あまって 2 おわって 3 のこって 4 かわって

9 ふとした油断(ゆだん)から絶好(ぜっこう)のチャンスを失ってしまった。

1 まかなって 2 おこなって 3 うしなって 4 あきなって

10 わざわざ駅まで迎えに来てくださらなくていいですよ。

1 ささえに 2 むかえに 3 そろえに 4 おさえに

답 1① 2③ 3① 4③ 5① 6② 7③ 8③ 9③ 10②

問題１ ＿＿＿のことばの読み方として最もよいものを、１・２・３・４から一つえらびなさい。

1 ２つの機械の性能(せいのう)を比べてみました。

1 のべて　2 すべて　3 くらべて　4 ならべて

2 ぼくのもっとも得意な科目は、算数です。

1 ざんすう　2 ざんずう　3 さんすう　4 さんずう

3 経済政策の失敗などによって政府の支持率(しじりつ)が著(いちじる)しく低下した。

1 せいふ　2 せいぶ　3 せんふ　4 せんぷ

4 今回は宿泊先での洗濯事情について書いてみようと思います。

1 せんだく　2 せんたく　3 せっだく　4 せったく

5 子どもをやる気にさせる何かいい工夫はありませんか。

1 こうふ　2 こうふう　3 くふう　4 くうふ

6 彼の批判(ひはん)は社会全般に向けたものだった。

1 ぜんはい　2 ぜんぱん　3 ぜんはん　4 ぜんぱい

7 ツバメは秋になると集団を作って南へ渡る。

1 じゅうだん　2 じゅうたん　3 しゅうだん　4 しゅうたん

8 健康を保(たも)つには規則的に運動して汗を流すのがいいと思う。

1 おとす　2 たらす　3 ながす　4 ぬらす

9 道の両側にたくさんの屋台(やたい)が並んでいた。

1 えらんで　2 ならんで　3 つかんで　4 たのんで

10 だまっていないで意思(いし)表示をしてほしいです。

1 ひょじ　2 ひょし　3 ひょうじ　4 ひょうし

답 1③ 2③ 3① 4② 5③ 6② 7③ 8③ 9② 10③

7 예상어휘 확인문제

한자읽기 / 10

問題１　＿＿＿のことばの読み方として最もよいものを、１・２・３・４から一つえらびなさい。

1 交差点でトラック同士が正面衝突(しょうとつ)した。

1 せいもん　2 しょうもん　3 せいめん　4 しょうめん

2 学校をやめたのはわたしにとって人生最大の誤(あやま)りだった。

1 せいたい　2 せいだい　3 さいたい　4 さいだい

3 ベランダに出しておいたバラに虫がついてしまった。

1 とり　2 しも　3 むし　4 かぜ

4 幼いころは読書に夢中になっていました。

1 むちゅう　2 むうちゅう　3 むっちゅう　4 うちゅう

5 結果よりも行動することに意味がある。

1 ぎょうどう　2 ぎょうとう　3 こうどう　4 こうとう

6 いろいろな野菜を細かく刻(きざ)んで入れるといい。

1 みじかく　2 ちかく　3 こまかく　4 ふかく

7 この夏、限定で最大7,000円相当がもらえます。

1 けってい　2 げってい　3 けんてい　4 げんてい

8 隣の店で夜中まで大きな声で歌っています。

1 よじゅう　2 やじゅう　3 よなか　4 やなか

9 野菜の生育は天候に左右されやすいです。

1 さゆ　2 さゆう　3 さう　4 さよう

10 息子はその日、学校で習ったことをさっそく実験してみたがった。

1 じつげん　2 じげん　3 じっけん　4 じけん

답 1④ 2④ 3③ 4① 5③ 6③ 7④ 8③ 9② 10③

8 예상어휘 확인문제 　한자읽기 　　/ 10

問題 1 ＿＿＿のことばの読み方として最もよいものを、1・2・3・4から一つえらびなさい。

1 わたしたち夫婦は両親と２世帯住宅に住んでいます。

1 しゅうきょ　　2 しゅうたく　　3 じゅうきょ　　4 じゅうたく

2 両親はわたしに老人をうやまうように言った。

1 ろじん　　2 ろにん　　3 ろうじん　　4 ろうにん

3 高山(たかやま)さんは中小企業の労働問題にくわしい。

1 ろうとう　　2 ろうどう　　3 とうろう　　4 どうろう

4 毎回、数多くの論文を提出(ていしゅつ)していただいています。

1 ろうぶん　　2 ろんぶん　　3 ろうもん　　4 ろんもん

5 みなで倒(たお)れそうなわたしの体を支えてくれました。

1 たとえて　　2 おしえて　　3 ささえて　　4 うたえて

6 バーゲンセールの開始を待つ列が100メートルも続いている。

1 うごいて　　2 かわいて　　3 つづいて　　4 ひらいて

7 この本を田中(たなか)さんに渡してください。

1 だして　　2 かして　　3 おとして　　4 わたして

8 この島でアメリカの大統領とイギリスの首相が会談した。

1 しゅしょう　　2 しゅうしょう　　3 しゅそう　　4 しゅうそう

9 大学には出席を取らない教授がたくさんいます。

1 しゅっせい　　2 しゅっせき　　3 しゅせい　　4 しゅせき

10 上野(うえの)さんは５年以上もその番組(ばんぐみ)の司会を務(つと)めている。

1 しあい　　2 しかい　　3 じあい　　4 じかい

답 1④ 2③ 3② 4② 5③ 6③ 7④ 8① 9② 10②

9 예상어휘 확인문제 한자읽기 / 10

問題1 ＿＿＿のことばの読み方として最もよいものを、１・２・３・４から一つえらびなさい。

1 ２人の間に愛情が育つのに時間はかからなかった。

1 たもつ　2 はなつ　3 めだつ　4 そだつ

2 １万円以内の品物はどれでもさしあげます。

1 いぜん　2 いない　3 いがい　4 いご

3 わたしは飲酒の習慣を治してもらいました。

1 のみさけ　2 のみしゅ　3 いんさけ　4 いんしゅ

4 今回の台風で、この地区の農家は大きな被害(ひがい)を受けた。

1 うけた　2 とどけた　3 つづけた　4 さけた

5 この時間が永遠に続いてほしいです。

1 えいげん　2 えいごん　3 えいえん　4 えいおん

6 故郷の風景がスクリーンに映っています。

1 ひかって　2 うつって　3 てって　4 はって

7 仕事の都合でめいの結婚式に出られなくて残念です。

1 つごう　2 つあい　3 とごう　4 とあい

8 勉強の分量が多すぎて、遊(あそ)ぶことができない。

1 ふんりょう　2 ふんりょ　3 ぶんりょう　4 ぶんりょ

9 部品が足りなくて組立が遅くなった。

1 ふひん　2 ぶひん　3 ふしな　4 ぶしな

10 各所で担当の係員が説明しますから、必ず聞いておいてください。

1 やくいん　2 しょくいん　3 かかりいん　4 けいいん

답 1④ 2② 3④ 4① 5③ 6② 7① 8③ 9② 10③

10 예상어휘 확인문제 한자읽기 / 10

問題１ ＿＿＿のことばの読み方として最もよいものを、１・２・３・４から一つえらびなさい。

1 簡単に壊(こわ)れない丈夫(じょうぶ)な箱をさがしています。

1 かん　　2 かご　　3 はん　　4 はこ

2 わたしたちは生きるために働くのであって、その逆(ぎゃく)ではない。

1 はたらく　　2 かがやく　　3 かたむく　　4 みちびく

3 きのう娘の学校の先生の家庭訪問がありました。

1 やてい　　2 かてい　　3 やけい　　4 かけい

4 計画は順調に進んでいる。

1 しゅんちょ　　3 しゅんちょう　　3 じゅんちょ　　4 じゅんちょう

5 この通りをまっすぐ行って２つ目の角を右に曲がってください。

1 かく　　2 つの　　3 かど　　4 すみ

6 この番組では、社会のあらゆる分野の問題を取り上げるつもりです。

1 ふんの　　2 ふんや　　3 ぶんの　　4 ぶんや

7 ラベンダーは淡い紫色(むらさきいろ)だ。

1 こい　　2 あわい　　3 うすい　　4 あさい

8 犬が散歩中に突然草を食べ始めるときがあります。

1 くき　　2 は　　3 くさ　　4 ね

9 地域住民は高層ビル建設反対の署名を集めている。

1 じゅうにん　　2 じゅうみん　　3 しゅうにん　　4 しゅうみん

10 学力テストが全国で実施(じっし)されます。

1 ぜんこく　　2 ぜんくに　　3 せんごく　　4 せんぐに

답 1 ④ 2 ① 3 ② 4 ④ 5 ③ 6 ④ 7 ② 8 ③ 9 ② 10 ①

11 예상어휘 확인문제 한자읽기 / 10

問題 1 ＿＿＿のことばの読み方として、最もよいものを、1・2・3・4から一つえらびなさい。

1 岩の間から出る泉を井戸(いど)にしたものです。

1 あせ　2 いずみ　3 みずうみ　4 なみだ

2 わたしは今週２つの面接があります。

1 ぼくせつ　2 ぼくぜつ　3 めんせつ　4 めんぜつ

3 会社の上司が、部下に仕事の説明をしている。

1 じょうし　2 じょし　3 じょうじ　4 じょじ

4 実は、わたしはまだ登山したことがありません。

1 どさん　2 とうさん　3 とざん　4 とうざん

5 彼は学者というよりもむしろ流行作家だ。

1 りゅうこう　2 りょうこう　3 りゅうぎょう　4 りょうぎょう

6 山の上から見る美しい風景に感動する。

1 ふうきょう　2 ふきょう　3 ふうけい　4 ふけい

7 彼の意見について素直(すなお)な感想を述(の)べてください。

1 かんぞう　2 かんそう　3 かんじょう　4 かんしょう

8 国民経済の安定を確保(かくほ)することを目的とする。

1 あんてい　2 あんでい　3 あんじょう　4 あんぞう

9 中山(なかやま)さんはこの分野では貴重な存在です。

1 そんさい　2 そんざい　3 ぞんざい　4 ぞんさい

10 彼女は器用に紙を折(お)ってつるを作りました。

1 ぎよ　2 ぎよう　3 きよ　4 きよう

답 1② 2③ 3① 4③ 5① 6③ 7② 8① 9② 10④

12 예상어휘 확인문제 표기 / 10

問題２ ＿＿＿のことばを漢字で書くとき、最もよいものを、１・２・３・４から一つえらびなさい。

1 目的のためにはしゅだんを選(えら)ばない。

1 取担　2 取段　3 手担　4 手段

2 遺跡(いせき)は想像(そうぞう)していたよりきょだいです。

1 巨大　2 過大　3 偉大　4 絶大

3 最近ずっと暑い日がつづいています。

1 緑いて　2 続いて　3 経いて　4 継いて

4 家のリフォームはよさんオーバーしてしまった。

1 要算　2 余算　3 与算　4 予算

5 けいきがいいのは一部のデパートだけです。

1 経気　2 景気　3 経機　4 景機

6 試験にひつようでないものは会場に持ち込まないでください。

1 秘容　2 秘要　3 必容　4 必要

7 道幅(みちはば)がひろがって歩きやすくなりました。

1 広って　2 広がって　3 開って　4 開がって

8 彼がなぜそんなことをしたのかりかいできません。

1 理解　2 理触　3 埋解　4 埋触

9 わたしは睡眠(すいみん)時間をさいてい５時間は取るようにしています。

1 再低　2 再底　3 最低　4 最底

10 学園祭についてのけいじを廊下(ろうか)の壁(かべ)に張(は)り出(だ)した。

1 掲示　2 掲視　3 携示　4 携視

답 1④ 2① 3② 4④ 5② 6④ 7② 8① 9③ 10①

13 예상어휘 확인문제 표기 / 10

問題2 ＿＿＿のことばを漢字で書くとき、最もよいものを、1・2・3・4から一つえらびなさい。

1 毎日の行動をはんせいして、欠点をあらためる。

1 反省　2 反成　3 半省　4 半成

2 この薬には、虫の好まないせいぶんが含(ふく)まれている。

1 成分　2 清分　3 正分　4 性分

3 頑張ってせつやくしているのに、なぜか貯金額(ちょきんがく)が増えない。

1 倹約　2 倹略　3 節約　4 節略

4 息を深く吸(す)うとせなかが痛いです。

1 肯中　2 背中　3 脊中　4 排中

5 よけいなものは入れないでください。

1 余過　2 余計　3 予過　4 予計

6 農家(のうか)の人が、はたけに野菜の種(たね)をまいている。

1 畑　2 細　3 田　4 旧

7 雪山(ゆきやま)で道に迷(まよ)ったが、何とかたすかる方法を探(さが)した。

1 助かる　2 守かる　3 支かる　4 協かる

8 このひょうげんは目上(めうえ)の人に対するものとしては適切(てきせつ)ではない。

1 標現　2 標言　3 表現　4 表言

9 ちゅうしゃじょうが狭(せま)いので、公共交通機関をご利用ください。

1 駅車場　2 駐車場　3 馳車場　4 騒車場

10 中村(なかむら)さんは英語を話すのがとてもにがてです。

1 左手　2 若手　3 右手　4 苦手

답 1① 2① 3③ 4② 5② 6① 7① 8③ 9② 10④

14 예상어휘 확인문제 표기 / 10

問題 2 ＿＿＿のことばを漢字で書くとき、最もよいものを、1・2・3・4から一つえらびなさい。

1 うちのむすめももう10歳になった。

1 嫁　2 嬢　3 婦　4 娘

2 お帰りのさいにはかさのお忘れのないようにご注意ください。

1 際　2 末　3 折　4 内

3 その本はいっぱんの読者によく読まれています。

1 一販　2 一帆　3 一般　4 一版

4 お金があってもかならずしも幸せとは限(かぎ)らないよ。

1 心ずしも　2 必ずしも　3 委ずしも　4 要ずしも

5 本当の芸術的さいのうがある学生は少ないです。

1 才能　2 才脳　3 歳能　4 歳脳

6 庭に白い花がさいています。

1 吹いて　2 咲いて　3 欣いて　4 朕いて

7 展望台からしゅういの山々が見渡せました。

1 周囲　2 集居　3 周居　4 集囲

8 おさけに弱い人が多量に飲むのはとても危険です。

1 酪　2 酔　3 酎　4 酒

9 研究はいよいよ問題の核心(かくしん)にたっした。

1 達した　2 到した　3 徹した　4 接した

10 きのう金魚(きんぎょ)を2ひき買った。

1 匹　2 皿　3 羽　4 尾

답 1④ 2① 3③ 4② 5① 6② 7① 8④ 9① 10①

15 예상어휘 확인문제 표기 / 10

問題 2 ＿＿＿のことばを漢字で書くとき、最もよいものを、1・2・3・4から一つえらびなさい。

1 外国人留学生との交流はこくさい親善(しんぜん)に役立(やくだ)つ。

1 国祭　2 国際　3 国擦　4 国察

2 これはあくまでこじんてきな意見です。

1 独人的　2 単人的　3 自人的　4 個人的

3 こっせつで入院した患者(かんじゃ)には高齢者が多いです。

1 背切　2 骨切　3 背折　4 骨折

4 背中をまっすぐのばし姿勢(しせい)をよくする。

1 仲ばし　2 伸ばし　3 由ばし　4 申ばし

5 あいにくみな寝不足(ねぶそく)で、あまりしょくよくがないようだ。

1 食好　2 食探　3 食求　4 食欲

6 われわれは子孫(しそん)のために森林(しんりん)をほぞんしなければなりません。

1 保存　2 保在　3 保左　4 保式

7 さまざまなえのぐを使ってふでで友達の顔を描(えが)きます。

1 絵の具　2 画の貝　3 画の具　4 絵の貝

8 労働組合への加入は個人の自由いしに任(まか)されている。

1 意思　2 意地　3 意持　4 意見

9 すぐにこの新しい生活になれるでしょう。

1 情れる　2 慎れる　3 慣れる　4 憤れる

10 テラスからながめるけしきがとてもきれいです。

1 景色　2 風色　3 景気　4 風気

답 1② 2④ 3④ 4② 5④ 6① 7① 8① 9③ 10①

16 예상어휘 확인문제 표기 / 10

問題２ ＿＿＿のことばを漢字で書くとき、最もよいものを、1・2・3・4から一つえらびなさい。

1 さくじつの最低気温が０.８℃を記録しました。

1 先日　2 去日　3 前日　4 昨日

2 周囲の人々にささえられて今日まで子育てができました。

1 与えられて　2 支えられて　3 備えられて　4 構えられて

3 今、３つのプロジェクトをどうじ進行で担当しています。

1 同時　2 同自　3 等時　4 等自

4 せいのうのよい機械ほど高価になります。

1 製能　2 性能　3 精脳　4 制脳

5 市長はスピーチ原稿を読み直し無駄な所をけずった。

1 削った　2 切った　3 減った　4 消った

6 こんなに親切にしてくれるなんてあやしいなあ。

1 快しい　2 険しい　3 怪しい　4 危しい

7 彼女は世界選手権で日本さいこう記録を出した。

1 最古　2 最好　3 最後　4 最高

8 新しい辞書は来月からはつばいされます。

1 発買　2 発売　3 販売　4 販買

9 時間をはぶくため、冷凍食品を使いました。

1 削く　2 除く　3 省く　4 外く

10 わたしは学校での授業のさいかいを楽しみにしています。

1 展開　2 展会　3 再開　4 再会

답 1④ 2② 3① 4② 5① 6③ 7④ 8② 9③ 10③

17 예상어휘 확인문제 표기 / 10

問題２ ＿＿＿のことばを漢字で書くとき、最もよいものを、１・２・３・４から一つえらびなさい。

1 健康には人一倍(ひといちばい)気をつかっていた彼が入院とは、ひにくなものだ。

1 皮肉な　2 否肉な　3 非肉な　4 比肉な

2 彼女はヨーロッパをたんしん旅行した。

1 単身　2 単体　3 担身　4 担体

3 このふきんに病院がありますか。

1 府近　2 辺近　3 布近　4 付近

4 この車は多少修理が必要だがじょうたいはよい。

1 状態　2 常態　3 状帯　4 常帯

5 わたしは犬と一緒にこうえんを散歩するのが好きです。

1 郊遠　2 郊園　3 公遠　4 公園

6 そのどうろは気をつけて渡(わた)ってください。

1 導路　2 導渡　3 道路　4 道渡

7 留学はこうがくれきになるほど活発化する傾向がある。

1 高学歴　2 高学暦　3 広学暦　4 広学歴

8 こうつう機関が不通になった場合は休講とします。

1 向通　2 広通　3 互通　4 交通

9 えんぴつをほそく削(けず)ります。

1 狭く　2 弱く　3 細く　4 鋭く

10 山田(やまだ)さんの家族はこむぎ農家でした。

1 黄麦　2 小麦　3 香麦　4 粉麦

답 1① 2① 3④ 4① 5④ 6③ 7① 8④ 9③ 10②

18 예상어휘 확인문제 표기 / 10

問題 2 ＿＿＿のことばを漢字で書くとき、最もよいものを、1・2・3・4から一つえらびなさい。

1 わたしのパソコンはしだいに動きが遅くなってきた。

1 次第に　2 次題に　3 次待に　4 次退に

2 君の夢がじつげんされるかどうかは君の努力しだいだ。

1 実現　2 実元　3 実限　4 実言

3 わたしは今日少しいの調子(ちょうし)が悪いです。

1 胃　2 骨　3 育　4 背

4 このスマホのきのうについて説明してください。

1 帰脳　2 機脳　3 帰能　4 機能

5 いすに過度のじゅうりょうがかかるとこわれます。

1 重両　2 重領　3 重量　4 重料

6 陸上部は避暑地(ひしょち)で1週間のがっしゅくをした。

1 合屋　2 合宿　3 下屋　4 下宿

7 画面(がめん)の指示(しじ)にしたがって、データをいどうしてください。

1 異道　2 異動　3 移道　4 移動

8 わたしは今日、旅行のじょうしゃけんを買いに行きました。

1 上車券　2 上者券　3 乗車券　4 乗者券

9 大使館のいりぐちはしまっていました。

1 人り口　2 出り口　3 入り口　4 居り口

10 少女は森の方角をさした。

1 差した　2 指した　3 刺した　4 削した

답 1① 2① 3① 4④ 5③ 6② 7④ 8③ 9③ 10②

問題2 ＿＿＿のことばを漢字で書くとき、最もよいものを、1・2・3・4から一つえらびなさい。

1 プロのテニス選手がしどうに来てくれるそうだ。

1 指導　2 指道　3 使導　4 使道

2 わが家の光熱費は前月比20パーセントもぞうかした。

1 層加　2 憎加　3 贈加　4 増加

3 かみにかけて誓(ちか)うよ、ぼくはそんなことは言ってない。

1 伸　2 神　3 紳　4 禅

4 その本は2021年に初めてはっかんされました。

1 初巻　2 初刊　3 発巻　4 発刊

5 彼は歌手デビューする絶好(ぜっこう)のきかいをとらえた。

1 機回　2 期会　3 期回　4 機会

6 旅行についてはまだ何もきめていない。

1 決めて　2 規めて　3 効めて　4 期めて

7 この絵のきょくせんは見事(みごと)で神秘的(しんぴてき)でさえあります。

1 局線　2 極線　3 曲線　4 境線

8 頭の中の映像をぐたいかしてみます。

1 具帯化　2 具対化　3 具体化　4 具態化

9 笑顔(えがお)で接(せっ)したら子供たちは警戒心(けいかいしん)をといてくれた。

1 説いて　2 溶いて　3 解いて　4 得いて

10 日本語で手紙(てがみ)を書きたいが、けいしきがわかりません。

1 刑式　2 刑弐　3 形式　4 形弐

답 1① 2④ 3② 4④ 5④ 6① 7③ 8③ 9③ 10③

問題3 （　　　）に入れるのに最もよいものを、1・2・3・4から一つえらびなさい。

1 手術(しゅじゅつ)したばかりなのに、働(はたら)くなんて（　　　）。

1 とんでもない　2 くだらない　3 やむをえない　4 だらしない

2 彼はある（　　　）日本語が話せるそうです。

1 速度(そくど)　2 高度(こうど)　3 程度(ていど)　4 限度(げんど)

3 （　　　）の容器(ようき)はこの箱(はこ)に入れてください。

1 なし　2 あき　3 から　4 すき

4 その新聞を一（　　　）買ってきてください。

1 部　2 通　3 冊　4 巻

5 考え方を柔軟(じゅうなん)にするのには、若(わか)い人に（　　　）のがいちばんです。

1 達する　2 接する　3 関する　4 適する

6 彼女は目だつことが好きで、いつも（　　　）服を着ている。

1 のんきな　2 きらくな　3 じみな　4 はでな

7 のちほど係の者が（　　　）ご説明いたします。

1 するどく　2 すまなく　3 けわしく　4 くわしく

8 世界じゅうから（　　　）と問いあわせの手紙が来た。

1 続々　2 着々　3 別々　4 点々

9 子どものとき、弟を（　　　）しかられました。

1 いばって　2 いじめて　3 あいして　4 かわいがって

10 あすの試合では、この二つの（　　　）がはじめて戦(たたか)うことになっている。

1 チーム　2 メンバー　3 シリーズ　4 ゲーム

답 1① 2③ 3③ 4① 5② 6④ 7④ 8① 9② 10①

21 예상어휘 확인문제 문맥규정 / 10

問題3 （　　　）に入れるのに最もよいものを、1・2・3・4から一つえらびなさい。

1 このケーキの（　　　）材料はこむぎこ、さとう、たまごとバターです。

1 まれな　　2 らくな　　3 おもな　　4 むだな

2 雲(くも)がきれて（　　　）青空(あおぞら)が見えてきました。

1 ちかぢか　　2 しだいに　　3 せっせと　　4 ばったり

3 あのスーパーは夜おそくまで（　　　）しているので、便利(べんり)だ。

1 営業(えいぎょう)　　2 作業(さぎょう)　　3 授業(じゅぎょう)　　4 商業(しょうぎょう)

4 彼女はパートに出ているけど（　　　）家事(かじ)もこなしている。

1 ふたたび　　2 すなわち　　3 ちゃんと　　4 かわりに

5 今回のマラソンは、ここから（　　　）することになっています。

1 サービス　　2 スタート　　3 ノック　　4 ライト

6 この会議(かいぎ)を各国(かっこく)の（　　　）の場(ば)にすることは避(さ)けなければならない。

1 対照(たいしょう)　　2 対策(たいさく)　　3 対面(たいめん)　　4 対立(たいりつ)

7 学生時代は（　　　）規則(きそく)な生活を送(おく)っていた。

1 無　　2 非　　3 未　　4 不

8 薬(くすり)が（　　　）、熱(ねつ)が下(さ)がってきました。

1 きいて　　2 きれて　　3 なおって　　4 はずれて

9 あの車の（　　　）の音(おと)はとてもうるさいです。

1 アクセント　　2 アンテナ　　3 エンジン　　4 オイル

10 その番組について視聴者(しちょうしゃ)から厳(きび)しい（　　　）がたくさん寄(よ)せられた。

1 限界(げんかい)　　2 確認(かくにん)　　3 注文(ちゅうもん)　　4 指定(してい)

답 1③ 2② 3① 4③ 5② 6④ 7④ 8① 9③ 10③

22 예상어휘 확인문제 문맥규정 / 10

問題３（　　　）に入れるのに最もよいものを、１・２・３・４から一つえらびなさい。

1 外国語で自分の考えを（　　　）のはとても難しい。

1 すべる　2 しらべる　3 くらべる　4 のべる

2 ４月１日の（　　　）までにかならず提出(ていしゅつ)してください。

1 ふみきり　2 つめきり　3 おもいきり　4 しめきり

3 このたび帰国(きこく)することになりました。長(なが)いあいだ（　　　）。

1 おかげさまで　2 おじゃましました

3 おせわになりました　4 おまちどおさま

4 漢字(かんじ)を書くのは（　　　）だが、読むほうは問題ない。

1 苦手(にがて)　2 上手(じょうず)　3 得意(とくい)　4 敬意(けいい)

5 あの大学はわたしが試験を受けるには（　　　）が高すぎます。

1 レベル　2 パターン　3 スタイル　4 ゴール

6 税金(ぜいきん)を（　　　）のは、国民(こくみん)の義務(ぎむ)です。

1 あずける　2 おさめる　3 かぞえる　4 すませる

7 旅行の（　　　）は少(すく)なくとも10万円はかかるでしょう。

1 価値(かち)　2 価格(かかく)　3 費用(ひよう)　4 利用(りよう)

8 これを作(つく)るにはずいぶん（　　　）がかかります。

1 手段(しゅだん)　2 手間(てま)　3 手入れ(てい)　4 手続き(てつづ)

9 （　　　）な家庭(かてい)をきずくのがわたしの夢(ゆめ)です。

1 安易(あんい)　2 簡易(かんい)　3 平気(へいき)　4 平和(へいわ)

10 むすめは（　　　）日本に留学(りゅうがく)したいと言ってきかない。

1 どうしても　2 くれぐれも　3 必(かなら)ずしも　4 すなわち

답 1④ 2④ 3③ 4① 5① 6② 7③ 8② 9④ 10①

23 예상어휘 확인문제

문맥규정 / 10

問題3 （　　）に入れるのに最もよいものを、１・２・３・４から一つえらびなさい。

1 高等教育の国際（　　）に対応するカリキュラム改革が急務だ。

1 界　　2 流　　3 化　　4 線

2 ご宿泊ですね。では、ここに住所と氏名を（　　）してください。

1 記憶　　2 記入　　3 記念　　4 記録

3 前の職場は（　　）したため、すでにありません。

1 発売　　2 連休　　3 倒産　　4 手配

4 筆記試験にパスしたので、次は（　　）試験です。

1 営業　　2 歓迎　　3 面接　　4 訪問

5 あすの（　　）はもういっぱいで、ほかの予定は入れられない。

1 オフィス　　2 シーズン　　3 スケジュール　　4 ダイヤ

6 彼女はいつも（　　）の最先端の服を着ている。

1 間隔　　2 当日　　3 過去　　4 流行

7 朝から話し合いを続けているが、なかなか（　　）が出ない。

1 完成　　2 完了　　3 結論　　4 結局

8 パーティーに何を着ていくか、まだ（　　）います。

1 やせて　　2 まよって　　3 たずねて　　4 くらべて

9 ずっと前から好きだった人に、どきどきしながら（　　）みた。

1 話しかけて　　2 話しだして　　3 話しあって　　4 話しこんで

10 山田さんは仕事が終わるといつも（　　）帰宅してしまいます。

1 ちゃんと　　2 せめて　　3 さっさと　　4 せっかく

답 1 ③ 2 ② 3 ③ 4 ③ 5 ③ 6 ④ 7 ③ 8 ② 9 ① 10 ③

24 예상어휘 확인문제

문맥규정 / 10

問題３（　　　）に入れるのに最もよいものを、１・２・３・４から一つえらびなさい。

1 地震(じしん)の後のつなみの心配をしたが（　　　）だった。

1 安定　2 用心　3 無事　4 不足

2 成績(せいせき)のいい生徒が（　　　）頭がいいとは言えない。

1 なんでも　2 さすがに　3 まさか　4 かならずしも

3 カーテンを替(か)えたら部屋（　　　）が明るくなった。

1 全体　2 全身　3 全力　4 全集

4 彼らは（　　　）期間で十分な効果(こうか)を上げることができた。

1 前　2 小　3 半　4 短

5 暗(くら)い道を一人で行くのは（　　　）いやです。

1 おそろしくて　2 おとなしくて　3 にくらしくて　4 やかましくて

6 彼は新しい彼女がどんなにすてきか、２時間も（　　　）。

1 かさねた　2 はしった　3 うごいた　4 しゃべった

7 その改革案(かいかくあん)には（　　　）の支持(しじ)がほとんどない。

1 国民　2 活動　3 作用　4 決定

8 その家は気(き)に入らなかった。（　　　）値段(ねだん)も高すぎた。

1 さて　2 ただ　3 しかも　4 または

9 彼は足(あし)にけがをした。（　　　）走ることができなかった。

1 あるいは　2 したがって　3 ただし　4 ところで

10 この運動場(うんどうじょう)は市が（　　　）しています。

1 観察(かんさつ)　2 管理(かんり)　3 生産(せいさん)　4 調節(ちょうせつ)

답 1③ 2④ 3① 4④ 5① 6④ 7① 8③ 9② 10②

25 예상어휘 확인문제 문맥규정 / 10

問題３（　　）に入れるのに最もよいものを、１・２・３・４から一つえらびなさい。

1 インターネットなどの（　　）の発達（はったつ）で世界（せかい）は一つになりつつある。

1 通知　2 通信　3 通行　4 通用

2 ゴミは市が（　　）するゴミ袋（ぶくろ）を使（つか）って出してください。

1 指定　2 断定　3 仮定　4 推定

3 たしかに山田（やまだ）さんは有能（ゆうのう）だが、一人でできることには（　　）がある。

1 欠点（けってん）　2 無限（むげん）　3 限界（げんかい）　4 欠陥（けっかん）

4 親が自分の子どもをかわいいと思うのは（　　）。

1 かわいそうだ　2 おおざっぱだ　3 なまいきだ　4 あたりまえだ

5 来訪者（らいほうしゃ）はかならず（　　）を通（とお）すことになっています。

1 受身（うけみ）　2 受取（うけとり）　3 受付（うけつけ）　4 受入（うけいれ）

6 「あきらめるな」という父の一言（ひとこと）にわたしは大きな影響（えいきょう）を（　　）。

1 受けた　2 得た　3 集めた　4 とらえた

7 小学生は決（き）められた（　　）路を毎日歩（ある）いている。

1 通用　2 通知　3 通勤　4 通学

8 左右（さゆう）を見て安全（あんぜん）を（　　）してから道路（どうろ）をわたってください。

1 確立（かくりつ）　2 確実（かくじつ）　3 確認（かくにん）　4 確信（かくしん）

9 目の前で交通事故が起こった。その（　　）が夢（ゆめ）に出てきた。

1 場面　2 動作　3 手間　4 性能

10 地震（じしん）で家が（　　）しまった。

1 たとえて　2 うしなって　3 かたづけて　4 かたむいて

답 1② 2① 3③ 4④ 5③ 6① 7④ 8③ 9① 10④

26 예상어휘 확인문제

문맥규정 / 10

問題 3 (　　) に入れるのに最もよいものを、1・2・3・4から一つえらびなさい。

1 なんといっても、この (　　) ツアーは非常(ひじょう)に手ごろな値段(ねだん)だ。

1 サンプル　2 メール　3 パッケージ　4 ルール

2 若(わか)いリーダーの登場(とうじょう)とともに政界(せいかい)にも新しい (　　) が始まろうとしている。

1 レベル　2 モデル　3 テンポ　4 ドラマ

3 彼は口が (　　) から、このことを話してもだいじょうぶです。

1 かたい　2 きつい　3 おそい　4 すくない

4 そのコンピューターは10万円で (　　) される予定です。

1 発行(はっこう)　2 発電(はつでん)　3 発達(はったつ)　4 発売(はつばい)

5 事件(じけん)の (　　) 人物(じんぶつ)は女性(じょせい)らしい。

1 指導(しどう)　2 焦点(しょうてん)　3 中心(ちゅうしん)　4 注目(ちゅうもく)

6 A「次郎(じろう)はとても幸せそうだね。」

B「ハワイ旅行の夢がとうとう (　　) するんだって。」

1 現象(げんしょう)　2 現実(げんじつ)　3 表現(ひょうげん)　4 実現(じつげん)

7 病気を (　　) に、酒(さけ)とたばこをやめました。

1 おかげ　2 きっかけ　3 はじめ　4 こころあたり

8 ニュースを聞くと彼は (　　) 事故(じこ)の現場(げんば)にかけつけた。

1 げんに　2 めったに　3 ついに　4 ただちに

9 結婚(けっこん)するなら顔(かお)より (　　) のいい人がいいわ。

1 精神(せいしん)　2 性格(せいかく)　3 心理(しんり)　4 感情(かんじょう)

10 ナイフなどの (　　) ものは機内(きない)に持(も)ちこめません。

1 まずしい　2 するどい　3 にぶい　4 したしい

답 1 ③ 2 ④ 3 ① 4 ④ 5 ③ 6 ④ 7 ② 8 ④ 9 ② 10 ②

27 예상어휘 확인문제 문맥규정 / 10

問題３（　　　）に入れるのに最もよいものを、１・２・３・４から一つえらびなさい。

1 すまないけど、２階のおじいちゃんの（　　　）を見てきてくれない。
1 見舞い（みまい）　2 表面（ひょうめん）　3 様子（ようす）　4 見かけ（みかけ）

2 もし失敗（しっぱい）しても、はじめてなんだから（　　　）。
1 おもいがけない　2 くだらない　3 しかたがない　4 とんでもない

3 彼は（　　　）は親切そうですが、心の中では何を考えているのかわからない人です。
1 見出し（みだし）　2 見かけ（みかけ）　3 見直し（みなおし）　4 見方（みかた）

4 家は自分のものだが、（　　　）はかりているのだ。
1 地帯（ちたい）　2 地理（ちり）　3 番地（ばんち）　4 土地（とち）

5 わたしの連絡（　　　）はここです。
1 地　2 社　3 手　4 先

6 子どもが（　　　）とびだしてきたので、急（きゅう）ブレーキをかけた。
1 おそらく　2 いきなり　3 ぜひとも　4 めっきり

7 （　　　）タバコの味をおぼえると、やめるのがたいへんだ。
1 一方　2 一部　3 一時　4 一度

8 先生はわたしのうちの（　　　）に住んでいらっしゃいます。
1 向き（むき）　2 向け　3 向かう　4 向かい

9 このホテルは海の（　　　）がすばらしい。
1 ひびき　2 ながめ　3 かおり　4 のぞみ

10 わからないことがあったら（　　　）聞いてください。
1 なんでも　2 なんだか　3 なんで　4 なんとも

답 1③ 2③ 3② 4④ 5④ 6② 7④ 8④ 9② 10①

28 예상어휘 확인문제 문맥규정 / 10

問題3 (　　) に入れるのに最も よいものを、1・2・3・4から一つえらびなさい。

1 子どもの時からよい習慣(しゅうかん)を (　　) ようにしましょう。

1 もらう　2 とる　3 つける　4 する

2 A「山田(やまだ)さんの家はどこですか。」

B「あの赤いやねの家の (　　) です。」

1 手頃(てごろ)　2 手前(てまえ)　3 手入(てい)れ　4 手当(てあ)て

3 きょう学校で化学(かがく)の (　　) をしました。

1 実行　2 実験　3 実用　4 実感

4 彼は顔が (　　) から、就職先(しゅうしょくさき)の世話(せわ)を頼(たの)んでみたら。

1 大きい　2 太い　3 多い　4 広い

5 生徒(せいと)たちは (　　) 試験(しけん)が近(ちか)づいたので熱心(ねっしん)に勉強している。

1 いきいき　2 いろいろ　3 いよいよ　4 いちいち

6 旅行に行っていた間にもうしこみの (　　) が過(す)ぎてしまった。

1 時間　2 時刻　3 時期　4 時代

7 われわれは道にまよった。(　　) 来た道を引きかえすことにした。

1 そこで　2 つまり　3 ただし　4 すると

8 ハワイは日本人の海外旅行先の人気(にんき)ランキングでいつも (　　) だ。

1 一回　2 一目　3 一位　4 一部

9 だれも人の生命(せいめい)を (　　) ことは許(ゆる)されません。

1 さそう　2 うばう　3 みがく　4 はぶく

10 山田教授(やまだきょうじゅ)のゼミはきびしいが、(　　) 学生に人気(にんき)がある。

1 それとも　2 それで　3 それなら　4 それでも

답 1③ 2② 3② 4④ 5③ 6③ 7① 8③ 9② 10④

29 예상어휘 확인문제 문맥규정 / 10

問題 3 （　　　）に入れるのに最もよいものを、1・2・3・4から一つえらびなさい。

1 彼女はわたしの（　　　）的な信用(しんよう)を得(え)た。

1 側面(そくめん)　2 半面(はんめん)　3 一面(いちめん)　4 全面(ぜんめん)

2 （　　　）があれば書類(しょるい)をお送(おく)りします。

1 通信(つうしん)　2 申請(しんせい)　3 条件(じょうけん)　4 作法(さほう)

3 わたしたちのチームは（　　　）に勝利(しょうり)を得(え)ました。

1 公正(こうせい)　2 公的(こうてき)　3 公園(こうえん)　4 公金(こうきん)

4 医者は山田(やまだ)さんに（　　　）を禁(きん)じている。

1 程度(ていど)　2 利益(りえき)　3 飲酒(いんしゅ)　4 個別(こべつ)

5 おもしろい話をするのでちょっと講義(こうぎ)から（　　　）よ。

1 のべる　2 はずれる　3 おどろく　4 やぶれる

6 何(なに)も（　　　）に思(おも)うことはないよ。練習(れんしゅう)した通(とお)りにやればいいんだ。

1 苦手(にがて)　2 不安(ふあん)　3 無理(むり)　4 退屈(たいくつ)

7 彼女はひじょうに音楽(おんがく)の（　　　）があります。

1 才能(さいのう)　2 可能(かのう)　3 性能(せいのう)　4 有能(ゆうのう)

8 あの人は（　　　）のはじょうずだが、守(まも)るのはあまりじょうずではありません。

1 のこる　2 いじめる　3 せめる　4 わらう

9 このギターは（　　　）低(ひく)いようだ。

1 半額(はんがく)　2 半面(はんめん)　3 半分(はんぶん)　4 半音(はんおん)

10 この（　　　）に必要事項(ひつようじこう)を記入(きにゅう)して提出(ていしゅつ)してください。

1 親類(しんるい)　2 分類(ぶんるい)　3 書類(しょるい)　4 人類(じんるい)

답 1④ 2② 3① 4③ 5② 6② 7① 8③ 9④ 10③

問題3 (　　) に入れるのに最もよいものを、1・2・3・4から一つえらびなさい。

1 このことは、あなたもすでにご (　　) だと思いますが。

1 理解　2 正解　3 通知　4 承知

2 彼は (　　) が未来への希望はうしなっていない。

1 くわしい　2 するどい　3 すまない　4 まずしい

3 地図に (　　) を矢印で示しておきます。

1 利用　2 道順　3 方法　4 差別

4 図書館のコンピューターはだれでも使えますが、コピーは (　　) です。

1 会費　2 費用　3 有料　4 料金

5 新聞 (　　) はいつ行ってみても、みんな忙しく働いている。

1 社　2 学　3 界　4 面

6 父はまだ (　　) で働いている。

1 役目　2 役割　3 現金　4 現役

7 この本は若い人に広く (　　) されている。

1 対立　2 愛読　3 一生　4 映画

8 彼らは田舎でしずかな (　　) を楽しんだ。

1 週末　2 最後　3 結論　4 用事

9 テントを (　　) にかわかすのに2日かかった。

1 完全　2 連続　3 性能　4 能力

10 わたしのひげはとても (　　) ので、毎朝そるのがたいへんです。

1 こい　2 あさい　3 おもい　4 ふかい

답 1④ 2④ 3② 4③ 5① 6④ 7② 8① 9① 10①

31 예상어휘 확인문제 문맥규정 / 10

問題 3 (　　) に入れるのに最もよいものを、1・2・3・4から一つえらびなさい。

1 無線で (　　) する方法を教えてください。

1 選定　2 選択　3 接続　4 接待

2 国民は政治家の公約が守られているか (　　) 監視しなければならない。

1 すべて　2 たぶん　3 たしか　4 つねに

3 礼儀作法を備えている (　　)、品行は悪かったらしい。

1 最中　2 状態　3 結果　4 反面

4 質のいい服にお金を使うのは (　　) は経済的だろう。

1 結果　2 結局　3 結論　4 結婚

5 競走 (　　) の自転車でサイクリングに行く。

1 用　2 味　3 歩　4 道

6 家から海までは (　　) 坂が続いています。

1 あたりまえな　2 ほがらかな　3 なだらかな　4 あきらかな

7 この物質がどのような (　　) をするのか実験してみましょう。

1 作法　2 作用　3 用法　4 用件

8 いいアイデアはどんどん (　　) いきたいと思います。

1 取り入れて　2 取り合って　3 取り直して　4 取り立てて

9 わたしたちは火事が起きたと (　　) して防火訓練をおこなった。

1 想定　2 資源　3 経由　4 指導

10 わたしは、資産を複数の銀行に (　　) して預けている。

1 作用　2 申請　3 分散　4 倒産

답 1③ 2④ 3④ 4② 5① 6③ 7② 8① 9① 10③

問題 3 (　　) に入れるのに最もよいものを、1・2・3・4から一つえらびなさい。

1 その洪水で（　　）10家族が家をうしないました。

1 少しも　2 少なくとも　3 必ず　4 必ずしも

2 A 「今お忙しいですか。」

B 「(　　) これから出かけるんです。」

1 少なくとも　2 実は　3 たしかに　4 いったい

3 創立記念（　　）の式典が行われます。

1 口　2 品　3 日　4 物

4 車掌が発車の（　　）をすると運転手はバスを発車させた。

1 きっかけ　2 このみ　3 きまり　4 あいず

5 知事はその問題に関して自らの立場を（　　）にした。

1 明確　2 清潔　3 面倒　4 得意

6 彼女は彼に失礼な（　　）をとったことを後悔した。

1 現状　2 状態　3 対比　4 態度

7 かみが（　　）から、美容院へ行ってかみを切ってもらいました。

1 すすんだ　2 しまった　3 のびた　4 こぼれた

8 映画（　　）のまわりは人でいっぱいです。

1 館　2 通　3 店　4 堂

9 息子は（　　）作文を書いてほめられました。

1 ながれた　2 すぐれた　3 おさめた　4 すすめた

10 わたしたちはその問題を考えられるすべての（　　）から検討した。

1 方言　2 方法　3 方面　4 方針

답 1② 2② 3③ 4④ 5① 6④ 7③ 8① 9② 10③

33 예상어휘 확인문제 문맥규정

/ 10

問題３（　　　）に入れるのに最もよいものを、１・２・３・４から一つえらびなさい。

1 無責任な父親は、赤ん坊を車の中に放ったままパチンコに（　　　）になっていた。

1 夢中　　2 集中　　3 確実　　4 明確

2 あの人はいろいろな仕事に手を（　　　）がみな失敗した。

1 貸した　　2 示した　　3 至った　　4 出した

3 かぎをかけずに出かけるなんて、（　　　）が悪い。

1 用心　　2 用法　　3 用具　　4 用途

4 先生は生徒たちに試験用紙を（　　　）。

1 えらんだ　　2 くばった　　3 おくった　　4 ならんだ

5 東日本大震災のあと、われわれは防災に対する（　　　）を新たにした。

1 倒産　　2 確認　　3 影響　　4 認識

6 虫ばを（　　　）ため、毎日３度はをみがいてください。

1 ふせぐ　　2 ならぶ　　3 そだつ　　4 にげる

7 彼女は赤ちゃんにピンクの服を（　　　）。

1 たまった　　2 きいた　　3 きせた　　4 さいた

8 靴を脱いだら（　　　）そろえておきなさい。

1 どうしても　　2 かならずしも　　3 いよいよ　　4 きちんと

9 市当局はその保育所に施設の（　　　）を勧告した。

1 性格　　2 承知　　3 申請　　4 改善

10 雨と風は（　　　）ひどくなって、とうとうあらしになりました。

1 そろそろ　　2 ますます　　3 なかなか　　4 いちいち

답 1① 2④ 3① 4② 5④ 6① 7③ 8④ 9④ 10②

問題4 ＿＿＿＿＿に意味が最も近いものを、1・2・3・4から一つえらびなさい。

1 わたしはあやしい者ではありません。
1 まじめな　2 ほがらかな　3 不審な　4 誠実な

2 このように押しかけて、すまないと思っています。
1 もうしわけない　2 かなしい　3 はずかしい　4 くやしい

3 子どもをしかるときはいきなりどなりつけたりしないこと。
1 初めに　2 うっかり　3 いつのまにか　4 突然

4 今日はこれまでの人生でもっとも幸せな一日です。
1 わりに　2 ずっと　3 最近　4 一番

5 貴社の新製品のサンプルを送ってください。
1 見本　2 資料　3 材料　4 価格

6 早く手術をしないと、命があぶない。
1 けわしい　2 あやうい　3 はげしい　4 みにくい

7 新しい家が気に入ったようですね。
1 おかしくなった　2 やさしくなった　3 いやになった　4 すきになった

8 うまい話には気をつけたほうがいいですよ。
1 中止した　2 下車した　3 注意した　4 変更した

9 その話は近所のほうぼうでうわさされている。
1 あちこち　2 あれこれ　3 うろうろ　4 まごまご

10 わたしの不用意な発言が口論の契機となった。
1 ささえ　2 すくい　3 きっかけ　4 つながり

답 1③ 2① 3④ 4④ 5① 6② 7④ 8③ 9① 10③

35 예상어휘 확인문제 유의표현 / 10

問題4 ＿＿＿＿＿＿に意味が最も近いものを、１・２・３・４から一つえらびなさい。

1 山田さんの歌は見事だった。

1 きびしかった　2 ただしかった　3 すばらしかった　4 めずらしかった

2 オートバイのオイルを買ってきました。

1 ぶひん　2 くうき　3 ざせき　4 あぶら

3 運転手はエンジンのテストをした。

1 様子　2 具合　3 検査　4 都合

4 森さんはおしゃべりな人です。

1 よく飲む　2 よく食べる　3 よく話す　4 よく怒る

5 おそらくこの企画はうまくいかないだろう。

1 たしかに　2 もちろん　3 たとえ　4 たぶん

6 祖父はすっかり元気になった。

1 健康を回復した　2 体力をつけた　3 病気になった　4 風邪を引いた

7 証明書の提出はコピーでさしつかえない。

1 かまわない　2 ありがたい　3 いけない　4 しかたがない

8 試験に落ちたと聞いてがっかりした。

1 希望　2 落第　3 失望　4 期待

9 このひもをぐっと引いてください。

1 力を入れて　2 口をはさまないで　3 形を変えて　4 手をふれないで

10 列車はまもなく京都に到着します。

1 いずれ　2 ほとんど　3 もうすぐ　4 やっと

답 1③ 2④ 3③ 4③ 5④ 6① 7① 8③ 9① 10③

36 예상어휘 확인문제 유의표현 / 10

問題4 ＿＿＿＿＿＿に意味が最も近いものを、1・2・3・4から一つえらびなさい。

1 この分(ぶん)なら合格できそうだ。

1 アイデア　2 イメージ　3 プラン　4 ペース

2 当(とう)ホテルは和食(わしょく)の用意(ようい)もございます。

1 準備(じゅんび)　2 用途(ようと)　3 予約(よやく)　4 売上(うりあげ)

3 差(さ)し支(つか)えがなければ、お名前と住所をここに書いてください。

1 仕方(しかた)　2 変更(へんこう)　3 問題(もんだい)　4 不平(ふへい)

4 彼の出席は予想外(よそうがい)のできごとだった。

1 事件(じけん)　2 条件(じょうけん)　3 期待(きたい)　4 期限(きげん)

5 このナイフは肉(にく)を切(き)るのにもちいる。

1 借(か)りる　2 向(む)く　3 加(くわ)える　4 使(つか)う

6 警察(けいさつ)の警戒(けいかい)がゆるかったようだ。

1 とんでもなかった　2 きびしくなかった
3 やさしくなかった　4 しかたがなかった

7 その金はみんなで公平(こうへい)に分けましょう。

1 絶対(ぜったい)に　2 幸福(こうふく)に　3 均等(きんとう)に　4 次第(しだい)に

8 その雑誌(ざっし)はただですか。

1 無料(むりょう)　2 有料(ゆうりょう)　3 料金(りょうきん)　4 料理(りょうり)

9 彼は学生運動にくわわった。

1 記入(きにゅう)した　2 参考(さんこう)した　3 加入(かにゅう)した　4 参加(さんか)した

10 彼は次々(つぎつぎ)に珍(めずら)しい発明(はつめい)をして、世界をおどろかせている。

1 だんだん　2 どんどん　3 これから　4 いつでも

답 1④ 2① 3③ 4① 5④ 6② 7③ 8① 9④ 10②

37 예상어휘 확인문제 유의표현 / 10

問題4 ＿＿＿＿＿に意味が最も近いものを、１・２・３・４から一つえらびなさい。

1 月20万円の手取り(てど)では、とても家族４人の生活(せいかつ)にはたりない。

1 充分(じゅうぶん)だ　2 不足(ふそく)だ　3 一杯(いっぱい)だ　4 満足(まんぞく)だ

2 それを持(も)っていくのに何か容器(ようき)が必要です。

1 ケース　2 ゲーム　3 リーダー　4 セーター

3 わたしはスポーツにあまり興味(きょうみ)がない。

1 習慣(しゅうかん)　2 物語(ものがたり)　3 関心(かんしん)　4 条件(じょうけん)

4 実(じつ)はお願(ねが)いがあってきました。

1 結局(けっきょく)は　2 素直(すなお)に　3 本当(ほんとう)は　4 非常(ひじょう)に

5 ホテルの予約(よやく)を電話で確認(かくにん)してください。

1 変(か)えて　2 調(しら)べて　3 行(おこな)って　4 頼(たの)んで

6 ５人の子どもを養(やしな)わなければならないので生活はくるしい。

1 むずかしい　2 やさしい　3 うらやましい　4 はずかしい

7 この試合(しあい)にはどうしても勝(か)ちたい。

1 かならずしも　2 たぶん　3 なるべく　4 ぜひ

8 部屋を清潔(せいけつ)にしてください。

1 すずしく　2 こいしく　3 単純に　4 きれいに

9 彼はその金を残(のこ)らず使(つか)った。

1 大部分(だいぶぶん)　2 全部(ぜんぶ)　3 半分(はんぶん)　4 一部(いちぶ)

10 この試験(しけん)のもうしこみはインターネットで受(う)けつけています。

1 配達(はいたつ)　2 注文(ちゅうもん)　3 申請(しんせい)　4 希望(きぼう)

답 1② 2① 3③ 4③ 5② 6① 7④ 8④ 9② 10③

問題4 ＿＿＿＿＿に意味が最も近いものを、１・２・３・４から一つえらびなさい。

1 あの教授(きょうじゅ)の講演(こうえん)はいつも中身(なかみ)が濃(こ)い。
1 質問(しつもん)が多(おお)い　2 質問(しつもん)が少(すく)ない　3 内容(ないよう)がある　4 内容(ないよう)がない

2 このあいだは楽(たの)しかったね。
1 先日(せんじつ)　2 全日(ぜんじつ)　3 さっき　4 ゆうべ

3 息子を東京の大学にやるには最低月15万円はかかる。
1 おもに　2 少(すく)なくとも　3 ただちに　4 かならずしも

4 仕事(しごと)は５時に上がるから待(ま)ってて。
1 しまう　2 やむ　3 終(お)わる　4 閉(し)まる

5 旅行の支度(したく)ができました。
1 募集(ぼしゅう)　2 両替(りょうがえ)　3 日程(にってい)　4 準備(じゅんび)

6 バケツに水をいっぱい入れた。
1 すこし　2 たくさん　3 だいたい　4 なるべく

7 彼の言うことがさっぱりわからなかった。
1 ただちに　2 つねに　3 さっそく　4 まったく

8 彼は京都(きょうと)の地理(ちり)に明るい。
1 たのしい　2 うれしい　3 くわしい　4 するどい

9 答えが間違(まちが)っているから、もう一度検討(けんとう)してみなさい。
1 話(はな)して　2 数(かぞ)えて　3 答(こた)えて　4 考(かんが)えて

10 何かいるものがあったら言ってください。
1 必要な　2 大変な　3 本当な　4 苦手な

답 1③ 2① 3② 4③ 5④ 6② 7④ 8③ 9④ 10①

39 예상어휘 확인문제 유의표현 / 10

問題 4 ＿＿＿＿＿に意味が最も近いものを、１・２・３・４から一つえらびなさい。

1 映画はすっかり嫌(きら)いになった。
1 順番(じゅんばん)を待(ま)った　2 関心(かんしん)を持(も)った　3 関係(かんけい)を深(ふか)めた　4 興味(きょうみ)を失(うしな)った

2 彼は近所がうるさいと警察(けいさつ)にもんくを言った。
1 用意　2 支度　3 不平　4 文章

3 彼のこの小説はなかなかおもしろいが、こくがない。
1 高(たか)み　2 重(おも)み　3 強(つよ)み　4 深(ふか)み

4 わたしは決(けっ)してうそは言いません。
1 相変(あいか)わらず　2 絶対(ぜったい)に　3 突然(とつぜん)　4 次第(しだい)に

5 ひさしぶりの旅行、２人でせいぜい楽しんでらっしゃい。
1 つねに　2 できるだけ　3 そっくり　4 かならずしも

6 まだ行き先は決めていません。
1 事務所(じむしょ)　2 営業所(えいぎょうしょ)　3 目的地(もくてきち)　4 名産地(めいさんち)

7 警官(けいかん)にどなられた。
1 おしえられた　2 かこまれた　3 ほめられた　4 しかられた

8 またミスしました。
1 失敗(しっぱい)　2 再開(さいかい)　3 成功(せいこう)　4 文句(もんく)

9 仕入(しい)れのコストが高い。
1 ねだん　2 おもて　3 つなぎ　4 あぶら

10 今日見た映画に印象的なシーンがいくつかあった。
1 見物　2 見学　3 場面　4 場合

답 1④ 2③ 3④ 4② 5② 6③ 7④ 8① 9① 10③

問題5 つぎのことばの使い方として最もよいものを、1・2・3・4から一つえらびなさい。

1 夢中(むちゅう)

1 息子(むすこ)はいまテレビゲームに夢中(むちゅう)です。
2 彼女はそのとき、夢中(むちゅう)になやんでいました。
3 いま小さい子どもの間で何が夢中(むちゅう)ですか。
4 彼らのやったことに批判が夢中(むちゅう)しました。

2 作法(さほう)

1 このソフトの作法(さほう)がよくわからない。
2 祖父(そふ)は作法(さほう)にたいへんきびしい。
3 これが英語をマスターする最良(さいりょう)の作法(さほう)だ。
4 おいしいケーキの作法(さほう)を習(なら)いたい。

3 たしか

1 このロープをたしかにぎっていなさい。
2 人から聞いた話なので、たしかはわかりません。
3 最終列車(さいしゅうれっしゃ)に間に合うかどうか、たしかをしてください。
4 山田(やまだ)さんが来たのは、たしか先週の水曜日です。

4 オープン

1 日本の書店では、本を買うとたいていオープンをかけてくれる。
2 このエレベーターは10人以上乗ると定員オープンだ。
3 新しいレストランがこの近くにきのうオープンした。
4 有名ブランドのオープン商品がたくさん出まわっている。

5 抜(ぬ)ける

1 ことしの夏はボーナスがほとんど抜(ぬ)けないらしい。
2 どうしたら父の怒(いか)りを抜(ぬ)けることができるだろうか。
3 近づいてくる救急車(きゅうきゅうしゃ)には道を抜(ぬ)けることが法律(ほうりつ)で定(さだ)められている。
4 私たちは商店街(しょうてんがい)を抜(ぬ)けて駅へ向かった。

답 1① 2② 3④ 4③ 5④

41 예상어휘 확인문제 용법 / 5

問題５　つぎのことばの使い方として最もよいものを、１・２・３・４から一つえらびなさい。

1 行方（ゆくえ）

1 コンサートの会場への行方（ゆくえ）はわかりますか。

2 彼は行方（ゆくえ）を決（き）めずに気ままな旅（たび）に出ました。

3 その子はこのあいだ家を出たきり行方（ゆくえ）がわからない。

4 台風は、行方（ゆくえ）を西に変えました。

2 あきらか

1 彼女が仕事を引（ひ）きうけることはあきらかだ。

2 彼女は大学に合格（ごうかく）して、最近（さいきん）あきらかな顔をしている。

3 彼はいつもわたしの質問（しつもん）にあきらかに答えてくれる。

4 字がうすくてよく見えないので、あきらかに書いてください。

3 いちいち

1 林（はやし）さん、いちいち親切（しんせつ）にしてくれてありがとう。

2 面接（めんせつ）が行われる部屋に入ると幹部（かんぶ）社員の顔がいちいち並（なら）んでいた。

3 時間がないならいちいちくわしく説明（せつめい）しなくていいですよ。

4 すみません、この三つ、いちいちつつんでいただけますか。

4 支配（しはい）する

1 いなかの両親（りょうしん）から送ってきたブドウを近所（きんじょ）の人に支配（しはい）した。

2 このサルのグループを支配（しはい）しているのは、あの大きなサルらしい。

3 友だちに支配（しはい）してもらって、すばらしい留学（りゅうがく）生活を送（おく）ることができた。

4 上から押（お）す力と下から支配（しはい）する力のバランスがうまくとれている。

5 だらけ

1 あの人の部屋はほこりだらけだ。

2 あの人の部屋はきたないだらけだ。

3 あの人の部屋をちらかしだらけだ。

4 あの人の部屋は不潔（ふけつ）だらけだ。

답 1③ 2① 3③ 4② 5①

42 예상어휘 확인문제 용법 / 5

問題5 つぎのことばの使い方として最もよいものを、1・2・3・4から一つえらびなさい。

1 単身

1 今回、最高経営者は単身で訪日(ほうにち)した。

2 むすめは母親の愛情を単身に受けて育った。

3 アメリカでは重さをはかる単身はポンドだ。

4 大量購入(たいりょうこうにゅう)で単身を下げることができた。

2 分解(ぶんかい)

1 店員は時計を分解(ぶんかい)して故障(こしょう)の原因を調(しら)べてみた。

2 出された答えは男子と女子に分解(ぶんかい)されました。

3 ケーキを買ってきたから、みんなで分解(ぶんかい)して食べましょう。

4 以前にはこの植物(しょくぶつ)は日本中に広く分解(ぶんかい)していました。

3 楽(らく)

1 親は子どもの成長(せいちょう)を楽(らく)にして働(はたら)いています。

2 どうぞ楽(らく)にいらっしゃってくださいね。お待ちしています。

3 楽(らく)そうに遊(あそ)ぶ子どもたちの声が聞こえてきます。

4 肩(かた)の力をぬいて全身(ぜんしん)を楽(らく)にしてください。

4 今ごろ

1 鳥のなく声を今ごろちっとも聞かない。

2 あの人は今ごろ京都(きょうと)に着いているだろう。

3 それでは、今ごろ試験を始めます。

4 今ごろ泣き出しそうな顔をしている。

5 少しも

1 君(きみ)にアドバイスをもらってほんの少しも気が楽(らく)になった。

2 簡単(かんたん)な手術(しゅじゅつ)ですから少しも心配(しんぱい)いりません。

3 英語はあまりうまくないが、少しも話せます。

4 おもしろいと聞いて読んだ本は、少しもつまらなかった。

답 1① 2① 3④ 4② 5②

43 예상어휘 확인문제 용법 / 5

問題５　つぎのことばの使い方として最もよいものを、１・２・３・４から一つえらびなさい。

1 差別

1　これを大きさ順に差別してください。
2　先に来た人から５人ずつ差別して座ってもらいました。
3　人を性や人種によって差別してはならない。
4　日本人には「L」と「R」の音の差別がつけにくい。

2 感心

1　年金問題はいま国民の感心が高い。
2　山田さんの上手な英語を感心した。
3　彼は自分で働いて大学に通っている感心した青年だ。
4　わたしはその小学生の作文に感心した。

3 せめて

1　いっしょうけんめいにがんばったので、せめて60点とれた。
2　この機会を借りてせめて感謝の意を表します。
3　彼に会えなくてもせめて声だけでも聞きたい。
4　いくらがんばっても、せめて50点しかとれないだろう。

4 むかい

1　まどのむかいに見える景色がわたしは好きです。
2　駅までむかいに行きます。
3　今のうちに車のむかいを反対にしておいてください。
4　父は駅のむかいの郵便局に勤めています。

5 実に

1　期待していた君がけがで出場できないとは実に残念だ。
2　もうしわけありません。実にわたくしがやったんです。
3　実に言いますと、このダイヤは本物ではありません。
4　実にこの目で見たんですから、まちがいありません。

답 1③ 2④ 3③ 4④ 5①

問題５　つぎのことばの使い方として最もよいものを、１・２・３・４から一つえらびなさい。

1 ランク

1　サッカーはヨーロッパのチームと同等に戦えるまでレベルがランクした。
2　このウェブサイトは何十もの関連サイトとランクしている。
3　その大学のフットボールチームは第１位にランクされた。
4　彼はマラソンで終始ランクを守って１着でゴールインした。

2 せい

1　彼は勉強しなかったせい試験に失敗しました。
2　彼がけがをしたのは彼女のせいです。
3　このようにわたしが成功しているのは母のせいです。
4　くわしいことは、おめにかかったせいでお話しします。

3 はっきり

1　はっきり用意ができたから、いつでも出かけられる。
2　いそがしくてはっきりテレビを見るひまもありません。
3　わたしの質問にはっきりと答えてください。
4　今夜ははっきりおやすみなさい。

4 しょっちゅう

1　子どものころは親にしょっちゅう叱られていた。
2　来シーズンはしょっちゅうNチームに優勝してもらいたい。
3　プロ野球の選手がしょっちゅう高級取りとは限らない。
4　またスピード違反で捕まったのか、しょっちゅうしょうがないやつだな。

5 案外

1　もしそれが案外なら、きみは会社をやめるべきだ。
2　わたしはそのニュースを聞いて案外おどろいた。
3　親が子どもの世話をするのは案外です。
4　こわい人かと思っていたら、案外いい人だった。

답 1③　2②　3③　4①　5④

45 예상어휘 확인문제

용법 / 5

問題５　つぎのことばの使い方として最もよいものを、１・２・３・４から一つえらびなさい。

1 あびる

1　子どもが二階からあびて、けがをした。
2　戦争であびたきずがまだのこっている。
3　あまりにも暑かったので頭から水をあびた。
4　たくさんの仕事をあびているので、旅行にも行けない。

2 ふる

1　電車にふられて１時間で目的地に着いた。
2　彼女は飛行機に乗る前に、さよならと手をふった。
3　彼女と知り合うきっかけをふろうと機会をうかがう。
4　子どもがきれいな花のついた枝をふろうとしていた。

3 器用

1　君の英語力なら実社会でも十分器用します。
2　この機械はこの原理を器用して作られています。
3　うちの夫は家のことを器用にこなします。
4　山田さんは器用で、いなかへ帰ったそうです。

4 中身

1　このはこの中身はだれも知りません。
2　彼女はいつもクラスで中身はずれになっています。
3　彼は授業中は中身ねむっていました。
4　被害者の中身はまだあきらかになっていないません。

5 メリット

1　この文章は簡単なことばで書かれているが、メリットがよい。
2　あなたの経歴を簡単にここにメリットしてください。
3　今回の日本代表はメリットワークがよい。
4　英語を話せるのは大きなメリットだ。

답 1③　2②　3③　4①　5④

46 예상어휘 확인문제 용법 / 5

問題5　つぎのことばの使い方として最もよいものを、1・2・3・4から一つえらびなさい。

1 無断

1　あのトラックは赤信号を無断した。

2　無断で私の机の上のものを動かさないでください。

3　行くべきかとどまるべきかを無断しなければならない。

4　悪天候のため警察は行方不明者の捜索を無断した。

2 どんどん

1　彼はその男が近所をどんどんしているのを見た。

2　どんどんと雲のうえを歩いているような気分だ。

3　言いたいことがあったらどんどん言ってください。

4　わたしの妹も卒業だから、どんどん就職の心配をしてもよいころだ。

3 わずか

1　時間はわずか10分しか残されていなかった。

2　この子たちもわずかは家を出ていくだろう。

3　わずかに作家の息子だな。彼は作文が上手だ。

4　わずか以前に一度ここへ来た方ですね。

4 工夫

1　彼はその土地を息子たちに工夫に分配しました。

2　彼らの工夫仲のよさはみんなが知っています。

3　東京は一年じゅうどこかで工夫をしています。

4　漢字をおぼえるのに何かいい工夫はありませんか。

5 はぶく

1　このようにすれば少しは経費がはぶけるでしょう。

2　現金ではぶいてくれるお客が少なくなりました。

3　このレストランは、このへんで一番はぶいている店です。

4　森先生のクラスで一番はやくはぶくのはだれですか。

답 1② 2③ 3① 4④ 5①

47 예상어휘 확인문제 용법 / 5

問題５　つぎのことばの使い方として最もよいものを、１・２・３・４から一つえらびなさい。

1 達(たっ)する

1　エジプトは東側(ひがしがわ)がイスラエルと達(たっ)している。
2　今年はどうにか目標(もくひょう)を達(たっ)することができた。
3　彼は医者になるのが一番達(たっ)している。
4　それはわたしの質問(しつもん)に達(たっ)する答えにはならない。

2 かわいらしい

1　こんど新しくひらいた店です。どうぞかわいらしくしてください。
2　となりからかわいらしい子どもの声が聞こえてくる。
3　このさかなはなるべくかわいらしくにておいてください。
4　わたしたちは彼のかわいらしい話を聞いて泣(な)いた。

3 かっこう

1　かっこうにねむっている服をリサイクルにまわしました。
2　すみません、お客さま。こちらはかっこうになります。
3　おねがいです。わたしたちのかっこうになってください。
4　新しく建(た)ったビルは変(へん)なかっこうをしていました。

4 ルール

1　娘(むすめ)が通(かよ)っている女子高(じょしこう)はルールがきびしい。
2　彼はだんだん仕事がルールになってきました。
3　ルールサービスに電話をして飲み物を注文(ちゅうもん)した。
4　この品物は秘密(ひみつ)のルールで手に入れた。

5 才能(さいのう)

1　わたしは彼の才能(さいのう)を高く評価(ひょうか)しすぎていました。
2　行方不明(ゆくえふめい)となっていた登山者(とざんしゃ)は無事(ぶじ)才能(さいのう)されました。
3　この器具(きぐ)のおかげでだいぶ才能(さいのう)がはぶけました。
4　残念(ざんねん)ながら、ご才能(さいのう)にはおうじられません。

답 1② 2② 3④ 4① 5①

제 3 장

문법 공략편

1 문제유형 공략하기
2 핵심문법 정복하기

01 문제유형 공략하기

1 問題 1 문장의 문법1 (문법형식 판단)

| 문제유형&경향분석 |

問題 1은 문법형식 판단 문제이다. 괄호 안에 들어갈 알맞은 표현을 고르는 것으로, 13문제가 출제된다. 사역, 수동, 수수, 조건, 경어, 접속사 등 기초 문법의 전반적인 내용이 출제된다. 기능어의 경우 의미뿐만 아니라 함께 사용되는 조사와 접속 방법을 정확하게 익혀두는 것이 중요하다.

문제 유형 예시

問題 1　つぎの文の（　　　）に入れるのに最もよいものを、1・2・3・4から一つえらびなさい。

1　彼は小説家（　　　）有名になったが、普段は小さな病院で働く医者だ。

1　について　　2　として　　3　にしたがって　　4　と比べて

2　先週、会社の面接で「もし自分を色で表す（　　　）、何色ですか。」と聞かれ、オレンジ色と答えた。「元気」や「健康」のイメージがあるからだ。

1　ことから　　2　という点で　　3　ように　　4　としたら

2 問題 2 문장의 문법2 (문장만들기)

| 문제유형&경향분석 |

問題 2는 문장만들기 문제이다. 4개의 빈칸에 들어가는 말을 순서에 맞게 배열하여 문장을 만드는 것으로, 5문제가 출제된다. 기능어의 조합과 문장의 구성까지 신경써야 하는 파트이다.

문제 유형 예시

問題 2　つぎの文の ★ に入る最もよいものを、１・２・３・４から一つえらびなさい。

（問題例）

つくえの ＿＿＿ ＿＿＿ ★ ＿＿＿ あります。

1　が　　2　に　　3　上　　4　ペン

（解答のしかた）

1．正しい答えはこうなります。

つくえの ＿＿＿ ＿＿＿ ★ ＿＿＿ あります。

3　上　2　に　4　ペン　1　が

2．★ に入る番号を解答用紙にマークします。

（解答用紙）（例） ①　②　③　●

14　この写真の鳥はとても珍しくて、この鳥の ＿＿＿ ★ ＿＿＿ ＿＿＿ そうだ。

1　見る機会がない　　2　専門家でも

3　なかなか　　4　研究をしている

15　春から大学生になる娘には、＿＿＿ ＿＿＿ ★ ＿＿＿ できない経験をいろいろしてほしい。

1　にも　　2　にしか　　3　勉強以外　　4　大学時代

3 問題 3 글의 문법

| 문제유형&경향분석 |

問題 3은 글의 문법 문제이다. 제시된 장문 안의 빈칸에 들어갈 가장 적당한 것을 고르는 것으로, 4~5문제가 출제된다. 문맥상 알맞은 어휘 고르기, 접속사, 부사, 지시어 등이 등장한다. 단순한 문법 자체가 아닌 문장의 흐름을 파악하는 것으로 종합적인 독해력이 요구된다. 問題 3에서는 반드시 N3 기능어만 사용되는 것은 아니며, 문장의 흐름에 맞는 문법 요소나 어휘 등이 고루 출제된다.

문제 유형 예시

問題 3　つぎの文章を読んで、文章全体の内容を考えて、 19 から 23 の中に入る最もよいものを、1・2・3・4から一つえらびなさい。

下の文章は、留学生が書いた作文です。

日本人の天気の話

アルティカ　ミラ

日本へ来て、多くの人が天気の話をすることに気がつきました。アパートの管理人さんは朝会うと、「おはよう。」の後に「今日は暑いね。」とか「いい天気だね。」と言います。あちこちで、多くの人があいさつに続けて天気の話をしているのを聞きました。 19 、私の国では天気の話をあまりしないので、なぜ天気の話をするのかわかりませんでした。私はしてもしなくてもいいと考え、自分からはしていませんでした。

ところが、ある冬の寒い朝、日本人の友達に会ったとき、「おはよう。」の後で自然に「寒いね。」と 20 。友達は「本当だね。」と答え、その後、寒い冬に食べるとおいし

19

1　そのうえ　　2　つまり　　✓3　けれども　　4　すると

20

1　言われていました　　2　言ってもらいました

3　言わせてみました　　✓4　言ってしまいました

02 핵심문법 정복하기

N3 문법 111

2010년부터 새롭게 시작된 시험에서 N3 문법은 기능어(표현 문형)뿐만 아니라 경어, 접속사, 부사, 지시어, 조사 등도 출제되며 대화체에서 쓰이는 표현도 자주 묻고 있다. 여기서는 시험에 빈번하게 출제되는 N3 문법 111개와 경어, 부사, 지시어 등을 정리했다.

001 ～あいだ(に) ～동안(에), ～사이(에)

시간의 범위를 나타내는 표현으로, ～あいだ는 동작이나 상태가 지속되는 의미를 나타내며, ～あいだに는 기간 내에 완료되는 동작을 나타낸다. 동사의 진행형(～ている), 사전형, 부정형과 명사+の에 접속한다.

기출 学生の間は 학생인 동안에는 2010-2회

先生の講演のあいだ、みんな熱心に話を聞いていた。
선생님이 강연하는 사이, 모두 열심히 이야기를 듣고 있었다. 2010-1회

試験のあいだはしずかにしていてください。
시험 보는 동안에는 조용히 해 주세요.

昨日、寝ている間に地震がありました。
어제 자고 있는 동안에 지진이 있었습니다.

002 ～以上 / ～以下 / ～以内 / ～以外 ～이상 / ～이하 / ～이내 / ～이외

이 표현은 해석대로 우리말과 비슷하다. 그리고 ～以上は(～이상은)처럼 문법적으로 사용되지만, N3 문법에서는 출제된 적이 없다. N3 문법에서는 주로 ～年以上(～년 이상), これ以上(더이상), それ以下で(그 이하로), ～年以内に(～년 이내에), ～とき以外は(～할 때 이외는)등으로 사용된다.

기출 去年と比べて10パーセント以上多い 작년과 비교해서 10퍼센트 이상 많은 2010-2회
3年以内にやめてしまう社員が 3년 이내에 그만둬 버리는 사원이 2015-1회
どうしても寝られないとき以外は 도저히 잠을 잘 수 없을 때 이외에는 2017-2회

高校生以上は一般料金です。
고교생 이상은 일반 요금입니다.

本体がこわれてしまっている以上、どうすることもできません。
본체가 고장나 버린 이상, 어떻게 할 수도 없습니다.

私はそれを2,000円かそれ以下で手に入れたい。
나는 그것을 2,000엔이나 그 이하로 입수하고 싶다.

ご注文を受けてから30分以内にお届けします。
주문을 받고 나서 30분 이내에 배달해 드리겠습니다.

彼は忙しいとき以外、決してタクシーを使わない。
그는 바쁠 때 이외에 결코 택시를 사용하지 않는다.

003 ～一方(で) ～하는 한편(으로)

어떤 사항에 대해 두 가지 면을 대비시켜 나타낼 때 사용하며, 동사 사전형에 접속하지만, ～である에도 접속한다.

기출 インターネットで買い物をするのは便利である一方で売っている人の顔が
인터넷으로 쇼핑을 하는 것은 편리한 한편 파는 사람의 얼굴이 2017-1회

仕事のない人がいる一方で、働きすぎで病気になる人もいる。
일이 없는 사람이 있는 한편으로, 과로로 병이 나는 사람도 있다.

彼は俳優として活躍する一方、監督としても高い評価を受けている。
그는 배우로서 활약하는 한편, 감독으로서도 높은 평가를 받고 있다.

004 ～うちに / ～ないうちに ～하는 동안에 / ～하기 전에

～うちに는 처음부터 특정 상태나 동작이 계속되는 범위를 설정하고, 그 상태가 끝나기 전에 일이 성립됨을 뜻한다. ～うちに는 うち가 명사의 역할을 하므로 그에 준하는 접속을 하며, ～ないうちに는 ない형에 접속한다.

기출 妹がいるうちにぜひ一度遊びに行きます。
여동생이 있는 동안에 꼭 한번 놀러 갈 겁니다. 2015-1회

雨が強くならないうちに帰りましょうか。
비가 거세지기 전에 돌아갈까요? 2019-1회

暗くならないうちに帰ろうよ。 어두워지기 전에 돌아가자. 2013-2회

雨が降らないうちに行きましょう。 비가 내리기 전에 갑시다. 2010-2회

日本に来たばかりのときは日本語であいさつもできなかったのに、2年間いるうちに新聞も読めるようになりました。
일본에 온 지 얼마 안 되었을 때는 일본어로 인사도 할 수 없었는데, 2년간 있는 동안에 신문도 읽을 수 있게 되었습니다.

パパが帰ってこないうちに全部食べちゃおうよ。
아빠가 돌아오기 전에 전부 먹어 버리자.

005 ～(よ)うと思う ～하려고 생각하다

～(よ)うと思う는 동사 의지형에 접속하여 말하는 사람의 의지를 타나낸다. 응용 표현으로 ～(よ)うかと思う(~할까 하고 생각하다)가 있다.

기출 昼ご飯を食べようと思って 점심을 먹으려고 해서 2019-2회

自分のレストランを開こうと思ってから
자신의 레스토랑을 열려고 생각하고 나서 2018-2회

さくらの絵の箱を大切にしようと思っています。
벚꽃 그림이 들어간 상자를 소중하게 간직하려고 생각하고 있습니다. 2014-1회

わたしも見に行こうかと思う。
나도 보러 갈까 하고 생각한다. 2021-1회

娘がピアノを習いたいと言ってるから、習わせようかと思ってるんだけど
딸이 피아노를 배우고 싶다고 해서 배우게 하려고 할까 생각하는데 2018-1회

応援してやろうかと思っています。
응원해 줄까 생각하고 있습니다. 2014-1회

来年日本に行こうと思っています。
내년에 일본에 가려고 생각하고 있습니다.

私は今年の夏、日本でホームステイしようと思っています。
나는 올 여름, 일본에서 홈스테이하려고 생각하고 있습니다.

006 ～(よ)うとする ～하려고 하다

어떤 행동을 하기 직전의 상태 또는 어떤 행동을 하기 위해 노력하는 모습을 나타내는 표현으로 동사 의지형에 접속한다.

기출 天ぷらを作ろうとしたが、油が足りなかったので
튀김을 만들려고 했지만 기름이 모자라서 2015-1회

息子も一生けんめいがんばろうとしているので応援してやろうかと
아들도 열심히 노력하려고 하고 있어서 응원해 줄까하고 2014-1회

びんのふたを開けようとしたが、固くて開けられなかった。
병 뚜껑을 열려고 했지만, 단단해서 열 수 없었다.

笑おうとしても歯が痛くて笑えなかった。
웃으려고 해도 이가 아파서 웃을 수 없었다.

007 ～おかげで / ～おかげだ ～덕분에 / ～덕분이다

어떠한 것이 원인이 되어 좋은 결과가 발생할 때 사용하는 표현이다. ～おかげで는 おかげ가 명사에 해당되므로 그에 준하는 접속을 하며, 주로 동사 과거형(た형)+た+おかげで, 명사+の+おかげで의 형태가 많다.

기출 技術の進歩のおかげで 기술의 진보 덕분에 2020

先生がいつも丁寧に教えてくださったおかげです。
선생님이 항상 친절하게 가르쳐 주신 덕분입니다. 2018-2회

一生懸命勉強したおかげで、成績が上がりました。
열심히 공부한 덕분에 성적이 올랐습니다.

私たちが優勝できたのは、応援してくれたみんなのおかげです。
저희들이 우승할 수 있었던 것은 응원해 준 여러분 덕분입니다.

008 ～終わる 다 ~하다

동작이나 작용이 끝났음을 나타내는 표현으로, 동사 ます형에 접속한다.

기출 この書類を見終わったら高山さんに渡してください。
이 서류를 다 보면 다카야마 씨에게 건네 주세요. 2019-2회

その新聞はもう読み終わりましたか。
그 신문은 벌써 다 읽었습니까?

食べ終わったらテーブルを片づけてください。
다 먹으면 테이블을 치워 주세요.

私たちは住宅ローンを払い終わった。
우리들은 주택 자금 대부를 다 지불하였다.

009 ～がする (소리·냄새·맛 등)이 나다, (느낌·기분 등)이 들다

냄새, 맛, 느낌 등 감각을 나타내는 표현으로, 味(맛)·におい(냄새)·声(목소리)·音(소리)·気(기분) 등 자주 연결되는 단어와 함께 알아두는 것이 좋다. 동사 する(하다)는 일반적으로 타동사의 역할을 하므로 조사 を가 오지만, 여기서는 が가 오기 때문에 주의한다.

기출 窓を開けていると、いつもカレーのにおいがしてきます。
창문을 열고 있으면 항상 카레 냄새가 납니다. 2017-1회
環境問題が少し身近になったような気がします。
환경문제가 조금 가까워진 느낌이 듭니다. 2015-2회
住み始めたころは、車の通る音がしてうるさいと思うこともあったが
살기 시작했을 즈음에는 차가 다니는 소리가 나서 시끄럽다고 생각한 적도 있었지만 2014-2회

喫茶店に入るとコーヒーのいい匂いがした。
커피숍에 들어서자 커피의 좋은 냄새가 났다.

この辺りは夜遅くまでバイクの音がします。
이 부근은 밤늦게까지 바이크 소리가 납니다.

010 ～がっている ～하게 여기고 있다, ～워 하고 있다

1인칭 이외의 사람의 욕구나 희망, 감정 등을 나타내는 표현으로, い형용사와 な형용사의 어간에 접속한다. 그리고 ～がる(～하게 여기다), ～がらない(～하게 여기지 않다) 등의 형태로도 사용된다.

기출 林さんも見たがっていたから 하야시 씨도 보고 싶어하고 있었으니까 2019-2회

つかんだものは何でも口に入れたがるので
잡은 것은 뭐든지 입에 넣고 싶어하기 때문에 2017-1회

子どもは「ピアノ教室に行きたくない」と嫌がっていたが
아이는 '피아노 교실에 가고 싶지 않아'라고 싫어했었지만 2013-1회

A「人形を買った子がモモちゃん？」
B「ちがう。自転車を欲しがっている子だよ。」
A "인형을 산 아이가 모모야?"
B "아니야. 자전거를 갖고 싶어 하는 아이야." 2014-2회

大人なのに薬を飲むのをいやがっている。
어른인데도 약을 먹는 것을 싫어하고 있다.

その話をしたら山田さんは不思議がっていた。
그 이야기를 했더니 야마다 씨는 이상하게 여기고 있었다.

そぼはよく寒がる。
할머니는 추위를 잘 탄다.

ねこは一人でもさびしがらないと聞いたのですが、本当ですか。
고양이는 혼자라도 외로움을 타지 않는다고 들었는데, 정말 입니까?

011 ～かというと・～かといえば ～하는가 하면, ～인가 하면

어떤 일에 대하여 단정적으로 설명할 때 사용하는 표현으로, 동사·い형용사의 보통형+(の)かというと/かといえば, な형용사·명사+(なの)かというと/かといえば로 접속한다. 관용적으로 쓰이는 何かというと·何かといえば(툭하면, 입만 벙긋하면, 기회만 있으면, 늘), どちらかというと·どちらかといえば(어느 쪽인가 하면)도 익혀 두자.

기출 どうしてかというと 어째서인가하면 2015-2회

エアコンから出た冷たい空気が部屋の下の方に行くのはどうしてかというと、冷たい空気は暖かい空気より重いからだ。
에어컨에서 나온 차가운 공기가 방 아래 쪽으로 가는 것은 왜인가 하면, 차가운 공기는 따뜻한 공기보다 무겁기 때문이다.

なぜ日本に来たかというと、柔道に興味があったからです。
왜 일본에 왔는가 하면 유도에 흥미가 있었기 때문입니다.

西川さんはどちらかというと営業に向いている。
니시카와 씨는 어느 쪽인가 하면 영업에 적합하다.

私はどちらかといえば、みんなでさわぐより一人でいるほうが好きです。
나는 어느 쪽인가하면, 여럿이서 떠들기 보다 혼자 있는 것을 더 좋아합니다.

012 必ずしも～ない 반드시 ~인 것은 아니다

必ずしも는 뒤에 부정하는 말과 함께 쓰여, 부분 부정을 나타낸다. 必ず(반드시, 꼭)와 혼동하지 않도록 주의한다.

기출 会社をつくることは必ずしも難しいことではない。
회사를 만드는 것은 반드시 어려운 일은 아니다. 2018-1회

サッカーが好きな人が必ずしも上手だというわけではない。
축구를 좋아하는 사람이 반드시 능숙하다는 것은 아니다.

独身の男性が必ずしもだらしないとは限らない。
독신 남성이 반드시 깔끔하지 못하다고는 할 수 없다.

013 ～かもしれない ~지도 모른다

어떤 상황이 일어날 수도 있음을 추측하는 표현으로 명사는 직접, 동사·い형용사 보통형, な형용사 어간에 접속한다. 참고로 비슷한 뜻의 ～だろう(~일 것이다) / ～でしょう(~일 것입니다)는 어떤 근거에 의한 화자의 추측을 나타내는데, 단정은 할 수 없으나 그것이 사실이라고 생각하는 화자의 기분이 강한 표현이다. 이에 반해 ～かもしれない는 하나의 가능성으로서 그렇게 생각할 수 있다는 기분으로 말하는 표현이다.

기출 早めに家を出たほうがいいかもしれないね。
일찌감치 집을 나서는 게 좋을지도 모르겠네. 2021-1회

クラスに入らなかったら、外国人学生と友達になる機会はないかもしれないと思った。 수업에 들어가지 않았다면 외국인 학생과 친구가 될 기회는 없을지도 모른다고 생각했다. 2019-1회

気温の変化が大きいため、天気に関心を持つのかもしれません。
기온의 변화가 크기 때문에 날씨에 관심을 가지는 것일지도 모릅니다. 2016-2회

今度はもうおどろかないかもしれません。
이번에는 이제 놀라지 않을지도 모릅니다. 2010-1회

石田さんはその時まだ家に着いていなかったかもしれない。
이시다 씨는 그때 아직 집에 도착하지 않았을지도 모른다.

もし彼が満塁ホームランを打たなかったら、そのチームは敗れていたかもしれない。
만약 그가 만루 홈런을 치지 않았더라면 그 팀은 졌을지도 모른다.

014 ～くなる ～해지다

사람이나 사물의 상태가 바뀌어 다른 상태가 되는 것을 나타낸다.

기출 夏は食べ物が悪くなりやすいので 여름은 음식물이 상하기 쉽기 때문에 2021-1회
急に出勤しなきゃならなくなった 갑자기 출근하지 않으면 안 되게 되었다 2020
キャベツがやわらかくなるまで 양배추가 부드러워질 때까지 2019-1회
ここまで大きくなるのに 이 정도로 크게 되는데 2018-1회
年を取って体が動かなくなるまえに
나이를 먹어 몸을 움직일 수 없게 되기 전에 2012-1회

こんなにうるさい音楽を聞いていると頭がおかしくなる。
이렇게 시끄러운 음악을 듣고 있으면 머리가 이상해진다.

015 ～くらい / ～くらいだ ～정도 / ～정도이다

사물의 대략적인 분량·정도 및 동작이나 상태 정도를 예로 들어 말하는 표현이다. ～ぐらい, ～ぐらいだ로도 쓰이며, ～ほど / ～ほどだ와 의미, 용법이 거의 같다.

기출 財布に500円ぐらいしか残っていない。
지갑에 500엔 정도밖에 남아있지 않다. 2015-2회

この暑さは、今週末ぐらいまで続くそうだ。
이 더위는 이번 주말 정도까지 계속된다고 한다. 2014-1회

立って歩けないぐらいの風が吹いていた。
서서 걸을 수 없을 정도의 바람이 불고 있었다.

あんな大きな事故だったのに生きているのが不思議なくらいだ。
그렇게 큰 사고였는데 살아 있는 것이 이상할 정도이다.

016 ～こと ～일, ～것

～ことは 형식명사 중의 하나이다. 형식명사란 문법적으로 명사와 같은 성질을 갖는 것을 말하는데, 단독으로는 사용할 수 없기 때문에 반드시 앞에 연체수식어가 온다. こと와 の가 가장 많이 쓰이는 형식명사로, 주로 추상적이고 개념적일수록 こと, 구체적이고 오감으로 다루어지는 대상일수록 の를 사용한다.

기출 わからないことばかりですが 모르는 것뿐이지만 2018-2회

会社をつくることは必ずしも難しいことではない。
회사를 만드는 것은 반드시 어려운 것은 아니다. 2018-1회

贈る相手のことを考えながら 선물하는 상대방을 생각하면서 2015-2회

会議の資料のことを 회의 자료를 2015-1회

うるさいと思うこともあったが 시끄럽다고 생각할 때도 있었지만 2014-2회

結婚のことで悩んでるらしいよ。 결혼에 관한 일로 고민하는 듯해. 2011-1회

日本のことについて書いてある本をさがしています。
일본에 관해 쓰여 있는 책을 찾고 있습니다.

A 「高山さんがこんど課長になるんだってね。」
B 「うん、そのことならぼくもさっき聞いたよ。」
A "다카야마 씨가 이번에 과장이 된대."
B "응, 그 이야기라면 나도 아까 들었어."

アメリカに留学している娘のことが心配です。
미국에 유학하고 있는 딸이 걱정입니다.

017 ～ことか ～던가, ～인지

～ことか는 보통 なんと(얼마나), 何度(몇 번), どんなに(얼마나), どれほど(얼마나) 등과 호응하는 경우가 많으며, 감탄과 탄식의 의미를 나타낸다. 자신만의 판단으로 그렇게 믿어버린다는 뉘앙스가 있다.

기출 どんなに大変なことかわかりました 얼마나 힘든지 알았습니다 2011-1회

つまらない話を2時間も聞かされる身にもなってください。どれほど退屈なことか。
재미없는 이야기를 2시간이나 들어야만 하는 처지가 되어 보세요. 얼마나 지루한지!

第一希望の会社に就職が決まった。母が生きていたら、どんなに喜んでくれたことか。
제일 가고 싶었던 회사에 취직이 정해졌다. 엄마가 살아 계셨다면 얼마나 기뻐해 주셨을까!

018 ～ことから ～때문에, ～한 이유에서

「AことからB」의 꼴로 쓰여, A가 근거·이유가 되어 B가 되었다는 의미를 나타낸다. 주로 문장체로 쓰인다.

기출 めがねのような形をしていることから「めがね橋」とも呼ばれている。
안경과 같은 형태를 하고 있기 때문에 '안경 다리'라고도 불리고 있다. 2018-2회

人の耳のような形に見えることから「耳島」と呼ばれています。
사람의 귀와 같은 모양으로 보이기 때문에 '귀섬'이라고 불리고 있습니다. 2015-1회

現場に争った形跡がないことから、その殺人は顔見知りの犯行と推定された。
현장에 다툰 흔적이 없는 점에서, 그 살인은 면식범의 범행이라고 추정되었다.

ここは富士山が見えることから富士見ヶ丘と呼ばれている。
여기는 후지산이 보이기 때문에 후지미가오카라고 불리고 있다.

019 ～ことができる ～할 수 있다

～ことができる는 동사의 기본형에 접속해서 가능 표현을 만든다. 부정형은 ～ことができない / ～ことは(も)できない(～할 수 없다/～할 수는(도) 없다)의 형태가 된다.

유사 표현 가능형 020 ～할 수 있다

기출 今まで知らなかったいいところを見つけることができました。
지금까지 몰랐던 좋은 점을 발견할 수 있었습니다. 2021-1회

自分に合う仕事を見つけることができるまで
자신에게 맞는 일을 찾을 수 있을 때까지 2016-1회

何を学ぶことができるのか知りたくて 무엇을 배울 수 있는지 알고 싶어서 2015-1회

「あきらめなければ、できることもあるかもしれない」と考えることができたのです。'포기하지 않으면 할 수 있는 일도 있을지 모른다'고 생각할 수 있었던 것입니다. 2015-1회

この会議室は予約した人だけが利用することができます。
이 회의실은 예약한 사람만이 이용할 수 있습니다.

バスで行くこともできますが、時間がかかりますからタクシーに乗りましょう。
버스로 갈 수도 있지만, 시간이 걸리니까 택시를 탑시다.

020 가능형

동사를 활용해 가능 표현을 만들 수 있다. 이를 가능동사 또는 동사의 가능형이라고 하며, 아래와 같이 활용한다.

유사 표현 ～ことができる 019 ～할 수 있다

동사의 종류	활용 방법	예시
1그룹 동사	어미 う단을 え단으로 바꾸고 る를 붙인다.	書く 쓰다 → 書ける 쓸 수 있다
2그룹 동사	어미를 る떼고 られる를 붙인다.	食べる 먹다 → 食べられる 먹을 수 있다
3그룹 동사	불규칙 활용한다.	来る 오다 → 来られる 올 수 있다 する 하다 → できる 할 수 있다

기출 レシピを見ずに作れる料理は 레시피를 보지 않고 만들 수 있는 요리는 2021-2회

トマトのすっぱさが苦手な私にも食べられるかもしれないと思って
토마토의 시큼함을 싫어하는 나도 먹을 수 있을지도 모른다고 생각해서 2021-1회

11時過ぎに店に着けるように 11시 넘어서 가게에 도착할 수 있도록 2021-1회

いつかまた使うかもしれないと思うと、捨てられない。
언젠가 또 사용할지도 모른다고 생각하니 버릴 수 없다. 2014-1회

体が大きくなって着られなくなった今でも
몸이 커져서 입을 수 없게 된 지금도 2013-2회

温かいと安心して座れるのだそうです。
따뜻하면 안심하고 앉을 수 있다고 합니다. 2012-1회

どうしてもタイトルが思い出せなくて。
아무리 해도 타이틀이 생각나지 않아서. 2012-1회

どなたでも借りられます。 누구나 빌릴 수 있습니다. 2012-1회

タバコはやめられたが、お酒はやめられない。
담배는 끊을 수 있었지만, 술은 끊을 수 없다.

A 「今すぐこっちに来られませんか。」

B 「今すぐはむりですが、1時間あとなら行けます。」

A "지금 곧 이쪽에 올 수 없겠습니까?"
B "지금 바로는 무리입니다. 1시간 뒤라면 갈 수 있습니다."

021 ～ことで ～해서, ～로 인해

「AことでB」의 꼴로 사용하여, A가 원인으로 B가 된다는 의미를 나타낸다. 동사의 사전형과 과거형, な형용사 연체형 등에 접속한다.

기출 桜がきれいなことで有名ですが 벚꽃이 예뻐서 유명한데 2012-1회

子どもが生まれたことで食べ物の安全を気にするようになった。
아이가 태어나서 음식의 안전을 신경 쓰게 되었다. 2010-2회

留学したことで、異なる文化に興味を持つようになった。
유학으로 인해 다른 문화에 흥미를 가지게 되었다.

20階建ての大きいマンションが隣に建ったことで、私の家に日が当たらなくなって昼でも部屋の中が暗い。
20층 건물의 커다란 맨션(아파트)이 옆에 세워져서, 우리집에 햇볕이 들지 않게 되어 낮이라도 방 안이 어둡다.

022 ～ことにする ～하기로 하다

자신의 의지로 어떤 행동을 결정했다고 말할 때 쓰는 표현으로, 동사 사전형과 동사 ない형에 접속한다. 참고로 ～ことになる(～하게 되다)는 자신의 의지와는 관계없이 집단이나 조직의 결정 또는 자연의 섭리를 나타낼 때 사용한다.

기출 月に１回、ワインを１本買うことにしている。
한 달에 한 번 와인을 1병 사기로 하고 있다. 2019-2회

何でも書いてみることにした。 몇 번이고 써 보기로 했다. 2018-2회

今回は私も違うコースで行ってみることにしました。
이번에는 나도 다른 코스로 가보기로 했습니다. 2017-2회

私は朝、おふろに入ることにして**います。**
나는 아침에 목욕하기로 하고 있습니다.

どうしようか考えましたが、パーティーに出席することにしま**した。**
어떻게 할까 생각했습니다만, 파티에 출석하기로 했습니다.

023 ～ことになる/～ことになっている
～하게 되다 / ～하기로 되어 있다

자신의 의지와 관계없이 집단이나 조직의 결정으로 어떤 일이 정해졌다는 것을 나타낼 때 또는 자연의 섭리를 나타내는 표현으로, 동사 사전형에 접속한다. ～ことになった(～하게 되었다)는 확정의 표현이며, ～ことになっている는 규칙이나 규정과 같이 의사결정을 통해서 정해진 기정 사실을 나타낸다. 접속을 묻는 문제도 출제되었으므로 주의깊게 보도록 하자.

기출 全員がノートパソコンを持っていくことになっている。
전원이 노트북을 들고 가기로 되어 있다. 2016-2회

図書館で彼氏と会うことになっているので、そろそろ出ます。
도서관에서 남자친구와 만나기로 되어 있어서, 슬슬 나가겠습니다. 2010-1회

この電車に乗らないと次の電車まで１時間も待つことになる**よ。**
이 전철을 타지 않으면 다음 전철까지 1시간이나 기다리게 돼.

日本では自動車は左側を走ることになっている。
일본에서는 자동차는 왼쪽을 달리게 되어 있다.

024 ～し ～하고, ～하니까

이유를 여러 개 열거할 때 사용하는 표현으로 동사, 형용사의 보통형에 접속한다. ～し를 한 번만 사용하는 경우에도 다른 이유가 더 있다는 느낌을 준다. 정중하게 말할 때는 정중형에 접속하기도 한다.

기출 朝(あさ)のこんでいる電車(でんしゃ)は嫌(きら)いだし、自転車(じてんしゃ)で行(い)けば
아침의 붐비는 전철은 싫어하니까 자전거로 가면 2020

あしたは朝から忙(いそが)しくなりそうですし、今日中(きょうじゅう)にやってしまいましょう。
내일은 아침부터 바빠질 것 같고 하니까 오늘 중으로 해 버립시다. 2012-2회

この家(いえ)は狭(せま)いし、不便(ふべん)だし、もっといいところに住(す)みたい。
이 집은 좁고 불편하니까 좀 더 좋은 곳에 살고 싶다.

025 ～しか～ない ～밖에 ～않다

～しか는 '~밖에'란 뜻으로 그것만이라고 한정할 때 사용하며, 항상 뒤에 부정의 말이 온다. 응용 표현으로 ～しかない(~밖에 없다), ～しか～ございません(~밖에 ~없습니다) 등이 있다.

기출 山下課長(やましたかちょう)にしかお目(め)にかかったことがございませんので
야마시타 과장님밖에 뵌 적이 없기 때문에 2021-1회

その土地(とち)にしかない店で 이 지역밖에 없는 가게에서 2021-1회

映画(えいが)が始(はじ)まるまであと3分しかないよ。
영화가 시작될 때까지 앞으로 3분밖에 없어. 2020

次(つぎ)のバス亭(てい)までしか行きませんよ。
다음 버스정류장까지밖에 가지 않아요. 2019-2회

それまで、ベッドでしか寝(ね)たことがなかったからです。
그때까지 침대에서밖에 잔 적이 없었기 때문입니다. 2018-2회

会社に入ってまだ少ししかたっていないので
회사에 들어와서 아직 조금밖에 지나지 않았기 때문에 2018-2회

まだ一人(ひとり)しか返事(へんじ)が来(き)ていない 아직 한 명밖에 답장이 오지 않았다 2016-1회

財布(さいふ)に500円(えん)ぐらいしか残(のこ)っていない。
지갑에 500엔 정도밖에 남아있지 않다. 2015-2회

郵便局(ゆうびんきょく)は5時(じ)までしか開(あ)いていません。
우체국은 5시까지밖에 열려 있지 않습니다.

026 ～すぎる 너무 ～하다, 지나치게 ～하다

어떤 동작이나 상태가 도에 지나쳐 바람직하지 못한 상황을 나타내는 표현으로, 동사 ます형, い형용사·な형용사의 어간에 접속한다.

기출 一人分(いちにんぶん)の量(りょう)のカレーを作(つく)るのが難(むずか)しくて、いつも作りすぎてしまう。
1인분 양의 카레를 만드는 것이 어려워서 항상 너무 많이 만들어 버린다. 2014-2회

花(はな)に水(みず)をやりすぎるのもよくないです。
꽃에 물을 지나치게 주는 것도 좋지 않습니다. 2013-2회

みそ汁(しる)の味(あじ)が濃(こ)くなりすぎてしまった。
된장국 맛이 너무 진해지고 말았다. 2010-1회

このお茶(ちゃ)は熱(あつ)すぎて飲(の)めない。
이 차는 너무 뜨거워서 마실 수 없다.

この場所(ばしょ)は静(しず)かすぎてかえって落(お)ち着(つ)かない。
이 곳은 너무 조용해서 오히려 안정되지 않는다.

027 ～ずに・～ないで ～하지 않고

어떠한 일을 하지 않은 상태에서 다른 동작을 한다는 의미를 나타내는 것으로, 동사의 ない형에 접속한다. ～ずに와 ～ないで는 같은 표현으로 ～ずに는 문어적 표현이다.

기출 レシピを見(み)ずに作(つく)れる料理(りょうり)はほとんどない
레시피를 보지 않고 만들 수 있는 요리는 거의 없다 2021-1회

傘(かさ)を持(も)たないで出(で)かけたが 우산을 들지 않고 나갔지만 2017-1회

あきらめないで毎年チャレンジしていたら
포기하지 않고 매년 도전하고 있었더니 2013-2회

ちっとも練習(れんしゅう)に来ないで 조금도 연습에 오지 않고 2011-1회

勉強(べんきょう)せずに、テストを受(う)けた。
공부하지 않고 시험을 보았다.

ゆうべは歯(は)をみがかないで寝(ね)てしまった。
어젯밤에는 이를 닦지 않고 자고 말았다.

028 ～せいか / ～せいで ～탓인지, ～때문인지 / ～탓으로, ～때문에

어떤 것이 원인이 되어 좋지 않은 결과가 되었다는 의미를 나타낸다. ～せいか / ～せいで는 せい가 명사이므로 그에 준하는 접속을 한다.

기출 窓が大通り側にあるせいで車の音が聞こえてきて
창문이 큰 길가에 있는 탓에 차 소리가 들려와서 2018-1회

目覚まし時計が鳴らなかったせいで 자명종 시계가 울리지 않은 탓에 2015-2회

最近あまり見かけなかったが、彼女は気のせいかやせたようだ。
최근 별로 보지는 못했지만, 그녀는 기분 탓인지 살이 빠진 것 같다.

風邪をひいているせいで何を食べてもおいしく感じない。
감기에 걸린 탓에 무엇을 먹어도 맛있게 느껴지지 않는다.

029 ～そうだ ① ～한 듯하다, ～일 것 같다 ② ～라고 한다

～そうだ는 양태(樣態)와 전문(傳問) 표현을 나타낸다. 양태는 말하는 사람의 판단이나, 추측 등을 나타내며, 동사 ます형, い형용사·な형용사의 어간에 접속한다. 또한, ない는 なさそうだ가 되고 よい는 よさそうだ가 된다. 전문은 말하는 사람이 직접 보거나 들은 것을 상대방에게 전달할 때 사용하는 표현으로, 동사·い형용사의 보통형, 명사·な형용사의 어간+だ에 접속한다.

기출 この映画はあまりおもしろそうじゃなかったから、見ないことにしたよ。
이 영화는 그다지 재미있을 것 같지 않았기 때문에 보지 않기로 했어. 2017-2회

そろそろ飲んでもよさそうだ。 슬슬 마셔도 좋을 것 같다. 2016-2회

今は話しかけないほうがよさそうだな。
지금은 말을 걸지 않는 게 좋을 것 같아. 2011-1회

赤ちゃんはいまにも泣きそうだ。
아기는 당장에라도 울 것 같다. 2010-2회

この本はほかのより例が多くて使いやすそうだよ。
이 책은 다른 것보다 예가 많아서 쓰기 편할 것 같아. 2019-1회

何か言いたそうな顔をしているのを見て
뭔가 말하고 싶은 듯한 표정을 짓고 있는 것을 보고 2013-2회

なかなか見る機会がないそうだ。
좀처럼 볼 기회가 없다고 합니다. 2016-2회

まだ住所を覚えていないそうです。
아직 주소를 외우고 있지 않다고 합니다. 2015-1회

この暑さは、今週末ぐらいまで続くそうだ。
이 더위는 이번 주말 정도까지 계속된다고 한다. 2014-1회

暗くなってきましたよ。もうすぐ、雨が降りそうですね。
어두워졌어요. 이제 곧 비가 올 것 같네요.

今度の競技で優勝した選手の中から、オリンピック代表が選ばれるそうだ。
이번 경기에서 우승한 선수 중에서 올림픽 대표가 선발된다고 한다.

030 ～そうもない・～そうに(も)ない ～할 것 같지도 않다

양태를 나타내는 ～そうだ의 부정형이다. 동사의 ます형에 접속하며, 실현될 가능성이 적다는 의미를 나타낸다. 접속을 묻는 문제도 출제되었으므로 주의깊게 보도록 하자.

기출 何年働いても自分の家は買えそうもない。
몇 년동안 일해도 내 집은 살 수 있을 것 같지도 않다. 2011-1회

原稿のしめきりまであと1週間では、とても間に合いそうもない。
원고 마감까지 앞으로 1주일로는 도저히 맞출 수 있을 것 같지 않다.

林さんは寒いのが苦手だから今日は来そうにない。
하야시 씨는 추운 것을 싫어하기 때문에 오늘은 올 것 같지도 않다.

031 ～だけで(は)なく・～ばかりで(は)なく ～ばかりか・～に限らず ～뿐만 아니라

이것만이 아니라 다른 것도 있다는 추가의 의미를 나타낸다. ～だけで(は)なく・～ばかりで(は)なく의 뒤 문장에는 も・まで・さえ 등의 조사가 함께 자주 쓰인다. 명사에 직접 또는 명사, 동사, 형용사의 보통형에 접속한다. ～ばかりか는 명사에 직접 접속하고, 동사나 형용사는 명사 수식형에 접속한다. ～に限らず는 명사에 직접 접속한다.

기출 コーヒーだけでなくスパゲッティなどの料理もおいしい。
커피뿐만 아니라 스파게티 등의 음식도 맛있다. 2020

食事に気をつけるだけではなく、運動もしたほうがいい。
식사에 신경을 쓸 뿐만 아니라 운동도 하는 편이 좋다. 2018-1회

楽しいことばかりではなく、大変なことも多かった。
즐거운 일뿐만 아니라 힘든 일도 많았다. 2017-1회

あの工場は、設備だけでなく周りの環境もすばらしい。
저 공장은 설비뿐만 아니라 주위 환경도 훌륭하다.

鈴木さんは私ばかりでなく妻にもプレゼントを持ってきた。
스즈키 씨는 나뿐만 아니라 아내에게도 선물을 가져왔다.

彼は仕事や財産ばかりか、家族まで捨てて家を出てしまった。
그는 일과 재산뿐만 아니라 가족마저 버리고 집을 나가 버렸다.

中年に限らず、肥満の人は糖尿病にかかる危険がある。
중년뿐만 아니라 비만인 사람은 당뇨병에 걸릴 위험이 있다.

032 ～たことがある ～한 적이 있다

～たことがある는 경험을 나타내는 표현으로 동사의 과거형에 접속한다. 응용 표현으로 ～たことがない(~한 적이 없다), ～たことがございます(~한 적이 있습니다) 등이 있다.

기출 お名前は聞いたことがありますが、会ったことはありません。
이름은 들은 적이 있지만, 만난 적은 없습니다. 2021-1회

２年前に水泳教室に通ってみたことがあるが
2년 전에 수영 교실에 다녀본 적이 있지만 2019-2회

それまで、ベッドでしか寝たことがなかったからです。
그때까지 침대에서밖에 잔 적이 없었기 때문입니다. 2018-2회

山下課長にしかお目にかかったことがございませんので
야마시타 과장님밖에 뵌 적이 없기 때문에 2021-1회

「おつかれさまでした」と言っているのを見たこともあります。
'수고하셨습니다'라고 말하는 것을 본 적도 있습니다. 2010-1회

学生のころ、一時、家庭教師のアルバイトをしたことがある。
학생 시절에 한 때 가정교사 아르바이트를 한 적이 있다.

A「大阪へ行ったことがありますか。」
B「いいえ、まだないんです。」
A "오사카에 간 적이 있습니까?"
B "아니오, 아직 없습니다."

033 ～だって ① ~(라)도, ~일지라도 ② ~래

① '~라도, ~일지라도'는 의문·부정을 나타내는 말, 또는 수량·정도를 나타내는 말에 붙어, 예외 없이 그렇다는 뜻을 나타낸다. ② '~래, ~한대'는 활용어에 (な)の+だって의 꼴로 전문(傳問)의 뜻을 나타내며, ～んだ(～んです)나 ～のだ(～んだ)가 붙지 않는 ～って의 꼴이 되는 경우도 있다. 예를 들면, 山田君(やまだくん)が結婚(けっこん)するって(聞(き)いたよ)(야마다 군이 결혼한대), あの人お金持(かねも)ちなんだって(저 사람 부자라는군)와 같이 聞(き)いたよ 등의 동사가 생략된 것이라고 볼 수 있다.

기출 力(ちから)になるならいくらだって応援(おうえん)します。
힘이 된다면 얼마든지 응원하겠습니다. 2010-2회

あの二人(ふたり)が結婚(けっこん)したと聞(き)けば、だれだってびっくりするよ。
그 두 사람이 결혼했다고 들으면 누구라도 깜짝 놀랄 거야.

さっき山田(やまだ)さんから電話(でんわ)があって、今日の試合(しあい)は天気(てんき)が悪(わる)いから中止(ちゅうし)なんだって。
조금 전에 야마다 씨에게서 전화가 와서, 오늘 시합은 날씨가 안 좋아서 중지래.

田中(たなか)さん、来月結婚(らいげつけっこん)するんですって。
다나카 씨, 다음 달에 결혼한대요.

034 ～たところだ 막 ~한 참이다

～たところだ는 어떤 행동이 지금 막 끝났음을 나타내는 표현으로, 동사 과거형에 접속한다. 이 표현은 앞부분에 今(いま)(지금), 今(いま)ちょうど(지금 마침)와 호응하는 경우가 많다.

응용 표현 ～ところだ 059 ~하려는 참이다
～ているところだ 059 ~하고 있는 중이다

유사 표현 ～たばかり 035 ~한 지 얼마 안 됨, 막 ~함

기출 ちょうど会社(かいしゃ)から帰(かえ)ってきたところだよ。
마침 회사에서 막 돌아온 참이야. 2017-2회
書類(しょるい)はついさっき、持(も)って行(い)ったところです。
서류는 조금 전에 막 가지고 간 참입니다. 2011-2회

みんなから旅行(りょこう)のお金(かね)を集(あつ)め終(お)わったところです。
모두에게서 여행 대금을 다 모은 참입니다.

A 「西川さんはまだですか。」

B 「少し遅れると連絡があったところです。」

A "니시카와 씨는 아직입니까?"

B "조금 늦을 거라고 연락이 있었던 참입니다."

035 ～たばかり ～한지 얼마 안 됨, 막 ～함

～たばかり는 어떤 동작을 하고 시간이 얼마 지나지 않은 상태를 나타내는 표현으로 동사 과거형에 접속한다.

유사 표현 ～たところだ [034] 막 ～한 참이다

기출 俺、テニス始めたばかりだけど 나, 테니스 시작한지 얼마 안 됐는데 2019-1회

先月新しいギターを買ったばかりなのに
지난 달 새 기타를 산 지 얼마 안 됐는데 2014-2회

生まれたばかりのライオン 태어난지 얼마 안 된 사자 2010-1회

手術したばかりなのに、もう働くなんてとんでもない。
수술한 지 얼마 안 됐는데, 벌써 일을 하다니 당치도 않다.

食事のとき買ったばかりの白いシャツを汚してしまった。
식사를 할 때에 산지 얼마 안 된 흰 셔츠를 더럽히고 말았다.

036 ～たび(に) ～할 때마다

～たびに는 어떤 동작을 할 때 항상 그 일이 발생한다는 의미를 나타내며, 동사 사전형, 명사+の에 접속한다.

기출 このレストランで食事をするたび 이 레스토랑에서 식사를 할 때마다 2018-1회

山田さんに会うたびに 야마다 씨를 만날 때마다 2010-1회

このカードは使うたびにポイントがたまる。
이 카드는 사용할 때마다 포인트가 쌓인다.

引っ越しのたびに荷物が増える。
이사할 때마다 짐이 늘어난다.

037 ～たまま / ～まま ～한 채로 / ～대로

～たままは 동사의 과거형에 접속해, 같은 상태가 변하지 않고 계속되는 것을 나타낸다. 그리고 어떤 동작을 한 후 상태를 바꾸지 않고 그 상태에서 다른 동작을 한다는 의미가 있다. ～ままは '～대로'라는 뜻으로 사용된다. 예를 들면 そのままで(그대로), 彼のしたいままさせてやれ(그가 하고 싶은 대로 하게 해 줘)와 같이 사용된다.

기출 テレビをつけたまま朝(あさ)まで寝(ね)てしまった。
텔레비전을 켠 채로 아침까지 자버렸다. 2017-2회

いすに座(すわ)ったまま歌(うた)ってもかまいません。
의자에 앉은 채로 불러도 상관없습니다. 2015-1회

息子(むすこ)は朝(あさ)、家(いえ)を出(で)たままだ帰(かえ)ってこない。
아들은 아침에 집을 나간 채로 아직 돌아오지 않는다.

ドアを開けたままにしておいてください。
문은 열어둔 채로 놔 두세요.

ふるさとの風景(ふうけい)は昔(むかし)のままです。
고향의 풍경은 옛날 그대로입니다.

038 ～ため(に) ① ～하기 위해서 ② ～때문에

～ため(に)는 '～하기 위해서'라는 동작의 목적과, '～때문에'라는 원인·이유를 나타내는 2가지 뜻이 있다. 동작의 목적을 나타낼 때는 명사+の, 동사 사전형에 접속하고, 원인·이유를 나타낼 때는 명사+の, 동사 보통형에 접속한다. 응용 표현으로 ～ためなら(～위해서라면), ～ためか(～때문인지) 등이 있다.

기출 入り口の近くに、返(かえ)す本を入れるためのブックポストがあり
입구 근처에 반환할 책을 넣기 위한 북포스트가 있어 2021-1회

東口(ひがしぐち)は現在工事中(げんざいこうじちゅう)のため、西口(にしぐち)をご利用(りよう)ください。
동쪽 출구는 현재 공사 중이기 때문에, 서쪽 출구를 이용해 주세요. 2017-2회

基本的(きほんてき)な使い方に慣(な)れるためのコース
기본적인 사용법에 익숙해지기 위한 코스 2015-2회

列車(れっしゃ)の写真(しゃしん)を撮(と)るためなら 열차 사진을 찍기 위해서라면 2014-1회

いつも応援(おうえん)してくれているファンのためにも勝(か)ちたい。
항상 응원해 주고 있는 팬을 위해서도 이기고 싶다. 2012-2회

インフルエンザのために 독감 때문에 2010-2회

日本の会社で働くために、日本語を勉強しています。
일본 회사에서 일하기 위해서 일본어를 공부하고 있습니다.

彼女が遅刻したため、計画を変更した。
그녀가 지각했기 때문에 계획을 변경했다.

039 ～だろう ～일 것이다

추측을 나타내는 표현으로 명사는 직접, な형용사는 어간, い형용사·동사는 보통형에 접속한다.

기출 彼の言っていることは正しいだろうけど 그가 말하는 것은 옳겠지만 2010-2회

昨日からお腹が痛い。すぐに病院に行けばいいのだろうが、行きたくない。
어제부터 배가 아프다. 바로 병원에 가면 좋겠지만 가고 싶지 않다. 2010-1회

この敗戦の悔しさは決して忘れないだろう。
이번 패전의 분함은 결코 잊지 않을 것이다.

あの選手は来シーズン、ホームラン王になるだろうか。
저 선수는 다음 시즌에 홈런왕이 될까?

040 ～だろうと思う ～(할) 것으로 생각하다

～だろうと思う는 어떤 것에 대한 감상이나 인상, 판단 등을 나타낸다. 응용 표현으로 ～だろうかと思う(~할까 하고 생각하다)가 있다.

기출 こんなトイレが必要なのだろうかと思いました。
이런 화장실이 필요한 것일까라고 생각했습니다. 2021-2회

小学校に入学して字を書く機会も増えるだろうと思い
초등학교에 입학해서 글씨를 쓸 기회도 늘어날 것이라고 생각하여 2012-1회

税金が上がり、これから家計が厳しくなるだろうと思う。
세금이 올라 앞으로 가계가 어려워질 것으로 생각한다.

彼は毎日スーツを着ているので、たぶん学生じゃないだろうと思います。
그는 매일 양복을 입고 있으므로 아마 학생이 아닐 것으로 생각합니다.

041 ～って ①～라고 하는 ②～라고 ③～란, ～은/는

① '~라고 하는'은 ～という의 회화체로, 명사+って+명사의 형태를 띤다. ② '~라고'는 인용 표현인 ～と의 회화체로, 명사와 동사의 보통형에 접속한다. ③ '~란, ~은/는'은 ～というのは, ～は의 회화체로 명사에 접속한다.

유사 표현 ～という [056] ~라고 하는

기출 「リボン」って店(みせ)なんだけど、知(し)ってる？
'리본'이라고 하는 가게인데, 알아? 2019-2회

「キムラ·ブック」って本屋(ほんや)、知(し)ってる？
'기무라·북'이라는 책방, 알고 있어? 2015-2회

今日(きょう)はないって言(い)っていましたよ。 오늘은 없다고 말했어요. 2010-1회

田中(たなか)さんってどんな人(ひと)？ 다나카 씨는 어떤 사람이야? 2017-2회

きのう、本田(ほんだ)さんって人(ひと)に会(あ)った。
어제 혼다 씨라는 사람을 만났다.

彼女(かのじょ)に映画(えいが)に行(い)こうって誘(さそ)われた。
그녀가 영화를 보러 가자고 했다.

登山(とざん)って本当(ほんとう)に楽(たの)しいね。
등산이란 정말로 재미있네.

042 ～つもりだ ~할 생각이다, ~할 작정이다

말하는 사람의 의지, 예정, 계획을 나타내는 표현으로 동사 사전형과 동사 ない형에 접속한다. 응용 표현으로 ～つもりはない(~할 생각은 없다)도 사용되는데, ～ないつもりだ(~하지 않을 생각이다)보다 강한 부정을 나타낸다. 또한 ～つもりでいる(~할 양으로 ~하다)도 익혀두자.

기출 メモを見ないで話せるようにするつもりだ。
메모를 보지 않고 말할 수 있도록 할 작정이다. 2017-1회

車(くるま)を買(か)うのは妻(つま)と話(はな)し合(あ)ってみるつもりです。
차를 사는 것은 아내와 의논해 볼 생각입니다. 2015-2회

これからはできるだけ出かけるようにするつもりです。
앞으로는 가능한 한 외출하도록 할 작정입니다. 2013-2회

びっくりさせるつもりじゃない？ 깜짝 놀라게 할 생각이지 않아? 2010-2회

試験が終わるまでテレビは見ないつもりです。
시험이 끝날 때까지 텔레비전은 보지 않을 생각입니다.

A 「今度の休暇はどうするつもりですか。」
B 「インドを旅行するつもりです。」
A "이번 휴가는 어떻게 할 생각입니까?"
B "인도를 여행할 생각입니다."

彼は自分では得をしたつもりでいる。
그는 스스로는 득을 봤다고 여기고 있다.

043 ～てある ～해져 있다

어떤 행동의 결과가 계속되고 있는 상태를 나타내는 표현으로, 동사 て형에 접속한다. 이것은 주로 타동사에 붙어 인위적인 동작에 의한 상태를 나타낸다.

기출 レシピには「初めてでもうまく作れる」と書いてあったのに、失敗してしまった。
레시피에는 '처음이라도 잘 만들 수 있다'라고 써있었는데, 실패하고 말았다. 2019-1회

飛行機のきっぷは予約してあるから安心です。
비행기 티켓은 예약되어 있으니까 안심입니다.

部屋にはかぎがかけてあるからだれも入れない。
방에는 열쇠가 잠겨져 있기 때문에 아무도 들어갈 수 없다.

044 ～ている ① ～하고 있다 ② ～해져 있다

①'~하고 있다'는 주로 타동사에 접속하여 동작의 진행을 나타내고, ②'~해져 있다'는 주로 자동사에 접속하여 동작의 결과에 대한 상태를 나타낸다. 그리고 완료의 뜻을 나타내기도 한다.

기출 今選んでいるところだから 지금 고르고 있는 중이니까 2021-1회

メニューも注文方法もわかっているからです。
메뉴도 주문 방법도 알고 있기 때문입니다. 2021-1회

心配ばかりしていてもしかたがない 걱정만 하고 있어도 소용없다 2020

朝のこんでいる電車は 아침의 붐비는 전철은 2020

雨の降らない日が続いているので
비가 내리지 않는 날이 계속되고 있기 때문에 2015-1회

22点の差で負けていました。 22점 차로 지고 있었습니다. 2015-1회

今はどれも使っていないけれども 지금은 어느 것도 사용하고 있지 않지만 2014-1회

多分まだ寝ているよ。 아마 아직 자고 있을거야. 2012-2회

電気がついたり消えたりしているから
전기가 켜지기도 하고 꺼지기도 하고 있으니까 2012-1회

飲み物を買った人に、「おつかれさまでした」と言っているのを
음료수를 산 사람에게 '수고하셨습니다' 라고 말하고 있는 것을 2010-1회

強い風が吹いている。
강한 바람이 불고 있다.

駅の周りがすっかり変わっているのを見て驚いた。
역 주변이 완전히 바뀌어져 있는 것을 보고 놀랐다.

045 ～でいい ~로 좋다, ~라도 괜찮다

～でいい는 '~만으로 충분하다'고 할 때 사용한다. 여기서 조사 で는 상황, 조건, 형태 등을 나타낸다.

기출 一度でいいから会ってみたいと思う人
한 번이라도 좋으니까 만나 보고 싶다고 생각하는 사람 2021-1회

来週の金曜まででいいですから 다음 주 금요일까지라도 좋으니까 2017-2회

ハムだけでいいです。たまごは要りません。
햄만으로 좋습니다. 계란은 필요없습니다.

A 「3千円しかないんだけど。」

B 「それでいいよ。」

A "3천 엔밖에 없는데."
B "그거라도 좋아."

046 ～ておく ~해 놓다, ~해 두다

어떤 목적을 위한 사전 동작·준비, 어떤 목적을 위한 상태 유지·보존·방치 등을 나타낼 때 사용되며, 동사 て형에 접속한다. 회화에서는 축약된 형태인 ～とく로도 쓰인다.

기출 このレストラン、予約しておくよ。이 레스토랑, 예약해 둘게. 2016-2회

今週の土曜日、予定を空けておいてくれない？

이번 주 토요일, 예정을 비워 두지 않을래? 2016-1회

これを林さんに渡しておいてもらえませんか。

이것을 하야시 씨에게 건네줄 수 없을까요? 2012-2회

授業の前に予習しておくことが大事です。

수업 전에 예습해 두는 것이 중요합니다.

だれにも会いたくないの。一人にしといて！

아무도 만나고 싶지 않아. 혼자 놔 둬!

出かける前に新聞を読んどこう。

외출하기 전에 신문을 읽어 둬야지.

047 ～てから ① ~하고 나서, ~한 뒤 ② ~하고 나서 (계속)

①'~하고 나서, ~한 뒤'는 시간 관계의 전후를 나타내는 의미로, 手を洗ってからご飯を食べる(손을 씻고 나서 밥을 먹는다)와 같은 문장이 이에 해당한다. ②'~하고 나서'는 어떤 변화나 계속적인 상황의 시작점을 나타내는 용법이다. 예를 들어 子どもが生まれてから、毎日とても忙しい(아이가 태어나고 나서 매일 아주 바쁘다) 등이 있다.

기출 親に絵本を読んでもらってから寝ていた

부모님이 그림책을 읽어주고 난 뒤 자고 있었다 2020

仕事が終わってからでも行けるから 일이 끝나고 나서라도 갈 수 있으니까 2019-2회

大学に入ってからのほうがもっと大変だった。

대학에 들어간 후가 더 힘들었다. 2017-1회

ある程度英語が話せるようになってから

어느 정도 영어를 할 수 있게 되고 나서 2010-1회

仕事が終わってからデパートに行った。

일이 끝나고 나서 백화점에 갔다.

母「早くおふろに入りなさい。」

子「うん、宿題終わってからね。」

엄마 '빨리 목욕해라.'

아이 '응, 숙제 마치고 나서.'

30歳を過ぎてからでも歯の矯正はできるものでしょうか。

30세를 넘기고 나서라도 치아 교정은 할 수 있는 것일까요?

048 ～てくる ① ~하고 오다 ② ~해지다, ~해 가다 ③ ~하기 시작하다

①'~하고 오다'는 어떤 지점에서 무언가를 하고 이동하는 것을, ②'~해지다, ~해 가다'는 과거에서 현재까지 계속 변하고 있는 것을, ③'~하기 시작하다'는 변화 또는 변화의 시작을 나타낸다.

기출 高い時計だったら、安部さんは会社にしてこないはずだよ。
비싼 시계라면 아베 씨는 회사에 차고 오지 않을 거야. 2012-2회

ただ、旅行を続けていると、途中で疲れてきます。
오로지 여행을 계속하고 있으면 도중에 피곤해집니다. 2021-1회

玉ねぎの色が変わってきたら、塩を入れてください。
양파 색이 변하기 시작하면 소금을 넣어 주세요. 2020

引っ越してきて、もう半年になるのに
이사 와서 벌써 반년이 되는데도 2015-1회

次第に晴れてきて
점차 날이 개기 시작하고 2014-2회

パンは近くの店で買ってきます。
빵은 근처의 가게에서 사옵니다.

日が短くなってきましたね。５時にはもう暗いですよ。
해가 짧아졌네요. 5시에는 이미 어두워요.

花が咲いてきたら、水をたくさんやってください。
꽃이 피기 시작하면 물을 많이 주세요.

049 ～てしまう ~해 버리다, ~하고 말다

후회나 유감 또는 일이 완료되었음을 나타내는 표현으로, 동사 て형에 접속한다. 회화에서는 축약형인 ~ちゃう(~じゃう)를 쓴다.

기출 隣に立っていた人に新しい白い靴を踏まれてしまった。
옆에 서 있던 사람에게 하얀 새 신발을 밟히고 말았다. 2021-1회

急がないと新幹線が出発しちゃう。
서두르지 않으면 신칸센이 출발하고 만다. 2021-1회

もう帰ってしまっていていなかった。
이미 돌아가고 말아서 없었다. 2018-1회

どうして彼女がひとりで行ってしまったのか私は知らない。
왜 그녀가 혼자서 가 버렸는지 나는 모르겠다.

困っちゃったなあ。自動車が動かなくなっちゃった。
곤란해졌어. 자동차가 움직이지 않게 되버렸어.

早く帰らなくちゃいけないと思ったのに、ゆうべも友達と飲んじゃった。
일찍 돌아가야 한다고 생각하고 있었는데, 어젯밤에도 친구랑 마셔 버렸다.

050 ～てほしい ～해 주었으면 한다

말하는 사람이 상대에게 어떤 일을 해 주기를 바란다는 의미를 나타내며, 동사의 て형에 접속한다. 응용 표현으로 ～ないでほしい(～하지 말아 주었으면 한다)도 익혀두자.

기출 いい歯医者を知っていたら教えてほしいんですが
좋은 치과를 알고 있으면 가르쳐 줬으면 하는데요 2014-2회

いつまでも元気で長生きしてほしい。
언제까지나 건강하게 오래 살았으면 좋겠다. 2012-2회

少し難しいですからほかのにしてほしいです。
좀 어려우니까 다른 것으로 해 주었으면 합니다. 2011-1회

東京を案内してほしいんですが 도쿄를 안내해 줬으면 하는데요 2010-2회

政治家は大衆の声をもっと聞いてほしい。
정치가는 대중의 목소리를 좀 더 들어주었으면 한다.

父に車を使わせてほしいと頼んだが、断られてしまった。
아버지에게 자동차를 쓰게 해 줬으면 하고 부탁했는데, 거절당하고 말았다.

そんなに怒らないでほしい。
그렇게 화내지 말아주었으면 한다.

息子にはタバコを吸ってほしくない。
아들은 담배를 피지 않아 주었으면 한다.

051 ～てみる (시험 삼아) ～해 보다

시험 삼아 해보는 것을 나타낼 때 쓰는 표현으로, 동사 て형에 접속한다.

기출 一度でいいから会ってみたいと思う人
한 번이라도 좋으니까 만나보고 싶다고 생각하는 사람 2021-1회

子どものころサッカー教室に通ってみたことがあります。
어렸을 때 축구 교실에 다녀본 적이 있습니다. 2019-2회

私も庭がある家に住んでみたいです。
저도 정원이 있는 집에서 살아보고 싶습니다. 2018-2회

何度も書いてみることにした。 몇 번이고 써 보기로 했다. 2018-2회

あわてて病院に行ってみると 허둥지둥 병원에 가보니까 2013-2회

私がもっとも行ってみたい寺 내가 가장 가보고 싶은 절 2012-1회

彼女に言いたいことがあるならとりあえず言って、反応を見てみたら？
그녀에게 하고 싶은 말이 있으면 우선 말을 하고, 반응을 살펴 보는 것은 어때?

よく調べてみるとエンジンの一部に損傷があった。
잘 살펴보니까 엔진 일부에 손상이 있었다.

052 ～ても ① ~하더라도 ② ~해도, ~했지만

① '~하더라도'는 가정 조건을 나타낸다. 예를 들면 たとえおかしくても、笑ってはいけない(설령 우습더라도 웃어서는 안 된다), そんなに勉強しなくても大丈夫さ(그렇게 공부하지 않더라도 괜찮아) 등이 있다. ② '~해도, ~했지만'은 확정 조건을 나타낸다. 예를 들면 どんなに押しても開かなかった(아무리 밀어도 열리지 않는다), いつ遊びに行っても彼女は歓迎してくれる(언제 놀러가도 그녀는 환영해 준다) 등이 있다.

기출 どちらの選手が勝っても不思議ではない。
어느 쪽의 선수가 이기더라도 이상하지 않다. 2017-1회

いつ首相になってもおかしくない実力
언제 수상이 되어도 이상하지 않은 실력 2013-1회

何があったのか聞いても答えてくれないので
무슨 일이 있었는지 물어도 대답해 주지 않기 때문에 2017-2회

この急カーブではいつ事故が起きてもおかしくない。
이 급커브에서는 언제 사고가 일어나더라도 이상하지 않다.

バスを利用したくても利用できない人がいる。
버스를 이용하고 싶어도 이용할 수 없는 사람이 있다.

053 ～てもいい ～해도 좋다 ～てもかまわない ～해도 상관없다(괜찮다)

허가나 동의를 나타내는 표현으로, 주로 동사 て형에 접속한다. 또한 ～てもよい의 형태로도 쓰인다. 예를 들면 自信はもっと持ってもよさそうです(자신은 더 가져도 좋을 것 같습니다)와 같이 사용된다. 시험에서는 동사가 아닌 ～でない의 て형에 접속하여 駅の近くでなくてもよければ(역 근처가 아니라도 좋으면)의 형태로 출제되었다.

기출 ここにもサインをしてもらってもいいですか。
여기에도 사인을 받아도 되겠습니까? 2018-2회

車(くるま)を買(か)い替(か)えてもいいんじゃない。 차를 새로 바꿔도 되지 않아? 2013-1회

何を使ってもいいですから 무엇을 사용해도 좋으니까 2010-2회

いすに座(すわ)ったままましてもかまいません。
의자에 앉은 채로 해도 상관없습니다. 2015-1회

駅の近くでなくてもよければ 역 근처가 아니라도 좋으면 2014-1회

ここで写真(しゃしん)をとってもいいですか。
여기에서 사진을 찍어도 됩니까?

A 「ここでたばこを吸(す)ってもかまいませんか。」
B 「ええ、かまいませんよ。どうぞ。」
A "여기서 담배를 피워도 괜찮습니까?"
B "네, 상관없어요. 피우세요."

054 ～ても仕方(しかた)がない ～해도 하는(어쩔) 수 없다, ～해도 소용없다

'～해도 의미가 없다'라고 다른 방법이 없음을 나타내는 표현으로, 동사의 て형에 접속한다.

기출 心配(しんぱい)ばかりしていてもしかたがない。
걱정만 하고 있어도 소용없다. 2020-2회

もうみんな知(し)っているんだから隠(かく)してもしかたがない。
이미 모두 알고 있으니까 감춰도 소용없다.

両者(りょうしゃ)が全(まった)く譲(ゆず)らないのだから、これ以上(いじょう)、交渉(こうしょう)を続(つづ)けても仕方(しかた)がない。
양쪽이 전혀 양보하지 않으니까, 더 이상 교섭을 계속해도 소용없다.

055 ～てよかった ～해서 다행이다

일어난 일에 대한 다행스러움을 나타내는 표현으로, 동사의 て형에 접속한다.

기출 見つかってよかったね。 찾아서 다행이야. 2019-2회

かさを持って来てよかったね。雨が降り出したよ。
우산을 갖고 오길 잘 했어. 비가 내리기 시작했어.

〈贈り物を渡して〉気に入っていただいてよかった。
〈선물을 건네고〉 마음에 들어 하니 다행이야.

056 ～という ～라고 하는

～という는 '~라고 하는, ~라고 불리는' 이라는 뜻을 나타낸다. 예를 들면 銀座というところ(긴자라고 불리는 곳), 元来は体力という意味であるが(원래는 체력이라는 뜻이지만)와 같이 사용된다. 회화체에서는 ～という 대신에 ～って가 주로 사용되기도 한다.

유사 표현 ～って [041] ～라고 하는

기출 何という魚かわかりませんが 뭐라는 생선인지 모르겠지만 2021-1회

兄と私は、意志が強いという点でよく似ている。
형과 나는 의지가 강하다는 점에서 꼭 닮았다. 2013-1회

二つの体育館を建設するという案が検討されている。
두 개의 체육관을 건설한다는 안이 검토되고 있다. 2013-1회

「キムラ·ブック」って本屋、知ってる？
'기무라·북'이라는 책방, 알고 있어? 2015-2회

父は姉が大学に合格したという知らせを聞いて、今にも泣きそうな顔をしていた。
아빠는 언니가 대학에 합격했다는 소식을 듣고, 당장이라도 울 것 같은 얼굴을 하고 있었다.

彼は「マル」という犬を飼っています。
그는 '마루'라는 개를 기르고 있습니다.

東京ってところは初めてです。
도쿄라고 하는 곳은 처음입니다.

057 ～というのは ～이라는 것은, ～이란

정의·명제 등을 나타낼 때 흔히 쓰는 상투어이다. 명사에 직접 접속하며, 회화체로는 ～って가 된다. 문말에는 ～(の)ことだ、～(という)ことだ、～という意味だ 등이 오기 쉽다. 그리고 というのは가 접속사로 쓰이면 '왜냐하면, 그 이유는'이라는 뜻이 된다.

기출 「コンビニ」というのはコンビニエンスストアのことだ。
'편의점'이란 컨비니언스 스토어를 말한다. 2010-2회

「下水」というのは、台所などで使った汚れた水のことである。
'하수'라는 것은, 부엌 등에서 사용한 더러워진 물을 말한다.

今年の夏休みは旅行どころではなかった。というのは、父が病気で入院してしまったからだ。
올 여름 휴가는 여행을 갈 형편이 아니었다. 왜냐하면 아버지가 병으로 입원하고 말았기 때문이다.

058 ～と思う ～라고 생각하다

～と思う는 말하는 사람의 개인적인 의견을 말하거나 개인적인 추측·판단을 말할 때 사용한다.

기출 トマトのすっぱさが苦手な私にも食べられるかもしれないと思って
토마토의 시큼함을 싫어하는 나도 먹을 수 있을지도 모른다고 생각해서 2021-1회

会ってみたいと思う人はいますか
만나보고 싶다고 생각하는 사람은 있습니까? 2012-1회

私は将来歌手になりたいと思っていた。
나는 장래 가수가 되고 싶다고 생각하고 있었다. 2019-2회

いつかまた使うかもしれないと思うと
언젠가 또 사용할지도 모른다고 생각하면 2014-1회

すもうはおもしろいと思います。
스모는 재미있다고 생각합니다.

(私は)あした雨が降ると思います。
(나는) 내일 비가 올거라고 생각합니다.

059 ～ところだ / ～ているところだ

～하려는 참이다 / ～하고 있는 중이다

～ところだ는 동사 사전형에 접속해 어떤 동작을 하기 직전의 상태를 나타낸다. ～ているところだ는 동사 て형에 접속해 어떤 동작을 진행하고 있다는 의미를 나타낸다.

응용 표현 ～たところだ 034 막 ～한 참이다

기출 ちょうど出かけるところで話す時間がないからあとで電話するね。
막 나가려는 참이라 이야기할 시간이 없으니까 나중에 전화할게. 2014-1회

これから運動会が行われるところです。
지금부터 운동회가 거행될 참입니다. 2012-1회

早くおいで。今、番組が始まるところだよ。
빨리 와. 지금 방송이 막 시작되려는 참이야.

オーケストラのメンバーは、今それぞれの楽器の音を合わせているところです。
오케스트라 멤버는 지금 각각의 악기의 음을 맞추고 있는 중입니다.

060 ～としたら・～とすれば・～とすると ～라고 (가정)하면

어떤 일을 가정할 때 사용하는 표현이다. 동사·명사·い형용사·な형용사의 보통형에 접속한다.

기출 もし自分を色で表すとしたら、何色ですか。
만약 자신을 색으로 나타낸다고 하면 무슨 색입니까? 2016-2회

宝くじで1億円当たったとしたら、あなたは何に使いますか。
복권으로 1억 엔 당첨되었다고 하면, 당신은 무엇에 사용하겠습니까?

駅まで歩いて行くとすれば、何分ぐらいかかりますか。
역까지 걸어간다고 하면 몇 분 정도 걸립니까?

あのとき、始めていたとすると、今ごろはもう終わっているでしょう。
그 때 시작하고 있었다면, 지금쯤은 이미 끝나 있을 것입니다.

061 ～として ～로서

～として는 신분, 자격, 입장, 명목 등을 나타낼 때 사용하며, 명사에 직접 접속한다. 응용 표현으로는 ～としては(～로서는), ～としても(～로서도) 등이 있다.

기출 彼は小説家として有名になったが 그는 소설가로서 유명해졌지만 2016-2회
私の通訳として一緒に行きます。 제 통역으로서 같이 갑니다. 2011-2회

私はボランティアとして働きたいと思います。
나는 자원봉사자로서 일하고 싶습니다.

彼は医師としては不適格です。
그는 의사로서는 부적격입니다.

彼女は教師だが、ピアニストとしても有名です。
그녀는 교사이지만, 피아니스트로서도 유명합니다.

062 ～としても ～라고 해도

～としても는 실제 어떤 일이 생기지 않았지만, 만일 그렇게 되더라도 관계 없다는 것을 나타낸다. 동사·い형용사·な형용사·명사의 보통형에 접속한다.

기출 夜遅く、駅に着いたとしても 밤늦게 역에 도착했다고 해도 2020
雨が降ったとしても予定されているスポーツ大会は行います。
비가 내렸다고 해도 예정되어 있는 스포츠 대회는 합니다. 2012-1회

たとえあなたの言う通りだとしても、私の気持ちはおさまらない。
비록 당신이 말하는 대로라고 해도, 내 기분은 풀리지 않는다.

彼を説得しようとしてもむだだ。
그를 설득하려고 해도 소용없다.

063 途中 도중

어휘 途中가 문법화된 것으로 명사의 뜻과 거의 같다. 주로 ~途中(~도중), ~途中で(~도중에)의 형태로 사용된다. 예를 들면 行く途中(가는 도중), 話の途中で(말하는 도중에), 学校に来る途中で(학교에 오는 도중에) 등이 있다. 또한 ~途中に(~도중에)의 형태도 함께 익혀 두자.

기출 旅行を続けていると、途中で 여행을 계속하고 있으면 도중에 2021-1회
途中で間違えて 도중에 틀려서 2018-2회

お話の途中で申しわけありませんが、お電話が入っています。
말씀하시는 도중에 죄송합니다만, 전화가 와 있습니다.

ゆうべ、帰宅途中に本を借りました。
어젯밤 귀가 도중에 책을 빌렸습니다.

彼女が途中までいっしょに来てくれた。
그녀가 도중까지 함께 와 주었다.

064 ～な ~하지 마라

동사의 기본형에 붙어 금지, 명령하는 표현으로 남성들이 주로 쓴다.

기출 町の人たちが「危険！ 池に入るな！」という看板を立てた。
마을 사람들이 '위험! 연못에 들어가지 마시오' 라는 간판을 세웠다. 2017-1회
これから練習には遅刻するなって言われたでしょう。
앞으로 연습에는 지각하지 말라고 들었지? 2011-2회

人のものをだまって持っていくな。
남의 것을 몰래 가져 가지 마라.

きたない手で品物にさわるな。
더러운 손으로 물건에 손대지 마라.

065 명령형

다른 사람에게 지시하거나 강요할 때 쓰는 것으로, 이것을 명령형이라고 한다. 동사의 명령형은 아래와 같이 활용한다.

동사의 종류	활용 방법	예시
1그룹 동사	어미 う단을 え단으로 바꾼다.	書く 쓰다 → 書け 써
2그룹 동사	어미를 る떼고 ろ를 붙인다.	食べる 먹다 → 食べろ 먹어라
3그룹 동사	불규칙 활용한다.	来る 오다 → 来い 와 する 하다 → しろ 해

기출 父に早く寝ろと怒られた。아버지에게 빨리 자라고 혼났다. 2014-1회

9時過ぎるようなら電話しろよ。9시 넘을 것 같으면 전화해라. 2011-1회

早く飲めよ。紅茶は冷めるとおいしくないんだ。
빨리 마셔. 홍차는 식으면 맛없어.

火事の時、父は私たちに大きな声で「早くにげろ！」と言った。
불이 났을 때 아버지는 우리들에게 큰 소리로 '빨리 도망쳐!'라고 말했다.

父はいつも「大学を卒業したら早く国へ帰って来い」と私への手紙に書いている。
아버지는 늘 '대학교를 졸업하면 빨리 고향으로 돌아와'라고 나에게 보내는 편지에 적고 있다.

066 ～ないといけない・～なくてはいけない・～なければならない ～하지 않으면 안 된다, ～해야 한다

의무·당연함을 나타내는 표현으로 동사 ない형에 접속한다. ～なければならない는 문어체로 ～なくてはいけない보다 더 딱딱한 표현이다. 또한, ～なければいけない의 표현도 사용된다. 그리고 회화체로 ～なくちゃ(いけない), ～なきゃ(ならない) 등도 사용된다.

기출 急に出勤しなきゃならなくなったんだ
갑자기 출근하지 않으면 안 되게 되었어 2020

これから息子を学校に迎えに行かなければならないんです。
지금부터 아들을 학교에 데리러 가야 해요. 2018-2회

必ず今日中に作らなくてはいけない会議の資料
반드시 오늘 중으로 작성하지 않으면 안 되는 회의 자료 2014-2회

午前中に出さないといけないレポートがまだ終わらないんだ。
오전 중에 제출해야 하는 리포트가 아직 끝나지 않았어. 2013-2회

このジーパンは洗濯しないといけない。
이 청바지는 세탁하지 않으면 안 된다.

今日は8時までに家に帰らなくてはいけません。
오늘은 8시까지 집에 돌아가야 합니다.

スピードより安全を第一に考えなければならない。
속도보다 안전을 첫째로 생각해야 한다.

1週間を1万円で過ごさなきゃならなくなったんだ。
1주일을 만 엔으로 지내지 않으면 안 되게 되었어.

067 ～直す 고쳐 ~하다, 다시 ~하다

동사의 ます형에 접속하여 복합동사를 만든다. 예를 들면 「読む(읽다) → 読み直す(고쳐 읽다, 다시 읽다)」「見る(보다) → 見直す(다시 보다, 재검토하다)」 등이다. 그리고 「書く(쓰다) → 書き直す(다시 쓰다) → 書き直し(다시 씀)」처럼 명사의 형태로도 쓰인다.

기출 途中で間違えて、何度かやりなおしたけれど
도중에 틀려서 몇 번인가 다시 했지만 2018-2회

言い直してくれました。다시 말해 주었습니다. 2014-2회

今から作り直すには時間が足りない
지금부터 다시 만들기에는 시간이 부족하다 2013-1회

〈電話で〉30分したら、こちらからかけ直します。
〈전화로〉 30분 있다가 제가 다시 걸겠습니다.

その美術館はすっかり建て直されて、一般に公開された。
그 미술관은 완전히 새로 지어져서 일반에게 공개되었다.

068 ～ながら ① ～하면서 ② ～이지만, ～이면서

①'～하면서'는 두 가지 동작이 동시에 이루어지는 것을 나타낸다. ②'～이지만, ～이면서'는 역접의 의미로 당연히 예상되는 것과 달리 실제로는 이러하다고 말할 때 사용한다. 동사 ます형, い형용사 기본형, な형용사 어간, 명사에 접속한다.

기출 プレゼントをするときは、贈る相手のことを考えながらどれにするか選ぶ時間も楽しい。
선물을 할 때는 선물하는 상대를 생각하면서 어느 것으로 할까 고르는 시간도 즐겁다. 2015-2회

表やグラフを示しながら説明するとわかりやすくなります。
표나 그래프를 가리키면서 설명하면 알기 쉬워집니다. 2014-2회

ポップコーンを食べながら、映画を見ます。
팝콘을 먹으면서 영화를 봅니다.

彼はルーキーながらエースとしての責任を十分に果たした。
그는 루키(신인 선수)지만 에이스로서의 책임을 충분히 완수했다.

残念ながらパーティーには出席できません。
유감이지만 파티에는 참석할 수 없습니다.

069 ～なんか ～같은 건, ～따위

예를 들어 말할 때, 대상을 가리켜 경시하거나 경멸, 겸손의 기분을 나타낼 때 사용하는 표현이다. 명사 등에 직접 접속한다.

기출 これなんかどう。이런 건 어때? 2011-1회

山田さんの誕生日プレゼントはかばんなんかどう？
야마다 씨 생일 선물은 가방 같은 건 어때?

きみなんかに負けるものか。
너 따위에게 질까 보냐!

A「ワンさん、日本語が上手になりましたね。」
B「私なんかまだまだです。」
A "왕 씨, 일본어가 능숙해졌네요."
B "저는 아직 멀었어요."

070 ～にくい ～하기 어렵다, 좀처럼 ～않다

어떤 일을 하는 것이 어렵다, 곤란하다는 의미를 나타내며, 동사 ます형에 접속한다. 반대 표현으로는 ～やすい(～하기 쉽다)가 있다.

기출 母(はは)が小(ちい)さい字(じ)が見(み)えにくくて困(こま)ると言(い)うので
어머니가 작은 글씨가 잘 보이지 않아서 곤란하다고 해서 2013-2회

言(い)いにくいことなのですが、仕事(しごと)をクビになりました。
말하기 어려운 일입니다만, 직장에서 해고되었습니다.

黒板(こくばん)が光(ひか)って見にくい。
칠판이 빛나서 보기 어렵다.

この紙袋(かみぶくろ)はやぶれにくい。
이 종이 봉투는 잘 찢어지지 않는다.

071 ～に比(くら)べ(て) / ～と比(くら)べ(て) ～에 비해(서) / ～와 비교해(서)

두 가지를 비교하여 정도의 차이가 있다는 것을 나타내는 표현이다. ～を比(くら)べれば(～을 비교해 보면), ～に比(くら)べると(～에 비하면) 등 다양한 형태로 사용된다.

기출 他(ほか)の学部(がくぶ)にくらべて留学生(りゅうがくせい)の割合(わりあい)が高(たか)い。
다른 학부에 비해서 유학생의 비율이 높다. 2018-2회

そばはラーメンやスパゲッティにくらべてカロリーが低(ひく)い。
메밀국수는 라면이나 스파게티에 비해 칼로리가 낮다. 2014-2회

隣(となり)の町(まち)と比(くら)べて私の住(す)んでいる町(まち)は水道代(すいどうだい)が高い。
옆 동네와 비교해 내가 살고 있는 동네는 수도세가 비싸다. 2013-1회

野菜(やさい)は、ほかの食料品(しょくりょうひん)にくらべ価格(かかく)の変動(へんどう)がはげしい。
채소는 다른 식료품에 비해 가격 변동이 심하다.

今年(ことし)は去年(きょねん)と比(くら)べると雨(あめ)が少(すく)ない。
올해는 작년과 비교하면 비가 적다.

072 ～にしたがって・～にしたがい ～함에 따라(서), ～에 따라

한쪽이 변화함에 따라 다른 쪽도 함께 변화한다는 의미를 나타내며, 동사 사전형, 명사에 접속한다.

기출 仕事(しごと)に慣(な)れるにしたがって、笑顔(えがお)でお客様(きゃくさま)と話(はな)せるようになってきた。
일에 익숙해짐에 따라, 웃는 얼굴로 손님과 이야기할 수 있게 되었다. 2017-1회

収入(しゅうにゅう)が増(ふ)えるにしたがって、**税金(ぜいきん)も多(おお)くなります。**
수입이 늘어남에 따라 세금도 많아집니다.

スマホの普及(ふきゅう)にしたがって**生活(せいかつ)が便利(べんり)になった。**
스마트폰의 보급에 따라 생활이 편리해졌다.

073 ～にする ～로 (정)하다

뭔가를 선택하거나 결정할 때 쓰는 표현으로, 특히 쇼핑을 하거나 주문을 할 때 많이 쓴다. 명사에 직접 접속한다.

기출 ジャムにしてもおいしい。 잼으로 해도 맛있다. 2017-2회
どれにするか選(えら)ぶ時間も 어느 것으로 할지 고르는 시간도 2015-2회
紅茶(こうちゃ)だけにします。 홍차만 하겠습니다. 2010-1회

〈喫茶店(きっさてん)で〉私はアイスティーにします。
〈찻집에서〉 저는 아이스티로 하겠습니다.

〈食堂(しょくどう)で〉ええと、ぼくは、カレーライスにします。
〈식당에서〉 저어, 저는 카레라이스로 하겠습니다.

074 ～に対(たい)して ① ～에 대해, ～에게 ② ～에 비해

①'～에 대해, ～에게'는 명사에 직접 접속해 동작의 대상이나 상대방을 나타낸다. 응용 표현으로 ～に対(たい)する(～에 대한)이 있다. ②'～에 비해'는 두 개의 상황을 대비시켜 말할 때 사용한다.

기출 外国人旅行者(がいこくじんりょこうしゃ)に対(たい)してチケットの割引(わりびき)サービスを
외국인 여행자에게 티켓 할인 서비스를 2018-1회

海外に留学する学生に対して 해외에 유학하는 학생에 대해 2016-1회

学生の働くことに対する考え方 학생이 일하는 것에 대한 사고방식 2019-2회

政府は野菜に対する農薬の規制を強めた。
정부는 채소에 대한 농약의 규제를 강화했다.

姉がおとなしい性格であるのに対して、妹は活発だ。
언니가 얌전한 성격인 것에 비해 여동생은 활발하다.

075 ~について ~에 대해서, ~에 관해서

동작이나 상태 등이 다루고 있거나 관계를 갖고 있는 대상을 가리키는 표현으로, 명사에 직접 접속한다.

기출 学生の働くことに対する考え方について
학생이 일하는 것에 대한 사고방식에 대해 2019-2회

人生について 인생에 관해서 2012-1회

アニメについて 애니메이션에 관해서 2011-2회

どのくらい効果があるのかについて 어느 정도 효과가 있는지에 대하여 2010-1회

私たちは将来の希望について話し合いました。
우리들은 장래 희망에 대해서 이야기를 나누었습니다.

076 ~にとって ~에게 있어, ~에게

어떤 사건, 일 등을 판단하거나 평가하는 입장을 나타낼 때 사용한다. 명사에 직접 접속하며, 뒤에는 평가·판단을 나타내는 문장이 온다.

기출 毎日車を運転する私にとってガソリンの値段は大きな問題だ。
매일 차를 운전하는 나에게 휘발유 가격은 큰 문제다. 2013-2회

わたしにとって、今一番大切なものは、飼っている犬です。
나에게 있어서 지금 가장 소중한 것은 기르고 있는 개입니다. 2012-1회

自分にとって 자신에게 있어 2011-1회

日本語の助詞の使い分けは、外国人にとっては難しい。
일본어 조사를 적절하게 사용하는 것은 외국인에게는 어렵다.

そんな失敗は、研究を指導した私にとっても嬉しいことじゃありません。
그런 실패는 연구를 지도한 내게 있어서도 즐거운 일이 아닙니다.

娘にとっての母親は、親というよりむしろ友達と言える。
딸에게 있어서의 엄마는 부모라기보다 오히려 친구라고 할 수 있다.

077 ～によって・～により ～에 의해, ～에 따라

수단·방법, 원인·이유, 그리고 차이를 나타내는 경우에 사용하며, 명사에 직접 접속한다. 또한 ～による(～에 의한), ～によっては(～에 따라서는) 등의 형태로도 사용된다.

기출 カメラマンは天気や場所によってレンズを替える。
카메라맨은 날씨나 장소에 따라 렌즈를 바꾼다. 2014-1회

発表会は台風の影響により中止します。
발표회는 태풍의 영향에 의해 중지합니다. 2015-1회

あの美術館は曜日によって 저 미술관은 요일에 따라 2011-1회

その話を聞けば、人によっては怒るかもしれません。
그 이야기를 들으면 사람에 따라서는 화낼지도 모릅니다.

セールスマンによる訪問販売にはトラブルがたいへん多い。
세일즈맨에 의한 방문 판매에는 트러블이 매우 많다.

078 ～の ～것

～の는 형식명사 중의 하나이다. 형식명사란 문법적으로 명사와 같은 성질을 갖는 것을 말하는데, 단독으로 사용할 수 없기 때문에 반드시 앞에 연체수식어가 온다. ～の와 ～こと가 가장 많이 쓰이는 형식명사로, 구체적이고 오감으로 다루어지는 대상일수록 ～の를, 추상적이고 개념적일수록 ～こと를 사용한다. 참고로 見る·見える·聞く·聞こえる·感じる 등의 지각을 나타내는 동사 앞에서는 ～こと는 사용할 수 없다. 그리고 止める·手伝う·待つ 앞에서도 ～こと는 사용할 수 없다.

기출 それでもやめずに続けているのは
그런데도 그만두지 않고 계속하고 있는 것은 2020

換気扇まで掃除したのは 환기팬까지 청소한 것은 2019-2회

冷たい空気が部屋の下のほうに行くのは

찬 공기가 방 아래 쪽으로 가는 것은 2015-2회

誰もいない家に帰るのは 아무도 없는 집에 돌아가는 것은 2015-1회

車が近づいていくのが聞こえた。

차가 가까이 오는 것이 들렸다.

私は、彼が仕事をやめようとしているのを止めた。

나는 그가 일을 그만두려고 하는 것을 말렸다.

079 ～のだ・～んだ ～인 것이다, ～이다

어떤 상황의 구체적인 사정, 이유, 근거, 상태, 결의 등을 강조하여 말할 때 사용한다. 회화체에서는 ～んだ로 사용한다. 동사·명사·な형용사의 보통형 + のだ의 형태로 접속하며, な형용사, 명사가 현재 긍정일 경우에는 な형용사 어간·명사 + なのだ가 된다.

기출 店に入るために待っているのです。

가게에 들어가기 위해서 기다리고 있는 것입니다. 2020

晴れるといいのだが 날이 개면 좋은 것이지만 2020

周りの友達にもいることに気がついたのです。

주위 친구에게도 있다는 것을 알아차린 것입니다. 2012-1회

かさがなくても大丈夫だろうと思って出かけたのだが

우산이 없어도 괜찮을 것이라고 생각해서 나간 것인데 2010-1회

寒い日が続いたから花がさかないのだ。

추운 날이 계속되었기 때문에 꽃이 피지 않는 거야.

A 「なぜ食べないの？」

B 「さっき食べたばかりなんだ。」

A "왜 안 먹어?"

B "조금 전에 막 먹었기 때문이야."

歯が痛くて眠れなかったんだ。

이가 아파서 잠을 못 잤어.

080 ～はじめる ～하기 시작하다

동작이나 현상의 개시를 나타내는 표현으로, 동사 ます형에 접속한다.

기출 うちの娘が先週から水泳を習いはじめたが
우리 딸이 지난주부터 수영을 배우기 시작했는데 2015-2회

住み始めたころは 살기 시작했을 시절은 2014-2회

山田さんは70歳を過ぎてから絵をかき始めた。
야마다 씨는 70세를 넘기고 나서 그림을 그리기 시작했다.

トンネルを出たあたりから道が悪くなりはじめた。
터널을 빠져 나온 부근부터 길이 나빠지기 시작했다.

081 ～はずがない ～할 리가 없다

어떤 사실을 근거로 그럴 가능성이 없다고 추측하는 표현으로 말하는 사람의 주관적인 판단을 나타낸다. 동사·い형용사 보통형, な형용사 어간+な, 명사+の, な형용사 어간·명사+である, そんな 등에 접속한다.

기출 A「お母さん。私の本、知らない？ ないんだけど。」
B「え、ないはずがないでしょう？ さっき読んでいたよね。」
A "엄마. 내 책 못 봤어? 없는데."
B "응? 없을리가 없잖아? 조금 전에 읽고 있었지?" 2019-1회

あんな下手な絵が売れるはずがない。 저런 서투른 그림이 팔릴 리가 없다. 2010-2회

自動販売機がしゃべるはずはないと言って 자동판매기가 말할 리는 없다고 해서 2010-1회

こんな時間に中山さんが家にいるはずがないよ。
이런 시간에 나카야마 씨가 집에 있을 리가 없어.

A「山下さん、亡くなったんだ。」
B「そんなはずがない。3日前に会ったばかりなんだ。」
A "야마시타 씨, 돌아가셨어."
B "그럴 리가 없어. 3일 전에 만났었는데."

082 ～はずだ ～할 것이다, ～일 터이다

객관적인 이유가 있어서 추측에 상당한 확신이 있을 때, 어떤 상황이나 사실이 당연하다고 말할 때 사용한다. 동사·い형용사의 보통형, な형용사 어간+な, 명사+の 등에 접속한다.

기출 高(たか)い時計(とけい)だったら、安部(あべ)さんは会社(かいしゃ)にしてこないはずだよ。
비싼 시계라면 아베 씨는 회사에 차고 오지 않을 거야. 2012-2회

高校(こうこう)を出(で)たから、新聞(しんぶん)は読(よ)めるはずです。
고등학교를 나왔으니까 신문은 읽을 수 있을 것입니다.

山田(やまだ)さんは今日(きょう)出(で)かけると言(い)っていたから、留守(るす)のはずです。
야마다 씨는 오늘 외출한다고 했으니까 집에 없을 것입니다.

083 ～ば～ほど ～하면 ～할수록

한 쪽이 변하면 그와 함께 다른 쪽도 변한다는 의미를 나타낸다. ～ば에는 동사·형용사·な형용사의 가정형이 접속하고, ～ほど에는 용언의 연체형이 접속한다. 참고로 선택 등의 일반적인 사항에는 동사의 사전형·～てある형 등에 접속한다.

기출 駅(えき)に近(ちか)ければ近いほど、高(たか)くなりますので
역에 가까우면 가까울수록 비싸지기 때문에 2012-1회

日本語(にほんご)は勉強(べんきょう)すればするほどおもしろくなります。
일본어는 공부하면 할수록 재미있어집니다.

交通(こうつう)が便利(べんり)ならば便利なほど、家賃(やちん)は高くなります。
교통이 편리하면 편리할수록 집세는 비싸집니다.

084 ～方(ほう) ～쪽, ～편

이 표현은 ①방향, ②측·편, ③관련·부류, ④비교·대비를 나타낸다. 예를 들면 音のした方を見た(소리가 난 쪽을 봤다) 〈방향〉, その件はあなたの方で調(しら)べてください(그 건은 당신 측에서 조사해 주세요) 〈측〉, 父は法律(ほうりつ)の方に詳(くわ)しい(아버지는 법률 쪽에 상세하다) 〈관련·부류〉 大きいほうをください(큰쪽을 주세요) 〈비교·대비〉 등이다.

기출 大学に入ってからのほうがもっと大変(たいへん)だった。
대학교에 들어가고 나서의 쪽이 더 힘들었다. 2017-1회

一台(いちだい)でいろいろなことができるもののほうが
한 대로 여러가지 것을 할 수 있는 것 쪽이 2016-1회

冷(つめ)たい空気(くうき)が部屋(へや)の下の方に行くのは 찬 공기가 방 아래쪽으로 가는 것은 2015-2회

この絵の方がきれいです。
이 그림 쪽이 멋집니다.

多くの人がネットでショッピングをするほうを好(この)む。
많은 사람이 인터넷으로 쇼핑을 하는 것을 좋아한다.

085 ～ほうがいい ～하는 편이 좋다

상대에게 제안하거나 조언할 때 쓰는 표현이다. 동사의 た형·ない형에 접속한다. 일반적인 사항에는 동사의 사전형· ～ている형 등에 접속한다. 그리고 ～ほうがよい를 사용할 때도 있다.

기출 早(はや)めに家(いえ)を出(で)たほうがいいかもしれないね。
일찌감치 집을 나가는 게 좋을지도 모르겠군. 2021-1회

そこにしかない飲食店(いんしょくてん)に行くほうがいいと思いました。
그곳에밖에 없는 음식점에 가는 편이 좋다고 생각했습니다. 2021-1회

子どもの興味(きょうみ)があるものを習(なら)わせたほうがいいと思う。
아이가 흥미가 있는 것을 배우게 하는 편이 좋다고 생각한다. 2017-1회

今は話(はな)しかけないほうがよさそうだな。
지금은 말을 걸지 않는 게 좋을 것 같아. 2011-1회

窓口(まどぐち)で確認(かくにん)したほうがいいよ。
창구에서 확인하는 게 좋아. 2011-1회

今日(きょう)は早(はや)くうちへ帰(かえ)ったほうがいいですよ。
오늘은 일찍 집에 돌아가는 게 좋아요.

そこは危(あぶ)ないから行(い)かないほうがいいよ。
거기는 위험하니까 가지 않는 게 좋아요.

A 「ピンポンやらない？」
B 「ぼくは座(すわ)って見(み)てるほうがいいよ。」
A "탁구 안 칠래?"
B "나는 앉아서 보는 게 좋아."

086 ほか / 別(べつ) 외, 밖 / 다름, 별도

어휘 ほか가 문법화 된 것으로 명사의 뜻과 거의 같다. 주로 ほかの～(다른~), ほかにも(그 밖에도), ～のほかに(~외에)의 형태로 사용된다. ほか의 유사 표현으로 別(べつ)가 있다. 이 표현은 주로 別の(다른~), 別(べつ)に(따로)의 형태로 사용된다. 別に는 '별로, 특별하게' 라는 뜻으로 부사로도 사용된다.

기출 別(べつ)の人気店でも並(なら)んでみたいです。
다른 인기점에서도 줄을 서 보고 싶습니다. 2020

もう別のが欲(ほ)しいといっている。
또 다른 것을 것을 갖고 싶다고 말하고 있다. 2014-2회

ほかの品(しな)を見せてください。
다른 물건을 보여주세요.

彼のほかに適当(てきとう)な人はいない。
그 이외 적당한 사람은 없다.

君ならほかではもっと給料(きゅうりょう)がもらえるよ。
너라면 밖에서는 급료를 더 받을 수 있어.

別のパソコンを見せてください。
다른 컴퓨터를 보여 주세요.

食費(しょくひ)は別に払(はら)う。
식비는 별도로 지불하다.

A 「サッカーが好きですか。」

B 「いや、別に。」

A "축구를 좋아합니까?"
B "아니, 별로."

087 ～ほど ～ない ~만큼 ~하지 않다

어떤 일의 정도를 비교하는 기준을 나타낼 때, 또는 말하는 사람이 어떤 일에 대해 주관적으로 느낀 것을 강조해서 말할 때 쓰는 표현이다.

기출 去年(きょねん)ほど暑(あつ)くない。 작년만큼 덥지 않다. 2020

この映画(えいが)ほど人生(じんせい)について考(かんが)えさせられる映画はない。
이 영화만큼 인생에 대해서 생각하게 되는(생각하는) 영화는 없다. 2012-1회

この学校で山田さんほど頭のいい人はいないだろう。
이 학교에서 야마다 씨만큼 머리가 좋은 사람은 없을 것이다.

私の国は、日本ほど物価が高くありません。
우리 나라는 일본만큼 물가가 높지 않습니다.

A 「あなたの料理はどれも本当においしいわね。」
B 「ありがとう。でもあなたほど上手じゃないわ。」
A "당신 요리는 어느 것도(전부) 정말로 맛있어."
B "고마워. 하지만 당신만큼 솜씨가 좋지 않아."

088 ～みたいだ ① ～인 것 같다, ～인 듯하다 ② ～같다

①'～인 것 같다'는 자신이 직접 경험한 것을 근거로 추측하는 표현이다. 오감으로 얻은 정보를 통해 직감적인 판단을 나타낸다. 또 ②'～같다'라는 비유, 예시의 의미도 있으며, 동사·い형용사 보통체, な형용사 어간·명사에 접속한다. な형용사 활용을 하기 때문에 ～みたいに로 활용해서 사용할 수 있다. 참고로 ～みたいだ는 ～ようだ와 같은 의미로 격식을 차리지 않는 자리에서 가볍게 사용할 수 있다.

유사 표현 ～ようだ 090 ～인 것 같다

기출 大学生のときコンピューターの会社でアルバイトしていたみたいだよ。
대학생 때 컴퓨터 회사에서 아르바이트 했었던 것 같아. 2019-1회

最初からきれいに包まれていたみたいでした。
처음부터 예쁘게 포장되어 있던 것 같았습니다. 2014-2회

頭が痛いし、熱もあるし、かぜをひいたみたいだ。
머리가 아프고, 열도 있고 감기에 걸린 것 같다.

ぼくの車は彼のと比べるとおもちゃみたいだ。
내 차는 그의 것과 비교하면 장난감같다.

妹は、体操の選手みたいに体がやわらかい。
여동생은 체조 선수처럼 몸이 유연하다.

089 ～やすい ～하기 쉽다, ～하기 편하다

손쉽다, 용이하다는 의미와 그렇게 되기 쉽다, 그런 경향이 강하다는 의미를 나타내며, 동사 ます형에 접속한다. 반대 표현으로는 ～にくい(～하기 어렵다)가 있다.

기출 夏は食べ物が悪くなりやすいので 여름은 음식물이 상하기 쉽기 때문에 2021-1회

ほかのより言葉の使い方の例が多くて使いやすそうだよ。

다른 것보다 어휘의 사용법 예가 많아서 사용하기 편할 것 같아. 2019-1회

先月買った靴は歩きやすくて足が疲れないので

지난 달에 산 신발은 걷기 편하고 발이 피곤하지 않아서 2017-2회

森さんは聞き上手なので相談しやすいですよ。

모리 씨는 이야기를 잘 들어주므로 의논하기 쉬워요.

A 「私の田舎は空気はきれいだし、野菜や魚はおいしいし、とても住みやすいところです。」

B 「そうですか。それに比べると東京は住みにくいですね。」

A "제가 사는 시골은 공기는 맑고, 채소나 생선은 맛있고, 무척 살기 편한 곳입니다."

B "그렇습니까. 그에 비하면 도쿄는 살기 불편하네요."

090 ～ようだ ① ~인 것 같다, ~인 듯하다 ② ~같다

①'~인 것 같다'는 자신이 직접 경험한 것을 근거로 추측하는 표현이다. 오감으로 얻은 정보를 통해 직감적인 판단을 나타낸다. ②'~같다'는 비유, 예시의 의미이다. ～ようだ는 동사·い형용사·な형용사·명사의 보통체에 접속한다. 단 비과거 긍정일 때는 な형용사 어간+な, 명사+の에 접속한다.

유사 표현 ～みたいだ 088 ~인 것 같다

げんかんのベルが鳴った。だれか来たようだ。

현관 벨이 울렸다. 누군가 온 것 같다.

彼の英語の発音はまるでアメリカ人のようです。

그의 영어 발음은 마치 미국인 같습니다.

091 ～ような / ～ように ~인 듯한, ~와 같은 / ~처럼, ~대로, ~같이

비유, 예시를 나타내는 표현으로, 동사 보통형, 명사+の에 접속한다. 격식을 차리지 않은 일상적인 가벼운 대화에서는 ～みたいな / ～みたいに를 사용한다.

기출 彼を怒らせるようなことを言ってしまって

그를 화나게 할 듯한 말을 해버려서 2011-2회

確か「わかる」というような意味だったと 아마 '알다'와 같은 의미였다고 2010-1회

英語の得意な友達がやっていたように
영어를 잘 하는 친구가 하고 있었던 것 처럼 2018-2회

あなたがやりたいようにやりなさい。 당신이 하고 싶은 대로 하세요. 2015-1회

母が怒ったような顔をしています。
엄마가 화가 난 듯한 표정을 짓고 있습니다.

彼女は飼いネコを我が子のように扱っている。
그녀는 기르는 고양이를 자기 자식처럼 돌보고 있다.

092 ～ようなら ～할 것 같으면

～ようだ의 가정형으로, 상대의 입장이나 기분을 생각해 완곡하게 말할 때 자주 사용되는 표현이다. 동사 사전형, ～ている형, い형용사 보통형, な형용사 어간+な 등에 접속한다.

기출 9時過ぎるようなら 9시 넘을 것 같으면 2011-1회

この服、着られるようならあなたにあげます。
이 옷, 입을 수 있을 것 같으면 당신에게 드리겠습니다.

やってもだめなようなら、もう無理しなくていいよ。
해도 안 될 것 같으면, 더 무리하지 않아도 돼.

093 ～ように / ～ないように ～하도록 / ～하지 않도록

동작의 목적, 의도를 나타내는 표현으로 동사 사전형과 동사 ない형에 접속한다.

기출 試合に勝てるように一生けんめいがんばります。
시합에 이길 수 있도록 열심히 노력하겠습니다. 2011-1회

間違って飲んでしまわないように 잘못해서 먹어버리지 않도록 2014-1회

みんなに聞こえるようにもっと大きな声で言ってください。
모두에게 들리도록 더 큰 소리로 말해 주세요.

運動不足にならないように、毎日ジョギングをした。
운동 부족이 되지 않도록 매일 조깅을 했다.

094 ～ようにする / ～ないようにする

～하도록 하다 / ～하지 않도록 하다

다짐, 결심을 하고 노력하는 것을 나타내는 표현으로, 동사 사전형과 동사 ない형에 접속한다.

기출 それから毎日(まいにち)、家でその箸(はし)を使(つか)うようにしました。
그리고나서 매일 집에서 그 젓가락을 사용하도록 했습니다. 2018-1회

メモを見ないで話せるようにするつもりだ。
메모를 보지 않고 말할 수 있도록 할 작정이다. 2017-1회

環境(かんきょう)のためにきちんとごみを分(わ)けるようにしています。
환경을 위해 쓰레기를 제대로 분류하도록 하고 있습니다. 2015-2회

これからはできるだけ出(で)かけるようにするつもりです。
앞으로는 가능한 한 외출하도록 할 작정입니다. 2013-1회

ゲームは１日２時間以上しないようにしている。
게임은 하루 2시간 이상 하지 않도록 한다. 2010-1회

毎朝(まいあさ)６時(じ)から軽(かる)い運動(うんどう)をするようにしています。
매일 아침 6시부터 가벼운 운동을 하도록 하고 있습니다.

試験(しけん)に合格(ごうかく)するまで旅行(りょこう)はしないようにします。
시험에 합격할 때까지 여행은 하지 않도록 하겠습니다.

095 ～ようになる ～하게(끔) 되다

능력, 상황, 습관 등의 변화를 나타낼 때 사용하며, 동사 기본형에 접속한다. 또한 동사 ない형+ないようになる를 활용해 부정표현을 할 수도 있다.

기출 歴史(れきし)を勉強(べんきょう)すればするほどもっと学(まな)びたいと思うようになって
역사를 공부하면 할수록 더 배우고 싶다고 생각하게 되어 2016-2회

納豆(なっとう)スパゲッティを頼(たの)むようになりました
낫토 스파게티를 주문하게 되었습니다 2013-2회

だんだんかぜを引(ひ)いたり熱(ねつ)を出(だ)したりしないようになった
점점 감기에 걸리거나 열이 나거나 하지 않게 되었다 2011-2회

納豆(なっとう)が食べられるようになりました 낫토를 먹을 수 있게 되었습니다 2010-2회

気にするようになりました 신경을 쓰게 되었습니다 2010-2회

英語(えいご)が話(はな)せるようになってから英語の授業(じゅぎょう)がおもしろくなった。
영어를 말할 수 있게 되고나서 영어 수업이 재미있어졌다. 2010-1회

日本語で書かれた小説が読めるようになりました。
일본어로 쓰여진 소설을 읽을 수 있게 되었습니다.

096 ～より(も) ～보다(도)

비교를 나타낸다. 예를 들면 山より高い(산보다 높다), 去年より寒い(작년보다 춥다) 등이다. 그리고 부사로 사용되는 より(보다), なにより(무엇보다)도 익혀두자. 응용 표현으로 ～というより(~라기보다) 등이 있다.

기출 ほかのより言葉(ことば)の使い方の例(れい)が多くて
다른 것보다 어휘의 사용법 예가 많아서 2019-1회

病院(びょういん)に行ってみると思っていたよりも
병원에 가 보니 생각하고 있었던 것보다도 2013-2회

甲子園球場(こうしえんきゅうじょう)は思っていたより**ずっと広かった。**
고시엔구장은 생각하고 있던 것보다 훨씬 넓었다.

ぼくはほかの誰(だれ)よりも**君のことを思っているつもりだよ。**
나는 다른 누구보다도 너를 생각하고 있다고 여겨.

この本はより**多くの人に読(よ)んでほしいと思います。**
이 책은 보다 많은 사람이 읽어 주었으면 합니다.

097 ～より ～ほうが ～보다 ~(쪽)이

두 개를 비교하여 한쪽이 다른 한쪽보다 정도가 심하거나 약하다고 말할 때 사용한다.

기출 何(なに)もしないでいるよりチャレンジして失敗(しっぱい)するほうがいい。
아무것도 하지 않고 있는 것보다 도전해서 실패하는 쪽이 낫다. 2010-2회

私は冬(ふゆ)より**夏(なつ)の**ほうが**好(す)きです。**
나는 겨울보다 여름을 좋아합니다.

098 ～らしい ① ～답다 ② ～인 것 같다

①'～답다'라는 접미사로 쓰일 때는 명사에 접속해, 말하고자 하는 대상이 이러한 성질을 가지고 있다는 의미를 나타낸다. ②'～인 것 같다'라는 뜻으로 쓰일 때는, 동사·い형용사의 보통형, な형용사 어간, 명사에 접속한다. 이것은 외부 정보(들은 것, 본 것 등)에 근거를 둔 추측 표현으로, 객관적으로 판단할 때 사용한다.

기출 音楽(おんがく)が好(す)きな山下(やました)さんらしい部屋(へや)だ。
음악을 좋아하는 야마시타 씨다운 방이다. 2014-1회

今日(きょう)は秋(あき)らしい日(ひ)だった。
오늘은 가을다운 날이었다.

君(きみ)たちは兄弟(きょうだい)らしいね。とてもよく似(に)ている。
너희들은 형제인 것 같아. 무척 닮았어.

099 ～を中心(ちゅうしん)に ～을 중심으로

명사에 직접 접속하며, 앞에 제시된 내용을 가장 중요한 것으로 하여 어떤 일이 이루어질 때 사용한다.

기출 この雑誌(ざっし)は20代前半(ぜんはん)の女性(じょせい)を中心(ちゅうしん)に人気(にんき)がある。
이 잡지는 20대 전반 여성을 중심으로 인기가 있다. 2019-1회
この研究(けんきゅう)は田中先生(たなかせんせい)を中心に行(おこな)われています。
그 연구는 다나카 선생님을 중심으로 이루어지고 있습니다. 2012-2회

そのグループは佐藤(さとう)さんを中心(ちゅうしん)に作業(さぎょう)を進(すす)めている。
그 그룹은 사토 씨를 중심으로 작업을 진행하고 있다.

2 사역 / 수동 / 사역수동

❶ 사역

어떠한 동작이나 행위를 지시하거나 허락할 때 사용하는 표현을 사역이라고 한다. 동사의 사역은 조동사「~(さ)せる(~하게 하다, ~시키다)」를 사용하여 나타낸다.

100 ~(さ)せる ~하게 하다, ~시키다

상대방에게 강제로 어떤 일을 하게 하거나, 허가하는 의미를 나타낸다.

기출 赤(あか)ちゃんにクラシック音楽(おんがく)を聞(き)かせると
아기에게 클래식 음악을 들려주면 2020

親(おや)の習(なら)わせたいものを習わせるのではなく
부모가 배우게 하고 싶은 것을 배우게 하는 것이 아니라 2017-1회

お父(とう)さんは息子(むすこ)にテレビを消(け)させました。
아버지는 아들에게 텔레비전을 끄게 했습니다.

101 ~(さ)せてください ~하게 해 주세요, ~시켜 주세요

승낙이나 허가를 정중하게 요청할 때 사용하는 표현으로, 동사의 사역형에 접속한다. 부정 표현은 ~(さ)せないでください(~하게 하지 마세요, ~시키지 마세요)가 있다.

기출 今日(きょう)の予約(よやく)をキャンセルさせてください。 오늘 예약을 취소시켜 주세요. 2015-1회

A「これで、私からの説明(せつめい)は終(お)わりますが、質問(しつもん)がある人(ひと)はいますか。」
B「はい、二(ふた)つ、質問させてください。」
A "이것으로 제가 드리는 설명은 끝났는데요, 질문이 있는 사람은 있나요?"
B "네, 두 가지 질문하게 해 주세요." 2011-2회

もう、びっくりさせないでくださいよ。 정말, 놀래키지 마세요. 2010-1회

急ですみませんが、すぐに退職させてください。
갑작스레 죄송합니다만, 바로 퇴직하게 해 주세요.

この薬は幼児に絶対に触らせないでください。
이 약은 유아에게 절대로 만지게 하지 마세요.

2 수동

어떤 행위의 영향을 받은 사람을 주어로 내세워 그 사람의 입장에서 서술하는 것을 말한다.

102 ~(ら)れる ~함을 당하다, ~되다

기출 隣に立っていた人に新しい白い靴を踏まれてしまった。
옆에 서 있던 사람에게 하얀 새 신발을 밟히고 말았다. 2021-1회

先輩に「いいなあ。私も今度行ってみよう。」と言われて
선배한테 '좋네. 나도 이 다음에 가봐야지!'라는 말을 듣고 2021-1회

決められた時期に何かをするのも悪くないと思いました。
정해진 시기에 뭔가를 하는 것도 나쁘지 않다고 생각했습니다. 2019-2회

県の代表選手に選ばれたこともある。 현 대표선수로 뽑힌 적도 있다. 2015-1회

新鮮な野菜が近くの畑からたくさん運ばれてきます。
신선한 채소가 가까운 밭에서 많이 운반되어 옵니다. 2013-2회

これまでに発表されてきた彼の曲と大きく違う。
지금까지 발표되어 온 그의 곡과 크게 다르다.

19世紀の画家たちによって描かれた絵がたくさんあります。
19세기 화가들에 의해 그려진 그림이 많이 있습니다.

3 사역수동

자신의 의지와 상관없이 남이 시키거나 강요에 의해 어쩔 수 없이 하는 행위자의 입장을 나타내는 표현이다.

103 ～(さ)せられる 억지로 ～하다, 어쩔 수 없이 ～하다

사역수동은 '~하게 하다, ~시키다'의 동사 사역형을 수동형으로 만든 형태이다. 사역수동은 1그룹동사 중에서 어미가 す로 끝나는 동사를 제외하고, ～(さ)せられる를 줄여서 ～される로 바꿔 쓸 수 있는데, 회화에서는 ～される를 더 많이 쓴다.

기출 休(やす)みの日(ひ)も店(みせ)の掃除(そうじ)などを手伝(てつだ)わされることが多(おお)く…。
쉬는 날에도 가게 청소 등을 어쩔 수 없이 도울 때가 많아서…. 2014-1회

この映画(えいが)ほど人生(じんせい)について考(かんが)えさせられる映画はない。
이 영화만큼 인생에 대해서 생각하게 되는(생각하는) 영화는 없다. 2012-1회

私は部長(ぶちょう)に歌(うた)を歌(うた)わせられました。
나는 부장님이 시켜서 억지로 노래를 했습니다.

電車(でんしゃ)の事故(じこ)があって1時間(じかん)も待(ま)たされました。
전철 사고가 있어서 1시간이나 어쩔 수 없이 기다렸습니다.

3 조건

～たら는 가정, 필연, 어느 사항이 항상 수반되어서 일어나는 조건을 나타내거나 후건의 전제가 되는 실태를 제시함을 나타낸다.

～と는 가정, 필연, 어떤 일이 거의 동시에 또는 이어져 일어남을 나타낸다.

～なら는 가정과 어떤 것에 관해서는의 뜻을 나타낸다.

～ば는 가정, 필연, 어느 사항이 항상 수반되어서 일어나는 조건을 가리키거나 후건의 전제가 되는 실태를 제시함을 나타낸다.

104 ～たら ～(하)면, ～(하)니까, ～(하)더니

조건 표현 중 가장 폭넓게 사용하는 것으로, 앞 문장의 동작이 이루어지는 것을 조건으로, 자신의 의지나 요구를 나타낼 때 사용한다.

기출 肉の色が変わってきたら、野菜を入れてください。
고기 색이 변하기 시작하면 채소를 넣어 주세요. 2020-2회

林さんも見たがってから、見終わったら
하야시 씨도 보고 싶어했으니까 다 보면 2019-2회

あ、コンビニに行くんだったら、牛乳、買ってきて。
아, 편의점에 갈 거라면 우유 사와. 2015-2회

友人と電話で話していたら 친구와 전화로 이야기하고 있었더니 2014-2회

あきらめないで毎年チャレンジしていたら
포기하지 않고 매년 도전하고 있었더니 2013-2회

どんな練習をしたら上手になれるのだろうか。
어떤 연습을 하면 잘할 수 있게 될까. 2013-2회

もしわからないことがあったら 만약 모르는 것이 있으면 2010-2회

A「ねえ、明日のパーティー行く？ 会場のレストランが駅から遠くてちょっと不便だから、行こうか迷ってるんだけど。」

B「私、車で行くつもりだからもし行くんだったら、乗せていってあげるよ。」

A "저, 내일 파티 갈 거야? 회장 레스토랑이 역에서 멀어서 좀 불편해서 갈까 말까 망설이고 있는데."

B "나, 차로 갈 생각이니까 만약 갈 거라면 태워다 줄게."

105 ～と ~(하)면, ~(하)니(까)

앞 문장이 성립하면 뒤 문장도 자연스럽게 성립되는 경우에 쓰인다. 자연 현상, 불변의 법칙, 길 안내 등에 자주 쓰인다.

기출 この島(しま)は、空(そら)から見ると人の耳のような形(かたち)に見えることから
이 섬은 하늘에서 보면 사람의 귀와 같은 모양으로 보이기 때문에 2021-1회

ケーキを作(つく)るのは難(むずか)しいと思っていたが、作ってみると難しくなかった。
케이크를 만드는 것은 어렵다고 생각하고 있었는데, 만들어 보니까 어렵지 않았다. 2017-2회

夜(よる)寝(ね)られないと困(こま)るので 밤에 잠을 못 자면 곤란하기 때문에 2016-2회

あきらめないで続(つづ)けていると 포기하지 않고 계속하고 있으면 2015-1회

春(はる)になると、家(いえ)の庭(にわ)には花(はな)が咲(さ)き乱(みだ)れる。
봄이 되면 우리 집 정원에는 꽃이 만발한다.

106 ～なら ~(하)면, ~(이)라면

상대방이 말한 정보를 근거로 조언하거나 충고할 때 사용하며, 동작의 순서가 역순인 경우를 나타내는 용법과 화제를 제시하는 의미도 있다.

기출 電車(でんしゃ)なら20分だが 전철이라면 20분이지만 2020-2회

3巻(かん)までなら読(よ)んだよ。3권까지라면 읽었어. 2018-1회

他(ほか)の人には話(はな)せないことも、母(はは)になら話せる。
다른 사람에게는 말 못하는 것도 엄마에게라면 말할 수 있다. 2015-1회

列車(れっしゃ)の写真(しゃしん)を撮(と)るためならどこへでも行(い)く。
열차 사진을 찍기 위해서라면 어디든지 간다. 2014-1회

おなかがすいているならドーナツがあるよ。
배가 고프다면 도너츠가 있어. 2011-2회

こういう電車(でんしゃ)なら 이런 전철이라면 2011-1회

わたしの応援(おうえん)が力になるなら 나의 응원이 힘이 된다면 2010-2회

そのことなら誰(だれ)かほかの人に聞いたほうがいいよ。
그 일이라면 누군지 다른 사람에게 묻는 게 좋아. 2010-2회

全員で賛成するならその案にしよう。
전원이 찬성한다면 그 안으로 하자.

山なら富士山が一番です。
산이라면 후지산이 제일입니다.

107 ～ば ～(하)면, ～(하)여 보니, ～(하)거니와

아직 이루어지지 않은 일을 가정하여, 그것을 조건으로 하여 어떤 일이 발생하는 경우에 쓰인다.

기출 駅の近くでなくてもよければ、一つ、知ってるよ。
역 근처가 아니라도 괜찮다면 하나 알고 있어. 2014-1회

午前中だけでよければ大丈夫だよ。 오전중만으로도 좋다면 괜찮아. 2011-2회

雨が降れば、行きません。
비가 오면 가지 않겠습니다.

コーヒーがなければお茶が飲みたいです。
커피가 없으면 차를 마시고 싶습니다.

4 수수 / 사역수수

동사 て형에 あげる, くれる, もらう를 붙여 동작을 주고 받는 행위를 나타낸다. 시험에 빠지지 않고 출제되는 중요 내용이므로 반드시 익혀두자.

108 ～てやる・～てあげる ～해 주다

내가 혹은 제3자가 또 다른 제3자에게 뭔가를 해줄 때 사용하며, ～てやる는 대등한 관계나 손아랫사람에게 사용한다.

기출 森さんもがんばろうとしているので応援してやろうかと思っている。
모리 씨도 노력하려고 하고 있어서 응원해 줄까 생각하고 있다. 2014-1회

私は、子どもがしたいと思うことはやらせてやりたいと思っている。
나는 아이가 하고 싶다고 생각하는 것은 하게 해 주고 싶다. 2011-1회

何も話を聞いてあげられなかった。
아무것도 이야기를 들어줄 수 없었다. 2014-1회

家族に納豆スパゲッティを作ってあげたいです。
가족에게 낫토 스파게티를 만들어 주고 싶습니다. 2013-1회

彼女は孫に毎晩本を読んでやるのが楽しみだった。
그녀는 손자에게 매일 밤 책을 읽어 주는 것이 낙이었다.

犬を散歩に連れていってやらなくちゃ。
개를 산책에 데려가 줘야 해.

妹に自転車を買ってあげた。
여동생에게 자전거를 사 주었다.

109 ～てくれる ～해 주다

나 또는 나의 가족에게 다른 사람이 뭔가를 해줄 때 사용하며, 감사의 느낌이 들어있다.

기출 先生は学生の質問に丁寧に答えてくれました。
선생님은 학생의 질문에 정성스럽게 답해 주었습니다. 2019-1회

店員さんは「持って行きますか。」と言い直してくれました。
점원은 '가지고 가시나요?'라고 고쳐 말해 주었습니다. 2014-2회

彼女は私にカメラを買ってくれた。
그녀는 나에게 카메라를 사 주었다.

これに乗れば動物園の入り口まで連れて行ってくれるみたいですよ。
이걸 타면 동물원 입구까지 데려다 주는 모양이에요.

110 ～てもらう (～에게) ～해 받다, (～가) ～해 주다

내가 혹은 다른 사람이 남으로부터 어떤 행위를 받을 때 사용하며, 내가 요청해서 해 주었다는 느낌이 있다. 우리말에 없는 표현 형식이므로 해석에 주의한다.

기출 おばあさんに本を読んでもらってから寝ていた。
할머니가 책을 읽어 준 뒤 자고 있었다. 2020

このレポートを高山さんに渡しておいてもらえませんか。
이 리포트를 다카야마 씨에게 건네주지 않겠습니까? 2012-2회

おかあさんに買ってもらったものだから大事にしまっておいたのよ。
엄마가 사 주신 물건이라서 소중하게 보관해 두었어. 2010-2회

友達に講義のノートを貸してもらった。
친구가 강의 노트를 빌려 주었다.

わざわざ来てもらったのにすまないけど、今から出かけるんだ。
일부러 와 주었는데 미안하지만, 지금부터 나가 봐야 해.

111 ～(さ)せてやる・～(さ)せてあげる ～하게 해 주다

동사의 사역형에 수수표현인 ～てやる와 ～てあげる가 접속한 형태로 허가, 승낙의 표현이다. ～(さ)せてあげる가 ～(さ)せてやる보다 약간 정중한 표현이다.

기출 心配でしょうけど、いい経験になると思うから、行かせてあげたらどうですか。
걱정되겠지만 좋은 경험이 되리라 생각하니 보내주면 어때요? 2013-2회

私は、子どもがしたいと思うことはやらせてやりたいと思っている。
나는 아이가 하고 싶다고 생각하는 것은 하게 해 주고 싶다. 2011-1회

息子は勉強ができるので大学まで行かせてやりたい。
아들은 공부를 잘해서 대학까지 보내주고 싶다.

弟に私の車を運転させてあげた。
남동생에게 내 차를 운전하게 해 줬다.

5 경어

❶ 존경어

상대방이나 제3자를 높여서 경의를 나타내는 표현이다.

존경 동사	기출 문장
いらっしゃる 계시다, 오시다, 가시다	・森先生(もりせんせい)はいらっしゃいますか。 모리 선생님은 계십니까? 2020 ・明日(あした)の午後(ごご)は研究室(けんきゅうしつ)にいらっしゃいますか。 내일 오후에는 연구실에 계십니까? 2015-1회
おっしゃる 말씀하시다	・ご両親(りょうしん)は何とおっしゃいましたか。 부모님은 뭐라고 말씀하셨습니까? 2019-1회 ・ご希望(きぼう)のサイズのものが見つからなければ、おっしゃってください。 희망하시는 사이즈의 옷이 보이지 않으면 말씀해 주세요. 2016-1회
くださる 주시다	・社長(しゃちょう)はアルバイトの私たちにも出張(しゅっちょう)のお土産(みやげ)をくださいます。 사장님은 아르바이트인 우리들에게도 출장 선물을 주십니다. 2019-1회
ご存(ぞん)じだ 알고 계시다	・インターネットに40年以上(ねんいじょう)の歴史(れきし)があることをご存(ぞん)じですか。 인터넷에 40년 이상의 역사가 있는 것을 알고 계십니까? 2014-2회
なさる 하시다	・AセットとBセットのどちらになさいますか。 A세트와 B세트 중 어느 쪽으로 하시겠습니까? 2018-1회
お / ご~ください ~해 주십시오	・確認(かくにん)しますので、少々(しょうしょう)お待(ま)ちください。 확인할 테니, 잠시 기다려 주십시오. 2016-2회 ・では、そちらのいすにおかけになってお待ちください。 그럼, 그쪽에 있는 의자에 앉으셔서 기다려 주세요. 2013-1회
お / ご~になる ~하시다	・そちらのいすにおかけになってお待(ま)ちください。 그쪽에 있는 의자에 앉으셔서 기다려 주세요. 2013-1회

ご覧になる 보시다 **ご覧の〜** 보시는〜	・先生が西田さんの論文がのっている雑誌をご覧になって 선생님이 니시다 씨의 논문이 실려 있는 잡지를 보시고 2012-2회 ・ご覧のスポンサーの提供でお送りしました。 보시는 스폰서의 제공으로 보내드렸습니다.
〜ていらっしゃる 〜하고 계시다	・今、ほかの学生と話していらっしゃいますから少し待ってください。 지금 다른 학생과 이야기하고 계시니까 잠시 기다려주세요. 2010-1회
〜てくださる 〜해 주시다 **〜てくださいませんか** 〜해 주시지 않겠습니까	・先生がパーティーに納豆を持ってきてくださったのです。 선생님이 파티에 낫토를 가지고 와 주셨어요. 2013-1회 ・おすすめの場所はありますか。もしあったら、教えてくださいませんか。 추천하시는 곳은 있습니까? 만약 있다면 가르쳐 주시지 않겠습니까? 2013-2회

2 겸양어

자신이나 자신의 가족, 자신이 소속된 곳을 낮춰 상대를 높이는 겸손한 표현이다.

겸양 동사	기출 문장
いただく 받다, 먹다, 마시다	・おいしい物をたくさんいただきました。 맛있는 것을 많이 먹었습니다. 2021-1회 ・昨日いただいたお土産のチョコレート、とてもおいしかったです。 어제 받은 초콜릿 선물, 아주 맛있었습니다. 2017-2회
伺う 듣다, 여쭙다, 방문하다	・そちらのアルバイトの募集についてちょっと伺いたいんですが。 그쪽의 아르바이트 모집에 대해서 좀 여쭙고 싶은데요. 2013-2회 ・授業の後、先生の研究室にうかがってもよろしいでしょうか。 수업 후에 선생님의 연구실로 찾아뵈어도 될까요? 2011-1회
お目にかかる 만나 뵙다	・山下課長にしかお目にかかったことがございませんので 야마시타 과장님밖에 뵌 적이 없기 때문에 2021-1회 ・私もこのパーティーで先生にお目にかかるとは思いませんでした。 저도 이 파티에서 선생님을 만나 뵐 거라고는 생각하지 못했습니다. 2011-2회
さしあげる 드리다	・先生に最後の授業の日にさしあげる計画を立てています。 선생님에게 마지막 수업날에 드릴 계획을 세우고 있습니다. 2011-2회

お / ご～いたす ～하다, ～해 드리다	・お席にご案内いたします。 자리로 안내해 드리겠습니다. 2018-2회 ・駅までお送りいたします。 역까지 배웅해 드리겠습니다. 2010-2회
お / ご～する ～하다, ～해 드리다	・先生、この本をあさってまでお借りしてもよろしいでしょうか。 선생님, 이 책을 모레까지 빌려도 될까요? ・先生、私が荷物をお持ちします。 선생님, 제가 짐을 들어 드릴게요.
～(さ)せていただく ～하다	・資料をコピーさせていただけませんか。 자료를 복사할 수 없을까요? 2018-1회 ・今日はすてきなプレゼントをありがとうございました。大切に使わせていただきます。 오늘은 멋진 선물 감사했습니다. 소중하게 쓰겠습니다. 2016-1회 ・一度そちらの練習を見学させていただけませんか。 한번 그쪽의 연습을 견학할 수 없을까요? 2013-1회
～ていただく (～에게) ～해 받다, (～가) ～해 주다	・石田先生に貸していただいた本を家に忘れてきてしまって…。 이시다 선생님이 빌려 주신 책을 집에 두고 와버려서…. 2012-2회
～ていただけませんか ～해 주시지 않겠습니까?	・すみませんが、写真を撮っていただけませんか。 죄송합니다만, 사진을 찍어 주시지 않겠습니까? 2010-1회
～と申す ～라고 하다	・私はABC銀行の林と申しますが、山石さんをお願いします。 저는 ABC은행의 하야시라고 합니다만, 야마이시 씨를 부탁합니다. 2016-2회

3 정중어

상대방에 대해 정중한 태도를 나타내는 표현으로, 어느 한쪽을 높이거나 낮추지 않는다.

정중 동사	기출 문장
ございます 있습니다	・客　「すみません。お手洗いはどこですか。」 店員「あちらのエレベーターの横にございます。」 손님 "실례합니다. 화장실은 어디예요?" 점원 "저쪽의 엘리베이터 옆에 있습니다." 2015-2회 ・お送りいただいた資料に間違いはございません。 보내주신 자료에 오류는 없습니다.
～でございます ～입니다	・店員「お電話ありがとうございます。さくら美容院でございます。」 客　「すみません。今日予約したいんですが。」 점원 "전화 감사합니다. 사쿠라 미용실입니다." 손님 "실례합니다. 오늘 예약하고 싶은데요." 2017-2회

6 지시어

지시어는 보통 こ / そ / あ / ど로 시작하는 연체사와 지시대명사를 일컫는다. 실제 시험에서는 지시어의 의미 구별에 대한 문제보다는 전체 문장의 흐름으로 보아 어떤 지시어를 사용해야 하는지를 묻는 문제가 주로 출제된다.

	기출 문장
ああ 저렇게	・かっこよく働(はたら)いている先輩(せんぱい)を見(み)て、自分(じぶん)も早(はや)くああなりたいと思(おも)った。 멋있게 일하고 있는 선배를 보고, 나도 빨리 저렇게 되고 싶다고 생각했다. 2014-2회
あの 저, 그 〈나와 상대방이 모두 알고 있는 사항일 때〉	・部長(ぶちょう)のあの言(い)い方(かた)はひどいと思(おも)わない？ 부장의 그 말투는 심하다고 생각하지 않아? 2013-2회
あのとき 그 때	・あのときあきらめないでクラブの入(はい)り方(かた)を聞(き)いたから 그 때 단념하지 않고 클럽에 들어가는 법을 물었기 때문에 2019-1회
あんなに 저렇게, 그렇게 〈나와 상대방이 모두 알고 있는 사항일 때〉	・山下(やました)「さっき田中(たなか)さんから、風邪(かぜ)ひいて、スキーに行(い)けないって連絡(れんらく)が来(き)たんだ。」 川村(かわむら)「えっ、田中(たなか)さん、あんなに楽(たの)しみにしていたのに、残念(ざんねん)だね。」 야마시타 "아까 다나카 씨에게서 감기에 걸려서 스키 타러 못 간다고 연락이 왔어." 가와무라 "뭐? 다나카 씨, 그렇게 기대하고 있었는데 유감이네." 2013-1회
こういう 이러한	・こういう電車なら、みんなが使(つか)いたくなる気持(きも)ちもわかります。 이러한 전철이라면 모두가 이용하고 싶어지는 마음도 이해됩니다. 2011-1회
この 이	・この時期(じき)が最(もっと)も美しいと聞いた。 이 시기가 가장 아름답다고 들었다. 2013-2회 ・この自動販売機は話(はな)すことができます。 이 자동판매기는 말을 할 수 있습니다. 2010-1회
これ 이것	・これも天気の話をする人(ひと)が多(おお)い理由(りゆう)の一(ひと)つだと思(おも)います。 이것도 날씨 이야기를 하는 사람이 많은 이유 중 하나라고 생각합니다. 2016-2회
こんな 이런	・こんなかわいい娘(むすめ)がいる私は 이런 귀여운 딸이 있는 나는 2012-2회

こんなに 이렇게, 이토록	・こんなにきれいな夕日は 이토록 멋진 석양은 2017-1회 ・こんなに大変だとは思いませんでした。 이렇게 힘드리라고는 생각하지 못했습니다. 2013-2회
そう 그렇게	・妹は初めてのピアノ発表会だったので緊張していたと言ったが、全然そう見えなかった。 여동생은 첫 피아노 발표회였기 때문에 긴장했었다고 했지만, 전혀 그렇게 보이지 않았다. 2016-1회
そういう 그러한	・そういう店の、今まで知らなかったいいところを見つけることができました。 그러한 가게의 지금까지 몰랐던 좋은 점을 발견할 수 있었습니다. 2021-1회 ・日本にはそういうお菓子があると知って驚きました。 일본에는 그러한 과자가 있는 걸 알고 놀랐습니다. 2014-1회 ・そういうスパゲッティーも 그러한 스파게티도 2013-1회
その 그	・そのころ、私はうまくできないと 그 무렵 저는 잘 할 수 없으면 2015-1회 ・確かに、その先輩もコンビニで働いています。 확실히 그 선배도 편의점에서 일하고 있습니다. 2012-1회
それ 그것	・それをレジに持っていったとき 그것을 계산대에 가지고 갔을 때 2014-2회

7 부사

부사란 동사와 형용사와 같은 용언을 수식하는 역할을 하는 단어를 말한다. 歌声がとても美しい(노랫소리가 무척 아름답다), ドアをドンドンたたく(문을 똑똑 두드리다), ここはずっと静かだ(여기는 훨씬 조용하다)에서「とても」「ドンドン」「ずっと」는 각각「美しい」「たたく」「静かだ」를 수식하고 있다.

	기출 문장
あと 앞으로	・あと5分で電車が来ちゃうから、急いで。 앞으로 5분이면 전철이 오니까 서둘러. 2017-2회
あとで 나중에	・あとで私から電話するね。 나중에 내가 전화할게. 2014-1회
あまりに 너무나, 지나치게	・仕事があまりに忙しくて3年以内にやめてしまう社員が 일이 너무나 바빠서 3년 이내에 그만둬 버리는 사원이 2015-1회
あまりにも 너무나도	・最近できたケーキ屋に今日初めて行ってみたが、あまりにも込んでいたので 최근에 생긴 케이크 가게에 오늘 처음 가봤는데, 너무나도 붐비고 있었기 때문에 2018-2회
いつの間にか 어느새인가, 어느새	・本を読んでいたら、いつのまにか3時間も経ってしまった。 책을 읽고 있었더니, 어느새인가 3시간이나 지나버렸다. 2021-1회 ・集中して本を読んでいたら、いつのまにか満員になっていた。 집중해서 책을 읽고 있었더니, 어느새 만원이 되어 있었다. 2019-2회 ・友人と電話で話していたらいつのまにか3時間もたっていて 친구와 전화로 이야기하고 있었더니 어느새인가 3시간이나 지나 있어서 2014-2회
今にも 당장에라도, 이제라도, 곧	・今にも泣きそうな顔をしていた。 당장에라도 울 것 같은 표정을 짓고 있었다. 2019-1회
必ず 반드시, 꼭	・遅れる場合は、必ず学校に連絡してください。 늦을 경우에는 반드시 학교로 연락해 주세요. 2013-2회
次第に 점차, 차차	・朝は雲っていたが、次第に晴れてきて、午後には快晴になった。 아침에는 흐렸지만 점차 맑아져서 오후에는 쾌청해졌다. 2014-2회

少しも 조금도	・私にはよくわからない絵ばかりで、少しも面白くなかった。 나에게는 잘 모르는 그림뿐이라 조금도 재미있지 않았다. 2016-1회
すっかり 완전히, 까맣게	・会議の資料のことをすっかり忘れていた。 회의 자료를 완전히 잊고 있었다 2014-2회 ・今日がレポートのしめ切り日だったということをすっかり忘れていた。 오늘이 리포트 마감날이라는 것을 까맣게 잊고 있었다. 2012-1회
ずっと 쭉, 계속	・高校時代にずっと同じクラス 고교시절에 계속 같은 반 2014-2회 ・これからもずっと 앞으로도 쭉 2014-1회
せっかく 모처럼	・今朝せっかく早起きをしてお弁当を作ったのに 오늘 아침 모처럼 일찍 일어나서 도시락을 만들었는데 2018-1회 ・せっかく海外に来たのだから 모처럼 해외에 왔으니까 2013-1회
たしかに 분명히, 틀림없이	・あの人はたしかに短気だ。 그 사람은 분명히 성질이 급한 사람이다. 2012-2회
ちっとも 조금도	・ちっとも私の言うことを聞かないので 조금도 내가 하는 말을 듣지 않기 때문에 2020 ・ちっとも練習に来ないで 조금도 연습에 오지 않고 2011-1회
ついに 결국, 드디어	・長い間建設中だったABCビルが、昨日ついに完成した。 오랫동안 건설 중이었던 ABC 빌딩이 어제 드디어 완성되었다. 2015-1회
つまり 결국, 즉	・A「つまり犯行現場近くにはいなかったということですか。」 B「そのとおりです。」 A "즉 범행 현장 근처에는 없었다는 것입니까?" B "그렇습니다." 2010-2회
どうしても 아무리 해도	・パーティーで、知り合いに話しかけられてしばらく話したのだが、どうしても名前が思い出せなくて 파티에서 지인이 말을 걸어서 잠시 이야기했지만, 아무리 해도 이름이 생각나지 않아서 2019-1회

とうとう 드디어, 결국	・とうとう終わってしまった。 드디어 끝나버렸다. 2018-2회 ・働(はたら)きすぎてとうとう病気(びょうき)になった。 과로하여 결국 병에 걸렸다. 2010-2회
なかなか 좀처럼, 도저히	・これまでなかなかうまく育(そだ)たなかったが 지금까지 좀처럼 잘 자라지 않았지만 2013-2회
なんて 어쩌면 그렇게, 정말, 어찌	・なんてきれいなんだろう。 어쩌면 그렇게 예쁜 것인가! 2021-1회 ・なんてきれいな人なんだろう。 이 얼마나 아름다운 사람인가! 2017-2회
まず 먼저, 우선	・まず、家(いえ)のなかの不用品(ふようひん)を 먼저, 집안의 필요없는 물건을 2019-2회
まだ 아직	・まだ住所を覚(おぼ)えていないそうです。 아직 주소를 외우고 있지 않다고 합니다. 2015-1회
もう ① 이미, 벌써, 이제 ② 더, 또	・引(ひ)っ越(こ)してきて、もう半年になるのに 이사와서 벌써 반년이 되는데도 2015-1회 ・もう降っていなかったよ 이미 내리고 있지 않았어 2014-1회 ・もう別のが欲(ほ)しいと言っている 또 다른 것을 갖고 싶다고 말하고 있다 2014-1회
もちろん 물론	・アナウンサー「森選手(もりせんしゅ)、今回(こんかい)の大会(たいかい)の目標(もくひょう)は？」 森(もり)選手　　　「もちろん優勝(ゆうしょう)です。それ以外(いがい)、考(かんが)えていません。」 아나운서 "모리 선수, 이번 대회의 목표는요?" 모리 선수 "물론 우승입니다. 그 이외는 생각하지 않습니다." 2014-1회
最(もっと)も 가장	・いろいろな花が咲(さ)き始(はじ)めるこの時期(じき)が最(もっと)も 여러 꽃이 피기 시작하는 이 시기가 가장 2013-2회

やっぱり・やはり 역시	・それでもやめずに続(つづ)けているのはやっぱりサッカーが好きだからだと思(おも)う。 그런데도 그만두지 않고 계속하고 있는 것은 역시 축구를 좋아하기 때문이라고 생각한다. 2020 ・店に着くと、やはりたくさんの人が並(なら)んでいました。 가게에 도착하니 역시 많은 사람이 줄을 서 있었습니다. 2020
ようやく 겨우, 간신히	・三日間(みっかかん)降(ふ)り続(つづ)けた雨(あめ)がようやくやんで、今日(きょう)は青空(あおぞら)が見(み)えた。 3일간 계속 내린 비가 겨우 그치고, 오늘은 파란 하늘이 보였다. 2017-1회 ・チャレンジしていたらようやく。 도전하고 있었더니 겨우 2013-2회

8 접속사

접속사란 앞뒤의 문절(文節) 또는 문장을 연결하여 그 관계를 나타내는 단어를 가리킨다. 先生および生徒が校庭に集まる(선생님을 비롯해 학생이 교정에 모이다), 窓を開けた。すると、涼しい風が入ってきた(창문을 열었다. 그러자 시원한 바람이 들어왔다)에서「および」는 문절을,「すると」는 문장을 연결하는 역할을 하고 있다.

	기출 문장
けれども 하지만	・多くの人があいさつに続けて天気の話をしているのを聞きました。けれども、私の国では天気の話をあまりしないので 많은 사람이 인사에 이어 날씨이야기를 하고 있는 것을 들었습니다. 하지만 우리나라에서는 날씨에 관한 이야기를 그다지 하지 않기 때문에 2016-2회
しかし 그러나	・ふたの開閉も大変ではありません。しかし、お年寄りには簡単なことではないでしょう。 뚜껑의 개폐도 힘들지 않습니다. 그러나 노인에게는 간단한 일이 아닐 것입니다. 2012-2회
すると 그러자	・掃除の時間を知らせる放送が流れました。すると、予想外のことが起きました。 청소 시간을 알리는 방송이 흘러나왔습니다. 그러자 예상 외의 일이 일어났습니다. 2017-2회
そこで 그래서	・そこで、旅行のときはずっと。그래서 여행할 때는 쭉. 2011-2회 ・日本語で歌いたいと思いました。そこで、日本のアニメの歌を 일본어로 노래하고 싶었습니다. 그래서 일본 애니메이션 노래를 2011-2회
そして 그리고	・私もバスケットが好きなので、しばらく見ていました。そして、バスケットクラブに入れば 나도 농구를 좋아해서 잠시 보고 있었습니다. 그리고 농구 클럽에 들어가면 2019-1회
それで 그래서	・そこにしかない飲食店に行くほうがいいと思いました。それで、旅行のときはずっと 그곳에밖에 없는 음식점에 가는 편이 좋다고 생각했습니다. 그래서 여행할 때는 쭉 2021-1회 ・私はごみの捨て方がまだあまりよく分かっていませんでした。それで、ごみを分けずに 저는 쓰레기 버리는 방법을 아직 그다지 잘 알지 못하고 있었습니다. 그래서 쓰레기를 분류하지 않고 2015-2회

それでも 그런데도, 그래도	・カラオケはいつも大勢で行くから、自分１人ずっと歌うということはできません。それでも、カラオケはパーティーみたいで 노래방은 항상 여럿이서 가기 때문에 자기 혼자 계속 부를 수는 없습니다. 그래도 노래방은 파티 같아서 2017-2회
それとも 그렇지 않으면	・先輩や友達が間違っているのでしょうか。それとも、わたしが習ったことが間違っているのでしょうか。 선배나 친구가 틀린 것일까요? 그렇지 않으면 내가 배운 것이 틀린 것일까요? 2012-1회
それに 게다가	・畳に座ると乾いた草のような香りがして、とても落ち着きました。それに、畳の部屋はリビングより少し涼しいと思いました。 다다미에 앉자 마른 풀과 같은 향이 나서 아주 안정되었습니다. 게다가 다다미 방은 거실보다 조금 시원하다고 생각했습니다. 2018-2회
たから·ですから 그러니까	・だから、これからもずっと 그러니까 지금부터도 쭉 2014-2회 ・だから、デパートでおみやげを買って 그러니까 백화점에서 선물을 사서 2014-1회 ・だから、これからはできるだけ 그러니까 앞으로는 가능한 한 2013-2회 ・ですから、自動販売機に話しかけられたとき 그러니까 자동판매기가 말을 걸었을 때 2010-1회
ただ 오로지, 오직	・ただ、旅行を続けていると、途中で疲れてきます。 오로지 여행을 계속하고 있으면 도중에 피곤해집니다. 2021-1회
でも 하지만, 그래도	・でも、友達と話しながら待っていたら 하지만 친구와 이야기하면서 기다리고 있었더니 2021-1회 ・自宅と学校の往復だけで、そのほかの場所にはほとんど出かけたことがありません。でも、せっかく日本にやってきたのだから、 집과 학교의 왕복뿐으로, 그 이외의 곳에는 거의 나간 적이 없습니다. 하지만 모처럼 일본에 왔으니까 2013-2회
ところが 그러나, 하지만	・アパートの前の決められた場所にごみを出しました。ところが、夕方帰宅すると 아파트 앞의 정해진 장소에 쓰레기를 내놓았습니다. 그러나 저녁에 귀가하니 2015-2회

9 조사

	기출 문장
~か ① ~인가, ~가는, ~인지 〈체언 だれ, いつ 등에 붙어 불확실한 추정을 나타냄〉 ② ~인지, ~(할)지 〈~か 또는 ~か~か의 형태로 사용됨〉	· いつかまた使うかもしれないと思うと 언젠가 또 사용할지도 모른다고 생각하면 2014-1회 · 何か言いたいそうな顔をしているのを見て 뭔가 말하고 싶은 듯한 표정을 지고 있는 것을 보고 2013-2회 · 何という魚かわかりませんが 뭐라는(무슨) 생선인지 모르겠지만 2021-1회 · どうしたら日本人の友達ができるのかわかりませんでした。 어떻게 하면 일본인 친구가 생기는 것인지 몰랐습니다. 2019-1회 · どうしたらいいのか分からない。 어떻게 하면 좋을지 모르겠다. 2012-2회
~が ~이/가	· こういうトイレが作られたのでしょうか。 이런 화장실이 만들어진 것일까요? 2012-2회
~からの ~로부터의	· ときどき届く家族からの手紙 때때로 도착하는 가족으로부터의 편지 2017-2회
~からも ~로부터도	· 世界中の誰からも 전세계의 누구로부터도 2015-2회
~だけ ~만, ~뿐	· 体に気をつけてとだけ伝えておいてよ。 몸 조심하라고만 전해 둬. 2012-2회 · このお菓子は小麦粉と卵と砂糖だけでできています。 이 과자는 밀가루와 계란과 설탕만으로 만들어졌습니다. 2011-1회
~で ① ~로〈수단, 재료〉 ② ~으로〈원인·이유〉	· 両親に買ってもらった着物で大学の卒業式に出席した。 부모님께서 사 준 기모노로 대학 졸업식에 참석했다. 2021-1회 · 22点の差で負けていました。 22점 차이로 졌습니다. 2015-1회
~では ~에서는, ~으로는	· 今の私の安い給料では何年働いても自分の家は買えそうもない。 지금 나의 적은 급료로는 몇 년 일해도 내 집은 살 수 있을 것 같지 않다.

~でも ~라도	・図書館(としょかん)が閉(し)まっているときでも本を返(かえ)すことができる。 도서관이 닫혀 있을 때라도 책을 반납할 수 있다. 2021-1회 ・街(まち)のどこからでも見える 거리의 어디에서라도 보이는 2013-2회 ・今週末(こんしゅうまつ)、よかったらいっしょに食事(しょくじ)でもしませんか。 이번 주말에 괜찮으면 함께 식사라도 하지 않을래요? 2012-1회
~とか ~라든가, ~든지	・いつも疲(つか)れたとか仕事(しごと)が多(おお)いとか言(い)っている。 항상 피곤하다든지 일이 많다든지 말하고 있다. 2018-2회
~など ~등, ~따위, ~같은 것	・コーヒーだけでなくスパゲッティなどの料理もおいしい。 커피뿐만 아니라 스파게티 등의 음식도 맛있다. 2020 ・かわいいとかひとりではさびしいなどという理由(りゆう)で 귀엽다거나 혼자서는 외롭다거나 하는 이유로 2011-1회
~に ① ~에게 〈동작, 작용의 대상〉 ② ~에 〈장소〉 ③ ~와, ~에 〈병렬〉	・私は、ほかの人(ひと)には話(はな)せないことも、母(はは)になら話せる。 나는 다른 사람에게는 하지 못하는 말도 엄마에게라면 할 수 있다. 2015-1회 ・話相手(はなしあいて)が誰(だれ)もいない家(いえ)に帰(かえ)るのは寂(さび)しいといつも思(おも)う。 이야기 상대가 아무도 없는 집에 가는 것은 쓸쓸하다고 항상 생각한다. 2015-1회 ・お隣(となり)にまで聞(き)こえるよ。 옆에까지 들려요. 2012-1회 ・おすしにカレーにラーメン、なんでもありますよ。 초밥에 카레에 라면, 뭐든지 있어요. 2012-1회
~に+は ~에게는	・車(くるま)の運転(うんてん)ができない私には生活(せいかつ)するのは大変(たいへん)そうだ。 차 운전을 못하는 나에게는 생활하는 것은 힘들 것 같다. 2017-2회
~には ~하려면	・会員(かいいん)になるには、「ホームページからのお申(もう)し込(こ)み」、または、「郵送(ゆうそう)でのお申し込み」の二(ふた)つの方法(ほうほう)が 회원이 되려면 '홈페이지에서의 신청', 또는 '우편으로 보내는 신청'의 두 가지 방법이 2018-2회
~にも ~에게도	・ダンスが好きだという気持ちは誰(だれ)にも負けない。 춤을 좋아한다는 기분은 누구에게도 안 진다. 2018-2회

표현	예문
～の ① ～의 ② ～이/가 〈～が의 대용〉	・22点の差で負けていました。 22점 차이로 졌습니다. 2015-1회 ・30日以上雨のふらない日が 30일 이상 비가 내리지 않는 날이 2015-1회
～のに ① ～인데도 ② ～하는 데에	・レシピには「初めてでもうまく作れる」と書いてあったのに、失敗してしまった。 레시피에는 '처음이라도 잘 만들 수 있다'라고 써있었는데, 실패하고 말았다. 2019-1회 ・さっき教えたばかりなのに 방금 막 가르쳤는데도 2012-2회 ・来週、試合なのに 다음 주에 시합인데도 2011-1회 ・ここまで大きくなるのに20年ぐらいかかったそうですよ。 여기까지 커지는데 20년 정도 걸렸다고 해요. 2018-1회
～ばかり ～만, ～뿐	・心配ばかりしていてもしかたがないでしょう。 걱정만 하고 있어도 소용없지요. 2020
～へ+の ～으로의	・歴史学科への進学を決めた。 역사학과로의 진학을 결정했다. 2019-2회 ・ガイドブックに金閣寺への行き方が書いてある。 가이드북에 금각사로 가는 방법이 쓰여 있다. 2013-1회
～まで ～까지, ～할 때까지	・映画が始まるまであと 3 分しかないよ。 영화가 시작될 때까지 앞으로 3분밖에 없어. 2020 ・換気扇まで掃除したのは初めてでした。 환기팬까지 청소한 것은 처음이었습니다. 2019-2회 ・鍋に油を入れ、170度になるまで温めてください。 냄비에 기름에 넣고 170도가 될 때까지 데워 주세요. 2015-2회 ・お隣にまで聞こえるよ。 옆에까지 들려요. 2012-1회
～までに ～까지(는) 〈기한이 되기 전의 어느 한 시점에서 동작이 행해지는 것〉	・友情がテーマになっているという点で、これまでに発表されてきた彼の曲と大きく違う。 우정이 테마가 되어 있다는 점에서 지금까지 발표되어 온 그의 곡과 크게 다르다. 2016-1회

~も ① ~도 ② ~이나, ~정도면 〈대략의 정도〉 ③ ~도, ~나 〈だれ(に), なに 등에 붙어 총괄 의미를 나타냄〉	・電気(でんき)も消(け)さないで、ソファーで寝(ね)てしまった。 전기도 끄지 않고 소파에서 잠들고 말았다. 2018-2회 ・高校時代(こうこうじだい)の友達(ともだち)と会(あ)うと、楽(たの)しくて、いつも何時間(なんじかん)もおしゃべりしてしまう。 고교시절의 친구와 만나면 즐거워서 항상 몇 시간이나 수다를 떨고 만다. 2019-1회 ・今はどれも使っていないけれども 지금은 어느 것도 사용하고 있지 않지만 2014-1회
~を ~을/를	・この週末(しゅうまつ)、私は楽(たの)しい一日(いちにち)を過(す)ごしました。 이번 주말에 나는 즐거운 하루를 보냈습니다. 2019-2회 ・とてもきれいな色(いろ)をしている。 무척 예쁜 빛깔을 하고 있다. 2014-2회 ・丸(まる)い形(かたち)をしているものが多(おお)い。 둥근 모양을 하고 있는 것이 많다. 2011-2회

1 문법 확인문제

/ 23

問題1　つぎの文の（　　　）に入れるのに最もよいものを、1・2・3・4から一つえらびなさい。

1 私が会社に行っている（　　　）、祖母が留守番をしていてくれます。001

1 あいだと　　2 あいだに　　3 あいだ　　4 あいだで

2 山田さんは小説家として（　　　）、環境活動家としても知られている。003

1 有名であるように　　2 有名である一方で
3 有名だとすると　　4 有名なのだから

3 毎日サラダしか食べないんじゃ、いつ貧血に（　　　）よ。052

1 なるのではんばいだろうか　　2 なっても不思議じゃない
3 なるはずだ　　4 なったらいい

4 庭に柿の木が1本あり、収穫した実で干し柿を（　　　）としたが、うまくできなかった。006

1 作った　　2 作れる　　3 作って　　4 作ろう

5 お店の外までとてもよいにおい（　　　）ほど、おいしいカレー屋さんです。009

1 がしてある　　2 をしていく　　3 がしてくる　　4 をしている

6 小学生のとき、水泳教室に（　　　）が、難しくて1か月でやめてしまった。032

1 通ってみたところだ　　2 通ってみたことがある
3 通っておいたところだ　　4 通っておいたことがある

7 山田「このDVD、（　　　）高木さんに渡してね。」008·104
田中「うん、わかった。」

1 見続けたら　　2 見ていたら　　3 見終わったら　　4 見てあったら

8 祖父は私に（　　　）「大きくなったな。」と言う。036

1 会ったなら　　2 会うたびに　　3 会ううちに　　4 会ったところ

답 1③ 2② 3② 4④ 5③ 6② 7③ 8②

9 母親　「いま、おもちゃを買った子が太郎君？」
子ども「ちがうよ。あそこで泣いてお菓子を（　　　）子だよ。」010
1 ほしい　2 ほしそうな　3 ほしがっている　4 ほしがってみる

10 みなさまの熱い声援（　　　）優勝することができました。007
1 しだいで　2 がきっかけで　3 のせいで　4 のおかげで

11 山田先生は親切にも私にこの本を（　　　）。
1 くださいました　2 いただきました　3 差し上げました　4 召し上がりました

12 A「コーヒーと紅茶のどちらに（　　　）か。」
B「コーヒーにいたします。」
1 食べられます　2 差し上げます　3 なさいます　4 ございます

13 店員「いらっしゃいませ。何名様ですか。」
客　「３名です。」
店員「こちらへどうぞ。お席にご案内（　　　）。」
1 いたします　2 なさいます　3 うかがいます　4 いらっしゃいます

問題２　つぎの文の ＿★＿ に入る最もよいものを、１・２・３・４から一つえらびなさい。

14 新型コロナウイルス感染症の拡大は、日常生活を脅かす ＿＿ ＿＿ ＿★＿ ＿＿ 引き起こしています。031
1 差別や偏見を　2 医療従事者や　3 だけでなく　4 感染者への

15 彼女は今日の会議で外交問題 ＿＿ ＿＿ ＿★＿ ＿＿。075·023
1 ことに　2 講演する　3 なっている　4 について

16 これは ＿＿ ＿＿ ＿★＿ ＿＿ 問題です。020·015
1 小学生でも　2 くらい　3 答えられる　4 やさしい

답 9 ③　10 ④　11 ①　12 ③　13 ①　14 ④ (3241)　15 ① (4213)　16 ② (1324)

17 山田「昔からおにぎり店を開こうと思っていたのですか。」

田中「いえ、20代まではイタリアンが好きで洋食のカフェを開きたいとずっと思っていました。でも、30歳を ＿＿＿ ＿＿＿ ＿★＿ ＿＿＿ 和食が体に合っていることに気づいたんです。」028

1 年齢の　　2 超えたあたり　　3 から　　4 せいか

18 えびいもは里芋の一種で、しま模様と曲がった ＿＿＿ ＿★＿ ＿＿＿ ＿＿＿ この名前で呼ばれています。018

1 ことから　　2 えびに　　3 形が　　4 似ている

問題 3　つぎの文章を読んで、文章全体の内容を考えて、 19 から 23 の中に入る最もよいものを、1・2・3・4から一つえらびなさい。

最近、気になっていることがあります。それは家の近所などで、あいさつをする人や、病院や郵便局などで名前を呼ばれた時に返事をする人が、だんだん少なくなってきていることです。少し反応を示したとしても、 19 を少し下げる程度で、はっきりとした声を出す人は少ないようです。

20 コンビニで買い物をし、携帯電話もメールのやりとりですますことの多くなった現代人には、他人と言葉を交わすことがわずらわしくなってきたのかもしれません。

21 、私のような古い人間にとっては、やはりさびしい感じがします。朝の「 22 」から夕方の「さようなら」まで、社会の中でおだやかに過ごすために欠かせないのがあいさつでしょう。

これからの高齢化社会では、独居老人も増えていくことでしょうが、一言かけたりかけられたりすることがますます大切になるように思います。毎日を気持ちよく過ごすために、あいさつや返事はきちんと 23 にだしていこうではありませんか。

답 17 ①(2314)　18 ②(3241)

19

1 首　2 顔　3 頭　4 肩

20

1 無言のまま　2 思うまま　3 ありのまま　4 そのまま

21

1 それとも　2 けっして　3 しかも　4 けれど

22

1 いらっしゃいませ　2 おはようございます
3 おめでとうございます　4 ありがとうございます

23

1 体　2 口　3 力　4 声

핵심문법 다시보기

～としても N3 061 ～라고 해도	少し反応を示したとしても 조금 반응을 보였다고 해도(03行)
～ようだ N3 090 ～인 것 같다	声を出す人は少ないようです 목소리를 내는 사람은 적은 듯합니다(04行)
～かもしれない N3 013 ～지도 모른다	わずらわしくなってきたのかもしれません 귀찮아진 것일지도 모릅니다(06行)
～にとっては N3 076 ～에게는	古い人間にとっては 옛날 사람에게는(08行)
～ために N3 038 ～하기 위해(서)	社会の中でおだやかに過ごすために 사회 속에서 평온하게 지내기 위해서(09行)
～(よ)うではないか (다 같이) ～하자	声にだしていこうではありませんか 소리를 내어 봅시다(13行)

답 19 ③　20 ①　21 ④　22 ②　23 ④

問題１　つぎの文の（　　　）に入れるのに最もよいものを、１・２・３・４から一つえらびなさい。

1 勤務中(きんむちゅう)は個人的な電話をかけてはいけない（　　　）。023

1　ことではない　　2　ことにあたっている
3　ことでもない　　4　ことになっている

2 部下(ぶか)「すみません。これは私の間違(まちが)いでした。」
上司(じょうし)「いいんだよ。だれ（　　　）間違いをすることはあるんだから。」033

1　くらいでも　　2　だけは　　3　だったり　　4　だって

3 今日は一日中くもって寒い日でしたが、夕方からちらちら雪が（　　　）。080

1　降りはじめました　　2　降りすぎました
3　降りなおしました　　4　降りおわりました

4 このテレビゲームは思った（　　　）難(むずか)しくない。087

1　から　　2　ほど　　3　まで　　4　しか

5 展覧会(てんらんかい)に友人(ゆうじん)の絵(え)が飾(かざ)られるので、私も見に（　　　）と思いました。005

1　行こうか　　2　行かないか　　3　行くのか　　4　行ったか

6 カフェインは血管(けっかん)を収縮(しゅうしゅく)させてしまう作用(さよう)があるので、血行(けっこう)が悪(わる)く（　　　）のです。089

1　しやすい　　2　しにくい　　3　なりやすい　　4　なりにくい

7 ちょっと高かった革靴(かわぐつ)が、朝の通勤(つうきん)電車で（　　　）ことがあります。049

1　踏(ふ)んでしまった　　2　踏(ふ)んでおいた
3　踏(ふ)まれてしまった　　4　踏(ふ)まれておいた

8 私がその話を聞いたのは（　　　）先週になってからでした。

1　今にも　　2　ようやく　　3　絶対(ぜったい)　　4　あまりに

답 1④　2④　3①　4②　5①　6③　7③　8②

9 不景気(ふけいき)の（　　　）、テレビのCMが減(へ)ったようだ。028

1　ものの　　2　せいか　　3　くせに　　4　わりには

10 彼（　　　）怒(おこ)りっぽい人は見たことがありません。088

1　ぎみに　　2　がちに　　3　みたいに　　4　ばかりに

11 記念品(きねんひん)としていただいた電子辞書は、新しい職場(しょくば)にて大切に（　　　）。

1　使われております　　2　使っていらっしゃいます
3　使ってくださいます　　4　使わせていただきます

12 社員「社長、昨日（　　　）お土産(みやげ)のお菓子(かし)、とてもおいしかったです。」
社長「ああ、それはよかったですね。」

1　おりました　　2　まいりました　　3　なさった　　4　いただいた

13 先生「はい、さくら日本語学校です。」
学生「もしもし、Bクラスのスミスですが、星(ほし)先生は（　　　）か。」

1　ございます　　2　いらっしゃいます　　3　拝見(はいけん)します　　4　お目(め)にかかります

問題２　つぎの文の ＿★＿ に入る最もよいものを、１・２・３・４から一つえらびなさい。

14 人生(じんせい)の中で一度(いちど) ＿＿ ＿＿ ＿★＿ ＿＿ 人物(じんぶつ)はだれですか。045

1　で　　2　会ってみたい　　3　から　　4　いい

15 英語(えいご)で書かれた本を ＿＿ ＿★＿ ＿＿ ＿＿ ことを「英語多読(えいごたどく)」といいます。027

1　たくさん　　2　辞書(じしょ)で　　3　引(ひ)かずに　　4　読む

16 新入社員(しんにゅうしゃいん)は、仕事が ＿＿ ＿＿ ＿★＿ ＿＿ あります。049·056

1　やめてしまう　　2　あまりに忙しくて
3　3年以内に約3割が　　4　というデータが

답 9 ②　10 ③　11 ④　12 ④　13 ②　14 ③(1432)　15 ③(2314)　16 ①(2314)

17 今年は友達が１週間うちに ______ ______ ★ ______ ______ 毎日日本語を勉強しました。002

1 来た　　2 遊びに　　3 とき　　4 以外は

18 あまりにもたくさんの ______ ______ ★ ______ ______ 選べばいいのかわからない。028

1 せいで　　2 どれを　　3 ある　　4 サービスが

問題３ つぎの文章を読んで、文章全体の内容を考えて、[19] から [23] の中に入る最もよいものを、１・２・３・４から一つえらびなさい。

クレヨンとクレパスははたして一緒か。一緒ともいえるし、違うともいえる。クレヨンはそもそもフランス語で、本来の意味は鉛筆。白亜の産地であるクレタ島のクレタが白墨(注1)を表すことばとなって普及し、[19] クレヨンという普通名詞ができあがった。日本ではなぜか、クレヨンといえば鉛筆ではなく、パラフィンに顔料をまぜた棒状の画材を表す。日本の [20] ものはフランス語ではパステルである。だから、ほんとうはパステルと呼ぶのが正しい。[21] 、クレパス。こちらはサクラクレパスの商標登録。クレヨンとパステルの長所をかねそなえたクレヨンということでクレパスと命名されたとか。

[22] 、クレパスといえば、昔かぐや姫が歌っていたヒットソング「神田川」の歌詞に歌われていたのは有名だ。が、かぐや姫が紅白歌合戦に出場した際には [23] 、宣伝のごはっと(注2)のNHKがクレパスではなく、クレヨンと歌詞を変更させたというエピソードが残っている。

(武内平『言葉の違いがわかる事典』による)

(注1) 白墨：チョークのこと

(注2) ごはっと：規則としてそうすることが禁じられていること

답 17③(2134)　18①(4312)

19

1 そのうえ　2 それから　3 それに　4 しかし

20

1 クレヨンにあたる　2 クレパスにあたる
3 クレヨンに対する　4 クレパスに対する

21

1 ただ　2 実に(じつ)　3 ただし　4 さて

22

1 ところで　2 そこで　3 ところが　4 それでも

23

1 商標(しょうひょう)ということなら　2 商標(しょうひょう)ということには
3 商標(しょうひょう)ということで　4 商標(しょうひょう)ということだから

핵심문법 다시보기

～し N3 024 ~하고	一緒(いっしょ)ともいえるし 같다고도 할 수 있고(01行)
～という N3 056 ~라고 하는	クレヨンという普通名詞(ふつうめいし)が 크레용이라는 보통명사가(03行)
～といえば N2 ~라고 하면	クレヨンといえば 크레용이라고 하면(04行)
～にあたる N2 ~에 해당한다	クレヨンにあたるもの 크레용에 해당하는 것(05行)
～とか N3 ~라던데	命名(めいめい)されたとか 명명되었다던데(08行)
～際(さい) ~할 때	紅白歌合戦(こうはくうたがっせん)に出場(しゅつじょう)した際(さい)には 홍백노래자랑에 출전했을 때에는(10行)

답 19 ② 20 ① 21 ④ 22 ① 23 ③

3 문법 확인문제 / 23

問題 1　つぎの文の（　　　）に入れるのに最もよいものを、１・２・３・４から一つえらびなさい。

1 残業(ざんぎょう)が続いた（　　　）彼は倒(たお)れてしまった。038

1　ものか　　2　ことか　　3　はずか　　4　ためか

2 障害(しょうがい)に（　　　）医者(いしゃ)になろうという決意(けつい)は絶対(ぜったい)に変えないつもりです。062

1　出会ったり　　2　出会ったため
3　出会ったとしても　　4　出会ったかどうか

3 このメールを受け取った時点で商品の価額変更(かがくへんこう)や売(う)り切(き)れとなっている可能性も（　　　）。

1　拝見(はいけん)します　　2　ございます　　3　お目(め)にかかります　　4　いらっしゃいます

4 残念(ざんねん)（　　　）、その点であなたと私は意見(いけん)が違います。068

1　はずに　　2　ながら　　3　ことに　　4　つつも

5 どうしてもだめな（　　　）、早くあきらめなさい。092

1　ようなら　　2　ついでに　　3　ものには　　4　あまりに

6 この問題に（　　　）は、次回(じかい)にあらためて検討(けんとう)しましょう。075

1　して　　2　したがって　　3　とって　　4　ついて

7 その事故(じこ)で彼女（　　　）助(たす)かった人はいなかった。086

1　によって　　2　に比べて　　3　のほかに　　4　のことで

8 単位(たんい)や卒業(そつぎょう)などを認(みと)めることとひきかえに仕事を（　　　）ことがあった。102

1　手伝える　　2　手伝われる　　3　手伝わせる　　4　手伝わされる

9 そんなものはちっともめずらしくないよ。どこに（　　　）あるだろう。033

1　さえ　　2　だって　　3　までも　　4　ばかり

답 1④ 2③ 3② 4② 5① 6④ 7③ 8④ 9②

10 店員「お電話ありがとうございます。山本美容室（　　　）。」

客　「すみません。今日の午後3時ごろ予約したいんですが。」

1 でいらっしゃいます　　2 でございます

3 と申し上げます　　4 とおっしゃいます

11 A「石原さんと（　　　）方がご面会です。」

B「はい、わかりました。」

1 なさる　　2 おっしゃる　　3 お聞きする　　4 申し上げる

12 A「娘が日本に留学したいって言うんですが、いろいろと心配で、私は反対ですよ。」

B「心配でしょうけど、いい経験になると思うから、（　　　）あげたらどうですか。」 111

1 行って　　2 行けて　　3 行かせて　　4 行かされて

13 日本語学校で日本語を勉強していたとき、山田先生がパーティーにすしを（　　　）。

1 持ってきてくださったのです　　2 持ってきてくださりそうです

3 持っていかれると思います　　4 持っていかれるはずです

問題2　つぎの文の ＿＿★＿＿ に入る最もよいものを、1・2・3・4から一つえらびなさい。

14 送る ＿＿＿ ＿＿★＿＿ ＿＿＿ ＿＿＿ から、もう少し待ってよ。059

1 選んでいる　　2 ところだ　　3 写真を　　4 今

15 鯛島は、横から ＿＿＿ ＿＿＿ ＿＿★＿＿ ＿＿＿ 、その名がつけられました。 105·091·018

1 見えることから　　2 形に

3 鯛が泳いでいるような　　4 見ると

16 今は仕事が忙しくて、＿＿＿ ＿＿＿ ＿＿★＿＿ ＿＿＿ はありません。069·044

1 暇　　2 恋　　3 なんか　　4 している

답 10 ②　11 ②　12 ③　13 ①　14 ④ (3412)　15 ② (4321)　16 ④ (2341)

17 アスパラガスは酢やレモン ＿＿＿ ＿＿＿ ＿★＿ ＿＿＿ 、食べる直前にあえるようにしましょう。089

1　触れると　　2　色が悪くなりやすいので
3　など酸味の　　4　あるものに

18 A「パーティーの料理はいかがでしたか。」
B「とてもおいしかったです。＿＿＿ ＿＿＿ ＿★＿ ＿＿＿ わかりませんが、お刺身がおいしかったです。」056

1　という　　2　魚　　3　何　　4　か

問題 3　つぎの文章を読んで、文章全体の内容を考えて、[19] から [23] の中に入る最もよいものを、1・2・3・4から一つえらびなさい。

私は、仲のよい幸子さんから小さな球根を三つ [19] 。ちょうど小指の先ぐらいの大きさで、先のほうが少しとがっていました。私は花が好きで、いろいろな球根をうえたことがあるのですが、こういう球根を見たのは [20] 。どんな花が咲くのか、すぐにも知りたかったのですが、幸子さんは、「楽しみにしてなさいよ。」と笑っているだけで [21] 。しかたがないので、花が開くのを待つことにしました。

幸子さんに教えられたとおりに世話をしますと、緑色のスラッとした葉っぱが出てきました。[22] 、先のほうに白い花が開きました。まるで鳥が飛んでいるような形をしています。あの球根はさぎ草(注)だったのです。話には聞いたことがありますが、見るのは初めてです。もう、うれしくてしかたがありませんでした。

[23] 、せっかくのさぎ草がぬすまれてしまったのです。ちょっと玄関の前に出しておいた間に誰かが持っていってしまったのです。私は、くやしくてくやしくて、思わず涙を流してしまいました。だまって他人のものを持っていくなんて、ぜったいに許せません。

(注) さぎ草：ン科の多年草。山野の湿地に自生。

답 17 ① (3412)　18 ② (3124)

19

1　くれました　　2　もらいました　　3　やりました　　4　あげました

20

1　はじめてでした　　2　もちろんでした
3　ふたたびでした　　4　しばらくでした

21

1　数えてくれません　　2　教えてくれません
3　数えてあげません　　4　教えてあげません

22

1　そのうえ　　2　そのまま　　3　そのうち　　4　そのくせ

23

1　たとえば　　2　なぜなら　　3　それでは　　4　ところが

핵심문법 다시보기

～さ N4 ～움(형용사 어간에 붙여 명사화함)	小指(こゆび)の先ぐらいの大(おお)きさ 새끼손가락 끝 정도의 크기(01行)
～たことがある N3 032 ～(한) 적이 있다	いろいろな球根をうえたことがあるのですが 여러 알뿌리를 심은 적이 있는데(02行)
～ことにする N3 022 ～하기로 하다	花(はな)が開(ひら)くのを待(ま)つことにしました 꽃이 피기를 기다리기로 했습니다(05行)
～とおり(に) ～대로	幸子(さちこ)さんに教(おし)えられたとおりに 사치코 씨에게 배운 대로(07行)
～ようだ N3 090 ～와 같다	まるで鳥(とり)が飛(と)んでいるような形(かたち) 마치 새가 날고 있는 듯한 모양(08行)
～てしかたがない 너무 ～하다	うれしくてしかたがありませんでした 너무 기뻤습니다(10行)
～間(あいだ)に N3 001 ～동안에, ～사이에	ちょっと玄関(げんかん)の前に出しておいた間に 잠깐 현관 앞에 내놓은 사이에 (11行)
～なんて ～하다니	他人(たにん)のものを持(も)っていくなんて 남의 물건을 가져가다니(13行)
가능형 N3 020 ～할 수 있다	ぜったいにゆるせません 절대로 용서할 수 없습니다(14行)

답 19② 20① 21② 22③ 23④

4 문법 확인문제

/ 23

問題１ つぎの文の（　　）に入れるのに最もよいものを、１・２・３・４から一つえらびなさい。

1 今晩はやらなければならないことがまだ（　　）残っている。

1 どれか　　2 どれ　　3 いくつか　　4 いくつ

2 A「きのうなくした財布、車の中に落ちていたんだ。」
B「そうなんだ。（　　）ね。」055

1 見つかってよかった　　2 見つかったようだ
3 見つかるほうがいい　　4 見つかりそうだった

3 その話はテレビ（　　）なに（　　）でやっていましたね。

1 が / が　　2 は / は　　3 か / か　　4 と / と

4 外国語の単語を機械的に覚える（　　）、こんなつまらないことはない。060

1 につけ　　2 にせよ　　3 としたら　　4 としても

5 さくら写真屋は全国に600店以上展開しております。撮影店とは（　　）店でもご注文·お受け取りいただけます。086

1 その　　2 別の　　3 こういう　　4 どの

6 私は大学のクラブに入らなかったら、ずっと日本人学生と友達になる機会は（　　）。013·058

1 ないそうです　　2 ないかもしれないと思いました
3 ないのでしょうか　　4 ないと思ったからです

7 畳の部屋で過ごすことで、畳のよさを知ることができました。私も畳の部屋がある家に（　　）。051

1 住んでみたいです　　2 住むつもりだからです
3 住むならいいです　　4 住もうとすることです

답 1③ 2① 3③ 4③ 5② 6② 7①

8 たった一度（　　　）からお金の心配をしないでいたいものだ。045

1　だけでいい　　2　ばかりだ　　3　ほどではない　　4　くらいだ

9 彼はまだ日本語の勉強を始めたばかりだから（　　　）。054

1　間違えたことがない　　2　間違えるほどではない

3　間違えてもしかたがない　　4　間違えるはずがない

10 階段を（　　　）と何度言ったらわかるの？064

1　かけおりるよ　　2　かけおりるな　　3　かけおりて　　4　かけおりるね

11 メールが普及した現在でも年賀状(ねんがじょう)の販売枚数は国民一人あたり約15枚。ところで、この年賀状の風習(ふうしゅう)、いったいいつから始まったか（　　　）か。

1　なさいます　　2　ご存(ぞん)じです　　3　申(もう)します　　4　お目(め)にかかります

12 客　「あのう、その赤いのはなんのアイスクリームですか。」

店員「この赤いのはいちごのアイスクリーム（　　　）。」

1　ございます　　2　がございます　　3　でございます　　4　はございます

13 客　「この靴(くつ)のもう一つの小さいのはありませんか。」

店員「あ、はい、確認(かくにん)しますので、少々（　　　）。」

1　お待ちしております　　2　お待ちください

3　お待ちできます　　4　お待ちしましょう

問題2　**つぎの文の ＿＿★＿＿ に入る最もよいものを、1・2・3・4から一つえらびなさい。**

14 うちの父は ＿＿＿ ＿＿＿ ＿★＿ ＿＿＿ 若(わか)い。031

1　じょうぶな　　2　だけでなく　　3　からだが　　4　気持(きも)ちも

15 今度の土曜日に友達(ともだち)の結婚式(けっこんしき)がある。＿＿＿ ＿★＿ ＿＿＿ ＿＿＿ だが。105

1　晴(は)れる　　2　の　　3　と　　4　いい

답 8① 9③ 10② 11② 12③ 13② 14②(3124) 15③(1342)

16 答案用紙 ＿＿＿ ＿＿＿ ＿★＿ ＿＿＿、書いてはいけません。002

1 何も　　2 答え　　3 には　　4 以外

17 貯蓄プランを立ててください。＿＿＿ ＿★＿ ＿＿＿ ＿＿＿ ですよ。083

1 ほど　　2 早ければ　　3 いい　　4 早い

18 看護師の森さんは、忙しくて一週間に ＿＿＿ ＿＿＿ ＿★＿ ＿＿＿ です。025·056

1 ということ　　2 休めない　　3 こともある　　4 一日しか

問題3　つぎの文章を読んで、文章全体の内容を考えて、［19］から［23］の中に入る最もよいものを、1・2・3・4から一つえらびなさい。

　美術館に行って絵を見ていると、まわりの人びとのふるまいの中に、目立った行動パターンが二つあることに気づく。誰しも目指すのは［19］である。だが、その絵の傍らの壁には、作者名と作品タイトル、その他の書かれた小さなプレート(注)が貼られている。名詞を並べただけの無愛想な表示なのだが、これがなかなか気になる代物で、［20］プレートに対する態度で、群衆たちは二群に分かれるように見える。この二群の人々を教養派と審美派と名づけることにしよう。

　教養派は、絵を見るよりも早く、真っ先にプレートをのぞき込み、誰が描いた何という絵なのかを確かめる。うるさい観客ならば、更に制作年代にも注目するだろう。教養派の人びとは、これらを頭に入れた上で、おもむろに絵に取りかかる。プレートから得られるこれらの知識が、これらの絵を理解し鑑賞する上で必要なものと考えているからに相違ない。

　［21］、審美派は次のようにふるまう。彼 / 彼女はプレートには目もくれない。静かに［22］。そして次の絵に移ってゆく。作者やタイトルは既に知っていたのかもしれない。しかし、［23］絵の前でもその態度は変わらない。つまり、明確な意志なのである。

(佐々木健一『タイトルの魔力』による)

(注) プレート : 板で作られた表示物。

답 16 ④(3241)　17 ④(2413)　18 ③(4231)

19

1 プレート　　2 タイトル　　3 絵(え)　　4 壁(かべ)

20

1 あらゆる　　2 この　　3 ある　　4 どういう

21

1 このようにして　　2 これに関して
3 そういうわけで　　4 それに対して

22

1 絵(え)だけを見つめ続ける　　2 壁(かべ)だけを見つめ続ける
3 絵(え)と壁(かべ)を見つめ合う　　4 プレートとタイトルを見つめ合う

23

1 こういう　　2 そんな　　3 プレートの　　4 どの

핵심문법 다시보기

～に対(たい)する N3 074 ～에 대한	プレートに対(たい)する態度(たいど)で 플레이트에 대한 태도로(05行)
～ことにする N3 022 ～하기로 하다	審美派(しんびは)と名(な)づけることにしよう 심미파로 이름을 붙이기로 하자(06行)
～なら(ば) N3 106 ～라면	うるさい観客(かんきゃく)ならば 까다로운 관객이라면(08行)
～上(うえ)で ～한 후에	これらを頭(あたま)に入(い)れた上(うえ)で 이 내용들을 머릿속에 넣은 후에(09行)
～하는 데 있어서	絵(え)を理解(りかい)し鑑賞(かんしょう)する上(うえ)で 그림을 이해하고 감상하는 데 있어서(10行)
～に相違(そうい)ない N2 ～임에 틀림없다	必要(ひつよう)なものと考(かんが)えているからに相違(そうい)ない 필요한 것이라고 생각하고 있기 때문임에 틀림없다(11行)
～に対(たい)して N3 074 ～에 비해	それに対(たい)して 그것에 비해(12行)
～かもしれない N3 013 ～지도 모른다	既(すで)に知(し)っていたのかもしれない 이미 알고 있었는지도 모른다(13行)

답 19 ③　20 ②　21 ④　22 ①　23 ④

5 문법 확인문제

/ 23

問題 1　つぎの文の（　　　）に入れるのに最もよいものを、1・2・3・4から一つえらびなさい。

1 そこは観光地としてもっとメジャー（　　　）のにと思ってしまいました。052

1　になってもおかしくない　　2　になってもしかたなかった
3　をしたくなった　　4　をしてよかった

2 子どもに「夜遅くまで遊んでいないで、早く（　　　）」と言うと「お父さんは古い」と言われる。020

1　帰ってこないで　　2　帰っていかないで
3　帰ってこいよ　　4　帰っていくな

3 相手が（　　　）強いほどやる気がわいてきます。083

1　強いから　　2　強くて　　3　強くても　　4　強ければ

4 たとえ今度の挑戦が不成功に終わった（　　　）、くじけないでほしいものだ。062

1　とすると　　2　としたら　　3　とするなら　　4　としても

5 年を取るに（　　　）忘れることが多くなるのはしかたがない。072

1　よって　　2　したがって　　3　かんして　　4　たいして

6 キャプテンは部員から不満が（　　　）ように、気を配った。093

1　出なかった　　2　出られない　　3　出た　　4　出ない

7 メガネはそれほど特殊な商品ではないので、技術的な面では（　　　）メガネ店でも修理・調整はできるようです。030

1　ある　　2　こういう　　3　どの　　4　その

8 お礼を書くなら（　　　）手紙を送ったほうがていねいです。097

1　はがきだけが　　2　はがきからも　　3　はがきばかりが　　4　はがきより

답 1① 2③ 3④ 4④ 5② 6④ 7③ 8④

9 おふろは後回しにして、(　　　) ごはんにしましょう。

1　または　　2　まず　　3　ところが　　4　すると

10 そういえば、みんなで動物園へ行こうと話し合ったけど、(　　　)、どうなったのかな。

1　あの話は　　2　そんな話は　　3　このときも　　4　どんなときも

11 A「あのう、そちらの社員の募集についてちょっと (　　　) んですが。」

B「はい。どんなことでしょうか。」

1　伺いたい　　2　いただきたい　　3　ご覧になりたい　　4　お聞きになりたい

12 妊婦健診はお母さんと赤ちゃんの異常の早期発見のためにも大切です。(　　　) 時期に必ず受診するようにしましょう。102

1　決めた　　2　決めさせた　　3　決められた　　4　決めさせられた

13 A「小学４年生の子どもに国語と算数を (　　　) と思っているのですが、月にいくらくらいかかるでしょうか。」

B「費用は月12,600円です。」100

1　習わせるだろうか　　2　習わせようか

3　習わせているのだ　　4　習わせるつもりだ

問題２　つぎの文の ＿★＿ に入る最もよいものを、１・２・３・４から一つえらびなさい。

14 なかなか日本語の単語が覚えられないので、日本語の得意な友人が ＿＿＿ ＿＿＿ ＿★＿ ＿＿＿ した。051·091·022

1　何度も書いてみる　　2　ように　　3　やっていた　　4　ことに

15 A「私、ちょっとトイレに行ってくるね。」

B「うん。あ、でも、映画が ＿＿＿ ＿＿＿ ＿★＿ ＿＿＿ よ。急いで行ってきてね。」025

1　まで　　2　始まる　　3　しかない　　4　あと５分

답 9 ②　10 ①　11 ①　12 ③　13 ②　14 ①(3214)　15 ④(2143)

16 みんなに ＿＿＿ ＿＿＿ ＿★＿ ＿＿＿ 話してください。093

1　声で　　2　もっと大きな　　3　ように　　4　聞こえる

17 さまざまな ＿＿＿ ＿＿＿ ＿★＿ ＿＿＿ 終わってしまいました。016

1　とうとう　　2　起きた　　3　ことが　　4　2020年シーズンが

18 64歳以下の接種率は自治体によってばらつきがあり、11月までに希望者全員に ＿＿＿ ＿★＿ ＿＿＿ ＿＿＿ 遅れている地域で接種の加速化が求められる。056

1　終えるという　　2　達成するには　　3　政府目標を　　4　ワクチン接種を

問題3　つぎの文章を読んで、文章全体の内容を考えて、**19** から **23** の中に入る最もよいものを、1・2・3・4から一つえらびなさい。

生活習慣や生活環境上のいろいろな要因とガンの発生率との **19** 総合的に調べた調査の結果が「国立ガンセンター」から発表された。

同センターは、まず2005年に全国に住む40歳以上の男性、**20** 、食生活や飲酒・喫煙の習慣および調査対象者が住む各地域の人口密度・交通量・工場数などを調査した。

その後2020年まで同じ調査をくり返したが、**21** 、29,800人が死亡、そのうちガンによる死亡者は、8,056人に上っていた。

ガンで死亡した人について **22** 生活習慣を分析してみると、毎日タバコを吸い、酒を飲み、肉を食べる一方、ホウレンソウ、ニンジンなどの緑黄色野菜を毎日は食べないような生活タイプの人は、喫煙・飲酒を毎日はせず、肉食もときどきだが、緑黄色野菜を毎日必ず食べるような **23** 、2.5倍もガンにかかりやすいことが分かった。特に肺ガンにかかる確率は、前者の生活タイプの人を100とすると、後者の生活タイプの人は、7.7とずっと低い。

なお、「飲酒肉食はときどき、緑黄色野菜は毎日」という人でも、毎日タバコを吸う習慣が加わると、ガンにかかる可能性は、35%も上がることも分かった。

답 16 ② (4321)　17 ④ (3241)　18 ① (4132)

19

1 関連について　　2 関連にとって
3 関連にたいして　　4 関連にしたがって

20

1 12万人を希望に　　2 12万人を対象に
3 12万人を限界に　　4 12万人を中心に

21

1 このまえ　　2 このなかに　　3 このあいだ　　4 このうちに

22

1 ある　　2 あらゆる　　3 その　　4 どの

23

1 生活タイプの人によって　　2 生活タイプの人にしらべて
3 生活タイプの人にはじめて　　4 生活タイプの人にくらべて

핵심문법 다시보기

～上 ~상	生活環境上 생활환경상(01行)
～について N3 075 ~에 관해, ~에 대해	ガンの発生率との関連について 암 발생률과의 관련에 대해(01行)
～による N3 077 ~에 의한, ~에 따른	そのうちガンによる死亡者は 그중 암에 의한 사망자는(06行)
～てみる N3 051 ~해 보다	その生活習慣を分析してみると 그 생활 습관을 분석해 보니(08行)
～一方(で) N3 003 ~한편(으로)	肉を食べる一方 고기를 먹는 한편(09行)
～にくらべて N3 071 ~에 비해	毎日必ず食べるような生活タイプの人にくらべて 매일 반드시 먹는 생활 타입인 사람에 비해(11行)
～やすい N3 089 ~하기 쉽다	2.5倍もガンにかかりやすい 2.5배나 암에 걸리기 쉽다(11行)
～とすると N3 060 ~라고 (가정)하면	100とすると 100이라고 하면(12行)

답 19 ① 20 ② 21 ③ 22 ③ 23 ④

6 문법 확인문제 / 23

問題１　つぎの文の（　　　）に入れるのに最もよいものを、１・２・３・４から一つえらびなさい。

1 お母さんが心配するから、暗くならない（　　　）帰ったほうがいいですよ。004

1 ように　　2 までに　　3 ために　　4 うちに

2 都合に（　　　）出発はあしたにのばした。077

1 かけて　　2 わたって　　3 よって　　4 つけて

3 店の前にたくさんの人が並んでいます。それは店内に入るために（　　　）。079

1 待つことです　　2 待ったところです

3 待っているのです　　4 待ちにくいからです

4 先生「大学合格、おめでとう。」

生徒「ありがとうございます。先生がいつも丁寧に教えてくださった（　　　）。」007

1 おかげです　　2 はずです　　3 せいです　　4 ようです

5 先生は質問（　　　）はっきりと答えてくださいました。074

1 のほかに　　2 のことで　　3 に比べて　　4 に対して

6 アパートは部屋が広ければ広い（　　　）高くなります。083

1 より　　2 ほど　　3 かぎり　　4 ことに

7 つめたいものを食べすぎない（　　　）気をつけてください。093

1 ように　　2 ために　　3 だけに　　4 ことに

8 店員「はい、さくら美容室です。」

客　「午後３時に予約している山下です。すみませんが、急に用事ができたので、今日の予約をキャンセル（　　　）。」101

1 でございますか　　2 をくださいませんか

3 したいんでしょうか　　4 させてください

답 1④ 2③ 3③ 4① 5④ 6② 7① 8④

9 山田「来週の金曜日の６時から８時まで、田中さんも予定空けて（　　　）？」
田中「え、いいけど。どうして？」046

1 いればいい　2 おいたでしょう　3 いるんじゃない　4 おいてくれない

10 息子が悩んでいたのは知っていたんだが、その時私は仕事が忙しくて、何も話を（　　　）。108

1 聞いてあげられなかった　2 聞いてあげてよかった
3 聞いたほうがよかった　4 聞いてもかまわなかった

11 学校のすぐそばに小さな沼がある。（　　　）沼にはかっぱがいるというわさだ。

1 ある　2 あらゆる　3 その　4 私の

12 その作業服はいくら洗っても（　　　）きれいにならなかった。

1 少しも　2 絶対に　3 つまり　4 せっかく

13 私は石原先生に誕生日祝いの花束を（　　　）。

1 くれた　2 さしあげた　3 やった　4 いただいた

問題２　つぎの文の ＿★＿ に入る最もよいものを、１・２・３・４から一つえらびなさい。

14 10万円が１年で100万円になるなんて、そんなうまい ＿＿ ＿＿ ＿★＿ ＿＿。081

1 はずが　2 話が　3 ない　4 ある

15 この小説は昔から大好きで今まで ＿＿ ＿＿ ＿★＿ ＿＿ 感動で泣いてしまう。

1 読んでも　2 読んだけれど　3 何度　4 何度も

16 コンピューターを使って ＿＿ ＿★＿ ＿＿ ＿＿ 通信が可能になった。031

1 でなく　2 とも　3 海外　4 国内だけ

답 9④ 10① 11③ 12① 13② 14①(2413) 15③(4231) 16①(4132)

17 この言葉は、日本語にするのが正直少し難しかったですが、自分が ＿＿＿ ＿★＿ ＿＿＿ ＿＿＿ いる時に使えます。096

1 少し驚いて　　2 より　　3 思っていた　　4 うまくできて

18 この ＿＿＿ ＿★＿ ＿＿＿ ＿＿＿ 来たときのことを思い出す。036

1 妻と初めての　　2 コーヒーを飲むたびに

3 デートで　　4 カフェで

問題3 つぎの文章を読んで、文章全体の内容を考えて、[19] から [23] の中に入る最もよいものを、1・2・3・4から一つえらびなさい。

個人主義

佐藤真

ぼくは、6年生になる前の春休みにヨーロッパに旅行しました。また、6年生の夏休みにはハワイに行くことができました。日本以外の国へ行って、日本とちがった考え方にふれることができました。

[19] 、ホテルの中のエレベーターやロビーで他人にふれると、すぐに、

「エクスキューズミー(失礼)」

と声をかけ合います。日本のラッシュ時の電車では考えられないことです。

けれどもその反面、主にフランスなどでは道路の交通信号が赤の時でも車や人がとび出します。[20] を見て、ぼくはおどろきました。[21] 、他人にめいわくをかけはしません。それは、自分のことは自分で責任を持つという考え方があるからです。日本では人が道路にとび出して車にひかれた場合、[22] が、フランスでは、とび出した人自身の責任になります。

このような、自分で自分の責任を持ち、たいせつにしていくような個人主義は、他人へのめいわくをかえりみずに自分かってなことをする利己主義とはちがって、たいへん [23] 。

답 17②(3241)　18②(4213)

19

1 それとも　2 したがって　3 たとえば　4 ですから

20

1 これ　2 そこ　3 どちら　4 あっち

21

1 けれども　2 それに　3 それとも　4 なのに

22

1 会社の責任(せきにん)ではありません　2 ぼくの責任(せきにん)ではありません
3 国の責任(せきにん)になります　4 車の責任(せきにん)になります

23

1 すまないことだと思います　2 よいことだと思います
3 かなしいことだと思います　4 まずいことだと思います

핵심문법 다시보기

～ことができる N3 019 ～할 수(가) 있다	ハワイに行くことができました 하와이에 갈 수 있었습니다(04行)
～反面(はんめん) ～반면(에)	その反面(はんめん) 그 반면(09行)
가능형 N3 020 ～할 수 있다	日本のラッシュ時の電車では考えられないことです 일본의 러시아워 때의 전철에서는 생각할 수 없는 일입니다.(08行)
～はしない ～은 하지 않는다	他人(たにん)にめいわくをかけはしません 남에게 폐를 끼치지는 않습니다(10行)
～という N3 056 ～라고 하는	自分のことは自分で責任(せきにん)を持つという考え方が 자기 일은 자기가 책임을 진다는 사고방식이(11行)
～ていく N4 ～해 (나)가다	たいせつにしていくような個人主義(こじんしゅぎ)は 소중하게 여기는 개인주의는(14行)
～ずに N3 027 ～하지 않고	他人へのめいわくをかえりみずに 타인에 대한 폐를 반성하지 않고 (15行)
～と思う N3 058 ～라고 생각하다	たいへんよいことだと思います 매우 바람직한 것이라고 생각합니다. (16行)

답 19 ③　20 ①　21 ①　22 ④　23 ②

7 문법 확인문제

/ 23

問題１ つぎの文の（　　　）に入れるのに最もよいものを、１・２・３・４から一つえらびなさい。

1 私は、旅行(りょこう)のときにはできるだけその土地(とち)にしかない店(みせ)で食事(しょくじ)を（　　　）。094

1 するようにしています　　2 させるだろうと思います
3 するだろうと思います　　4 させるようにしています

2 私は友達(ともだち)に２時間したら起こしてくれる（　　　）頼(たの)んだ。093

1 そうに　　2 たけに　　3 まえに　　4 ように

3 上野(うえの)「私、チーズケーキと紅茶(こうちゃ)。山田(やまだ)さんは？」073
山田(やまだ)「私は、ご飯(はん)食(た)べたから、コーヒー（　　　）する。」

1 だけを　　2 だけで　　3 だけに　　4 だけ

4 あの学生は日本語がわかる（　　　）明るくなったみたいです。095·047

1 ようになるまで　　2 ようになってから
3 ことができるまで　　4 ことができてから

5 サッカー（　　　）多くの国で愛好(あいこう)されているスポーツはないだろう。015

1 ばかり　　2 ように　　3 ふうに　　4 くらい

6 「まあ、なんてきれいな花（　　　）。」039

1 こと　　2 だろう　　3 もの　　4 かな

7 父はときどき電気を（　　　）出かけます。037

1 ついたまま　　2 つけたまま　　3 ついている間　　4 つけている間

8 田中(たなか)「すみません。この小包(こづつみ)を小林(こばやし)さんに渡(わた)して（　　　）。お願いします。」
石田(いしだ)「あ、いいですよ。」110

1 おいてあげますよ　　2 おこうと思えますか
3 おいてもらえませんか　　4 おこうと思いませんよ

답 1① 2④ 3③ 4② 5④ 6② 7② 8③

9 本田(ほんだ)先生に作文(さくぶん)を直(なお)して（　　　）。

1　いただきました　　2　さしあげました

3　くださいました　　4　いらっしゃいました

10 友達(ともだち)とけんかをしてしまった。仲直(なかなお)りしたいが、謝(あやま)っても（　　　）。109

1　許してもらった　　2　許してくれない

3　許すだけではない　　4　許すほどではない

11 あの会社はもうすぐ倒産(とうさん)すると（　　　）うわさが流(なが)れている。056

1　する　　2　いう　　3　みる　　4　ある

12 このセーターは色がとても気に入った。（　　　）値段(ねだん)もてごろだった。

1　それに　　2　一方　　3　つまり　　4　ところが

13 学生時代の友達(ともだち)と会うと、楽(たの)しくていつも何時間（　　　）おしゃべりしてしまうのです。

1　は　　2　も　　3　など　　4　くらい

問題２　つぎの文の ＿＿★＿＿ に入る最もよいものを、１・２・３・４から一つえらびなさい。

14 きのう子どもと動物園(どうぶつえん)に行ったら、先日 ＿＿＿＿ ＿＿＿＿ ＿＿★＿＿ ＿＿＿＿ 見ることができました。035

1　パンダの　　2　赤(あか)ちゃんを　　3　ばかりの　　4　生(う)まれた

15 リサイクルしようと思えば、＿＿＿＿ ＿＿★＿＿ ＿＿＿＿ ＿＿＿＿。033

1　やり方　　2　がある　　3　だって　　4　いくら

16 配達員(はいたついん)「お荷物(にもつ)の配達(はいたつ)時間ですが、あすの夜７時ごろでいかがですか。」

客　「その ＿＿＿＿ ＿＿＿＿ ＿＿★＿＿ ＿＿＿＿ ので大丈夫(だいじょうぶ)です。お願(ねが)いします。」058

1　時間は　　2　家にいる　　3　たぶん　　4　と思う

답 9① 10② 11② 12① 13② 14①(4312) 15③(4312) 16②(1324)

17 クラスの人数を減らすか、さもなければ教師を増やして ＿＿＿ ＿★＿ ＿＿＿ ＿＿＿。050

1　担任を　　2　にして　　3　ほしい　　4　複数

18 母も私も、今日は傘がなくても ＿＿＿ ＿＿＿ ＿★＿ ＿＿＿ が、帰りは雨に降られてしまった。039·079

1　と思って　　2　大丈夫　　3　出かけたのだ　　4　だろう

問題３　つぎの文章を読んで、文章全体の内容を考えて、［19］から［23］の中に入る最もよいものを、１・２・３・４から一つえらびなさい。

ラッキョウ文化論

雑種文化としての日本文化を理解する上で、いかにもふさわしい切り口[注2]が、いわゆるラッキョウ[注1]文化論でしょう。ラッキョウは鱗茎の皮を一枚一枚はいで行くと最後は［19］残らない。それと同じように、すべてが外来の文化である日本文化には固有文化、オリジナルなものはひとつもない、とする見方です。

ラッキョウ文化論は比喩としては面白いし、真実を衝いている[注3]ところがあることはたしかですが、［20］論の弱点は、外来の文化を、受容した時のままで保持している、と考えるところにあります。もとのままなら［21］を一つ一つ取り去ることができるし、取り去ったらあとにはなにも残らない、たしかにラッキョウです。

［22］、受容した文化は、これに手を加え、場合によっては原形をとどめないほど変えてしまうことだってあります。それが日本人の感性や［23］育てられ、日本の風土のなかに定着する。定着した文化は、もはやラッキョウの皮のようにはぎ取ることはできないのです。ラッキョウ文化論は、文化を単に「量」として扱い、「質」の問題として考えていない議論なのです。

(村井康彦『日本の文化』による)

(注１) ラッキョウ：タマネギと同類の農作物。
(注２) 切り口：物事の分析・批評のしかた。
(注３) 真実を衝いている：本当のことを言っている。

답 17 ④(1423)　18 ①(2413)

19

1 必ずしも　2 なにも　3 別に　4 ちなみに

20

1 ある　2 ひとつの　3 一枚の　4 この

21

1 あれ　2 あっち　3 それ　4 そっち

22

1 実(じつ)は　2 それに　3 そのうえ　4 しかし

23

1 美意識(びいしき)によって　2 美意識(びいしき)にとって
3 美意識(びいしき)について　4 美意識(びいしき)にわたって

핵심문법 다시보기

～として N3 061 ～로서	雑種文化(ざっしゅぶんか)としての日本文化を 잡종문화로서 일본문화를 (02行)
～上(うえ)で ～하는 데 있어서	日本文化(にほんぶんか)を理解(りかい)する上(うえ)で 일본문화를 이해하는 데 있어서(02行)
～まま N3 037 ～대로	受容(じゅよう)した時のままで 수용했을 때 그대로(07行)
～ことができる N3 019 ～할 수(가) 있다	それを一(ひと)つ一(ひと)つ取(と)り去(さ)ることができるし 그것을 하나 하나 제거할 수 있고(08行)
～によって(は) N3 077 ～에 따라서(는)	場合(ばあい)によっては 경우에 따라서는(10行)
～だって N3 033 ～(라)도	原型(げんけい)をとどめないほど変(か)えてしまうことだって 원형을 남기지 않을 정도로 바꿔버리는 경우도(10行)

답 19 ② 20 ④ 21 ③ 22 ④ 23 ①

8 문법 확인문제 / 23

問題１ つぎの文の（　　　）に入れるのに最もよいものを、１・２・３・４から一つえらびなさい。

1 このパンは今焼いた（　　　）ですから、やわらかいですよ。035

1 うち　　2 ほど　　3 ばかり　　4 かぎり

2 彼は20年以上前に買った自転車をまだ（　　　）。こわれて使えなくなるまで、新しいのは買わないと言っていた。044

1 使った　　2 使わない　　3 使っている　　4 使っていなかった

3 あすのデートのことばかり考えてしまって、今日は興奮して（　　　）そうにない。030

1 眠り　　2 眠れ　　3 眠る　　4 眠れる

4 ３日前の（　　　）はっきり覚えていないのに、１か月も前のことは忘れちゃった。016·033

1 ことだって　　2 つもりだったり　　3 ばかりなのに　　4 だけでも

5 「白い鳥」（　　　）名前のレストランを知ってますか？041

1 なんか　　2 だって　　3 って　　4 とか

6 妹「今日は友達のたんじょうびパーティーに行ってくるね。」
兄「うん、わかった。８時すぎる（　　　）、迎えに行くから電話しろよ。」092

1 らしいなら　　2 ようなのに　　3 らしいのに　　4 ようなら

7 このテレビゲームのやり方がようやくわかったから、私にも（　　　）ほしい。100·050

1 やられるの　　2 やられて　　3 やらせるの　　4 やらせて

8 生徒会の選挙では、たがいに個人攻撃はやめて、どんな学校を作るか（　　　）議論し合った。099

1 を中心に　　2 と同時に　　3 と思えば　　4 を問わずに

답 1③ 2③ 3② 4① 5③ 6④ 7④ 8①

9 ちょうど宿題(しゅくだい)が終わった（　　　）です。034

1　もの　　2　こと　　3　くらい　　4　ところ

10 ゆうべ、寝(ね)るまえに（　　　）アイスクリームが食べたくなって、夜中なのにコンビニに買いに行った。

1　どうか　　2　せっかく　　3　どうしても　　4　きっと

11 彼女たちは姉妹(しまい)だとばかり思っていました。（　　　）そうではなかったんです。

1　また　　2　たとえば　　3　それに　　4　ところが

12 A「失礼ですが、お名前は何と（　　　）か。」
B「金(キム)と申(もう)します。」

1　うかがいます　　2　申(もう)し上(あ)げます　　3　おっしゃいます　　4　お聞(き)きになります

13 A「すみません、急いでいるので、先にコピーを（　　　）。」
B「あ、いいですよ。どうぞ。」

1　取らせるでしょうか　　2　取らせていただけませんか

3　取ったらいかがですか　　4　取るのではないでしょうか

問題2　つぎの文の ＿★＿ に入る最もよいものを、１・２・３・４から一つえらびなさい。

14 日本にいる ＿＿＿ ＿＿＿ ＿★＿ ＿＿＿ 思う。001

1　つくりたいと　　2　友達(ともだち)を　　3　あいだに　　4　なるべく多くの

15 原子力(げんしりょく)で電気を作ることができる。しかし、それ ＿＿＿ ＿★＿ ＿＿＿ ＿＿＿ 使(つか)われる。038

1　戦争(せんそう)の　　2　にも　　3　は　　4　ため

16 もう３時間も勉強(べんきょう)したように思ったが、時計を ＿＿＿ ＿＿＿ ＿★＿ ＿＿＿ たっていなかった。104·025

1　見たら　　2　しか　　3　まだ　　4　１時間

답 9 ④　10 ③　11 ④　12 ③　13 ②　14 ② (3421)　15 ① (3142)　16 ④ (1342)

17 どんなに彼女に頼まれても、一緒に ＿＿＿ ＿＿＿ ＿★＿ ＿＿＿ 。042

1 買い物に　　2 行く　　3 つもりは　　4 ありません

18 見学の後は、給食センターで給食を食べさせてもらいました。給食を作る ＿＿＿ ＿＿＿ ＿★＿ ＿＿＿ わかったので、いつも以上においしくいただくことができました。016

1 ことか　　2 どんなに　　3 大変な　　4 ことが

問題3 つぎの文章を読んで、文章全体の内容を考えて、 **19** から **23** の中に入る最もよいものを、1・2・3・4から一つえらびなさい。

小売店に対してカメラの値引きはしないと決めても、アメリカ人セールスマンが勝手に値引きを決めてきてしまう。ミーティングで方針を説明しても「Why？(なぜ？)」と肩をすくめて、自ら理解して動こうとはしない。会社に対する忠誠心も薄い。

日本の基準で測ると、アメリカ人スタッフのこうした行動は非常識そのものに映る。 **19** 、アメリカ社会を背景に重ねてみると、彼らの行動は **20** 合理的なのだ。

アメリカのセールスマンは、会社を渡り歩く。会社を替える時は、自分の得意先(注1)を抱えて替わる。得意先が飯のタネ(注2)だ。今、在籍する会社の政策に従うよりも、顧客の小売店を大切にしておかないと、将来、自分が困ることに **21** 。

会社も社員も、その土地の社会の一部である。そのマネジメントである経営は、 **22** 、その土地の人間の考え方や習慣、文化、伝統からも出られない。 **23** 、出る必要もない。それらを理解し、活用して初めてよい経営が成り立つ。経営は、経済合理性を追求する点でグローバルではあっても、人にまつわる部分では極めてローカルなものだ。

(御手洗富士夫『時流自論』による)

(注1) 得意先：よく商品・サービスを買ってくれるお客さん
(注2) 飯のタネ：生活のための収入を得るもと

답 17 ③(1234)　18 ③(4231)

19

1 また　　2 が　　3 で　　4 さて

20

1 それに　　2 それは　　3 実に　　4 実は

21

1 なるかもしれない　　2 なってほしい

3 なるはずがない　　4 なったわけだ

22

1 法律はともかくとして　　2 法律はもちろんのこと

3 法律をとわず　　4 法律としては

23

1 もし　　2 さて　　3 ただ　　4 また

핵심문법 다시보기

～に対して N3 074 ～에 대해	小売店に対して 소매점에 대해(01行)
	会社に対する忠誠心 회사에 대한 충성심(03行)
～(よ)うとする N3 006 ～하려고 하다	自ら理解して動こうとはしない 스스로 이해해서 움직이려고는 하지 않는다(03行)
～と N3 105 ～하면	日本の基準で測ると 일본의 기준에서 보면(05行)
～かもしれない N3 013 ～할지도 모른다	自分が困ることになるかもしれない 자신이 곤란을 겪게 될지도 모른다(10行)
가능형 N3 020 ～할 수 있다	伝統からも出られない 전통에서도 나올 수 없다(12行)
～てはじめて N2 ～서야 비로소	活用して初めて 활용해서야 비로소(13行)
～ではある ～이기는 하다	グローバルではあっても 글로벌 하기는 해도(14行)

답 19 ② 20 ③ 21 ① 22 ② 23 ④

9 문법 확인문제

/ 23

問題１ つぎの文の（　　　）に入れるのに最もよいものを、１・２・３・４から一つえらびなさい。

1 「ファン」（　　　）、あるものに夢中になっている者のことである。057

1 といっては　　2 としては　　3 というのは　　4 というには

2 (ポスターで)
社会が変わったんなら制度も変わって（　　　）。066

1 おかなきゃ　　2 いかなくちゃ　　3 みよう　　4 しまおう

3 A「きみは暑さに弱いだろう。今日は外出するのを（　　　）。」
B「それはだめ。せっかくのゴールデンウィークなんだから。」046

1 やめておこう　　2 やめたくなろう
3 やめてみようか　　4 やめたくないか

4 兄弟というものはもっと仲よく（　　　）だめだよ。066

1 しても　　2 しなくても　　3 しては　　4 しなくては

5 ひさしぶりに実家に帰ったが、隣のおばあちゃんはもう80歳近いということを（　　　）ほど元気だった。100

1 感じさせない　　2 感じさせる　　3 感じた　　4 感じられた

6 東京に（　　　）大阪のほうが物価が安い。071

1 はじめると　　2 しらべると　　3 くらべると　　4 よると

7 夕方駅前のケーキ屋に行ったら、ほとんど売り切れていて、チョコレートケーキとチーズケーキが１個（　　　）残っていなかった。025

1 ずつばかり　　2 ずつしか　　3 ずつこと　　4 ずつだけ

8 私に（　　　）このトロフィーは一生の宝物です。076

1 とって　　2 おいて　　3 比べて　　4 対して

답 1③ 2② 3① 4④ 5① 6③ 7② 8①

9 みんな田中さんのことをよく言いません。(　　　) 私は信じています。

1 でも　　2 また　　3 つまり　　4 そのうえ

10 不審な物を見つけたら、触らずに (　　　) 警察にお知らせください。

1 ところが　　2 すると　　3 または　　4 まず

11 一歳未満の子どもにハチミツを (　　　) ください。101

1 食べさせなくて　　2 食べられなくて

3 食べさせないで　　4 食べられないで

12 しっかりと防災ヘルメットを (　　　)、災害時に頭部を保護することができます。

1 かぶらせてもらったばかりで　　2 かぶってあげたためで

3 かぶらせてくださるもので　　4 かぶっていただくことで

13 客　「すみません。お電話はどこですか。」

店員「あちらのエレベーターの横に (　　　)。」

1 おります　　2 ございます　　3 いたします　　4 いらっしゃいます

問題 2　つぎの文の ＿★＿ に入る最もよいものを、1・2・3・4から一つえらびなさい。

14 米寿の年齢の由来は「米」という字を分解すると、「ハナハ」に ＿＿ ＿★＿ ＿＿ ＿＿ とされています。018

1 生まれた　　2 米寿の呼び名が　　3 見える　　4 ことから

15 不動産売買ではたくさんの ＿＿ ＿＿ ＿★＿ ＿＿。066

1 署名しなければ　　2 ならない　　3 いちいち　　4 書類に

16 細部の修辞に凝りすぎると趣旨が ＿＿ ＿★＿ ＿＿ ＿＿。070

1 読みにくい　　2 おそれがある　　3 伝わりにくく　　4 文章になる

답 9 ①　10 ④　11 ③　12 ④　13 ②　14 ④ (3421)　15 ① (4312)　16 ① (3142)

17 インドで発見された「ゼロ」の概念は ＿＿＿ ＿＿＿ ＿★＿ ＿＿＿ 理解されなかった。038

1　ため　　　2　ヨーロッパに伝わった

3　当初はなかなか　　　4　抽象性が高い

18 彼女は、どんな曲をカバーするときにも、原曲の持つ ＿＿＿ ＿★＿ ＿＿＿ ＿＿＿ している。038·093

1　オリジナルのキーで歌う　　　2　ニュアンスを損なわない

3　ために　　　4　ように

問題 3　つぎの文章を読んで、文章全体の内容を考えて、 19 から 23 の中に入る最もよいものを1・2・3・4から一つえらびなさい。

勉強ほど、やる人とやらない人の差が大きいものも、なかなかないのではないか。 19 中高生くらいだと、学校から帰って塾や自宅で１日に６時間も７時間も勉強している人もいるかと思えば、放課後はいっさいノートを開かないという人もいるはずだ。 20 勉強ほどその後の人生で役に立たない、と言われるものもない。あれほど一生懸命に学校で勉強した数学や化学は、大人になると 21 。では、そういった知識はいったいいつ消えてしまうのか。それは自分の目標を達成したとき、といってもよいのではないだろうか。

22 、「よい大学に入ることが目標」と思いながら勉強を続けてきた若者は、大学に合格した瞬間、気がゆるんで、それ 23 学んできた因数分解の方法や英語の構文を一気に忘れてしまうだろう。「高校を出て早く就職しなきゃ」と思っている人は、就職が決まった段階ですべてを忘れるのではないか。「ああ、よかった」とほっとひと息ついた瞬間に頭からぱーっと飛び散っていくもの、それが勉強なのではないか、という気がする。

(香山リカ『若者の法則』による)

답 17② (4123)　18③ (2314)

19

1　ただし　　2　とくに　　3　すぐに　　4　それに

20

1　ところで　　2　だが　　3　さて　　4　そして

21

1　ぜんぜん忘れないのだ　　2　ぜんぜん忘れなかったのだろう
3　ほとんど忘れてしまう　　4　ほとんど忘れるはずだった

22

1　いわゆる　　2　たとえば　　3　ところが　　4　すなわち

23

1　まで　　2　でも　　3　なら　　4　ばかりか

핵심문법 다시보기

～くらい N3 015 ~정도	中高生くらいだと 중고생 정도라면(02行)
～という N3 056 ~라고 하는	放課後はいっさいノートを開かないという人も 방과후에는 일절 노트를 펼치지 않는다는 사람도(03行)
～はずだ N3 082 ~일 터이다	ノートを開かないという人もいるはずだ 노트를 펼치지 않는다는 사람도 있을 것이다(03行)
～てしまう N3 049 ~해 버리다	ほとんど忘れてしまう 거의 잊어버린다(05行)
～てくる N3 048 ~해 오다	勉強を続けてきた若者は 공부를 계속해 온 젊은이는(08行)
～なきゃ N3 066 ~해야지	高校を出て早く就職しなきゃ 고등학교를 나와서 빨리 취직해야지(10行)

답 19 ② 20 ④ 21 ③ 22 ② 23 ①

10 문법 확인문제

/ 23

問題１ つぎの文の（　　）に入れるのに最もよいものを、１・２・３・４から一つえらびなさい。

1 赤い顔をしているよ。お酒を飲んできた（　　）ね。098

1 らしい　2 そうだ　3 つもりだ　4 ほしい

2 沸騰したお湯に塩と大根を入れ、大根が（　　）煮ます。014

1 やわらかくなるまで　2 やわらかくなる間

3 やわらかくするまで　4 やわらかくする間

3 姉「もう９時だよ。急がないと汽車が出発（　　）よ。」

弟「あ、本当だ。急いで行こう。」049

1 しなきゃ　2 してる　3 しちゃう　4 しとく

4 食堂には森先生の姿はなかった。授業中でない（　　）、たぶん職員室だろう。060

1 としたら　2 といっても　3 ところで　4 ながら

5 石原さんは鉄道がたいへん好きで、電車や列車などの写真を撮る（　　）、どこへでも行く。038

1 ためで　2 ためなら　3 からで　4 からなら

6 ハードウェアとソフトウェアを統合した物が売れなかった（　　）、私たちは考え方を根本的に見直さなければならなくなっていた。018

1 場合は　2 以上は　3 ばかりなのに　4 ことから

7 それでなくても狭い部屋なんだから、大きな液晶テレビ（　　）入らないよ。069

1 なんか　2 なんと　3 なんで　4 なんに

8 飲食店に客として行くと、たまに（　　）客席が残念に感じることはありませんか。102

1 案内される　2 案内してあげる　3 案内している　4 案内させてくれる

답 1① 2① 3③ 4① 5② 6④ 7① 8①

9 A「はい、ABC社営業部です。」

B「あ、わたくし、さくら銀行の石原と（　　）が、山本さんをお願いいたします。」

1 ございます　2 いたします　3 申します　4 申し上げます

10 客「すみません。6時に予約した西田ですが。」

店員「西田様ですね。それではお席にご案内（　　）。」

1 まいります　2 いたします　3 なさいます　4 くださいます

11「夏休みは帰国しないで旅行するつもりです。先生の出身地の京都にも行こうと思っています。お勧めの所はありますか。もしあったら、（　　）。」

1 教えてはいかがですか　2 教えていただきませんか

3 教えてもよろしいでしょうか　4 教えてくださいませんか

12 映画を見ているうち（　　）うとうとしてしまいました。

1 いまにも　2 もしかしたら　3 もっと　4 いつのまにか

13 A「今日は映画を見て、（　　）その後食事でもどうですか。」

B「はい、いいですね。」

1 つまり　2 そして　3 ところが　4 たとえば

問題2 つぎの文の ＿★＿ に入る最もよいものを、1・2・3・4から一つえらびなさい。

14 ＿＿ ＿★＿ ＿＿ ＿＿ 戦い、少しでもよい成績を残したい。027

1 なっても逃げずに　2 ネガティブな気持ちに

3 プロになった　4 以上

15 今期の優勝チームは、＿＿ ＿★＿ ＿＿ ＿＿ 攻略していった。075

1 的確な分析を行い　2 積極的な情報収集と

3 対戦チームについて　4 1チームずつ確実に

답 9③ 10② 11④ 12④ 13② 14④(3421) 15②(3214)

16 主要メディア ＿＿＿ ＿＿＿ ＿★＿ ＿＿＿ 、現大統領が再選される見込みだ。 077

1 によると　　2 による　　3 出口調査　　4 大統領選挙の

17 こちらへ ＿＿＿ ＿＿＿ ＿★＿ ＿＿＿ 時はお電話ください。 092

1 よう　　2 その　　3 来られる　　4 なら

18 一面に霜が下りて、＿＿＿ ＿＿＿ ＿★＿ ＿＿＿。 088

1 降った　　2 みたいだ　　3 雪が　　4 まるで

問題3 つぎの文章を読んで、文章全体の内容を考えて、 [19] から [23] の中に入る最もよいものを、1・2・3・4から一つえらびなさい。

生きがいということばは、日本語にだけあるらしい。こういうことばがあるということは日本人の生活のなかで、生きる目的や意味や価値が問題にされて来たことを示すものであろう。 [19] それがあまり深い反省や思索をこめて用いられて来たのでないにせよ、日本人がただ漫然と生の流れに流されて来たのではないことがうかがえる。

[20] 生きがいとは「世に生きているだけの効力、生きているしあわせ、利益、効験」などとある。これを英、独、仏などのことばに訳そうとすると、「生きるに価する」とか、「生きる価値または意味のある」などとするほかはないらしい。 [21] 論理的、哲学的概念にくらべると、生きがいということばにはいかにも日本語らしいあいまいさと、それゆえの余韻とふくらみがある。それは日本人の心理の非合理性、直感性をよく [22] 、人間の感じる生きがいというものの、ひとくちにはいい切れない複雑なニュアンスを、かえってよく表現しているのかもしれない。フランス語でいう存在理由とあまりちがわないかも知れないが、生きがいという表現にはもっと具体的、生活的なふくらみがあるから、 [23] 生存理由といったほうがよさそうに思える。

(神谷美恵子『生きがいについて』による)

답 16 ③ (2431)　17 ④ (3142)　18 ① (4312)

19

1 もはや　　2 ただし　　3 たとえ　　4 しかし

20

1 辞書(じしょ)にとっても　　2 辞書(じしょ)にしては
3 辞書(じしょ)にかわって　　4 辞書(じしょ)によると

21

1 こうした　　2 ある
3 その　　4 どちらにも

22

1 あらわしているとしたら　　2 あらわしているとともに
3 あらわしているとすれば　　4 あらわしているところに

23

1 むしろ　　2 まさか　　3 あるいは　　4 もちろん

핵심문법 다시보기

～らしい N3 098 ～인 것 같다	日本語(にほんご)にだけあるらしい 일본어에만 있는 것 같다(01行)
～をこめて ～을 담아	思索(しさく)をこめて 사색을 담아(03行)
～にせよ N2 ～라 하더라도	用(もち)いられて来(き)たのでないにせよ 사용되어 온 것이 아니라고 해도(03行)
～にくらべると N3 071 ～에 비하면	哲学的概念(てつがくてきがいねん)にくらべると 철학적 개념에 비하면(09行)
～とともに ～와 더불어, ～와 함께	直感性(ちょっかんせい)をよくあらわしているとともに 직감성을 잘 나타내고 있음과 더불어(11行)
～かもしれない N3 013 ～지도 모른다	かえってよく表現しているのかもしれない 오히려 잘 표현하고 있는지도 모르겠다(12行)
～ほうがよい N3 085 ～하는 편이 좋다	むしろ生存理由といったほうがよさそうに思える 오히려 생존 이유라고 하는 편이 좋을 듯 하다(14行)

답 19 ③ 20 ④ 21 ① 22 ② 23 ①

11 문법 확인문제

/ 23

問題１ つぎの文の（　　　）に入れるのに最もよいものを、１・２・３・４から一つえらびなさい。

1 東京の夏が暑いのは、温度が高い（　　　）湿度も高いからだ。031

1 だけでなく　2 だけでも　3 だけに　4 だけは

2 さっきこの町は近くにプールがない（　　　）言ったろ？ 041

1 って　2 っけ　3 ため　4 わけ

3 私は、あなたの個人的な問題に口を出す（　　　）ありません。042

1 あいだは　2 つもりは　3 ところは　4 ばかりは

4 現役時代と同じ稼ぎを得ることは難しくても、20万円なら必ずしも（　　　）のではないでしょうか。012

1 難しいに違いない　2 難しいはずがない

3 難しいことではない　4 難しいかもしれない

5 彼女はとても静かな人で、いるのかいないのかわからない（　　　）。015

1 くらいだ　2 おかげだ　3 ことはない　4 はずはない

6 このさくら市場には、とても新鮮な野菜が地元の畑からたくさん（　　　）。102·048

1 運んできます　2 運んでいきます　3 運ばれてきます　4 運ばれていきます

7 石原さんは家に来る（　　　）プレゼントを持ってきます。036

1 うちに　2 ごとに　3 とおりに　4 たびに

8 テストの後、コーヒーを（　　　）大学のカフェに行ったが、とても込んでいたので、大学の近くの喫茶店に飲みに行った。005

1 飲もうと思って　2 飲んでいて

3 飲もうと思うのに　4 飲んでいるのに

답 1① 2① 3② 4③ 5① 6③ 7④ 8①

9 さくら市では毎年８月最初の土曜日に夏祭り(なつまつ)りが（　　　）。[102]

1　行(おこな)います　　2　行(おこな)わせます　　3　行(おこな)っています　　4　行(おこな)われます

10 A「ちょっと、トイレに行ってきてもいい？」

B「うん。でも、（　　　）５分で映画が始まっちゃうから、急いでね。」

1　あと　　2　まだ　　3　だんだん　　4　今にも

11 ぼくは「ピーターパン」という話がとても好きだ。（　　　）ぼくの妹は、その話が嫌(きら)いだそうだ。

1　そのうえ　　2　つまり　　3　けれども　　4　すると

12 彼女は、初めてのスピーチだったので、緊張(きんちょう)して胸(むね)がどきどきしたと言っていたが、全然(ぜんぜん)（　　　）見えなかった。

1　こう　　2　そう　　3　こういう　　4　ういう

13 この前会ったときときみは（　　　）変(か)わってないね。

1　やっと　　2　きっと　　3　ちっとも　　4　せっかく

問題２　つぎの文の ＿★＿ に入る最もよいものを、１・２・３・４から一つえらびなさい。

14 私が今住んでいるアパートは線路沿(せんろぞ)いにある。住み始めたころは、＿＿＿ ＿＿＿ ＿★＿ ＿＿＿ 気にならなくなった。[009]

1　すぐ　　2　電車の通る

3　音がしてうるさいと　　4　思うこともあったが

15 昨日はじめてさくら駅に行きました。さくら駅まで ＿＿＿ ＿＿＿ ＿★＿ ＿＿＿ わからなくて、電車に乗る前に駅員に聞きました。[107]

1　いちばん早く　　2　電車で行けば　　3　どの　　4　到着(とうちゃく)するのか

답 9④　10①　11③　12②　13③　14④(2341)　15①(3214)

16 毎年、ABC社には多くの新入社員が入るのだが、仕事が ＿＿＿ ＿＿＿ ＿★＿ ＿＿＿ 多いそうだ。049

1　社員が　　2　やめてしまう　　3　2年以内に　　4　あまりにも多くて

17 A「もう白いシャツでカレー食べるのはやめてね。」
B「そんなこと言ったってきみも ＿＿＿ ＿＿＿ ＿★＿ ＿＿＿ コーヒーこぼしたでしょ？」035

1　この前　　2　買った　　3　シャツに　　4　ばかりの

18 見知らぬ人が赤ちゃんをあやそうとすると、恥ずかしがってよそ見したり ＿＿＿ ＿＿＿ ＿★＿ ＿＿＿ 顔をすることがあります。029

1　目がうるんで　　2　泣き出しそうな　　3　今にも　　4　ついには

問題 3　つぎの文章を読んで、文章全体の内容を考えて、 19 から 23 の中に入る最もよいものを、1・2・3・4から一つえらびなさい。

「試験を受ける」「手紙を書く」などという場合に、めうえの人が「受ける」「書く」という動作をするときは、「試験をお受けになる」「手紙を 19 」と言います。

これと同じ方法で、動作をする人を 20 、「本を読む」「家に帰る」「みかんを食べる」「六時に起きる」などのことばも「(ご)本をお読みになる」「(お)家にお帰りになる」「みかんをお食べになる」「六時にお起きになる」となるわけです。

また、「れる」か「られる」をめうえの人の動作を表すことばにつけて、 21 人をうやまう方法があります。

「試験を受けられる」「手紙を書かれる」と言うと、前の「お受けになる」「お書きになる」と同じ意味になります。 22 この場合、「れる」がつく語には「られる」はつきませんし、「られる」がつく語には「れる」がつきません。この方法をつかうと、前の例にあげたことばも「(ご)本を 23 」「(お)家に帰られる」「みかんを食べられる」「六時に起きられる」と言えばよいわけです。

답 16 ② (4321)　17 ④ (1243)　18 ③ (4132)

19

1 書かれる　　2 書かせる
3 お書きになる　　4 お書かになる

20

1 うやまおうとすると　　2 うやまったとすると
3 うやまわないとしたら　　4 うやまってからとしたら

21

1 以下の　　2 表した　　3 動作した　　4 その

22

1 実は　　2 しかし　　3 そのうえ　　4 ちなみに

23

1 読ませる　　2 読まれる　　3 読まさせる　　4 読まられる

핵심문법 다시보기

～という N3 056 ~라고 하는	「書く」という動作を '쓰다'라는 동작을(01行)
お～になる ~하시다	試験をお受けになる 시험을 보시다(02行)
～(よ)うとする N3 006 ~하려고 하다	動作をする人をうやまおうとすると 동작을 하는 사람을 높이려고 하면(03行)
～わけだ ~인 것이다	「六時にお起きになる」となるわけです '6시에 일어나시다'가 되는 것입니다(05行)
～と N3 105 ~하면	「手紙を書かれる」と言うと '편지를 쓰시다'라고 하면(08行)
～し N3 024 ~하고	「れる」がつく語には「られる」はつきませんし 「れる」가 붙는 말에는 「られる」는 붙지 않고(10行)
～ば N3 107 ~하면	「六時に起きられる」と言えばよいわけです '6시에 일어나시다'라고 하면 되는 것입니다(12行)

답 19 ③　20 ①　21 ④　22 ②　23 ②

12 문법 확인문제

/ 23

問題１　つぎの文の（　　　）に入れるのに最もよいものを、１・２・３・４から一つえらびなさい。

1 そんなことを、私が知っている（　　　）。081

1　べきではない　　2　はずがない　　3　ほかはない　　4　にすぎない

2 この問題の答えは違(ちが)っています。もう一度（　　　）ください。067

1　やりなおして　　2　やりおわって　　3　やっておいて　　4　やってあって

3 君があの人と結婚(けっこん)するなんて（　　　）知らなかった。

1　やっと　　2　ちっとも　　3　さっき　　4　せっかく

4 クラスの金がぬすまれた（　　　）、みんなは私を疑(うたが)っているようだ。021

1　ことだから　　2　ことなら　　3　ことには　　4　ことで

5 木村(きむら)さんはコンピューターの（　　　）、なんでも知っています。018

1　ものなら　　2　ものには　　3　ことなら　　4　ことには

6 学生のときによく通(かよ)った喫茶店(きっさてん)やお菓子屋(かしや)、楽器店(がっきてん)などが今もまだ（　　　）なつかしかったと西田(にしだ)さんは語(かた)る。044

1　営業(えいぎょう)して　　2　営業(えいぎょう)していなくて

3　営業(えいぎょう)しなくて　　4　営業(えいぎょう)していて

7 山田(やまだ)「原田(はらだ)さん、この書類(しょるい)、ここにもサインを（　　　）ですか。」
原田(はらだ)「あ、すみません。すぐします。」110·053

1　してくれたらいい　　2　してあげてもいい

3　してやったらいい　　4　してもらってもいい

8 私の弟は、13歳からマラソンを続けていて、県の代表選手に（　　　）。102

1　選んでいるところだ　　2　選んでいるものだ

3　選ばれたこともある　　4　選ぶためでもある

답 1② 2① 3② 4④ 5③ 6④ 7④ 8③

9 今日は家にある調味料（　　）できる簡単な料理をご紹介します。

1 ほどが　2 ほどで　3 だけが　4 だけで

10 翻訳にはずいぶんお金がかかった。（　　）うちの会社では機械翻訳システムを導入した。

1 例えば　2 一方で　3 ところが　4 そこで

11 森さんは丁寧に説明してくれましたが、（　　）私にはわかりませんでした。

1 そのうえ　2 特に　3 それでも　4 また

12 山田「鈴木さん、会社の近くで、いい歯医者を知っていたら（　　）。」
鈴木「あ、私のかかりつけの歯医者は親切で丁寧ですよ。」050

1 教えたいんですが　2 教えていいですか
3 教えてほしいんですが　4 教えてもらっていますか

13 私は娘が歌手になることには反対していたが、娘も一生けんめいにがんばろうとしているので、（　　）と思っている。108

1 応援してはいけないのか　2 応援してやろうか
3 応援してしかたがないのか　4 応援してもらおうか

問題2 つぎの文の ＿★＿ に入る最もよいものを、1・2・3・4から一つえらびなさい。

14 先週の土曜日に子どもと行った動物園には、約500種類の動物がいた。＿＿＿ ＿＿＿ ＿★＿ ＿＿＿ そうだ。020

1 見られる動物園は　2 あんなに
3 いろいろな動物が　4 なかなかない

15 ある省庁の観測したデータを国際会議で ＿＿＿ ＿＿＿ ＿★＿ ＿＿＿、ついに許可が出なかったことがあります。050

1 使わせてほしい　2 と　3 ところ　4 頼んだ

답 9④ 10④ 11③ 12③ 13② 14①(2314) 15④(1243)

16 この辺は自然が多く、いつか ＿＿＿ ＿＿＿ ＿★＿ ＿＿＿ 、近くにスーパーやコンビニがない場所なので、車の運転ができない私には生活するのは大変そうだ。005

1　ところに住んで　　2　こういう

3　みようかと思って　　4　いるが

17 ゆうべ、小学校のときに ＿＿＿ ＿＿＿ ＿★＿ ＿＿＿ たっていて、驚いた。104

1　ずっと同じ　　2　友達と電話で話していたら

3　クラスだった　　4　いつのまにか2時間も

18 A「ねえ、あしたの野外コンサート行くの？ コンサートの会場が駅から遠くて不便だから、行こうか迷ってるんだけど。」042·104·108

B「私、自動車で ＿＿＿ ＿＿＿ ＿★＿ ＿＿＿ よ。」

1　乗せてあげる　　2　行くんだったら　　3　行くつもりだから　4　もし

問題 3　**つぎの文章を読んで、文章全体の内容を考えて、 19 から 23 の中に入る最もよいものを、1・2・3・4から一つえらびなさい。**

「私は太郎さんと花子さんに明日の予定を説明した。」という文には、二つの意味がある。一つは「私は太郎さんと花子さんの二人に明日の予定を説明した。」という意味で、もう一つは「私は太郎さんと二人で花子さんに明日の予定を説明した。」という意味である。意味の区別をはっきりさせる 19 、一つ目の意味ならば、「私は」のあとに読点を打つという方法がある。

20 例として「私が大好きなお母さん。」という文がある。一つは「私がお母さんを大好きだと思っている。」という意味で、もう一つは「お母さんが私を大好きだと思っている。」という意味である。 21 、この例の場合には読点を打った 22 意味の区別がしにくい。一つ目の意味を伝えたいなら「私の大好きなお母さん。」、二つ目の意味を伝えたいなら「私を大好きなお母さん。」と 23 、意味の区別ができる。

답 16 ③ (2134)　17 ② (1324)　18 ② (3421)

19

1 からは　　2 までは　　3 には　　4 とは

20

1 同じような　　2 間違いない
3 あのような　　4 いちばんいい

21

1 すっかり　　2 ずいぶん　　3 とうとう　　4 ただし

22

1 だけでは　　2 だけではなく
3 ばかりでは　　4 ばかりではなく

23

1 なると　　2 すると　　3 なっても　　4 しても

핵심문법 다시보기

～という N3 056 ~라고 하는	「予定を説明した。」という文 '예정을 설명했다'라는 문장(01行)
～なら N3 106 ~라면	一つ目の意味ならば 첫 번째 의미라면(04行)
～ような N3 091 ~와 같은	同じような例として 같은 예로서(06行)
～として N3 061 ~로서, ~라고 해서	同じような例として 같은 예로서(06行)
～にくい N3 070 ~하기 어렵다	意味の区別がしにくい 의미 구별을 하기 어렵다(09行)
～とすると N3 060 ~라고 하면	「私を大好きなお母さん。」とすると '나를 아주 좋아하는 엄마.'라고 하면(10行)

답 19 ③ 20 ① 21 ④ 22 ① 23 ②

제4장

독해 공략편

1 독해요령 알아두기
2 문제유형 공략하기

01 독해요령 알아두기

1 문제유형별 독해 포인트

일본어 능력시험 N3 독해는 크게 내용이해, 정보검색 2가지 유형으로 나뉘며, 내용이해는 단문·중문·장문의 3가지 유형의 문제가 출제된다.

❶ 내용이해(단문)

주로 생활, 업무, 학습 등 다양한 주제를 포함한 150~200자 정도의 설명문이나 지시문을 읽고 내용을 이해했는지를 묻는다. 주로 글의 전체 주제를 묻는 문제나 필자의 주장이나 생각을 묻는 문제, 문맥을 파악하는 문제 등의 형태로 출제된다.

❷ 내용이해(중문)

비교적 쉬운 내용의 신문 평론, 설명문, 수필 등 350자 정도의 지문을 읽고 키워드나 인과관계, 이유, 필자의 생각 등을 이해할 수 있는지를 묻는 문제가 출제된다. 주로 문장의 개요나 필자의 생각, 인과관계나 이유 등을 묻는 문제가 출제되기 때문에, 지문의 각 단락이 말하고자 하는 내용이 무엇인지를 파악하는 것이 중요하다.

❸ 내용이해(장문)

해설, 수필, 편지 등 550자 정도의 장문의 지문을 읽고 필자가 전달하려는 주장, 의견을 얼마나 이해했는지를 묻는다. 전체적인 내용 이해, 키워드의 파악, 논리 전개 등을 파악하는 것이 중요하다. 독해 문제 중에서 난이도가 가장 높은 문제이다. 글의 전체 주제을 묻는 문제나 필자의 주장이나 생각을 묻는 문제, 밑줄 친 부분의 의미를 찾는 문제, 문맥을 파악하는 문제 등 다양한 형태로 출제된다.

❹ 정보검색

광고, 팸플릿, 정보지, 전단지, 비즈니스 문서 등의 정보를 다룬 600자 정도의 지문에서 자신에게 필요한 정보를 찾아낼 수 있는지를 묻는 문제이다. 정보를 주는 문장의 경우, 읽는 목적에 따라 필요한 부분만을 찾아서 읽으면 된다. 따라서 먼저 문제지의 질문과 선택지를 읽고 필요한 정보가 무엇인지 파악하는 것이 중요하다.

2 질문유형별 독해 포인트

일본어 능력시험 N3 독해에서 출제되는 4가지 문제 유형에는 주로 필자의 생각이나 주장을 묻는 문제, 전체 지문의 내용을 묻는 문제, 밑줄 친 부분의 의미를 찾는 문제, 문맥을 파악하는 문제 등의 다양한 유형의 질문의 형태가 있다.

❶ 필자 관련 문제

필자의 생각이나 주장을 묻는 문제로, 주로 내용이해(단문·중문·장문)의 문제 유형에서 출제된다. 필자의 주장을 묻는 경우는 단락이 하나일 경우는 첫 문장과 마지막 문장, 단락이 2개 이상일 경우는 마지막 단락을 주의해서 읽는다. 필자가 가장 말하려고 하는 주장, 의견, 요점을 나타낸 키워드를 찾는다.

❷ 의미 파악 문제

밑줄 친 부분에 대한 의미를 찾는 문제로, 주로 내용이해(단문·중문·장문)의 문제 유형에서 출제된다. 밑줄 친 부분의 말의 의미를 확실히 이해한 다음, 앞뒤 문맥을 잘 살펴본다.

❸ 내용 파악 문제

지문의 전체적인 내용을 파악하는 문제로, 내용이해(단문·중문·장문), 정보검색 등의 문제 유형에서 출제된다. 문제 유형별로 푸는 요령이 조금씩 다른데, 내용이해의 경우는 먼저 선택지를 읽고 난 후 본문의 내용과 비교해 가면서 선택지를 지워가면서 문제를 푼다. 그리고 정보검색의 경우는 질문이 먼저 나오고 지문이 나오므로, 먼저 질문을 읽고 난 다음 질문에서 요구하는 정보를 텍스트에서 파악해야 한다.

02 문제유형 공략하기

問題4 내용이해 - 단문

| 문제유형 분석 및 대책 |

問題 4는 내용이해(단문) 문제로, 생활, 업무 등 여러 가지 화제를 포함한 설명문이나 지시문 등의 150~200자 정도의 지문을 읽고 내용을 이해했는지를 묻는다. 문제 수는 N3 독해 16문제 중 4문제가 출제된다. 총 4개의 지문이 나오고, 각 지문 당 1문제씩 출제된다.
주로 글의 전체 주제를 묻는 문제나 필자의 주장이나 생각을 묻는 문제, 문맥을 파악하는 문제 등의 형태로 출제된다. 전체 독해 문제 중에서 지문이 짧은 편이기 때문에 필자의 주장이나 의견, 전체 지문의 요점을 나타낸 키워드나 문장을 빨리 파악하는 것이 포인트이다.

문제 유형 예시

問題 4　つぎの(1)から(4)の文章を読んで、質問に答えなさい。答えは、1・2・3・4から最もよいものを一つえらびなさい。

(1)

これは大学から学生に届いたメールである。

あて先：　kinkyu@oyama-daigaku.ac.jp
件　名：　大雪による休講のお知らせ
送信日時：　2016年 12月 1日 7:00

学生のみなさん

現在、大雪のため、多くの公共交通機関が止まっています。そのため、午前の授業は行われません。午後の授業は、10時までに公共交通機関が動き始めれば、いつもの通り行います。授業を行うかどうか10時にメールでお知らせしますので、必ず確認してください。

실전 감각 익히기 | 내용이해 - 단문

例題　つぎの文章を読んで、質問に答えなさい。答えは、1・2・3・4から最もよいものを一つえらびなさい。

（1）

これはABCハウスの規則である。

> ABCハウスの規則
>
> 1. 家族・友達を部屋に入れないこと。入れるときは管理人に許可をもらうこと。
> 2. ハウス内でたばこを吸わないこと。
> 3. 部屋のゴミは自分で分けてゴミ置き場に捨てること。
> 4. シャワーおよび洗濯機は朝６時30分から夜12時まで。
> 5. ロビーのパソコンは無料だが、１人で長時間使用しないこと。

1　ABCハウスでしてはいけないことはどれか。

1　夜10時にシャワーを使うこと
2　友達と廊下で話すこと
3　ロビーでたばこを吸うこと
4　自分のパソコンを長時間使うこと

해석 및 해설

해석

(1)

이것은 ABC 하우스 규칙이다.

ABC 하우스 규칙

1. 가족·친구를 방에 들이지 말 것. 들일 때는 관리인에게 허락을 받을 것.
2. 하우스 안에서 담배를 피우지 않을 것.
3. 방의 쓰레기는 스스로 분류해서 쓰레기 하치장에 버릴 것.
4. 샤워 및 세탁기는 아침 6시 30분부터 밤 12시까지.
5. 로비의 컴퓨터는 무료지만, 혼자서 장시간 사용하지 않을 것.

1 ABC 하우스에서 해서는 안 되는 것은 어느 것인가?

1 밤 10시에 샤워를 쓰는 것
2 친구와 복도에서 이야기하는 것
3 로비에서 담배를 피우는 것
4 자신의 컴퓨터를 장시간 사용하는 것

해설

문장 전체 내용을 파악하는 문제이다. 먼저 선택지를 읽은 후 지문을 읽어가면서 틀린 것을 지우는 것이 문제를 푸는 요령이다. 문제는 ABC 하우스에서 금지하고 있는 것을 찾는 것으로, 지문에서 제시된 ABC 하우스의 규칙을 얼마나 잘 이해했는지를 묻고 있다. 1번은 '밤 10시에 샤워를 쓰는 것'이라고 했는데, 규칙에 샤워 및 세탁기는 밤 12시까지 사용할 수 있다고 했으므로 관련이 없다. 2번은 '친구와 복도에서 이야기하는 것'인데, 규칙에는 가족, 친구를 방에 들일 수 없다고 했지, 복도에 대한 것은 언급되지 않았으므로 관련이 없다. 3번은 '로비에서 담배를 피우는 것'인데, 규칙에는 하우스 안에서는 담배를 피우지 말라고 했으므로 정답이다. 4번은 '자신의 컴퓨터를 오랜 시간 사용하는 것'이라고 했는데, 규칙에는 로비의 컴퓨터에 대한 것만 언급이 되었으므로 관련이 없는 내용이다.

실전 연습하기　내용이해 - 단문　/ 6

問題４　つぎの(1)から(6)の文章を読んで、質問に答えなさい。答えは、１・２・３・４から最もよいものを一つえらびなさい。

（1）

私達のボランティアグループは毎年市民祭りでクッキーを売ってその利益を「子供の家」に寄付している。店を出すためには場所代として5,000円払わなければならない。クッキーは１袋100円で300袋売れた。小麦粉などを寄付してくれた人がいたので材料費は7,000円しかかからなかった。去年より2,000円多く寄付できたのでよかった。

1　去年の利益はいくらだったか。

1　16,000円
2　18,000円
3　23,000円
4　25,000円

（2）

ネギと卵を煮て味を付けた物を大きな丼に入れたご飯の上にのせた物を「卵丼」という。それに鶏肉を入れたら「親子丼」という食べ物になる。卵と鶏だから親子だというわけだ。鶏肉の代わりに豚などの肉を入れたら卵とその肉は何の関係もないという理由で「他人丼」になる。よくこんな名前を付けたものだと感心した。

(注) 丼：ご飯などを入れる大きな入れ物。○○丼ともいう。

2 こんな名前というのはどんなことか。

1 材料がわかる名前

2 卵に関係がある名前

3 丼と付けてある名前

4 付けた理由がおもしろい名前

（3）

これは新規開店のパン屋の広告のチラシである。

> 手作りパン開店のお知らせ
>
> 東駅の前に４月１日手作りパン店が開店いたします。１日より７日までこのチラシを持って来られた方は10％割引とさせていただきます。また店のじまんのパンのうちクリームパン、ジャムパン、メロンパンは１日は１個180円のところを150円に割引させていただきます。これは10％割引にはなりません。また店の中で試食(注)ができますので、みなさま、ぜひおいでくださるようにお願いいたします。

（注）試食：食べてみること

3 チラシを持って１日に300円のサンドイッチとメロンパンを２つずつ買った場合いくらになるか。

1 810円
2 840円
3 874円
4 900円

（4）

これはゲームを買った人に送られてきたお礼の文である。

このたびはジャンプゲームをお買い上げくださいまして、誠（まこと）にありがとうございました。品物といっしょに送料無料（むりょう）サービス券を入れさせていただきましたので、次のお買い物の時にどうぞご利用ください。このサービス券はお客様が商品をお買い上げくださいました日から半年間使うことができます。お客様のお買い上げ日は8月20日でございます。これからもよろしくお願いいたします。

4　この手紙の説明と合っているのはどれか。

1　ジャンプゲームの送料を払（はら）わなくていいこと

2　サービス券が後から送られてくること

3　今年次の買い物をするとき送料はいらないこと

4　サービス券が３月に使えること

（5）

これは東駅周辺が駐輪禁止になることを知らせる文である。

> お知らせ
>
> 2021年10月１日より東駅周辺500メートル以内はすべての道路で駐輪(注)禁止となります。それ以後道路上に自転車は止められなくなりますのでご注意ください。道に止めている自転車は西駅の保管場所まで移動します。自転車を止めたい時は近くの市の自転車置き場をご利用ください。駐輪料金は自転車１台につき１日200円です。皆様のご協力をお願いいたします。

（注）駐輪：自転車を止めておくこと

5　内容からわからないことは何か。

1　自転車が止められなくなる場所
2　市の自転車置き場の利用料金
3　市の自転車置き場の場所
4　自転車が止められなくなる年月日

(6)

これは日本書店のクレジットカードの申し込み説明文である。

本日「日本書店」原宿店で「日本書店クレジットカード」を作られた方全員に、その場で2,000円の図書券を差し上げます。これはいつでも日本中の「日本書店」で使うことができます。カードをお作りになるときには運転免許証やパスポートなどの写真つきの身分証明書が必要です。カードをお作りになりたい方は受付にお申し込みください。

6 今日このクレジットカードを作るとどんな図書券がもらえるか。

1 どこの本屋でも使える図書券

2 この店で直ぐにでも使える図書券

3 日本書店の原宿店でしか使えない図書券

4 今日中に使わなければならない図書券

問題5 내용이해-중문

| 문제유형 분석 및 대책 |

問題 5는 내용이해(중문) 문제로, 비교적 평이한 내용의 평론, 해설, 수필 등 350자 정도의 지문을 읽고, 키워드나 인과관계 등을 이해했는지를 묻는다. 문제 수는 N3 독해 전체 16문제 중 6문제가 출제된다. 총 2~3개의 지문이 나오고, 각 지문 당 2~3문제가 출제된다.
주로 문장의 개요나 필자의 생각, 인과관계나 이유 등을 묻는 문제가 출제되기 때문에, 각 단락이 말하고자 하는 내용이 무엇인지를 파악하는 것이 중요하다. 문장의 주제나 필자의 생각은 주로 마지막 단락에서 정리가 되므로 주의 깊게 파악한다. 인과관계나 이유를 묻는 문제의 경우는 주로 밑줄 친 부분의 문장의 앞뒤 문맥을 잘 살펴서 문제를 풀어야 한다.

문제 유형 예시

問題 5　つぎの(1)と(2)の文章を読んで、質問に答えなさい。答えは、1・2・3・4から最もよいものを一つえらびなさい。

(1)

私は本が好きで、よく本を買うのですが、先日①失敗をしてしまいました。家で買ったばかりの本を読んでいたら、前に読んだことがあるような気がしてきたのです。もしかしたら持っている本かもしれないと思って本棚を探してみたら、やっぱりありました。そして、その本を読んだことも思い出したのです。

私はたまにこんな失敗をします。読んだことがある本なのに、買ったことも内容も忘れているのです。

それが面白くない本だったときは、つまらない本のために二度もお金を払ったことが悔しくなります。でも、面白くて感動した本だったときには、悔しいだけではなく②自分が嫌になります。いいと思った本のことを忘れてしまった自分が情けないのです。

これからも同じようなことをしてしまうかもしれません。でも、本を読むのは楽しいので、本屋通いはやめられそうもありません。

28　①失敗とあるが、どのようなことか。

1　買ったばかりの本を本棚に入れたまま、読むのを忘れてしまったこと
2　前に読んだことを忘れて、同じ本をまた買ってしまったこと
3　持っていない本なのに、本棚にあるはずだと思って探してしまったこと
4　初めて読む本なのに、前に読んだことがあると思ってしまったこと

실전 감각 익히기 내용이해 - 중문

例題 つぎの文章(ぶんしょう)を読んで、質問に答えなさい。答えは、1・2・3・4から最もよいものを一つえらびなさい。

日本で動いているロボットのほとんどが機械(きかい)の形をしていて工場で働いている。そして人間の代わりに同じ作業(さぎょう)を繰(く)り返(かえ)したり、危険(きけん)な作業をしたりしている。中には人間にはできないような細かい仕事ができるロボットもある。

最近歩いたり受付で説明したり楽器を使って人を楽しませたりする人型(ひとがた)のロボットが増えてきた。しかし人間のようなロボットを作ることは難しいだろう。歩くことさえやっとできるようになったばかりだから、人の世話をすることなどは当分無理だ。

人間と同じ動きができるロボットの誕生(たんじょう)は夢(ゆめ)でしかないだろう。しかしその途中で生み出された技術がすでにほかの形で人間の役に立つことがある。ロボットが歩く技術は足の悪い人が一人で歩くための装置(そうち)に使われているそうだ。

今後は人間の世話をするロボットが一番期待されていくだろう。掃除(そうじ)したり留守番(るすばん)したりするロボットはもう作られている。人間の生活を豊(ゆた)かにするためにロボット開発を進めていきたいものだ。

1 ロボットについての説明で正しいのはどれか。

1 人間のようなロボットができる可能性は大きい。
2 人型ロボットは人間の世話をするために作られた。
3 現在のロボットのほとんどは機械の形をしている。
4 ロボットは人間にできないことをするために作られた。

2 筆者の意見と違うのはどれか。

1 人間と同じように動ける人の世話をするロボットが増えるだろう。
2 ロボットを人間のために使っていきたい。
3 人間と同じような動きができるロボットはできないだろう。
4 人の世話をするロボットがほしがられるだろう。

해석 및 해설

해석

일본에서 움직이고 있는 로봇의 대부분이 기계의 형태를 하고 공장에서 일하고 있다. 그리고 인간 대신에 같은 작업을 반복하기도 하고 위험한 작업을 하기도 한다. 그 중에는 인간은 할 수 없는 정교한 일을 할 수 있는 로봇도 있다.

최근 걸어 다니거나 접수처에서 설명하거나 악기를 사용하여 사람을 즐겁게 하는 인간형 로봇이 늘어났다. 그러나 인간과 같은 로봇을 만드는 것은 어려울 것이다. 걷는 것조차 겨우 가능해진 참이니, 사람을 돌보는 일 같은 것은 당분간 무리이다.

인간과 같은 움직임을 할 수 있는 로봇의 탄생은 꿈에 지나지 않을 것이다. 그러나 그 도중에 생겨난 기술이 이미 다른 형태로 인간에게 도움을 주는 경우가 있다. 로봇이 걷는 기술은 다리가 불편한 사람이 혼자서 걷기 위한 장치로 사용되고 있다고 한다.

앞으로는 인간을 돌보는 로봇이 가장 기대될 것이다. 청소를 하거나 집을 보거나 하는 로봇은 이미 만들어져 있다. 인간의 생활을 풍요롭게 하기 위해 로봇 개발을 추진해 가고 싶다.

1 **로봇에 대한 설명으로 옳은 것은 어느 것인가?**

1 인간과 같은 로봇이 생길 가능성은 크다.
2 인간형 로봇은 인간을 돌보기 위해 만들어졌다.
3 현재 대부분의 로봇은 기계의 형태를 하고 있다.
4 로봇은 사람이 할 수 없는 일을 하기 위해 만들어졌다.

2 **필자의 의견과 다른 것은 어느 것인가?**

1 인간과 똑같이 움직일 수 있는 사람을 돌보는 로봇이 늘어날 것이다.
2 로봇을 인간을 위해서 사용해 가고 싶다.
3 인간과 똑같은 움직임이 가능한 로봇은 생기지 않을 것이다.
4 사람을 돌보는 로봇을 원하게 될 것이다.

해설

〈질문 1〉 1번 '인간과 같은 로봇이 생길 가능성은 크다'고 했는데, 두 번째 단락에서 인간과 같은 로봇을 만드는 것은 어려울 것이라고 했기 때문에 정답이 아니다. 2번 '인간형 로봇은 인간을 돌보기 위해 만들어졌다'고 했는데, 두 번째 단락에서 최근 걸어 다니거나 접수처에서 설명하거나 악기를 연주하는 인간형 로봇이 늘어났다고 했으므로 정답이 아니다. 3번 '현재 대부분의 로봇은 기계의 형태를 하고 있다'고 했는데, 첫 문장에서 일본에서 움직이는 로봇의 대부분이 기계의 형태를 하고 공장에서 일하고 있다고 했으므로 정답이 된다. 4번 '로봇은 사람이 할 수 없는 일을 하기 위해 만들어졌다'고 했는데, 첫 번째 단락에서 로봇은 인간 대신에 같은 작업을 반복하거나 위험한 작업을 하기도 한다고 했으므로, 로봇이 사람이 할 수 없는 일을 하기 위해 만들어졌다고는 할 수 없다.

〈질문 2〉 1번 '인간과 똑같이 움직일 수 있는 사람을 돌보는 로봇이 늘어날 것이다'라고 했는데, 필자는 인간과 같은 움직임을 할 수 있는 로봇의 탄생은 꿈에 지나지 않을 것이라고 했으므로 정답이 된다. 2번 '로봇을 인간을 위해서 사용해 가고 싶다'고 했는데, 필자는 마지막 문장에서 인간의 생활을 풍요롭게 하기 위해 로봇 개발을 추진해 가고 싶다고 했으므로 필자의 의견과 같다. 3번 '인간과 똑같은 움직임이 가능한 로봇은 생기지 않을 것이다'라고 했는데, 앞의 1번에서 설명했듯이 꿈에 지나지 않을 것이라고 했으므로 필자의 의견과 같다. 4번 '사람을 돌보는 로봇을 원하게 될 것이다'라고 했는데, 마지막 단락에서 필자는 앞으로 인간을 돌보는 로봇이 가장 기대될 것이라고 했으므로 필자의 의견과 같다.

問題5　つぎの(1)から(6)の文章を読んで、質問に答えなさい。答えは、1・2・3・4から最もよいものを一つえらびなさい。

（1）

「情け(注)は人のためならず」は①「人に情けをかけることは人のためでなく結局は自分のためになる」つまり、親切にしたり、助けたりするのは自分のためだから情けをかけたほうが良いという諺だ。しかし最近これを②「情けをかけるとその人のためにはならない」と反対に使う人が増えてきた。②の増加は人に頼らないで自分で何とかすべきだと考える人が増えてきたことを意味する。日本の社会が①から②へ変化しているのだ。

言葉は最初は間違いとされたことでもみんなが使うようになると認められて辞書に載る。昔の辞書には①しかなかったが、最近は①の他に②の意味でも使うと書かれた辞書が多い。10年前の調査で既に①と②は同じぐらい使われていたから、今では②を使う人のほうが多いに相違ない。そのうち辞書も①と②が逆転することだろう。しかしそんな社会は誰にとっても生きにくいことだろう。

（注）情け：思いやり、他の人のことを大事に思う気持ち、同情

1 ①と②が逆転(ぎゃくてん)するとはどうなることか。

1 ①と②の意味が全面的に変更になる。

2 ①の意味ほど②の意味で使われなくなる。

3 ②の意味のほうが①の意味より重要になる。

4 ②の意味が最初に①の意味が次に書かれる。

2 そんな社会とはどんな社会か。

1 他人に優(やさ)しい人が少ない社会

2 諺(ことわざ)の意味を間違(まちが)えて使う人ばかりの社会

3 人に厳(きび)しくしたらよくないと考える社会

4 他人に優(やさ)しくしないほうがよいと考える社会

3 筆者の考えはどれか。

1 ②の意味で諺(ことわざ)を使う人は優(やさ)しくない人だ。

2 ①と②のように反対の意味を持つ諺(ことわざ)がある。

3 ②が広まると人の考え方が変わってしまう。

4 ②の考え方が広まった社会で暮らすのは大変だ。

（2）

長い時間座り続けていると寿命が縮むと言われている。世界20か国で平日座っている時間を調査したところ日本人が最も長時間座っていることがわかった。20か国の平均は約５時間、それに比べ日本人は約２時間も長いそうだ。調査では１日に座っている時間が４時間未満の人に比べ８～11時間の人の死亡リスクは15％増、11時間以上だと40％増になることがわかった。体の筋肉の70％を占める足の筋肉を動かさないので血流が悪くなり、代謝機能が低下するからだそうだ。それを防ぐためには30分に１回立つとか１～２時間に１回軽く動くとか、あるいは座っていても足を動かす必要がある。他の時間に走ったり、ジムに行ったりするのでは残念ながら取り戻せないそうだ。とはいっても熱中していると動くのをつい忘れてしまうのが人間だ。だから、社員のために昇降デスク(注)を導入したり、ミーティングは立ってすることにした会社もあるほどだ。余談だが後者は時間短縮にもなるので評判がいいそうだ。

（注）昇降デスク：机が上下に動く机。立っても座っても仕事ができる。

4 どうして座っている時間が長いと寿命（じゅみょう）が縮むのか。

1 運動ができないから
2 血が流れなくなるから
3 足に70％の筋肉があるから
4 代謝機能（たいしゃきのう）が悪くなるから

5 寿命（じゅみょう）を短くしないためにはどうすればよいと言っているか。

1 運動を欠かさない。
2 座らない。
3 たびたび足を動かす。
4 ずっと立っている。

6 この文章の内容と合っているのはどれか。

1 長時間座っていた後はジムに行った方が良い。
2 １日に座るのは４時間未満（みまん）にしなければならない。
3 日本人は平日約７時間座っているそうだ。
4 長時間座っていると足の筋肉の70％が動かなくなる。

（3）

良くアジアの人たちから日本はきれいな国だと言われます。しかし、実はそうでもないと私は考えます。たまに道にゴミが落ちているのを目にするからです。そしていつも恥ずかしい気持ちになります。いつから道などにゴミが捨てられるようになったのでしょうか。自動販売機(じどうはんばいき)やコンビニが増えたことが原因の一つだと思われます。飲み物のビン、カン、ペットボトルなどのゴミが多いからです。パンなどを包(つつ)んである紙もあります。歩きながら飲んだり食べたりする人が増(ふ)えたのでこのようなゴミが増(ふ)えています。また日本人に道徳心(どうとくしん)(注)がなくなってきたことも原因でしょう。昔に比(くら)べてゴミ箱がないこともその一つです。ゴミを持っていたくない気持ちもわかりますから、捨てる場所が必要です。最近では公園からもゴミ箱が消えてしまいました。理由はいろいろですが、ゴミは自分で持ち帰ることがマナーとなったからです。しかしゴミを入れる物を持っていない人もいますから、やはりゴミ箱は必要だと思います。

（注）道徳心(どうとくしん)：何がよいか悪いかを考えてよいことをしようという気持ち

7 筆者はどうして<u>実はそうでもない</u>と考えているのか。

1 ゴミがあちこちに落ちているから
2 ゴミを捨てている人を目にするから
3 ゴミ箱が置いていないから
4 道にゴミが落ちているのを見るから

8 筆者が道にゴミが落ちている原因だと考えていることは何か。間違っているものを選びなさい。

1 道徳心がへっているから
2 ゴミ箱が置かれなくなったから
3 歩きながら飲み食いするようになったから
4 ゴミを捨てる人に注意しなくなったから

9 筆者はどうしたらよいと言っているか。

1 子どもたちを教育する。
2 ゴミ箱を置く。
3 マナーを守らせる。
4 外で飲み食いさせない。

（4）

家を建てるとき少しでも省エネ(注)住宅にするために断熱材を入れます。断熱材とは文字通り熱を伝えないつまり熱を移動させない物です。色々な材料があって外側の壁と内側の壁の間にはさんで使うのが普通ですが、それなりの厚さが必要です。ガラスに塗ったりはったりする物もあります。今回、作られた紙のような断熱材は熱を通しにくい物質と合成繊維を紙のように薄くして作りました。一番の特長はその厚さです。わずか１㎜しかありませんし、切ったり曲げたりできますから、とても使いやすいです。これは家の材料に使うこともできますが、紙を硬くしたような物ですから、食品などをつつむのに使うととても便利だと思います。でも値段が問題です。現在は１㎡２万円ぐらいしますから、使い道が限られてしまうでしょう。広く使ってもらうためにはそれを解決しなければならないと思います。

（注）省エネ：省エネルギーのこと。エネルギーを無駄にしないこと。エネルギーをできるだけ使わないこと

10 それなりの厚さとはこの場合どのぐらいの厚さか。

1 壁の間にはさむのにちょうどよい厚さ
2 熱を移動させないために必要な厚さ
3 必要な材料によって違う厚さ
4 外側と内側の壁の間の厚さ

11 紙のような断熱材の特徴は何か。

1 壁に塗れること
2 使い道が限られること
3 壁をつつまれること
4 薄くて曲げられること

12 この文章の主な内容は何か。

1 断熱材の種類と値段
2 断熱材を使う目的
3 断熱材の新しい使い方
4 断熱材と新製品

（5）

田舎(いなか)に暮(く)らすと何でも安いので生活費があまりかかりません。広い家を買っても借りても驚(おどろ)くほど安くすみます。庭も広いからそこで野菜などを作って食べることもできるでしょう。自然がいっぱいだしのんびりしているから子どもを育てるのにもいいです。学力テストをしたら小学校も中学校も１番は地方の県でした。子どもばかりではありません。お年寄りにとっても暮らしやすいところなのです。近所の人はみんな知り合いで、お付き合いが多いですから都会のように１人で寂しいということがありません。

ではなぜ田舎(いなか)の人口は減り続けているのでしょうか。田舎(いなか)の生活には車が必要だとか店があまりないとか不便なこともあります。しかし一番の問題は田舎(いなか)には仕事がないことです。仕事があれば若者も帰ってきます。この問題を解決してもっと田舎(いなか)で暮らせるようにしたいものです。

13 田舎のいい点はどれか。

1 田舎は何でも安いので一生懸命働かなくてもいい。

2 子どもたちはのんびり勉強しているからテストの点がいい。

3 知り合いといっしょに暮らせる。

4 子どもを育てるのにもいいし暮らすのにもお金があまりかからない。

14 田舎の人口が減っている一番の理由はどれか。

1 若者が田舎に住みたがらないから

2 あまり仕事がないから

3 車が運転できない人が増えたから

4 店がなくて不便だから

15 筆者は田舎についてどう思っているか。

1 田舎はいいことだらけだ。

2 田舎は何でも安いので仕事がなくてもいい。

3 田舎の人口はもう増えることはない。

4 仕事が増えれば田舎に住む人が増える。

（6）

今、外食ではなくて中食（なかしょく）がはやっている。外食はレストランなどで食べることだが中食というのは自分で作るのではなく作られた食べ物を買ってきて食べることだ。外食に比べてずっと安い。一人暮らしの人などは少し作るのはめんどうだし、昔に比べて味もよくなっているのでわざわざ作りたくなくなっているようだ。だからスーパーやデパートのお総菜（そうざい）(注)売り場はどこもおおぜいの人でにぎわっている。お袋の味と言われる昔お母さんが作ってくれたなつかしい料理も売っている。高くて行けないようなレストランの料理も安くはないが手に入る。それを買ってきてテーブルに並べるだけですぐに食事ができるから忙しい人にとってはとてもありがたいものだ。

しかし昔は同じ料理でも家によって味が違っていたが、今はみんな似たような味になってしまった。親から子どもへ伝えられていたわが家の味が消えて行く。ちょっと寂しい。

（注）お総菜（そうざい）：おかず

16 それは何を指しているか。

1 レストランで買った料理

2 料理された食べ物

3 袋に入っている料理

4 いろいろな材料でできている食べ物

17 中食(なかしょく)がはやっている理由はどれか。

1 家で作るより安いから

2 レストランの味を味わってみたいから

3 一人暮らしの人が増えているから

4 外食より安いし便利だから

18 中食(なかしょく)に対する筆者の意見はどれか。

1 料理は買わないで家で作ったほうがいい。

2 中食は便利だが高すぎる。

3 中食ではその家の味が伝わらないので残念だ。

4 買った料理はみな同じような味なのでまずい。

3 問題6 내용이해 - 장문

| 문제유형 분석 및 대책 |

問題 6은 내용이해(장문) 문제로, 해설, 수필, 편지 등의 550자 정도의 장문의 텍스트를 읽고 개요나 논리의 전개 등을 이해했는지를 묻는다. 문제 수는 N3 독해 전체 16문제 중 4문제로 1개의 지문이 나온다.
주로 글의 전체 주제를 묻는 문제나 필자의 주장이나 생각을 묻는 문제, 밑줄 친 부분의 의미를 찾는 문제, 문맥을 파악하는 문제 등의 형태로 출제된다. 필자가 글의 쓴 의도나 주장을 묻는 문제는 문장 전체의 의미를 파악하는 것이 중요하다. 또한 키워드를 찾거나 필자가 강조하는 바가 무엇인지 요지를 파악한다.

문제 유형 예시

問題 6　つぎの文章を読んで、質問に答えなさい。答えは、1・2・3・4から最もよいものを一つえらびなさい。

先日、テレビであるタクシー会社の話が紹介されていた。

タクシーの運転手は、利用者から「急いでください。」と言われることが多いので、急ぐことがサービスになると思っている人が多い。それで、走り出してすぐにスピードを上げたり、前の車が遅いときは追い越したりしていた。ところが、その会社が利用者にアンケート調査を行ってみると、70%以上の人が「ゆっくり走ってほしいと思ったことがある」と答えたそうだ。

「驚きました①。多くのお客様が希望しているサービスは、私たちが考えていたのとは反対のものだったんです。」と会社の人は話していた。

会社は、この結果から、必ずしも急ぐ必要がある人ばかりではないと気がついた。急ごうとすると、どうしても車が大きく揺れてしまうことがある。小さい子供を連れた人や車に酔いやすい人など、ゆっくり丁寧に運転してほしいと思う利用者もいるのだ。しかし、急いでくれている運転手に「急がなくてもいいから、丁寧に運転してください。」とは言いにくい人が多いのだろうと考えた。

そこで、この会社では、利用者が座る席の前にボタンをつけ、利用者がそのボタンを押せば、いつもよりゆっくり丁寧に運転するというサービスを開始した。これなら、希望を言い出しにくい人でも、遠慮なく希望を運転手に伝えることができる。

실전 감각 익히기 내용이해 - 장문

例題　つぎの文章を読んで、質問に答えなさい。答えは、1・2・3・4から最もよいものを一つえらびなさい。

　日本ほど温泉が多い国はないだろう。日本中にいい温泉がたくさんある。だから温泉を楽しみに日本に来る外国人も大勢いる。風呂はお湯をわかしただけだが、温泉には体にいい色々な成分が入っている。それは温泉によって違う。温泉に入るときのマナーは町の銭湯のお風呂に入るときと同じだ。外国では水着を着て温泉に入るところが多いが、日本では着ている物は全部脱がなければならない。またお湯の中に入る前に、お湯を体にかけて簡単に汚れを取る。これはお風呂のお湯を汚さないための一番大切なマナーだ。洗い場には体を洗うためのタオルを持って入ってもいいが、お湯の中にはどんなタオルも入れてはいけない。こちらもお湯を汚さないためだ。そのほか体がぬれたまま出て、服を着たり脱いだりする脱衣場と呼ばれる場所のゆかをぬらさないように簡単に体をふいてから出ることなど注意しなければならないことがいくつかある。多くの温泉にその成分と入るときのマナーが書いてはってある。マナーを知らずにけんかになったりしないように、だれもが気持ちよく利用できるように、英語、韓国語、中国語などで入り方が書かれている。日本人でも入り方を知らない人がいるので日本語の注意書きももちろんある。ロシア人が多い北海道ではロシア語でも書かれている。マナーを守って温泉を楽しみたいものだ。

1　温泉の説明で正しいのはどれか。

1　温泉を楽しむのは日本人ばかりではない。
2　外国人は日本の温泉で水着を着てもいい。
3　日本の温泉に入るときに着ている物を脱ぐのは日本人だけだ。
4　温泉の成分はたくさんあるが日本では同じだ。

2 温泉の入り方の注意書きはなぜ必要か。

1 お客さんが知りたがっているから
2 温泉の入り方のマナーを知らない人がいるから
3 お客さんがけんかするから
4 外国人は温泉でのマナーを知らないから

3 温泉に入る時の一番大切なマナーは何か。

1 体をふいてからお湯に入る。
2 タオルを持って行ってはいけない。
3 温泉の注意書きを読んでから入る。
4 簡単に体を洗ってからお湯に入る。

4 この文章の内容と合っていないのはどれか。

1 筆者はみんなにマナーをまもってほしい。
2 新しいタオルならお湯の中に入れてもいい。
3 温泉によって注意書きに使われている言葉が違う。
4 水着を着て入る国もある。

해석 및 해설

해석

일본만큼 온천이 많은 나라는 없을 것이다. 일본 전 지역에 좋은 온천이 많이 있다. 그래서 온천을 즐기러 일본에 오는 외국인도 많이 있다. 공중목욕탕은 물을 끓였을 뿐이지만, 온천에는 몸에 좋은 여러 성분이 들어 있다. 그것은 온천에 따라 다르다. 온천에 들어갈 때의 매너는 동네의 공중목욕탕에 있는 탕에 들어갈 때와 마찬가지다. 외국에서는 수영복을 입고 온천에 들어가는 곳이 많지만, 일본에서는 입고 있는 것은 전부 벗어야 한다. 또 물 속에 들어가기 전에, 물을 몸에 끼얹어 간단히 더러움을 씻어낸다. 이것은 목욕탕의 물을 더럽히지 않기 위한 가장 중요한 매너이다. 씻는 곳에서는 몸을 씻기 위한 수건을 갖고 들어가도 되지만, 물 속에는 어떤 수건도 넣어서는 안 된다. 이것도 물을 더럽히지 않기 위해서다. 그 외에 몸이 젖은 채로 나와, 옷을 입거나 벗는 탈의실이라 불리는 곳의 마루를 적시지 않도록 간단히 몸을 닦은 후에 나오는 것 등 주의하지 않으면 안 되는 일이 몇 가지 있다. 많은 온천에 그 성분과 들어갈 때의 매너가 쓰여져 붙어 있다. 매너를 몰라서 싸움이 나거나 하지 않도록, 누구나 기분 좋게 이용할 수 있도록, 영어, 한국어, 중국어 등으로 입욕법이 쓰여져 있다. 일본인이라도 입욕법을 모르는 사람이 있기 때문에 일본어 주의서도 물론 있다. 러시아인이 많은 홋카이도에서는 러시아어로도 쓰여져 있다. 매너를 지켜서 온천을 즐겼으면 한다.

1 온천의 설명으로 옳은 것은 어느 것인가?

1 온천을 즐기는 것은 일본인만이 아니다.
2 외국인은 일본 온천에서 수영복을 입어도 된다.
3 일본의 온천에 들어갈 때 입고 있는 것을 벗는 것은 일본인 뿐이다.
4 온천의 성분은 많이 있지만 일본에서는 똑같다.

2 온천의 입욕법에 대한 주의서는 왜 필요한가?

1 손님이 알고 싶어하기 때문에
2 온천의 입욕법에 대한 매너를 모르는 사람이 있기 때문에
3 손님이 싸움을 하기 때문에
4 외국인은 온천에서의 매너를 모르기 때문에

3 온천에 들어갈 때 가장 중요한 매너는 무엇인가?

1 몸을 닦은 후 탕에 들어간다.
2 수건을 들고 가서는 안 된다.
3 온천의 주의서를 읽고 나서 들어간다.
4 간단히 몸을 씻은 후 탕에 들어간다.

4 이 문장의 내용과 맞지 것은 어느 것인가?

1 필자는 모두가 매너를 지켰으면 한다.
2 새 수건이라면 탕 속에 넣어도 된다.
3 온천에 따라 주의서에 사용된 말이 다르다.
4 수영복을 입고 들어가는 나라도 있다.

해설

〈질문 1〉 1번 일본에 온천을 즐기러 오는 외국인이 많이 있다고 했으므로 정답이다. 2번, 3번 일본 온천에서는 전부 벗어야 한다고 했으므로 맞지 않다. 4번 온천에는 몸에 좋은 여러 가지 성분이 들어 있고, 그것은 온천에 따라 다르다고 했으므로 맞지 않다.

〈질문 2〉 입욕법은 외국어로도 쓰여 있고, 일본인이라도 입욕법을 모르는 사람이 있어 일본어 주의서도 있다고 했다. 따라서 2번이 정답이다.

〈질문 3〉 온천에 들어갈 때의 매너 중에 가장 중요한 것이 목욕탕 물을 더럽히지 않게 하기 위해 탕 안에 들어가기 전에 물을 몸에 끼얹어 간단히 더러움을 씻어내는 것이라고 했으므로, 이것과 관련 있는 4번이 정답이 된다.

〈질문 4〉 1번 필자는 마지막에 매너를 지켜서 온천을 즐겼으면 한다고 했으므로 맞는 내용이다. 2번 본문에는 탕 안에는 어떤 수건도 넣어서는 안 된다고 했으므로 맞지 않다. 따라서 정답이다. 3번 러시아 손님이 많은 홋카이도에서는 러시아어 주의서가 있다고 했으므로 맞는 내용이다. 4번 외국에는 수영복을 입고 들어가는 곳이 많다고 했으므로 맞는 내용이다.

실전 연습하기 | 내용이해 - 장문 | / 24

問題6　つぎの文章を読んで、質問に答えなさい。答えは、1・2・3・4から最もよいものをーつえらびなさい。

（1）

SNS利用者が増えて、多くの人が何かを発信する時代になった。発信するからには「いいね」やいい反応が欲しくなる。そこでびっくりするような大きさの綿あめや一人では食べきれないほど積み上げられたパフェの写真が次々とアップされて、みんなの注目を集めるようになった。ところが最近は写真では満足できなくなった人が動画をアップするようになった。さらに単なる動きだけでなく変わった物をアップしたがるようになってきた。人間には人の気を引こうと珍しい物に飛びつく傾向があるからだ。色が変わる飲み物や料理のアップは一例である。さらにそれを宣伝に利用しようとする企業も出てきて、新製品が次々に生まれた。綿菓子に温かいフルーツソースをかけると10秒ほどで綿菓子が溶けて中からりんごの形が現れるケーキがアップされ、あっという間に評判になった。またチョコレートで大きなボールを作って中にフルーツを入れて、それに温かいソースをかけるとチョコが溶けて中からフルーツが出てくるお菓子もある。これもみんなをあっと言わせた。前者は飲み物とセットで4,500円もするが、若者は値段を気にしないようだ。動画映えすると人気が高い。SNSで発信してもらおうと店側も工夫するから次々驚くような物が生まれる。値段に見合う価値があるのかどうか。それに食べ物はやはり味で勝負してもらいたい。

1 どうして写真ではなく動画をアップする人がいるのか。

1 何かを発信する時代になったから
2 動画は動きも撮(と)れるから
3 珍しい物が撮(と)りたいから
4 「いいね」やいい反応が欲しいから

2 なぜ店は変化する食べ物を売り出すのか。

1 よい広告になって商品が売れるから
2 写真では満足(まんぞく)できない人がいるから
3 客を驚(おどろ)かすのが好きだから
4 SNS利用者が増えているから

3 変化する食べ物に対する筆者の考えはどれか。

1 高いけれど価値があると思う。
2 見栄(みば)えばかりでまずいと思う。
3 値段ほど価値がない物もあると思う。
4 味はともかく人を驚(おどろ)かすことも価値があると思う。

4 この文の内容と違うのはどれか。

1 動画映(ば)えするなら高くてもかまわないと考える人もいる。
2 変わった食べ物をアップすると注目を集めることができる。
3 作者はおいしい食べ物より見た目がよい食べ物のほうが価値があると考えている。
4 SNS利用者の気持ちを利用して奇抜(きばつ)な物が作られることもある。

（2）

サソリ(注1)を始め20種類もの昆虫食が売られている自動販売機がある。日本人は昔からイナゴという昆虫や蜂の子などを食べてきた歴史があるので昆虫食と聞いても驚かないだろう。しかし一般人が喜んで食べるかというとそれはまた別の話である。見た目も悪いし値段が高いこともあって、少数の新し物好きの人だけがおっかなびっくり手を出している状況だ。いつでもどこにでも（　　　）にしようと考える人がいるものだ。しかし昆虫というだけで食わず嫌いになっているのはもったいないと思う。実際はバッタはエビの味、セミはナッツの香りがしてなかなかなのだそうだ。また昆虫は良質な蛋白質、脂肪、カルシウム、繊維などの栄養素がたくさん含まれているので健康によい。そのままでなく、「昆虫せんべい」や「昆虫ラーメン」などのように他の材料に入れ込んでしまえば抵抗なく食べられて栄養も摂れるし、昆虫が持つ可能性がある細菌や寄生虫を食べる心配もないから、こちらを試してみるのはどうだろうか。

昆虫が注目されているのは個人的な理由ばかりではない。国連(注2)も人口増加や温暖化による食料不足を解決するために昆虫の利用を進めようとしている。直接食べることもそうだが、主に魚や鶏などを育てる餌にすることが求められている。昆虫の飼育は広い場所も必要としないしそんなに難しくないことも勧める理由だと思う。近い将来に昆虫の利用が広まることは間違いないと思う。

（注１）サソリ：刺されると死ぬほど強い毒を持っている昆虫
（注２）国連：国際連合の略。United Nations

5 (　　) に入れるのに最もよいものはどれか。

1 話の実
2 話の種
3 話の花
4 話の根

6 なかなかなのだとはどのような意味か。

1 思ったよりおいしいのだ。
2 思いのほかおいしくないのだ。
3 思ったほどおいしくないのだ。
4 思った通りとてもおいしいのだ。

7 筆者が昆虫食(こんちゅうしょく)を勧(すす)める理由は何か。

1 とてもおいしいから
2 体のためになるから
3 食料不足が解決できるから
4 これだけで栄養(えいよう)が摂(と)れるから

8 この文章の内容と合っているのはどれか。

1 昆虫食(こんちゅうしょく)は高すぎるから一般人は食べられない。
2 昆虫食(こんちゅうしょく)は寄生虫(きせいちゅう)を食べる心配があるので危険だ。
3 バッタはエビと同じ栄養素(えいようそ)を持っている。
4 国連(こくれん)は食料不足を解決するために昆虫(こんちゅう)を利用しようとしている。

（3）

私が最も尊敬（そんけい）している人は祖母です。祖母は海外のテレビドラマで今でも人気がある「おしん」と同じような時代を生きた人です。おしんと同じように9歳から人減（ひとべ）らしのために子守（こもり）(注)として働きに出されました。その時代貧（まず）しい家の子はみんな働いていましたが、子どもが他人の家で働くことは大変だったはずです。祖母は学校にも行けませんでした。ですから文字も読めませんでした。よく祖父が新聞を読むのを見てうらやましいと言っていました。理由はわかりませんが、祖母は70歳を過ぎてから文字を学びはじめました。やっとその時間が持てるようになったのです。いらなくなった孫（まご）の教科書を使い、「あ」から一つ一つ学んでいきました。私は一緒（いっしょ）に住んでいませんでしたから、ひらがな・カタカナを覚（おぼ）えるのにどのくらい時間がかかったかわかりません。でも今祖母と同じ年になってみて、祖母が大変な努力をしたのだとよくわかります。今の私は新しい言葉を覚えるより忘れるほうが多い状態ですから。祖母はひらがなを覚えるとカタカナ、そして漢字を勉強することを死ぬまで続けましたから、簡単な漢字（かんじ）は読んだり書いたりできるようになりました。私が覚えている祖母はいつもノートに字を書き続けていました。孫（まご）の私にもよく質問をしました。祖母は健康（けんこう）にも気をつけていました。寝（ね）る前にふとんの上で運動もしていたおかげか90歳過ぎても元気でした。今私も自然に運動するようになっています。でも勉強はなかなかできません。私は大学を卒業していますが、いつも祖母には負けていると感じています。

（注）子守（こもり）：赤ちゃんの世話をすること/人

9 筆者はなぜ祖母には負けていると感じているか。

1 祖母より知識(ちしき)が少ないから
2 祖母をとても尊敬(そんけい)しているから
3 祖母のように勉強を続けていないから
4 祖母と同じことをしているから

10 おばあさんはなぜ子守(こもり)に出されたのか。

1 貧(まず)しかったので食べ物を食べる人を減(へ)らすため
2 家に子守(こもり)が必要な赤ちゃんがいなかったため
3 働けない子どもは家に置いておけなかったため
4 他の家でおいしい食事をさせてもらうため

11 おばあさんの時代はどんな時代だったか。

1 子どもも大人と同じ仕事をしていた時代
2 子どもの仕事は子守(こもり)しかなかった時代
3 両親ではなく子守(こもり)が赤ちゃんを育てた時代
4 貧しい家の子どもが働くことが珍しくなかった時代

12 筆者がおばあさんを尊敬(そんけい)している理由は何か。間違(まちが)っているものを選(えら)びなさい。

1 年を取っても勉強を始めたこと
2 あきらめずに文字を学び続けたこと
3 新聞が読めるようになったこと
4 分からないときに孫(まご)にも聞いたこと

(4)

日本人はよく働く・時間を守ると言われています。日本の電車の時間が正確なことは世界中の人を驚かせています。でも日本人が昔からそう言われていたわけではありません。江戸(注1)時代のマナーだと言われている「江戸しぐさ」の一つに「時泥棒」というのがあります。これは連絡しないで訪問したり約束の時間に遅れてはならないという教えです。ですから時間を守らなければならないと考えていたはずですが、実は江戸時代の終わりから明治の初めに西洋から来た外国人に「日本人はのんびりしすぎている。約束を守らない」「仕事がなかなか終わらない」ひどいときには「ぐず(注2)だ。怠け者だ。」とまで言われていました。労働時間は江戸時代、①農民や商人などは別ですが武士は大変短く、朝10時ごろから遅くても午後4時ごろまでで、藩(注3)によっては2時ごろまでしか働いていなかったそうです。その間食事や休憩時間もあります。ですから日本人はそれほど働いていなかったのでしょう。それが今では病気になったり死んだりするほど働いている人もいるというのはいったいどうしたことでしょう。また発展途上国と言われる国々でビジネスをする日本人が②全く同じことを言っているのもおかしいです。日本人が時間を守るようになったのは鉄道・工場・学校・軍隊など西洋の技術や文化を取り入れてからだと言われています。またこんなに働くようになったのは一生懸命働いて西洋に追いつこうとがんばって経済が高度成長した1954年から1973年ごろのことだったそうです。それは戦争で全てを失った日本の状態を考えると自然なことだったとも思えます。しかし日本はもう十分発展したのですから、ここらでちょっとのんびりしてもよいのではないでしょうか。

(注1)江戸時代:1603年～1868年

(注2)ぐず:何かをするのが大変おそいこと/人

(注3)藩:昔の県

13 ①農民(のうみん)や商人(しょうにん)などは別ですから何がわかるか。

1　農民(のうみん)や商人(しょうにん)などは別のところで働いていたということ
2　農民(のうみん)や商人(しょうにん)などは別の時間に働いていたということ
3　農民(のうみん)や商人(しょうにん)などはもっと長く働いていたということ
4　農民(のうみん)や商人(しょうにん)などはもらうお金が別だったということ

14 ②全く同じことを言っているとは誰が誰に何を言っているのか。

1　西洋人が日本人に「のんびりしている」とか「約束を守らない」とか言っている。
2　西洋人が発展途上国(はってんとじょうこく)の人に「のんびりしている」とか「約束を守らない」とか言っている。
3　日本人が発展途上国(はってんとじょうこく)の人に西洋人に言われたことと同じことを言っている。
4　日本人が発展途上国(はってんとじょうこく)の人に「もっと働け」などと言われた通りに言っている。

15 日本人がこんなに働くようになったのはなぜか。

1　西洋より先に発展していくため
2　西洋と同じような状態になるため
3　西洋をおいこすため
4　西洋の後に続くため

16 筆者の考えはどれか。

1　昔の日本人は全員短時間しか働いていなかった。
2　西洋の技術と文化を取(と)り入(い)れたおかげで時間を守るようになった。
3　昔の日本人は怠(なま)け者(もの)ばかりだった。
4　十分働いてきたのだからもう働かなくてもよい。

（5）

日本人は「言霊」と言って昔から言葉には特別な力があると信じてきた。言霊というのは言葉が持つ不思議な力のことだ。昔の人は一度言葉を使ってしまうとそれが本当になってしまうと考えていた。だから、「4」を「し」と発音すると「死」に通じると言って嫌った。病院に4号室がないのはそのためだ。言葉をとても怖がっていたから、結婚式や葬式などで使ってはいけない言葉も生まれた。結婚式で「わかれる・はなれる・きる」などは使わなかった。お祝いのお金も2万円など偶数(注1)は分けられるつまり別けられるので、分けられない奇数(注2)の3万・5万などが喜ばれた。

言葉に関心があったから言葉遊びもよくやっていた。中でも「語呂合わせ」が一番好きだったようだ。語呂合わせというのは音を合わせることだ。歴史の年号や電話番号など数字を覚えるときにとても便利なので今でもよく使われている。例えば8783は「はなやさん」、4192は「よいくに」などと言う。そのため人気がある電話番号は売ったり買ったりされる。試合の前にトンカツを食べるのも「カツ」を「勝つ」にかけているのだ。最近は「刺身」は外国人にも人気があるが、刺身という言葉は「刺す・体」つまり「体を(ナイフなどで)刺す」に通じると言って高級料理屋などでは使わず「お造り」と言っている。「お造り」と言われても外国人には何のことかわからないだろう。今でも言葉に力があると信じているわけではないが、聞いた人の気分を悪くさせないように言葉を変えて使うことがよくある。

（注1）偶数：2、4、6のように、2で割り切れる数
（注2）奇数：1、3、5のように、2で割り切れない数

17 どうして日本の病院には４号室がないのか。

1 ４号室に入院した人は死んでしまうから
2 病院は３号室までしか作らないから
3 ４は「死」をイメージさせるから
4 ４は「死」と強い関係があるから

18 どうして試合の前に「トンカツ」を食べるのか。

1 「トンカツ」を食べると試合に勝てるから
2 「トンカツ」には不思議な力があるから
3 「トンカツ」はおいしくて力がつく食べ物だから
4 「トンカツ」のカツが勝つに通じているから

19 どうして今でも言葉を変えて使うのか。

1 言葉に力があると信じているため
2 言葉を短くして覚えやすくするため
3 同じ意味の言葉がたくさんあるため
4 聞き手の気分が悪くならないため

20 この文章の内容と合っているのはどれか。

1 日本人は言葉の力を利用しようと思っていた。
2 日本人は言葉には不思議な力があると考えていた。
3 日本人は言葉に力を持たせようとしている。
4 日本人は言った言葉通りするべきだと思っている。

（6）

私の友人にいつも何かが起きたときに前向きに考える人がいる。ある時、一緒にドライブ旅行したことがあった。温泉に向かっているときに道を間違えて1時間ほど時間を無駄(むだ)にしてしまった。ところがそのとき彼女は「道を間違えたおかげできれいな富士山が見られた。よかったよ」と言った。事実富士山はきれいだった。でもどの道を行ってもその辺りはきれいな富士山が見られる場所だった。帰りに夜ドライブインで止まったとき、車のヘッドライトを消すのを忘れてしまった。買い物から戻っていざエンジンをかけようとしたらバッテリーが上がっていて車は動かなくなっていた。私たちが騒(さわ)いでいると、隣(となり)に止まっていた人がどうしたのかと聞いてくれた。その人はたまたまコードを持っていて、すぐに自分の車のバッテリーにつなげて、私たちのバッテリーを回復させてくれた。本当にどうなることかと冷(ひ)や冷(ひ)やした。車が動くとすぐに「私たちって本当に運(うん)がいいわねえ。隣(となり)にコードを持っている人が駐車していたなんて」と彼女が言った。どこが運がいいのか。めったに起こらない運が悪いことだと普通は考えるだろう。修理(しゅうり)の人を呼ばなければならなかったかもしれないのだ。でもそんなときでも彼女は運がいいと考えるのだ。

自分を運がいいと考えるか、運が悪いと考えるかは人それぞれだ。彼女を見ていると私は運がいいと考える人のほうに幸せがやってくるような気がして来る。

21 ドライブインでどんなことが起こったか。

1 ライトを消したままにしてバッテリーが上がってしまった。
2 バッテリーのコードを持っている人を探さなければならなかった。
3 ライトをつけっぱなしにしてバッテリーの電気がなくなった。
4 隣の車の人にバッテリーの電気をもらえないかと頼んだ。

22 友人はどんな人か。

1 どんなときもだれかに助けてもらえる運がいい人
2 運が悪い経験を運がいい経験に変えてしまう人
3 どんなときも前向きなので運が悪いことにあわない人
4 運が悪いと思われることも悪いと思わない人

23 運についての筆者の考えはどれか。

1 運がいいと考える人にはいいことが起きる可能性が高くなるだろう。
2 考え方を変えれば運が悪いことは起きないだろう。
3 運がいいと考えるとどんな不幸もいいことだと考えられるだろう。
4 運がいい人は運がいいと考える人だろう。

24 この文章の内容と合っているのはどれか。

1 道に迷ったせいでもっと美しい富士山を見ることができなかった。
2 バッテリーが上がったときどうなるか心配した。
3 車が動かなかったのはコードがつながっていなかったからだ。
4 彼女のように考えると自分の運も変えることができる。

4 問題7 정보검색

| 문제유형 분석 및 대책 |

問題 7은 정보검색 문제로 광고, 팸플릿, 정보지, 전단지, 비즈니스 문서 등의 정보를 주는 600자 정도의 지문을 읽고 그 속에서 필요한 정보를 찾아낼 수 있는지를 묻는 문제이다. N3 독해 전체 16문제 중 2문제이고 지문의 수는 1개이다.
정보를 주는 문장의 경우, 끝에서 끝까지 꼼꼼히 읽고 이해하는 것이 아니라 읽는 목적에 따라 필요한 부분만을 찾아서 읽으면 되기 때문에, 질문이 먼저 나오고 그 뒤에 지문이 온다. 따라서 먼저 질문과 선택지를 읽고 필요한 정보가 무엇인지 파악하는 것이 무엇보다 중요하다.

문제 유형 예시

問題 7　右のページは、動物園のポスターである。これを読んで、下の質問に答えなさい。答えは、1・2・3・4から最もよいものを一つえらびなさい。

38　今日は日曜日である。ソフィさんは14時に入園し、このポスターを見た。動物園が昼間に行っている案内や教室の中で、今から参加できるものはどれか。

1　Aだけ
2　AとB ✓
3　AとBとC
4　BとD

大原動物園をもっと楽しむために

昼のイベント

いろいろなイベントに参加して、動物のことをもっとよく知ってください。

A　動物園案内	B　動物教室
専門の係の説明を受けながら、動物園の中を歩きます。必要時間は約1時間です。 毎日3回 ①10時半～、②14時半～、③16時～	普段知ることのできない、動物たちの生活について話を聞くことができます。 毎週日曜　13時半～15時 （途中(とちゅう)からでも参加できます）

실전 감각 익히기　정보검색

例題　つぎのページはメニューである。これを読んで、下の質問に答えなさい。答えは、1・2・3・4から最もよいものを一つえらびなさい。

> ジョーンズさんがオーストラリアに帰国するので送別会を開くことにしました。奥さんも招待します。ジョーンズさんは焼き鳥が大好きですから、気軽に行ける店にしようと思います。課には８人の社員がいます。１人5,000円の会費でプレゼントもあげたいです。どの店のどのコースを選んだらいいでしょうか。プレゼントは日本人形10,000円、箸セット6,000円、ゲーム5,500円、風呂敷(注１)5,000円、茶碗セット4,000円から選びたいです。

（注１）風呂敷：何かを包むのに使う大きいハンカチのような布

1　日本人形をあげてビールを１人１本にすると、どのコースが選べるか。

1　AかB
2　CかD
3　DかF
4　EかF

2　Ｅコースをインターネットで予約した場合、ジョーンズさんにあげることができる一番高い物はどれか。

1　箸セット
2　ゲーム
3　風呂敷
4　茶碗セット

【幸】

A　５品(焼き鳥あり)コース　2,500円

B　７品(焼き鳥あり)コース　3,000円

ビール　600円、ジュース　500円

【静】　６人以上の場合、10％割引

C　すき焼きセット　3,200円

D　焼き鳥セット　2,700円

ビール　500円、ジュース　400円

【武蔵】　インターネット予約は10％割引

E　飲み放題＋食べ放題(焼き鳥あり)　3,800円

F　７品(焼き鳥あり)＋飲み放題　3,000円

해석 및 해설

해석

존스 씨가 호주로 귀국하기 때문에 송별회를 열기로 했습니다. 부인도 초대합니다. 존스 씨는 닭 꼬치구이를 아주 좋아하기 때문에 가볍게 갈 수 있는 가게로 하려고 합니다. 우리 과에는 8명의 사원이 있습니다. 1인당 5,000엔의 회비로 선물도 주고 싶습니다. 어느 가게의 어느 코스를 선택하면 좋을까요? 선물은 일본 인형 10,000엔, 젓가락 세트 6,000엔, 게임 5,500엔, 보자기(注1) 5,000엔, 밥공기 세트 4,000엔에서 고르고 싶습니다.

(注1) **風呂敷** : 무언가를 싸는 데 사용하는 큰 손수건과 같은 천

【사치】
A 5품 (닭 꼬치구이 있음) 코스 2,500엔
B 7품 (닭 꼬치구이 있음) 코스 3,000엔
맥주 600엔, 주스 500엔

【시즈카】 6인 이상일 경우, 10% 할인
C 스키야키 세트 3,200엔
D 닭 꼬치구이 세트 2,700엔
맥주 500엔, 주스 400엔

【무사시】 인터넷 예약은 10% 할인
E 음료 무제한 + 뷔페 (닭 꼬치구이 있음) 3,800엔
F 7품 (닭 꼬치구이 있음) + 음료 무제한 3,000엔

1 일본 인형을 주고 맥주를 1명당 1병으로 하면 어느 코스를 선택할 수 있는가?

1 A나 B
2 C나 D
3 D나 F
4 E나 F

2 E코스를 인터넷으로 예약한 경우, 존스 씨에게 줄 수 있는 가장 비싼 물건은 어느 것인가?

1 젓가락 세트
2 게임
3 보자기
4 밥공기 세트

해설

〈질문 1〉 회비는 8명이 5,000엔씩 내므로 총 40,000엔이고, 송별회에 참석하는 인원은 10명이다. 그리고 존스 씨가 닭 꼬치구이를 매우 좋아한다고 했으므로 이 요리는 꼭 들어가야 한다. 회비 40,000엔에 일본 인형 가격 10,000엔을 빼면 30,000엔이 남는다. 30,000엔으로 먹을 수 있는 코스를 찾으면 된다.
A (2,500엔+600엔)×10명 = 31,000엔 / B (3,000엔+600엔)×10명 = 36,000엔
C 닭 꼬치구이 메뉴가 아니므로 고르지 않는다. / D (2,700엔+500엔)×10명×0.9 = 28,800엔
E 3,800엔×10명 = 38,000엔, 인터넷 예약인 경우 34,200엔
F 3,000엔×10명 = 30,000엔, 인터넷 예약인 경우 27,000엔이 된다. 따라서 정답은 D와 F인 3번이다.

〈질문 2〉 E를 인터넷으로 예약할 경우 34,200엔이 된다. 예산은 40,000엔이므로 5,800엔이 남는다. 5,800엔으로 살 수 있는 가장 비싼 선물은 5,500엔 게임이므로, 정답은 2번이 된다.

실전 연습하기 | 정보검색 /10

問題7　右のページは「東京(とうきょう)日本語学校卒業式の予定とホールのリスト」である。これを読んで、下の質問に答えなさい。答えは、1・2・3・4から最もよいものを一つえらびなさい。

1　卒業式はどのホールですることができるか。

1　AかD
2　AかB
3　BかC
4　CかD

2　学生に300円の記念品をあげたら、Aホールの飲食代(いんしょくだい)は一人にいくら使えるか。

1　2,000円
2　1,900円
3　1,800円
4　1,700円

東京日本語学校卒業式(予定)

9：30　受付

10：00～11：30　卒業式

11：30～11：45　片づけ

12：00～14：00　パーティー

14：30　解散

参加者　卒業生100名、教師・職員20名

予算　250,000円

ホール	金額	収容人数	その他
A	1時間　3,000円	150名	飲み物＋料理１名 1,500円よりご注文できます。
B	9:00～17:00　30,000円	150名	飲み物＋料理１名 1,800円よりご注文できます。
C	1時間　5,000円	200名	飲み物＋料理１名 1,900円よりご注文できます。
D	1時間　2,000円	100名	飲み物＋料理１名 2,000円よりご注文できます。

※ホールの使用時間は１時間にならない場合も１時間の使用料金がかかります。

問題7　右のページは日本語学校の七夕祭り（たなばたまつ）のスケジュールである。これを読んで、下の質問に答えなさい。答えは、1・2・3・4から最もよいものを一つえらびなさい。

3　常勤（じょうきん）の女の先生が七夕祭りの日にすることは何か。

1　学生に短冊（たんざく）を書かせること
2　七夕の飾（かざ）りをつけること
3　ゆかたの消毒（しょうどく）を203教室で行うこと
4　103教室で2時間目と4時間目に着方を教えること

4　Bクラスの男子学生はいつ、どこでゆかた体験をするか。

1　1時間目 － 203教室
2　2時間目 － 103教室
3　2時間目 － 203教室
4　2時間目 － 102教室

先生方へ

《ゆかた体験のスケジュールと注意･お願い》

【日時】202X年 7月 7日(金) 8:30～12:20

【順番】

	クラス	教室	女子学生	男子学生	担任〈◯は男性〉
1時間目 8:30～9:20	A	101	5名	15名	本田みどり
2時間目 9:30～10:20	B	102	6名	14名	田中健◯
3時間目 10:30～11:20	C	201	5名	12名	小川愛子
4時間目 11:30～12:20	D	202	4名	10名	山田清◯

① 女の学生は103教室で、男の学生は203教室で着替えます。男の担任の先生は男子学生、女の担任の先生は女子学生の教室でゆかたの着方を教えてください。

② ゆかたは男物16着、サイズはM／L／LL。女物が６着、フリーサイズです。

③ ゆかた体験は担任の先生を常勤の女の先生１名と男の事務員１名が手伝います。

④ 学生が脱いだゆかたは次の学生のために消毒します(注1)。女性用は常勤の先生、男性用は事務員が行います。

⑤ ゆかた体験の前の授業では七夕の話をしたり短冊(注2)を書かせたりしてください。Ａクラスは体験が１時間目になりますので、前日の授業中に短冊を書かせておいてください。七夕の話などはゆかた体験後の授業でお願いします。

⑥ ゆかた体験の前に短冊を玄関横の笹につけます。

⑦ 七夕関係の授業は２時間です。その他は普通の授業をしてください。

⑧ 七夕の飾りは前日までに常勤の先生方と事務員がつけておきます。

(注１) 消毒する：病気の原因になるような菌などを殺すこと

(注２) 短冊：ここでは希望やお願いなどを書く３㎝×12㎝ぐらいの紙

問題 7　右のページはある店からのお知らせのハガキである。これを読んで、下の質問に答えなさい。答えは、1・2・3・4から最もよいものを一つえらびなさい。

5　割引(わりびき)についての説明で正しいのはどれか。

1　12日(土曜)に8,000円の食事をして10％の割引(わりびき)をうける。

2　13日(日曜)に1,500円のケーキを買って20％の割引(わりびき)をうける。

3　18日(金曜)の誕生日(たんじょうび)に10,000円の食事をして10％の割引(わりびき)をうける。

4　クリスマスイブにケーキを買って20％の割引(わりびき)をうける。

6　4日の金曜日に5,000円の食事をして2,000円のギフトを買った場合いくら払えば良いか。

1　6,200円

2　6,300円

3　6,500円

4　6,700円

いつも当店をご利用くださいましてありがとうございます。このハガキはアンケートにお答えくださいましたお客様にお送りいたしております。かんしゃの気持ちをこめて、ささやかではございますが、当店からプレゼントをご用意させていただきました。このハガキをお持ちくださいました方にご飲食代金(いんしょくだいきん)と商品のお買い上げ代金を12月31日まで10％割引(わりびき)とさせていただきます。またクリスマスシーズンに向けて12月１日から15日までの間にクリスマスケーキをご予約くださいました場合に20％割引(わりびき)、また2,000円以上のギフト商品をお買い上げくださいました場合15％割引(わりびき)とさせていただきます。ご来店を心よりお待ちいたしております。

・お支払いの時にこのハガキを店員にご提示(ていじ)(注1)ください。
・1,000円以上のお買い物あるいはお食事をされたお客様に限らせていただきます。
・このハガキは現金にかえることはできません。
・このハガキは期間中１日のお支払いにのみ使えます。
・このハガキは土・日・祝日(しゅくじつ)のご飲食代金のお支払いには使えませんのでご注意ください。
・他の割引(わりびき)サービスとの併用(へいよう)(注2)はできませんのでご了承(りょうしょう)くださいますようにお願いいたします。
・有効期限(ゆうこうきげん)はこのハガキの到着(とうちゃく)時から12月31日までとさせていただきます。
・このハガキはサンサンの下記の店でのみご使用になれます。

北町モール内サンサン北町店

（注１）提示(ていじ)：見せること
（注２）併用(へいよう)：あるものを他の何かと一緒に使うこと

問題7　右のページはジョイキッズの案内である。これを読んで、下の質問に答えなさい。答えは、1・2・3・4から最もよいものを一つえらびなさい。

7　山下(やました)さんが中学1年の娘(むすめ)と小学5年生の息子(むすこ)の3人でAゾーンとBゾーンに入場する場合、入場料はいくらになるか。

1　7,000円
2　5,500円
3　4,300円
4　4,000円

8　山下(やました)さんの家族がジョイキッズでできないことは何か。

1　アスレチックを好きな順番(じゅんばん)ですること
2　娘(むすめ)さんが一人で先にBゾーンに入場すること
3　息子(むすこ)さんがダンサーを体験すること
4　Aゾーンに続けて3時間いること

ジョイキッズはお仕事体験のＡゾーンとアスレチックがあるＢゾーンに分かれています。

入場時間	8:30～18:00			
入場料	Aゾーン	1,500円		
	Bゾーン	一般コース	大人	1,200円
			中学生・高校生	800円
			小学生	500円
		子どもコース	無料	

【Ａゾーン】

中学生以下の子ども達が楽しみながら様々な仕事が体験できます。１回２時間、定員は100人です。入場券をお買い求めの時に必ず①～④の時間の一つをお選びください。ご希望の時間に予約できないこともありますのでご了承ください。体験者以外は店などの内部に入れませんのでご注意ください。パイロット・警官・医者・消防士・アナウンサー・パン屋・ダンサー・建設スタッフ・料理人・大工・陶芸家が体験できます。

〈時間〉

① 9:00～11:00

② 11:15～13:15

③ 13:30～15:30

④ 15:45～17:45

【Ｂゾーン】

小学生以上がご利用できる一般コースと小学入学前のお子さまがご利用できる子どもコースがあります。どちらも池などがありますので、小学生までのお子さまだけでは入場できません。30種類のアスレチックがある一般コースと５種類の小さいお子さま用のコースがあります。一般コースは一周最低でも１時間かかります。なるべく決められたコースの順番におまわりください。

問題７　右のページはある家の説明である。これを読んで、下の質問に答えなさい。答えは、１・２・３・４から最もよいものを一つえらびなさい。

山田(やまだ)さんはなるべく会社から近いところに家を借りたいです。駅から遠くてもいいですが、仕事でおそくなることが多いのでバスに乗りたくないです。家族は４人ですから寝室(しんしつ)は３つほしいです。また小学生の子どもがいますから、学校の近くがいいです。会社が家賃(やちん)の半分(はんぶん)を出してくれますが、あまり高いのは困ります。妻(つま)は花を育(そだ)てることが好きですから、小さくてもいいですが庭(にわ)がほしいです。静かな住宅地(じゅうたくち)がいいです。

9　７万円以上はお金を出したくない。どの家にしたらいいか。

1　A
2　B
3　C
4　D

10　山田(やまだ)さんが気にしていないことは何か。

1　庭(にわ)の広さ
2　部屋の数
3　学校までのきょり
4　家賃(やちん)の値段

物件	家賃	家の種類など	会社から駅	駅から家	その他
A	16万円	一戸建て(注１) ３ＬＤＫ(注２)	20分	徒歩10分	住宅街・広い庭
B	11万円	マンション３ＤＫ	20分	徒歩１分	商店街
C	13万円	一戸建て３ＬＤＫ	30分	徒歩10分	住宅街・庭
D	13万円	一戸建て３ＤＫ	30分	バス10分＋徒歩２分	住宅街・庭

（注１）一戸建て：アパートやマンションなどとは違って一つの独立した家

（注２）３ＬＤＫ：数字は部屋の数、Ｌは居間、Ｄは食堂、Ｋは台所を表す

2교시 끝내기

청해

N3

제5장

청해 공략편

1 청해요령 알아두기
2 문제유형 공략하기

01 청해요령 알아두기

1 문제유형별 청해 포인트

일본어 능력시험 N3 청해는 과제이해, 포인트이해, 개요이해, 발화표현, 즉시응답 총 5가지 문제유형이 출제된다. 시험의 내용은 폭넓은 장면에서 사용되는 일본어를 이해할 수 있는지를 묻고 있기 때문에, 회화나 뉴스, 강의를 듣고 이야기의 흐름이나 내용, 등장인물의 관계나 내용의 논리 구성 등을 상세하게 이해하거나 요지를 파악할 수 있어야 한다.

❶ 과제이해

어떤 장면에서 구체적인 과제 해결에 필요한 정보를 듣고, 다음에 무엇을 하는 것이 적절한 행동인가를 묻는 문제이다. 지시나 조언을 하고 있는 회화를 듣고, 그것을 받아들인 다음의 행동으로 어울리는 것을 고른다. 선택지는 문자나 일러스트로 제시된다. 질문은 대화가 나오기 전에 제시되므로, 텍스트를 듣기 전에 문제를 해결할 대상이 누구인지, 질문의 내용이 무엇인지 파악한 다음, 주의해서 듣는다.

❷ 포인트이해

청자가 화자의 발화(發話)에서 자신이 알고 싶은 것과 흥미가 있는 것으로 내용의 포인트를 좁혀서 들을 수 있는지를 묻는 문제이다. 따라서 문제의 대화를 듣기 전에 상황 설명과 질문을 들려 주고, 또한 문제 용지에 인쇄되어 있는 선택지를 읽을 시간을 준다. 질문은 주로 화자의 심정이나 사건의 이유 등을 이해할 수 있는지를 묻는다.

❸ 개요이해

결론이 있는 텍스트를 듣고, 텍스트 전체에서 화자의 의도나 주장 등을 이해할 수 있는지를 묻는 문제이다. 일부의 이해를 묻는 문제와 비교해서 전체를 이해했는지를 묻는 문제이고, 과제 이해나 포인트 이해와 달리 질문이 먼저 제시되지도 않고, 또한 한 번밖에 나오지 않기 때문에 상당히 난이도가 높은 문제라고 할 수 있다.

❹ 발화표현

상황을 설명하는 음성을 듣고 일러스트를 보면서 장면이나 상황에 어울리는 발화인지 즉시 판단할 수 있는지를 묻는 문제이다. 인사·의뢰·허가·요구 등에서 자주 사용되는 표현을 주로 다룬다.

❺ 즉시응답

상대방의 발화에 어떤 응답을 하는 것이 어울리는지 즉시 판단할 수 있는지를 묻는 문제이다. A와 B의 응답 형식으로, 짧은 발화를 듣고 바로 대답을 찾는 문제이기 때문에 정답을 생각할 시간이 부족할 수 있으니 주의한다.

2 한국인이 틀리기 쉬운 음

각 나라말의 음가(音価 : 낱자가 가지고 있는 소리)가 서로 다르듯, 우리말과 일본어의 음가 또한 다르지만 우리말의 음가로 일본어의 음가를 파악하려고 하기 때문에 청해에서 오류가 생긴다. 일본어 청취 시 우리나라 사람들이 잘못 알아듣기 쉬운 음(音)에 대한 개념을 정리해 보고, 우리말과의 비교를 통해 청해 능력을 향상시킬 수 있는 방법에 대해 살펴보자.

❶ 청음(清音)과 탁음(濁音)

일본어는 청음과 탁음의 대립으로 구별되는데, 성대의 울림 없이 내는 소리(무성음)를 청음이라 하고, 성대를 울려서 내는 소리(유성음)를 탁음이라고 한다. 그러나 우리말에서는 콧소리(鼻音 : ㄴ, ㅁ, ㅇ) 외에는 유성음이 첫소리에 오지 않기 때문에 청음과 탁음을 구별하기 어렵다. 예를 들어 「げた[geta]: 나막신」의 첫소리인 유성음 [g]를 무성음 [k]로 잘못 알아듣거나 무성음 [t]를 유성음 [d]로 잘못 듣는 경우가 많다.

듣기연습 ♫ 듣기-01

❶ タンゴ(単語 : 단어) ダンゴ(団子 : 경단)

❷ テンシ(天使 : 천사) デンシ(電子 : 전자)

❸ 天気(てんき)が悪(わる)いので電気(でんき)をつけた。(날이 흐려서 불을 켰다.)

❹ 井戸(いど)に糸(いと)を落(お)とした。(우물에 실을 떨어뜨렸다.)

❺ 会館(かいかん)の外観(がいかん)はすばらしい。(회관의 외관은 멋있다.)

2 장음(長音)과 단음(短音)

장음이란 연속되는 두 개의 모음을 따로따로 발음하지 않고 길게 늘여서 발음하는 것으로, 1拍(拍은 일본어 발음 시 글자 하나하나에 주어지는 일정한 시간적 단위)의 길이를 갖는다. 장음(長音)과 단음(短音)의 차이를 비교해 보면 다음과 같다.

단음(短音)	クツ(靴 : 2拍)	セキ(席 : 2拍)	ホシ(星 : 2拍)
장음(長音)	クツウ(苦痛 : 3拍)	セイキ(世紀 : 3拍)	ホウシ(奉仕 : 3拍)

우리나라 사람들이 장음 구별에 서툰 이유는 다음과 같다.

① 일본어에서는 장음을 독립된 길이를 가진 단위로 인식하나, 우리말에서 장음은 의미의 구별을 도와줄 뿐 독립된 길이를 갖지 않기 때문이다.

② 우리말에서는 첫음절에서만 장음 현상이 나타나는 것을 원칙으로 하기 때문에 2음절 이하에 나타나는 장음의 구별이 어렵다.

③ 우리말은 표기법상에서도 예를 들어 「とうきょう」를 '도쿄'로, 「おおさか」를 '오사카'로 장음을 따로 표기하지 않아 장·단음의 구별이 어렵다.

듣기연습 듣기-02

❶ ツチ(土 : 흙) ツーチ(通知 : 통지)

❷ カド(角 : 모퉁이) カード(card : 카드)

❸ ヨイ(良い : 좋다) ヨーイ(用意 : 준비)

❹ あの映画(えいが)にはいい絵(え)が出(で)てくる。(그 영화에는 좋은 그림이 나온다.)

❺ 彼女(かのじょ)に対(たい)する好意(こうい)が恋(こい)に変(か)わった。(그녀에 대한 호의가 사랑으로 변했다.)

장음은 아니지만 모음과 모음 사이에서 음성기관이 이완되어 장음처럼 들리는 말도 있다.

□ [a / a] 真新(まあたら)しい [maatarashii]
□ [i / i] 自意識(じいしき) [dʒiishiki]
□ [u / u] 食(く)う [kuu]
□ [e / e] 影絵(かげえ) [kagee]
□ [o / o] 保温(ほおん) [hoon]

❸ 촉음(促音)

일명「つまる音」이라고도 하는 촉음에는 다음과 같은 특징이 있다.

① 작은「っ」또는「ッ」로 표기된다.

② 「カ행, サ행, タ행, パ행」앞에만 온다.

③ 뒤에 오는 음(カ행·サ행·タ행·パ행)에 따라 [k·s·t·p]로 발음된다.

④ 1 拍의 길이로 발음된다.

⑤ 첫소리에 오지 않는다.

★ 촉음의 유무에 따라 뜻이 달라지는 문장 예

□ 知(し)っているの？ (알고 있니?) していの？ (하고 있니?)

□ 行(い)ってください。(가 주세요.) いてください。(있어 주세요.)

□ 切(き)ってください。(잘라 주세요.) 来(き)てください。(와 주세요.)

이것은 촉음의 발음이「カ행, サ행, タ행, パ행」의 발음에 동화되기 때문에 우리말의 된소리(ㄲ, ㅆ, ㅉ, ㅃ)와 비슷하게 인식되나, 우리말에서는 된소리를 한 음절로 인정하지 않으므로 촉음이 있는 것을 없는 것으로, 또는 촉음이 없는 것을 있는 것으로 잘못 듣게 되어 일어나는 현상이다.

촉음을 구분할 때는 다음 사항을 기억해 두자.

① 탁음 앞에서는 촉음 현상이 일어나지 않으므로, 청음과 탁음의 구별을 정확하게 한다.

② 5단 동사는 활용할 때,「～た, ～て, ～たり」앞에서 촉음 현상을 일으키므로, 활용하는 동사의 종류를 확인한다.

③ 2자 이상의 한자어에서, 첫 번째 한자의 마지막 음(音)이「く, ち, つ」이고,「カ행, サ행, タ행, パ행」의 음이 이어지면「く, ち, つ」는 촉음으로 바뀐다.

□ 学校 : がく＋こう → がっこう

□ 一回 : いち＋かい → いっかい

□ 圧迫 : あつ＋ぱく → あっぱく

듣기연습

듣기-03

❶ サッカク(錯覚 : 착각)

❷ ゼッタイ(絶対 : 절대)

❸ ケッテイ(決定 : 결정)

❹ 喫茶店(きっさてん)に行(い)く前(まえ)に薬局(やっきょく)で薬(くすり)を買(か)った。(카페에 가기 전에 약국에서 약을 샀다.)

❺ この雑貨店(ざっかてん)にはいろんな骨董品(こっとうひん)がそろっている。
(이 잡화점에는 여러 가지 골동품이 구비되어 있다.)

4 요음(拗音)

일본어의 요음(拗音)은 우리말의 이중모음 'ㅑ, ㅠ, ㅛ'와 비슷하여 구분이 어렵지 않을 것이라 생각할 수도 있지만, 청해 시험에서 결정적인 실수는 이 요음에서 나온다.

★ 요음을 직음으로 잘못 듣는 예

□ **がいしゅつ(外出)する回数が少ない** (외출하는 횟수가 적다) → **がいしつ**

□ **じゃま(邪魔)でやっかいな仕事** (거추장스럽고 귀찮은 일) → **ざま**

이것은 「拗音의 直音化」현상 즉, 「しゅ, じゅ」가 「し, じ」에 가깝게 발음되어 생기는 문제인데, 흔히 말하는 사람이 원인을 제공하는 경우가 많다. 이런 현상은 「しゅ, じゅ」가 단음일 때 많이 발생한다. 즉, 장음일 때는 발음하는 시간이 길어 요음을 정확하게 발음할 수 있지만, 단음일 때는 시간적으로 여유가 없기 때문에 생기는 현상인 듯하다.

★ 직음을 요음으로 잘못 듣는 예

□ **みち(道)を歩きながら** (길을 걸으며) → **みちょう歩きながら**

□ **ごじぶん(御自分)でき(来)て** (몸소 와서) → **ごじゅうぶんできて**

이것은 듣는 사람이 연속되는 모음을 다음과 같이 이중모음으로 잘못 듣기 때문에 발생한다.

[イ+ア] → [ヤ] / [イ+ウ] → [ユ] / [イ+オ] → [ヨ]

따라서 요음 듣기의 어려움을 극복하려면 다음과 같은 점에 주의한다.

① 「し, じ」라고 들려도 「しゅ, じゅ」가 아닌지 의심해 본다(대개 한자어가 많다).

② 「i+あ」는 「や」로, 「i+う」는 「ゆ」로, 「i+お(を)」는 「よ」로 들리므로 조심한다.

③ 대화 중에서 「~を」가 나오리라 짐작되는 곳에 「ヨ」 또는 「ヨー」가 들리는 경우 「i+を」가 아닌지 의심해 본다.

듣기연습

듣기-04

❶ ショースー (少数 : 소수)　　ソースー (総数 : 총수)

❷ キャク (客 : 손님)　　キヤク (規約 : 규약)

❸ チューシン (中心 : 중심)　　ツーシン (通信 : 통신)

❹ あの法科(ほうか)の評価(ひょうか)はどうか。(그 법학과의 평가는 어떤가?)

5 연속되는 모음

조사「を」앞에 장모음「オ」가 올 때는, [o] 음이 세 박자에 걸쳐 이어지게 되어 미처 다 듣지 못하는 경우가 있다.

듣기연습 듣기-05

❶ ごうとうをたいほする。(강도를 체포하다.)

❷ 休みの日にテレビを見ながらぶどうを食べた。
(휴일에 텔레비전을 보면서 포도를 먹었다.)

❸ アフリカでぞうを捕まえた人の話を聞いた。
(아프리카에서 코끼리를 잡은 사람의 이야기를 들었다.)

6 악센트

일본어에는 악센트의 차이로 그 뜻을 구분하는 단어들이 많아 악센트 또한 청해의 중요한 단서가 된다. 악센트는 흔히 '높낮이의 차이'로 구분되는 것과 '강약의 차이'로 구분되는 것이 있는데, 일본어는 '높낮이의 차이'로 구분되는 '고저(高低)악센트'로, 소리가 떨어지는 낙차를 기준으로 두고형(頭高型), 중고형(中高型), 미고형(尾高型), 평판형(平板型)으로 구분된다.
다음 동음이의어의 악센트 차이를 살펴보자.

듣기연습 듣기-06

❶ ア「キ(空き : 텅 빔) ア˥キ(秋 : 가을)

❷ カ「ウ(買う : 사다) カ˥ウ(飼う : 기르다)

❸ あ˥め(雨) の日にあ「め(飴) を買う。(비 오는 날에 엿을 산다.)

❹ 資料をこう「かい(公開)してこ˥うかい(後悔)した。(자료를 공개하고 후회했다.)

7 기타

이외에 혼동을 일으키기 쉬운 발음을 정리해 보면 다음과 같다.

「シ」와「ヒ」

일본어를 듣다 보면「シ」와「ヒ」를 혼동하는 경우가 있다. 이는「シ」를 발음할 때의 혀 위치가「ヒ」를 발음할 때의 혀 위치와 가까워져 비슷하게 발음되기 때문이다.

(○)	鉄道(てつどう)をしく(철도를 부설하다)	法律(ほうりつ)をしく(법률을 시행하다)
(×)	鉄道(てつどう)をひく	法律(ほうりつ)をひく

듣기연습

듣기-07

❶ シカク(資格 : 자격, 視覚 : 시각)　　ヒカク(比較 : 비교)

❷ シテー(指定 : 지정)　　ヒテー(否定 : 부정)

❸ シル(知る : 알다)　　ヒル(昼 : 낮)

❹ しんこう(信仰)のある人(ひと)はひんこう(品行)方正(ほうせい)だ。
(신앙이 있는 사람은 품행이 바르다.)

❺ しんし(紳士)はひんし(瀕死)の状態(じょうたい)だった。(신사는 빈사 상태였다.)

「ラ・ロ」와「ダ・ド」

듣기연습

듣기-08

❶ ランボー(乱暴 : 난폭)　　ダンボー(暖房 : 난방)

❷ ヒロイ(広い : 넓다)　　ヒドイ(酷い : 심하다)

❸ テレビのためだんらんの時間(じかん)がだんだん少(すく)なくなった。
(텔레비전 때문에 단란한 시간이 점점 적어졌다.)

❹ はら(原)さんのはだ(肌)は大変(たいへん)きれいだ。(하라 씨 피부는 매우 곱다.)

「ス」와「ツ」

「ス」와「ツ」도 서로 혼동하여 잘못 듣기 쉬운 발음이다.

★「ス」를「ツ」로 잘못 듣는 예

□ くものす(巣)やほこりだらけだ (거미집과 먼지투성이다) → くものつ

□ あたまをすりよせて (머리를 맞대고) → あたまをつりよせて

★「ツ」를「ス」로 잘못 듣는 예

□ かじやのやつが (대장장이 녀석이) → やす

□ 先生からばつ(罰)を受けた (선생님께 벌을 받았다) → ばす

이와 같이「ス」와「ツ」의 구분이 어려운 이유는,

① ス[su] 와 ツ[tsu] 에서 [su] 발음이 같기 때문이다. [t]음을 낼 때는 혀끝으로 잇몸 부분을 치게 되는데 이것이 가벼우면「ス」가 되어 버린다.

② 우리말에는「ツ」라는 음이 없기 때문이다. 따라서 의미를 모르는 경우「ツ」로 들리기도 하고「ス」로 들리기도 하는 것이다.

듣기연습 듣기-09

❶ スーガク(数学 : 수학) ツーガク(通学 : 통학)

❷ スキ(好き : 좋아함) ツキ(月 : 달)

❸ スミ(隅 : 구석) ツミ(罪 : 죄)

❹ この山を越(こ)すにはこつがある。(이 산을 넘는 데는 요령이 있다.)

❺ バスの中(なか)のすりはつかまってバツ(罰)を受(う)けた。
(버스 안의 소매치기범은 붙잡혀서 벌을 받았다.)

축약형

듣기-10 ① **「～ては」 → 「～ちゃ」/「～では」 → 「～じゃ」**

＊来(き)ては → 来(き)ちゃ

みんな忙(いそが)しいから今日(きょう)は来ちゃ駄目(だめ)だよ。
(모두 바쁘니까 오늘은 오면 안 돼요.)

＊それでは → それじゃ

それじゃなくてあっちのを持(も)ってきてください。
(그것 말고 저기 있는 걸 갖다 주세요.)

＊騒(さわ)いでは → 騒(さわ)いじゃ

廊下(ろうか)でそんなに騒(さわ)いじゃいけません。
(복도에서 그렇게 떠들면 안 됩니다.)

② **「～ている」 → 「～てる」**

＊勉強(べんきょう)している → 勉強(べんきょう)してる

夜中(よなか)に勉強(べんきょう)してる受験生(じゅけんせい)。(밤중에 공부하고 있는 수험생)

＊持(も)っていない → 持(も)ってない

携帯電話(けいたいでんわ)を持(も)ってないので公衆電話(こうしゅうでんわ)を使(つか)う。

(휴대 전화를 갖고 있지 않아서 공중전화를 쓴다.)

③ **「～ておく」 → 「～とく」**

＊書(か)いておく→書(か)いとく

メモ用紙(ようし)に書(か)いといたのを読(よ)んだ。

(메모지에 적어 놓은 것을 읽었다.)

＊はさんでおく → はさんどく

本(ほん)にはさんどいた紙(かみ)がなくなった。

(책에 끼워 놓은 종이가 없어졌다.)

④ **「～てしまう」 → 「～ちゃう」、「～ちまう」**

＊捨(す)ててしまう → 捨(す)てちゃう

古(ふる)くなった食(た)べ物(もの)は捨(す)てちゃうほうがいいよ。

(오래된 음식은 버리는 게 나아요.)

＊かんでしまう → かんじゃう

この犬(いぬ)は知(し)らない人(ひと)が近(ちか)づくとかんじゃうのよ。

(이 개는 모르는 사람이 가까이 오면 물어요.)

⑤ **「～らない」、「～れない」 → 「～んない」**

＊わからない → わかんない

意味(いみ)がわかんないから、ボーッとしてた。

(뜻을 몰라서 멍하니 있었다.)

＊いられない → いらんない

こんなきたない場所(ばしょ)にいらんないよ。

(이렇게 지저분한 곳에 있을 수 없어.)

02 문제유형 공략하기

問題1 과제이해

| 문제유형 분석 및 대책 |

問題 1은 어떤 장면에서 과제 해결에 필요한 구체적인 정보를 듣고, 적절한 행동을 선택할 수 있는지를 묻는다. 즉, 지시나 조언을 하고 있는 대화를 듣고, 그것을 받아들인 다음 행동으로 어울리는 것을 고르는 문제이다. 선택지는 문자와 일러스트로 제시되는데, 일러스트는 가능한 한 현실 커뮤니케이션 장면에 가까운 형태로 되어 있다. 과제이해 문제는 일본어 능력시험 N3 청해 전체 28문제 중 6문제가 출제된다.

문제의 흐름은 과제를 명확하게 하기 위해 먼저 상황을 설명하는 문장과 질문이 나온다. 그리고 대화로 구성된 텍스트가 나오고 질문이 한 번 더 나온다. 질문은 보통 "남자(여자)는 이제부터 무엇을 합니까?" 등의 형태로 제시된다.

질문이 텍스트가 나오기 전에 제시되므로, 텍스트를 듣기 전에 문제를 해결할 대상이 누구인지, 그리고 질문의 내용이 무엇을 하라는 것인지에 주의해서 듣는다.

문제 유형 예시

問題 1

問題1では、まず質問を聞いてください。それから話を聞いて、問題用紙の1から4の中から、最もよいものを一つえらんでください。

れい

1　8時45分

2　9時

3　9時15分

4　9時30分

실전 감각 익히기　과제이해

듣기 1-00

例題　まず質問を聞いてください。それから話を聞いて、問題用紙の１から４の中から、最もよいものを一つえらんでください。

れい 1

1 部長に時間を変えるように頼む
2 部長に場所を変えるように頼む
3 部長に201を使うように頼む
4 部長に202を使うように頼む

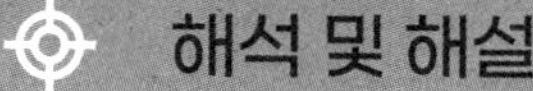

해석 및 해설

스크립트 & 해석

(M：男性, 男の子　F：女性, 女の子)

会社で男の人と女の人が話しています。女の人はこれからどうしますか。

M: 部長が会議室は202では狭すぎるって言っているよ。

F: えっ、困るわ。金曜日の午前中は201は空いていないのよ。

M: じゃ、午後にしてもらおうか。

F: 午後なら空いているけど、急に予定を変えると出席できない人も出てくるかも。

M: そうだね。部長に我慢してもらおうか。

F: ええ、木村さん、頼んでくれる？

M: それは本田さんの仕事でしょう。

F: 仕方がないわねえ。

女の人はこれからどうしますか。

회사에서 남자와 여자가 이야기하고 있습니다. 여자는 이제부터 어떻게 합니까?

남： 부장님이 회의실은 202로는 너무 좁다고 말씀하시네.

여： 어, 곤란하네. 금요일 오전 중은 201은 비어 있지 않아.

남： 그럼, 오후로 해 달라고 할까?

여： 오후라면 비어 있지만, 갑자기 예정을 바꾸면 출석할 수 없는 사람도 나올지 몰라.

남： 그렇겠네. 부장님에게 참아 달라고 할까?

여： 예, 기무라 씨 부탁해 줄래?

남： 그건 혼다 씨의 일이잖아.

여： 어쩔 수 없네.

여자는 이제부터 어떻게 합니까?

1 部長に時間を変えるように頼む
2 部長に場所を変えるように頼む
3 部長に201を使うように頼む
4 部長に202を使うように頼む

1 부장님에게 시간을 바꾸도록 부탁한다
2 부장님에게 장소를 바꾸도록 부탁한다
3 부장님에게 201을 사용하도록 부탁한다
4 부장님에게 202를 사용하도록 부탁한다

해설

질문은 '여자가 어떻게 할 것인지'를 묻고 있다. 남자와 여자는 202 회의실이 좁다고 한 부장님 말씀 때문에 이야기를 하고 있다.

먼저, 두 사람의 대화를 정리하면, 남자는 202 회의실이 너무 좁다고 한 부장님의 말씀을 전하고, 여자는 201 회의실이 금요일 오전에는 비어 있지 않다고 한다. 남자가 회의를 오후로 하자고 제안하지만, 여자는 갑자기 예정이 바뀌면 참석하지 못하는 사람이 나올 수도 있다고 반대한다. 마지막으로 남자가 부장님께 좁더라도 참아 달라고 부탁하자고 하자, 여자는 동의하고 남자에게 말해 줄 수 있냐고 부탁한다. 하지만 남자는 그 일은 여자의 일이라고 한다. 따라서 여자는 부장님에게 좁더라도 202 회의실을 사용해 달라고 부탁해야 하므로 정답은 4번 '부장님에게 202를 사용하도록 부탁한다'가 정답이 된다. 정답 ❹

れい 2

1

2

3

4

해석 및 해설

스크립트 & 해석

(M : 男性, 男の子　F : 女性, 女の子)

家で男の人と女の人が話しています。男の人はこれからどうしますか。

M: 図書館に本を返しに行くけど何か用事ある？

F: じゃ、私のもお願い。
それからついでにスーパー回って牛乳買ってきてくれない？

M: パンも切れてたけど、買わなくてもいい？

F: それはいいわよ。今日焼く予定だから。

M: じゃ、行ってくるよ。

男の人はこれからどうしますか。

집에서 남자와 여자가 이야기하고 있습니다. 남자는 이제부터 어떻게 합니까?

남 : 도서관에 책을 반납하러 가는데, 뭔가 볼일 있어?

여 : 그럼, 내 것도 부탁해.
그리고 가는 김에 슈퍼에 들러서 우유 좀 사다 주지 않을래?

남 : 빵도 떨어졌는데 안 사도 돼?

여 : 그건 괜찮아. 오늘 구울 예정이니까.

남 : 그럼, 갔다 올게.

남자는 이제부터 어떻게 합니까?

해설

질문은 '남자가 이제부터 어떻게 할 것인지'를 묻고 있다. 남자는 도서관에 책을 반납하러 가는데, 여자에게 뭔가 볼일이 있는지 묻는다. 그러자 여자는 자신의 것도 반납해 달라고 하면서 가는 김에 슈퍼에 들러서 우유를 사달라고 부탁한다. 따라서 남자의 행동은 먼저, 도서관에 책을 반납하고, 다음에 우유를 사는 것이다. 이것과 관련 있는 선택지는 3번과 4번인데, 여자가 빵은 구울 예정이니까 사지 않아도 된다고 했으므로 3번이 정답이 된다. 정답 ❸

실전 연습하기 | 과제이해

듣기 1-01~06 /6

問題1

問題1では、まず質問を聞いてください。それから話を聞いて、問題用紙の1から4の中から、最もよいものを一つえらんでください。

1ばん

1 普通電車に乗って行く
2 急行に乗って高山で普通電車に乗り換える
3 急行に乗って山下の次の駅まで行って一駅戻る
4 急行に乗って高山の次の駅まで行って一駅戻る

2ばん

1 拾った物を捨てる
2 拾った物を子どもに食べさせる
3 拾った物を洗う
4 拾った物を自分で食べる

3 ばん

1 休む
2 部屋を整理する
3 机を運ぶ
4 隣にあいさつに行く

4 ばん

1

2

3

4

5ばん

1　男の子を４つのグループに分ける

2　女の子を４つのグループに分ける

3　子どもを１・２・３・４と呼ぶ

4　子どもに好きな動物を作らせる

6ばん

1　ワンさんにレイさんの体の具合について聞く

2　ワンさんにレイさんがいじめられているか聞く

3　レイさんにいじめられているか聞く

4　レイさんに体の具合について聞く

2 問題2 포인트이해

| 문제유형 분석 및 대책 |

問題 2는 포인트이해 문제로, 결론이 있는 텍스트(대화)를 듣고, 사전에 제시되는 질문에 입각해서 내용의 포인트를 좁혀서 파악할 수 있는지를 묻는다. 현실의 커뮤니케이션에서는 청자는 화자의 말 중에서 자신이 알고 싶거나 흥미가 있는 것을 들으려 하는 것에서 출발한 문제이다. 問題1과 달리 선택지는 문자로만 제시되고, 일본어 능력시험 N3 청해 28문제 중 6문제가 출제된다.
문제의 흐름은, 수험자가 미리 무엇을 들어야 하는지 의식해서 들을 수 있도록 먼저 상황을 설명하는 문장과 질문이 나온다. 그리고 선택지를 읽을 수 있는 어느 정도의 시간을 주고, 텍스트가 나오고 질문이 한 번 더 나온다.
질문이 텍스트가 나오기 전에 제시되므로, 질문의 형태가 어떤 것인지 파악해 두는 것이 중요하다. 그리고 질문을 듣고 선택지를 보면서 미리 정답을 예측하기보다 질문에서 요구하는 것이 무엇인지에 집중해서 주의를 기울이는 것이 효과적이다.

문제 유형 예시

問題(もんだい) 2

問題(もんだい) 2では、まず質問(しつもん)を聞(き)いてください。そのあと、問題用紙(もんだいようし)を見(み)てください。読(よ)む時間(じかん)があります。それから話(はなし)を聞(き)いて、問題用紙(もんだいようし)の 1 から 4 の中(なか)から、最(もっと)もよいものを一(ひと)つえらんでください。

れい

1 いそがしくて時間(じかん)がないから
2 料理(りょうり)がにがてだから
3 ざいりょうが　あまってしまうから
4 いっしょに食(た)べる人(ひと)がいないから

실전 감각 익히기 포인트이해

듣기 2-00

例題　まず質問を聞いてください。そのあと、問題用紙を見てください。読む時間があります。それから話を聞いて、問題用紙の１から４の中から、最もよいものを一つえらんでください。

れい

1 一人旅は危ないけど寂しくない
2 歩かないと珍しい物に出会えない
3 一人旅をしないと多くの人に出会えない
4 一人旅は自分にとって大切な経験だった

해석 및 해설

스크립트 & 해석

(M : 男性, 男の子　F : 女性, 女の子)

女の人が旅行について話しています。女の人は旅行についてどう思っていますか。

F: 私は若いときよく一人で旅行していました。寂しくないのとか一人旅は危ないよとか言われました。友達と旅行するのも好きでしたが、私ほど時間がある人はいなかったし、見たい物も旅の仕方も違いましたから、一人で行くことがほとんどでした。立ち食いそばを食べたり何キロも歩いたりして、なるべくお金を使わないようにしました。一日でも長く旅行できるようにしたかったのです。歩いたおかげで思わぬ発見もしました。旅先で出会った人に多くを学んだり親切にしてもらったりもしました。半日も同じ景色を眺めていたこともありました。自分探しの旅をしていたような気がします。

女の人は旅行についてどう思っていますか。

여자가 여행에 대해서 이야기하고 있습니다. 여자는 여행에 대해서 어떻게 생각하고 있습니까?

여 : 저는 젊을 때 혼자서 자주 여행했습니다. 쓸쓸하지 않으냐던가 혼자 하는 여행은 위험하다는 말을 들었습니다. 친구와 여행하는 것도 좋아했지만, 나만큼 시간이 있는 사람은 없었고, 보고 싶은 것도 여행 방법도 달랐기 때문에, 혼자서 가는 것이 대부분이었습니다. 서서 메밀국수를 먹거나 몇 킬로미터나 걷거나 해서, 가능한 한 돈을 쓰지 않도록 했습니다. 하루라도 길게 여행할 수 있도록 하고 싶었기 때문입니다. 걸어다닌 덕분에 뜻밖의 발견도 했습니다. 여행지에서 만난 사람에게 많은 것을 배우거나 친절하게 대접받기도 했습니다. 반나절이나 같은 경치를 바라보고 있던 적도 있었습니다. 자신을 찾는 여행을 한 듯한 기분이 듭니다.

여자는 여행에 대해서 어떻게 생각하고 있습니까?

1 一人旅は危ないけど寂しくない
2 歩かないと珍しい物に出会えない
3 一人旅をしないと多くの人に出会えない
4 一人旅は自分にとって大切な経験だった

1 혼자 하는 여행은 위험하지만 쓸쓸하지 않다
2 걷지 않으면 진기한 것을 만날 수 없다
3 혼자 하는 여행을 하지 않으면 많은 사람을 만날 수 없다
4 혼자 하는 여행은 자신에게 있어서 소중한 경험이었다

해설

질문은 '여자가 여행에 대해서 어떻게 생각하고 있는지'를 묻고 있다. 여자는 젊었을 때 자주 혼자서 여행을 다녔다고 하면서, 혼자 여행하게 된 이유와 경험 등을 말하고 있다. 그리고 마지막에 혼자 하는 여행이 자신을 찾는 여행을 한 듯한 기분이 든다고 말하고 있다. 따라서 이것과 관련이 있는 4번 '혼자 하는 여행은 자신에게 있어서 소중한 경험이었다'가 정답이 된다. 1번은 '혼자 하는 여행은 위험하지만 쓸쓸하지 않다'고 했는데, 사람들에게 위험하지 않냐, 쓸쓸하지 않냐는 말을 들었다고 했지, 여자가 한 말은 아니다. 2번은 '걷지 않으면 진기한 것을 만날 수 없다'고 했는데, 걸어다닌 덕분에 뜻밖의 발견도 했다고 했지만, 걷지 않으면 만날 수 없다고는 말하지 않았다. 3번은 '혼자 하는 여행을 하지 않으면 많은 사람을 만날 수 없다'고 했는데, 이런 말은 하지 않았다.

정답 ❹

실전 연습하기 | 포인트이해 | 듣기 2-01~06 /6

問題2

問題2では、まず質問を聞いてください。そのあと、問題用紙を見てください。読む時間があります。それから話を聞いて、問題用紙の１から４の中から、最もよいものを一つえらんでください。

1ばん

1 子どもが読みたがっているから
2 新聞は一目で多くの記事がわかるから
3 インターネットと新聞でニュースが違うから
4 インターネットで記事が選べないから

2ばん

1 こっそり買って奥さんを驚かせたいから
2 指輪を買うと奥さんに怒られそうだから
3 奥さんにもういらないと言われそうだから
4 奥さんがサイズを教えてくれなかったから

3 ばん

1 カフェラテが飲みたいから
2 ラテアートが見たいから
3 おいしいし雰囲気もいいから
4 女の人が行きたがっているから

4 ばん

1 お母さんが送ってくれるから
2 切って入れるだけで使えるから
3 置く場所をあまり使わないから
4 使うとすぐににおいが消えるから

5 ばん

1 カルシウム剤を飲むこと
2 もっと牛乳を飲むこと
3 ジムで運動すること
4 車に乗らないで歩くこと

6ばん

1　５階の子ども服売り場に行く

2　おもちゃ売り場のそばの保育室に行く

3　子ども服売り場の隣にある保育室に行く

4　子ども服売り場の店員に知らせる

問題3 개요이해

| 문제유형 분석 및 대책 |

問題 3은 개요 이해 문제로, 결론이 있는 텍스트(대화)를 듣고, 화자의 의도나 주장 등을 이해하는지를 묻는 문제이다. 문제지에는 선택지가 제시되지 않으며, 일본어 능력시험 N3 청해 전체 28문제 중에서 3문제가 출제된다.

문제의 흐름은 먼저 상황을 설명하는 문장이 나온 다음 바로 텍스트가 나온다. 그리고 질문이 제시된다. 질문이 한번밖에 나오지 않고 선택지도 음성으로밖에 제시되지 않기 때문에 난이도가 상당히 높은 문제라고 할 수 있다.

화자의 의도나 주장을 파악하는 문제이므로 텍스트의 내용 전체를 요약할 수 있어야 하고, 단어 하나하나의 의미보다도 전체적인 의미를 파악할 수 있어야 한다. 화자의 의도나 주장은 대부분 텍스트의 마지막에 나오는 경우가 많으므로 후반부의 내용과 관련이 있는 선택지에 주의한다.

문제 유형 예시

もんだい
問題 3

問題3では、問題用紙に何もいんさつされていません。この問題は、ぜんたいとしてどんなないようかを聞く問題です。話の前に質問はありません。まず話を聞いてください。それから、質問とせんたくしを聞いて、1から4の中から、最もよいものを一つえらんでください。

－ メモ －

실전 감각 익히기 | 개요이해

듣기 3-00

例題　問題用紙に何もいんさつされていません。この問題は、ぜんたいとしてどんなないようかを聞く問題です。話の前に質問はありません。まず話を聞いてください。それから、質問とせんたくしを聞いて、１から４の中から、最もよいものを一つえらんでください。

－メモ－

해석 및 해설

스크립트 & 해석

(M : 男性, 男の子　F : 女性, 女の子)

男の人が女の人の家に来て話しています。

M: 新しい車来たんだね。いい色だね。乗り心地はどう？

F: スピードも出るし運転しやすいのよ。

M: いいなあ、こんな車を買ってもらえるなんて。ところで古い車はどこ？

F: あっちに置いてあるわ。借りたいなら貸してあげるわよ。

M: 違うんだ。この間借りたときに地図を忘れちゃって。

F: じゃ、鍵はお母さんに借りて。

M: うん、ところでこれちょっと後で運転させてよ。

F: いいわよ。海のそばの公園まで行ってみよう。

男の人は何をしに来ましたか。

남자가 여자 집에 와서 이야기하고 있습니다.

남 : 새 차 왔구나. 색깔 좋은데. 승차감은 어때?

여 : 속도도 나오고 운전하기 편해.

남 : 좋겠다. 이런 차를 사 주다니. 그런데 낡은 차는 어디 있어?

여 : 저쪽에 뒀어. 빌리고 싶으면 빌려 줄게.

남 : 그게 아니고. 요전에 빌렸을 때 지도를 두고 가서.

여 : 그럼, 열쇠는 어머니한테 빌려.

남 : 응, 그런데 이거 조금 있다가 운전하게 해 줘.

여 : 좋아. 바다 옆에 있는 공원까지 가 보자.

남자는 무엇을 하러 왔습니까?

1 新しい車を見に来た
2 忘れ物を取りに来た
3 車を借りに来た
4 車を運転しに来た

1 새 차를 보러 왔다
2 두고 간 것을 가지러 왔다
3 차를 빌리러 왔다
4 차를 운전하러 왔다

해설

주요 내용이 새 차에 대한 것이어서 남자가 여자의 집에 온 목적이 새 차를 보러 왔다고 판단하기 쉽다. 하지만 남자는 여자에게 낡은 차가 어디에 있는지 물으면서 요전에 그 차를 빌렸을 때 지도를 두고 갔다고 말하고 있다. 따라서 정답은 2번 '두고 간 것을 가지러 왔다'가 된다.

정답 ❷

問題3

問題3では、問題用紙に何もいんさつされていません。この問題は、ぜんたいとしてどんなないようかを聞く問題です。話の前に質問はありません。まず話を聞いてください。それから、質問とせんたくしを聞いて、1から4の中から、最もよいものを一つえらんでください。

－メモ－

4 問題4 발화표현

| 문제유형 분석 및 대책 |

問題 4는 발화표현 문제로, 일러스트를 보면서 설명문을 듣고 장면이나 상황에 어울리는 발화를 바로 선택할 수 있는지를 묻는 문제이다. 인사, 의뢰, 허가, 요구 등의 자주 쓰이는 표현이 주로 다루어지고 N3, N4, N5에서 출제된다. 일본어 능력시험 N3 청해 전체 28문제 중에서 4문제가 출제된다.
문제의 흐름은 일러스트를 보면서 상황 설명과 질문 「何と言いますか(무엇이라고 말합니까?)」가 나오는 음성을 듣는다. 그리고 3개의 선택지가 음성으로 제시된다. 일러스트 속에 화살표로 가리키고 있는 인물이 무엇이라고 말하는지 가장 적절한 발화를 선택하면 된다.

문제 유형 예시

問題 4

問題 4では、えを見ながら質問を聞いてください。やじるし（➡）の人は何と言いますか。1から3の中から、最もよいものを一つえらんでください。

れい

실전 감각 익히기 | 발화표현

듣기 4-00

例題　えを見ながら質問を聞いてください。やじるし（➡）の人は何と言いますか。
1から3の中から、最もよいものを一つえらんでください。

れい

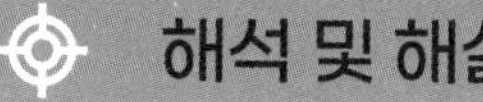

해석 및 해설

스크립트 & 해석

(M : 男性, 男の子　F : 女性, 女の子)

店員はお客さんが品物をいつ取りに来るか知りたいです。何と言いますか。

1 いつお出かけしますか。

2 いつお出でになりますか。

3 いつ持っていらっしゃいますか。

점원은 손님이 물건을 언제 가지러 올지 알고 싶습니다. 뭐라고 말합니까?

1 언제 외출하시나요?

2 언제 오십니까?

3 언제 가지고 오십니까?

해설

여자 점원이 손님에게 언제 물건을 가지러 오는지를 묻고 있는 상황이다. 1번은 '언제 외출하시나요?'라고 했는데, 존경어가 되려면 「お出かけする」가 아니라 「お出かけになる」가 되어야 하기 때문에 맞지 않다. 2번은 '언제 오십니까?'라고 했는데, 「お出でになる」는 「来る」의 존경어이므로 바르게 사용되었다. 3번은 '언제 가지고 오십니까?'라고 했는데, 「持って来る(가지고 오다)」가 아니라 「取りに来る(가지러 오다)」가 되어야 하므로 맞지 않다. 따라서 정답은 2번이 된다. 정답 ❷

실전 연습하기 | 발화표현 | 듣기 4-01~06 | /6

問題4

問題4では、えを見ながら質問を聞いてください。やじるし（➡）の人は何と言いますか。1から3の中から、最もよいものを一つえらんでください。

1ばん

2ばん

3ばん

4ばん

5ばん

6ばん

5 問題5 즉시응답

| 문제유형 분석 및 대책 |

問題 5는 즉시응답 문제로, 상대의 발화를 듣고 어떻게 응답하는 것이 적절한지, 그리고 빨리 판단할 수 있는지를 묻는 문제이다. 문제지에는 선택지가 제시되지 않으며, 일본어 능력시험 N3 청해 전체 28문제 중 9문제가 출제된다.

문제의 흐름은 질문 등의 짧은 발화가 나오고 그 발화에 대한 응답으로 3개의 음성이 제시된다. A와 B의 응답 형식으로, 어떤 상황에서 이루어지는 대화인지 재빠르게 파악하는 것이 중요하다. 대화 내용이 짧고 바로 대답을 찾아야 하므로 빠르게 진행된다. 문제를 놓쳤을 경우에는 다음 문제에 집중할 수 있도록 한다.

문제 유형 예시

もんだい
問題 5

問題5では、問題用紙に何もいんさつされていません。まず文を聞いてください。それから、そのへんじを聞いて、1から3の中から、最もよいものを一つえらんでください。

－ メモ －

실전 감각 익히기 | 즉시응답

듣기 5-00

例題　問題用紙に何もいんさつされていません。まず文を聞いてください。それから、そのへんじを聞いて、1から3の中から、最もよいものを一つえらんでください。

－メモ－

해석 및 해설

스크립트 & 해석

(M：男性, 男の子　F：女性, 女の子)

れい1

F:　わあ、富士山の写真、1枚もらってもいいですか。

M:　1　ええ、1枚でもいいですよ。
　　2　ええ、よかったら何枚でもどうぞ。
　　3　ええ、何枚ももらえるんですね。

예1

여 :　와아, 후지산 사진 1장 받아도 되나요?

남 :　1　네, 1장이라도 좋아요.
　　2　네, 괜찮다면 몇 장이라도 가져가세요.
　　3　네, 몇 장이라도 받을 수 있군요.

れい2

M:　朝からおなかがずっと痛いんだよ。

F:　1　遅くまで起きているからよ。
　　2　早く薬を飲ませたほうがいいわよ。
　　3　何か変な物を食べたんじゃない？

예2

남 :　아침부터 배가 계속 아파.

여 :　1　늦게까지 안 자고 있어서 그렇지.
　　2　빨리 약을 먹이는 게 좋아.
　　3　뭔가 이상한 거 먹은 거 아냐?

해설

〈예1〉은 여자가 '후지산 사진을 1장 받아도 되는지'를 묻고 있으므로, 원한다면 몇 장이라도 가져가라고 한 2번이 정답이다. 1번은 1장 원하다고 했는데, 「でも」를 사용했다. 여기에서 「でも」는 2장 이상일 때 사용할 수 있다. 3번은 '네, 몇 장이라도 받을 수 있군요'라고 했는데, 이것은 받는 사람이 할 수 있는 말이므로 맞지 않다.

〈예2〉는 남자가 '아침부터 배가 계속 아프다'고 말하고 있으므로, 배가 아픈 원인에 대해서 묻고 있는 3번이 정답이 된다. 1번은 '늦게까지 안 자고 있어서 그렇지'라고 했는데, 배가 아픈 원인으로 늦게까지 일어나 있어서라는 것은 이치에 맞지 않다. 2번은 '빨리 약을 먹이는 게 좋아'라고 했는데, 이것은 남자에게 하는 말이 아니라 다른 사람이 배가 아프다고 할 때 할 수 있는 말이다.

정답 예1 – ❷, 예2 – ❸

실전 연습하기 | 즉시응답 | 듣기 5-01~20 | /20

問題5

問題5では、問題用紙に何もいんさつされていません。まず文を聞いてください。それから、そのへんじを聞いて、１から３の中から、最もよいものを一つえらんでください。

－メモ－

memo

memo

memo

memo

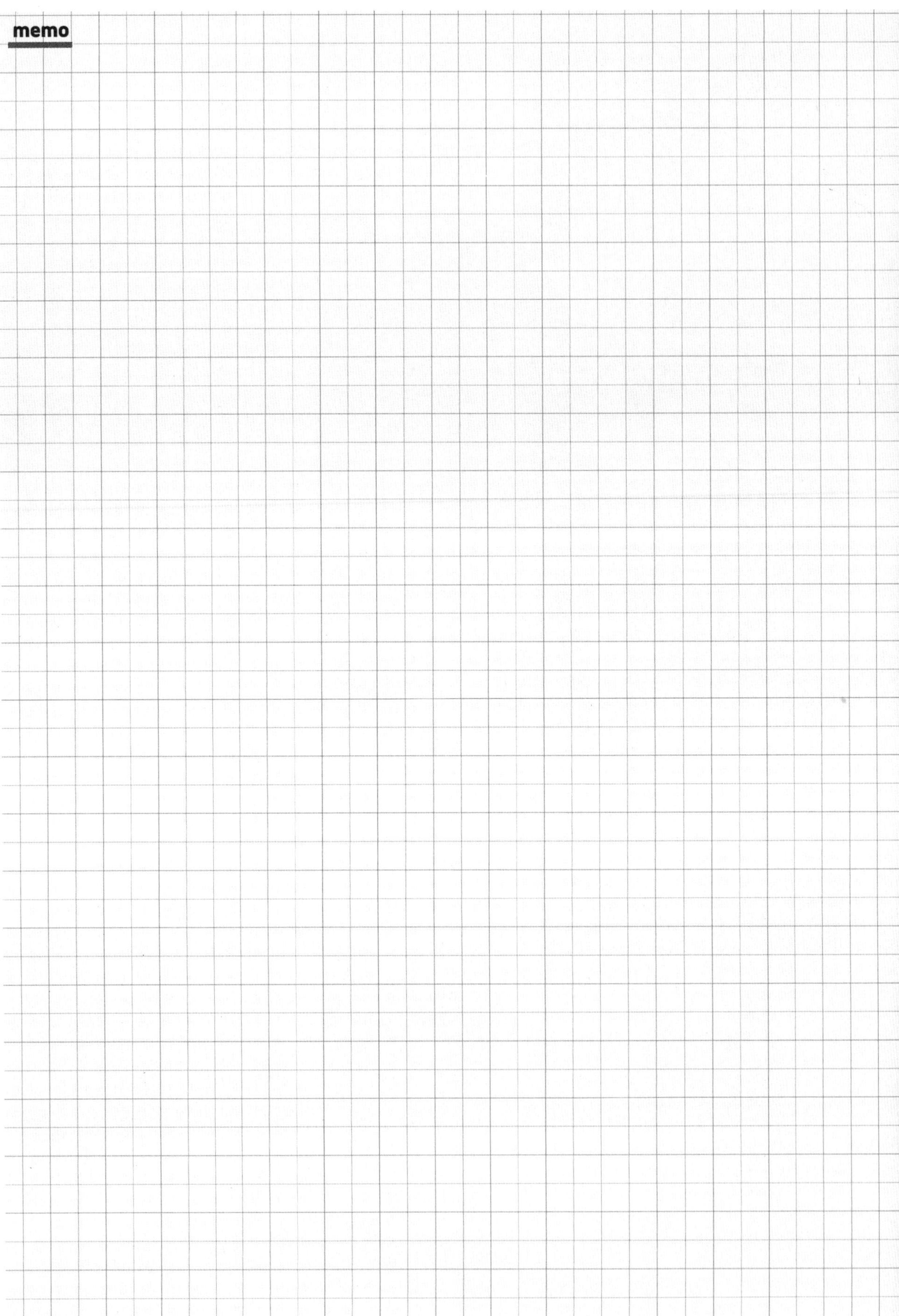

JLPT
일본어능력시험

한권으로 끝내기

이치우, 北嶋千鶴子 공저

QR코드를 스캔하시면
MP3 파일 및 관련자료를
다운로드 하실 수 있습니다

N3

해석 및 해설집

다락원

JLPT

일본어능력시험

한권으로 끝내기

이치우, 北嶋千鶴子 공저

N3

다락원

1교시

제1장 문자·어휘 기출공략편

문제1 한자읽기 2024~2016

제1회
▶ p.19

1 그 마을의 인구를 조사합니다.
2 입구에서 코트를 맡겼다.
3 우리 집 뒤쪽은 유치원입니다.
4 젊어 보이는 것은 좋은 일만은 아니다.
5 유학에 대해 부모님과 상의했다.
6 그렇게 명령하는 듯한 말투는 그만두었으면 한다.
7 이것은 잘 탑니다.
8 중요한 곳에 빨간색으로 밑줄을 그어주세요.
9 회비는 야마시타 군에게 내 주세요.
10 이것은 개인의 힘으로 할 수 있는 것이 아니다.

제2회
▶ p.20

1 이 가게는 케이크 종류가 많다.
2 나는 내 눈을 의심했다.
3 '결혼 따위 안 해'라고 말했더니 엄마는 슬픈 듯했다.
4 그는 시장을 도와 시정을 재건했다.
5 지금은 놀 기분이 아니다.
6 야마다 씨는 가끔 휴일 출근합니다.
7 엄마는 가게 매출을 계산하고 있다.
8 이 맥주는 아직 차가워지지 않았어.
9 그는 파일럿이 되기 위한 훈련을 받았다.
10 티켓 신청을 인터넷으로 했다.

제3회
▶ p.21

1 바위가 많은 산에 올랐습니다.
2 당분간 여행으로 집을 비웁니다.
3 미래에는 인류는 달에 살게 될지도 모른다.
4 이 열차는 각 역에 정차한다.
5 창문을 열고 공기를 갈아주세요.
6 야마모토 씨는 수학을 잘합니다.
7 이것을 리본으로 묶어 주세요.
8 강물은 쓰레기로 더러워져 있습니다.
9 그 나라는 세금이 비싸다.
10 누나는 부모님에게서 독립하여 생계를 꾸리고 있다.

제4회
▶ p.22

1 이 그림을 보고 강한 인상을 받았다.
2 저 사람들과는 교류가 없다.
3 나는 어떤 싸움에도 이긴 적이 없다.
4 주차는 30분 이내입니다.
5 그 레스토랑의 사람은 모두 같은 유니폼을 입고 있다.
6 개찰구 앞에서 기다릴게.
7 사장님을 직접 뵙고 싶은데요.
8 몸 상태가 안 좋아서 조퇴하겠습니다.
9 열차는 8시에 도쿄역에 도착했다.
10 어제 몸무게를 쟀다.

제5회
▶ p.23

1 나는 보통 아침 식사 전에 신문을 읽습니다.
2 너무 늦어지기 전에 돌아와라.
3 할아버지는 나이 탓에 조금 허리가 굽었습니다.
4 흥미로운 부분에는 밑줄을 그어주세요.
5 토마토에 소금을 찍어서 먹었다.
6 이 테이블의 위치를 바꾸는 게 좋아.
7 그 가게는 벌써 크리스마스 상품을 진열하고 있다.
8 그 시합에 약 3만 명의 관객이 모였다.
9 사회자가 설명을 덧붙였습니다.
10 넘어져서 앞니가 2개 부러졌다.

제6회

▶ p.24

1 이 연필로 선을 그려 주세요.
2 안전한 장소로 도망쳐 주세요.
3 딸은 내년에 졸업합니다.
4 고타쓰가 그리운 계절이 되었다.
5 그가 팔을 빙글빙글 돌렸다.
6 수술은 성공했다.
7 계단에서 구르고 말았다.
8 삶기 전에 콩을 하룻밤 물에 담가 두세요.
9 그의 오랜 노력이 결실을 맺었다.
10 병원에서 혈압을 재 주었다.

제7회

▶ p.25

1 그는 동작이 둔하다.
2 그 선물은 예쁜 종이로 포장되어 있었습니다.
3 편지는 어제 분명히 받았습니다.
4 이케다 씨는 기계에 약한 것 같다.
5 내일부터 금연할 생각입니다.
6 나는 야마모토 선생님 강의의 주요한 점을 메모했다.
7 과거에서 배울 것은 많다.
8 음악은 인류에게 공통된 언어이다.
9 둥근 접시를 샀다.
10 역은 어느 방향입니까?

문제1 한자읽기 2015~2010

제1회

▶ p.28

1 소년은 성장해서 아름다운 젊은이가 되었다.
2 이 상자는 가로 50센티입니다.
3 에도시대, 오사카는 상업의 중심지였다.
4 그녀는 여행을 가서 부재중이다.
5 소나무 뿌리는 꽤 먼 곳까지 뻗었다.
6 그녀는 웃는 얼굴로 나를 맞이해 주었다.
7 그는 곤란해 하는 노인을 도왔다.
8 아이는 여러 가지 것에 의문을 가집니다.
9 비서가 사장의 일정을 짜고 있다.
10 노력해도 소용없습니다.

제2회

▶ p.29

1 그 이야기를 듣고 그가 뭐라고 말할지는 쉽게 상상이 간다.
2 자연을 지키는 것은 인간을 지키는 것입니다.
3 아버지가 뭐라고 말씀하셨는지 잘 기억하고 있습니다.
4 수영을 잘 못하기 때문에, 항상 수영장의 얕은 쪽에서 헤엄치고 있다.
5 그는 일하면서 대학을 졸업했다.
6 숨을 깊게 들이마셔 주세요.
7 3월에 발표된 논문입니다.
8 대한민국의 수도는 서울입니다.
9 여기에 3명분의 공석이 있습니다.
10 그는 요리를 잘한다.

제3회

▶ p.30

1 이불은 더러워지면 빨기 어렵습니다.
2 이 셔츠를 좀 더 작은 사이즈의 것과 바꿀 수 있을까요?
3 그 가게는 신문에 광고를 냈다.
4 너는 문장이 서투르다.
5 도로 횡단에는 조심해 주세요.
6 친구에게 노트를 돌려줬다.
7 단어 테스트는 월요일입니다.
8 지구온난화를 방지하기 위해 교토의정서가 채택되었다.
9 부부가 되고 40년입니다.
10 새로운 생물이 발견되었다.

제4회

▶ p.31

1 내일 아침 식사는 조금 늦어도 괜찮습니다.
2 그는 그 노인에게 있어서 좋은 이야기 상대이다.
3 개찰구는 이미 닫았습니다.
4 그는 축구 선수입니다.
5 10시 시보를 신호로 퍼레이드가 출발했다.
6 점심 시간이 너무 짧아서 아무것도 할 수 없다.
7 접시 표면에는 조금 상처가 나 있었다.
8 그 남자에게는 복잡한 과거가 있었다.
9 아이들은 차례대로 서서 노래를 불렀다.
10 이 그래프는 가격의 변화를 나타내고 있다.

제5회

▶ p.32

1 그녀는 목에 하얀 붕대를 하고 있었다.
2 그렇게 하는 것이 일반적입니다.
3 내일 마라톤 대회가 있습니다.
4 그는 영어 실력이 있습니다.
5 매일 아침 5시에 일어나는 것은 매우 괴로웠다.
6 타인에게 폐를 끼쳐서는 안 된다.
7 땀을 흘렸더니 감기가 나았다.
8 열차는 오전 11시에 우에노역에 도착했다.
9 자리를 뒤에서 앞으로 옮기다.
10 우치다 씨로부터, 다음 주 세미나 건으로 전화가 있었습니다.

제6회

▶ p.33

1 나의 전문은 경영학입니다.
2 환자는 호흡이 거칠었다.
3 검사 결과 그는 입원하게 되었다.
4 아기의 이가 마침내 나기 시작했다.
5 다음 달 오사카로 1주일간 출장갑니다.
6 이 표는 지구온난화가 진행되고 있는 것을 나타내고 있다.
7 이 빌딩은 6월 완성 예정입니다.
8 그는 벚나무의 가지를 하나 꺾었다.
9 협력 감사합니다.
10 그는 병원에 도착했을 때는 아직 호흡이 있었다.

제7회

▶ p.34

1 영수증은 항목별로 분류해 주세요.
2 오늘은 머리가 아파서 일에 집중할 수 없었다.
3 햄을 두껍게 잘랐습니다.
4 저금이라면 300만엔 있습니다.
5 지시가 있을 때까지 자리를 뜨지 말 것.
6 금일의 외과 담당의사는 야마다 선생님입니다.
7 그는 그 건에 관해서 나에게 정보를 주었다.
8 사진 콘테스트에 응모했다.
9 나의 아버지는 실직했다.
10 이 해안은 바위가 적다.

제8회

▶ p.35

1 날씨가 좋은 날은 이불을 말린다.
2 선물은 빨간 종이로 싸여 있었다.
3 자세한 사정을 알면 바로 연락하겠습니다.
4 합격 통지를 받아서 그는 매우 기뻐했다.
5 병 뚜껑이 단단해서 좀처럼 열리지 않는다.
6 시계가 5분 늦다.
7 그녀는 무리하게 웃어 보였다.
8 저렴한 아파트를 찾느라 고생했다.
9 쨍그랑 하고 접시 깨지는 소리가 났습니다.
10 식기를 테이블에 늘어놓았습니다.

문제2 표기 2024~2016

제1회

▶ p.40

1 오늘은 기온이 낮다.
2 3시 이후라면 비어 있습니다.
3 이제 막차에는 늦을 거야. 오늘 밤은 우리 집에 묵고 가지?
4 그 섬에는 아무도 살지 않습니다.
5 그는 열심히 공부하고 있습니다.
6 공이 머리에 맞았다.
7 커브가 많은 언덕길입니다.
8 오늘 아침에는 두통이 났습니다.
9 저는 지금 하는 일에 일단 만족하고 있습니다.
10 빵을 오븐에 구워서 먹었다.

제2회

▶ p.41

1 제 취미는 들새 관찰입니다.
2 그것은 문제를 복잡하게 할 뿐이다.
3 올해 겨울은 따뜻하다.
4 일반적으로 말해서 일본인은 야구를 좋아합니다.
5 호수의 얼음이 두꺼워졌습니다.
6 다음 신호에서 우회전해 주세요.
7 아버지는 업무 관계로 출장을 자주 갑니다.
8 아들이 공원에서 여러 가지 모양의 잎을 모아왔습니다.
9 그 나라는 원료를 일본에 수출하고 있다.
10 사건을 기록한 영화가 공개되었다.

제3회

▶ p.42

1 그 그림은 위아래가 반대다.
2 아기가 울고 있습니다.
3 오늘밤 꼭 전화해.
4 느닷없이 한 남자가 현관 앞에 나타났다.
5 그가 주간지를 사다 주었습니다.
6 여름의 피로가 아직 남아 있는 듯하다.
7 그 경기는 100분의 1초를 다투는 경기다.
8 치아가 안 좋아서 곤란합니다.
9 오늘은 파도가 거칠다.
10 그는 가게에 있던 돈을 전부 갖고 도망쳤다.

제4회

▶ p.43

1 그녀는 그 산에 오른 최초의 외국인이었습니다.
2 의사의 처방전이 없으면, 약국에서 약을 살 수 없다.
3 이 소설은 많은 언어로 번역되어 있습니다.
4 이 소설의 후속편을 빨리 읽고 싶다.
5 의사는 3일 후에 그를 퇴원시킬 예정이다.
6 많은 풍선이 공중을 날고 있었다.
7 저 형제는 성격이 전혀 다릅니다.
8 그는 부모의 기대 대로는 공부하지 않았다.
9 그는 팔짱을 끼고 서있었다.
10 일본어 시험에서 좋은 성적을 받았다.

제5회 ▶ p.44

1 친구가 읽을 수 있도록 전언을 남겼다.
2 어머니가 안 계실 때는 안에서 열쇠를 잠가두세요.
3 이 강은 저곳에서 얕아지고 있습니다.
4 아버지는 일요일도 출근했다.
5 저는 고향의 초등학교에서 교사를 하고 있습니다.
6 나는 어느덧 잠들어 버렸다.
7 은행에 돈 맡기는 것을 싫어하는 사람도 있다.
8 용지를 한 장씩 집고 뒷사람에게 돌려주세요.
9 네트워크 경유로 서버에 접속했다.
10 잘못해서 반대 방향의 전철에 승차했다.

문제2 표기 2015~2010

제1회 ▶ p.47

1 정답에 동그라미를 쳐주세요.
2 이 장소에 주차하면 안됩니다.
3 그는 어제 감기로 학교를 결석했다.
4 아기는 1년에 체중이 3배가 되었다.
5 접시는 포개서 놔 주세요.
6 남편은 매일 밤 귀가가 늦다.
7 그 개는 눈이 불편한 주인을 여러 가지 위험으로부터 지켰다.
8 나는 현재의 일에 만족하고 있다.
9 올해 여름은 기온이 높았다.
10 그녀는 문 바로 안쪽에 서 있었다.

제2회 ▶ p.48

1 젊은이의 정치로의 관심이 옅어지고 있습니다.
2 옆 자리로 옮겨서 이야기를 듣는다.
3 글씨가 작아서 읽을 수 없다.
4 도망치는 범인을 뒤쫓았다.
5 빈 용기는 나중에 회수하러 오겠습니다.
6 부하를 엄격하게 키운다.
7 오늘 발매된 주간지를 읽었다.
8 저의 자전거를 자유롭게 쓰셔도 괜찮습니다.
9 머리가 아파서 약을 먹었습니다.
10 학생 시절에는 교토에서 살았다.

제3회 ▶ p.49

1 공을 이쪽으로 던져주세요.
2 이 잡지의 4월호는 있습니까?
3 이 학교의 선생님은 모두 젊다.
4 전력회사의 동맹파업 때문에 그 지역 일대는 정전이 되었다.
5 컴퓨터 업무는 눈이 피곤하다.
6 그 사건은 기록에 남아있다.
7 나는 성공할 자신이 있다.
8 그는 대학에서 법률을 배우고 있다.
9 영어 성적은 올라갔다 내려갔다 합니다.
10 건강검진에서 혈액검사를 받았다.

제4회 ▶ p.50

1 사고의 원인은 과속입니다.
2 헤어진 그녀가 그립다.
3 복수의 사람이 그것에 관계되어 있다.
4 친구에게 책을 3권 빌려주다.
5 열차는 예정보다 1시간 늦게 도착했다.
6 고무줄로 머리를 하나로 묶는다.
7 나는 자기 전에 반드시 이를 닦는다.
8 30대 남성의 4할이 독신입니다.
9 어제 새로운 악기를 샀습니다.
10 엄마가 아이 뒤를 쫓아 달리고 있다.

제5회 ▶ p.51

1 그녀는 은행에 근무하고 있습니다.
2 스마트폰이 없다고 가정해 봅시다.
3 이 마을의 인구는 감소하고 있다.
4 불고기를 양상추에 싸서 먹는다.
5 오늘 밤은 잔업이라서 늦어질 거야.
6 그 일을 의사에게 상담했습니까?
7 그 아이의 눈에 눈물이 흘러내리기 시작했다.
8 나는 건강을 위해서 매일 달리고 있습니다.
9 그는 환경문제의 전문가입니다.
10 전철을 내릴 때에 우산을 잊고 말았다.

제6회 ▶ p.52

1 약의 수입에 관해서는 많은 규칙이 있습니다.
2 해외에서 저렴한 원료를 수입한다.
3 우선 어제 수업의 복습을 합시다.
4 전자레인지로 요리를 데우다.
5 아시아의 많은 나라가 관광에 힘을 쏟고 있다.
6 모두 상의해서 문제를 해결했다.
7 이 셔츠는 공장에서 대량으로 만들어지고 있다.
8 기계가 정상인지 아닌지 확인했다.
9 이 이야기는, 누구나 알고 있다.
10 고등학교에 들어가고 나서 신장이 변하지 않았다.

문제3 문맥규정 2024~2016

제1회 ▶ p.59

1 전철 안에서 우연히 학창시절 친구를 만나 너무 놀랐다.
2 인간은 잠이 올 때나 지루할 때 하품이 나와버립니다.
3 비로 마라톤 대회는 다음주까지 연기되었습니다.
4 이 옷, 내가 디자인했어.
5 오늘이 이케다 씨의 생일이라는 것을 깜빡 잊고 있었다.
6 이 수업의 목표는 너희들이 실용적인 일본어 능력을 익히는 것이다.
7 이 목적을 달성하기 위해서는 모두가 협력하지 않으면 안 됩니다.
8 잠깐 안 본 사이에 꽤 컸네.
9 내년에는 어려웠던 일본어 공부에 도전하려고 합니다.
10 소문에 의하면 장차 이곳에 큰 슈퍼마켓이 생긴다고 합니다.

제2회 ▶ p.60

1 수건으로 젖은 손을 닦다.
2 아마 갈 수 있을 것 같은데, 확실한 대답은 내일까지 기다려줘.
3 아직 비밀인데, 그 두 사람은 올 가을에 결혼한대.
4 방의 이미지를 바꾸기 위해, 벽을 연핑크색으로 했습니다.
5 삼촌의 이야기는 유머로 가득했기 때문에, 우리들은 웃기만 했다.
6 슈퍼마켓에 가서 구매한 상품을 당일 중으로 집 현관까지 배달해준다.
7 다나카 씨는 중국어를 일본어로 통역해 준다.
8 꽃은 물을 주지 않으면 바로 시들어 버린다.
9 그 회사에서는 에너지 있는 유능한 인재를 구하고 있습니다.
10 열차가 흔들리므로 가까이 있는 손잡이나 난간을 꽉 잡으세요.

제3회 ▶ p.61

1 휴대전화의 등장으로, 최근에는 공중전화를 이용하는 사람이 적어졌다.
2 우리들은 그 문제가 조속히 해결되기를 진심으로 희망합니다.
3 초콜릿이 주머니 속에서 녹아 버렸다.
4 오븐 타이머를 30분으로 조절해 주세요.
5 콜라를 기세 좋게 따랐더니 컵에서 거품이 넘쳤다.
6 아이에게 신선한 오렌지를 짜서 주스를 만들어 주었다.
7 그 유명한 가수의 사인회에는 팬들의 긴 줄이 생겼다.
8 저 자매는 쌍둥이처럼 얼굴이 똑같아서, 구별할 수 없다.
9 좌우 안전을 잘 확인한 후에 길을 건너 주세요.
10 매사에 긍정적인 자세로 대처하는 것이 중요하다고 생각한다.

제4회 ▶ p.62

1 아까 입어본 원피스는 조금 컸는데, 이 원피스는 딱 맞습니다.
2 일부 손님에게서 이 레스토랑의 서비스에 대해 불평이 나오고 있다.
3 이케다 씨는 외국에 갈 수 있다고 생각만 해도 두근두근 했습니다.
4 나는 그 스위트홈의 완벽한 청결함에 감탄했습니다.
5 건조하면 정전기가 발생하기 쉬워집니다.
6 1,000년 후 지구가 어떻게 되어 있을지 같은 건 상상도 안 된다.
7 지금 착수하고 있는 소설의 번역은 한 달이면 완성할 것입니다.
8 치마에 커피가 묻어 얼룩이 져버려, 몇 번이나 빨았지만 좀처럼 지워지지 않는다.
9 17시에는 텅텅 비었던 가게 안이 19시에는 가득 차있었다.
10 그 선생님은 각기 학생의 특별한 장점을 능숙하게 이끌어냈다.

제5회 ▶ p.63

1 인원수에 제한이 있기 때문에, 신청자가 다수일 경우는 추첨을 하게 됩니다.
2 그 시험은 어렵다고 생각했는데, 의외로 쉬웠다.
3 여동생의 귀가가 늦어서 엄마는 침착하지 않은 모습이었습니다.
4 이 주머니는 바닥 부분에 구멍이 뚫려 있다.
5 반 친구들 앞에서 제대로 발표할 수 있어 자신이 붙었습니다.
6 바빠서 파티 초대를 정중히 거절했다.
7 미국의 휘발유 가격은 일본과 비교가 되지 않을 정도로 싸다.
8 친구 결혼식의 사회를 부탁받아 맡았지만, 어떻게 하면 좋을지 모르겠다.
9 이시하라 씨는 현관문을 노크했습니다.
10 예술이란 넓은 의미로 말하면 미술, 건축, 음악, 문학, 연극 등 많은 것을 포함합니다.

제6회 ▶ p.64

1 오늘 아침 컵을 바닥에 떨어뜨려 깨고 말았습니다.
2 주민으로부터의 정보가 사건 해결로 이어졌습니다.
3 소지품을 검사하겠습니다. 테이블 위에 놓아 주세요.
4 외과의사 선생님은 다리에 생긴 상처에 약을 바르고 붕대를 감아주셨습니다.
5 어제 밤늦게 공항에 도착한 한국 가수는, 기다리고 있던 많은 팬들에게 둘러싸였다.
6 기계 도입에 현장감독은 적극적이지 않았다.
7 스즈키 씨는 많은 작가와 친하게 교류하고 있습니다.
8 세입자 모집의 마감날까지 한 건의 신청도 없었다.
9 나는 고바야시 씨와 오후 1시에 미술관 입구에서 만나기로 했다.
10 이런 큰 쇼핑몰에서는 헤맬 것 같다.

제7회

▶ p.65

1 그녀는 사쿠라 화장품의 애용자입니다.
2 취소수수료란 예약을 취소한 경우에 부과되는 요금을 말합니다.
3 매일 아침 출근 전 면도를 하는 것은 귀찮다.
4 그녀는 큰 미용실을 3곳이나 경영하고 있다고 한다.
5 야마다 씨는 자신의 사업을 전국 체인으로까지 발전시켰다.
6 나는 등산할 때는 양말을 3켤레 정도 겹쳐서 신습니다.
7 인터넷의 본질을 이해하고 매너를 지켜 올바르게 사용합시다.
8 무슨 소리가 났기 때문에, 문에 달린 구멍으로 살짝 복도를 들여다보았다.
9 그 시인이 그렇게 젊은 나이에 죽은 것은 애석한 일이다.
10 다나카 씨는 영어를 말하는 것이 매우 능숙해졌습니다.

제8회

▶ p.66

1 부모님은 내가 그 파티에 가는 것을 허락해주지 않습니다.
2 깜빡하고 우표를 붙이지 않고 그에게 편지를 부치고 말았습니다.
3 의사는 규칙적으로 운동하라고 충고해 주셨습니다.
4 아직 입을 수 있는 옷을 버리는 것은 아깝다.
5 여기에 적혀 있는 것은 사실이라고 믿고 있습니다.
6 선전의 직접적인 효과는 아무것도 없었다.
7 구두가 끼어서 발이 아픕니다.
8 술에는 곡물을 원료로 하는 것이 많다.
9 현재 각 열차 모두 정상적으로 운행되고 있습니다.
10 나는 그 퀴즈에 엽서로 응모했습니다.

문제3 문맥규정 2015~2010

제1회

▶ p.70

1 가을에 신제품을 발표할 예정입니다.
2 나의 목표는 올림픽에서 금메달을 따는 것입니다.
3 우리들 모두는, 각각 다른 음료를 주문했다.
4 콘서트 참가자는 주로 학생이었다.
5 놀이도구에서 힌트를 얻어서 신제품을 개발했다.
6 감독을 계속하고 싶은 의지는 있지만 건강에 자신이 없다.
7 나는 오사카로 출장을 명받았다.
8 세미나에 참가하고 싶은 사람은 신청서에 주소, 성명, 희망일을 기입해 주세요.
9 거품이 컵에서 넘쳤다.
10 새로운 차를 사기 위해서 상점에서 카탈로그를 받아왔다.

제2회

▶ p.71

1 불평 한마디 없이 30년 동안 일해줘서 감사합니다.
2 남동생은 자나깨나 축구만 생각하고 있다.
3 살이 빠져서 바지가 헐렁해졌다.
4 나는 늘 눈을 감고, 심호흡을 하는 손쉬운 방법으로 스트레스를 경감시키고 있다.
5 그 노래를 들으면 그리운 고향이 생각난다.
6 역에서 친구와 헤어지고 집으로 돌아왔습니다.
7 다나카 씨는 자주 농담을 하는 재미있는 사람입니다.
8 이 계산은 복잡하기 때문에 컴퓨터를 사용해도 시간이 걸린다.
9 현관문을 노크하는 소리가 들린다.
10 야마다 씨의 복장은 매우 고상한 느낌이 듭니다.

제3회

▶ p.72

1 번호표를 뽑고 차례를 기다려 주세요.
2 오늘 이야기의 테마는 사랑입니다.
3 인간의 성격을 혈액형 타입으로 나눠서 설명하는 것은 이상하다.
4 스웨터를 접어서 상자에 넣어 주세요.
5 항상 사주고 있으니까 이 토마토 값은 필요없어요.
6 엄마는 아침에 일어나서 밤에 잘 때까지 불만을 말하고 있다.
7 전화국에 전화를 해서 물으니, 즉시 번호를 찾아 주었다.
8 이 오렌지는 일본산입니다.
9 이 책은 한나절에 읽을 수 있습니다.
10 이 주변에서 아파트를 빌리는 데에 매달 집세로 5만엔 필요하다.

제4회

▶ p.73

1 만일의 경우에는 스스로 확실히 자신의 몸을 지킨다.
2 그들은 도로에 2미터의 구멍을 팠다.
3 가족 모두가 신년 축하를 했습니다.
4 먼저 출발한 아버지를 드디어 따라잡았다.
5 또 양말의 한쪽에 구멍이 나 버렸다.
6 엄마는 가끔 나의 육아를 응원해 준다.
7 그는 너무 빨리 몰아서 커브를 끝까지 돌지 못하고 가드레일에 부딪쳤다.
8 우승한 선수에게 인터뷰를 해서 기사를 썼다.
9 우리 학교에서는 지각 3회를 결석 1회로 취급하고 있다.
10 테스트를 시작할테니, 사전은 가방 속에 넣어 주세요.

제5회

▶ p.74

1 아이는 과자를 달라고 엄마에게 끈질기게 말했다.
2 백화점에서 쇼핑을 하니 합계 5만엔 이상이나 되었다.
3 야마다 선생님과 연락을 할 방법이 있습니까?

4 아이가 수영장에서 빠지는 사고가 많다.
5 문을 열면 불은 자동적으로 켜집니다.
6 태풍 때문에 시합을 다음날로 연기하다.
7 호텔에서 엔을 한국의 원으로 환전했다.
8 아버지는 겨우 나의 주장을 수용해 주었다.
9 모든 학생이 체육관에 모였다.
10 일본 젊은이의 최신 패션을 알고 싶다.

제6회

▶ p.75

1 이것은 스페인의 대표적인 가정요리입니다.
2 그렇게 열심히 했는데도 시험에 떨어져서 분하다.
3 그녀는 지역 봉사 활동에 적극적으로 참가하고 있다.
4 엄마에게 케이크 재료와 만드는 법을 배웠다.
5 마른 목을 축이는 데는 맥주가 제일입니다.
6 손님이 보이지 않을 때까지 손을 흔들어 배웅합니다.
7 사고 전후의 상황을 자세하게 이야기해 줄 수 없습니까?
8 근처의 사람과 힘을 합쳐 화재를 껐다.
9 모두가 세계 평화를 희망하고 있다.
10 필요없는 신문이나 잡지를 쌓아서 끈으로 묶어서 버렸다.

제7회

▶ p.76

1 인스턴트식품만으로는 영양이 되지 않는다.
2 아기가 책상 모서리에 머리를 부딪쳐서 운다.
3 오스트레일리아는 천연자원이 풍족하다.
4 내가 자랑할 수 있는 것으로 말하자면 발이 빠른 것 정도이다.
5 국도 1호선은 사고 때문에 8킬로미터 정체되고 있다.
6 코트에 커버를 씌워서 옷장에 넣었다.
7 학생들의 복장은 분명히 패션 잡지의 영향을 받고 있다.
8 미래를 위해서 돈을 모으고 있습니다.
9 한동안 그와는 만나고 있지 않습니다.
10 갑자기 용무가 생겨서 레스토랑 예약을 취소했다.

제8회

▶ p.77

1 엄마가 방에 들어와서 서둘러 만화책을 숨겼다.
2 버스는 10분 간격으로 발차합니다.
3 이 응모자는 인상이 흐릿해서 잘 기억하고 있지 않다.
4 근무하고 아직 2년밖에 지나지 않았다.
5 그녀의 상태가 이상한 것이 걱정이다.
6 100년 후의 미래를 상상해 보세요.
7 풀리지 않도록 나사를 꽉 죄어 주세요.
8 이사 후 짐 정리에 1일 걸렸다.
9 종류가 많아서 무엇을 살까 망설여진다.
10 나의 방은 동향이다.

제9회

▶ p.78

1 이 학교는 2대1의 비율로 여학생이 많다.
2 평소 버릇대로 나는 그만 아들들의 대화에 끼어들고 말았다.
3 졸린 것을 참고 열심히 공부했다.
4 오늘 아침부터 배의 상태가 이상하다.
5 이 기계를 새로운 것과 교환하고 싶다.
6 바나나 껍질을 손으로 벗기다.
7 우선은 프로젝트 전체의 흐름을 파악하는 것이 중요합니다.
8 그 운동선수의 이마에서 땀이 흐르고 있었다.
9 마라톤에 나가기 위해서는 조금 더 체력을 기르지 않으면 안된다.
10 어제 영화를 봤을 때, 감동해서 울어버렸다.

제10회

▶ p.79

1 나는 어릴 때 아버지와 똑같았고, 점점 어머니를 닮아갔다고 합니다.
2 그는 취한 사람처럼 비틀비틀 걸어갔다.
3 우리들은 졸업기념으로 벚나무를 심었다.
4 갑자기 방 불이 모두 꺼졌다.
5 재활용하면 쓰레기는 적어집니다.
6 세계적으로 유명한 피아니스트의 연주는 기대대로였다.
7 오랜만의 외식은 인도의 본격적인 카레입니다.
8 야마다 씨는 중병에 걸려있습니다.
9 첫 연설이었기 때문에 완전히 흥분해서 두근두근 했다.
10 서둘렀기 때문에 깜빡 다른 버스를 타 버렸다.

문제4 유의표현 2024~2016

제1회

▶ p.86

1 아버지에게 용돈을 받았습니다.
2 아베 씨는 잠자코 있었습니다.
3 방을 정리했다.
4 그는 목적 달성에는 수단을 가리지 않는다.
5 그 텔레비전 드라마는 지루했다.
6 식사비는 약 5천 엔이었다.
7 내일은 꼭 오세요.
8 밤하늘에 별이 빛나고 있습니다.
9 파티 음식이 남았습니다.
10 그는 전혀 술을 마시지 않습니다.

제2회

▶ p.87

1 오후에 설문지를 회수하겠습니다.
2 공연 전에는 모두 불안했다.

3 혹시 무슨 일이 있으면 빨리 보고해 주세요.
4 매일 아침 트레이닝을 하고 있다.
5 나는 단체로 행동했다.
6 가와무라 씨도 협력해 주세요.
7 사토 씨에게 야단맞았다.
8 눈부셔서 간판 글씨를 읽을 수 없습니다.
9 새로운 생활에 불안은 당연히 있었다.
10 오늘 파티는 연기되었다.

제3회

▶ p.88

1 채소 가격이 올랐다.
2 지난주 학원을 빼먹고 말았다
3 사과, 배, 그 외 다양한 종류의 과일이 있다.
4 하라다 씨가 지도해 주었다.
5 그녀는 일본어가 유창합니다.
6 그 말은 전속력으로 달려왔다.
7 그는 모든 기회를 이용했다.
8 모두 그의 말을 믿고 있다.
9 그 팀이 졌다는 것을 알고 실망했다.
10 여기서는 그런 규칙으로 되어 있어.

제4회

▶ p.89

1 이것은 편한 일입니다.
2 냄비 안에는 수프가 약간 남아 있다.
3 저곳은 횡단금지입니다.
4 내 여자 조카는 외국에 살고 있다.
5 그의 이야기는 간신히 끝났다.
6 그녀는 반대쪽으로 갔어.
7 텔레비전으로 일본어를 배우고 있다.
8 이야기는 그것으로 끝입니다.
9 서둘러 끝내세요.
10 다른 사람에게 들은 이야기를 그대로 말했습니다.

문제4 유의표현 2015~2010

제1회

▶ p.93

1 상품을 집으로 배달받았다.
2 이상한 꿈을 꿨습니다.
3 엄마는 지금 부엌에 있습니다.
4 어느 정도의 사이즈를 원하십니까?
5 반드시 그 편지를 써 주세요.
6 포기하는 것은 아직 이르다.
7 그와는 조금 전에 막 이야기했습니다.
8 나는 아내와 함께 통근하고 있다.
9 어려운 한자를 고생해서 외우다.
10 이번 일은 아주 고되다.

제2회

▶ p.94

1 잠자코 남의 이야기를 들어주세요.
2 길은 완만하게 오른쪽으로 굽어 있다.
3 냉장고를 둘 위치를 알려주세요.
4 카레라이스를 주문했습니다.
5 콘서트에 가는 거, 비밀로 해주세요.
6 사고가 아들의 목숨을 빼앗았다.
7 발매한 다음 해에는 폭발적으로 히트했다.
8 아주 무서운 경험을 했습니다.
9 복장에 대한 규칙은 특별히 없습니다.
10 오늘은 아주 피로하다.

제3회

▶ p.95

1 이 책임은 모두 나에게 있습니다.
2 학교에서는 학생에게 좀 더 책을 읽도록 지도하고 있다.
3 앙케트 용지를 회수했습니다.
4 답을 확인하고 나서 제출해 주세요.
5 아기가 깨지 않도록 조용히 걸어주세요.
6 이 드라마 중에서 가장 마음에 드는 에피소드는 무엇입니까?
7 편지보다 전화로 연락하는 게 편하다.
8 선생님께 이유를 이야기했다.
9 일이 쌓여있다.
10 휴가가 끝나면 다시 연락하겠습니다.

제4회

▶ p.96

1 최후의 수단으로는 인원 삭감도 있을 수 있다.
2 아직 그정도 시간은 지나지 않았다.
3 모리 씨는 회사에 늦을 것 같아서 서둘러 집을 나섰다.
4 요즘 식욕이 별로 없다.
5 그는 항상 바쁘다.
6 우리들에게는 공통점이 많다.
7 전부 스케줄 대로 처리했다.
8 최근, 이 강은 물이 적어진 느낌이 듭니다.
9 그는 성질이 급하다.
10 이 가게는 항상 혼잡하다.

제5회

▶ p.97

1 시간의 경과와 함께 아픔도 차츰 나아질거라고 생각됩니다.
2 역까지 걸어서 약 10분 정도다.

3 인터넷을 저렴하게 사용하려면, 좋은 생각이 있어.
4 무심코 선생님 앞에서 난처한 말을 말해버렸다.
5 태양이 눈부시다.
6 이 파일을 정리해 주세요.
7 그의 최대 결점은 바로 포기하는 것이다.
8 실험이 잘 되지 않았기 때문에 다시 했다.
9 어제 손자가 놀러 왔다.
10 이 스포츠의 규칙은 단순하다.

문제5 용법 2024~2016

제1회

▶ p.102

1 割引 할인
2 저 가게에 이 쿠폰을 가져가면 500엔 할인이 된다.

2 オーバー 초과
2 그 강의는 예정 시간을 훨씬 초과했다.

3 消費 소비
1 평소부터 부지런히 운동하며 칼로리 소비에 힘쓰고 있다.

4 追いつく 따라잡다
4 고바야시 씨는 열심히 공부해서 반의 모두를 따라잡았다.

5 どきどき 두근두근
1 처음 그녀의 손을 잡았을 때는 가슴이 두근거렸다.

제2회

▶ p.103

1 気づく 알아채다, 깨닫다
3 집에 도착했을 때, 지갑이 없어진 것을 깨달았다.

2 欠点 결점
1 결점이라고 할 정도는 아니지만, 이 차는 핸들이 느슨하다.

3 建築 건축
4 그 미술관은 60년 전에 건축되었다고 하며, 지금 수리가 시행되고 있다.

4 減少 감소
1 과거 10년간 이 시의 인구는 끊임없이 감소해 왔다.

5 沸騰 끓어오름
2 물이 끓어오르면 파를 넣고 불을 조금 약하게 해주세요.

제3회

▶ p.104

1 ふらふら 휘청휘청
2 오랫동안 병으로 누워 있었기 때문에 아직도 다리가 휘청거린다.

2 中旬 중순
3 여동생은 7월 중순에 일본으로 귀국합니다.

3 知り合う 서로 알게 되다
3 야마시타 씨와는 피아노 교실에서 알게 되었다.

4 断る 거절하다
4 그는 형편없는 모습을 하고 있었기 때문에, 레스토랑에 들어가는 것을 거절당했다.

5 募集 모집
1 현재, 테니스부에서는 부원을 모집하고 있습니다.

제4회

▶ p.105

1 滞在 체류
4 내일부터 2주간, 업무로 오사카에 체류합니다.

2 親しい 친하다
3 우리 아빠는 그의 아버지와 친하게 지내고 있다.

3 盛ん 성함
4 나의 고향은 어업이 성하다.

4 分類 분류
3 독감 바이러스는 A형, B형, C형의 3가지로 분류된다.

5 空 빔
2 다 마셔서 빈 캔이나 페트병은 이 상자에 넣어 주세요.

제5회

▶ p.106

1 似合う 어울리다
4 그 스카프, 고바야시 씨에게 잘 어울리네요.

2 身につける 익히다
1 아버지는 재취업하기 위해서 뭔가 기술을 익히고 싶다고 말하고 있다.

3 栄養 영양
3 영양이 편중된 식사를 하지 않도록 주의하세요.

4 ほえる 짖다
2 한밤중에 개가 컹컹 짖어서 잠이 깼다.

5 延期 연기
2 날씨가 나빴기 때문에 운동회는 연기되었다.

제6회

▶ p.107

1 出張 출장
1 삼촌은 1년에 몇 번 해외로 출장을 갑니다.

2 慰める 위로하다
3 실패했지만 처음이니까 어쩔 수 없다고 자신을 위로했다.

3 支給 지급
4 급여 외에 교통비가 지급됩니다.

4 埋める 묻다
3 야마다 씨의 집에서는, 음식물 쓰레기를 정원에 묻고 있다고 한다.

5 かれる 시들다
1 일주일 이상이나 물 주는 것을 잊었기 때문에, 정원의 꽃이 시들어버렸다.

제7회

▶ p.108

1 重大 중대함
1 부부간의 다툼은 자녀의 정신형성에 중대한 영향을 미친다.

2 区別 구별
3 남녀의 구별에 관계없이 동등한 기회가 주어지고 있다.

3 引き受ける 맡다
2 송년회의 간사를 맡기로 했다.

4 詰める 채워 넣다
1 여행 가방에 물건을 잘 채워 넣는 방법을 가르쳐 주세요.

5 発生 발생
3 당일 취소하시면 취소수수료가 발생합니다.

제8회

▶ p.109

1 かき混ぜる 뒤섞다
2 커피에 설탕을 넣어 스푼으로 천천히 섞었다.

2 満員 만원
4 전철이 만원이라서 탈 수 없었다.

3 活動 활동
3 야마모토 씨는 환경보호 운동으로 활발하게 활동하고 있다.

4 距離 거리
3 교토에서 나라까지의 거리는 얼마나 됩니까?

5 中古 중고
2 어제 가게에서 중고 컴퓨터를 아주 싸게 샀다.

문제5 용법 2015~2010

제1회

▶ p.112

1 移動する 이동하다
2 그 책상을 왼쪽으로 이동해 주세요.

2 活動 활동
2 아침 일찍부터 활동하면 기분이 좋다.

3 ことわる 거절하다
1 부탁받은 일을 거절했다.

4 指示 지시
3 「이 서류 25부 복사해 둬」라고 비서에게 지시했다.

5 落ち着く 침착하다
2 당황하지 말고 침착하게 이야기해 주세요.

제2회

▶ p.113

1 新鮮 신선함
4 신선한 재료를 사용한 요리는 매우 맛이 좋다.

2 内容 내용
4 우리들은 내용에 충실한 강연을 기대한다.

3 ゆるい 헐렁하다
2 살이 빠져서 바지가 헐렁해졌다.

4 見送る 배웅하다
4 모습이 보이지 않을 때까지 애인을 배웅했다.

5 回収 회수
3 답안 용지는 모두 회수했다.

제3회

▶ p.114

1 清潔 청결함
2 치안도 좋고, 도로도 항상 청소되어 있어 청결하다.

2 発展 발전
3 그것은 큰 정치 사건으로 발전했다.

3 性格 성격
2 그녀는 훌륭한 성격의 소유자다.

4 植える 심다
3 근처 공원에는 여러가지 꽃이 심어져 있다.

5 はかる 재다
1 채소장수는 수박을 하나하나 손으로 무게를 쟀다.

제4회

▶ p.115

1 あずける 맡기다
1 부하가 열쇠를 나에게 맡긴채 받으러 오지 않는다.

2 つたわる 전해지다
4 수화기를 통해서 기쁜 기색이 전해져 왔다.

3 受け入れる 받아들이다
1 프랑스는 많은 난민을 받아들였다.

4 正直 정직함
3 우치다 씨는 정직한 사람으로 결코 거짓말을 하지 않습니다.

5 ユーモア 유머
1 야마다 씨는 유머가 있어 같이 있으면 즐겁다.

제5회

▶ p.116

1 まぜる 섞다
3 국내산에 외국산 쌀을 섞어서 팔고 있다.

2 どなる 고함치다
3 부상자를 보고 「구급차를 불러!」라고 고함쳤다.

3 緊張 긴장
2 시합 시간이 가까워질수록 긴장이 고조되었다.

4 そろそろ 슬슬
2 슬슬 점심 식사하러 갈까?

5 区切る 구획 짓다
1 방 하나를 선반으로 구분해서 두 명이서 사용한다.

第6회 ▶p.117

1 期限 기한

1 이 표는 유효기간을 지났다.

2 だるい 나른하다

1 감기에 걸려서 매우 나른해졌다.

3 行き先 목적지

2 반드시 목적지를 말하고 가 주세요.

4 暗記 암기

3 버스 안에서 영단어를 암기했다.

5 未来 미래

4 이대로는 우리에게 미래는 없다.

第7회 ▶p.118

1 たまる 쌓이다

2 책상 위에 낡은 잡지가 쌓여있다.

2 早退 조퇴

1 어제는 열이 나는 것 같아서 회사를 조퇴했다.

3 経由 경유

4 그녀는 나리타 경유로 하와이에 갔다.

4 通り過ぎる 지나가다

4 태풍이 지나간 후는 시원하게 개었다.

5 修理 수리

3 이 기계는 수리할 수 없을 정도로 망가졌다.

第8회 ▶p.119

1 縮小 축소

3 공장 규모를 축소할 필요가 있다.

2 進歩 진보

4 그가 영어를 말하는 힘은 꽤 진보했다.

3 建設 건설

3 새로운 체육관이 건설되었다.

4 翻訳 번역

2 그 소설은 일본어 번역으로 읽었다.

5 なだらか 완만함

1 완만해 보이는 산이지만 실제로는 바위투성이이다.

第9회 ▶p.120

1 制限 제한

4 이번 구인 모집에 연령 제한은 없다.

2 あまる 남다

1 남은 빵은 버리지 않고 새에게 준다.

3 身につける 익히다, 습득하다

3 컴퓨터 기술을 익히고 싶다.

4 訪問 방문

4 그는 취직을 위한 회사 방문을 시작했다.

5 そっくり 똑 닮음

1 남편과 아들은 얼굴뿐만 아니라 목소리도 똑 닮았다.

第10회 ▶p.121

1 話しかける 말을 걸다

3 지금 바쁘니까 말을 걸지 말아주세요.

2 はなす 떼다

1 시험 때는 책상을 떼어서 늘어놓았다.

3 発生する 발생하다

3 65살에 연금을 받을 권리가 발생한다.

4 募集 모집

4 우리는 신입 부원을 모집하고 있다.

5 まずしい 가난하다

2 그녀는 가난한 집에 태어났다

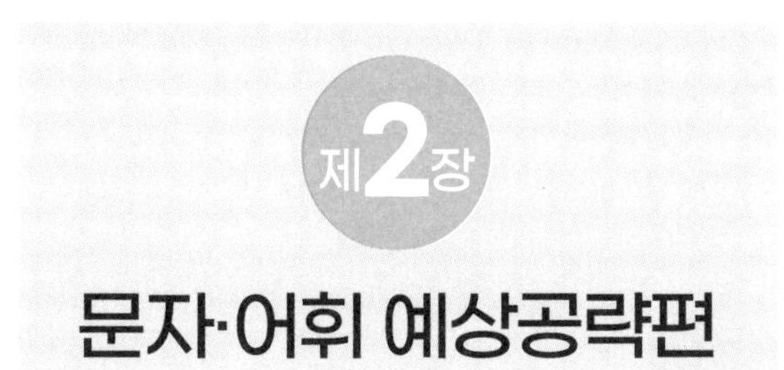

제2장 문자·어휘 예상공략편

문제1 한자읽기

제1회
▶ p.153

1 회사의 신사옥으로의 이전은 1주일 걸렸다.
2 이것은 현대 미국 문학을 대표하는 작품입니다.
3 일본에서는 차는 좌측통행, 사람은 우측입니다.
4 여러 책을 펼치기 때문에 큰 책상이 갖고 싶다.
5 불만에는 재빨리 응대하는 것이 중요합니다.
6 그 사고의 주요 원인은 변하기 쉬운 날씨였다.
7 도쿄에는 세계 각국에서 최신 정보가 들어온다.
8 회담은 쌍방합의에 이르지 않고 끝났습니다.
9 예산적으로 힘들지만 내용이 충실한 강연으로 하고 싶다.
10 아침식사 전에 신문을 읽는 것이 나의 일과입니다.

제2회
▶ p.154

1 차는 역과는 반대 방향으로 달려갔다.
2 모리 씨의 의견에는 부분적으로 찬성입니다.
3 이번 시즌 저 팀이 우승할 가능성은 없다.
4 마을의 초등학교는 신입생이 줄어서 폐교 직전이다.
5 이번 회의는 교토에서 개최되는 것으로 결정되었다.
6 휴식을 충분히 취했더니 완전히 건강해졌습니다.
7 연락해 두면 역이나 공항까지 마중나와 줍니다.
8 일본의 대미 무역은 매년 증가하고 있습니다.
9 야당은 정부의 방침에 격하게 반발했습니다.
10 오늘 밤은 아주 밝아서 별빛으로도 책을 읽을 수 있을 정도다.

제3회
▶ p.155

1 감독은 5회에 선발 투수를 교체시켰다.
2 오늘 아침은 물이 얼음처럼 차가웠습니다.
3 그의 행동은 양국에게는 아무 이득도 되지 않는다.
4 이 소포를 보내는 데 얼마 듭니까?
5 자신의 역할은 잘 알고 있습니다.
6 나의 아버지는 최근 컨디션이 좋지 않다.
7 오래된 신문을 재이용해서 에코백을 만들었습니다.
8 밖으로 나가니 다행히 눈이 그쳐 있었다.
9 이것이 지금, 젊은이 사이에서 유행하는 수영복입니다.
10 그 상해 사건은 신문에서 상세하게 보도되었습니다.

제4회
▶ p.156

1 그 법률은 예외 없이 적용되어야 합니다.
2 당사를 방문하시는 분은 정문으로 들어와주세요.
3 야당은 국회에서 과반수를 차지하는 것을 목표로 하고 있다.
4 인류의 오랜 역사에서 보면, 이것도 하나의 작은 변화에 지나지 않는다.
5 이 곡은 5주 연속 싱글 차트 1위이다.
6 쾌적한 바닷가 생활을 즐기고 있습니다.
7 낮 12시, 정오의 시보가 울렸습니다.
8 방귀는 생리현상이기에 어쩔 수가 없다.
9 우주에서 보는 경치는 마치 꿈만 같았습니다.
10 솔직히 그녀는 그다지 좋아하지 않습니다.

제5회
▶ p.157

1 외국에서 온 방문객을 따뜻하게 맞이했다.
2 고민하고 있을 때가 성장하고 있을 때이기도 합니다.
3 읽어보니 이 책은 의외로 쉬웠다.
4 그 스캔들은 그의 사회적 신용을 손상시켰다.
5 요 몇 해 중 가장 즐거운 업무였습니다.
6 그녀의 밝은 성격에 끌렸다.
7 그 때, 아내의 수입은 나의 두 배 이상이 되어 있었습니다.
8 케이크가 하나 남아 있는데, 누군가 가져가는 걸 잊은 거 아냐?
9 사소한 방심에서 절호의 기회를 잃고 말았다.
10 일부러 역까지 마중나와 주지 않으셔도 돼요.

제6회
▶ p.158

1 두 기계의 성능을 비교해 보았습니다.
2 내가 가장 잘하는 과목은 산수입니다.
3 경제 정책의 실패 등에 의해 정부의 지지율이 현저하게 저하되었다.
4 이번에는 숙박시설에서의 세탁 사정에 대해 써보려고 합니다.
5 아이를 의욕적으로 만들 뭔가 좋은 방안은 없습니까?
6 그의 비판은 사회 전반을 향한 것이었다.
7 제비는 가을이 되면 집단을 형성해 남쪽으로 건너간다.
8 건강을 지키려면 규칙적으로 운동해서 땀을 흘리는 것이 좋다고 생각한다.
9 길의 양쪽에 많은 포장마차가 늘어서 있었다.
10 가만히 있지 말고 의사표시를 했으면 합니다.

제7회

▶ p.159

1 교차로에서 트럭끼리 정면 충돌했다.
2 학교를 그만둔 것은 나에게 있어 인생 최대의 실수였다.
3 베란다에 내어 둔 장미에 벌레가 먹어버렸다.
4 어렸을 때는 독서에 빠져 있었습니다.
5 결과보다도 행동하는 것에 의미가 있다.
6 여러 가지 채소를 잘게 썰어 넣으면 좋다.
7 올여름 한정으로 최대 7,000엔 상당을 받을 수 있습니다.
8 옆 가게에서 한밤중까지 큰 소리로 노래하고 있습니다.
9 채소 기르기는 기후에 좌우되기 쉽습니다.
10 아들은 그 날 학교에서 배운 것을 바로 실험해 보고 싶어 했다.

제8회

▶ p.160

1 우리들 부부는 부모님과 2세대 주택에 살고 있습니다.
2 부모님은 나에게 노인을 공경하도록 말했다.
3 다카야마 씨는 중소기업의 노동문제에 정통하다.
4 매번 수많은 논문을 제출받고 있습니다.
5 모두가 쓰러질 듯한 나의 몸을 받쳐 주었습니다.
6 바겐세일의 개시를 기다리는 줄이 100미터나 이어져 있다.
7 이 책을 다나카 씨에게 건네 주세요.
8 이 섬에서 미국 대통령과 영국 수상이 회담했다.
9 대학에는 출석을 부르지 않는 교수가 많이 있습니다.
10 우에노 씨는 5년 이상이나 그 프로그램의 사회를 맡고 있다.

제9회

▶ p.161

1 두 사람 사이에 애정이 자라는데 시간은 걸리지 않았다.
2 만 엔 이내의 물건은 아무거나 드립니다.
3 나는 음주 습관을 고쳤습니다.
4 이번 태풍으로 이 지역의 농가는 큰 피해를 입었다.
5 이 시간이 영원히 계속되었으면 좋겠다.
6 고향의 풍경이 스크린에 비치고 있습니다.
7 업무 사정으로 조카딸의 결혼식에 참석하지 못해서 유감입니다.
8 공부할 분량이 너무 많아서 놀 수가 없다.
9 부품이 부족해서 조립이 늦어졌다.
10 각 장소에서 담당자가 설명하므로 반드시 들어 두세요.

제10회

▶ p.162

1 쉽게 부서지지 않는 튼튼한 상자를 찾고 있습니다.
2 우리들은 살기 위해서 일하는 것이며, 그 반대가 아니다.
3 어제 딸의 학교 선생님의 가정방문이 있었습니다.
4 계획은 순조롭게 진행되고 있다.
5 이 길을 곧장 가서 두 번째 모퉁이를 오른쪽으로 도세요.
6 이 프로그램에서는 사회의 모든 분야의 문제를 거론할 예정입니다.
7 라벤더는 연한 보라색이다
8 개가 산책 중에 갑자기 풀을 먹기 시작할 때가 있습니다.
9 지역 주민은 고층 빌딩 건설 반대 서명을 모으고 있다.
10 학력테스트가 전국에서 실시됩니다.

제11회

▶ p.163

1 바위 사이에서 나오는 샘을 우물로 만든 것입니다.
2 나는 이번 주 2개의 면접이 있습니다.
3 회사 상사가 부하에게 업무 설명을 하고 있다.
4 실은 나는 아직 등산한 적이 없습니다.
5 그는 학자라기 보다도 오히려 유행 작가이다.
6 산 위에서 보는 아름다운 풍경에 감동한다.
7 그의 의견에 대해서 솔직한 감상을 말해주세요.
8 국민경제의 안정을 확보하는 것을 목적으로 한다.
9 나카야마 씨는 이 분야에서는 귀중한 존재입니다.
10 그녀는 능숙하게 종이를 접어서 학을 만들었습니다.

문제2 **표기**

제12회

▶ p.164

1 목적을 위해서는 수단을 가리지 않는다.
2 유적은 상상했던 것보다 거대합니다.
3 최근 계속 더운 날이 이어지고 있습니다.
4 집의 개축은 예산 초과가 되고 말았다.
5 경기가 좋은 것은 일부 백화점뿐입니다.
6 시험에 필요하지 않은 것은 회장에 가지고 들어오지 마세요.
7 길 폭이 넓어져서 걷기 쉬워졌습니다.
8 그가 왜 그런 일을 했는지 이해할 수 없습니다.
9 나는 수면시간을 최저 5시간은 취하도록 하고 있습니다.
10 학교 축제에 대한 게시물을 복도 벽에 붙였다.

제13회

▶ p.165

1 매일의 행동을 반성하고, 결점을 고친다.
2 이 약에는 벌레가 좋아하지 않는 성분이 함유되어 있다.
3 분발해서 절약하고 있는데도 왠지 저금액이 늘지 않는다.
4 숨을 깊게 쉬면 등이 아픕니다.
5 쓸데없는 것은 넣지 말아 주세요.
6 농가의 사람이 밭에 채소 씨앗을 뿌리고 있다.
7 설산에서 길을 잃었지만, 어떻게든 살아날 방법을 찾았다.
8 이 표현은 손윗사람에 대한 것으로서는 적절하지 않다.
9 주차장이 좁으니 공공교통기관을 이용해 주세요.
10 나카무라 씨는 영어를 말하는 것이 아주 서툽니다.

제14회

▶ p.166

1 우리 집 딸도 벌써 10살이 되었다.
2 귀가 시에는 우산을 잊지 않도록 주의하세요.
3 그 책은 일반 독자에게 많이 읽혀지고 있습니다.
4 돈이 있어도 꼭 행복하다고는 할 수 없어.
5 진정한 예술적 재능이 있는 학생은 적습니다.
6 정원에 흰 꽃이 피어 있습니다.
7 전망대에서 주위의 산들을 바라볼 수 있었습니다.
8 술에 약한 사람이 대량으로 마시는 것은 아주 위험합니다.
9 연구는 드디어 문제의 핵심에 도달했다.
10 어제 금붕어를 2마리 샀다.

제15회

▶ p.167

1 외국인 유학생과의 교류는 국제친선에 도움이 된다.
2 이것은 어디까지나 개인적인 의견입니다.
3 골절로 입원한 환자에는 고령자가 많습니다.
4 등을 쭉 펴서 자세를 좋게 한다.
5 공교롭게도 모두 잠이 부족해서 그다지 식욕이 없는 듯하다.
6 우리들은 자손을 위해서 삼림을 보존해야 합니다.
7 다양한 그림물감을 사용하여 붓으로 친구의 얼굴을 그립니다.
8 노동조합으로의 가입은 개인의 자유의지에 맡기고 있다.
9 이 새로운 생활에 곧 익숙해질 것입니다.
10 테라스에서 바라보는 경치가 아주 아름답습니다.

제16회

▶ p.168

1 어제 최저기온이 0.8도를 기록했습니다.
2 주위 사람들에게 지원을 받아 오늘날까지 아이를 키울 수 있었습니다.
3 지금 3개의 프로젝트를 동시 진행으로 담당하고 있습니다.
4 성능이 좋은 기계일수록 고가가 됩니다.
5 시장은 스피치 원고를 다시 읽어 쓸모없는 부분을 없앴다.
6 이렇게 친절하게 대해 주다니 수상한데.
7 그녀는 세계선수권에서 일본 최고기록을 냈다.
8 새 사전은 다음 달부터 발매됩니다.
9 시간을 줄이기 위해 냉동식품을 썼습니다.
10 나는 학교에서의 수업 재개를 기대하고 있습니다.

제17회

▶ p.169

1 건강에는 남보다 갑절 신경을 쓰고 있던 그가 입원이라니, 얄궂다.
2 그녀는 유럽을 혼자 여행했다.
3 이 부근에 병원이 있습니까?
4 이 자동차는 다소 수리가 필요하지만 상태는 좋다.
5 나는 개와 함께 공원을 산책하는 것을 좋아합니다.
6 그 도로는 주의해서 건너주세요.
7 유학은 고학력이 될수록 활발해지는 경향이 있다.
8 교통기관이 끊어진 경우에는 휴강으로 합니다.
9 연필을 가늘게 깎습니다.
10 야마다 씨의 가족은 밀 농가였습니다.

제18회

▶ p.170

1 내 컴퓨터는 점점 움직임이 느려지기 시작했다.
2 너의 꿈이 실현될지 어떨지는 너의 노력 나름이다.
3 나는 오늘 위의 상태가 조금 좋지 않습니다.
4 이 스마트폰의 기능에 대해서 설명해 주세요.
5 의자에 과도한 중량이 걸리면 부서집니다.
6 육상부는 피서지에서 일주일간 합숙을 했다.
7 화면의 지시에 따라서 데이터를 이동해 주세요.
8 나는 오늘 여행 승차권을 사러 갔습니다.
9 대사관의 입구는 닫혀 있었습니다.
10 소녀는 숲 쪽을 가리켰다.

제19회

▶ p.171

1 프로 테니스 선수가 지도하러 와준다고 한다.
2 우리 집의 광열비는 전월 대비 20%나 증가했다.
3 신에게 걸고 맹세해, 나는 그런 말은 하지 않았어.
4 그 책은 2021년에 처음으로 발간되었습니다.
5 그는 가수 데뷔할 절호의 기회를 잡았다.
6 여행에 대해서는 아직 아무것도 정하지 않았다.
7 이 그림의 곡선은 훌륭하며 신비적이기조차 합니다.
8 머릿속의 영상을 구체화해 봅니다.
9 웃는 얼굴로 대하니 아이들은 경계심을 풀어 주었다.
10 일본어로 편지를 쓰고 싶지만 형식을 모릅니다.

문제3 문맥규정

제20회

▶ p.172

1 수술한지 얼마 안 됐는데, 일을 하다니 당치도 않다.
2 그는 어느 정도 일본어를 말할 수 있다고 합니다.
3 빈 용기는 이 상자에 넣어 주세요.
4 그 신문을 한 부 사 오세요.
5 사고 방식을 유연하게 하려면 젊은 사람과 접하는 것이 제일입니다.
6 그녀는 눈에 띄는 것을 좋아해서 항상 화려한 옷을 입고 있다.
7 나중에 담당자가 자세히 설명해 드리겠습니다.
8 전세계에서 잇달아 문의 편지가 왔다.

9 어렸을 때, 남동생을 괴롭혀서 혼났습니다.
10 내일 시합에서는 이 두 팀이 처음으로 겨루기로 되어 있다.

제21회

▶ p.173

1 이 케이크의 주된 재료는 밀가루, 설탕, 계란과 버터입니다.
2 구름이 걷히고 점차 푸른 하늘이 보이기 시작했습니다.
3 저 슈퍼마켓은 밤늦게까지 영업하고 있어서 편리하다.
4 그녀는 파트타임 일을 하지만 착실히 집안일도 해내고 있다.
5 이번 마라톤은 여기에서 시작하기로 되어 있습니다.
6 이 회의를 각국의 대립의 장으로 만드는 것은 피해야만 한다.
7 학생시절에는 불규칙적인 생활을 보내고 있었다.
8 약이 효과가 있어서 열이 내리기 시작했습니다.
9 저 차의 엔진 소리는 매우 시끄럽습니다.
10 그 방송에 대해서 시청자로부터 엄청난 주문이 몰려들었다.

제22회

▶ p.174

1 외국어로 자신의 생각을 말하는 것은 아주 어렵다.
2 4월 1일 마감까지 꼭 제출해 주세요.
3 이번에 귀국하게 되었습니다. 오랫동안 신세졌습니다.
4 한자를 쓰는 것은 서툴지만, 읽는 것은 문제없다.
5 저 대학은 제가 시험을 보기에는 수준이 너무 높습니다.
6 세금을 납부하는 것은 국민의 의무입니다.
7 여행 비용은 적어도 10만 엔은 들 것입니다.
8 이것을 만들려면 상당한 품이 듭니다.
9 평화로운 가정을 이루는 것이 제 꿈입니다.
10 딸은 꼭 일본에 유학가고 싶다고 말하고 말을 듣지 않는다.

제23회

▶ p.175

1 고등교육의 국제화에 대응하는 커리큘럼 개혁이 급선무이다.
2 숙박이군요. 그럼, 여기에 주소와 성명을 기입해 주세요.
3 전 직장은 도산했기 때문에 이미 없습니다.
4 필기 시험을 통과했기 때문에, 다음은 면접 시험입니다.
5 내일 스케줄은 이미 가득 차서, 다른 예정은 넣을 수 없다.
6 그녀는 항상 유행의 최첨단의 옷을 입고 있다.
7 아침부터 의논을 계속하고 있지만 좀처럼 결론이 나지 않는다.
8 파티에 무엇을 입고 갈까 아직 망설이고 있습니다.
9 전부터 줄곧 좋아했던 사람에게 떨면서 말을 걸어 봤다.
10 야마다 씨는 일이 끝나면 언제나 빠르게 귀가해 버립니다.

제24회

▶ p.176

1 지진 후의 해일을 걱정했지만 무사했다.
2 성적이 좋은 학생이 반드시 머리가 좋다고는 할 수 없다.
3 커튼을 바꿨더니 방 전체가 밝아졌다.
4 그들은 단기간으로 충분한 효과를 올릴 수 있었다.
5 어두운 길을 혼자서 가는 것은 무서워서 싫습니다.
6 그는 새로운 여자친구가 얼마나 멋있는지 2시간이나 말했다.
7 그 개혁안에는 국민의 지지가 거의 없다.
8 그 집은 마음에 들지 않았다. 게다가 가격도 너무 비쌌다.
9 그는 발을 다쳤다. 따라서 달릴 수 없었다.
10 이 운동장은 시가 관리하고 있습니다.

제25회

▶ p.177

1 인터넷 등의 통신의 발달로 세계는 하나가 되고 있다.
2 쓰레기는 시가 지정하는 쓰레기 봉투를 사용해서 내놓으세요.
3 틀림없이 야마다 씨는 유능하지만, 혼자서 할 수 있는 일에는 한계가 있다.
4 부모가 자기 자식을 귀엽다고 생각하는 것은 당연하다.
5 내방객은 반드시 접수처를 통하도록 되어 있습니다.
6 “포기하지마”라는 아버지의 한마디에 나는 큰 영향을 받았다.
7 초등학생은 정해진 통학로를 매일 걷고 있다.
8 좌우를 보고 안전을 확인한 후에 도로를 건너세요.
9 눈 앞에서 교통사고가 일어났다. 그 장면이 꿈에 나왔다.
10 지진으로 집이 기울고 말았다.

제26회

▶ p.178

1 뭐니뭐니 해도 이 패키지 투어는 상당히 알맞은 가격이다.
2 젊은 리더의 등장과 함께 정계에도 새로운 드라마가 시작되려고 하고 있다.
3 그는 입이 무거워서, 이 일을 이야기해도 괜찮습니다.
4 그 컴퓨터는 10만 엔에 발매될 예정입니다.
5 사건의 중심 인물은 여성인 것 같다.
6 A “지로는 아주 행복해 보이네.”
B “하와이 여행의 꿈이 드디어 실현된대.”
7 병을 계기로 술과 담배를 끊었습니다.
8 뉴스를 듣더니 그는 바로 사고 현장으로 달려갔다.
9 결혼할 거라면 얼굴보다 성격이 좋은 사람이 좋아.
10 칼 같은 예리한 물건은 기내에 갖고 들어올 수 없습니다.

제27회

▶ p.179

1 미안하지만, 2층에 계신 할아버지의 상태를 보고 와 줄래?
2 만약 실패해도 처음이니까 어쩔 수 없다.
3 그는 겉보기에는 친절한 것 같지만, 마음속으로는 무엇을 생각하고 있는지 알 수 없는 사람입니다.
4 집은 내 것이지만, 땅은 빌리고 있다.
5 제 연락처는 여기예요.
6 아이가 갑자기 튀어나와서, 급브레이크를 걸었다.
7 한번 담배 맛을 기억하면 끊기가 힘들다.

8 선생님은 우리 집의 맞은편에 살고 계십니다.
9 이 호텔은 바다 전망이 멋지다.
10 모르는 게 있으면 뭐든지 물어 보세요.

제28회

▶ p.180

1 어렸을 때부터 좋은 습관을 들이도록 합시다.
2 A "야마다 씨의 집은 어디입니까?"
B "저 빨간 지붕 집의 바로 앞입니다."
3 오늘 학교에서 화학 실험을 했습니다.
4 그는 발이 넓으니까 취직 자리 주선을 부탁해 보면 어때?
5 학생들은 드디어 시험이 다가와서 열심히 공부하고 있다.
6 여행을 간 사이에 신청 시기가 지나버렸다.
7 우리들은 길을 잃었다. 그래서 왔던 길을 돌아가기로 했다.
8 하와이는 일본인의 해외 여행지 인기 랭킹에서 항상 1위다.
9 누구라도 다른 사람의 생명을 빼앗는 것은 용서할 수 없습니다.
10 야마다 교수의 세미나는 엄격하지만 그런데도 학생에게 인기가 있다.

제29회

▶ p.181

1 그녀는 나의 전면적인 신용을 얻었다.
2 신청이 있으면 서류를 보내드립니다.
3 우리 팀은 공정하게 승리를 획득했습니다.
4 의사는 야마다 씨에게 음주를 금지하고 있다.
5 재미있는 이야기를 하니까 잠깐 강의에서 빠질게.
6 아무것도 불안하게 생각할 것 없어요. 연습한 대로 하면 돼.
7 그녀는 상당히 음악의 재능이 있습니다.
8 그 사람은 공격하는 것은 잘하지만, 수비는 것은 그다지 잘하지 못합니다.
9 이 기타는 반음 낮은 듯하다.
10 이 서류에 필요 사항을 기입해서 제출해 주세요.

제30회

▶ p.182

1 이 일은 당신도 이미 알고 계시다고 생각합니다만.
2 그는 가난하지만 미래에 대한 희망은 잃지 않았다.
3 지도에 가는 길을 화살표로 가리켜 둡니다.
4 도서관 컴퓨터는 누구나 쓸 수 있지만, 복사는 유료입니다.
5 신문사는 언제 가봐도 모두 바쁘게 일하고 있다.
6 아버지는 아직 현역에서 일하고 있다.
7 이 책은 젊은 사람에게 널리 애독되고 있다.
8 그들은 시골에서 조용한 주말을 즐겼다.
9 텐트를 완전히 말리는 데 이틀 걸렸다.
10 내 수염은 매우 빽빽해서, 매일 아침 면도하는 게 힘듭니다.

제31회

▶ p.183

1 무선으로 접속하는 방법을 가르쳐 주세요.
2 국민은 정치가의 공약이 지켜지고 있는지 항상 감시해야 한다.
3 예의범절을 갖추고 있는 반면 품행은 나빴던 것 같다.
4 질이 좋은 옷에 돈을 쓰는 것은 결국에는 경제적일 것이다.
5 경주용 자전거로 사이클링하러 간다.
6 집에서 바다까지는 완만한 언덕이 이어지고 있습니다.
7 이 물질이 어떠한 작용을 하는지 실험해 봅시다.
8 좋은 아이디어는 계속해서 도입해 가고 싶습니다.
9 우리들은 화재가 일어났다고 상정하고 방재훈련을 실시했다.
10 나는 재산을 여러 은행에 분산해서 맡기고 있다.

제32회

▶ p.184

1 그 홍수로 적어도 열 가족이 집을 잃었습니다.
2 A 지금 바쁘신가요?
B 실은 지금 나가려고요.
3 창립기념일의 식전이 거행됩니다.
4 차장이 발차 신호를 하자 운전기사는 버스를 발차시켰다.
5 지사는 그 문제에 관해 스스로의 입장을 명확히 했다.
6 그녀는 그에게 무례한 태도를 취한 것을 후회했다.
7 머리가 자라서 미용실에 가서 머리를 잘랐습니다.
8 영화관 주변은 사람으로 가득합니다.
9 아들은 우수한 작문을 써서 칭찬받았습니다.
10 우리들은 그 문제를 생각할 수 있는 모든 방면에서 검토했다.

제33회

▶ p.185

1 무책임한 아빠는 아기를 차 안에 내버려 둔 채로 파칭코에 몰두하고 있었다.
2 저 사람은 여러 가지 일에 손을 댔지만 모두 실패했다.
3 열쇠를 잠그지 않고 외출하다니 조심성이 없다.
4 선생님은 학생들에게 시험용지를 나눠줬다.
5 동일본대지진 후에 우리들은 방재에 대한 인식을 새롭게 했다.
6 충치를 예방하기 위해 매일 3번 이를 닦아 주세요.
7 그녀는 아기에게 분홍 옷을 입혔다.
8 신발을 벗었으면 깔끔히 정리하세요.
9 시 당국은 보육원에 시설 개선을 권고했다.
10 비와 바람은 점점 심해져서 결국 폭풍우가 되었습니다.

문제4 유의표현

제34회

▶ p.186

1 저는 수상한 사람이 아닙니다.
2 이렇게 밀어닥쳐서 미안하다고 생각하고 있습니다.
3 아이를 야단칠 때는 갑자기 큰소리로 꾸짖거나 하지 말 것.
4 오늘은 지금까지의 인생에서 가장 행복한 하루입니다.
5 귀사의 신제품 샘플을 보내 주십시오.
6 빨리 수술을 하지 않으면 생명이 위태롭다.
7 새 집이 마음에 든 모양이네요.
8 달콤한 이야기에는 조심하는 게 좋아요.
9 그 이야기는 근처 여기저기서 소문이 났다.
10 나의 부주의한 발언이 언쟁의 계기가 되었다.

제35회

▶ p.187

1 야마다 씨의 노래는 훌륭했다.
2 오토바이 기름을 사 왔습니다.
3 운전기사는 엔진 테스트를 했다.
4 모리 씨는 수다스러운 사람입니다.
5 아마 이 기획은 잘 되지 않을 것이다.
6 할아버지는 완전히 건강해지셨다.
7 증명서의 제출은 사본으로 지장이 없다.
8 시험에 떨어졌다고 듣고 실망했다.
9 이 끈을 꽉 당겨주세요
10 열차는 이제 곧 교토에 도착합니다.

제36회

▶ p.188

1 이 정도라면 합격할 수 있을 것 같다.
2 당 호텔은 일식도 준비되어 있습니다.
3 지장이 없다면, 이름과 주소를 여기에 써 주세요.
4 그의 출석은 예상외의 사건이었다.
5 이 칼은 고기를 자르는데 사용한다.
6 경찰의 경계가 느슨했던것 같다.
7 그 돈은 모두 공평하게 나누자.
8 그 잡지는 무료입니까?
9 그는 학생운동에 참가했다.
10 그는 잇달아 신기한 발명을 해서 세계를 놀라게 하고 있다.

제37회

▶ p.189

1 월 20만 엔의 실수입으로는 아무리 해도 4인 가족의 생활에는 부족하다.
2 그것을 가지고 가는데 뭔가 용기가 필요합니다.
3 나는 스포츠에 별로 흥미가 없다.
4 사실은 부탁이 있어서 왔습니다.
5 호텔 예약을 전화로 확인해 주세요.
6 아이 다섯을 길러야 하기 때문에 생활은 힘겹다.
7 이 시합에는 무슨 일이 있어도 이기고 싶다.
8 방을 청결하게 해 주세요.
9 그는 그 돈을 남김없이 썼다.
10 이 시험의 신청은 인터넷으로 접수하고 있습니다.

제38회

▶ p.190

1 그 교수의 강연은 언제나 내용이 알차다.
2 요전은 즐거웠어요.
3 아들을 도쿄의 대학에 보내려면 최소 월 15만엔이 든다.
4 일은 5시에 끝나니까 기다려.
5 여행 준비가 다 되었습니다.
6 양동이에 물을 가득 담았다.
7 그가 말하는 것을 도무지 모르겠다.
8 그는 교토 지리에 밝다.
9 답이 틀렸기 때문에 한번 더 검토해 보세요.
10 무언가 필요한 것이 있으면 말해주세요.

제39회

▶ p.191

1 영화는 완전히 싫어졌다.
2 그는 이웃이 시끄럽다고 경찰에게 불만을 말했다.
3 그의 이 소설은 꽤나 재미있지만 깊이가 없다.
4 저는 결코 거짓말은 하지 않습니다.
5 오랜만의 여행, 둘이서 가능한 재밌게 놀다오렴.
6 아직 행선지는 정하지 않았다.
7 경찰에게 야단맞았다.
8 또 실수 했습니다.
9 매입 원가가 높다.
10 오늘 본 영화에 인상적인 신이 몇 개인가 있다.

문제5 용법

제40회

▶ p.192

1 **夢中 열중함, 몰두함, 빠져 있음**
 1 아들은 지금 텔레비전 게임에 빠져 있습니다.
2 **作法 예의범절, 예절**
 2 할아버지는 예의범절에 대단히 엄격하다.
3 **たしか 분명히**
 4 야마다 씨가 온 것은 분명히 지난주 수요일입니다.
4 **オープン 오픈, 개업**
 3 새 레스토랑이 이 근처에 어제 개업했다.

5 抜ける 빠져 나오다

4 우리들은 상점가를 빠져나와 역으로 향했다.

제41회

▶ p.193

1 行方 행방

3 그 아이는 지난번 집을 나간 채 행방을 알 수 없다.

2 あきらか 분명함, 명백함

1 그녀가 일을 맡는 것은 명백하다.

3 いちいち 일일이, 하나하나

3 시간이 없으면 하나하나 자세하게 설명하지 않아도 됩니다.

4 支配する 지배하다

2 이 원숭이 그룹을 지배하고 있는 것은 저 큰 원숭이 같다.

5 だらけ 투성이

1 저 사람의 방은 먼지투성이다.

제42회

▶ p.194

1 単身 단신, 혼자

1 이번에 최고경영자는 단신으로 방일했다.

2 分解 분해

1 점원은 시계를 분해해서 고장 원인을 조사해 보았다.

3 楽 편함

4 어깨 힘을 빼고 전신을 편하게 하세요.

4 今ごろ 지금쯤

2 저 사람은 지금쯤 교토에 도착했을 것이다.

5 少しも 조금도

2 간단한 수술이니 조금도 걱정할 필요 없습니다.

제43회

▶ p.195

1 差別 차별

3 사람을 성이나 인종에 따라 차별해서는 안 된다.

2 感心 감탄

4 나는 그 초등학생의 작문에 감탄했다.

3 せめて 적어도

3 그를 만날 수 없더라도 적어도 목소리만이라도 듣고 싶다.

4 むかい 건너편, 맞은편

4 아버지는 역의 맞은편에 있는 우체국에서 근무하고 있습니다.

5 実に 실로

1 기대하고 있었던 자네가 부상으로 출전할 수 없다니 실로 유감이다.

제44회

▶ p.196

1 ランク 랭크

3 그 대학 풋볼팀은 제1위에 랭크되었다.

2 せい 탓

2 그가 다친 것은 그녀의 탓입니다.

3 はっきり 확실히, 분명히

3 제 질문에 확실히 대답해 주세요.

4 しょっちゅう 언제나

1 어릴 때는 부모님에게 언제나 야단맞았다.

5 案外 의외로

4 무서운 사람인 줄 알았는데 의외로 좋은 사람이었다.

제45회

▶ p.197

1 あびる 뒤집어쓰다

3 너무나도 더웠기 때문에 머리부터 물을 끼얹었다.

2 ふる 흔들다

2 그녀는 비행기에 타기 전에 작별인사로 손을 흔들었다.

3 器用 손재주가 있음

3 우리 남편은 집안일을 솜씨 좋게 처리합니다.

4 中身 알맹이, 내용물

1 이 상자의 내용물은 아무도 모릅니다.

5 メリット 장점

4 영어를 말할 수 있는 것은 큰 장점이다.

제46회

▶ p.198

1 無断 무단

2 무단으로 제 책상 위에 물건을 옮기지 말아주세요.

2 どんどん 잇따라

3 말하고 싶은 게 있으면 계속 말 해주세요.

3 わずか 불과, 겨우

1 시간은 불과 십분 밖에 남아 있지 않았다.

4 工夫 궁리, 고안, 생각을 짜냄

4 한자를 외우는데 뭔가 좋은 아이디어는 없습니까?

5 はぶく 줄이다, 생략하다

1 이렇게 하면 조금은 경비를 줄일 수 있을 것입니다.

제47회

▶ p.199

1 達する 도달하다, 이르다, 달성하다

2 올해는 그럭저럭 목표를 달성할 수 있었다.

2 かわいらしい 귀엽다, 사랑스럽다

2 옆집에서 귀여운 아이 목소리가 들려온다.

3 かっこう 모습, 모양

4 새로 지어진 빌딩은 이상한 모양을 하고 있었습니다.

4 ルール 룰, 규칙

1 딸이 다니고 있는 여고는 규칙이 엄격하다.

5 才能 재능

1 나는 그의 재능을 너무 높이 평가하고 있었습니다.

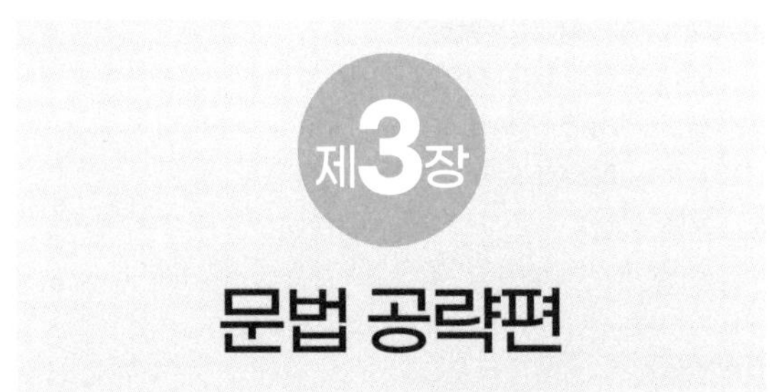

제1회 문법 확인문제 ▶ p.282

문제 1

1 내가 회사에 가 있는 동안, 할머니가 집을 봐 줍니다.
2 야마다 씨는 소설가로서 유명한 한편으로, 환경활동가로서도 알려져 있다.
3 매일 샐러드밖에 먹지 않잖아, 언제 빈혈이 되어도 이상하지 않아.
4 뜰에 감나무 한 그루가 있어, 수확한 열매로 곶감을 만들려고 했지만 잘 되지 않았다.
5 가게 밖까지 아주 좋은 냄새가 날 정도로, 맛있는 카레집입니다.
6 초등학생 때 수영교실에 다녀본 적이 있지만, 어려워서 한 달 만에 그만둬 버렸다.
7 야마다 "이 DVD, 다 봤으면 다카기 씨에게 전해 줘."
다나카 "응, 알았어."
8 할아버지는 나를 만날 때마다 "많이 컸구나" 라고 말한다.
9 엄마 "지금 장난감을 산 애가 다로 군?"
아이 "아니야. 저기서 울면서 과자를 사달라고 하는 애야."
10 여러분의 뜨거운 성원 덕분에 우승할 수 있었습니다.
11 야마다 선생님은 친절하게도 나에게 이 책을 주셨습니다.
12 A "커피와 홍차 중 어느 것으로 하시겠습니까?"
B "커피로 하겠습니다."
13 점원 "어서 오세요. 몇 분이세요?"
손님 "3명입니다."
점원 "이쪽으로 오세요. 자리로 안내해드리겠습니다."

문제 2

14 신종 코로나 바이러스 감염증 확대는, 일상생활을 위협할 뿐만 아니라 의료 종사자나 감염자에 대한 차별이나 편견을 일으키고 있습니다.
15 그녀는 오늘 회의에서 외교문제에 대해 강연하기로 되어 있다.
16 이것은 초등학생이라도 대답할 수 있을 정도로 쉬운 문제입니다.
17 야마다 "옛날부터 주먹밥 가게를 열려고 했습니까?"
다나카 "아뇨, 20대까지는 이탈리안 요리를 좋아해서 양식 카페를 열고 싶다고 쭉 생각했습니다. 하지만 서른 살이 넘었을 즈음부터 나이 탓인지 일식이 몸에 잘 맞는다는 걸 깨달았어요."
18 에비이모는 토란의 일종으로, 줄무늬와 구부러진 모양이 새우와 비슷하기 때문에 이 이름으로 불리고 있습니다.

문제 3

최근 신경 쓰이는 일이 있습니다. 그것은 집 근처 등에서 인사를 하는 사람이나 병원, 우체국 등에서 이름을 불리었을 때 대답을 하는 사람이 점점 적어지고 있는 일입니다. 조금 반응을 보였다고 해도 머리를 약간 숙일 정도이고, 확실한 목소리를 내는 사람은 적은 듯합니다.

말없이 편의점에서 물건을 사고 휴대전화도 메시지를 주고받는 것으로 끝내는 일이 많아진 현대인에게는, 타인과 말을 나누는 것이 귀찮아진 것일지도 모릅니다.

하지만 저와 같은 옛날 사람에게는 역시 쓸쓸한 느낌이 듭니다. 아침의 "안녕하세요" 부터 저녁의 "안녕히 가세요" 까지 사회 속에서 평온하게 지내기 위해서 빠뜨릴 수 없는 것이 인사일 것입니다.

앞으로의 고령화 사회에서는 독거 노인도 늘어 가겠지만, 말 한마디를 걸거나 누군가 말을 걸어오는 것이 점점 중요해지리라 생각합니다. 하루하루를 기분 좋게 보내기 위해 인사나 대답은 확실히 소리를 내어 봅시다.

제2회 문법 확인문제 ▶ p.286

문제 1

1 근무 중에는 개인적인 전화를 걸어서는 안 되게 되어 있다.
2 부하 "죄송합니다. 이건 제 실수였습니다."
상사 "괜찮아. 누구나 실수할 때는 있으니까."
3 오늘은 하루 종일 흐리고 추운 날이었는데, 저녁부터 눈이 흩날리기 시작했습니다.
4 이 텔레비전 게임은 생각했던 만큼 어렵지 않다.
5 전시회에 친구의 그림이 걸리기 때문에, 저도 보러 갈까 생각했습니다.
6 카페인은 혈관을 수축시켜 버리는 작용이 있기 때문에, 혈행이 나빠지기 쉽습니다.
7 좀 비쌌던 가죽구두가 아침 통근 전철에서 밟혀버린 적이 있습니다.
8 제가 그 이야기를 들은 것은 겨우 지난주가 되고 나서였습니다.
9 불경기 탓인지 텔레비전의 광고가 줄어든 것 같다.
10 그 사람처럼 화를 잘 내는 사람은 본 적이 없습니다.
11 기념품으로 받은 전자사전은, 새 직장에서 소중히 쓰겠습니다.
12 사원 "사장님, 어제 받은 과자 선물 너무 맛있었습니다."
사장님 "아, 그거 잘됐네요."

13 선생님 "네, 사쿠라 일본어학교입니다."
학생 "여보세요, B반 스미스인데요, 호시 선생님은 계신가요?"

문제 2

14 인생 중에서 한 번이라도 좋으니 만나 보고 싶은 인물은 누구입니까?

15 영어로 쓰여진 책을 사전에서 찾아보지 않고 많이 읽는 것을 '영어다독'이라고 합니다.

16 신입사원은 일이 너무나도 바빠서 3년 이내에 약 3할이 그만둬 버린다는 데이터가 있습니다.

17 올해는 친구가 1주일간 집에 놀러 왔을 때 이외에는 매일 일본어를 공부했습니다.

18 너무나도 많은 서비스가 있는 탓으로 어느 것을 고르면 좋을지 모르겠다.

문제 3

크레용과 크레파스는 과연 같을까? 같다고도 할 수 있고 다르다고도 할 수 있다. 크레용은 원래 프랑스어로, 본래의 의미는 연필이다. 백악의 산지인 크레타섬의 크레타가 분필(주1)을 나타내는 말이 되어 보급되고, 그러고 나서 크레용이라는 보통명사가 만들어졌다. 일본에서는 웬일인지 크레용이라고 하면 연필이 아니라 파라핀에 안료를 섞은 막대기 모양의 화구를 나타낸다. 일본의 크레용에 해당하는 것은 프랑스어로는 파스텔이다. 그래서 사실 파스텔이라고 부르는 것이 옳다. 그러면, 크레파스. 이것은 사쿠라 크레파스의 상표등록이다. 크레용과 파스텔의 장점을 함께 갖춘 크레용이라는 의미로 크레파스라고 명명되었다던데.

그런데 크레파스라고 하면 옛날 가구야 히메가 노래했던 히트송 '간다가와'의 가사에서 불려졌던 것은 유명하다. 하지만 가구야 히메가 홍백노래자랑에 출전했을 때에는 상표라는 이유로, 선전이 금지된(주2) NHK가 크레파스가 아니라 크레용으로 가사를 변경시켰다는 에피소드가 남아 있다.

(다케우치 다이라 「말의 차이를 알 수 있는 사전」에서)

(주1) 白墨: 분필을 말함
(주2) ごはっと: 규칙으로서 그렇게 하는 것이 금지되어 있는 것

제3회 문법 확인문제 ▶p.290

문제 1

1 잔업이 계속된 때문인지 그는 쓰러지고 말았다.

2 장애를 만났다 하더라도 의사가 되겠다는 결심은 절대 바꾸지 않을 생각입니다.

3 이 메일을 수취한 시점에서 상품의 가격 변경이나 품절이 되어 있을 가능성도 있습니다.

4 유감스럽지만 그 점에서 당신과 나는 의견이 다릅니다.

5 아무리 해도 안 될 것 같으면 빨리 포기하세요.

6 이 문제에 관해서는 다음에 다시 검토합시다.

7 그 사고로 그녀 외에 살아남은 사람은 없었다.

8 학점이나 졸업 등을 인정하는 것과 바꾸어 일을 억지로 거들게 하는 일이 있었다.

9 그런 건 조금도 신기하지 않아. 어디에라도 있을 거야.

10 점원 "전화 감사합니다. 야마모토 미용실입니다."
손님 "실례합니다. 오늘 오후 3시쯤 예약하고 싶은데요."

11 A "이시하라 씨라고 하시는 분이 면회하러 오셨습니다."
B "네, 알겠습니다."

12 A "딸이 일본으로 유학가고 싶다고 하는데, 여러 가지로 걱정이 돼서 나는 반대예요."
B "걱정되겠지만, 좋은 경험이 되리라 생각하니, 보내주면 어때요?"

13 일본어 학교에서 일본어를 공부하고 있었을 때, 야마다 선생님이 파티에 초밥을 가져다 주셨어요.

문제 2

14 보낼 사진을 지금 고르고 있는 중이니까 조금 더 기다려.

15 도미섬은 옆에서 보면 도미가 헤엄치고 있는 듯한 모양으로 보인다고 해서 그 이름이 붙여졌습니다.

16 지금은 일이 바빠서 연애 따위 하고 있을 여유는 없습니다.

17 아스파라거스는 식초나 레몬 등 신맛이 나는 것에 닿으면 색이 안 좋아지기 쉬우므로, 먹기 직전에 무치도록 합시다.

18 A "파티 요리는 어떠셨습니까?"
B "아주 맛있었어요. 무슨 생선인지 모르겠지만 생선회가 맛있었어요."

문제 3

나는 사이좋은 사치코 씨에게 작은 알뿌리를 3개 받았습니다. 딱 새끼손가락 끝 정도의 크기로 앞쪽이 조금 뾰족했습니다. 나는 꽃을 좋아해서 여러 알뿌리를 심은 적이 있는데, 이런 알뿌리를 본 것은 처음이었습니다. 어떤 꽃이 피는지 당장에라도 알고 싶었지만, 사치코 씨는, "기대하세요"하며 웃기만 하고 가르쳐 주지 않습니다. 어쩔 수 없어서 꽃이 피기를 기다리기로 했습니다.

사치코 씨에게 배운 대로 돌봤더니, 녹색의 날렵한 잎이 나왔습니다. 머지않아 앞쪽에 하얀 꽃이 피었습니다. 마치 새가 날고 있는 듯한 모양을 하고 있습니다. 그 알뿌리는 해오라비 난초(주)였던 것입니다. 이야기로는 들은 적이 있지만, 보는 것은 처음입니다. 정말 너무 기뻤습니다.

하지만, 모처럼 생긴 해오라비 난초를 도둑맞고 말았습니다. 잠깐 현관 앞에 내놓은 사이에 누군가가 가지고 가 버린 것입니다. 나는 너무 분해서 나도 모르게 눈물을 흘리고 말았습니다. 말없이 남의 물건을 가져가다니 절대로 용서할 수 없습니다.

(주) さぎ草: 난초과의 다년초. 산야의 습지에 자생

제4회 문법 확인문제

▶ p.294

문제 1

1 오늘 밤에는 해야 할 일이 몇 개인가 남아 있다.

2 A "어제 잃어버린 지갑, 차 안에 떨어져 있었어."
B "그렇구나. 찾아서 다행이야."

3 그 이야기는 텔레비전인가 뭔가에서 하고 있었지요?

4 외국어 단어를 기계적으로 외운다고 하면, 이런 재미없는 것은 없다.

5 사쿠라 사진관은 전국에 600개 점포 이상 전개하고 있습니다. 촬영점과는 다른 가게에서도 주문 · 수취할 수 있습니다.

6 저는 대학 동아리에 가입하지 않았으면, 일본인 학생과 쭉 친구가 될 기회는 없을지도 모른다고 생각했습니다.

7 다다미 방에서 지내는 것으로, 다다미의 장점을 알 수 있었습니다. 저도 다다미방이 있는 집에 살아보고 싶습니다.

8 단 한 번만이라도 좋으니까 돈 걱정을 하지 않고 있고 싶다.

9 그는 아직 일본어 공부를 시작한지 얼마 안됐기 때문에 틀려도 어쩔 수 없다.

10 계단을 뛰어 내려가지 말라고 몇 번 말해야 알겠어?

11 메일이 보급된 지금도 연하장 판매 장수는 국민 1인당 약 15장. 그런데 이 연하장의 풍습, 도대체 언제부터 시작되었는지 알고 계십니까?

12 손님 "저기, 그 빨간 것은 무슨 아이스크림입니까?"
점원 "이 빨간 것은 딸기 아이스크림입니다."

13 손님 "이 신발의 한 치수 작은 것은 없습니까?"
점원 "아, 네, 확인해 볼 테니 조금만 기다려 주세요."

문제 2

14 우리 아버지는 몸이 튼튼할뿐만 아니라 마음도 젊다.

15 이번 토요일에 친구의 결혼식이 있다. 날이 맑으면 좋을 텐데.

16 답안용지에는 답 이외 아무것도 적어서는 안 됩니다.

17 저축 계획을 세워 주세요. 빠르면 빠를수록 좋아요.

18 간호사인 모리 씨는 바빠서 일주일에 하루밖에 쉬지 못 할 때도 있다고 합니다.

문제 3

미술관에 가서 그림을 보고 있으면, 주위 사람들의 행동 중에 눈에 띄는 행동 패턴이 두 가지 있음을 깨닫는다. 누구나 지향하는 것은 그림이다. 하지만, 그 그림의 옆의 벽에는 작자명과 작품 타이틀, 기타 사항이 쓰여진 작은 플레이트(주)가 붙어 있다. 명사를 나열했을 뿐인 무뚝뚝한 표시지만, 이것이 상당히 신경이 쓰이는 물건이라, 이 플레이트에 대한 태도로 군중들은 두 무리로 구별되는 듯하다. 이 두 무리의 사람들을 교양파와 심미파로 이름을 붙이기로 하자.

교양파는 그림을 보기보다도 제일 먼저 플레이트를 들여다보고, 누가 그린 무엇이라는 그림인지를 확인한다. 까다로운 관객이라면, 다시금 제작 연대에도 주목할 것이다. 교양파의 사람들은 이 내용들을 머릿속에 넣은 후에 천천히 그림을 보기 시작한다. 플레이트에서 얻어진 이런 지식이 이들의 그림을 이해하고 감상하는 데 있어서 필요한 것이라고 생각하고 있기 때문임에 틀림없다.

그것에 비해 심미파는 다음과 같이 행동한다. 그/그녀는 플레이트에는 눈길도 주지 않는다. 조용히 그림만을 계속 응시한다. 그리고 다음 그림으로 옮겨 간다. 작자나 타이틀은 이미 알고 있었는지도 모른다. **그러나** 어느 그림 앞에서도 그 태도는 변하지 않는다. 즉 명확한 의지인 것이다.

(사사키 겐이치 「타이틀의 마력」에서)

(주) プレート: 판자로 만들어진 표시물

제5회 문법 확인문제

▶ p.298

문제 1

1 그곳은 관광지로서 좀더 메이저가 되어도 이상하지 않을텐데 라고 생각해 버렸습니다.

2 아이에게 "밤늦게까지 놀지 말고, 빨리 들어와"라고 말하면 "아빠는 구식이야"라는 말을 듣는다.

3 상대가 강하면 강할수록 의욕이 솟아납니다.

4 설령 이번 도전이 실패로 끝났다고 해도 좌절하지 않았으면 한다.

5 나이를 먹음에 따라 잊는 일이 많아지는 것은 어쩔 수 없다.

6 주장은 부원에게서 불만이 나오지 않도록 신경을 썼다.

7 안경은 그다지 특수한 상품이 아니기 때문에 기술적인면에서는 어느 안경점에서도 수리 · 조정은 가능한 것 같습니다.

8 감사 인사를 쓴다면 엽서보다 편지를 보내는 게 정중합니다.

9 목욕은 뒤로 미루고, 우선 밥으로 합시다.

10 그러고 보니, 모두 같이 동물원에 가자고 서로 이야기했는데, 그 이야기는 어떻게 된 거지?

11 A "저, 그쪽 사원 모집에 대해 좀 여쭙고 싶은데요."
B "네. 어떤 일이시죠?"

12 임산부 건강검진은 엄마와 아기의 이상 조기발견을 위해서도 중요합니다. 정해진 시기에 꼭 진찰을 받도록 합시다.

13 A "초등학교 4학년 아이에게 국어와 산수를 배우게 할까 하는데, 한 달에 얼마 정도 들까요?"
B "비용은 월 12,600엔입니다."

문제 2

14 좀처럼 일본어 단어를 외우지 못해서, 일본어를 잘하는 친구가 했던 것처럼 몇 번이고 써보기로 했다.

15 A "나 화장실 좀 갔다 올게."
B "응. 아, 근데 영화가 시작되기까지 앞으로 5분밖에 없어. 얼른 갔다 와."

16 모두에게 들리도록 더 큰 소리로 말해 주세요.

17 여러가지 일이 일어난 2020년 시즌이 드디어 끝나 버렸습니다.

18 64세 이하의 접종률은 지자체에 따라 들쭉날쭉하지만, 11월까지 희망자 전원에게 백신 접종을 마친다는 정부 목표를 달성하려면 늦어지고 있는 지역에서 접종의 가속화가 요구된다.

문제 3

생활습관이나 생활환경상의 여러 가지 요인과 암 발생률과의 관련에 대해 종합적으로 연구한 조사 결과가 '국립암센터'에서 발표되었다.

이 센터는 우선 2005년에 전국에 사는 40세 이상의 남성 12만 명을 대상으로, 식생활이나 음주·흡연 습관 및 조사 대상자가 거주하는 각 지역의 인구 밀도·교통량·공장수 등을 조사했다.

그 후 2020년까지 같은 조사를 반복했는데, 그동안 29,800명이 사망하고, 그중 암에 의한 사망자는 8,056명으로 올라 있었다.

암으로 사망한 사람에 대해서 그 생활 습관을 분석해 보니, 매일 담배를 피우고, 술을 마시며, 고기를 먹는 한편, 시금치, 당근 등의 녹황색 채소를 매일은 먹지 않는 생활 타입인 사람은, 흡연·음주를 매일은 하지 않고, 육식도 가끔이지만 녹황색 채소를 매일 반드시 먹는 생활 타입인 사람에 비해, 2.5배나 암에 걸리기 쉽다는 것을 알았다. 특히 폐암에 걸릴 확률은 전자의 생활 타입인 사람을 100이라고 하면, 후자의 생활 타입인 사람은 7.7로 훨씬 낮다.

또한 '음주 육식은 가끔, 녹황색 채소는 매일'이라는 사람이라도, 매일 담배를 피우는 습관이 추가되면, 암에 걸릴 가능성은 35%나 오르는 것도 알게 되었다.

제6회 문법 확인문제

▶p.302

문제 1

1 엄마가 걱정하니까 어두워지기 전에 돌아가는 것이 좋아요.

2 사정에 의해 출발은 내일로 연기했다.

3 가게 앞에 많은 사람이 줄을 서고 있습니다. 그것은 가게 안으로 들어가기 위해서 기다리고 있는 것입니다.

4 선생님 "대학 합격, 축하해."
학생 "고맙습니다. 선생님께서 늘 친절하게 가르쳐 주신 덕분이에요."

5 선생님은 질문에 대해서 분명하게 대답해 주셨습니다.

6 아파트는 방이 넓으면 넓을수록 비싸집니다.

7 찬 것을 지나치게 먹지 않도록 조심하세요.

8 점원 "네, 사쿠라 미용실입니다."
손님 "오후 3시에 예약한 야마시타입니다. 미안하지만 갑자기 일이 생겨서, 오늘 예약을 취소시켜 주세요."

9 야마다 "다음 주 금요일 6시부터 8시까지, 다나카 씨도 일정 비워두지 않을래?"
다나카 "뭐, 괜찮지만. 왜?"

10 아들이 고민하고 있던 것은 알고 있었지만, 그때 나는 일이 바빠서 아무 말도 들어주지 못했다.

11 학교 바로 옆에 작은 늪이 있다. 그 늪에는 갓파(물 속에 산다는 어린애 모양을 한 상상의 동물)가 있다는 소문이다.

12 그 작업복은 아무리 빨아도 조금도 깨끗해지지 않았다.

13 나는 이시하라 선생님에게 생신 축하 꽃다발을 드렸다.

문제 2

14 10만 엔이 1년만에 100만 엔이 되다니, 그런 달콤한 이야기가 있을 리 없다.

15 이 소설은 옛날부터 너무 좋아해서 지금까지 몇 번이나 읽었지만 몇 번 읽어도 감동해서 울어버린다.

16 컴퓨터를 사용해서 국내뿐만 아니라 해외와도 통신이 가능해졌다.

17 이 말은 일본어로 하는 것이 솔직히 조금 어려웠지만, 자기가 생각했던 것보다 너무 잘해서 조금 놀랐을 때에 사용할 수 있습니다.

18 이 카페에서 커피를 마실 때마다 아내와 첫 데이트로 왔을 때가 생각난다.

문제 3

개인주의

사토 마코토

나는 6학년이 되기 전 봄방학에 유럽을 여행했습니다. 또 6학년 여름방학에는 하와이에 갈 수 있었습니다. 일본 이외의 나라에 가서, 일본과 다른 사고방식을 접할 수 있었습니다.

예를 들면, 호텔 안의 엘리베이터나 로비에서 다른 사람과 부딪히면, 바로

"익스큐즈미(실례)"

라고 서로 말을 겁니다. 일본의 러시아워 때의 전철에서는 생각할 수 없는 일입니다.

하지만 그 반면, 주로 프랑스 등에서는 도로의 교통신호가 빨강일 때에도 차나 사람이 튀어나옵니다. 이것을 보고 나는 놀랐습니다. 하지만, 남에게 폐를 끼치지는 않습니다. 그것은 자기 일은 자기가 책임을 진다는 사고방식이 있기 때문입니다. 일본에서는 사람이 도로로 튀어나와 차에 치였을 경우 차의 책임이 되지만, 프랑스에서는 튀어나온 사람 자신의 책임이 됩니다.

이러한 스스로 자신의 책임을 지고, 소중하게 여기는 개인주의는, 타인에 대한 폐를 반성하지 않고 자기 마음대로 하는 이기주의와는 달리 매우 바람직한 것이라고 생각합니다.

제7회 문법 확인문제

▶ p.306

문제 1

1 저는 여행할 때는 가능한 한 그 지역에 밖에 없는 가게에서 식사를 하도록 하고 있습니다.

2 나는 친구에게 2시간 있다가 깨워주도록 부탁했다.

3 우에노 "나, 치즈 케이크랑 홍차. 야마다 씨는?"
야마다 "나는 밥 먹었으니까, 커피만 할래."

4 저 학생은 일본어를 알게 된 후 밝아진 것 같습니다.

5 축구만큼 많은 나라에서 애호되고 있는 스포츠는 없을 것이다.

6 "어머나 이 얼마나 예쁜 꽃인가."

7 아버지는 가끔 불을 켠 채 나갑니다.

8 다나카 "미안해요. 이 소포를 고바야시 씨에게 건네 주실 수 있습니까? 부탁합니다."
이시다 "아, 좋아요."

9 혼다 선생님이 작문을 고쳐 주셨습니다.

10 친구와 싸우고 말았다. 화해하고 싶지만, 사과해도 용서해주지 않는다.

11 저 회사는 이제 곧 도산한다는 소문이 퍼져 있다.

12 이 스웨터는 색상이 정말 마음에 들었다. 게다가 가격도 적당했다.

13 학창시절의 친구와 만나면, 즐거워서 항상 몇 시간이나 수다를 떨게 됩니다.

문제 2

14 어제 아이랑 동물원에 갔더니, 얼마 전에 갓 태어난 새끼 판다를 볼 수 있었습니다.

15 재활용하려고 생각하면, 얼마든지 방법이 있다.

16 배달원 "물건 배달시간 말인데요, 내일 저녁 7시쯤 어떠세요?"
손님 "그 시간은 아마 집에 있을 것 같으니 괜찮아요. 부탁해요."

17 학급 인원수를 줄이든지, 그렇지 않으면 교사를 늘려서 담임을 둘 이상으로 했으면 한다.

18 어머니도 나도 오늘은 우산이 없어도 괜찮겠지 하고 나갔지만, 돌아올 때는 비를 맞고 말았다.

문제 3

락교(주1) 문화론

잡종문화로서 일본문화를 이해하는 데 있어서, 매우 적합한 표현(주2)이 소위 락교 문화론일 것입니다. 락교는 비늘줄기의 껍질을 한 장 한 장 벗겨 가면 마지막에는 아무것도 남지 않는다. 그것과 마찬가지로 모든 것이 외래 문화인 일본문화에는 고유문화, 독창적인 것은 하나도 없다고 하는 견해입니다.

락교 문화론은 비유로서는 재미있고, 진실을 말하고 있는(주3) 점은 확실하지만, 이 이론의 약점은 외래 문화를 수용했을 때 그대로 유지하고 있다고 생각하는 부분에 있습니다. 이전 그대로라면 그것을 하나하나 제거할 수 있고, 제거하면 나중에는 아무것도 남지 않는, 확실히 락교입니다.

그러나 수용한 문화는 이것을 손질하고 경우에 따라서는 원형을 남기지 않을 정도로 바꿔버리는 경우도 있습니다. 그것이 일본인의 감성이나 미의식에 의해 양성되어, 일본의 풍토 속에 정착된다. 정착된 문화는 이미 락교의 껍질처럼 벗겨 낼 수 없습니다. 락교 문화론은 문화를 단순히 '양'으로서 취급하고, '질'의 문제로서 생각하지 않는 논의입니다.

(무라이 야스히코「일본의 문화」에서)

(주1) ラッキョウ : 양파와 동류의 농작물.
(주2) 切り口 : 사물의 분석·비평의 방법.
(주3) 真実を衝いている : 사실을 말하고 있다.

제8회 문법 확인문제

▶ p.310

문제 1

1 이 빵은 지금 막 구운 거라서 부드러워요.

2 그는 20년 이상 전에 산 자전거를 아직도 사용하고 있다. 고장나서 사용할 수 없게 될 때까지 새 것은 사지 않겠다고 말했다.

3 내일 데이트할 생각만 해버려서, 오늘은 흥분해서 잘 수 있을 것 같지 않다.

4 3일 전의 일도 확실히 기억나지 않는데, 한 달이나 전의 일은 잊어버렸다.

5 '하얀 새'라는 이름의 레스토랑을 아시나요?

6 여동생 "오늘은 친구 생일파티에 다녀올게."
오빠 "그래, 알았어. 8시가 넘을 것 같으면 마중하러 갈 테니까 전화 해."

7 이 텔레비전 게임 방법을 겨우 알았기 때문에, 나에게도 시켜 줬으면 한다.

8 학생회 선거에서는, 서로 개인 공격은 그만두고 어떤 학교를 만들지를 중심으로 서로 논의했다.

9 마침 숙제가 끝난 참입니다.

10 어젯밤 자기 전에 아무리 해도 아이스크림이 먹고 싶어서, 밤중인데도 편의점에 사러 갔다.

11 그녀들은 자매라고만 생각했습니다. 그런데 그렇지 않았어요.

12 A "실례지만, 성함은 어떻게 되십니까?"
B "김이라고 합니다."

13 A "죄송합니다, 바빠서 그러는데, 먼저 복사할 수 없을까요?"
B "아, 괜찮아요. 먼저 하세요."

문제 2

14 일본에 있는 동안 되도록 많은 친구를 만들고 싶다고 생각한다.

15 원자력으로 전기를 만들 수 있다. 그러나 그것은 전쟁을 위해서도 쓰여진다.

16 벌써 3시간이나 공부한 것 같았는데, 시계를 보니 아직 1시간밖에 지나지 않았다.

17 아무리 그녀에게 부탁을 받더라도, 함께 쇼핑하러 갈 생각은 없습니다.

18 견학 후에는 급식센터에서 급식을 먹었습니다. 급식을 만드는 일이 얼마나 힘든 일인지 알았기 때문에, 평소보다 맛있게 먹을 수 있었습니다.

문제 3

소매점에 대해 카메라의 가격 할인은 하지 않는다고 정해도, 미국인 세일즈맨이 마음대로 가격 할인을 정하고 와 버린다. 미팅에서 방침을 설명해도 "Why?(왜?)"하고 어깨를 움츠리며, 스스로 이해해서 움직이려고는 하지 않는다. 회사에 대한 충성심도 적다.

일본의 기준에서 보면 미국인 스태프의 이런 행동은 몰상식 그 자체로 비춰진다. 하지만 미국 사회를 배경으로 겹쳐 보면, 그들의 행동은 실로 합리적이다.

미국의 세일즈맨은 회사를 옮겨 다닌다. 회사를 바꿀 때는, 자신의 단골(주1)을 안고 바뀐다. 단골이 밥벌이의 근원(주2)이다. 지금 재적 중인 회사의 정책에 따르기보다 고객인 소매점을 소중히 해 두지 않으면 장래에 자신이 곤란을 겪게 될지도 모른다.

회사도 사원도 그 땅의 사회의 일부이다. 그 매니지먼트인 경영은, 법률은 물론이고, 그 땅에 사는 사람의 사고 방식이나 습관, 문화, 전통에서도 나올 수 없다. 또한 나올 필요도 없다. 그것들을 이해하고 활용해서야 비로소 좋은 경영이 성립된다. 경영은 경제 합리성을 추구하는 점에서 글로벌 하기는 해도, 사람에 관련된 부분에서는 극히 로컬적인 것이다.

(미타라이 후지오 「시류자론」에서)

(주1) 得意先: 자주 상품·서비스를 사 주는 손님
(주2) 飯のタネ: 생활을 위한 수입을 얻는 근원

제9회 문법 확인문제 ▶p.314

문제 1

1 '팬'이란 어떤 것에 몰두한 사람을 말한다.

2 (포스터에서)
사회가 바뀌었다면 제도도 바뀌어 가야지.

3 A "너는 더위에 약하지? 오늘은 외출하는 거 그만두자."
B "그건 안 돼. 모처럼의 황금연휴니까."

4 형제란 좀 더 사이 좋게 지내지 않으면 안돼.

5 오랜만에 본가에 갔는데, 이웃집 할머니는 이제 80세가 다 되었다는 것을 느끼게 하지 못할 정도로 건강하셨다.

6 도쿄에 비하면 오사카 쪽이 물가가 싸다.

7 저녁에 역 앞의 케이크 가게에 갔더니, 거의 다 팔려서 초콜릿 케이크와 치즈 케이크가 1개씩밖에 남아있지 않았다.

8 저에게 있어 이 트로피는 일생의 보물입니다

9 모두 다나카 씨에 대해 좋게 말하지 않습니다. 하지만 저는 믿고 있습니다.

10 수상한 물건을 발견하면, 만지지 말고 우선 경찰에 알려 주세요.

11 1살 미만의 아이에게 벌꿀을 먹이지 마세요.

12 제대로 방재 헬멧을 써 주시는 것으로, 재해 시에 머리 부분을 보호할 수 있습니다.

13 환자 "저기요. 전화는 어디에 있어요?"
직원 "저쪽 엘리베이터 옆에 있습니다."

문제 2

14 미수(88세)의 나이 유래는 「米」라는 글자를 분해하면 「ハナハ(88)」로 보이기 때문에 미수의 호칭이 생겼다고 여겨지고 있습니다.

15 부동산 매매에서는 많은 서류에 일일이 서명하지 않으면 안 된다.

16 세부적인 수식어에 지나치게 몰두하면 취지가 전달되기 어렵고 읽기 어려운 문장이 될 우려가 있다.

17 인도에서 발견된 '제로'의 개념은 추상성이 높기 때문에 유럽에 전해진 초기에는 좀처럼 이해되지 않았다

18 그녀는 어떤 곡을 커버할 때에도 원곡이 가진 뉘앙스를 해치지 않기 위해 오리지널 키로 노래하도록 하고 있다.

문제 3

공부만큼, 하는 사람과 하지 않는 사람의 차이가 큰 것도 좀처럼 없지 않을까. 특히 중고생 정도라면 학교에서 돌아와 학원이나 집에서 하루에 6시간, 7시간이나 공부하고 있는 사람도 있는가 하면, 방과후에는 일절 노트를 펼치지 않는다는 사람도 있을 것이다. 그리고 공부만큼 그 후의 인생에 도움이 되지 않는다고 말하는 것도 없다. 그토록 열심히 학교에서 공부한 수학이나 화학은, 어른이 되면 거의 잊어버린다. 그럼 그런 지식은 도대체 언제 사라져버리는 걸까. 그것은 자신의 목표를 달성했을 때라고 해도 좋지 않을까 한다.

예를 들어 '좋은 대학에 들어가는 것이 목표'라고 생각하면서 공부를 계속해 온 젊은이는 대학에 합격한 순간, 기가 느슨해져 그때까지 배워온 인수분해 방법이나 영어 구문을 한 번에 잊어버릴 것이다. '고등학교를 나와서 빨리 취직해야지'하고 생각하는 사람은 취직이 결정된 단계에서 모든 것을 잊어버리는 것은 아닐까. '아~ 다행이다'하고 한숨을 돌린 순간에 머리에서 팍 하고 날아서 흩어져가는 것, 그것이 공부가 아닐까 하는 생각이 든다.

(가야마 리카 「젊은이의 법칙」에서)

제10회 문법 확인문제 ▶p.318

문제 1

1 붉은 얼굴을 하고 있어. 술을 먹고 온 것 같네.

2 끓는 물에 소금과 무를 넣고, 무가 부드러워질 때까지 끓입니다.

3 누나 "벌써 9시야. 서두르지 않으면 기차가 출발해 버려."
남동생 "아, 정말이다. 서둘러서 가자."4 식당에는 모리 선생님의 모습은 없었다. 수업 중이 아니라면 아마 교무실일 거야.

5 이시하라 씨는 철도를 매우 좋아해서, 전철이나 열차 등의 사진을 찍기 위해서라면, 어디든지 간다.

6 하드웨어와 소프트웨어를 통합한 물건이 팔리지 않았기 때문에, 우리는 생각을 근본적으로 재검토해야 했다.

7 그렇지 않아도 좁은 방이니까, 큰 액정 텔레비전 같은 건 들어가지 않아.

8 음식점에 손님으로 가면, 가끔 안내받은 자리가 아쉽게 느껴질 때는 없습니까?

9 A "네, ABC사 영업부입니다."
B "아, 저, 사쿠라은행의 이시하라라고 합니다만, 야마모토 씨를 부탁합니다."

10 손님 "저기요. 6시에 예약한 니시다인데요."
점원 "니시다 님이시군요? 그럼 자리로 안내해 드리겠습니다.

11 "여름방학에는 귀국하지 않고 여행할 생각입니다. 선생님의 출신지인 교토에도 가려고 생각하고 있습니다. 추천할 곳은 있습니까? 혹시 있으면 가르쳐주시지 않을래요?"

12 영화를 보는 동안에 어느새 꾸벅꾸벅 졸고 말았습니다.

13 A "오늘은 영화를 보고, 그리고 그 후에 식사라도 어때요?"
B "네, 좋아요."

문제 2

14 프로가 된 이상 부정적인 감정이 되어도 도망치지 않고 싸워, 조금이라도 좋은 성적을 남기고 싶다.

15 이번 시즌 우승팀은 대전 팀에 대해 적극적인 정보 수집과 정확한 분석을 행해 한 팀씩 확실하게 공략해 나갔다.

16 주요 매체에 의한 대통령 선거 출구조사에 따르면, 현 대통령이 재선될 전망이다.

17 이쪽으로 오실 것 같으면 그 때는 전화해 주세요.

18 온통 서리가 내려서 마치 눈이 내린 것 같다.

문제 3

사는 보람이란 단어는 일본어에만 있는 것 같다. 이런 단어가 있다는 것은 일본인의 생활 속에서, 살아가는 목적이나 의미, 가치가 문제시되어 왔다는 것을 가리키는 것일 것이다. 설령 그것이 그리 깊은 반성이나 사색을 담아 사용되어 온 것이 아니라고 해도, 일본인이 그저 멍하니 삶의 흐름에 떠내려온 것이 아님을 엿볼 수 있다.

사전에 따르면 사는 보람이란 '세상에 살고 있는 만큼의 효력, 살고 있는 행복, 이익, 효험' 등으로 되어 있다. 이것을 영어, 독일어, 프랑스어 등의 단어로 번역한다고 하면, '사는 데 가치있는' 이나, '사는 가치 또는 의미 있는' 등으로 할 수밖에 없는 것 같다. 이러한 논리적, 철학적 개념에 비하면, 사는 보람이란 단어에는 매우 일본어다운 애매함과 그로 인한 여운과 탄력성이 있다. 그것은 일본인 심리의 비합리성, 직감성을 잘 나타내고 있음과 더불어 인간이 느끼는 보람이라고는 하나, 한마디로는 딱 잘라 말할 수 없는 복잡한 뉘앙스를, 오히려 잘 표현하고 있는지도 모르겠다. 프랑스어에서 말하는 존재 이유와 그리 다르지 않을지도 모르지만, 사는 보람이라는 표현에는 좀 더 구체적, 생활적인 탄력성이 있기 때문에, 오히려 생존 이유라고 하는 편이 좋을 듯하다.

(가미야 미에코 「사는 보람에 대해서」에서)

제11회 문법 확인문제 ▶ p.322

문제 1

1 도쿄의 여름이 더운 것은 온도가 높을 뿐만 아니라 습도도 높기 때문이다.

2 조금 전에 이 동네는 근처에 수영장이 없다고 말했지?

3 나는 당신의 개인적인 문제에 참견할 생각은 없습니다.

4 현역 시절과 같은 수입을 얻기는 어려워도, 월 20만 엔이면 꼭 어려운 것은 아니지 않을까요?

5 그녀는 아주 조용한 사람이라 있는지 없는지 모를 정도다.

6 이 사쿠라 시장에는 아주 신선한 채소가 그 지역의 밭에서 많이 운반되어 옵니다.

7 이시하라 씨는 집에 올 때마다 선물을 가지고 옵니다.

8 시험을 본 후 커피를 마시려고 해서 대학 카페에 갔는데, 너무 붐벼서 대학 근처의 카페에 마시러 갔다.

9 사쿠라시에서는 매년 8월 첫째 주 토요일에 여름축제가 열립니다.

10 A "잠깐, 화장실 다녀와도 돼?"
B "응. 하지만 앞으로 5분만 있으면 영화가 시작되니까, 서둘러."

11 나는 '피터팬'이라는 이야기를 아주 좋아한다. 하지만 내 여동생은 그 이야기를 싫어한다고 한다.

12 그녀는 첫 연설이라 긴장되어 가슴이 두근거렸다고 했지만, 전혀 그렇게 보이지 않았다.

13 지난번 만났을 때랑 넌 조금도 변한 게 없구나.

문제 2

14 내가 지금 살고 있는 아파트는 철길을 따라 있다. 살기 시작했을 때는 전철이 지나가는 소리가 나서 시끄럽다고 생각할 때도 있었지만, 곧 신경 쓰이지 않게 되었다.

15 어제 처음으로 사쿠라역에 갔습니다. 사쿠라역까지 어느 전철로 가면 가장 빨리 도착하는지 몰라서, 전철을 타기 전에 역무원에게 물었습니다.

16 매년 ABC사에는 많은 신입사원이 들어오지만, 일이 너무 많아 2년 이내에 그만둬버리는 사원이 많다고 한다.

17 A "이제 흰 셔츠에 카레 먹는 건 그만둬."
B "그런 말해봤자 너도 요전에 산지 얼마 안 된 셔츠에 커피 흘렸잖아."

18 낯선 사람이 아기를 달래려고 하면 수줍어하며 옆을 보거나, 결국에는 눈물이 글썽글썽해서 금방이라도 울음을 터뜨릴 것 같은 표정을 지을 때가 있습니다.

문제 3

'시험을 보다' '편지를 쓰다' 등의 경우에, 손윗사람이 '보다' '쓰다'라는 동작을 할 때는 '시험을 보시다' '편지를 쓰시다'라고 합니다.

이와 같은 방법으로 동작을 하는 사람을 높이려고 하면, '책을 읽다' '집에 돌아가다' '귤을 먹다' '6시에 일어나다' 등의 말도 '책을 읽으시다' '집에 돌아가시다' '귤을 드시다' '6시에 일어나시다'가 되는 것입니다.

또한「れる」나「られる」를 손윗사람의 동작을 나타내는 말에 붙여서 그 사람을 높이는 방법이 있습니다.

'시험을 보시다(試験を受けられる)' '편지를 쓰시다(手紙を書かれる)'라고 하면 앞의「お受けになる」「お書きになる」와 같은 뜻이 됩니다. 그러나 이 경우「れる」가 붙는 말에는「られる」는 붙지 않고,「られる」가 붙는 말에는「れる」가 붙지 않습니다. 이 방법을 쓰면, 앞의 예로 든 말도 '책을 읽으시다((ご)本を読まれる)' '집에 돌아가시다((お)家に帰られる)' '귤을 드시다(みかんを食べられる)' '6시에 일어나시다(六時に起きられる)'라고 하면 되는 것입니다.

제12회 문법 확인 문제 ▶ p.326

문제 1

1 그런 일을 내가 알고 있을 리가 없다.

2 이 문제의 답은 틀렸습니다. 한번 더 다시 해주세요.

3 자네가 그 사람과 결혼한다는 건 조금도 몰랐다.

4 학급에 있던 돈을 도둑맞은 걸로, 다들 나를 의심하고 있는 듯하다.

5 기무라 씨는 컴퓨터에 관한 것이라면, 뭐든지 알고 있습니다.

6 학생 때 자주 다니던 카페나 과자가게, 악기점 등이 지금도 아직 영업하고 있어서 그리웠다고 니시다 씨는 말한다.

7 야마다 "하라다 씨, 이 서류, 여기에도 사인을 해 주실래요?"
하라다 "아, 죄송합니다. 바로 하겠습니다."

8 내 남동생은 13살 때부터 마라톤을 계속해 현의 대표선수로 뽑힌 적도 있다.

9 오늘은 집에 있는 조미료만으로 할 수 있는 간단한 요리를 소개해드리겠습니다.

10 번역에는 꽤 돈이 들었다. 그래서 우리 회사에서는 기계번역 시스템을 도입했다.

11 모리 씨는 정중하게 설명해 주었습니다만, 그래도 저는 이해가 되지 않았습니다.

12 야마다 "스즈키 씨, 회사 근처에서 좋은 치과를 알고 있으면 가르쳐주었으면 하는데요."
스즈키 "아, 내 단골 치과는 친절하고 공손해요."

13 나는 딸이 가수가 되는 것은 반대하고 있었지만, 딸도 열심히 하려고 해서 응원해 줄까 생각하고 있다.

문제 2

14 지난주 토요일에 아이와 갔던 동물원에는 약 500종류의 동물이 있었다. 그렇게 다양한 동물을 볼 수 있는 동물원은 좀처럼 없다고 한다.

15 어느 부처가 관측한 데이터를 국제 회의에서 쓰고 싶다고 부탁했더니, 끝끝내 허가가 나지 않았던 적이 있습니다.

16 이 근처는 자연이 풍부해 언젠가 이런 곳에 살아 볼까 하는데, 근처에 슈퍼마켓이나 편의점이 없는 곳이라서, 차 운전을 못하는 나에게는 생활하기는 힘들 것 같다.

17 어젯밤, 초등학교 때 쭉 같은 반이었던 친구와 전화로 이야기하고 있자니, 어느새 2시간이나 지나 있어 놀랐다.

18 A "있잖아, 내일 하는 야외 콘서트 가? 콘서트장이 역에서 멀어서 불편하니까, 갈까 고민하고 있는데."
B "나 자동차로 갈 생각이니까 만약 간다면 태워 줄게."

문제 3

'나는 다로 씨와 하나코 씨에게 내일 예정을 설명했다.'라는 문장에는 두 가지 의미가 있다. 하나는 '나는 다로 씨와 하나코 씨 두 사람에게 내일 예정을 설명했다.'라는 의미이고, 나머지 하나는 '나는 다로 씨와 둘이서 하나코 씨에게 내일 예정을 설명했다.'라는 의미이다. 의미 구별을 확실히 시키려면, 첫 번째 의미라면 '나는' 뒤에 쉼표를 찍는 방법이 있다. 같은 예로서 '내가 아주 좋아하는 엄마.'라는 문장이 있다. 하나는 '내가 엄마를 아주 좋아한다고 생각한다.'라는 의미이고, 다른 하나는 '엄마가 나를 아주 좋아한다고 생각한다.'라는 의미이다. 다만, 이 예의 경우에는 쉼표를 찍는 것만으로는 의미 구별을 하기 어렵다. 첫 번째 의미를 전달하고 싶다면 '내가 아주 좋아하는 엄마.', 두 번째 의미를 전달하고 싶다면 '나를 아주 좋아하는 엄마.'라고 하면 의미 구별을 할 수 있다.

제4장 독해 공략편

문제 4	1 ① 2 ④ 3 ② 4 ③ 5 ③ 6 ②
문제 5	1 ④ 2 ④ 3 ④ 4 ④ 5 ③ 6 ③ 7 ④ 8 ④ 9 ② 10 ② 11 ④ 12 ④ 13 ④ 14 ② 15 ④ 16 ② 17 ④ 18 ③
문제 6	1 ② 2 ① 3 ③ 4 ③ 5 ② 6 ① 7 ② 8 ④ 9 ③ 10 ① 11 ④ 12 ③ 13 ③ 14 ③ 15 ② 16 ② 17 ③ 18 ④ 19 ④ 20 ② 21 ③ 22 ④ 23 ① 24 ②
문제 7	1 ② 2 ④ 3 ④ 4 ③ 5 ③ 6 ① 7 ② 8 ④ 9 ③ 10 ①

01 문제4 내용이해 - 단문

문제 4 다음 (1)부터 (6)의 문장을 읽고 질문에 답하시오. 답은 1・2・3・4에서 가장 적당한 것을 하나 고르시오.

단문(1)

해석 우리 봉사단은 매년 시민축제에서 쿠키를 팔아 그 이익을 '어린이의 집'에 기부하고 있다. 가게를 내기 위해서는 자릿세로 5,000엔을 내야 한다. 쿠키는 1봉지에 100엔으로 300봉 팔렸다. 밀가루 등을 기부해준 사람이 있어서 재료비는 7,000엔밖에 들지 않았다. 작년보다 2,000엔 많게 기부할 수 있어서 좋았다.

단어 **ボランティア** 자원봉사 | **利益**(りえき) 이익 | **寄付**(きふ)**する** 기부하다 | **場所代**(ばしょだい) 자릿세 | **払**(はら)**う** 내다, 지불하다 | **袋**(ふくろ) 봉지 | **小麦粉**(こむぎこ) 밀가루 | **かかる** (비용 등이) 들다

1 작년의 이익은 얼마였는가?

1 16,000엔　　2 18,000엔
3 23,000엔　　4 25,000엔

해설 올해의 매출 30,000엔(100엔X300봉)에서 자릿세 5,000엔과 재료비 7,000엔을 빼면 수익은 18,000엔이다. 작년보다 2,000엔이 많다고 했으므로 작년 이익은 16,000엔이 된다.

단문(2)

해석 파와 계란을 익히고 간을 한 것을 큰 그릇에 담은 밥 위에 올린 것을 '달걀 돈부리(덮밥)(주)'라고 한다. 거기에 닭고기를 넣으면 '오야코돈부리(부모 자식 덮밥)'라는 음식이 된다. 달걀과 닭이기 때문에 부모 자식이라고 하는 것이다. 닭고기 대신 돼지 등의 고기를 넣으면 달걀과 그 고기는 아무 관계도 없다는 이유에서 '타인 덮밥'이 된다. 잘도 이런 이름을 붙였구나 하고 감탄했다.

(주) 丼 : 밥 등을 넣은 큰 그릇. ○○돈부리(덮밥)이라고도 한다.

단어 **ネギ** 파 | **煮**(に)**る** 삶다, 익히다 | **丼**(どんぶり) 덮밥 | **のせる** 얹다, 위에 놓다 | **卵**(たまご) 달걀 | **鶏肉**(とりにく) 닭고기 | **鶏**(にわとり) 닭 | **親子**(おやこ) 부모와 자식 | **豚**(ぶた) 돼지 | **肉**(にく) 고기 | **名前**(なまえ)**を付**(つ)**ける** 이름을 짓다 | **感心**(かんしん)**する** 감탄하다

2 **이런 이름은 어떤 이름인가?**

1 재료를 알 수 있는 이름
2 달걀에 관계가 있는 이름
3 돈부리라고 붙여진 이름
4 붙인 이유가 재미있는 이름

해설 1번 오야코돈부리와 타인 덮밥은 이름만으로 재료를 알 수 없다. 2번 달걀에 관계있는 이름이 아니라 재료의 조합에서 나온 이름이다. 3번 돈부리라고 이름이 붙여진 것은 밥 위에 얹은 형태를 말하는 것으로 질문과 관계 없다. 4번 이름의 이유를 알고 감탄했다고 했으므로 4번이 정답이 된다.

단문(3)

해석 이것은 신규 개점 빵집의 광고 전단지이다.

수제 빵 개점 알림

히가시 역 앞에 4월 1일 수제 빵가게가 개점합니다. 1일부터 7일까지 이 전단지를 가지고 오신 분은 10% 할인해드립니다. 또 가게가 자랑하는 빵 중 크림빵, 잼빵, 멜론빵은 1일은 1개 180엔인 것을 150엔으로 할인합니다. 이것은 10% 할인은 되지 않습니다. 또 가게 안에서 시식(주)이 가능하니 여러분 꼭 오시기를 부탁드립니다.

(주) 試食 : 먹어보는 것

단어 **新規**(しんき) 신규 | **開店**(かいてん) 개점 | **広告**(こうこく) 광고 | **チラシ** 전단, 전단지 | **手作**(てづく)**り** 손수 만듦, 수제 | **お知**(し)**らせ** 알림 | **～より** ～부터 | **割引**(わりびき) 할인 | **じまん** 자랑 | **～個**(こ) ～개 | **試食**(ししょく) 시식 | **ぜひ** 꼭, 아무쪼록 | **～ずつ** ～씩 | **場合**(ばあい) 경우

3 **전단지를 가지고 1일에 300엔짜리 샌드위치와 멜론빵을 2개씩 산 경우 얼마가 되는가?**

1 810엔
2 840엔
3 874엔
4 900엔

해설 300엔 샌드위치는 10% 할인이고 2개이므로 300엔x0.9x2개=540엔, 멜론빵은 150엔x2개=300엔이므로 합계 840엔이다. 따라서 2번이 정답이다.

단문(4)

해석 이것은 게임을 산 사람에게 보내진 사례의 글이다.

이번에 점프게임을 구입해 주셔서 정말로 감사합니다. 물건과 함께 배송료 무료 서비스권을 넣어드렸으니 다음에 쇼핑하실 때 아무쪼록 이용해주세요. 이 서비스권은 고객님이 상품을 구입해 주신 날부터 반년간 사용할 수 있습니다. 고객님이 구입하신 날은 8월 20일입니다. 앞으로도 잘 부탁드립니다.

단어 **お礼**(れい) 사례 | **このたび** 이번 | **お買**(か)**い上**(あ)**げ** (물건을) 사심 | **誠**(まこと)**に** 정말로 | **品物**(しなもの) 물품, 물건 | **送料**(そうりょう) 배송료 | **無料**(むりょう) 무료 | **サービス券**(けん) 서비스권 | **商品**(しょうひん) 상품 | **手紙**(てがみ) 편지 | **説明**(せつめい) 설명 | **払**(はら)**う** 지불하다

4 **이 편지의 설명과 일치하는 것은 어느 것인가?**

1 점프게임의 배송료를 지불하지 않아도 되는 것
2 서비스권이 나중에 배송되어 오는 것
3 올해, 다음 쇼핑을 할 때 배송료는 필요 없는 것
4 서비스권을 3월에 쓸 수 있는 것

해설 1번 배송료 무료 서비스권은 다음 쇼핑 때 사용할 수 있다. 이번에 구입한 점프게임 배송료와는 관계가 없다. 2번 서비스권은 물건과 함께 넣었다고 했으므로 정답이 아니다. 3번 서비스권은 다음 쇼핑에서 사용할 수 있으므로 정답이다. 4번 서비스권의 유효 기간은 6개월로 8월 20일에 샀기 때문에 2월 19일까지 쓸 수 있다. 3월에는 사용할 수 없으므로 정답이 아니다.

단문(5)

해석

이것은 히가시 역 주변이 자전거 주차 금지가 되는 것을 알리는 글이다.

알림

2021년 10월 1일부터 히가시 역 주변 500미터 이내는 모든 도로에서 자전거 주차(주)가 금지됩니다. 그 이후 도로상에서 자전거는 세울 수 없게 되니 주의하세요. 길에 세워져 있는 자전거는 니시역의 보관 장소까지 이동합니다. 자전거를 세우고 싶을 때에는 근처 시의 자전거 주차장을 이용해 주세요. 자전거 주차 요금은 자전거 1대당 하루에 200엔입니다. 여러분의 협조를 부탁드립니다.

(주) 駐輪 : 자전거를 세워 두는 것

단어 **周辺**(しゅうへん) 주변 | **駐輪**(ちゅうりん) 자전거 주차 | **禁止**(きんし) 금지 | **～より** ～부터 | **メートル** 미터 | **道路**(どうろ) 도로 | **～上**(じょう) ～상 | **自転車**(じてんしゃ) 자전거 | **止**(と)**める** 멈추다, 세우다 | **ご～ください** ～해 주세요 | **注意**(ちゅうい) 주의 | **保管**(ほかん) 보관 | **場所**(ばしょ) 장소 | **移動**(いどう)**する** 이동하다 | **近**(ちか)**く** 근처, 가까운 곳 | **市**(し) 시 | **置**(お)**き場**(ば) 두는 곳 | **利用**(りよう) 이용 | **～につき** ～당 | **皆様**(みなさま) 여러분 | **協力**(きょうりょく) 협력 | **お願**(ねが)**いいたす** 부탁드리다 | **内容**(ないよう) 내용 | **年月日**(ねんがっぴ) 연월일

5 내용에서 알 수 없는 것은 무엇인가?

1 자전거를 세울 수 없게 되는 장소
2 시에 있는 자전거 주차장의 이용 요금
3 시에 있는 자전거 주차장의 장소
4 자전거를 세울 수 없게 되는 연월일

해설 1번 '자전거를 세울 수 없게 되는 장소'와 4번 '자전거를 세울 수 없게 되는 연월일'은 첫 문장에서 2021년 10월 1일부터 히가시 역 주변 500미터 이내의 모든 도로에서 자전거 주차가 금지된다고 했으므로 알 수 있다. 2번 '시에 있는 자전거 주차장의 이용 요금'은 자전거 1대당 하루에 200엔이라고 한 것으로 알 수 있다. 그러나 3번 '시에 있는 자전거 주차장의 장소'는 근처 시의 자전거 주차장을 이용하라고만 했고, 장소를 말하지 않았으므로 알 수 없다. 따라서 3번이 정답이다.

단문(6)

해석

이것은 일본서점의 신용카드 신청 설명문이다.

오늘 '일본서점' 하라주쿠점에서 '일본서점 신용카드'를 만드신 분 전원에게 그 자리에서 2,000엔의 도서권을 드립니다. 이것은 언제든지 일본 전 지역의 '일본서점'에서 사용할 수 있습니다. 카드를 만드실 때에는 운전면허증이나 여권 등의 사진이 있는 신분증명서가 필요합니다. 카드를 만들고 싶으신 분은 접수처에 신청해 주세요.

단어 **クレジットカード** 신용카드 | **申**(もう)**し込**(こ)**み** 신청 | **説明文**(せつめいぶん) 설명문 | **本日**(ほんじつ) 금일, 오늘 | **作**(つく)**られる** 만드시다 | **全員**(ぜんいん) 전원 | **その場**(ば)**で** 그 자리에서, 즉시 | **図書券**(としょけん) 도서권 | **差**(さ)**し上**(あ)**げる** 드리다 | **～中**(じゅう) 온~, 전~ | **お～になる** ～하시다 | **運転免許証**(うんてんめんきょしょう) 운전면허증 | **パスポート** 여권 | **～つき** ～딸림, 붙어 있음 | **身分証明書**(みぶんしょうめいしょ) 신분증명서 | **受付**(うけつけ) 접수처 | **申**(もう)**し込**(こ)**む** 신청하다 | **～中**(じゅう) ～중, ～내내

6 오늘 이 신용카드를 만들면 어떤 도서권을 받을 수 있는가?

1 어느 서점에서든 사용할 수 있는 도서권
2 이 가게에서 바로 사용할 수 있는 도서권
3 일본서점 하라주쿠점에서밖에 쓸 수 없는 도서권
4 오늘 중으로 사용해야 하는 도서권

해설 신용카드를 만들 때 받을 수 있는 도서권에 대한 설명으로, '어떤 도서권을 받을 수 있는지'를 묻고 있다. 지문에서 '언제라도 일본 전 지역의 일본서점에서 사용할 수 있다'고 했으므로 이것과 관련이 있는 선택지는 2번 '이 가게에서 바로 사용할 수 있는 도서권'이다.

02 문제5 내용이해 - 중문

문제 5 다음 (1)부터 (6)의 문장을 읽고 질문에 답하시오. 답은 1・2・3・4에서 가장 적당한 것을 하나 고르시오.

중문(1)

해석 '인정(주)은 타인을 위해서가 아니다'는 ①'다른 사람에게 인정을 베푸는 것은 그 사람을 위해서가 아니라 결국은 자신을 위한 것이 된다' 즉 친절하게 하거나, 돕거나 하는 것은 자신을 위한 것이므로 인정을 베푸는 것이 좋다는 속담이다. 그러나 최근 이것을 ②'인정을 베풀면 그 사람에게 도움이 되지 않는다'며 반대로 사용하는 사람이 늘어가고 있다. ②의 증가는 남에게 의지하지 않고 스스로 어떻게든 해야 한다고 생각하는 사람이 늘어났다는 것을 의미한다. 일본 사회가 ①에서 ②로 변화하고 있는 것이다.

말은 처음에는 실수라고 여겨진 것이라도 모두가 사용하게 되면 인정되어 사전에 오른다. 옛 사전에는 ①밖에 없었지만, 최근에는 ① 외에 ②의 의미로도 사용한다고 쓰인 사전이 많다. 10년 전의 조사에서 이미 ①과 ②는 비등하게 사용되고 있었기 때문에, 지금은 ②를 사용하는 사람이 많은 것임에 틀림없다. 머지않아 사전도 ①과 ②가 역전될 것이다. 그러나 그런 사회는 누구에게나 살기 어려울 것이다.

(주) 情け : 배려, 다른 사람을 소중히 생각하는 마음, 동정

단어 **情(なさ)け** 정, 인정 | **情(なさ)けをかける** 인정을 베풀다 | **結局(けっきょく)** 결국 | **つまり** 즉 | **諺(ことわざ)** 속담 | **反対(はんたい)** 반대 | **増(ふ)える** 늘다 | **増加(ぞうか)** 증가 | **頼(たよ)る** 의지하다 | **言葉(ことば)** 말 | **間違(まちが)い** 실수 | **認(みと)める** 인정하다 | **辞書(じしょ)** 사전 | **載(の)る** 오르다, 실리다 | **既(すで)に** 이미 | **~に相違(そうい)ない** ~임에 틀림없다 | **逆転(ぎゃくてん)する** 역전하다 | **~にとって** ~에게 있어 | **~にくい** ~하기 어렵다

1 **①과 ②가 역전된다란 어떻게 되는 것인가?**
1 ①과 ②의 의미가 전면적으로 변경된다.
2 ①의 의미만큼 ②의 의미로 사용되지 않게 된다.
3 ②의 의미가 ①의 의미보다 더 중요해진다.
4 ②의 의미가 처음에 ①의 의미가 다음으로 쓰인다.

2 **그런 사회란 어떤 사회인가?**
1 남에게 상냥한 사람이 적은 사회
2 속담의 뜻을 잘못 알고 쓰는 사람뿐인 사회
3 남에게 엄격하게 하면 좋지 않다고 생각하는 사회
4 남에게 상냥하게 대하지 않는 편이 좋다고 생각하는 사회

3 **필자의 생각은 어떤 것인가?**
1 ②의 의미로 속담을 사용하는 사람은 상냥하지 않은 사람이다.
2 ①과 ②처럼 반대되는 의미를 가진 속담이 있다.
3 ②가 확산되면 사람들의 생각이 달라진다.
4 ②의 사고방식이 널리 퍼진 사회에서 사는 것은 힘들다.

해설 〈질문 1〉 역전은 반대 상황으로 뒤집히는 것을 말하는 것으로, 글에서 사전도 ①과 ②가 역전될 것이라고 했으므로 사전에서 순서가 바뀌는 것을 의미한다. 따라서 4번이 정답이 된다.

〈질문 2〉 인정을 베풀면 타인에게 도움이 되지 않는다는 것이 ②의 의미이고, ②의 의미로 사용하는 사람이 많아지고 있음에 틀림없다고 했으므로 4번이 정답이 된다.

〈질문 3〉 ②의 사고 방식이 퍼진 사회는 인정을 베풀면 타인에게 도움이 되지 않는다는 것을 의미하고, 필자는 그런 사회가 살기 어려울 것이라고 했으므로 정답은 4번이 된다.

중문(2)

해석

긴 시간 계속해서 앉아 있으면 수명이 줄어든다고 한다. 세계 20개국에서 평소 앉아 있는 시간을 조사했더니 일본인이 가장 장시간 앉아 있음을 알게 되었다. 20개국의 평균은 약 5시간, 그에 비해 일본인은 약 2시간이나 길다고 한다. 조사에서는 하루에 앉아 있는 시간이 4시간 미만인 사람에 비해 8~11시간인 사람의 사망 위험은 15% 증가, 11시간 이상이면 40% 증가한다는 것을 알았다. 몸 근육의 70%을 차지하는 다리 근육을 움직이지 않기 때문에 혈류가 나빠져, 대사기능이 저하되기 때문이라고 한다. 이를 방지하기 위해서는 30분에 한 번 서거나 1~2시간에 한 번 가볍게 움직이거나, 혹은 앉아 있더라도 다리를 움직일 필요가 있다. 그 밖의 시간에 뛰거나 헬스클럽에 가는 것으로는 유감스럽지만 회복할 수 없다고 한다. 그렇다고는 해도 몰두하고 있으면 움직이는 것을 그만 잊어버리는 것이 인간이다. 따라서, 사원을 위해서 높낮이 조절 책상(주)을 도입하거나 미팅은 서서 하기로 한 회사도 있을 정도이다. 여담이지만 후자는 시간도 단축되기 때문에 평판이 좋다고 한다.

(주) 昇降デスク：책상이 위아래로 움직이는 책상. 서서도 앉아서도 일을 할 수 있다.

단어 **寿命**(じゅみょう) 수명 | **縮**(ちぢ)**む** 줄어들다 | **平日**(へいじつ) 평소 | **調査**(ちょうさ)**する** 조사하다 | **平均**(へいきん) 평균 | **～に比**(くら)**べ** ～에 비해 | **リスク** 리스크, 위험 | **筋肉**(きんにく) 근육 | **占**(し)**める** 차지하다 | **血流**(けつりゅう) 혈류 | **代謝機能**(たいしゃきのう) 대사기능 | **低下**(ていか)**する** 저하되다 | **防**(ふせ)**ぐ** 막다, 방지하다 | **あるいは** 혹은, 또는 | **ジム** 헬스클럽, 체육관 | **取**(と)**り戻**(もど)**す** 되찾다, 회복하다 | **熱中**(ねっちゅう)**する** 열중하다 | **昇降**(しょうこう) 승강 | **導入**(どうにゅう)**する** 도입하다 | **余談**(よだん) 여담 | **短縮**(たんしゅく) 단축 | **評判**(ひょうばん) 평판

4 왜 앉아있는 시간이 길면 수명이 단축되는가?

1 운동을 못하니까
2 피가 흐르지 않게 되니까
3 다리에 70%의 근육이 있으니까
4 대사기능이 나빠지니까

5 수명을 줄이지 않기 위해서는 어떻게 하면 좋다고 말하는가?

1 운동을 거르지 않는다.
2 앉지 않는다.
3 자주 다리를 움직인다.
4 계속 서 있는다.

6 이 문장의 내용과 맞는 것은 어느 것인가?

1 장시간 앉아 있은 후에는 헬스클럽에 가는 것이 좋다.
2 하루에 앉는 것은 4시간 미만으로 하지 않으면 안된다.
3 일본인은 평소 약 7시간 앉아 있는다고 한다.
4 장시간 앉아 있으면 다리 근육의 70%가 움직이지 않게 된다.

해설 〈질문 4〉 2번 피가 흐르지 않는 것과 혈류가 나빠지는 것은 다른 내용이며, 3번은 70%의 근육이 다리에 있는 것이 문제가 아니라, 그것을 움직이지 않는 것이 문제이므로 정답이 될 수 없다. 다리 근육을 움직이지 않으면 혈류가 나빠져 대사기능이 저하된다고 했으므로 4번이 정답이 된다.

〈질문 5〉 대사기능이 저하되는 것을 방지하기 위해 서거나 몸을 가볍게 움직이거나, 앉아 있어도 다리를 움직일 필요가 있다고 했다. 따라서 정답은 3번이 된다.

〈질문 6〉 20개국 평균 5시간에 비해 일본인은 앉아 있는 시간이 2시간이 길다고 했으므로 3번이 정답이 된다.

중문(3)

해석 아시아 사람들에게서 일본은 깨끗한 나라라는 말을 자주 듣습니다. 그러나 실은 그렇지도 않다고 나는 생각합니다. 이따금 길에 쓰레기가 떨어져 있는 것을 보기 때문입니다. 그리고 항상 부끄러운 마음이 듭니다. 언제부터 길 같은 곳에 쓰레기가 버려지게 되었을까요. 자동판매기나 편의점이 늘어난 것이 원인의 하나라고 생각됩니다. 음료수 병, 캔, 페트병 등의 쓰레기가 많기 때문입니다. 빵 등을 싸고 있는 종이도 있습니다. 걸으면서 마시거나 먹는 사람이 늘어서 이러한 쓰레기가 늘고 있습니다. 또 일본인에게 도덕심(주)이 없어지게 된 점도 원인이겠지요. 옛날에 비해 쓰레기통이 없는 것도 그 중 하나입니다. 쓰레기를 가지고 있고 싶지 않은 기분도 이해되므로 버릴 장소가 필요합니다. 최근에는 공원에서도 쓰레기통이 사라져 버렸습니다. 이유는 여러 가지지만 쓰레기는 자기가 가지고 돌아가는 것이 매너가 되었기 때문입니다. 그러나 쓰레기를 넣을 것을 가지고 있지 않은 사람도 있기 때문에 역시 쓰레기통은 필요하다고 생각합니다.

(주) 道徳心 : 무엇이 좋은가 나쁜가를 생각해서 좋은 것을 하려고 하는 마음

단어 **たまに** 이따금 | **道(みち)** 길 | **ゴミ** 쓰레기 | **落(お)ちる** 떨어지다 | **目(め)にする** 보다 | **恥(は)ずかしい** 부끄럽다 | **気持(きも)ちになる** 마음이 들다 | **捨(す)てる** 버리다 | **自動販売機(じどうはんばいき)** 자동판매기 | **コンビニ** 편의점 | **増(ふ)える** 늘어나다 | **原因(げんいん)** 원인 | **飲(の)み物(もの)** 음료 | **ビン** 병 | **カン** 캔 | **ペットボトル** 페트병 | **多(おお)い** 많다 | **包(つつ)む** 싸다 | **紙(かみ)** 종이 | **歩(ある)く** 걷다 | **～ながら** ～하면서 | **道徳心(どうとくしん)** 도덕심 | **昔(むかし)** 옛날 | **～に比(くら)べて** ～와 비교해서 | **ゴミ箱(ばこ)** 쓰레기통 | **場所(ばしょ)** 장소 | **必要(ひつよう)だ** 필요하다 | **最近(さいきん)** 최근 | **公園(こうえん)** 공원 | **消(き)える** 사라지다 | **～てしまう** ～해 버리다 | **理由(りゆう)** 이유 | **いろいろ** 여러 가지 | **自分(じぶん)** 자기 | **マナー** 매너 | **しかし** 그러나 | **入(い)れる** 넣다 | **やはり** 역시 | **あちこち** 여기저기 | **置く(おく)** 놓다, 두다 | **間違(まちが)う** 틀리다 | **選(えら)ぶ** 고르다

7 필자는 왜 실은 그렇지도 않다고 생각하고 있는가?

1 쓰레기가 여기저기 떨어져 있으니까
2 쓰레기를 버리고 있는 사람을 보니까
3 쓰레기통이 놓여 있지 않으니까
4 길에 쓰레기가 떨어져 있는 것을 보니까

8 필자가 길에 쓰레기가 떨어져 있는 원인이라고 생각하는 것은 무엇인가? 틀린 것을 고르시오.

1 도덕심이 줄어서
2 쓰레기통이 놓여지지 않게 되어서
3 걸으면서 먹거나 마시게 되어서
4 쓰레기를 버리는 사람에게 주의를 주지 않게 되어서

9 필자는 어떻게 하면 좋다고 말하고 있는가?

1 아이들을 교육한다.
2 쓰레기통을 둔다.
3 매너를 지키게 한다.
4 밖에서 먹거나 마시게 하지 않는다.

해설 〈질문 7〉 '일본은 깨끗한 나라라는 말을 듣지만' 그렇지도 않다고 말하고 있다. 그 이유는 '이따금 길에 쓰레기가 떨어져있는 것을 본다'고 했으므로 4번이 정답이다. 1번은 쓰레기는 여기저기(**あちこち**) 떨어진게 아니라 이따금(**たまに**) 떨어진 것을 본다고 했기 때문에 정답이 아니다. 2번은 쓰레기가 떨어져 있는 것을 본 것이지, 버리는 사람을 본 것이 아니므로 정답이 아니다. 3번은 쓰레기가 버려지는 원인을 말하고 있으므로 질문에 적당한 답이 아니다.

〈질문 8〉 작가는 쓰레기가 버려져 있는 원인으로 자동판매기와 편의점이 늘어난 것, 걸으면서 마시거나 먹는 사람이 늘어난 것, 도덕심이 없어진 것, 옛날에 비해 쓰레기통이 없는 것을 들고 있다. 따라서 정답은 4번이다.

〈질문 9〉 걸으면서 먹고 마시는 사람이 늘었기 때문에 쓰레기가 늘었는데 쓰레기통이 사라졌다고 했다. 그리고 마지막에 '역시 쓰레기통은 필요하다'라고도 말하고 있다. 따라서 2번이 정답이다.

독해 공략편

중문(4)

해석

집을 지을 때 조금이라도 에너지 절약(주) 주택으로 하기 위해서 단열재를 넣습니다. 단열재란 문자 그대로 열을 전하지 않는 즉 열을 이동시키지 않는 물건입니다. 여러 가지 재료가 있어서 외측 벽과 내측 벽 사이에 끼워 사용하는 것이 보통이지만, 그나름의 두께가 필요합니다. 유리에 바르거나 붙이는 것도 있습니다. 이번에 만들어진 종이와 같은 단열재는 열을 통과시키기 어려운 물질과 합성섬유를 종이처럼 얇게 해서 만들었습니다. 가장 큰 특징은 그 두께입니다. 겨우 1㎜밖에 되지 않으며 자르거나 구부릴 수 있어서 아주 쓰기 쉽습니다. 이것은 집의 재료로 사용할 수도 있지만, 종이를 단단하게 만든 듯한 것이므로 식품 등을 싸는 것에 쓰면 아주 편리하다고 생각합니다. 하지만 가격이 문제입니다. 현재는 1㎡에 2만 엔 정도 하므로 용도가 한정되어 버리겠지요. 널리 사용되기 위해서는 그것을 해결해야 한다고 생각합니다.

(주) 省エネ : 에너지 절약을 말함. 에너지를 헛되이 하지 않는 것. 에너지를 가능한 한 쓰지 않는 것.

단어 **建(た)てる** 세우다, 짓다 | **少(すこ)し** 조금 | **省(しょう)エネ** 에너지 절약 | **住宅(じゅうたく)** 주택 | **断熱材(だんねつざい)** 단열재 | **入(い)れる** 넣다 | **~通(どお)り** ~대로 | **熱(ねつ)** 열 | **伝(つた)える** 전하다 | **つまり** 즉 | **移動(いどう)** 이동 | **材料(ざいりょう)** 재료 | **外側(そとがわ)** 외측 | **壁(かべ)** 벽 | **内側(うちがわ)** 내측 | **間(あいだ)** 사이 | **はさむ** 끼우다 | **使(つか)う** 사용하다 | **普通(ふつう)** 보통 | **それなり** 그나름 | **厚(あつ)さ** 두께 | **ガラス** 유리 | **塗(ぬ)る** 바르다 | **はる** 붙이다 | **今回(こんかい)** 이번 | **紙(かみ)** 종이 | **通(とお)す** 통하게 하다 | **~にくい** ~하기 어렵다 | **物質(ぶっしつ)** 물질 | **合成繊維(ごうせいせんい)** 합성섬유 | **薄(うす)い** 얇다 | **一番(いちばん)** 가장, 제일 | **特長(とくちょう)** 특장, 특색 | **わずか** 불과 | **切(き)る** 자르다 | **曲(ま)げる** 구부리다 | **~やすい** ~하기 쉽다 | **硬(かた)い** 딱딱하다 | **食品(しょくひん)** 식품 | **便利(べんり)** 편리 | **値段(ねだん)** 가격 | **問題(もんだい)** 문제 | **現在(げんざい)** 현재 | **使(つか)い道(みち)** 용도, 사용법 | **限(かぎ)る** 한하다, 한정하다 | **広(ひろ)い** 넓다 | **~てもらう** ~해 받다 | **~ために** ~위해 | **解決(かいけつ)** 해결 | **~なければならない** ~해야만 한다

10 그나름의 두께란 이 경우 어느 정도의 두께인가?

1 벽 사이에 끼우기에 딱 알맞은 두께
2 열을 이동시키지 않기 위해 필요한 두께
3 필요한 재료에 따라 다른 두께
4 외측과 내측 벽 사이의 두께

11 종이와 같은 단열재의 특징은 무엇인가?

1 벽에 바를 수 있는 것
2 사용이 한정되는 것
3 벽을 쌀 수 있는 것
4 얇아서 구부릴 수 있는 것

12 이 문장의 주된 내용은 무엇인가?

1 단열재의 종류와 가격
2 단열재를 사용하는 목적
3 단열재의 새로운 사용법
4 단열재와 신제품

해설 〈질문 10〉 '그 나름의 두께'란 그 목적을 달성하는데 필요한 두께이다. '단열재는 열을 이동시키지 않는 물건이다' 라고 말하고 있기 때문에 2번이 정답이다. 1번은 목적이 끼우는 것으로 되어 있으므로 맞지 않다. 3번은 필요한 재료란 무엇인가에 대해서 기술이 없기 때문에 맞지 않다. 4번은 벽의 두께와 사용하는 단열재는 관계가 없기 때문에 맞지 않다.

〈질문 11〉 종이와 같은 단열재는 가장 큰 특징이 두께라고 했다. 얇아서 자르거나 구부릴 수 있고, 식품을 싸는 것에 쓰면 편리할 것이라고 했다. 따라서 정답은 4번이 된다.

〈질문 12〉 이 글은 단열재와 새로 개발된 단열재의 설명을 하고 있다. 따라서 정답은 4번이 된다.

중문(5)

해석

시골에서 살면 뭐든지 싸기 때문에 생활비가 그다지 들지 않습니다. 넓은 집을 사도 빌려도 놀랄 만큼 저렴하게 해결됩니다. 정원도 넓어서 그곳에서 채소 등을 길러서 먹을 수도 있겠지요. 자연이 풍부하고 한가로워 아이를 키우기에도 좋습니다. 학력 평가를 하면 초등학교도 중학교도 1등은 지방의 현이었습니다. 어린이만이 아닙니다. 노인에게도 살기 좋은 곳입니다. 근처에 사는 사람은 모두 아는 사람이고, 교류가 많아서 도시처럼 혼자서 쓸쓸할 일이 없습니다.

그럼 왜 시골 인구는 계속 줄어들고 있을까요? 시골의 생활에는 자동차가 필요하다든가 가게가 그다지 없다든가 불편한 점도 있습니다. 그러나 가장 큰 문제는 시골에는 일자리가 없는 것입니다. 일자리가 있으면 젊은이도 돌아옵니다. 이 문제를 해결해서 좀 더 시골에서 살 수 있도록 하고 싶습니다.

단어 **田舎**(いなか) 시골, 고향 | **暮**(く)**らす** 살다 | **生活費**(せいかつひ) 생활비 | **あまり~ない** 그다지 ~하지 않다 | **かかる** (비용 등이) 들다 | **借**(か)**りる** 빌리다 | **驚**(おどろ)**く** 놀라다 | **すむ** 해결되다, 끝나다 | **庭**(にわ) 정원, 뜰 | **自然**(しぜん) 자연 | **いっぱい** 가득함 | **のんびりする** 한가롭게 있다 | **育**(そだ)**てる** 키우다, 기르다 | **学力**(がくりょく)**テスト** 학력 평가, 학력 검사 | **1番**(いちばん) 1등, 제일, 가장 | **地方**(ちほう) 지방 | **県**(けん) 현〈일본의 지방 행정구역의 하나〉 | **お年寄**(としよ)**り** 노인 | **近所**(きんじょ) 근처, 가까운 곳 | **知**(し)**り合**(あ)**い** 아는 사람 | **お付**(つ)**き合**(あ)**い** 교제, 교류 | **都会**(とかい) 도시 | **なぜ** 왜, 어째서 | **人口**(じんこう) 인구 | **減**(へ)**り続**(つづ)**ける** 계속 줄어들다 | **必要**(ひつよう)**だ** 필요하다 | **不便**(ふべん)**だ** 불편하다 | **若者**(わかもの) 젊은이 | **解決**(かいけつ)**する** 해결하다 | **一生懸命**(いっしょうけんめい) 열심히 | **働**(はたら)**く** 일하다 | **運転**(うんてん)**する** 운전하다 | **~だらけ** ~투성이 | **給料**(きゅうりょう) 급료, 급여

13 시골의 좋은 점은 어느 것인가?

1 시골은 뭐든지 싸기 때문에 열심히 일하지 않아도 된다.
2 아이들은 한가롭게 공부하기 때문에 시험 점수가 좋다.
3 아는 사람과 살 수 있다.
4 아이를 키우기에도 좋고 사는 데에도 돈이 그다지 들지 않는다.

14 시골 인구가 줄고 있는 가장 큰 이유는 어느 것인가?

1 젊은이가 시골에 살고 싶어 하지 않아서
2 일자리가 별로 없어서
3 차를 운전할 수 없는 사람이 늘어서
4 가게가 없어서 불편하니까

15 필자는 시골에 대해서 어떻게 생각하고 있는가?

1 시골은 좋은 점투성이다.
2 시골은 뭐든지 싸기 때문에 일자리가 없어도 된다.
3 시골의 인구는 이제 늘어나지 않는다.
4 일자리가 늘어나면 시골에 사는 사람이 늘어난다.

해설 〈질문 13〉 첫 번째 단락에서 시골의 좋은 점에 대해서 말하고 있다. 1번은 뭐든지 싸다고 한 부분은 맞지만, 열심히 일하지 않아도 된다고는 말하지 않았다. 2번은 시험 점수가 좋은 것은 맞지만, 아이들이 한가롭게 공부한다고 하지 않았다. 3번은 이웃과 교류가 많아서 아는 사람이 많아진 것이므로 내용과 맞지 않다. 4번은 자연이 풍부하고 한가로워 아이들을 키우기에도 좋고, 뭐든지 싸기 때문에 생활비가 그다지 들지 않는다고 했으므로 정답이 된다.

〈질문 14〉 두 번째 단락에서 시골의 가장 큰 문제가 일자리가 없다는 것이라고 했으므로, 정답은 2번이 된다.

〈질문 15〉 1번 차가 필요하고 가게가 별로 없다는 불편한 점도 있다고 했으므로 맞지 않다. 2번 뭐든지 싸다고 말했지만 일자리가 없는 것이 인구 감소의 원인이므로 필자의 생각과 맞지 않다. 3번 필자는 일자리가 있으면 젊은이도 돌아온다고 했으므로 맞지 않다. 4번 시골에 일자리가 있으면 인구가 늘어나므로 정답이 된다.

중문(6)

해석

지금 외식이 아니라 나카쇼쿠가 유행하고 있다. 외식은 레스토랑 등에서 먹는 것이지만 나카쇼쿠란 자기가 만드는 것이 아니라 만들어진 음식을 사 와서 먹는 것이다. 외식에 비해 훨씬 싸다. 혼자 사는 사람 등은 조금 만드는 것은 귀찮고 옛날에 비해 맛도 좋아져서 일부러 만들고 싶지 않게 된 것 같다. 그래서 슈퍼마켓이나 백화점의 반찬(注) 매장은 어디든 많은 사람들로 북적이고 있다. 어머니의 맛이라 불리는 옛날에 어머니가 만들어 준 그리운 음식도 팔고 있다. 비싸서 갈 수 없을 것 같은 레스토랑의 요리도 싸지는 않지만 살 수 있다. 그것을 사 와서 테이블에 늘어놓는 것만으로 바로 식사를 할 수 있어서 바쁜 사람에게는 아주 고마운 것이다.

그러나 옛날에는 같은 음식이라도 집에 따라 맛이 달랐는데, 지금은 모두 비슷한 맛이 되어 버렸다. 부모에서 자식으로 전해졌던 우리 집의 맛이 사라져 간다. 좀 쓸쓸하다.

(注) お総菜 : 반찬

단어 **外食**(がいしょく) 외식 | **中食**(なかしょく) 반찬·도시락 등을 사와서 집에서 하는 식사. 또, 그 식품 | **はやる** 유행하다 | **比**(くら)**べる** 비교하다 | **ずっと** 훨씬 | **一人暮**(ひとりぐ)**らし** 독신 생활, 혼자 삶 | **めんどうだ** 번거롭다, 귀찮다 | **味**(あじ) 맛 | **わざわざ** 일부러 | **〜ようだ** 〜인 듯하다, 〜인 것 같다 | **スーパー** 슈퍼마켓 | **お惣菜**(そうざい) 반찬, 부식 | **売**(う)**り場**(ば) 매장 | **おおぜい** 여러 사람, 많은 사람 | **にぎわう** 붐비다, 북적거리다 | **お袋**(ふくろ) 어머니 | **なつかしい** 그립다 | **料理**(りょうり) 요리 | **売**(う)**る** 팔다 | **手**(て)**に入**(はい)**る** 손에 들어오다 | **テーブル** 테이블 | **並**(なら)**べる** 늘어놓다 | **ありがたい** 고맙다 | **同**(おな)**じだ** 같다 | **違**(ちが)**う** 다르다 | **似**(に)**る** 닮다, 비슷하다 | **親**(おや) 부모(님) | **伝**(つた)**える** 전하다, 전수하다 | **わが家**(や) 우리 집 | **消**(き)**える** 사라지다 | **おかず** 반찬 | **指**(さ)**す** 가리키다 | **袋**(ふくろ) 주머니, 봉지 | **味**(あじ)**わう** 맛보다 | **伝**(つた)**わる** 전해지다 | **残念**(ざんねん)**だ** 유감스럽다 | **まずい** 맛없다

16 그것은 무엇을 가리키는가?

1 레스토랑에서 산 음식
2 요리된 음식
3 봉지에 들어 있는 음식
4 여러 가지 재료로 만들어진 음식

17 나카쇼쿠가 유행하고 있는 이유는 어느 것인가?

1 집에서 만드는 것보다 싸니까
2 레스토랑의 맛을 맛보고 싶어서
3 혼자 사는 사람이 늘고 있어서
4 외식보다 싸고 편리하니까

18 나카쇼쿠에 대한 필자의 의견은 어느 것인가?

1 요리는 사지 말고 집에서 만드는 것이 좋다.
2 나카쇼쿠는 편리하지만 너무 비싸다.
3 나카쇼쿠로는 그 집의 맛이 전해지지 않기 때문에 유감스럽다.
4 산 요리는 모두 똑같은 맛이라서 맛없다.

해설 〈질문 16〉 앞의 내용을 살펴보면, 만들어진 음식을 사 와서 먹는 나카쇼쿠라는 것이 유행하고 있어서 슈퍼마켓이나 백화점 반찬 매장에 많은 사람들로 북적이는데, 거기에는 옛날에 어머니가 만들어 준 그리운 음식이나, 비싸서 갈 수 없었던 레스토랑 음식도 판다고 했다. 뒤의 내용은 그것을 사 와서 테이블에 늘어놓고 바로 식사할 수 있다고 했으므로, 그것이 가리키는 것이 요리된 음식이라는 것을 알 수 있다. 따라서 2번이 정답이 된다.

〈질문 17〉 '나카쇼쿠가 유행하고 있는 이유'를 묻고 있다. 지문의 앞 부분에서 나카쇼쿠가 외식에 비해서 훨씬 싸며, 혼자 사는 사람 등은 음식을 조금 만드는 것이 귀찮고, 맛도 옛날에 비해 좋아져서 일부러 만들고 싶지 않게 되었다고 했다. 따라서 이것과 관련 있는 4번이 정답이다.

〈질문 18〉 '나카쇼쿠에 대한 필자의 의견'을 묻고 있다. 필자는 두 번째 단락에서 옛날에는 같은 요리라도 집에 따라서 맛이 달랐는데, 지금은 모두 비슷한 맛이 되어 버렸고, 부모에서 자식으로 전해졌던 맛이 사라져 간다고 아쉬워하고 있다. 따라서 3번이 정답이 된다.

03 문제6 내용 이해 - 장문

문제 6 다음 문장을 읽고 질문에 답하시오. 답은 1·2·3·4에서 가장 적당한 것을 하나 고르시오.

장문(1)

해석

SNS 이용자가 늘고 많은 사람이 뭔가를 (인터넷에) 올리는 시대가 되었다. 올린 이상 「좋아요」나 좋은 반응을 얻고 싶어진다. 그래서 깜짝 놀랄 만한 크기의 솜사탕이나 혼자서는 다 먹을 수 없을 정도로 쌓아올려진 파르페 사진이 잇따라 업로드되고, 모두의 주목을 받게 되었다. 그런데 최근에는 사진으로는 만족할 수 없게 된 사람이 동영상을 업로드하게 되었다. 게다가 단순한 움직임 뿐만 아니라 색다른 것을 올리고 싶어하게 되었다. 인간에게는 다른 사람의 마음을 끌려고 희귀한 물건에 달려드는 경향이 있기 때문이다. 색이 변하는 음료나 요리의 업로드는 하나의 예이다. 게다가 그것을 선전에 이용하려는 기업도 나와, 신제품이 잇따라 생겨났다. 솜사탕에 따뜻한 과일 소스를 부으면 10초 정도 만에 솜사탕이 녹아 안에서 사과 모양이 나타나는 케이크가 업로드되어, 눈 깜짝할 사이에 소문이 났다. 또 초콜릿으로 커다란 공을 만들어 안에 과일을 넣고, 거기에 따뜻한 소스를 부으면 초콜릿이 녹아 안에서 과일이 나오는 과자도 있다. 이것도 모두를 깜짝 놀라게 했다. 전자는 음료와 세트로 4,500엔이나 하지만, 젊은이는 가격을 신경쓰지 않는 것 같다. 동영상으로 올렸더니 인기가 높다. SNS에 업로드 되려고 가게측도 연구를 하기 때문에 연이어 놀랄만한 것이 생겨난다. 가격에 걸맞는 가치가 있는지 없는지. 게다가 음식은 역시 맛으로 승부해 주었으면 한다.

단어 **増(ふ)える** 늘다 | **発信(はっしん)する** 발신하다 | **反応(はんのう)** 반응 | **綿(わた)あめ** 솜사탕 | **積(つ)み上(あ)げる** 쌓아올리다 | **パフェ** 파르페 | **動画(どうが)** 동영상 | **さらに** 게다가, 그 위에 | **単(たん)なる** 단순한 | **飛(と)びつく** 달려들다 | **傾向(けいこう)** 경향 | **宣伝(せんでん)** 선전 | **綿菓子(わたがし)** 솜사탕 | **溶(と)ける** 녹다 | **あっという間(ま)に** 눈 깜짝할 사이에 | **値段(ねだん)** 가격 | **工夫(くふう)する** 궁리하다, 고안하다 | **驚(おどろ)く** 놀라다 | **価値(かち)** 가치 | **動画映(どうがば)え** sns 등으로 공유하는 동영상의 촬영 대상에 안성 맞춤이다, 동영상에 적절한 촬영 대상이다 | **勝負(しょうぶ)する** 승부하다

1 왜 사진이 아니라 동영상을 올리는 사람이 있는가?

1 무언가를 인터넷에 올리는 시대가 되었기 때문에
2 동영상은 움직임도 찍을 수 있으니까
3 희귀한 것을 찍고 싶으니까
4 「좋아요」나 좋은 반응을 원하니까

2 왜 가게는 변화하는 음식을 내놓는가?

1 좋은 광고가 되어 상품이 잘 팔리니까
2 사진으로는 만족하지 못하는 사람이 있으니까
3 손님을 놀라게 하는 것을 좋아하니까
4 SNS 이용자가 늘고 있으니까

3 변화하는 음식에 대한 필자의 생각은 어떤 것인가?

1 비싸지만 가치가 있다고 생각한다.
2 보기에만 좋고 맛없다고 생각한다.
3 가격만큼 가치가 없는 것도 있다고 생각한다.
4 맛은 차치하고 사람을 놀라게 하는 것도 가치가 있다고 생각한다.

4 이 문장의 내용과 다른 것은 어떤 것인가?

1 동영상으로 찍는다면 비싸도 상관없다고 생각하는 사람도 있다.
2 색다른 음식을 올리면 주목을 끌 수 있다.
3 작가는 맛있는 음식보다 보기에 좋은 음식이 더 가치가 있고 생각한다.
4 SNS 이용자의 마음을 이용해 기발한 제품이 만들어지는 일도 있다.

해설 〈질문 1〉 사진으로 만족할 수 없는 사람이 동영상을 업로드 하게 되었다고 했으므로 2번이 정답이 된다.
〈질문 2〉 사람들은 희귀한 것에 달려들고, 그것이 광고가 되기 때문이라고 했으므로 정답은 1번이 된다.
〈질문 3〉 가격에 걸맞는 가치가 있는지 없는지 가격에 의문을 가지고 있으므로 정답은 3번이 된다.
〈질문 4〉 글의 마지막에 음식은 맛으로 승부해 줬으면 한다고 했으므로, 보기에 좋은 음식 보다 맛있는 음식이 더 가치 있는 것으로 생각했으므로 정답은 3번이 된다.

장문(2)

해석

전갈(주1)을 비롯해 20종이나 되는 곤충식이 팔리고 있는 자동판매기가 있다. 일본인은 옛날부터 메뚜기라는 곤충이나 벌의 새끼 등을 먹어온 역사가 있기 때문에 곤충식이라고 들어도 놀라지 않을 것이다. 그러나 일반인이 기꺼이 먹느냐 하면 그건 또 다른 얘기다. 외형도 나쁘고, 가격이 비싼 점도 있어서, 소수의 새로운 것을 좋아하는 사람만 흠칫거리며 손을 대고 있는 상황이다. 언제나 어디서나 (이야깃거리)로 하려고 생각하는 사람이 있기 마련이다. 그러나 곤충이라는 것만으로 먹지 않고 싫어하는 것은 아깝다고 생각한다. 실제로 메뚜기는 새우 맛, 매미는 견과류 향기가 나서 꽤 괜찮다고 한다. 또한 곤충은 양질의 단백질, 지방, 칼슘, 섬유질 등의 영양소가 많이 함유되어 있어 건강에 좋다. 그대로가 아니라, 「곤충 전병」이나 「곤충 라면」 등과 같이 다른 재료에 넣어버리면 저항감 없이 먹을 수 있어 영양도 섭취할 수 있고, 곤충이 가질 가능성이 있는 세균이나 기생충을 먹을 염려도 없기 때문에, 이쪽을 시도해 보는 것은 어떨까.

곤충이 주목받고 있는 것은 개인적인 이유만은 아니다. 유엔(주2)도 인구 증가나 온난화에 따른 식량 부족을 해결하기 위해서 곤충의 이용을 진행하려고 하고 있다. 직접 먹는 것도 그렇지만, 주로 물고기나 닭 등을 기르는 모이로 하는 것이 요구되고 있다. 곤충의 사육은 넓은 장소도 필요로 하지 않고, 그렇게 어렵지 않은 점도 권장하는 이유라고 생각한다. 가까운 장래에 곤충의 이용이 확대될 것은 틀림없다고 생각한다.

(주1) サソリ : 쏘이면 죽을 정도로 강한 독을 가지고 있는 곤충

(주2) 国連 : 국제 연합의 약자, United Nations

단어 **サソリ** 전갈 | **昆虫食(こんちゅうしょく)** 곤충식 | **自動販売機(じどうはんばいき)** 자동판매기 | **イナゴ** 메뚜기 | **蜂(はち)** 벌 | **しかし** 그러나 | **喜(よろこ)ぶ** 기쁘다 | **値段(ねだん)** 가격 | **少数(しょうすう)** 소수 | **おっかなびっくり** 벌벌 떨면서, 흠칫거리며 | **状況(じょうきょう)** 상황 | **バッタ** 메뚜기 | **エビ** 새우 | **セミ** 매미 | **ナッツ** 견과 | **香(かお)り** 향기 | **蛋白質(たんぱくしつ)** 단백질 | **脂肪(しぼう)** 지방 | **繊維(せんい)** 섬유 | **栄養素(えいようそ)** 영양소 | **含(ふく)まれる** 포함되다 | **抵抗(ていこう)** 저항 | **摂(と)れる** 섭취할 수 있다 | **細菌(さいきん)** 세균 | **寄生虫(きせいちゅう)** 기생충 | **増加(ぞうか)** 증가 | **温暖化(おんだんか)** 온난화 | **直接(ちょくせつ)** 직접 | **餌(えさ)** 먹이, 사료 | **飼育(しいく)** 사육 | **勧(すす)める** 추천하다

5 (　　)에 넣기에 가장 적당한 것은 어느 것인가?

1 이야기의 열매
2 이야깃거리
3 이야기의 꽃
4 이야기의 뿌리

6 꽤 괜찮다란 어떤 의미인가?

1 생각보다 맛있다.
2 의외로 맛이 없다.
3 생각만큼 맛이 없다.
4 생각했던 대로 아주 맛있다.

7 필자가 곤충식을 권하는 이유는 무엇인가?

1 너무 맛있어서
2 몸에 도움이 되니까
3 식량 부족을 해결할 수 있으니까
4 이것만으로 영양을 섭취할 수 있으니까

8 이 문장의 내용과 맞는 것은 어느 것인가?

1 곤충식은 너무 비싸서 일반인은 먹을 수 없다.
2 곤충식은 기생충을 먹을 염려가 있기 때문에 위험하다.
3 메뚜기는 새우와 동일한 영양소를 가지고 있다.
4 유엔은 식량 부족을 해결하기 위해 곤충을 이용하려고 한다.

해설 〈질문 5〉 話の種는 '이야깃거리'라고 정해진 표현이다.

〈질문 6〉 실제로 메뚜기는 새우맛, 매미는 견과류 향이 난다는 것은, 예상외로 맛있다는 의미이므로 1번이 정답이 된다.

〈질문 7〉 곤충은 양질의 영양소가 많이 함유되어 있어 건강에 좋다고 했으므로 정답은 2번이 된다.

〈질문 8〉 1번 일반인이 곤충식을 기꺼이 먹지 않는 것은 외형과 가격 때문이지만, 비싸서 일반인이 먹을 수 없는 것이 아니다. 2번 곤충식은 기생충과 세균을 먹을 염려가 없는 식품이다. 3번 메뚜기는 새우와 맛이 비슷하지만 영양소가 동일한 것이 아니다.

장문(3)

해석

내가 가장 존경하고 있는 사람은 할머니입니다. 할머니는 해외 텔레비전 드라마에서 지금도 인기가 있는 '오싱'과 같은 시대를 산 사람입니다. 오싱과 똑같이 9살부터 먹는 입을 줄이기 위해 아이돌보미(주)로써 일하러 내보내졌습니다. 그 시대의 가난한 집의 아이는 모두 일하고 있었는데, 어린이가 다른 사람의 집에서 일하는 것은 힘들었을 것입니다. 할머니는 학교도 가지 못했습니다. 그래서 문자도 읽지 못했습니다. 할아버지가 신문을 읽는 것을 보고 자주 부럽다고 말했습니다. 이유는 모르지만, 할머니는 70세가 지나고 나서 문자를 배우기 시작했습니다. 겨우 그 시간을 가질 수 있게 된 것입니다. 필요 없어진 손자의 교과서를 사용해 「あ」부터 하나하나 배워 나갔습니다. 나는 함께 살고 있지 않아서 히라가나·가타카나를 외우는 데 어느 정도 시간이 걸렸는지 모릅니다. 하지만 지금 할머니와 같은 나이가 되고 보니, 할머니가 대단한 노력을 했다는 것을 잘 알게 되었습니다. 지금의 나는 새로운 단어를 외우기 보다 잊어버리는 쪽이 많은 상태이니까요. 할머니는 히라가나를 외우면 가타카나, 그리고 한자를 공부하는 것을 죽을 때까지 계속했기 때문에, 간단한 한자는 읽거나 쓸 수 있게 되었습니다. 내가 기억하고 있는 할머니는 항상 노트에 글씨를 계속 쓰고 있었습니다. 손자인 나에게도 자주 질문을 했습니다. 할머니는 건강에도 신경을 쓰고 있었습니다. 자기 전에 이불 위에서 운동도 했던 덕분에 90세가 지나서도 건강했습니다, 지금 나도 자연스럽게 운동하게 되었습니다. 하지만 공부는 좀처럼 안 됩니다. 나는 대학을 졸업했지만 항상 할머니에게는 지고 있다고 느끼고 있습니다.

(주) 子守 : 아기 돌보는 일을 하는 것/사람

단어 **最(もっと)も** 가장 | **尊敬(そんけい)する** 존경하다 | **祖母(そぼ)** 할머니 | **同(おな)じ** 같다 | **生(い)きる** 살다 | **~歳(さい)** ~살, ~세 | **人減(ひとべ)らし** 감원, 인원 감축 | **~ために** ~위해 | **子守(こもり)** 아이를 봄, 아이를 보는 사람 | **~として** ~로써 | **働(はたら)く** 일하다 | **貧(まず)しい** 가난하다 | **他人(たにん)** 타인 | **~はず** 당연히 ~할 것 | **ですから** 그래서, 그러니까 | **うらやましい** 부럽다 | **理由(りゆう)** 이유 | **過(す)ぎる** 지나치다 | **学(まな)ぶ** 배우다 | **~始(は)じめる** ~하기 시작하다 | **やっと** 겨우 | **持(も)つ** 가지다 | **~ように** ~하도록 | **いる** 필요하다 | **孫(まご)** 손자 | **教科書(きょうかしょ)** 교과서 | **一緒(いっしょ)に** 같이, 함께 | **住(す)む** 살다 | **覚(おぼ)える** 기억하다 | **努力(どりょく)** 노력하다 | **言葉(ことば)** 말 | **忘(わす)れる** 잊다 | **状態(じょうたい)** 상태 | **勉強(べんきょう)** 공부 | **死(し)ぬ** 죽다 | **続(つづ)ける** 계속하다 | **簡単(かんたん)だ** 간단하다 | **漢字(かんじ)** 한자 | **いつも** 항상 | **質問(しつもん)** 질문 | **健康(けんこう)** 건강 | **気(き)をつける** 조심하다, 신경쓰다 | **寝(ね)る** 자다 | **ふとん** 이불 | **運動(うんどう)** 운동 | **おかげ** 덕분에 | **過(す)ぎる** 지나치다 | **元気(げんき)** 건강 | **自然(しぜん)に** 자연히 | **なかなか** 좀처럼 | **負(ま)ける** 지다 | **感(かん)じる** 느끼다 | **知識(ちしき)** 지식 | **なぜ** 왜 | **減(へ)らす** 줄이다 | **赤(あか)ちゃん** 아기 | **食事(しょくじ)** 식사 | **大人(おとな)** 어른 | **両親(りょうしん)** 양친 | **育(そだ)てる** 키우다 | **珍(めずら)しい** 드물다

9 필자는 왜 할머니에게는 지고 있다고 느끼고 있는가?

1 할머니보다 지식이 적어서
2 할머니를 아주 존경하고 있어서
3 할머니처럼 공부를 계속하고 있지 않아서
4 할머니와 같은 것을 하고 있어서

10 할머니는 왜 아이돌보미로 내보내졌는가?

1 가난해서 음식을 먹는 사람을 줄이기 위해
2 집에 아이돌보미가 필요한 아기가 없었기 때문에
3 일할 수 없는 자식은 집에 놔둘 수 없었기 때문에
4 다른 집에서 맛있는 식사를 하기 위해

11 할머니의 시대는 어떤 시대였는가?

1 아이도 성인과 동일한 일을 하고 있던 시대
2 아이의 직업은 아이돌보미밖에 없었던 시대
3 부모님이 아니라 아이돌보미가 아기를 키운 시대
4 가난한 집 아이가 일하는 것이 드물지 않았던 시대

12 필자가 할머니를 존경하고 있는 이유는 무엇인가? 틀린 것을 고르시오.

1 나이가 들어서도 공부를 시작한 것
2 포기하지 않고 문자를 계속 배운 것
3 신문을 읽을 수 있게 된 것
4 모르면 손자에게도 질문한 것

해설 〈질문9〉 70세를 넘어서도 공부하며 노력하던 할머니에 비해 자신은 좀처럼 할 수 없다고 말하고 있다. 따라서 3번이 정답이 된다.

〈질문10〉 글에서 '먹는 입을 줄이기 위해서 일하러 보내졌다'라고 말하고 있다. 그것은 가족의 수를 줄이는 것으로, 목적은 먹는 사람을 줄이는 것이다. 따라서 1번이 정답이 된다.

〈질문11〉 '가난한 집의 아이는 모두 일했다'라고 말하고 있으므로 4번이 정답이다.

〈질문12〉 필자는 글을 배우기 위해 꾸준히 노력하는 할머니를 존경하고 있고, 1, 2, 4번은 할머니의 노력의 예로써 제시되었다. 따라서 3번이 정답이다.

장문(4)

해석

일본인은 열심히 일한다·시간을 지킨다고들 합니다. 일본의 전철 시간이 정확한 것은 전 세계 사람을 놀라게 하고 있습니다. 하지만 일본인이 옛날부터 그런 말을 들었던 것은 아닙니다. 에도시대(주1)의 매너라고 일컬어지는 '에도 행동' 중의 하나에 '시간 도둑'이라는 것이 있습니다. 이것은 연락하지 않고 방문하거나 약속 시간에 늦어서는 안 된다는 가르침입니다. 따라서 시간을 지키지 않으면 안 된다고 생각하고 있었을 터이지만, 사실은 에도시대 말부터 메이지 초기에 서양에서 온 외국인에게 '일본인은 너무 태평스럽다. 약속을 지키지 않는다' '일이 좀처럼 끝나지 않는다' 심할 때에는 '굼벵이(주2)다. 게으름뱅이다.'라는 말까지 들었습니다. 노동 시간은 에도시대, ①농민이나 상인 등은 다르지만 무사는 대단히 짧아 아침 10시경부터 늦어도 오후 4시경까지로, 번(주3)에 따라서는 2시경까지밖에 일하지 않았다고 합니다. 그 사이 식사나 휴식 시간도 있습니다. 그래서 일본인은 그 정도로 일하지 않았던 것이지요. 그것이 지금은 병에 걸리거나 죽거나 할 정도로 일하는 사람도 있다는 것은 도대체 어떻게 된 것일까요? 또 개발도상국이라 불리는 나라들에서 비즈니스를 하는 일본인이 ②완전히 같은 말을 하고 있는 것도 우스꽝스럽습니다. 일본인이 시간을 지키게 된 것은 철도·공장·학교·군대 등 서양의 기술이나 문화를 도입한 후라고 합니다. 또 이렇게 일하게 된 것은 열심히 일해서 서양을 따라잡으려고 분발하여 경제가 고도성장한 1954년부터 1973년 무렵의 일이었다고 합니다. 그것은 전쟁으로 모든 것을 잃은 일본 상태를 생각하면 자연스러운 일이었다고도 생각됩니다. 그러나 일본은 이제 충분히 발전했으니 이쯤에서 조금 태평스럽게 지내도 괜찮지 않을까요?

(주1) 江戸時代 : 1603년~1868년

(주2) ぐず : 뭔가를 하는 것이 대단히 느린 것/사람

(주3) 藩 : 옛날의 현

단어 **働(はたら)く** 일하다 | **守(まも)る** 지키다 | **正確(せいかく)だ** 정확하다 | **世界中(せかいじゅう)** 온 세계 | **驚(おどろ)かす** 놀래다 | **昔(むかし)** 옛날 | **~わけではない** ~한 것이 아니다 | **マナー** 매너 | **しぐさ** 행위, 행동 | **連絡(れんらく)する** 연락하다 | **訪問(ほうもん)する** 방문하다 | **約束(やくそく)** 약속 | **遅(おく)れる** 늦다 | **~てはならない** ~해서는 안 된다 | **教(おし)え** 가르침 | **ですから** 따라서, 그래서 | **~なければならない** ~해야만 한다 | **~はず** ~할 터, ~할 리 | **実(じつ)は** 사실은 | **終(お)わり** 끝 | **初(はじ)め** 시작 | **のんびりする** 태평스럽다 | **~すぎる** 너무 ~하다 | **仕事(しごと)** 일 | **ひどい** 심하다 | **ぐず** 굼뜬 사람 | **怠(なま)け者(もの)** 게으름뱅이 | **労働(ろうどう)** 노동 | **農民(のうみん)** 농민 | **商人(しょうにん)** 상인 | **別(べつ)だ** 다르다 | **武士(ぶし)** 무사 | **ごろ** 쯤, 경 | **遅(おそ)い** 늦다 | **藩(はん)** 번〈일본의 과거 행정구역〉 | **~によって** ~에 따라서 | **~しか** ~밖에 | **休憩(きゅうけい)** 휴게, 휴식 | **それほど** 그렇게, 그다지 | **病気(びょうき)** 병 | **死(し)ぬ** 죽다 | **ほど** 정도 | **いったい** 도대체 | **発展途上国(はってんとじょうこく)** 개발도상국 | **ビジネス** 비즈니스 | **全(まった)く** 완전히 | **同(おな)じだ** 같다 | **おかしい** 우스꽝스럽다, 이상하다 | **鉄道(てつどう)** 철도 | **工場(こうじょう)** 공장 | **軍隊(ぐんたい)** 군대 | **技術(ぎじゅつ)** 기술 | **取(と)り入(い)れる** 받아들이다, 도입하다 | **一生懸命(いっしょうけんめい)** 열심히 | **追(お)いつく** 따라붙다 | **がんばる** 분발하다 | **経済(けいざい)** 경제 | **高度(こうど)** 고도 | **成長(せいちょう)する** 성장하다 | **戦争(せんそう)** 전쟁 | **全(すべ)て** 모든 | **失(うしな)う** 잃다 | **しかし** 그러나 | **十分(じゅうぶん)** 충분히 | **発展(はってん)する** 발전하다 | **おいこす** 앞지르다 | **全員(ぜんいん)** 전원 | **短時間(たんじかん)** 단기간 | **~ばかり** ~만, ~뿐 | **十分(じゅうぶん)** 충분히

13 ①농민이나 상인 등은 다르다에서 무엇을 알 수 있는가?

1 농민이나 상인 등은 다른 곳에서 일하고 있었다는 것
2 농민이나 상인 등은 다른 시간에 일하고 있었다는 것
3 농민이나 상인 등은 더 길게 일하고 있었다는 것
4 농민이나 상인 등은 받는 돈이 달랐다는 것

14 ②완전히 같은 말을 하고 있다란 누가 누구에게 무엇을 말하고 있는가?

1 서양인이 일본인에게 '태평스럽다'라든가 '약속을 지키지 않는다'라든가 말하고 있다.
2 서양인이 개발도상국 사람에게 '태평스럽다'라든가 '약속을 지키지 않는다'라든가 말하고 있다.
3 일본인이 개발도상국 사람에게 서양인에게 들은 것과 같은 말을 하고 있다.
4 일본인이 개발도상국 사람에게 '더 일해라' 등 들은 대로 말하고 있다.

15 **일본인이 이렇게 일하게 된 것은 왜인가?**

1 서양보다 먼저 발전해가기 위해
2 서양과 같은 상태가 되기 위해
3 서양을 추월하기 위해
4 서양을 뒤따르기 위해

16 **필자의 생각은 어느 것인가?**

1 옛날 일본인은 모두 단시간밖에 일하지 않았다.
2 서양의 기술과 문화를 받아들인 덕분에 시간을 지키게 되었다.
3 옛날 일본인은 게으름뱅이뿐이었다.
4 충분히 일해왔으니 이제 일하지 않아도 된다.

해설 〈질문13〉 '무사는 아주 짧게'라고 무사의 노동시간의 길이에 대해서 말하고 있다. 그 때 '농민이나 상인은 다르다'라고 무사와의 차이를 지적하고 있다. 즉 무사와 달리 긴 시간 일을 하고 있다는 의미이다. 따라서 3번이 정답이다.

〈질문14〉 일본인이 개발도상국에게 말하고 있기 때문에 1번과 2번은 정답이 아니다. 글에서 개발도상국에서 비즈니스를 하는 일본인이 같은 말을 하고 있는 것도 우스꽝스럽다'라고 말하고 있다. 서양인에게 들었던 말을 일본인이 그대로 하고 있다는 것을 의미하므로 정답은 3번이 된다.

〈질문15〉 '따라잡으려고 분발했다'라고 말하고 있다. 따라잡는 것은 같은 레벨에 도달하는 것이므로 2번이 정답이다.

〈질문16〉 '철도·공장·학교·군대 등 서양의 기술이나 문화를 받아들였기 때문에 일본은 시간을 지키게 되었다'라고 기술되어 있으므로 2번이 정답이다.

장문(5)

해석

일본인은 '고토다마(言霊)'라고 해서 옛날부터 말에는 특별한 힘이 있다고 믿어 왔다. 고토다마란 말이 가진 불가사의한 힘을 말한다. 옛날 사람은 한 번 말을 해 버리면 그것이 사실이 되어 버린다고 생각했다. 그래서 '4'를 「し」라고 발음하면 '죽음'으로 통한다고 하여 싫어했다. 병원에 4호실이 없는 것은 그 때문이다. 말을 아주 무서워했기 때문에 결혼식이나 장례식 등에서 사용하면 안 되는 말도 생겨났다. 결혼식에서 '헤어지다·떠나다·자르다' 등은 쓰지 않았다. 축의금도 2만 엔 등 짝수(주1)는 나누어질 수 있다. 즉 헤어질 수 있기 때문에 나눌 수 없는 홀수(주2) 인 3만·5만 등을 반겼다.

말에 관심이 있었기 때문에 말장난도 자주 했다. 그 중에서도 '고로아와세(가락 맞추기)'를 가장 좋아했던 것 같다. 고로아와세란 음을 맞추는 것이다. 역사의 연호나 전화번호 등 숫자를 기억할 때 아주 편리해서 지금도 자주 사용되고 있다. 예를 들어 8783은「はなやさん(꽃집)」, 4192는「よいくに(좋은 나라)」처럼 말한다. 그 때문에 인기가 있는 전화번호는 팔거나 사거나 한다. 시합 전에 돈가스(トンカツ)를 먹는 것도「カツ」를「勝つ(이기다)」의 뜻으로 사용하고 있는 것이다. 최근에는「刺身(생선회)」는 외국인에게도 인기가 있는데 사시미라는 말은 '찌르다·몸' 즉 '몸을 (칼 등으로) 찌르다'로 연결된다고 해서 고급요리점 등에서는 사용하지 않고「お造り」라고 말한다.「お造り」라는 말을 들어도 외국인은 무슨 말인지 모를 것이다. 요즘에도 말에 힘이 있다고 믿고 있는 것은 아니지만, 듣는 사람의 기분을 상하게 하지 않도록 말을 바꿔 사용할 때가 자주 있다.

(주1) 偶数 : 2, 4, 6과 같이 2로 나눠지는 수

(주2) 奇数 : 1, 3, 5와 같이 2로 나눠지지 않는 수

단어 **言霊**(ことだま) 고대 일본에서 말이 지니고 있다고 믿어졌던 불가사의한 힘 | **特別**(とくべつ)**だ** 특별하다 | **力**(ちから) 힘 | **信**(しん)**じる** 믿다 | **不思議**(ふしぎ)**だ** 불가사의하다 | **本当**(ほんとう) 정말, 사실, 진실 | **発音**(はつおん)**する** 발음하다 | **死**(し) 죽음 | **通**(つう)**じる** 통하다, 연결되다 | **嫌**(きら)**う** 싫어하다 | **~号室**(ごうしつ) ~호실 | **怖**(こわ)**がる** 무서워하다 | **葬式**(そうしき) 장례식 | **~てはいけない** ~해서는 안 되다 | **わかれる** 헤어지다, 갈라지다 | **はなれる** 떠나다, 풀리다 | **きる** 자르다 | **お祝**(いわ)**い** 축하, 축하 선물 | **偶数**(ぐうすう) 짝수 | **分**(わ)**ける** 나누다 | **つまり** 결국, 즉 | **別**(わ)**ける** 헤어지다 | **奇数**(きすう) 홀수 | **喜**(よろこ)**ぶ** 기뻐하다, 좋아하다 | **関心**(かんしん) 관심 | **言葉遊**(ことばあそ)**び** 말장난 | **語呂合**(ごろあ)**わせ** 속담, 성구 등의 가락을 흉내내어 뜻이 전혀 다른 새로운 구를 만듦으로써 웃음을 자아내게 하는 말장난 | **合**(あ)**わせる** 맞추다 | **歴史**(れきし) 역사 | **年号**(ねんごう) 연호 | **数字**(すうじ) 숫자 | **例**(たと)**えば** 예를 들면 | **はなやさん** 꽃집 | **よいくに** 좋은 나라 | **人気**(にんき)**がある** 인기가 있다 | **試合**(しあい) 시합 | **トンカツ** 돈가스 | **勝**(か)**つ** 이기다 | **かける** 어떤 말의 음에 의한 연상을 이용해서 다른 말을 암시하다 | **刺身**(さしみ) 생선회 | **刺**(さ)**す** 찌르다 | **体**(からだ) 몸 | **ナイフ** 나이프, 칼 | **高級料理屋**(こうきゅうりょうりや) 고급 요리점 | **お造**(つく)**り** 생선회 | **気分**(きぶん) 기분 | **変**(か)**える** 바꾸다 | **入院**(にゅういん)**する** 입원하다 | **イメージ** 이미지 | **関係**(かんけい) 관계 | **つく** (힘, 재능이) 붙다 | **聞**(き)**き手**(て) 청자, 듣는 사람 | **~通**(どお)**り** ~대로

17 **왜 일본의 병원에는 4호실이 없는 것인가?**
1 4호실에 입원한 사람은 죽어 버리니까
2 병원은 3호실까지밖에 만들지 않으니까
3 4는 '죽음'을 떠올리게 하니까
4 4는 죽음과 강한 관계가 있으니까

18 **왜 시합 전에 '돈가스'를 먹는 것인가?**
1 돈가스를 먹으면 시합에 이길 수 있으니까
2 돈가스에는 불가사의한 힘이 있으니까
3 돈가스는 맛있어서 힘이 나는 음식이니까
4 돈가스의 カツ가 勝つ(이기다)로 통하고 있으니까

19 **왜 요즘도 말을 바꿔서 사용하는가?**
1 말에 힘이 있다고 믿고 있기 때문에
2 말을 짧게 해서 외우기 쉽게 하기 위해
3 같은 의미의 말이 많이 있기 때문에
4 듣는 사람의 기분이 나빠지지 않기 위해

20 **이 문장의 내용과 맞는 것은 어느 것인가?**
1 일본인은 말의 힘을 이용하려고 생각하고 있었다.
2 일본인은 말에는 불가사의한 힘이 있다고 생각했다.
3 일본인은 말에 힘을 가지게 하려고 한다.
4 일본인은 말한 대로 해야 한다고 생각한다.

해설 〈질문 17〉 병원에 4호실이 없는 이유를 '4'를 「し」라고 발음하면 '죽음'과 연결된다고 해서 싫어했다고 말하고 있으므로, 3번이 정답이 된다.

〈질문 18〉 시합 전에 돈가스(トンカツ)를 먹는 것도 「カツ」를 「勝つ(이기다)」의 뜻으로 사용하고 있기 때문이라고 했다. 따라서 4번이 정답이 된다.

〈질문 19〉 지문의 마지막에서 지금도 말에 힘이 있다고 믿는 것은 아니지만, 듣는 사람의 기분을 상하게 하지 않도록 말을 바꿔서 사용할 때가 자주 있다고 했으므로, 4번이 정답이다.

〈질문 20〉 지문의 앞 부분에 고토다마를 설명하면서 말에는 불가사의한 힘이 있다고 했으므로 2번이 정답이 된다.

장문(6)

해석 내 친구 중에 항상 무슨 일이 일어났을 때 긍정적으로 생각하는 사람이 있다. 언젠가 함께 드라이브 여행을 한 적이 있었다. 온천을 향하고 있을 때 길을 착각해서 1시간 정도 시간을 낭비하고 말았다. 그러나 그 때 그녀는 "길을 착각한 덕분에 아름다운 후지산을 볼 수 있었어. 잘됐어"라고 말했다. 사실 후지산은 아름다웠다. 하지만 어느 길을 가든 그 주변은 아름다운 후지산을 볼 수 있는 장소였다. 돌아가는 날 밤 휴게소에 정차했을 때, 차 헤드라이트를 끄는 것을 잊어 버렸다. 물건을 사고 돌아와서 막상 시동을 걸려고 하니 배터리가 방전되어 차는 움직이지 않게 되었다. 우리들이 허둥대고 있자 옆에 정차해 있던 사람이 무슨 일인가 하고 물어 주었다. 그 사람은 마침 코드를 가지고 있어서 바로 자기 차의 배터리에 연결해서 우리들의 배터리를 회복시켜 주었다. 정말 어떻게 될까 하고 조마조마했다. 차가 움직이자 바로 '우리들은 정말 운이 좋아. 옆에 코드를 가진 사람이 주차해 있었다니' 하고 그녀가 말했다. 어디가 운이 좋다는 말인가. 좀처럼 일어나지 않는 운이 나쁜 일이라고 보통은 생각할 것이다. 수리하는 사람을 불러야 했을지도 모르는 일이다. 하지만 그럴 때에도 그녀는 운이 좋다고 생각하는 것이다.

자신을 운이 좋다고 생각할지, 운이 나쁘다고 생각할지는 사람마다 다르다. 그녀를 보고 있으면 나는 운이 좋다고 생각하는 사람 쪽으로 행복이 찾아오는 듯한 기분이 든다.

단어 **友人**(ゆうじん) 친구 | **起**(お)**きる** 일어나다, 생기다 | **前向**(まえむ)**き** 긍정적인 생각이나 태도 | **ある** 어느, 어떤 | **一緒**(いっしょ)**に** 함께, 같이 | **温泉**(おんせん) 온천 | **向**(む)**かう** 향하다 | **間違**(まちが)**える** 착각하다, 틀리다 | **無駄**(むだ)**だ** 헛되다, 쓸데없다 | **おかげ** 덕분, 덕택 | **富士山**(ふじさん) 후지산 | **事実**(じじつ) 사실 | **辺**(あた)**り** 근처, 부근 | **帰**(かえ)**り** 돌아올 때, 돌아갈 때 | **ドライブイン** 드라이브인, 휴게소 | **止**(と)**まる** 멈추다, 세우다 | **ヘッドライト** 헤드라이트 | **消**(け)**す** 끄다 | **忘**(わす)**れる** 잊다 | **戻**(もど)**る** 돌아오다 | **いざ** 막상, 정작 | **エンジンをかける** 엔진을 걸다 | **バッテリーが上**(あ)**がる** 배터리가 방전되다 | **動**(うご)**く** 움직이다 | **騒**(さわ)**ぐ** 허둥대다, 술렁거리다 | **たまたま** 마침 | **コード** 코드 | **つなげる** 잇다, 연결하다 | **回復**(かいふく)**する** 회복하다 | **冷**(ひ)**や冷**(ひ)**やする** 조마조마하다 | **駐車**(ちゅうしゃ)**する** 주차하다 | **起**(お)**こる** 일어나다, 발생하다 | **普通**(ふつう) 보통 | **修理**(しゅうり) 수리 | **～なければならない** ～하지 않으면 안 되다 | **それぞれ** 저마다, 각각 | **幸**(しあわ)**せ** 행복, 행운 | **やってくる** 다가오다, 찾아오다 | **気**(き)**がする** 기분이 들다 | **～たままに** ～한 채로 | **探**(さが)**す** 찾다 | **～っぱなし** ～인 채로 둠 | **なくなる** 없어지다 | **頼**(たの)**む** 부탁하다 | **助**(たす)**ける** 돕다, 구하다 | **経験**(けいけん) 경험 | **不幸**(ふこう) 불행 | **迷**(まよ)**う** 헤매다, 망설이다 | **せい** 탓, 원인 | **心配**(しんぱい)**する** 걱정하다

21 **휴게소에서 어떤 일이 일어났는가?**

1 라이트를 끈 채로 둬서 배터리가 방전되어 버렸다.
2 배터리의 코드를 가진 사람을 찾아야 했다.
3 라이트를 켠 채로 둬서 배터리의 전기가 없어졌다.
4 옆 차에 있는 사람에게 배터리의 전기를 받을 수 없을까 하고 부탁했다.

22 **친구는 어떤 사람인가?**

1 어느 때든 누군가에게 도움을 받을 수 있는 운이 좋은 사람
2 운이 나쁜 경험을 운이 좋은 경험으로 바꿔 버리는 사람
3 어느 때든 긍정적이라서 운이 나쁜 일을 당하지 않는 사람
4 운이 나쁘다고 생각될 일도 나쁘다고 생각하지 않는 사람

23 **운에 대한 필자의 생각은 어느 것인가?**

1 운이 좋다고 생각하는 사람에게는 좋은 일이 일어날 가능성이 높아질 것이다.
2 사고방식을 바꾸면 운이 나쁜 일은 일어나지 않을 것이다.
3 운이 좋다고 생각하면 어떤 불행도 좋은 것이라고 생각될 것이다.
4 운이 좋은 사람은 운이 좋다고 생각하는 사람일 것이다.

24 **이 문장의 내용과 맞는 것은 어느 것인가?**

1 길을 헤맨 탓에 좀 더 아름다운 후지산을 볼 수 없었다.
2 배터리가 방전됐을 때 어떻게 될지 걱정했다.
3 차가 움직이지 않았던 것은 코드가 연결되어 있지 않았기 때문이다.
4 그녀처럼 생각하면 자신의 운도 바꿀 수 있다.

해설 〈질문 21〉 휴게소에 정차했을 때 헤드라이트를 끄는 것을 잊어 버려서 배터리가 방전되는 일이 발생했다고 했으므로, 정답은 3번이다.

〈질문 22〉 아무리 안 좋은 일이 일어나더라도 긍정적으로 생각하는 친구에 대해서 말하고 있다. 따라서 정답은 4번이다.

〈질문 23〉 필자는 마지막 단락에서 자신을 운이 좋다고 생각할지, 운이 나쁘다고 생각할지는 사람마다 다르다고, 운이 좋다고 생각하는 사람 쪽으로 행복이 찾아오는 것 같다고 했다. 따라서 1번이 정답이 된다.

〈질문 24〉 배터리가 방전됐을 때 어떻게 될지 조마조마했다고 했으므로 2번이 정답이 된다. 4번은 '그녀처럼 생각하면 자신의 운도 바꿀 수 있다'고 했는데, 필자는 그녀처럼 생각하면 행복이 찾아오는 듯한 기분이 든다고는 했지만, 자신의 운을 바꿀 수 있다고는 하지 않았다.

04 문제7 정보검색

문제 7 오른쪽 페이지는 「도쿄일본어학교 졸업식의 예정과 홀의 리스트」이다. 이것을 읽고 아래 질문에 답하시오. 답은 1·2·3·4 중에서 가장 적당한 것을 하나 고르시오.

해석

도쿄일본어학교 졸업식(예정)

9:30 접수
10:00~11:30 졸업식
11:30~11:45 정리
12:00~14:00 파티
14:30 해산
참가자 졸업생 100명, 교사・직원 20명
예산 250,000엔

홀	금액	수용 인원	기타
A	1시간 3,000엔	150명	음료+요리 1인 1,500엔부터 주문 가능합니다.
B	9:00~17:00 30,000엔	150명	음료+요리 1인 1,800엔부터 주문 가능합니다.
C	1시간 5,000엔	200명	음료+요리 1인 1,900엔부터 주문 가능합니다.
D	1시간 2,000엔	100명	음료+요리 1인 2,000엔부터 주문 가능합니다.

※ 홀 사용 시간은 1시간이 되지 않을 경우에도 1시간의 사용 요금이 부과됩니다.

단어 **受付**(うけつけ) 접수 | **片**(かた)**づけ** 정리 | **解散**(かいさん) 해산 | **参加者**(さんかしゃ) 참가자 | **教師**(きょうし) 교사 | **職員**(しょくいん) 직원 | **予算**(よさん) 예산 | **ホール** 홀 | **金額**(きんがく) 금액 | **収容人数**(しゅうようにんずう) 수용 인원 | **施設**(しせつ) 시설

1 졸업식은 어느 홀에서 할 수 있는가?

1 A나 D
2 A나 B
3 B나 C
3 C나 D

2 학생에게 300엔짜리 기념품을 주면 A홀의 식대는 한 명에 얼마나 쓸 수 있는가?

1 2,000엔
2 1,900엔
3 1,800엔
4 1,700엔

해설 〈질문1〉 A홀 : 사용료는 3,000엔X5시간=15,000엔. 1,500엔X120명=180,000엔. 합계 195,000엔이므로 사용할 수 있다. B홀 : 사용료는 30,000엔. 식대 1,800엔X120명=216,000엔. 합계 246,000엔이므로 사용할 수 있다. C홀 : 사용료 5,000엔X5시간=25,000엔. 식대 1,900엔X120명=228,000엔. 합계 253,000엔이므로 사용할 수 없다. D홀 : 수용 인원이 100명이므로 사용할 수 없다. 따라서 A와 B홀을 사용할 수 있다.

〈질문2〉 홀 사용료 3,000엔X5시간=15,000엔. 기념품 값 300엔X100명=30,000엔. 합계가 45,000엔이고, 예산은 250,000엔이므로 식대는 205,000엔을 쓸 수 있다. 인원수로 나누면 1,700엔의 식사를 할 수 있다. 따라서 정답은 4번이 된다.

문제 7 오른쪽 페이지는 일본어학교 칠석축제 일정이다. 이것을 읽고 아래 질문에 답하시오. 답은 1·2·3·4 중에서 가장 적당한 것을 하나 고르시오.

해석

선생님께

《유카타 체험 스케줄과 주의·부탁》

【일시】 202X년 7월 7일(금) 8:30~12:20

【순서】

	반	교실	여학생	남학생	담임 〈○는 남성〉
1교시 8:30~9:20	A	101	5명	15명	혼다 미도리
2교시 9:30~10:20	B	102	6명	14명	다나카 켄○
3교시 10:30~11:20	C	201	5명	12명	오가와 아이코
4교시 11:30~12:20	D	202	4명	10명	야마다 기요시○

① 여학생은 103교실에서, 남학생은 203교실에서 옷을 갈아입습니다. 남자 담임선생님은 남학생, 여자 담임선생님은 여학생 교실에서 유카타 입는 법을 가르쳐 주세요.

② 유카타는 남성용이 16벌, 사이즈 M/L/LL. 여성용은 6벌, 프리사이즈입니다.

③ 유카타 체험은 담임 선생님을 상근 여자 선생님 1명과 남자 사무원 1명이 돕습니다.

④ 학생이 벗은 유카타는 다음 학생을 위해 소독합니다(주1). 여성용은 상근 선생님, 남성용은 사무원이 합니다.

⑤ 유카타 체험 전 수업에서는 칠석 이야기를 하거나 단자쿠(주2)를 쓰게 해 주세요. A반은 체험이 1교시이므로 전날 수업 중에 단자쿠를 쓰게 해 주세요. 칠석 이야기 등은 유카타 체험 후의 수업으로 부탁합니다.

⑥ 유카타 체험 전에 단자쿠를 현관 옆의 조릿대에 붙입니다.

⑦ 칠석 관련된 수업은 2시간입니다. 그 외는 보통 수업을 해주세요.

⑧ 칠석 장식은 전날까지 상근 선생님 등과 사무원이 붙여 두겠습니다.

(주1) 消毒する : 병의 원인이 되는 균 등을 죽이는 것

(주2) 短冊 : 여기에서는 희망이나 소원 등을 쓰는 3cm×12cm 정도의 종이

단어 **七夕**(たなばた) 칠석 | **常勤**(じょうきん) 상근 | **短冊**(たんざく) 희망이나 소원을 쓰는 작은 종이 | **飾**(かざ)**り** 장식 | **ゆかた** 유카타 | **消毒**(しょうどく)**する** 소독하다 | **体験**(たいけん) 체험 | **注意**(ちゅうい) 주의 | **お願**(ねが)**い** 부탁 | **順番**(じゅんばん) 순서 | **担任**(たんにん) 담임 | **着替**(きが)**える** 갈아입다 | **〜着**(ちゃく) 〜벌 | **事務員**(じむいん) 사무원 | **脱**(ぬ)**ぐ** 벗다 | **玄関**(げんかん) 현관 | **横**(よこ) 옆 | **笹**(ささ) 조릿대 | **関係**(かんけい) 관계 | **普通**(ふつう) 보통

3 상근 여자 선생님이 칠석축제 날에 하는 것은 무엇인가?

1 학생에게 단자쿠를 쓰게 하는 것
2 칠석 장식을 붙이는 것
3 유카타 소독을 203 교실에서 하는 것
4 103교실에서 2교시와 4교시에 옷입는 것을 가르치는 것

4 B반 남학생은 언제, 어디서 유카타 체험을 하는가?

1 1교시 – 203 교실
2 2교시 – 103 교실
3 2교시 – 203 교실
4 2교시 – 102 교실

해설 〈질문3〉 1번 단자쿠를 쓰게 하는 것은 담임 선생님의 일이므로 정답이 아니다. 2번 칠석 장식은 칠석축제 전날에 붙이는 것이므로 정답이 아니다. 3 상근 선생님은 103 교실에서 소독을 하므로 정답이 아니다. 4번 2교시, 4교시는 남자 담임 선생님이므로, 상근 여자 선생님이 대신해서 103 교실에서 여학생에게 옷 입는 법을 가르친다. 따라서 4번이 정답이 된다.

〈질문4〉 B반은 2교시(9:30~10:20) 체험이고, 남학생은 203 교실에서 옷을 갈아입는다. 따라서 정답은 3번이다.

문제 7 오른쪽 페이지는 어느 가게에서 온 알림 엽서이다. 이것을 읽고 아래 질문에 답하시오. 답은 1・2・3・4에서 가장 적당한 것을 하나 고르시오.

해석

항상 저희 가게를 이용해주셔서 감사합니다. 이 엽서는 앙케트에 대답해 주신 고객님에게 보내드리고 있습니다. 감사의 마음을 담아 사소합니다만 저희 가게에서 선물을 준비했습니다. 이 엽서를 지참해 주신 분에게 음식 대금과 상품 구입 대금을 12월 31일까지 10% 할인해드립니다. 또한 크리스마스 시즌을 맞이하여 12월 1일부터 15일까지 사이에 크리스마스 케이크를 예약해 주신 경우에 20% 할인, 또 2,000엔 이상의 선물 상품을 구입해주신 경우 15% 할인해드립니다. 내점을 진심으로 기다리고 있겠습니다.

- 지불하실 때 이 엽서를 점원에게 제시(주1)해주세요.
- 1,000엔 이상의 쇼핑 혹은 식사를 하신 고객님에 한합니다.
- 이 엽서는 현금으로 바꿀 수는 없습니다.
- 이 엽서는 기간 중 하루의 지불에만 사용할 수 있습니다.
- 이 엽서는 토・일・경축일의 식사 대금 지불에는 사용할 수 없으므로 주의해주세요.
- 다른 할인 서비스와의 병용(주2)은 불가능하므로 양해해 주시도록 부탁드립니다.
- 유효기한은 이 엽서 도착시부터 12월 31일까지입니다.
- 이 엽서는 '산산'의 하기 지점에서만 사용하실 수 있습니다.

기타마치몰 내 산산 기타마치점

(주1) 提示 : 보여주는 것

(주2) 併用 : 어느 것을 다른 무언가와 함께 사용하는 것

단어 **ハガキ** 엽서 | **割引(わりびき)** 할인 | **うける** 받다 | **食事(しょくじ)** 식사 | **誕生日(たんじょうび)** 생일 | **払(はら)う** 지불하다 | **いつも** 항상 | **当店(とうてん)** 당점 | **利用(りよう)** 이용 | **アンケート** 앙케트 | **答(こた)え** 답 | **お客様(きゃくさま)** 손님 | **送(おく)る** 보내다 | **かんしゃ** 감사 | **気持(きも)ち** 마음, 기분 | **飲食(いんしょく)** 음식 | **代金(だいきん)** 대금 | **シーズン** 시즌 | **～に向(む)けて** ～을 목표로 | **予約(よやく)** 예약 | **場合(ばあい)** 경우 | **ギフト** 선물 | **商品(しょうひん)** 상품 | **お買(か)い上(あ)げ** 사심 | **来店(らいてん)** 내점 | **支払(しはら)い** 지불 | **店員(てんいん)** 점원 | **提示(ていじ)** 제시 | **～に限(かぎ)る** ～에 한하다 | **現金(げんきん)** 현금 | **かえる** 바꾸다 | **期間中(きかんちゅう)** 기간 중 | **祝日(しゅくじつ)** 축일, 경축일 | **注意(ちゅうい)** 주의 | **併用(へいよう)** 병용 | **了承(りょうしょう)** 양해 | **有効期限(ゆうこうきげん)** 유효 기간 | **到着(とうちゃく)** 도착 | **下記(かき)** 하기 | **～のみ** ～만

5 할인에 대한 설명으로 옳은 것은 어느 것인가?

1 12일(토)에 8,000엔짜리 식사를 하고 10% 할인을 받는다.
2 13일(일)에 1,500엔짜리 케이크를 사고 20% 할인을 받는다.
3 18일(금) 생일에 10,000엔짜리 식사를 하고 10% 할인을 받는다.
4 크리스마스 이브에 케이크를 사고 20% 할인을 받는다.

6 4일 금요일에 5,000엔짜리 식사를 하고 2,000엔짜리 선물을 산 경우 얼마를 지불하면 되는가?

1 6,200엔
2 6,300엔
3 6,500엔
4 6,700엔

독해 공략편

해설 〈질문1〉 1번 '토·일·축일의 음식 대금에는 사용할 수 없다' 이므로 할인은 받을 수 없다. 2번 크리스마스 케이크 예약을 했을 때 할인을 받을 수 있다. 따라서 할인은 받을 수 없다. 3번 12월 31일까지의 평일에 1,000엔 이상의 식사를 했기 때문에 할인을 받을 수 있다. 4번 크리스마스 케이크는 12월 15일까지 예약에 한해 할인하므로 이브에는 할인을 받을 수 없다. 따라서 정답은 3번이다.

〈질문2〉 평일에 5,000엔의 식사는 10% 할인을 받을 수 있으므로 4,500엔이 된다. 12월 1일부터 15일까지 사이에 2,000엔 이상의 기프트 상품은 15%할인이므로 1,700엔이 된다. 4,500엔+1,700엔=6,200엔이다. 따라서 1번이 정답이다.

문제 7 오른쪽 페이지는 조이키즈의 안내이다. 이것을 읽고, 아래의 질문에 답하시오. 답은 1・2・3・4에서 가장 적당한 것을 하나 고르시오.

해석 조이키즈는 직업 체험의 A존과 애슬레틱이 있는 B존으로 나뉘어 있습니다.

입장 시간	8:30~18:00			
입장료	A존	1,500엔		
	B존	일반 코스	어른	1,200엔
			중학생·고등학생	800엔
			초등학생	500엔
		어린이 코스	무료	

【A존】

중학생 이하의 어린이들이 즐기면서 여러 가지 직업을 체험할 수 있습니다. 1회 2시간, 정원은 100명입니다. 입장권을 사실 때 반드시 ①~④ 시간의 하나를 골라 주세요. 희망하는 시간에 예약할 수 없는 경우도 있으므로 양해해 주십시오. 체험자 이외는 가게 등의 내부에 들어갈 수 없으므로 주의해 주십시오. 파일럿·경관·의사·소방관·아나운서·빵가게 주인·댄서·건설 스태프·요리사·목수·도예가를 체험할 수 있습니다.

〈시간〉

① 9:00~11:00

② 11:15~13:15

③ 13:30~15:30

④ 15:45~17:45

【B존】

초등학생 이상이 이용할 수 있는 일반 코스와 초등학교 입학 전의 아이들이 이용할 수 있는 어린이 코스가 있습니다. 양쪽 모두 연못 등이 있으므로, 초등학생까지 어린이만은 입장할 수 없습니다. 30종류의 애슬레틱이 있는 일반 코스와 5종류의 어린 아이용의 코스가 있습니다. 일반 코스는 한 바퀴에 최저 1시간 걸립니다. 되도록 정해진 코스 순서대로 돌아주십시오.

단어 **案内**(あんない) 안내 | **入場**(にゅうじょう)**する** 입장하다 | **入場料**(にゅうじょうりょう) 입장료 | **アスレチック** 애슬레틱, 체육, 운동 경기 | **順番**(じゅんばん) 순서 | **体験**(たいけん) 체험 | **分**(わ)**かれる** 나뉘다 | **様々**(さまざま) 여러 가지 | **定員**(ていいん) 정원 | **希望**(きぼう) 희망 | **予約**(よやく) 예약 | **了承**(りょうしょう) 양해 | **一般**(いっぱん) 일반 | **池**(いけ) 연못 | **無料**(むりょう) 무료 | **内部**(ないぶ) 내부 | **パイロット** 파일럿 | **警官**(けいかん) 경찰관 | **ダンサー** 댄서 | **料理人**(りょうりにん) 요리사 | **大工**(だいく) 목수 | **陶芸家**(とうげいか) 도예가 | **種類**(しゅるい) 종류 | **一周**(いっしゅう) 일주 | **最低**(さいてい) 최저 | **なるべく** 되도록 | **決**(き)**める** 정하다

7 야마시타 씨는 중학교 1학년인 딸과 초등학교 5학년인 아들과 셋이서 A존과 B존에 입장할 경우, 입장료는 얼마가 되는가?

1 7,000엔

2 5,500엔

3 4,300엔

4 4,000엔

8 야마시타 씨의 가족이 조이키즈에서 할 수 없는 것은 무엇인가?

1 애슬레틱을 좋아하는 순서로 하는 것

2 딸이 혼자서 먼저 B존에 입장하는 것

3 아들이 댄서를 체험하는 것

4 A존에서 연속해서 3시간 동안 있는 것

해설 〈질문 5〉 A존은 중학생 이하의 어린이들이 즐기는 곳으로 체험자 이외는 들어갈 수 없다. 야마시타 씨는 들어갈 수 없으므로 딸과 아들의 입장료를 합치면 3,000엔이다. B존은 세 명 모두 들어갈 수 있으므로 1,200엔+800엔+500엔=2,500엔이다. A존과 B존을 합하면 5,500엔이 된다.

〈질문 6〉 '조이키즈에서 할 수 없는 것'을 묻고 있다. 1번의 애슬래틱은 되도록 정해진 코스를 돌라고 했으므로 좋아하는 순서대로 돌아도 된다. 2번 딸은 중학생이므로 B존에 혼자서 입장할 수 있다. 3번 A존에서 댄서 직업 체험을 할 수 있다. 4번 A존은 1회 2시간으로 제한되므로 3시간 동안 있을 수 없다.

문제 7 오른쪽 페이지는 어느 집의 설명이다. 이것을 읽고 아래 질문에 답하시오. 답은 1·2·3·4에서 가장 적당한 것을 하나 고르시오.

해석

야마다 씨는 되도록 회사에서 가까운 곳에 집을 빌리고 싶습니다. 역에서 멀어도 괜찮지만, 업무로 늦어질 때가 많기 때문에 버스를 타고 싶지 않습니다. 가족은 4명이기 때문에 침실은 3개가 있었으면 합니다. 또 초등학생 아이가 있어서 학교 근처가 좋습니다. 회사가 집세의 절반을 내 주지만 너무 비싼 것은 곤란합니다. 아내는 꽃을 기르는 것을 좋아하기 때문에 작아도 좋지만 정원이 있었으면 합니다. 조용한 주택지가 좋습니다.

물건	집세	집의 종류 등	회사에서 역	역에서 집	기타
A	16만 엔	단독주택(주1) 3LDK(주2)	20분	도보 10분	주택가·넓은 정원
B	11만 엔	맨션 3DK	20분	도보 1분	상점가
C	13만 엔	단독주택 3LDK	30분	도보 10분	주택가·정원
D	13만 엔	단독주택 3DK	30분	버스 10분+도보 2분	주택가·정원

(주1) 一戸建て : 연립주택이나 아파트 등과는 달리 하나의 독립된 집

(주2) 3LDK : 숫자는 방의 수, L은 거실, D는 식당, K는 부엌을 나타낸다

단어 **借(か)りる** 빌리다 | **～てもいい** ～해도 좋다 | **仕事(しごと)** 일, 업무 | **バスに乗(の)る** 버스를 타다 | **家族(かぞく)** 가족 | **寝室(しんしつ)** 침실 | **ほしい** 원하다, 갖고 싶다 | **近(ちか)く** 근처, 가까운 곳 | **家賃(やちん)** 집세 | **半分(はんぶん)** 반 | **出(だ)す** 내다, 제공하다 | **あまり** 너무, 지나치게 | **困(こま)る** 곤란하다 | **妻(つま)** 아내 | **育(そだ)てる** 키우다 | **庭(にわ)** 정원, 뜰 | **住宅地(じゅうたくち)** 주택지 | **気(き)にする** 걱정하다, 신경 쓰다 | **広(ひろ)さ** 넓이 | **数(すう)** 수 | **きょり** 거리 | **値段(ねだん)** 값, 가격 | **物件(ぶっけん)** 물건 | **種類(しゅるい)** 종류 | **その他(ほか)** 그 외, 기타 | **一戸建(いっこだ)て** 단독주택 | **3LDK** 거실(Living room), 식당(Dining room), 부엌(Kitchen) 외에 방이 3개인 구성 | **徒歩(とほ)** 도보 | **マンション** 맨션 | **商店街(しょうてんがい)** 상점가

9 7만 엔 이상은 돈을 내고 싶지 않다. 어떤 집으로 하면 좋은가?

1 A
2 B
3 C
4 D

10 야마다 씨가 신경 쓰고 있지 않는 것은 무엇인가?

1 정원의 크기
2 방의 수
3 학교까지의 거리
4 집세의 가격

해설 〈질문 9〉 A는 7만 엔 이상 돈을 내고 싶지 않다고 했으므로 적당하지 않다. B는 조용한 주택가가 아니므로 적당하지 않다. C는 7만엔을 넘지 않았고 주택가이며 정원이 있으므로 적당하다. D는 버스를 타야 하므로 적당하지 않다. 따라서 3번이 정답이 된다.

〈질문 10〉 1번 야마다 씨는 꽃 키우는 것을 좋아하는 아내를 위해서 작아도 좋지만 정원이 있었으면 했으므로, 정원만 있으면 크기는 신경 쓰지 않는다. 따라서 정답이 된다. 2번 침실이 3개인 집을 원했으므로 신경 쓰고 있다. 3번 학교 근처가 좋다고 했으므로 신경 쓰고 있다. 4번은 너무 비싼 것은 곤란하다고 했으므로 신경 쓰고 있다.

2교시

청해 공략편

문제 1	1 ②	2 ④	3 ③	4 ②	5 ①	6 ④							
문제 2	1 ②	2 ③	3 ④	4 ③	5 ④	6 ③							
문제 3	1 ④	2 ④	3 ④	4 ②	5 ④	6 ③							
문제 4	1 ②	2 ②	3 ①	4 ③	5 ③	6 ②							
문제 5	1 ②	2 ③	3 ②	4 ②	5 ①	6 ②	7 ③	8 ②	9 ②	10 ③	11 ①	12 ①	13 ③
	14 ③	15 ③	16 ②	17 ③	18 ③	19 ②	20 ③						

問題 1

問題１では、まず質問を聞いてください。それから話を聞いて、問題用紙の１から４の中から、最もよいものを一つえらんでください。

1番

男の人と女の人が話しています。二人は山下駅までどうやって行きますか。

M: この電車は急行だから山下駅には止まらないよ。高山駅で普通電車に乗り換えなきゃ。10分ぐらい待つかも。

F：じゃ、最初から普通電車に乗って行ったほうがいいんじゃない？

M: 駄目だよ。普通電車は時間がかかり過ぎるから。

F：そうか。ねえ、山下の次の急行の駅まで行って一駅戻ってきたほうが早いんじゃない？

M: 無理だよ。今の時間は戻って来る普通電車はほとんどないから。

F：それじゃ、仕方がないわね。

二人は山下駅までどうやって行きますか。

1 普通電車に乗って行く
2 急行に乗って高山で普通電車に乗り換える

문제1

문제1에서는 먼저 질문을 들어 주세요. 그리고 이야기를 듣고, 문제 용지의 1에서 4 중에서 가장 적당한 것을 하나 고르세요.

1번

남자와 여자가 이야기하고 있습니다. 두 사람은 야마시타역까지 어떻게 갑니까?

남: 이 전철은 급행이니까 야마시타역에는 서지 않아. 다카야마역에서 보통 전철로 갈아타야 해. 10분 정도 기다릴지도 몰라.

여: 그럼 처음부터 보통 전철을 타는 게 좋지 않아?

남: 안돼. 보통 전철은 시간이 너무 걸리니까.

여: 그런가. 있잖아, 야마시타 다음 급행 역까지 가서 한 역 돌아오는 게 빠르지 않아?

남: 무리야. 지금 시간은 돌아오는 보통 열차는 거의 없으니까.

여: 그럼, 어쩔 수 없네.

두 사람은 야마시타역까지 어떻게 갑니까?

1 보통 전철을 타고 간다
2 급행을 타고 다카야마에서 보통 전철로 갈아탄다
3 급행을 타고 야마시타 다음 역까지 가서 한 역 돌아온다
4 급행을 타고 다카야마 다음 역까지 가서 한 역 돌아온다

3 急行に乗って山下の次の駅まで行って一駅戻る
4 急行に乗って高山の次の駅まで行って一駅戻る

해설

야마시타역까지 어떻게 가는지 묻고 있다. 남자의 설명을 듣고 여자는 처음부터 보통 전철을 타자고 한다. 하지만 보통 전철은 시간이 너무 많이 걸리고, 또 급행을 타고 야마시타 역을 지나 다음 역에 내려서 돌아오는 것도 쉽지 않다. 어쩔 수 없이 처음 남자가 설명한 대로 다카야마역에서 보통 전철로 갈아타기로 했으므로 정답은 2번이 된다.

2番

女の人と男の人が話しています。男の人はこれからどうしますか。

F：太郎が落とした物、汚いから、太郎に食べさせないでよ。

M：直ぐに拾ったから大丈夫だよ。３秒以内に拾えばバイ菌が付かないから。

F：えっ、３秒ルールは信じちゃ駄目だって。それ嘘だから。早く洗って。

M：これ、洗ったらぐじゃぐじゃになっちゃうよ。

F：じゃ、捨てなさいよ。

M：でも、もったいないから、僕が。

F：止めて。

M：大丈夫。大丈夫。

男の人はこれからどうしますか。

1 拾った物を捨てる
2 拾った物を子どもに食べさせる
3 拾った物を洗う
4 拾った物を自分で食べる

2번

여자와 남자가 이야기하고 있습니다. 남자는 이제부터 어떻게 합니까?

여: 다로가 떨어뜨린 거, 더러우니까 다로에게 먹이지 마.

남: 바로 주웠으니까 괜찮아. 3초 이내에 주으면 세균이 묻지 않으니까.

여: 어, 3초 룰은 믿으면 안 된다고. 그거 거짓이라니까. 빨리 씻어.

남: 이거, 씻으면 흐물흐물해져버려.

여: 그럼, 버려.

남: 그렇지만, 아까우니까, 내가.

여: 그만둬.

남: 괜찮아. 괜찮아.

남자는 이제부터 어떻게 합니까?

1 주운 것을 버린다
2 주운 것을 아이에게 먹인다
3 주운 것을 씻는다
4 주운 것을 자신이 먹는다

해설

남자가 이제부터 어떻게 하는지 묻고 있다. 여자는 떨어뜨린 것을 아이에게 먹이지 말고 씻으라고 했지만, 남자는 씻으면 흐물흐물해진다고 했다. 여자가 버리라고 했지만 아깝다고 했으므로 남자가 주운 것을 먹는 4번이 정답이 된다.

3番

部屋で女の人と男の人が話しています。二人はこれから何をしますか。

F：こんなに引っ越しが大変だとは思わなかったわ。

M：まだ半分も終わってないよ。

F：じゃ、あの机運んだら休みましょう。

M：そうだね。僕は何か飲み物を買ってくるよ。

F：飲み物とおかしは車の中に入っているわよ。

M：わかった。

F：部屋の整理は今日中に終わらないかもしれないわね。

M：終わらなくてもお隣にあいさつに行ったほうがいいよ。

F：そうね。

二人はこれから何をしますか。

3번

방에서 여자와 남자가 이야기하고 있습니다. 두 사람은 이제부터 무엇을 합니까?

여: 이렇게 이사가 힘들 줄은 몰랐어.

남: 아직 반도 안 끝났어.

여: 그럼, 저 책상 옮기면 쉬자.

남: 그래. 나는 뭔가 음료수를 사 올게.

여: 음료수랑 과자는 차 안에 들어 있어.

남: 알았어.

여: 방 정리는 오늘 중으로 끝나지 않을지도 모르겠어.

남: 끝나지 않아도 이웃집에 인사하러 가는 게 좋아.

여: 그렇겠네.

두 사람은 이제부터 무엇을 합니까?

1 休む
2 部屋を整理する
3 机を運ぶ
4 隣にあいさつに行く

1 쉰다
2 방을 정리한다
3 책상을 옮긴다
4 옆집에 인사하러 간다

해설

두 사람이 이제부터 무엇을 할 것인지를 묻고 있다. 남자와 여자는 책상을 옮기고 나서 쉬자고 했다. 따라서 정답은 3번 '책상을 옮긴다'가 된다.

4番

女の人と男の人が日本語について話しています。女の人はこれからどうしますか。

F：スミスさん、どうしたらそんなに日本語ぺらぺらになれるんですか。
M：別に。メイさんだっていつも成績いいじゃない。
F：試験はいいんですけど会話はあまり…。
M：日本人ともっと話したら。寮にも日本人の学生が大勢いるでしょ？
F：ええ、でも間違えると恥ずかしいので。
M：大丈夫だよ。僕なんか気にしないで誰とでも話しているよ。変な日本語だってときどき直されることもあるけど。
F：じゃ、私も頑張ってやってみます。

女の人はこれからどうしますか。

1

2

3
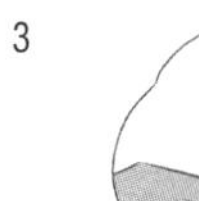
4

4번

여자와 남자가 일본어에 대해서 이야기하고 있습니다. 여자는 이제부터 어떻게 합니까?

여: 스미스 씨, 어떻게 하면 그렇게 일본어를 술술 잘 할 수 있나요?
남: 아니 별로. 메이 씨도 항상 성적 좋잖아.
여: 시험은 괜찮은데, 회화는 그다지….
남: 일본인과 좀 더 얘기해 보면 어때? 기숙사에도 일본인 학생이 많이 있잖아?
여: 네, 하지만 틀리면 부끄러워서.
남: 괜찮아. 나도 신경 쓰지 않고 아무하고나 얘기하고 있어. 이상한 일본어는 때때로 상대가 고쳐줄 때도 있지만.
여: 그럼 저도 열심히 해 볼게요.

여자는 이제부터 어떻게 합니까?

해설

여자가 이제부터 어떻게 할 것인지에 대해서 묻고 있다. 여자는 남자의 일본어 회화 실력이 부러워 공부하는 방법을 묻고 있다. 남자는 일본인과 좀 더 이야기하라고 충고하면서, 자신도 틀리는 것에 신경 쓰지 않고 아무하고나 이야기하고 있다고 했다. 따라서 이와 관련된 그림은 다른 사람과 이야기하고 있는 2번이 정답이 된다.

5番

女の先生と男の先生が話しています。男の先生はこれからどうしますか。

F：犬と猫と馬と牛を子どもたちに作らせましょう。
M：じゃ、子どもたちを分けなければ。
　　自分の好きな動物を作るのがいいかもしれません。
F：でもそれだと多いところと少ないところができちゃうと思いますよ。

5번

여자 선생님과 남자 선생님이 이야기하고 있습니다. 남자 선생님은 이제부터 어떻게 합니까?

여: 개, 고양이, 말, 소를 아이들에게 만들게 합시다.
남: 그럼 아이들을 나눠야겠군요.
　　자기가 좋아하는 동물을 만드는 게 좋을지도 모릅니다.
여: 하지만 그러면 많은 곳과 적은 곳이 생길 것 같은데요.
남: 곤란하군요. 남자아이와 여자아이를 각각 둘로 나누지 않겠습니까? 남자아이 그룹을 2개, 여자아이 그룹을 2개 만들면 좋지 않을까요?

M: 困りましたね。男の子と女の子をそれぞれ２つに分けませんか。男の子のグループを２つ、女の子のグループを２つ作ったらいいのでは。

F : でもやっぱり男の子も女の子もいたほうがいいですよ。背の高い順に1・2・3・4、1・2・3・4と分けていきましょう。私は女の子のほうを分けますから。

M: はい、わかりました。

男の先生はこれからどうしますか。

1 男の子を４つのグループに分ける
2 女の子を４つのグループに分ける
3 子どもを１・２・３・４と呼ぶ
4 子どもに好きな動物を作らせる

6番

保健室の先生と男の先生が話しています。男の先生はこれからどうしますか。

F : レイさんが気分が悪いと言って保健室へ来ていますよ。

M: あれ、またですか。どうしたんだろう。いじめにでも遭っているのかな。石井さん、何か聞いていませんか。

F : いいえ、特に何も。でもレイさん最近いつも一人でいますね。

M: それは変だ。レイにちょっと聞いてみてくれませんか。

F : いいですよ。でも川田先生が直接聞いたほうがいいですよ。

M: じゃ、その前に仲がいいワンさんに聞いてみます。

F : まだいじめかどうかわからないですから、まず体の具合について本人に聞いたほうがいいと思うんですが。

M: それもそうですね。

男の先生はこれからどうしますか。

1 ワンさんにレイさんの体の具合について聞く
2 ワンさんにレイさんがいじめられているか聞く
3 レイさんにいじめられているか聞く
4 レイさんに体の具合について聞く

問題 2

問題２では、まず質問を聞いてください。そのあと、問題用紙を見てください。読む時間があります。それから話を聞いて、問題用紙の１から４の中から、最もよいものを一つえらんでください。

여: 하지만 역시 남자아이도 여자아이도 있는 편이 좋아요. 키가 큰 순서대로 1・2・3・4, 1・2・3・4로 나눕시다. 저는 여자아이 쪽을 나눌 테니까요.

남: 네, 알겠습니다.

남자 선생님은 이제부터 어떻게 합니까?

1 남자아이를 네 그룹으로 나눈다
2 여자아이를 네 그룹으로 나눈다
3 아이들을 1・2・3・4로 부른다
4 아이들에게 좋아하는 동물을 만들게 한다

해설

두 선생님의 마지막 대화 부분을 보면, 여자 선생님이 키가 큰 순서대로 1・2・3・4로 나눌 것을 제안하면서, 본인이 여자아이를 나누겠다고 했다. 따라서 남자 선생님은 남자아이를 1・2・3・4로 나누면 되므로 정답은 1번 '남자아이를 네 그룹으로 나눈다'가 된다.

6번

보건실 선생님과 남자 선생님이 이야기하고 있습니다. 남자 선생님은 이제부터 어떻게 합니까?

여: 레이가 속이 안 좋다고 해서 보건실에 와 있어요.

남: 어, 또요? 어떻게 된 일이지? 괴롭힘이라도 당하고 있는 걸까. 이시이 씨, 뭔가 듣지 못 했어요?

여: 아니요, 딱히 아무것도. 하지만 레이가 요즘 항상 혼자 있네요.

남: 그거 이상하네. 레이에게 좀 물어봐 주시겠습니까?

여: 좋아요. 하지만 가와다 선생님이 직접 묻는 게 좋아요.

남: 그럼 그 전에 사이가 좋은 왕에게 물어 보겠습니다.

여: 아직 괴롭힘을 당하고 있는 건지 아닌지 모르니까, 우선 몸 상태에 대해 본인에게 물어보는 게 좋을 것 같은데요.

남: 그것도 그렇군요.

남자 선생님은 이제부터 어떻게 합니까?

1 왕에게 레이의 몸 상태에 대해 묻는다
2 왕에게 레이가 괴롭힘을 당하고 있는지 묻는다
3 레이에게 괴롭힘을 당하고 있는지 묻는다
4 레이에게 몸 상태에 대해 묻는다

해설

남자 선생님이 가장 먼저 해야 할 일을 찾으면 된다. 마지막에 보건실 선생님이 먼저 몸 상태에 대해서 레이 본인에게 물어 보는 게 좋지 않겠냐고 충고를 하고, 남자 선생님이 받아들였으므로 정답은 4번 '레이에게 몸 상태에 대해 묻는다'가 된다.

문제2

문제2에서는 먼저 질문을 들어 주세요. 그 다음 문제 용지를 보세요. 읽는 시간이 있습니다. 그런 다음 이야기를 듣고 문제 용지의 1에서 4 중에서 가장 적당한 것을 하나 고르세요.

1番

うちで夫と妻が話しています。妻はどうして新聞を止めたくないのですか。

M: もう新聞取るの止めようよ。ニュースはスマホで読めるし、5,000円も払うのもったいないよ。

F : えっ、大学受験に新聞から問題がよく出るから、孝にも読ませてやりたいし。

M: 読解問題の練習は参考書でもできるだろう？

F : それはそうだけど、私、新聞を読まないと落ち着かないのよ。

M: インターネットだって同じことが書いてあるでしょ？

F : でも、新聞なら一度にたくさんの記事が目に入るから、気になる記事を選べるけど、インターネットは見出しだけで自分で記事を選ばなきゃならないから駄目なのよ。

M: 仕方がないなあ。

妻はどうして新聞を止めたくないのですか。

1 子どもが読みたがっているから
2 新聞は一目で多くの記事がわかるから
3 インターネットと新聞でニュースが違うから
4 インターネットで記事が選べないから

2番

男の人と女の人が指輪について話しています。男の人はどうして女の人に奥さんの指輪のサイズを聞いてほしいと頼んだのですか。

M: 美子さん、ちょっとお願いがあるんだけど。

F : 何かしら。

M: 玲子に指輪のサイズを聞いてくれないかな。

F : え、何で？ 自分の奥さんなんだから、自分で聞けばいいじゃない。

M: 結婚する時に貧乏で指輪が買えなかったんだ。それがずっと気になっていて。10年も経っちゃたけど買ってあげたいと思って。

F : こっそり買って驚かせたいってこと？

M: いや、「今更」って断られそうで。だからよろしく頼むよ。

男の人はどうして女の人に奥さんの指輪のサイズを聞いてほしいと頼んだのですか。

1 こっそり買って奥さんを驚かせたいから
2 指輪を買うと奥さんに怒られそうだから

1번

집에서 남편과 아내가 이야기하고 있습니다. 아내는 왜 신문을 끊고 싶지 않은 것입니까?

남: 이제 신문 구독하는 거 끊자. 뉴스는 스마트폰으로 읽을 수 있고, 5,000엔이나 내는 거 아까워.

여: 어? 대학 수험에 신문에서 문제가 자주 나오니까, 다카시에게도 읽게 해 주고 싶고.

남: 독해문제 연습은 참고서로도 할 수 있잖아?

여: 그건 그렇지만, 나, 신문을 읽지 않으면 안정이 안 돼.

남: 인터넷도 같은 내용이 써있잖아.

여: 그렇지만 신문은 한 번에 많은 기사가 눈에 들어오니까 신경쓰이는 기사를 고를 수 있는데, 인터넷은 표제만으로 직접 기사를 골라야하니까 안 돼.

남: 어쩔 수 없지.

아내는 왜 신문을 끊고 싶지 않은 것입니까?

1 아이가 읽고 싶어하니까
2 신문은 한눈에 많은 기사를 알 수 있으니까
3 인터넷과 신문에서 뉴스가 다르니까
4 인터넷으로 기사를 고를 수 없으니까

해설

아내가 신문을 끊고 싶지 않은 이유를 묻고 있다. 아내는 아들에게 신문을 읽게 해 주고 싶고, 자신이 신문을 읽지 않으면 안정이 되지 않는다고 했다. 그리고 신문은 펼치면 많은 기사가 눈에 들어와 내용을 대강 알 수 있다고 했다. 따라서 정답은 2번이 된다.

2번

남자와 여자가 반지에 대해서 이야기하고 있습니다. 남자는 왜 여자에게 아내의 반지 사이즈를 물어봐 달라고 부탁한 것입니까?

남: 요시코 씨, 부탁이 좀 있는데.

여: 뭔데?

남: 레이코에게 반지 사이즈를 물어봐 주지 않을래?

여: 어? 왜? 자기 아내니까 직접 물어보면 되잖아.

남: 결혼할 때 가난해서 반지를 살 수 없었어. 그게 계속 신경 쓰여서. 10년이나 지나버렸지만 사주고 싶어서.

여: 몰래 사서 놀래 주고 싶은 거야?

남: 아니, '이제 와서'라고 거절당할것 같아서. 그러니까 잘 부탁해.

남자는 왜 여자에게 아내의 반지 사이즈를 물어봐 달라고 부탁한 것입니까?

1 몰래 사서 아내를 놀라게 하고 싶어서
2 반지를 사면 아내에게 혼날 것 같아서
3 아내가 이제 필요없다고 말할 것 같아서
4 아내가 사이즈를 가르쳐 주지 않았기 때문에

해설

'이제 와서 라고 거절당할것 같아서'라고 대답했기 때문에 정답은 3번이 된다.

3 奥さんにもういらないと言われそうだから

4 奥さんがサイズを教えてくれなかったから

3番

女の人と男の人が喫茶店について話しています。男の人はどうしてその喫茶店に行きますか。

F：「ミラン」に行ってカフェラテ飲んでみたいわ。

M: カフェラテなら「バックス」でも飲めるよ。

F：でもあそこに何でも上手に描ける店員さんがいるんですって。

M: 何だ。ラテアートが目的なんだ。

F：味だっていいそうよ。それに店の雰囲気も。

M: でも遠いなあ。

F：一度ぐらいいいじゃないの。

M: 仕方がないなあ。

男の人はどうしてその喫茶店に行きますか。

1 カフェラテが飲みたいから

2 ラテアートが見たいから

3 おいしいし雰囲気もいいから

4 女の人が行きたがっているから

3번

여자와 남자가 찻집에 대해서 이야기하고 있습니다. 남자는 왜 그 찻집에 갑니까?

여: '미랑'에 가서 카페라테 마셔보고 싶어.

남: 카페라테라면 '벅스'에서도 마실 수 있어.

여: 하지만 거기에 뭐든지 잘 그릴 수 있는 점원이 있대.

남: 뭐야. 라테아트가 목적이구나?

여: 맛도 좋대. 게다가 가게 분위기도.

남: 하지만 먼데.

여: 한 번 정도 괜찮지 않아?

남: 어쩔 수 없군.

남자는 왜 그 찻집에 갑니까?

1 카페라테를 마시고 싶어서

2 라테아트가 보고 싶어서

3 맛있고 분위기도 좋아서

4 여자가 가고 싶어 하니까

해설

남자가 왜 그 찻집에 가는지 묻고 있다. 여자가 미랑에서 카페라테를 마시고 싶다고 하자, 남자는 벅스에서도 마실 수 있다고 한다. 하지만 여자는 미랑에는 라테아트를 잘하는 직원도 있고 맛도 좋으며 분위기도 좋다며 한번 가도 괜찮지 않냐고 했다. 여자의 말에 남자가 어쩔 수 없다고 했으므로 남자는 여자와 같이 미랑에 가는 것이다. 따라서 정답은 4번 여자가 가고 싶어 하니까가 된다.

4番

女の人と男の人が台所で話しています。男の人はどうして紙のにおい消しを使っていますか。

F：孝さん、台所きれいだし夏なのに全然いやなにおいがしないわね。

M: ああ、それは「ひとにぎり」を使っているから。

F：何それ？ 消臭剤？

M: 紙のにおい消しだよ。切ってゴミ箱に入れておくとにおいが消えるんだ。

F：そんな消臭剤見たことがないわ。
よくこんな物があるって知っていたわね。

M: 母が送ってくれたんだ。
今はインターネットで買っているけど。

F：これなら冷蔵庫に入れても場所を取らないわね。

M: だから使っているんだよ。

男の人はどうして紙のにおい消しを使っていますか。

4번

여자와 남자가 부엌에서 이야기하고 있습니다. 남자는 왜 종이로 된 냄새 제거제를 쓰고 있습니까?

여: 다카시 씨, 부엌이 깨끗하고 여름인데도 전혀 이상한 냄새가 안 나네.

남: 아, 그건 '히토니기리(한 줌)'를 쓰고 있으니까.

여: 뭐야 그게? 소취제?

남: 종이로 된 소취제야. 잘라서 쓰레기통에 넣어두면 냄새가 사라져.

여: 그런 소취제는 본 적이 없어. 잘도 이런 게 있는 줄 알았네.

남: 어머니가 보내줬어. 지금은 인터넷으로 사고 있지만.

여: 이거라면 냉장고에 넣어도 자리를 차지하지 않겠어.

남: 그래서 쓰고 있는 거야.

남자는 왜 종이로 된 냄새 제거제를 쓰고 있습니까?

1 어머니가 보내주니까

2 잘라서 넣기만 하면 쓸 수 있으니까

3 두는 장소를 그다지 쓰지 않으니까

4 쓰면 바로 냄새가 사라지니까

1 お母さんが送ってくれるから
2 切って入れるだけで使えるから
3 置く場所をあまり使わないから
4 使うとすぐににおいが消えるから

5番

男の人と女の人がカルシウムについて話しています。男の人が最もしなければならないことは何ですか。

M: カルシウムが足りないので、牛乳を飲んだり小魚を食べたりしているんだけど、まだ足りないんだって。
F : それじゃ、カルシウム剤を飲んだら。
M: 薬はなるべく取りたくないんだよ。
もっと牛乳を飲もうかな。
F : そうね。それに運動もしなければ。体を動かさないといくらカルシウムを取っても体から外に出てしまうんですって。
M: 車に乗ってばかりいたせいかな。
F : そうよ。もっと歩きなさいよ。
ジムに行くよりずっと効果があるわよ。
M: そうだね。

男の人が最もしなければならないことは何ですか。

1 カルシウム剤を飲むこと
2 もっと牛乳を飲むこと
3 ジムで運動すること
4 車に乗らないで歩くこと

6番

デパートで迷子のお知らせをしています。ゆきちゃんのお母さんはどうすればいいですか。

F : 迷子のお知らせをいたします。ピンクのワンピースを着たゆきちゃんというお名前のお子さんがお母様をおさがしです。おこころあたりの方は至急5階子ども服売り場の隣の保育室までおいでください。続いて迷子のお知らせをいたします。青いジャケットとズボンに白い帽子を被っている2歳の男のお子さんが迷子になっております。お近くでご覧になりましたら、すぐ売り場の店員までお知らせください。

ゆきちゃんのお母さんはどうすればいいですか。

1 5階の子ども服売り場に行く
2 おもちゃ売り場のそばの保育室に行く

해설

여자가 왜 종이로 된 냄새 제거제를 쓰는지 묻고 있다. 종이로 된 냄새 제거제는 남자의 어머니가 보내줘서 쓰기 시작한 것으로 잘라서 쓰는 것이며, 자리를 차지하지 않아서 남자가 쓰고 있다고 했다. 따라서 3번 두는 장소를 그다지 쓰지 않으니까가 정답이 된다.

5번

남자와 여자가 칼슘에 대해서 이야기하고 있습니다. 남자가 가장 해야만 하는 일은 무엇입니까?

남: 칼슘이 부족해서 우유를 마시거나 잔생선을 먹거나 하고 있는데, 아직 부족하대.
여: 그럼 칼슘제를 먹는 게 어때?
남: 약은 가능한 한 먹고 싶지 않아. 우유를 더 마실까?
여: 그래. 게다가 운동도 해야 돼. 몸을 움직이지 않으면 아무리 칼슘을 섭취해도 몸에서 밖으로 나가 버린대.
남: 차만 타고 있던 탓인가.
여: 맞아. 좀 더 걸어다녀. 체육관에 가는 것보다 훨씬 효과가 있어.
남: 그러네.

남자가 가장 해야만 하는 일은 무엇입니까?

1 칼슘제를 먹는 것
2 우유를 좀 더 마시는 것
3 체육관에서 운동하는 것
4 차를 타지 않고 걷는 것

해설

남자가 가장 해야 할 일을 묻고 있다. 남자는 여자에게 칼슘을 보충하는 방법을 묻고, 여자는 우유를 더 마시고 운동을 해야 한다고 충고하고 있다. 그리고 차만 타고 다닌 탓도 있으므로 좀 더 걸으라고 했다. 그게 체육관에 가는 것보다 훨씬 효과가 있다고 했으므로, 정답은 4번 '차를 타지 않고 걷는 것'이 된다.

6번

백화점에서 미아에 대한 공지를 하고 있습니다. 유키의 어머니는 어떻게 하면 됩니까?

여: 미아 공지를 하겠습니다. 분홍색 원피스를 입은 유키라는 이름의 아이가 어머니를 찾습니다. 짐작이 가는 분은 속히 5층 아동복 매장 옆에 있는 보육실까지 와 주십시오. 이어서 미아 공지를 하겠습니다. 파란색 재킷과 바지에 하얀 모자를 쓴 2살짜리 남자아이가 미아가 되었습니다. 근처에서 보시면 바로 매장의 점원에게 알려 주십시오.

유키의 어머니는 어떻게 하면 됩니까?

1 5층의 아동복 매장에 간다
2 장난감 매장 옆에 있는 보육실에 간다
3 아동복 매장 옆에 있는 보육실에 간다
4 아동복 매장의 점원에게 알린다

3 子ども服売り場の隣にある保育室に行く
4 子ども服売り場の店員に知らせる

問題 3

問題３では、問題用紙に何もいんさつされていません。この問題は、ぜんたいとしてどんなないようかを聞く問題です。話の前に質問はありません。まず話を聞いてください。それから、質問とせんたくしを聞いて、１から４の中から、最もよいものを一つえらんでください。

1番

外国の女の人が日本人の歯磨きについて話しています。

F：私の国ではみんな歯を磨いた後で口をゆすぎません。歯磨き粉には虫歯にならないように特別な成分が含まれていますから、それを歯につけたままにしておきたいのです。だから私の国では虫歯の人が少ないです。ゆすがないのは合理的だと思います。私は日本に来てみんなが水やお湯で口をゆすいでいるのを見て驚きました。どうしてゆすいでしまうのか日本人に聞きました。日本人は説明すると驚いて「そうなんだ」と言います。でもゆすがないと気持ちが悪いとかさっぱりしないとか言って誰もしないんです。直ぐに慣れると思うのですが、本当にもったいないと思います。残念ですね。

女の人は日本人の歯磨きについてどう考えていますか。

1 日本人はきれい好きだと思っている
2 日本人のやり方のほうが合理的だと思っている
3 日本人が女の人の話を理解できないと思っている
4 日本人はもったいないことをしていると思っている

2番

女の人と男の人が新しくできたトイレについて話しています。

F：ねえ、知っている？ 外から中が見えるトイレができたんだって。

M：ああ、きれいだって評判だね。面白そうだから使ってみたいな。

F：私も入ってみたいけど、間違って中が見えちゃうことがないか不安なの。

해설

백화점에서 미아에 대한 공지가 2개 나온다. 하나는 미아가 된 유키가 5층 아동복 매장 옆의 보육실에 있으니 찾으러 오라는 것이고, 다른 하나는 남자아이를 잃어 버렸으니 보신 분은 알려 달라는 것이다. 질문은 유키의 어머니가 어떻게 하면 되는가이므로, 정답은 3번 '아동복 매장 옆에 있는 보육실에 간다'가 된다.

문제3

문제3에서는 문제 용지에 아무것도 인쇄되어 있지 않습니다. 이 문제는 전체로서 어떤 내용인지를 묻는 문제입니다. 이야기 전에 질문은 없습니다. 먼저 이야기를 들어 주세요. 그런 다음 질문과 선택지를 듣고, 1에서 4 중에서 가장 적당한 것을 하나 고르세요.

1번

외국 여자가 일본인의 양치질에 대해 이야기하고 있습니다.

여: 우리 나라에서는 모두 양치를 한 후에 입을 헹구지 않아요. 치약에는 충치가 생기지 않도록 특별한 성분이 함유되어 있기 때문에, 그것을 치아에 묻힌 채로 두고 싶어요. 그렇기 때문에 우리 나라에는 충치가 있는 사람이 적죠. 헹구지 않는 것은 합리적이라고 생각해요. 저는 일본에 와서 모두 물이나 온수로 입을 헹구고 있는 것을 보고 놀랐어요. 어째서 헹궈버리는 것인지 일본인에게 물었어요. 일본인은 설명하면 놀라서 '그렇구나' 하고 말하죠. 하지만 헹구지 않으면 기분이 나쁘다거나 개운하지 않다거나 해서 아무도 하지 않아요. 금방 적응하리라 생각하지만, 정말로 아깝다고 생각해요. 유감이네요.

여자는 일본인의 양치질에 대해서 어떻게 생각하고 있습니까?

1 일본인은 깨끗한 것을 좋아한다고 생각한다
2 일본인의 방법이 합리적이라고 생각한다.
3 일본인이 여자의 말을 이해하지 못한다고 생각한다
4 일본인은 아까운 행동을 하고 있다고 생각한다

해설

글의 마지막에 정말로 아깝다고 생각하고 있다고 말했으므로 정답은 4번이 된다.

2번

여자와 남자가 새로 생긴 화장실에 대해서 이야기하고 있습니다.

여: 있잖아, 알고 있어? 밖에서 안이 보이는 화장실이 생겼대.

남: 아아, 예쁘다고 소문났지? 재밌을 것 같아서 써보고 싶다.

여: 나도 들어가 보고 싶은데, 잘못해서 안이 보일까봐 불안해.

남: 괜찮아. 잠그면 안이 안 보이게 돼. 밤에 안의 빛이 주위를 밝게 비추니까 방범 역할도 한대.

여: 그건 좋네. 야외에 있는 공공 화장실은 안에 이상한 사람이 있어도 모르니까 위험하고 더러워져 있는 경우도 많고.

M: 大丈夫だよ。鍵を掛ければ中が見えなくなるんだよ。夜なんか中の光が周りを明るく照らすから防犯の役目もするんだって。

F：それはいいわね。屋外の公共のトイレは中に変な人がいてもわからないから、危ないし、汚れていることも多いし。

M: 問題解決。きれいなトイレだし、見られている気がして汚す気になれないから。

F：そうだといいんだけど。

女の人の新しいトイレに対する意見はどれですか。

1 公共のトイレの問題は解決するだろう
2 不安だけど面白そうだから使ってみたい
3 間違えて見られたら嫌だから使いたくない
4 防犯上はよいが全ての問題がなくなるとは思わない

3番

家で夫と妻が話しています。

M: 何作っているの？

F：ママ名刺。公園で会った人にあげるのよ。

M: お母さん同士で名刺の交換をしているんだ。

F：そうよ。いろいろなイラストを描いたり、家族写真を入れている人もいるわよ。

M: 家族写真は使わないでくれよ。

F：いいわよ。私と純の写真にするから。

M: 純、電車が好きだから電車のイラストはどう？

F：そうね。写真は止めちゃおうかしら。

M: じゃ、僕が電車に乗っている二人を描いてあげるよ。

F：本当？ そうねえ、イラストなら純だけでいいわ。可愛く描いてね。

M: うん。頑張るよ。

妻はどんな名刺がいいと言っていますか。

1 お母さんと子どもの写真入り
2 お母さんと子どものイラスト入り
3 電車と子どもの写真入り
4 電車と子どものイラスト入り

4番

女の人と男の人が話しています。

F：山下さん、また新しいネクタイね。ずいぶんネクタイにお金かけているわね。

남: 문제 해결. 깨끗한 화장실이고, 누군가 보고 있는 기분이 들어서 더럽힐 마음이 들지 않으니까.

여: 그러면 좋겠는데.

여자의 새 화장실에 대한 의견은 어느 것입니까?

1 공공 화장실 문제는 해결될 것이다
2 불안하지만 재밌을 것 같아서 써보고 싶다
3 잘못해서 누군가 보면 싫으니 쓰기 싫다
4 방범상은 좋지만 모든 문제가 없어진다고는 생각하지 않는다

해설

남자가 문제 해결이라고 말했지만 여자는 「そうだといいんだけど」라고 말하고 있으므로 1번은 정답이 아니다. 2번은 남자가 한 말이고, 3번은 불안하지만 쓰기 싫다고는 하지 않았다. 4번은 방범의 역할을 한다는 것에 여자도 「いいね」라고 답했지만 마지막 대화에서 「そうだといいんだけど」라고 말하고 있으므로 4번이 정답이 된다.

3번

집에서 남편과 아내가 이야기하고 있습니다.

남: 뭘 만들고 있어?

여: 엄마 명함. 공원에서 만난 사람에게 줄 거야.

남: 엄마들끼리 명함을 교환하고 있구나?

여: 맞아. 여러 일러스트를 그리거나 가족사진을 넣는 사람도 있어.

남: 가족사진은 쓰지 말아줘.

여: 좋아. 나랑 쥰의 사진으로 할거니까.

남: 쥰, 전철을 좋아하니까 전철 일러스트는 어때?

여: 그렇네. 사진은 그만둘까?

남: 그럼 내가 전철을 타고 있는 두 사람을 그려 줄게.

여: 정말? 그래, 일러스트라면 쥰만 있어도 돼. 귀엽게 그려 줘.

남: 응, 열심히 할게.

아내는 어떤 명함이 좋다고 말하고 있습니까?

1 엄마와 아이의 사진을 넣은 것
2 엄마와 아이의 일러스트를 넣은 것
3 전철과 아이의 사진을 넣은 것
4 전철과 아이의 일러스트를 넣은 것

해설

남편이 가족사진은 쓰지 말라고 했기 때문에 아내와 아이의 사진으로 하는 것으로 했다. 그 후, 아이가 좋아하는 전철 그림을 남편이 권했고 아내는 그림이라면 아이만으로 좋다고 했으므로 4번이 정답이다.

4번

여자와 남자가 이야기하고 있습니다.

여: 야마시타 씨, 또 새로운 넥타이네. 넥타이에 상당히 돈을 들이고 있네.

남: 아냐. 산 게 아니라 빌린 거야.

M: 違うよ。買ったんじゃなくて借りているんだよ。

F：家族に？

M: 月４千円でネクタイなんかを貸す会社があるんだよ。

F：へえ、違うネクタイをしたい気持ちはわかるけど。

M: 高いネクタイはなかなか買えないから。

F：それはそうだけど毎月４千円はねえ。

M: それでやる気が出るんだから安いもんだよ。

F：せめて千円なら…。

女の人はネクタイを借りることについてどう思っていますか。

1 お金を払ってネクタイを借りるのには反対だ

2 ネクタイを借りるのに４千円は高すぎる

3 高いネクタイだから４千円払っても仕方がない

4 借りたネクタイでやる気が出るのなら４千円は高くない

5番

男の人と女の人が話しています。

F：草取り大変ですね。

M: ええ。でも来年の春はここを花でいっぱいにしたいから。

F：いつもお花がいっぱいでここを通るのが楽しみなんですよ。

M: そうですか。そんなことを言ってくださるとますます頑張りたくなります。

F：私も狭い庭ですが花を育てているんです。これから種を買いに行くところです。その前にちょっとお宅の花が見たくなって。

M: パンジーの種でよかったら差し上げますよ。
買い過ぎちゃったので。

F：それなら、買わせてください。
それから育て方も教えていただけるとうれしいです。

M: どうせ無駄にしちゃうんですからもらってください。

女の人は男の人の家に何をしに来ましたか。

1 花について話しに来た

2 花の種を買いに来た

3 花の育て方を教えてもらいに来た

4 花を見に来た

6番

男の人が貸すための傘や本について話しています。

M: 先日田舎のほうでバスに乗りました。そこで運転手さんのそばに傘が何本か置いてあるのに気づきました。

여: 가족한테?

남: 한 달에 4천 엔이면 넥타이 같은 것을 빌려주는 회사가 있어.

여: 흐음, 다른 넥타이를 하고 싶은 마음은 알겠지만.

남: 비싼 넥타이는 좀처럼 살 수 없으니까.

여: 그건 그렇지만 매월 4천 엔은 좀.

남: 그걸로 의욕이 생기니까 싼 거야.

여: 최소한 천 엔이라면….

여자는 넥타이를 빌리는 것에 대해서 어떻게 생각하고 있습니까?

1 돈을 내고 넥타이를 빌리는 것에는 반대다

2 넥타이를 빌리는 데 4천 엔은 너무 비싸다

3 비싼 넥타이이므로 4천 엔을 내도 어쩔 수 없다

4 빌린 넥타이로 의욕이 생긴다면 4천 엔은 비싸지 않다

해설

여자가 '4천 엔은 좀' 이라며 비싸다는 뜻을 보이고 있고, '적어도 천 엔이라면' 괜찮다는 표현을 하고 있으므로 2번이 정답이다.

5번

남자와 여자가 이야기하고 있습니다.

여: 잡초 뽑기 힘들죠.

남: 네. 하지만 내년 봄에는 이곳을 꽃으로 가득 채우고 싶어서.

여: 항상 꽃이 가득해서 이곳을 지나가는 게 낙이에요.

남: 그렇습니까? 그런 말씀을 해 주시면 점점 더 분발하고 싶어집니다.

여: 저도 좁은 정원이지만 꽃을 키우고 있어요. 이제 씨를 사러 갈 참입니다. 그 전에 잠시 댁의 꽃이 보고 싶어져서요.

남: 팬지 씨가 괜찮으시면 드리겠습니다. 너무 많이 사서요.

여: 그러면 파세요. 그리고 키우는 법도 가르쳐 주시면 좋겠어요.

남: 어차피 쓸모없어질 테니 받으세요.

여자는 남자 집에 무엇을 하러 왔습니까?

1 꽃에 대해 이야기하러 왔다

2 꽃씨를 사러 왔다

3 꽃 키우는 법을 배우러 왔다

4 꽃을 보러 왔다

해설

여자가 남자 집에 온 이유를 묻고 있다. 여자는 자신도 꽃을 키우고 있고 이제부터 씨를 사러 가려고 한다고 말하면서, 그 전에 남자 집의 꽃이 보고 싶어졌다고 말하고 있으므로, 정답은 4번이다.

6번

남자가 대여용 우산과 책에 대해서 이야기하고 있습니다.

남: 일전에 시골에서 버스를 탔습니다. 거기서 운전기사 옆에 우산이 몇 개 놓여 있는 것을 깨달았습니다. 운전기사에게 물어보니 갑작스런 비로 난처한 사람들에게 빌려 주기 위한 우산이라고 했습

運転手さんに聞くと急な雨で困った人たちに貸すための傘だということでした。そう言えば同じように傘が置いてある駅があるという話を聞いたこともあります。どちらも傘を借りた人が返さなければ続けられないことです。私の駅ではホームの本棚に駅を利用する人が要らなくなった本を置いて行きます。読みたい人は借りていって要らなくなったらまたその棚に返します。こちらも本がいつもあります。このようなことを知るたびにうれしくなります。ちょっとしたことが住みやすい社会を作るのではないかと考えるからです。

男の人は貸すための傘や本が置いてあることに対してどう考えていますか。

1 傘や本を返す人がいるのだろうか
2 物は借りたら返すのが当たり前だ
3 このようなことが社会を住みやすくする
4 住みやすい社会を作るために傘や本を貸すべきだ

니다. 그러고 보니 똑같이 우산이 놓여 있는 역이 있다는 이야기를 들은 적도 있습니다. 모두 우산을 빌린 사람이 반납하지 않으면 계속할 수 없는 일입니다. 우리 (동네) 역에서는 플랫폼에 있는 책장에 역을 이용하는 사람이 필요 없어진 책을 놓고 갑니다. 읽고 싶은 사람은 빌려 가고 필요 없어지면 다시 그 책장에 반납합니다. 이쪽도 책이 항상 있습니다. 이런 일을 알 때마다 기분이 좋아집니다. 사소한 일이 살기 좋은 사회를 만드는 것이 아닐까 생각하기 때문입니다.

남자는 대여용 우산과 책이 놓여 있는 것에 대해 어떻게 생각하고 있습니까?

1 우산이나 책을 반납하는 사람이 있을까?
2 물건은 빌렸으면 돌려주는 게 당연하다
3 이런 일이 사회를 살기 좋게 한다
4 살기 좋은 사회를 만들기 위해서 우산이나 책을 빌려 주어야 한다

해설

남자는 대여용 우산과 책에 대해서 이야기하면서, 마지막에 사소한 일이 살기 좋은 사회를 만드는 것이 아닐까 생각한다고 자신의 생각을 말하고 있다. 즉 대여용 우산과 책과 같이 다른 사람을 위하는 일들이 살기 좋은 사회를 만든다는 것이므로, 정답은 3번이 된다.

問題 4

問題 4 では、えを見ながら質問を聞いてください。やじるし(➡)の人は何と言いますか。1 から 3 の中から、最もよいものを一つえらんでください。

문제4

문제4에서는 그림을 보면서 질문을 들어 주세요. 화살표의 사람은 뭐라고 말합니까? 1에서 3 중에서 가장 적당한 것을 하나 고르세요.

1番

子どもが料理を取りに行きます。お母さんは何と言いますか。

F : 1 座って待っていなさい。
2 デザートは後にしなさいよ。
3 好きな物を取ってきてもいいよね。

1번

아이가 음식을 가지러 갑니다. 엄마는 뭐라고 합니까?

여: 1 앉아서 기다려라.
2 디저트는 나중에 해라.
3 좋아하는 걸 가져와도 되지?

해설

디저트로 향하는 아이에게 엄마가 고개를 저으며 음식을 가리키고 있으므로, 정답은 2번이 된다.

2番

学生が先生の本が借りたいです。何と言いますか。

F : 1 この本、お借りになっても大丈夫ですか。
2 この本、お借りしたいんですが。
3 この本、お貸ししてもいいでしょうか。

2번

학생은 선생님의 책을 빌리고 싶습니다. 뭐라고 말합니까?

여: 1 이 책 빌리셔도 괜찮습니까?
2 이 책 빌리고 싶은데요.
3 이 책 빌려 줘도 괜찮을까요?

해설

학생이 선생님께 책을 빌리고 싶을 때 하는 말이므로 겸양어를 사용한 2번이 정답이 된다. 1, 3번은 책을 빌리는 사람이 하는 말이 아니다.

3番

列の途中に入ろうとしています。何と言いますか。

F：1 後ろに並んで。
　2 入れないわよ。
　3 ここは途中ですよ。

3번

서 있는 줄 중간에 들어가려고 합니다. 뭐라고 말합니까?

여：1 뒤로 줄 서요.
　2 못 들어가요.
　3 여기는 도중이에요.

해설

끼어드는 것에 주의를 주고 있기 때문에 1번이 정답이다. 2번과 3번은 단순히 상황을 설명하고 있는 것으로 주의를 주고 있지 않으므로 맞지 않다.

4番

品物を包んでもらいたいです。何と言いますか。

M：1 これ、包みましょうか。
　2 これ、包んでいますか。
　3 これ、プレゼント用にお願いします。

4번

물건을 포장해 주었으면 합니다. 뭐라고 말합니까?

남：1 이거 포장할까요?
　2 이거 포장하고 있습니까?
　3 이거 선물용으로 부탁합니다.

해설

1번의 포장할까요?는 점원이 말하는 것이므로 맞지 않다. 2번은 포장하는 상황을 묻고 있기 때문에 맞지 않다. 3번은 선물용으로 포장을 부탁하는 표현이므로 정답이 된다.

5番

このカメラを安く買いたいです。何と言いますか。

M：1 もう安いカメラがほしいんですが。
　2 もう少し安くなってもらえませんか。
　3 もっと負けてくれませんか。

5번

이 카메라를 싸게 사고 싶습니다. 뭐라고 말합니까?

남：1 좀 더 싼 카메라가 갖고 싶은데요.
　2 좀 더 저렴해질 수 없습니까?
　3 좀 더 깎아 주지 않겠습니까?

해설

카메라를 싸게 사고 싶을 때 하는 말을 골라야 한다. 3번 '좀 더 깎아 주지 않겠습니까?'가 정답이 되는데, 여기서 「負(ま)ける」는 '값을 깎아 주다'라는 뜻으로 사용되었다. 1번은 다른 카메라를 원한다는 의미이고, 2번은 「安くなって」가 아니라 「安くして」로 해야 한다.

6番

女の人はテニスの約束を止めたいです。何と言いますか。

F：1 日曜日は雨なので残念ながら止めなければなりません。
　2 日曜日急用ができたので残念ですが行けないんですが。
　3 すみませんが、日曜日はテニスが残念なんです。

6번

여자는 테니스 약속을 그만두고 싶습니다. 뭐라고 말합니까?

여：1 일요일은 비가 오니까 유감스럽게도 그만둬야 합니다.
　2 일요일에 급한 일이 생겨서 유감이지만 갈 수 없는데요.
　3 죄송하지만, 일요일은 테니스가 유감입니다.

해설

왜 테니스를 치러 갈 수 없는지에 대해서 이야기한 것을 찾아야 한다. 1번은 아직 일어날지 어떨지 모르는 일을 들어서 자신이 약속을 그만두고 싶다고 했기 때문에 적절한 말이 아니다. 급한 일이 생겼다는 이유를 든 2번이 정답이다. 3번은 말이 되지 않는다.

問題 5

問題 5 では、問題用紙に何もいんさつされていません。まず文を聞いてください。それから、そのへんじを聞いて、1 から 3 の中から、最もよいものを一つえらんでください。

문제5

문제5에서는 문제 용지에 아무것도 인쇄되어 있지 않습니다. 먼저 문장을 들어 주세요. 그런 다음 그 응답을 듣고, 1에서 3 중에서 가장 적당한 것을 하나 고르세요.

1番

F : どうしてテストで40点しか取れなかったの。
M : 1 遊んでばかりいたんでしょ。
　2 遊んでばかりいたから。
　3 遊んでばかりいたら駄目だよ。

1번

여: 왜 시험에서 40점밖에 못 받았어?
남: 1 놀고만 있었지?
　2 놀기만 했으니까.
　3 놀기만 하면 안돼.

해설

1, 3번은 여자가 할 법한 대사이고, 2번이 이유를 말하고 있으므로 정답이 된다.

2番

M : 今日は春のように暖かいね。
F : 1 ええ、春が来ましたから。
　2 ええ、去年ほど暖かくないですね。
　3 ええ、昨日までの寒さが嘘のようですね。

2번

남: 오늘은 봄처럼 따뜻하네.
여: 1 네, 봄이 왔으니까요.
　2 네, 작년만큼 따뜻하지 않네요.
　3 네, 어제까지의 추위가 거짓말 같네요.

해설

봄처럼 따뜻하다는 것은 현재 봄이 아니라는 것이므로 1번은 정답이 아니다. 2번은 따뜻하지 않다고 말하고 있으므로 맞지 않다.

3番

F : この本、読み始めたら止まらなくなっちゃうわよ。
M : 1 へえ、じゃ、読んで。
　2 へえ、じゃ、貸して。
　3 へえ、じゃ、借りて。

3번

여: 이 책, 읽기 시작하면 멈출 수 없게 돼.
남: 1 그래? 그럼 읽어.
　2 그래? 그럼 빌려줘.
　3 그래? 그럼 빌려.

해설

책이 멈출 수 없을 정도로 재미있다고 말하고 있다. 책은 읽고 있거나 읽은 상황이므로 1번은 정답이 아니다. 2번은 읽고 싶어서 빌려달라고 말하므로 정답이다. 3번은 상황에 맞지 않은 대화이다.

4番

F : また、散らかしっぱなしにして。早く片づけなさい。
M : 1 もうすぐ片づけると思うよ。
　2 きれいだと落ち着かないんだよ。
　3 部屋がきれいだと気持ちがいいんだ。

4번

여: 또, 어질러놓은 채로 두고. 빨리 치워라.
남: 1 곧 정리할거라 생각해.
　2 깨끗하면 마음이 안정이 안돼.
　3 방이 깨끗하면 기분이 좋아.

해설

1번은 다른 사람의 행동에 대해 하는 말이므로 정답이 아니다. 2번은 정리하지 않는 이유를 말하고 있으므로 정답이다. 3번은 지금, 방은 더럽기 때문에 맞지 않다.

5番

F：あれ、吉田さんが来ていないなんて。

M：1 変だね。遅刻するはずないんだけど。

2 変だね。いつも通りに来るんじゃない。

3 変だね。時間を守ったことがないんだから。

5번

여: 어머, 요시다 씨가 안 왔다니.

남: 1 이상하네. 지각할 리가 없는데.

2 이상하네. 평소대로 오는 거 아니야?

3 이상하네. 시간을 지킨 적이 없으니까.

해설

요시다 씨가 오지 않은 것에 놀라고 있다. 요시다 씨가 왔어야 하는 상황을 추측할 수 있으므로 정답은 1번이 된다.

6番

M：ここに置いておいた僕の傘知らない？

F：1 それなら私に傘を貸してください。

2 それなら山田さんが借りていくって。

3 それなら誰かの傘が借りたいですか。

6번

남: 여기에 놔둔 내 우산 못 봤어?

여: 1 그거라면 저에게 우산을 빌려주세요.

2 그거라면 야마다 씨가 빌려간대.

3 그거라면 누구의 우산을 빌리고 싶습니까?

해설

남자가 자신의 우산을 찾고 있다. 남자의 우산을 빌려갔다고 말한 2번이 정답이 된다.

7番

M：Aチームは評判ほど強くなかったよ。

F：1 じゃ、Aチームが勝ったのね。

2 じゃ、Aチームに負けたのね。

3 じゃ、Aチームに勝ったのね。

7번

남: A팀은 평판만큼 강하지 않았어.

여: 1 그럼 A팀이 이겼구나.

2 그럼 A팀에 졌구나.

3 그럼 A팀에 이겼구나.

해설

남자는 'A팀은 강하다는 평판이지만, 실제는 그 정도로 강하지 않았다'고 말하고 있다. 그 말에서 추측할 수 있는 것은 자신의 팀이 이기고 A팀이 졌다는 것이다. 따라서 3번이 정답이다.

8番

M：道が思ったより込んでいて。

F：1 それで早く着いたんですね。

2 それで遅かったんですね。

3 それで迷ったんですね。

8번

남: 길이 생각보다 막혀서.

여: 1 그래서 빨리 도착했군요.

2 그래서 늦었군요.

3 그래서 길을 헤맸군요.

해설

예상보다 길이 막혔다고 했으므로, 이 후에는 '지각했다' '늦었다' 등의 말이 생략되어 있다. 1번, '빨리 도착했다'가 아니라 늦었다고 해야 하므로 맞지 않다. 2번은 '그런 이유로 늦었군'이라고 납득하고 있으므로 이것이 정답이다. '3번은 '막혔다'는 이유로 '헤맸다'는 것은 이치에 맞지 않다.

9番

M：寒いせいでかぜをひいたみたいだ。

F：1 頭が痛くなってきたんです。

2 早く帰って寝たほうがいいですよ。

3 暖房を切ったほうがいいですか。

9번

남: 추운 탓에 감기에 걸린 것 같아.

여: 1 머리가 아파졌어요.

2 빨리 돌아가서 자는 편이 좋아요.

3 난방을 끄는 편이 좋아요?

해설

남자는 '추워서 감기에 걸린 것 같다'고 말하고 있다. 1번은 감기에 걸린 사람이 하는 말이므로 맞지 않다. 3번 '추워서 감기에 걸렸다'고 말하는 사람에게 이런 말을 하는 것은 이치에 맞지 않다. 따라서 답은 2번이다.

10番

F：最近景気が悪くなる一方で困っています。

M：1 本当に一方的なんです。

2 本当によくなってきましたね。

3 本当に景気はよかったり悪かったりですね。

10번

여: 최근 경기가 나빠지기만 해서 곤란해요.

남: 1 정말로 일방적입니다.

2 정말로 좋아졌네요.

3 정말로 경기는 좋거나 나쁘거나 하네요.

해설

1번 '일방적'은 '상대의 것을 생각하지 않고 무언가를 하는 것'이므로 '계속 나빠지고 있다'고 하는 것에 대한 말로서는 맞지 않다. 2번 경기가 나빠지기만 한다고 걱정하는 말에 좋아졌다고 답하는 것은 이치에 맞지 않다. 3번 '경기는 좋거나 나쁘거나 하네요'라고 같이 걱정하고 있으므로 정답이다.

11番

F：では私が代わりに銀行に行ってまいります。

M：1 よろしく頼むよ。

2 よろしいですね。

3 私が頼んだんです。

11번

여: 그럼 제가 대신 은행에 다녀오겠습니다.

남: 1 잘 부탁해.

2 괜찮지요?

3 제가 부탁했어요.

해설

여자가 대신 은행에 다녀오겠다는 말에 잘 부탁한다는 대답은 자연스러운 대화이다. 따라서 1번은 정답이다. 2번의 '괜찮지요?'는 무언가를 상대가 양해했는가를 확인할 때 말한다. 여자가 '그럼 제가 대신 다녀오겠습니다'라고 확실히 말하고 있으므로 상대는 재확인하는 것이 아니라 '감사의 뜻을 말해야 하므로 맞지 않다. 3번은 '누가 부탁했나요?'라고 묻는 경우 이렇게 대답한다.

12番

F：ワンさん、昨日一緒にいた方恋人ですか。

M：1 違いますよ。あれは妹です。

2 ああ、その人は恋人じゃありませんよ。

3 それは恋人じゃなくて友達でした。

12번

여: 왕 씨, 어제 함께 있던 분 애인이에요?

남: 1 아닙니다. 그 사람은 여동생입니다.

2 아, 그 사람은 애인이 아니에요.

3 그 사람은 애인이 아니라 친구였습니다.

해설

여자가 어제 함께 있던 분이 애인인지를 묻고 있다. 1번은 '아닙니다. 그 사람은 여동생입니다'라고 했는데, 여자와 남자는 어제 함께 있던 사람 즉 화제의 대상을 알고 있으므로, 지시사 「あれ」를 사용했으므로 정답이 된다. 2번과 3번은 같은 이유로, 2번은 「あの」를, 3번은 「あれ」를 사용해야 자연스러운 문장이 된다.

13番

M：空が急に暗くなってきて今にも…。

F：1 雨が降るそうだから急いで帰りましょう。

2 雨が降ってきたので困っています。

3 雨が降ってきそうだけど傘を持っていますか。

13번

남: 하늘이 갑자기 어두워져서 지금이라도…….

여: 1 비가 내린다고 하니까 서둘러 돌아갑시다.

2 비가 내려서 난처합니다.

3 비가 내릴 것 같은데, 우산을 갖고 있습니까?

해설

남자가 하늘을 보며 '하늘이 갑자기 어두워져서 지금이라도……'라고 말하고 있다. 그에 대한 응답으로는, 남자의 '지금이라도' 뒤에 비가 내릴 것 같다는 말이 생략되어 있으므로, 3번 '비가 내릴 것 같은데, 우산을 갖고 있습니까?'가 정답이 된다. 1번은 지금 하늘을 보고 있는 상황이므로, 전문 표현(そうだ)이 사용되어서는 안 되고, 2번은 아직 비가 내리지 않았는데, 과거형이 사용되었다.

14番

M: キムさん、日本(にほん)に留学(りゅうがく)するって本当(ほんとう)ですか。
F : 1 ええ、国(くに)に奨学金(しょうがくきん)をあげることにしたので。
2 ええ、国(くに)が奨学金(しょうがくきん)を払(はら)えるようになったので。
3 ええ、国(くに)から奨学金(しょうがくきん)がもらえることになったので。

14번

남: 김 씨, 일본에 유학 간다는 게 정말입니까?
여: 1 네, 국가에 장학금을 주기로 해서.
2 네, 국가가 장학금을 지불할 수 있게 되어서.
3 네, 국가로부터 장학금을 받을 수 있게 되어서.

해설

일본에 유학 가는 것이 정말이냐는 남자의 물음에 대한 응답이다. 3번 '네, 국가로부터 장학금을 받을 수 있게 되어서'가 정답이 된다. 1번은 장학금은 나라에 주는 것이 아니라 나라로부터 받는 것이므로 맞지 않다. 2번은 나라가 장학금을 준다고 해야 한다. 「払う」는 돈을 지불하거나 갚을 때 사용할 수 있다.

15番

F : 山田先生(やまだせんせい)の授業(じゅぎょう)を取(と)ってどう思(おも)った？
M: 1 難(むずか)しそうだけど案外楽(あんがいらく)だと思(おも)うよ。
2 難(むずか)しいけど面白(おもしろ)いそうだよ。
3 面白(おもしろ)い授業(じゅぎょう)だったけど大変(たいへん)だったよ。

15번

여: 야마다 선생님의 수업을 듣고 어떻게 생각했어?
남: 1 어려울 것 같지만 의외로 쉽다고 생각해.
2 어렵지만 재밌다고 하더라.
3 재미있는 수업이었지만 힘들었어.

해설

여자는 남자에게 야마다 선생님의 수업이 어땠는지를 묻고 있다. 이에 대한 응답은 수업을 들은 소감을 말한 3번이 정답이 된다. 1번은 자신이 경험을 한 것에 「難しそうだ」라는 양태 표현을 사용하고 있으므로 맞지 않고, 2번도 마찬가지로 자신이 경험한 것에 대해 「面白いそうだ」라는 전문 표현을 사용하고 있으므로 맞지 않다.

16番

F : 先生(せんせい)がまだ会場(かいじょう)にお着(つ)きにならないのよ。
M: 1 すぐに参(まい)られるから心配(しんぱい)しないでも大丈夫(だいじょうぶ)ですよ。
2 まだお見(み)えにならないなんて珍(めずら)しいことですね。
3 先生(せんせい)がいらっしゃらないんですよ。

16번

여: 선생님이 아직 회장에 도착하시지 않았어요.
남: 1 바로 오실 테니 걱정하지 않아도 괜찮습니다.
2 아직 안 오시다니 드문 일이네요.
3 선생님이 오지 않으십니다.

해설

여기서는 존경어와 겸양어 사용에 대해 묻고 있다. 선생님이 아직 도착하지 않았다고 걱정하는 여자에 대한 응답으로, '아직 오시지 않다니 드문 일이네요'라고 한 2번이 정답이 된다. 1번에서 사용된 「参られる」는 겸양어이기 때문에 맞지 않고, 3번은 여자가 선생님이 오지 않는다고 말하고 있는데, 남자도 선생님이 오시지 않는다고 말하고 있으므로 맞지 않다.

17番

F : あっ、いすがぐらぐらして壊(こわ)れちゃったわ。
M: 1 僕(ぼく)は大工仕事(だいくしごと)が上手(じょうず)だから直(なお)されるよ。
2 僕(ぼく)は大工仕事(だいくしごと)が得意(とくい)だから直(なお)してくれるよ。
3 僕(ぼく)は大工仕事(だいくしごと)が好(す)きだから直(なお)してあげるよ。

17번

여: 앗, 의자가 흔들흔들해서 부서지고 말았어.
남: 1 나는 목공 일이 능숙하니까 고쳐져.
2 나는 목공 일을 잘하니까 고쳐 줄거야.
3 나는 목공 일을 좋아하니까 고쳐 줄게.

해설

의자가 부서졌다고 하는 여자의 말에, 의자를 고쳐 주겠다고 말한 3번이 정답이 된다. 1번은 「直される」가 아니라 「直せる」가 되어야 하고, 2번은 「くれる」가 아니라 「あげる」가 되어야 한다.

18番

F：30分以上も待っているんですが、バスがまだ来ません。

M：1 ずいぶん長くバスをお待ちしていますね。

2 早く来るのが待たれていますよ。

3 待たされすぎて疲れましたね。

18번

여: 30분 이상이나 기다리고 있는데, 버스가 아직 오지 않아요.

남: 1 상당히 오래 버스를 기다리고 있군요.

2 빨리 오는 게 기다리게 되는군요.

3 너무 기다려서 지쳤겠네요.

해설

30분 이상이나 기다렸는데도 버스가 오지 않아 걱정하고 있는 여자에게, 너무 많이 기다린 것을 위로한 3번 '너무 기다려서 지쳤겠네요'가 정답이 된다. 1번에서 사용된 「お待ちして」는 겸양표현으로 맞지 않고, 2번은 「来るのが待たれていますよ」가 아니라 「来てほしいですね」가 되어야 한다.

19番

M：君たちが来るのは今度の日曜日だったよね。

F：1 はい、何時にいらっしゃれば便利でしょうか。

2 はい、何時ごろにうかがえばよろしいでしょうか。

3 はい、何時ごろおじゃまにならないでしょうか。

19번

남: 너희들이 오는 게 이번 일요일이었지?

여: 1 네, 몇 시에 가시면 편리할까요?

2 네, 몇 시쯤 찾아뵈면 괜찮을까요?

3 네, 몇 시쯤 방해가 되지 않을까요?

해설

오는 날짜를 확인하고 있는 남자의 말에, 몇 시쯤 찾아뵈면 되는지를 묻는 2번이 정답이 된다. 1번에서는 자신에게 존경어 「いらっしゃる」를 사용했기 때문에 맞지 않고, 3번은 「何時ごろ」가 아니라 「何時ごろなら」를 사용해야 한다.

20番

F：何だか体が冷えて寒くてたまりません。

M：1 暖房を消しましょうか。

2 暖房を止めましょうか。

3 冷房を消しましょうか。

20번

여: 왠지 몸이 차가워져서 추워서 견딜 수 없어요.

남: 1 난방을 끌까요?

2 난방을 중지할까요?

3 냉방을 끌까요?

해설

춥다는 여자의 말에, '(켜 놓은) 냉방을 끌까요?'라고 묻는 3번이 정답이 된다. 1번과 2번은 모두 난방을 끌지에 대해 묻고 있다.

memo

memo

memo

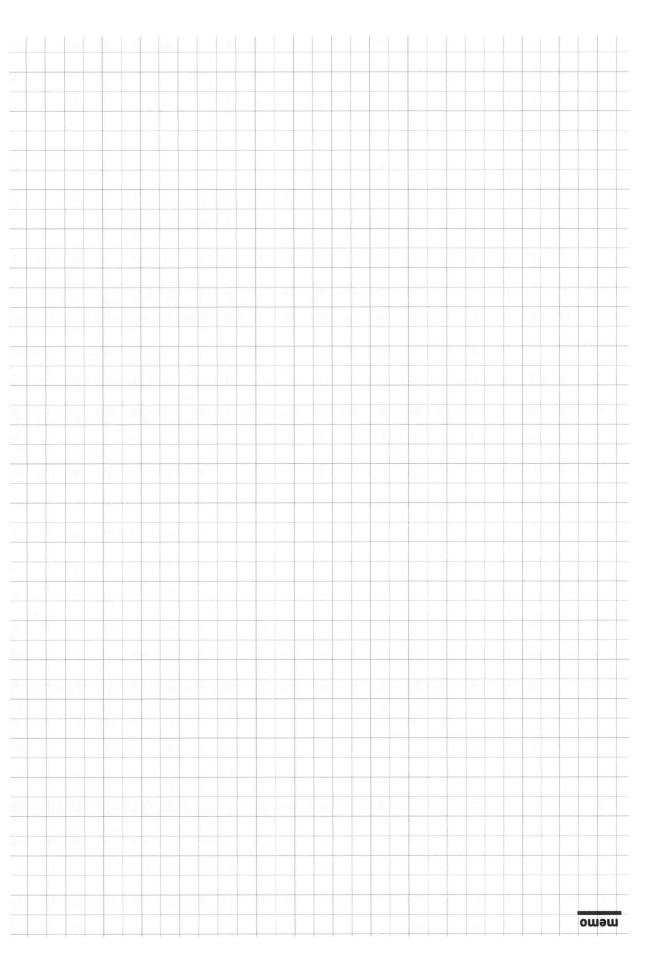

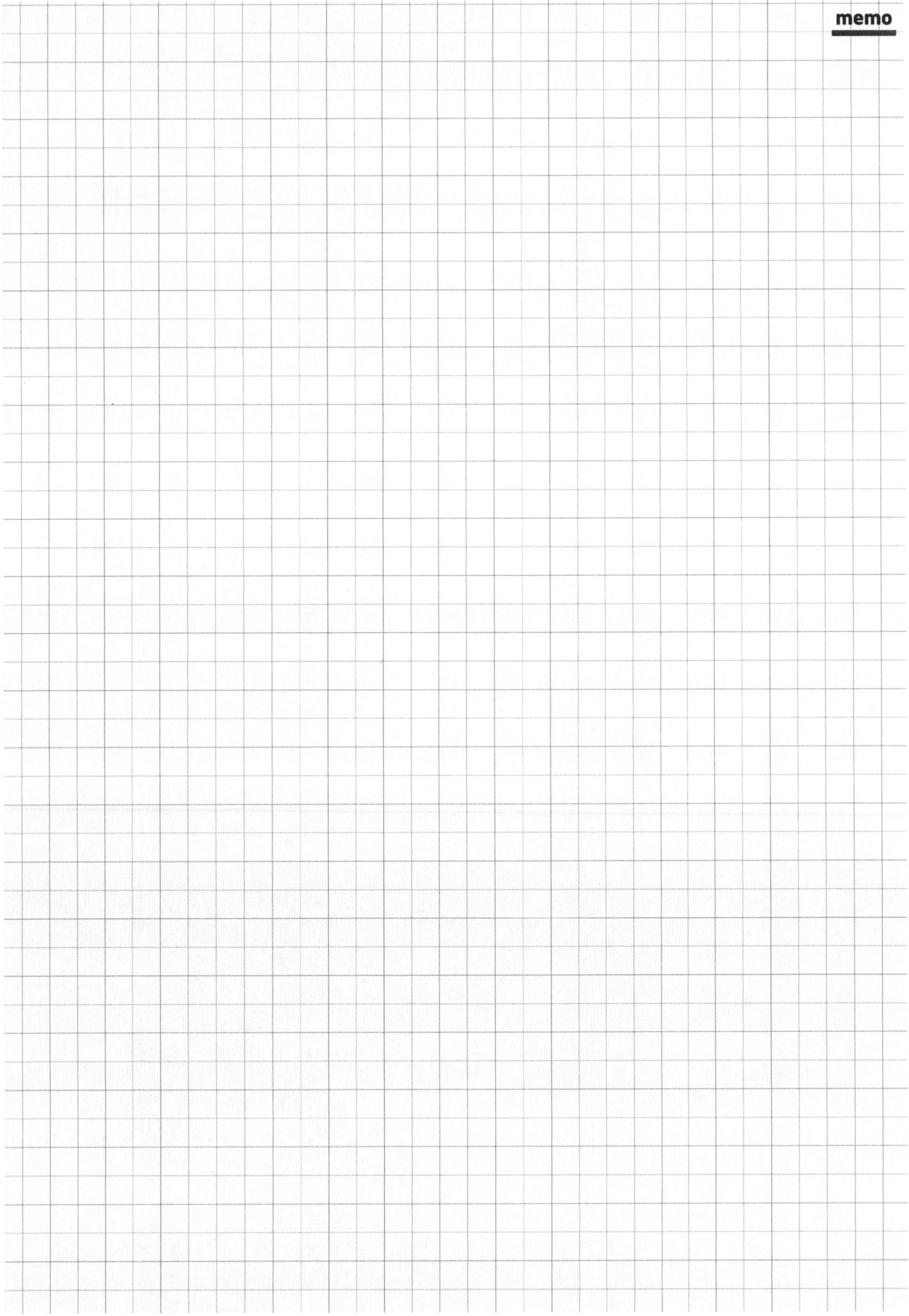
memo

にほんごのうりょくしけん かいとうようし

N3 제2회 실전모의테스트

ちょうかい

受 験 番 号 Examinee Registration Number	

名 前 Name	

< ちゅうい Notes >

1. くろいえんぴつ（ＨＢ、Ｎｏ.２）でかいてください。
   Use a black medium soft (HB or No.2) pencil.
2. かきなおすときは、けしゴムできれいにけしてください。
   Erase any unintended marks completely.
3. きたなくしたり、おったりしないでください。
   Do not soil or bend this sheet.
4. マークれい Marking examples

よい Correct	わるい Incorrect
●	⊘ ◌ ◎ ◎ ⦶ ◍

問 題 1				
れい	●	②	③	④
1	①	②	③	④
2	①	②	③	④
3	①	②	③	④
4	①	②	③	④
5	①	②	③	④
6	①	②	③	④

問 題 2				
れい	①	②	③	●
1	①	②	③	④
2	①	②	③	④
3	①	②	③	④
4	①	②	③	④
5	①	②	③	④
6	①	②	③	④

問 題 3				
れい	●	②	③	④
1	①	②	③	④
2	①	②	③	④
3	①	②	③	④

問 題 4			
れい	●	②	③
1	①	②	③
2	①	②	③
3	①	②	③
4	①	②	③

問 題 5			
れい	①	●	③
1	①	②	③
2	①	②	③
3	①	②	③
4	①	②	③
5	①	②	③
6	①	②	③
7	①	②	③
8	①	②	③
9	①	②	③

にほんごのうりょくしけん かいとうようし

N3 제2회 실전모의테스트

げんごちしき (ぶんぽう)・どっかい

受験番号 Examinee Registration Number		名前 Name	

< ちゅうい Notes >

1. くろいえんぴつ（HB、No.2）でかいてください。
   Use a black medium soft (HB or No.2) pencil.
2. かきなおすときは、けしゴムできれいにけしてください。
   Erase any unintended marks completely.
3. きたなくしたり、おったりしないでください。
   Do not soil or bend this sheet.
4. マークれい Marking examples

よい Correct	わるい Incorrect
●	⊘ ◌ ◯ ◎ ⦶ ◍

問題 1				
1	①	②	③	④
2	①	②	③	④
3	①	②	③	④
4	①	②	③	④
5	①	②	③	④
6	①	②	③	④
7	①	②	③	④
8	①	②	③	④
9	①	②	③	④
10	①	②	③	④
11	①	②	③	④
12	①	②	③	④
13	①	②	③	④
問題 2				
14	①	②	③	④
15	①	②	③	④
16	①	②	③	④
17	①	②	③	④
18	①	②	③	④
問題 3				
19	①	②	③	④
20	①	②	③	④
21	①	②	③	④
22	①	②	③	④
23	①	②	③	④

問題 4				
24	①	②	③	④
25	①	②	③	④
26	①	②	③	④
27	①	②	③	④
問題 5				
28	①	②	③	④
29	①	②	③	④
30	①	②	③	④
31	①	②	③	④
32	①	②	③	④
33	①	②	③	④
問題 6				
34	①	②	③	④
35	①	②	③	④
36	①	②	③	④
37	①	②	③	④
問題 7				
38	①	②	③	④
39	①	②	③	④

にほんごのうりょくしけん かいとうようし

N3 제2회 실전모의테스트

げんごちしき (もじ・ごい)

受 験 番 号 Examinee Registration Number	

名 前 Name	

< ちゅうい Notes >

1. くろいえんぴつ（ＨＢ、Ｎｏ.２）でかいてください。
   Use a black medium soft (HB or No.2) pencil.
2. かきなおすときは、けしゴムできれいにけしてください。
   Erase any unintended marks completely.
3. きたなくしたり、おったりしないでください。
   Do not soil or bend this sheet.
4. マークれい Marking examples

よい Correct	わるい Incorrect
●	⊘ ◒ ◯ ◎ ⦶ ◍

問題 1				
1	①	②	③	④
2	①	②	③	④
3	①	②	③	④
4	①	②	③	④
5	①	②	③	④
6	①	②	③	④
7	①	②	③	④
8	①	②	③	④
問題 2				
9	①	②	③	④
10	①	②	③	④
11	①	②	③	④
12	①	②	③	④
13	①	②	③	④
14	①	②	③	④

問題 3				
15	①	②	③	④
16	①	②	③	④
17	①	②	③	④
18	①	②	③	④
19	①	②	③	④
20	①	②	③	④
21	①	②	③	④
22	①	②	③	④
23	①	②	③	④
24	①	②	③	④
25	①	②	③	④

問題 4				
26	①	②	③	④
27	①	②	③	④
28	①	②	③	④
29	①	②	③	④
30	①	②	③	④
問題 5				
31	①	②	③	④
32	①	②	③	④
33	①	②	③	④
34	①	②	③	④
35	①	②	③	④

にほんごのうりょくしけん かいとうようし

N3 제1회 실전모의테스트

ちょうかい

受 験 番 号 Examinee Registration Number	

名 前 Name	

< ちゅうい Notes >

1. くろいえんぴつ（HB、No.2）でかいてください。
   Use a black medium soft (HB or No.2) pencil.
2. かきなおすときは、けしゴムできれいにけしてください。
   Erase any unintended marks completely.
3. きたなくしたり、おったりしないでください。
   Do not soil or bend this sheet.
4. マークれい Marking examples

よい Correct	わるい Incorrect
●	⊘ ◌ ◯ ◎ ⦶ ◍

問 題 1				
れい	●	②	③	④
1	①	②	③	④
2	①	②	③	④
3	①	②	③	④
4	①	②	③	④
5	①	②	③	④
6	①	②	③	④
問 題 2				
れい	①	②	③	●
1	①	②	③	④
2	①	②	③	④
3	①	②	③	④
4	①	②	③	④
5	①	②	③	④
6	①	②	③	④
問 題 3				
れい	●	②	③	④
1	①	②	③	④
2	①	②	③	④
3	①	②	③	④

問 題 4			
れい	●	②	③
1	①	②	③
2	①	②	③
3	①	②	③
4	①	②	③
問 題 5			
れい	①	●	③
1	①	②	③
2	①	②	③
3	①	②	③
4	①	②	③
5	①	②	③
6	①	②	③
7	①	②	③
8	①	②	③
9	①	②	③

にほんごのうりょくしけん かいとうようし

N3 제1회 실전모의테스트

げんごちしき (ぶんぽう)・どっかい

受 験 番 号 Examinee Registration Number	

名 前 Name	

< ちゅうい Notes >

1. くろいえんぴつ（HB、No.2）でかいてください。
Use a black medium soft (HB or No.2) pencil.
2. かきなおすときは、けしゴムできれいにけしてください。
Erase any unintended marks completely.
3. きたなくしたり、おったりしないでください。
Do not soil or bend this sheet.
4. マークれい Marking examples

よい Correct	わるい Incorrect
●	⊘ ◌ ◯ ◎ ⦶ ◍

問 題 1				
1	①	②	③	④
2	①	②	③	④
3	①	②	③	④
4	①	②	③	④
5	①	②	③	④
6	①	②	③	④
7	①	②	③	④
8	①	②	③	④
9	①	②	③	④
10	①	②	③	④
11	①	②	③	④
12	①	②	③	④
13	①	②	③	④
問 題 2				
14	①	②	③	④
15	①	②	③	④
16	①	②	③	④
17	①	②	③	④
18	①	②	③	④
問 題 3				
19	①	②	③	④
20	①	②	③	④
21	①	②	③	④
22	①	②	③	④
23	①	②	③	④

問 題 4				
24	①	②	③	④
25	①	②	③	④
26	①	②	③	④
27	①	②	③	④
問 題 5				
28	①	②	③	④
29	①	②	③	④
30	①	②	③	④
31	①	②	③	④
32	①	②	③	④
33	①	②	③	④
問 題 6				
34	①	②	③	④
35	①	②	③	④
36	①	②	③	④
37	①	②	③	④
問 題 7				
38	①	②	③	④
39	①	②	③	④

최신
개정판
2024년 7월·12월
기출문제
분석 및 반영

JLPT
일본어능력시험

한권으로 끝내기

이치우, 北嶋千鶴子 공저

QR코드를 스캔하시면
MP3 파일 및 관련자료를
다운로드 하실 수 있습니다

N3

실전모의테스트
문제집

다락원

JLPT

일본어능력시험

한권으로 끝내기

이치우, 北嶋千鶴子 공저

N3

다락원

*권말에 실전모의테스트 해답 용지가 들어 있습니다.

JLPT
실전모의테스트

N3

제1회

제1회 실전모의테스트 채점표

자신의 실력이 어느 정도인지 확인할 수 있도록 임의적으로 만든 채점표입니다. 실제 시험은 상대 평가 방식이므로 약간의 오차가 발생할 수 있습니다.

언어지식 (문자·어휘·문법)

		배점	만점	1회	
				정답 문항 수	점수
문자·어휘	문제 1	1점×8문항	8		
	문제 2	1점×6문항	6		
	문제 3	1점×11문항	11		
	문제 4	1점×5문항	5		
	문제 5	1점×5문항	5		
문법	문제 1	1점13문항	13		
	문제 2	1점×5문항	5		
	문제 3	1점×5문항	5		
합계			58점		

*** 점수 계산법** : 언어지식(문자·어휘·문법) [ ]점÷58×60 = [ ]점

독해

		배점	만점	1회	
				정답 문항 수	점수
독해	문제 4	3점×4문항	12		
	문제 5	4점×6문항	24		
	문제 6	4점×4문항	16		
	문제 7	4점×2문항	8		
합계			60점		

청해

		배점	만점	1회	
				정답 문항 수	점수
청해	문제 1	2점×6문항	12		
	문제 2	2점×6문항	12		
	문제 3	3점×3문항	9		
	문제 4	2점×4문항	8		
	문제 5	2점×9문항	18		
합계			59점		

*** 점수 계산법** : 청해 [ ]점÷59×60 = [ ]점

Language Knowledge (Vocabulary) **もんだいようし**

N3

げんごちしき（もじ・ごい）

（30ぷん）

ちゅうい
Notes

1. しけんが　はじまるまで、この　もんだいようしを　あけないで　ください。
   Do not open this question booklet until the test begins.
2. この　もんだいようしを　もって　かえる　ことは　できません。
   Do not take this question booklet with you after the test.
3. じゅけんばんごうと　なまえを　したの　らんに、じゅけんひょうと　おなじように　かいて　ください。
   Write your examinee registration number and name clearly in each box below as written on your test voucher.
4. この　もんだいようしは、ぜんぶで　7ページ　あります。
   This question booklet has 7 pages.
5. もんだいには　かいとうばんごうの 1 、 2 、 3 …が　ついて　います。かいとうは、かいとうようしに　ある　おなじ　ばんごうの　ところに　マークして　ください。
   One of the row numbers 1, 2, 3 … is given for each question. Mark your answer in the same row of the answer sheet.

じゅけんばんごう　Examinee Registration Number	

なまえ　Name	

問題１　＿＿＿＿のことばの読み方として最もよいものを、１・２・３・４から一つえらびなさい。

1　本田(ほんだ)さんは10時に歯医者(はいしゃ)の<u>予約</u>をしました。

１ ようよく　２ よよく　３ ようやく　４ よやく

2　重要(じゅうよう)な単語(たんご)の下に<u>線</u>を引(ひ)きました。

１ せん　２ え　３ もじ　４ ず

3　彼女はいつも<u>上品</u>な服装(ふくそう)をしています。

１ じょひん　２ じょびん　３ じょうひん　４ じょうびん

4　荷物(にもつ)は<u>郵便</u>で届(とど)きました。

１ ゆべん　２ ゆびん　３ ゆうべん　４ ゆうびん

5　100年後の<u>未来</u>を予測(よそく)することは難しくない。

１ みいらい　２ みらい　３ しょうらい　４ しょらい

6　山ではよく<u>方角</u>がわからなくなります。

１ ほうごう　２ ほうこう　３ ほうがく　４ ほうかく

7　われわれのチームが５対(たい)０で<u>勝った</u>。

１ かった　２ おった　３ かざった　４ のこった

8　きょうは<u>昼食</u>にエビフライ定食とコーヒーを注文(ちゅうもん)しました。

１ しょうしょく　２ ちょうしょく　３ しゅうしょく　４ ちゅうしょく

問題２　＿＿＿のことばを漢字で書くとき、最もよいものを、１・２・３・４から一つえらびなさい。

9　父は健康上（けんこうじょう）のりゆうでたばこをやめました。

1 事由　2 理由　3 利由　4 仕由

10　ゆうべ、１時間ほどていでんした。

1 切電　2 止電　3 停電　4 消電

11　これ、旅（たび）のきねんにどうぞ。

1 祈念　2 記念　3 季念　4 貴念

12　私のうちにはかぐがたくさんあります。

1 家貝　2 道貝　3 家具　4 道具

13　彼はかならず試験に合格（ごうかく）すると思っています。

1 全ず　2 経ず　3 絶ず　4 必ず

14　この湖（みずうみ）は水深（すいしん）があさいです。

1 軽い　2 浅い　3 細い　4 厚い

問題３　（　　）に入れるのに最もよいものを、１・２・３・４から一つえらびなさい。

15　山田(やまだ)さんは大学卒業後(そつぎょうご)、銀行に（　　）しました。

1　同席(どうせき)　　2　就職(しゅうしょく)　　3　登場(とうじょう)　　4　進行(しんこう)

16　音楽、美術、文学などは（　　）の一種である。

1　貿易(ぼうえき)　　2　工業(こうぎょう)　　3　芸術(げいじゅつ)　　4　科学(かがく)

17　この原稿(げんこう)は（　　）に間に合わせられると思います。

1　締(し)め切(き)り　　2　合計(ごうけい)　　3　あて先(さき)　　4　合図(あいず)

18　弟は（　　）性格(せいかく)だが、妹は消極的(しょうきょくてき)です。

1　自動的(じどうてき)な　　2　積極的(せっきょくてき)な　　3　効果的(こうかてき)な　　4　感情的(かんじょうてき)な

19　そのグループは（　　）コンサートツアーの残(のこ)りをキャンセルした。

1　突然(とつぜん)　　2　おそらく　　3　結構(けっこう)　　4　必(かなら)ず

20　ゆうべは外の音がうるさくて、英語の宿題(しゅくだい)に（　　）できなかった。

1　進路(しんろ)　　2　注意(ちゅうい)　　3　集中(しゅうちゅう)　　4　緊張(きんちょう)

21　舞台(ぶたい)に上がると（　　）してしまって、せりふを忘(わす)れそうになる。

1　ちかちか　　2　だぶだぶ　　3　こんこん　　4　どきどき

22　キャビネットにこのファイルを（　　）ください。

1　しまって　　2　加(くわ)えて　　3　ぶつけて　　4　渡(わた)して

23 料理をするのは好きだけれど、皿洗いは（　　　）。

1 だらしない　2 しょうがない　3 にくらしい　4 めんどうくさい

24 前の車との（　　　）を十分に取らないで運転するのは危険です。

1 間隔　2 中間　3 時差　4 時期

25 いかなる（　　　）でも、全額お支払いの確認が済むまでは登録は完了いたしません。

1 具合　2 歴史　3 秘密　4 事情

問題4 ＿＿＿＿に意味が最も近いものを、1・2・3・4から一つえらびなさい。

26 明日(あす)は<u>オフだ</u>。

1 休(やす)みだ　2 晴(は)れだ　3 仕事(しごと)だ　4 出張(しゅっちょう)だ

27 <u>さっそく</u>高山(たかやま)さんに返事(へんじ)を書いた。

1 すぐに　2 よろこんで　3 たまに　4 ついでに

28 私は彼女から聞いたことを<u>そのまま</u>話した。

1 急(いそ)いで　2 自分(じぶん)のことばで　3 少し後(あと)で　4 何(なに)も変(か)えないで

29 おなかが<u>ぺこぺこだ</u>よ。

1 いっぱいだ　2 すいている　3 痛(いた)い　4 かゆい

30 彼は<u>だまって</u>座(すわ)っていた。

1 何(なに)も食べないで　2 勉強(べんきょう)しないで　3 寝(ね)ないで　4 何(なに)も話さないで

問題５　つぎのことばの使い方として最もよいものを、１・２・３・４から一つえらびなさい。

31 健康（けんこう）

1 見かけはあまりよくないがとにかく健康（けんこう）にできている。

2 ダイヤが健康（けんこう）に戻（もど）るには少し時間がかかる。

3 健康（けんこう）を保つために私は毎朝ジョギングをしている。

4 そのコンサートは客の入りが健康（けんこう）だった。

32 満員（まんいん）

1 連休（れんきゅう）で各地（かくち）の行楽地（こうらくち）は満員（まんいん）が予想（よそう）される。

2 通勤（つうきん）電車は満員（まんいん）で、多くの人が立っていた。

3 彼の企画（きかく）したツアーは満員（まんいん）でわずか10名の参加者（さんかしゃ）だった。

4 本校は来年入学者の満員（まんいん）を増（ふ）やす予定だ。

33 中旬（ちゅうじゅん）

1 わたしは３人兄弟（きょうだい）の中旬（ちゅうじゅん）です。

2 世界は自分を中旬（ちゅうじゅん）に回（まわ）っていると彼女は思っています。

3 その歌手（かしゅ）は11月中旬（ちゅうじゅん）に来日します。

4 わたしはきみと彼女の中旬（ちゅうじゅん）の立場（たちば）をとります。

34 お互（たが）いに

1 夏休みに父とお互いに富士山（ふじさん）に登った。

2 われわれはお互いに相手が何がほしいかを知っている。

3 デジカメはお互いに持ってるんだ。ぼくもほしいよ。

4 アルバイトは２週間分の給料をお互いに受け取ってください。

35 ほえる

1 スピーカーから軽快（けいかい）な音楽がほえてきた。

2 私はいつも目覚（めざ）まし時計がほえる前に目がさめる。

3 その小犬はキャンキャンほえていた。

4 耳をすましてごらん、コオロギがほえているよ。

Language Knowledge (Grammar)・Reading

問題用紙

N3

言語知識（文法）・読解

（70分）

注　意

Notes

1. 試験が始まるまで、この問題用紙を開けないでください。
   Do not open this question booklet until the test begins.
2. この問題用紙を持って帰ることはできません。
   Do not take this question booklet with you after the test.
3. 受験番号と名前を下の欄に、受験票と同じように書いてください。
   Write your examinee registration number and name clearly in each box below as written on your test voucher.
4. この問題用紙は、全部で18ページあります。
   This question booklet has 18 pages.
5. 問題には解答番号の 1 、 2 、 3 …が付いています。解答は、解答用紙にある同じ番号のところにマークしてください。
   One of the row numbers 1 , 2 , 3 … is given for each question. Mark your answer in the same row of the answer sheet.

受験番号　Examinee Registration Number	

名前　Name	

問題１　つぎの文の（　　）に入れるのに最もよいものを、１・２・３・４から一つえらびなさい。

1　おばあさんが家を出て行ってからもう何時間（　　）たっている。

1 が　　2 を　　3 は　　4 も

2　私、疲れた（　　）だるい（　　）、そういう言葉を言われると自分まで疲れるので、自分は言わないようにしています。

1 て/て　　2 たり/たり　　3 し/し　　4 とか/とか

3　テレビを見ていたら、（　　）うとうとしてしまいました。

1 いつのまにか　　2 もっと　　3 いまにも　　4 もしかしたら

4　日本に留学する（　　）もっと日本語を勉強する必要がある。

1 では　　2 せいで　　3 には　　4 かどうか

5　この店はパン（　　）ケーキなども売っています。

1 にくらべ　　2 のことで　　3 について　　4 のほかに

6　先生　「田中さん、大学合格、おめでとう。」
田中　「先生がいつも丁寧に教えてくださった（　　）。」

1 ようです　　2 おかげです　　3 せいです　　4 はずです

7　私の学校の近くには、中野駅と東中野駅があって、学校には（　　）歩いて行ける。

1 どちらからでも　　2 どちらかは　　3 どちらかでも　　4 どちらからは

8　私にできることがありましたら（　　　）ください。

1 いらっしゃって　2 おっしゃって　3 うかがって　4 めしあがって

9　店を（　　　）、約１年をかけてコツコツと手を加え、まるで別荘地のカントリーハウスのような建物に生まれ変わらせました。

1 開こうと決めてから　2 開けると思ったのに

3 開くようなら　4 開いたはずなのに

10　おととい初めてチョコバナナパンを作ってみた。インターネットで見たレシピには「初めてでも簡単に作れる」と（　　　）、失敗してしまった。

1 書いてみたから　2 書いていたから

3 書いておいたのに　4 書いてあったのに

11　社長は、外出する時などによく社員全員におみやげを買ってきて（　　　）。

1 差し上げます　2 くださいます　3 いただきます　4 召し上がります

12　新鮮な桃が届きました。少し（　　　）待ってから家族で食べましたが、大変おいしかったです。

1 やわらかくする間　2 やわらかくするまで

3 やわらかくなる間　4 やわらかくなるまで

13　池田「私、テニスを習うことにしたんだ。鈴木さんはテニスできる？」
鈴木「うん。昔ちょっとだけテニスクラブに（　　　）。」

1 入っているところだったんだ　2 入ったばかりだったんだ

3 入っていたことがあるんだ　4 入ったままなんだ

問題2　つぎの文の ＿★＿ に入る最もよいものを、1・2・3・4から一つえらびなさい。

（問題例）

つくえの ＿＿＿ ＿＿＿ ＿★＿ ＿＿＿ あります。

1 が　　2 に　　3 上　　4 ペン

（解答のしかた）

1. 正しい答えはこうなります。

つくえの	＿＿＿	＿＿＿	＿★＿	＿＿＿	あります。
	3 上	2 に	4 ペン	1 が	

2. ＿★＿ に入る番号を解答用紙にマークします。

（解答用紙）

(例)	① ② ③ ●

---

14 教師が生徒による評価を受けるべきだとする意見に賛成する。一つの理由は、教師を ＿＿＿ ＿＿＿ ＿★＿ ＿＿＿ 高いからだ。

1 教える技術が　　2 増す可能性が　　3 ことで　　4 評価する

15 朝から ＿＿＿ ＿＿＿ ＿★＿ ＿＿＿ 手早く終えようと思う。それなのに、弟はまったくやりたがらない。

1 庭仕事を頼まれ　　2 母に　　3 弟にも　　4 手伝わせて

16 山田(やまだ)さんは試合に出たがらないかもしれないよ。それに山田(やまだ)さんが来るか
______ ______ __★__ ______ 。

1 だって　　2 じゃないか　　3 どうか　　4 わからない

17 A 「______ ______ __★__ ______ どうなっていますか。」
B 「出発の30日前なら全額払(ぜんがくばら)い戻(もど)しになります。」

1 場合の　　2 予約条件(よやくじょうけん)は
3 キャンセルした　　4 払(はら)い戻(もど)しに関(かん)しての

18 A 「お宅(たく)の犬をつないでおいてくださいませんか。」
B 「うちの犬が何かごめいわくをかけているのですか。」
A 「いやあ、大げさに言うこともないのですが、______ ______ __★__
______ ものですから。」

1 子どもたちが　　2 お宅(たく)の大きい　　3 犬を近所の　　4 こわがっている

問題３　つぎの文章を読んで、文章全体の内容を考えて、[19] から [23] の中に入る最もよいものを、１・２・３・４から一つえらびなさい。

ふと、少女はだれかに自分が呼ばれたような [19] 。

「ええ？」少女は思わずそう言って、立ってその辺を見回しましたが、そこにはだれの姿も見えませんでした。

「私を呼ぶのはだれ？」少女はもう一度大きい声で [20] 言ってみましたが、やはり答えるものはありませんでした。

少女は２、３度そんな気がして、初めて気がつくと、それは雑草の中からただ一本、わずかに首をさし出している小さい菜の花でした。

少女は頭にかぶっていた手拭いで、顔の汗を [21] 、

「お前、こんな所で、よくさびしくないのね」と言いました。

「さびしいわ」と菜の花は親しげに答えました。

「そんならなぜ来たのさ」少女はしかりでもするような調子で言いました。菜の花は、

「雲雀(注1)の胸毛(注2)に着いて来た種がここでこぼれたのよ。困るわ」と悲しげに答えました。[22] 、どうか私を仲間の多い麓の村へ連れて行って下さいと頼みました。

少女はかわいそうに思いました。少女は菜の花の願いをかなえてやろうと考えました。そして静かに [23] 根から抜いてやりました。

(志賀直哉『菜の花と小娘』による)

(注１) 雲雀：鳥の一種

(注２) 胸毛：鳥の胸の羽毛

19

1 気がしたそうです　　2 気がしました
3 気がするのでしょうか　　4 気がするらしいです

20

1 こう　　2 そういう　　3 こんなに　　4 どちらにも

21

1 ふくたびに　　2 ふいてもらって　　3 ふいてやって　　4 ふきながら

22

1 つまり　　2 ところが　　3 そして　　4 たとえば

23

1 それを　　2 そこで　　3 この　　4 それが

問題４　つぎの(1)から(4)の文章を読んで、質問に答えなさい。答えは、１・２・３・４から最もよいものを一つえらびなさい。

（1）

メイさんは22.5㎝の靴を23㎝に変更したかったのですが、売り切れていたので返金を申し込むことにしました。返品の仕方をチェックしたら、「ご返品をご希望の場合は品物と一緒に入っていた交換返品カードに必要事項を記入の上、品物と一緒に送ってください。交換返品カードを紛失した場合は『交換返品カード紛失』のページをご覧になって必要事項を書いて送ってください。ご返品は品物が不良品だった場合は着払いで、お客様のご都合の場合はお客様負担でお願いいたします。」と書いてありました。

24　交換返品カードがない場合どうやって返品したらよいか。

1　靴だけを着払いで送る。
2　「交換返品カード紛失」と書いて靴と一緒に送る。
3　交換返品カードと同じ内容を書いて靴と一緒に送る。
4　自分で作成した交換カードを入れて靴を着払いで送る。

(2)

11月1日にイタリアンレストランが開店しました。全てのピザやパスタが食べ放題(注)のコースが1,500円でお得です。サラダと飲み物をつけると2,000円です。ランチは平日ピザかパスタにサラダ、飲み物のコーヒーか紅茶がついて1,000円です。週末は1,200円です。開店記念で２週間は全てが20％引きになります。初めて食べに行った時に次に2,000円以上払う時に使える200円券をくれました。それで11月10日の月曜に友達と二人で行くことにしました。食べ放題コースにして食後に150円のコーヒーを飲む予定です。

(注) 食べ放題：好きなだけ食べることができること

25 予定どおり食べたら、全部でいくら得をするか。

1 600円

2 660円

3 860円

4 1,160円

(3)

さくら市ではゴミの世話をする人がいるマンションなどを除いてゴミが戸別収集(こべつしゅうしゅう)(注)になった。捨てる日時を守らなかったり分けないで出したり、ゴミが散(ち)らかっているなどの不満がたびたび市役所(しやくしょ)に寄せられるようになったからだ。それにみんな自分の家のそばにゴミ置き場を作られたくない。勿論(もちろん)、みんなで掃除していて不満が出ない場所のほうが多いのだがゴミは自分の家の庭などに置くことになった。収集する人は一軒一軒(いっけんいっけん)回らなければならなくなった。戸別(こべつ)になって他の理由で喜んでいる人もいる。遠くのゴミ置き場まで行くのが大変だった老人達である。

(注) 戸別収集(こべつしゅうしゅう)：それぞれの家に集めに行くこと

26 さくら市のゴミ収集(しゅうしゅう)はどうなったか。

1 マンションのゴミも戸別収集(こべつしゅうしゅう)になった。

2 市役所(しやくしょ)にゴミを捨てることになった。

3 老人たちは遠くのゴミ置き場まで行かなければならなくなった。

4 ゴミを集める人達が大変になった。

（4）

これはABCマンションにはってあるお知らせである。

A棟エレベーターの定期点検について

20XX年10月５日午前10時から午後３時ごろまで定期点検のためA棟エレベーターは運転中止となります。その間は階段かB棟のエレベーターをご利用くださいますようにお願い申し上げます。大変ご迷惑をおかけいたしますが、皆様の安全のためにご協力お願い申し上げます。

ABCマンション管理人

27　10月５日、A棟の人はどうしなければならないか。

1　１日階段を使わなければならない。

2　夕方５時にはB棟のエレベーターを使わなければならない。

3　午前11時には階段かB棟のエレベーターを使わなければならない。

4　午後２時にA棟のエレベーターを使ってもいい。

問題5　つぎの(1)と(2)の文章を読んで、質問に答えなさい。答えは、1・2・3・4から最もよいものを一つえらびなさい。

(1)

外国人の友達に日本人はどうしてすぐに「すみません」と言うのかと聞かれたことがあります。「すみません」は便利な言葉なのでつい使ってしまいます。言いやすいので「すみません」でなく「すいません」と言うこともあります。「すみません」は謝る時の言葉だと習うと思いますが、人を呼ぶ時にも、何かを頼む時にもお礼を言う時にも使われます。<u>こちらの場合のほうがよく使われているかもしれません</u>。大人になると謝る時に丁寧に「申し訳ありません/申し訳ございません」を使うことが多いからです。ビジネスでは謝る時にこちらを使うのが普通です。「すみません」はお店で店員に来てもらいたかったり何かを頼みたかったりする時にもよく使われます。何かをもらったり何かをしてもらった時にお礼に「ありがとう」という代わりに「すみません」ということもよくあります。「ありがとう/ありがとうございます」と言われた方が嬉しいと言う人もいます。人を呼んだり、何かを頼んだり、お礼を言う時の「すみません」はどれも相手の人に申し訳ないという気持ちがあって使われているようです。

28 どうしてこちらの場合のほうがよく使われているかもしれませんと言っているのか。

1 謝る時には丁寧な言葉の方を使うから

2 「すみません」は店でたくさん使うから

3 「ありがとう」代わりに「すみません」を使うから

4 何にでも「すみません」を使う人が多いから

29 筆者はなぜお礼を言う時に「すみません」を使うと言っているか。

1 「ありがとう」より丁寧だと考えるから

2 「すみません」を使うのは言いやすいから

3 「ありがとう」より「すみません」と言われた方が嬉しいと言う人がいるから

4 相手に悪かったなあという気持ちがあるから

30 文章の内容と合っているのはどれか。

1 外国人は謝る以外の「すみません」を知らない。

2 「すみません」は謝る以外にも使える便利な言葉だ。

3 ビジネスでは「すいません」を使ってはいけない。

4 「すみません」より「ありがとう」と言ったほうがよい。

(2)

プリクラとはプリント倶楽部(くらぶ)の略で1995年に売り出された自分の顔をカメラで撮ってシールにする機械(きかい)のことである。300円で縦(たて)1.5cm，横(よこ)2.5cmの16枚の写真シールができた。女子高校生を中心に人気になり、手帳に貼って見たり見せ合ったり交換したりして楽しむ若い女性が増えて行った。2002年には売り上げが600億円ほどになったがスマホが流行って写真が撮れるようになると３分の１ほどになってしまった。スマホならどこでもいつでも撮れるし、お金もかからないからだ。それでもまだプリクラを利用する若い女性は多い。プリクラが進歩しているからだ。そのままの自分でなく「盛(も)れる」からだ。「盛(も)る」とは高くすることだが、若者言葉では写真を加工(注1)して実際よりもよく見せることによく使われる。できた写真が似ていなくても問題ない。かえって変化を楽しんでいる。プリクラは400円で写真を撮る時もそれを加工する時も最後に写真に文字を入れる時も楽しめるし、その間の自分をスマホで撮ることもできる。またそれをSNS(注2)にアップして人目を引くともっと満足度が上がるらしい。

(注１) 加工する：ここでは元の顔を作り変える。色を白くしたり、目を大きくしたり、最近では顔の形や足の長さも変えられる。

(注２) SNS：Social Networking Serviceの略で、登録された利用者同士が交流できるWebサイトの会員制サービス

31 現在プリクラはどうなっているか。

1 利用者は女子高校生だけだ。

2 いろいろな楽しみ方が増えてきた。

3 スマホのせいで使われなくなった。

4 プリクラを撮(と)る値段(ねだん)が3分の１になった。

32 プリクラが流行(はや)らなくなったのはなぜか。

1 プリクラは女子高校生しか撮(と)れないから

2 プリクラはお金がかかるから

3 プリクラは貼(は)らなければならないから

4 プリクラはどこでも撮れるから

33 文章の内容と合っているのはどれか。

1 盛(も)れば盛るほど良い写真ができる。

2 できた写真が似(に)ていなくて問題だ。

3 プリクラは撮っている時が一番楽しい機械(きかい)である。

4 若者は「盛(も)る」を写真加工の言葉としてよく使っている。

問題6　つぎの文章を読んで、質問に答えなさい。答えは、１・２・３・４から最もよいものを一つえらびなさい。

世界では水道水を飲むことができない国が多いが、日本の水道水は安くて安全でおいしいと言われている。それでも1990年ごろからミネラルウォーターがよく売れるようになった。「水道水はまずくて危険だ」という間違ったイメージがひとり歩きしたからだ。2010年ごろからはコーヒーやお茶より売れていて、売り上げが年間3,200億円にもなる。ミネラルウォーターは500mlで安い物でも100円はする。水道水なら地域によって違うが１円もしないだろう。ではなぜ人々は水を買うのか。一度広まったイメージはなかなか変わらないからだ。実際は水道水の安全性は保障されているし味も良い。勿論、味は川がきれいかどうか地下水をどれだけ混ぜるかなど水を採る場所によって違うから田舎の方がおいしいことが多いし、言われるように一時期東京の水道水はとてもまずかった。しかし今では最も水にうるさい酒造りさえ東京の水道水を使っている。東京都など60箇所以上の水道局が水道水をペットボトルに入れて100～120円ほどで売っていて商売になるほどだ。東京都の水道局が約3万人に飲み比べてもらった結果は水道水のほうがおいしい39.1％、ミネラルウォーターのほうがおいしい41％、どちらもおいしいが19.8％だったそうだ。だから他の理由で水を買うなら仕方がないがおいしさのために買う必要はないと思う。また水のおいしさは温度に関係している。ミネラルウォーターでも温くなったらおいしくないし、水道水も冷やせばとてもおいしくなる。こんなことも知っておいたほうがいい。

34 なぜ日本でミネラルウォーターがよく売れているのか。

1 おいしい水道水がないから

2 水道水はまずくて危険だから

3 水道水の悪いイメージが消えないから

4 水道水に比べて安いから

35 なぜ商売になるほどだと言っているのか。

1 ミネラルウォーターより高いから

2 売れて利益もあるから

3 酒造り（さかづく）に使うから

4 水道水が飲める国だから

36 文章の内容と合っているのはどれか。

1 東京（とうきょう）の水道水はお酒の原料としても使われている。

2 アンケートでは水道水のほうがおいしいと答えた人が多かった。

3 水道水が飲める国は日本しかない。

4 どこの水でも水道水の味は同じだ。

37 水道水に対する筆者の考えはどれか。

1 温い水ほど冷たい水はおいしくない。

2 安全性ではミネラルウォーターのほうが上だ。

3 水道水のイメージを変えるほうがいい。

4 味のためならミネラルウォーターは買わなくてもいい。

問題7　右のページは高山区のボランティア募集案内である。これを読んで、下の質問に答えなさい。答えは1・2・3・4から最もよいものを一つえらびなさい。

38　剛君は大学1年生である。授業は月曜日から金曜日4時半までで、週末の午前中はアルバイトをしている。参加できるボランティアはどれか。

1　AとB

2　BとC

3　BとD

4　AとBとD

39　ボランティアの申し込み方法はどれか。

1　2月1日までにホームページで申し込む。

2　2月1日までに申込書をボランティアセンターに届ける。

3　2月28日までにボランティアセンターに郵便かファックスで申し込む。

4　2月28日までに区役所に郵便かファックスで申し込む。

【高山区のボランティア募集】

高山区のボランティアセンターでは来年度のボランティアを募集しています。
私たちの高山区を住みよい区にするためにぜひご協力をお願いいたします。

	内容	資格条件	日時	募集人数
A 無料塾	小学５年生から中学３年生の学習指導	大学生以上	毎週月曜日と木曜日 19：00〜21：00	10名
B 子供食堂	夕食作りと食事後の子供の遊び相手	年齢は問いません	毎週金曜日 17：00〜19：00	５名
C 放課後カフェ	区内の中学校で子供たちにおやつを配ったり話を聞いてあげたりする。	18歳以上	月曜日〜金曜日 15：00〜17：00 学校によってカフェが開かれる曜日が違いますからできる曜日を選んでください。	各曜日 ５名
D 子供の世話	勉強会に参加している人の子供の世話。２〜６歳	年齢は問いません	毎週土曜日 10：00〜12：00	２名

＊ボランティア期間：20XX年４月〜翌年３月
＊締め切り：20XX年２月28日
＊申し込み：ホームページから申込書をダウンロードして必要事項を記入して、必ずボランティアセンターに郵便またはファックスで送ってください。２月28日の消印は受付けます。申込書は２月１日からダウンロードできます。また、申込用紙はボランティアセンター及び区役所にも置いてあります。
＊参加できるかどうかはEメールでお知らせいたします。申し込み者が多い場合は抽選になります。
＊問い合わせ：高山区 ボランティアセンター(電話　098-321-0987)
＊ホームページ：http://www.takayama-ku.co.jp
＊ＦＡＸ：098-321-9876

Listening

問題用紙

N3

聴解（ちょうかい）

（40分）

注　意
Notes

1. 試験が始まるまで、この問題用紙を開けないでください。
   Do not open this question booklet until the test begins.

2. この問題用紙を持って帰ることはできません。
   Do not take this question booklet with you after the test.

3. 受験番号（じゅけんばんごう）と名前を下の欄（らん）に、受験票（じゅけんひょう）と同じように書（か）いてください。
   Write your examinee registration number and name clearly in each box below as written on your test voucher.

4. この問題用紙は、全部（ぜんぶ）で13ページあります。
   This question booklet has 13 pages.

5. この問題用紙にメモをとってもいいです。
   You may make notes in this question booklet.

受験番号（じゅけんばんごう） Examinee Registration Number	

名 前 Name	

もんだい
問題 1

問題１では、まず質問を聞いてください。それから話を聞いて、問題用紙の１から４の中から、最もよいものを一つえらんでください。

れい

1　8時45分

2　9時

3　9時15分

4　9時30分

1 ばん

1　8時45分に駅で

2　9時に公園で

3　9時に神社で

4　10時に神社で

2 ばん

1　A - 1番の黒がなかったら白にする

2　A - 1番の黒があったら注文する

3　A - 1番の黒が数日で買えるなら買う

4　A - 1番の黒を2～3日後に注文する

3ばん

1　名古屋に慣れる方法を探す

2　女の人に電話をする

3　コーヒーだけじゃなくモーニングを頼む

4　気に入った店にモーニングを食べに通う

4ばん

1　近所を捜す

2　ペット探偵を雇う

3　警察に届ける

4　張り紙をする

5 ばん

1 自分の箸を持つ

2 瓶と缶をリサイクルする

3 割り箸を使わない

4 エコバックを持つ

6 ばん

1 お中元はしない

2 あげる人を選ぶ

3 両親にはあげない

4 安い同じ物をあげる

もんだい 問題 2

問題２では、まず質問を聞いてください。そのあと、問題用紙を見てください。読む時間があります。それから話を聞いて、問題用紙の１から４の中から、最もよいものを一つえらんでください。

れい

1　いそがしくて時間がないから

2　料理がにがてだから

3　ざいりょうがあまってしまうから

4　いっしょに食べる人がいないから

1 ばん

1 自転車(じてんしゃ)がいっぱい止(と)まっているから

2 禁止(きんし)だと初(はじ)めて知(し)ったから

3 みんなが止(と)めていないから

4 ルールを破(やぶ)りたくないから

2 ばん

1 趣味(しゅみ)に飽(あ)きたから

2 ボランティアがしたいから

3 社会(しゃかい)との関係(かんけい)ができるから

4 塾(じゅく)で教(おし)えられないから

3ばん

1 古くて汚い自転車は盗んでもいいから

2 自転車を盗んでも盗んだと思わない人が多いから

3 みんなが自転車の鍵をかけないから

4 自転車は盗んでも泥棒にならないから

4ばん

1 店の人が時々話しかけるから

2 仕事で使う言葉は違うことを知らなかったから

3 意味は同じでも言い方が違う言葉があったから

4 「もうご飯を食べましたか」を習っていなかったから

5 ばん

1 外国人が大勢自転車で走っていたから

2 70代で自転車でしまなみ海道を走ったから

3 瀬戸内海が綺麗だったと聞いたから

4 しまなみ海道が95キロもあるとわかったから

6 ばん

1 何もつけなくてもおいしいから

2 みんなが並んでいたから

3 これからはこのパンを買うことにしたから

4 友達がおいしいと言って食べてみたかったから

もんだい
問題 3

問題３では、問題用紙に何もいんさつされていません。この問題は、ぜんたいとしてどんなないようか聞く問題です。話の前に質問はありません。まず話を聞いてください。それから、質問とせんたくしを聞いて、１から４の中から、最もよいものを一つえらんでください。

－メモ－

問題 4

問題４では、えを見ながら質問を聞いてください。やじるし(➡)の人は何と言いますか。１から３の中から、最もよいものを一つえらんでください。

れい

1ばん

2ばん

3 ばん

4 ばん

もんだい
問題 5

問題5では、問題用紙に何もいんさつされていません。まず文を聞いてください。それから、そのへんじを聞いて、1から3の中から、最もよいものを一つえらんでください。

－メモ－

JLPT
실전모의테스트

N3

제2회

제2회 실전모의테스트 채점표

자신의 실력이 어느 정도인지 확인할 수 있도록 임의적으로 만든 채점표입니다. 실제 시험은 상대 평가 방식이므로 약간의 오차가 발생할 수 있습니다.

언어지식 (문자・어휘・문법)

		배점	만점	2회	
				정답 문항 수	점수
문자・어휘	문제 1	1점×8문항	8		
	문제 2	1점×6문항	6		
	문제 3	1점×11문항	11		
	문제 4	1점×5문항	5		
	문제 5	1점×5문항	5		
문법	문제 1	1점13문항	13		
	문제 2	1점×5문항	5		
	문제 3	1점×5문항	5		
합계			58점		

* **점수 계산법** : 언어지식(문자・어휘・문법) [ ]점÷58×60 = [ ]점

독해

		배점	만점	2회	
				정답 문항 수	점수
독해	문제 4	3점×4문항	12		
	문제 5	4점×6문항	24		
	문제 6	4점×4문항	16		
	문제 7	2점×2문항	8		
합계			60점		

청해

		배점	만점	2회	
				정답 문항 수	점수
청해	문제 1	2점×6문항	12		
	문제 2	2점×6문항	12		
	문제 3	3점×3문항	9		
	문제 4	2점×4문항	8		
	문제 5	2점×9문항	18		
합계			59점		

* **점수 계산법** : 청해 [ ]점÷59×60 = [ ]점

Language Knowledge(Vocabulary) **もんだいようし**

N3

げんごちしき（もじ・ごい）

（30ぷん）

ちゅうい
Notes

1. しけんが　はじまるまで、この　もんだいようしを　あけないで　ください。
Do not open this question booklet until the test begins.

2. この　もんだいようしを　もって　かえる　ことは　できません。
Do not take this question booklet with you after the test.

3. じゅけんばんごうと　なまえを　したの　らんに、じゅけんひょうと　おなじように　かいて　ください。
Write your examinee registration number and name clearly in each box below as written on your test voucher.

4. この　もんだいようしは、ぜんぶで　7ページ　あります。
This question booklet has 7 pages.

5. もんだいには　かいとうばんごうの　1、2、3 …が　ついて　います。かいとうは、かいとうようしに　ある　おなじ　ばんごうの　ところに　マークして　ください。
One of the row numbers 1, 2, 3 … is given for each question. Mark your answer in the same row of the answer sheet.

じゅけんばんごう　Examinee Registration Number	

なまえ　Name	

問題1 ＿＿＿＿のことばの読み方として最もよいものを、1・2・3・4から一つえらびなさい。

1 いつもより30分遅く会議が始まりました。

1 とおく　2 おそく　3 きたなく　4 みじかく

2 ここは若い人たち向けの店のようだね。

1 わかい　2 こわい　3 さむい　4 わるい

3 政府はその事故の調査を行いました。

1 かんさつ　2 かんさ　3 ちょうさつ　4 ちょうさ

4 彼女はアルバイトをして家計を助けています。

1 たすけて　2 うけて　3 かたづけて　4 とどけて

5 きのうから腰が痛いです。

1 くび　2 こし　3 かた　4 むね

6 この電車は急行ですか、それとも各駅ですか。

1 かくえき　2 がくえき　3 きゃくえき　4 ぎゃくえき

7 これを贈り物用に包んでください。

1 あんで　2 むすんで　3 はこんで　4 つつんで

8 あの映画のどこがいちばん印象に残っていますか。

1 にんしょう　2 いんそう　3 にんそう　4 いんしょう

問題2　＿＿＿のことばを漢字で書くとき、最もよいものを、１・２・３・４から一つえらびなさい。

9　さいしょからもう一度言ってくれませんか。

1 最終　2 最後　3 最初　4 最始

10　そのしまには一軒(けん)しか店がありません。

1 村　2 庭　3 島　4 寺

11　この手紙をイタリア語にやくしてください。

1 訳して　2 説して　3 記して　4 語して

12　いっぱんてきに日本の建物は低い。

1 一判的　2 一般的　3 一帆的　4 一反的

13　彼女は門(もん)のうちがわに立っていました。

1 内測　2 裏測　3 内側　4 裏側

14　太陽(たいよう)が雲(くも)のあいだからあらわれた。

1 没れた　2 出れた　3 登れた　4 現れた

問題3　（　　）に入れるのに最もよいものを、１・２・３・４から一つえらびなさい。

15　私たちはドアを（　　）する音を聞きました。

1 カット　2 サイン　3 スタート　4 ノック

16　そのドレスはこの映画のために特別（とくべつ）に（　　）されたものです。

1 レシピ　2 デザイン　3 ミックス　4 サービス

17　今さらもう一度やり直（なお）そうなんて（　　）にもほどがある。

1 冗談（じょうだん）　2 文句（もんく）　3 意見（いけん）　4 感想（かんそう）

18　そのキャスターは（　　）を立てずに彼にインタビューしました。

1 通訳（つうやく）　2 伝言（でんごん）　3 連絡（れんらく）　4 案内（あんない）

19　加藤（かとう）さんの家とは10年以上（　　）しています。

1 めずらしく　2 おとなしく　3 したしく　4 えらく

20　山田（やまだ）さんはうそを言っていないとわたしは（　　）います。

1 守（まも）って　2 信（しん）じて　3 褒（ほ）めて　4 手伝（てつだ）って

21　予定の日程（にってい）を間違（まちが）えていたのに気づいて、数日後（すうじつご）に予約を（　　）。

1 取（と）り消（け）した　2 投（な）げ捨（す）てた　3 言（い）い直（なお）した　4 引（ひ）き落（お）とした

22　母は口癖（くちぐせ）のように「いつも手を（　　）にしておきなさい」と言う。

1 新鮮（しんせん）　2 清潔（せいけつ）　3 丁寧（ていねい）　4 正常（せいじょう）

23 ボーナスが出たので、(　　　) 新しいスマホを買った。

1 ずいぶん　　2 けっこう　　3 さっそく　　4 なるべく

24 早く食べないとアイスクリームが (　　　) よ。

1 とける　　2 もえる　　3 かれる　　4 さめる

25 彼女は部屋の中を落(お)ち着(つ)きなく (　　　) 歩(ある)き回(まわ)りながらその知らせを待っていた。

1 とんとん　　2 ぐらぐら　　3 ぺらぺら　　4 うろうろ

問題４　＿＿＿＿に意味が最も近いものを、１・２・３・４から一つえらびなさい。

26　石田さんへ<u>感謝</u>の手紙を送りました。

1　お知らせ　　2　お願い　　3　お見舞い　　4　お礼

27　妻は<u>キッチン</u>にいます。

1　玄関　　2　居間　　3　台所　　4　廊下

28　会議の書類を<u>整理した</u>。

1　直した　　2　借りた　　3　調べた　　4　片づけた

29　彼の報告には<u>おかしな</u>点があった。

1　怖い　　2　変な　　3　うれしい　　4　有名な

30　<u>不安な</u>ので行かないことにしました。

1　お金がない　　2　時間がない　　3　心配な　　4　危険な

問題５　つぎのことばの使い方として最もよいものを、１・２・３・４から一つえらびなさい。

31 報告

1 調査を重ねた結果、新しい報告がいくつか明らかになった。

2 校内に入るときは学生証を報告してください。

3 その事故については彼女から何も報告を受けていない。

4 台風の進む方向を報告するのは意外に難しい。

32 参加

1 いろいろな資料を参加にしてレポートを書いた。

2 このキャンペーンには100を超す企業が参加している。

3 アルバイトの募集をしたが、条件に参加する人がなかなか見つからない。

4 おじいちゃんは参加に出かけたきり３時間も戻って来なかった。

33 かき混ぜる

1 オリーブオイルと酢をよくかき混ぜてください。

2 その書類は新聞紙の束の中にかき混ぜていた。

3 教授の仕事は教育と研究がかき混ぜられている。

4 この生地は綿とポリエステルがかき混ぜている。

34 落ち着く

1 母校の卒業生は世界中に落ち着いている。

2 温かいコーヒーを飲むと落ち着くよ。

3 雨のしずくが屋根からぽたぽた落ち着いている。

4 何人もの人が店が開くのを落ち着いて待っていた。

35 発生(はっせい)

1 その工場では年間５万台の自動車を発生(はっせい)している。

2 プールはスーパーマーケットの跡地(あとち)に発生(はっせい)する予定です。

3 損害(そんがい)が発生(はっせい)した場合、当方(とうほう)では責任(せきにん)を負(お)いません。

4 山田(やまだ)さんの頭には次々と新しいアイデアが発生(はっせい)した。

Language Knowledge (Grammar)・Reading

問題用紙

N3

言語知識（文法）・読解

（70分）

注　意

Notes

1. 試験が始まるまで、この問題用紙を開けないでください。
   Do not open this question booklet until the test begins.
2. この問題用紙を持って帰ることはできません。
   Do not take this question booklet with you after the test.
3. 受験番号と名前を下の欄に、受験票と同じように書いてください。
   Write your examinee registration number and name clearly in each box below as written on your test voucher.
4. この問題用紙は、全部で18ページあります。
   This question booklet has 18 pages.
5. 問題には解答番号の 1 、 2 、 3 …が付いています。解答は、解答用紙にある同じ番号のところにマークしてください。
   One of the row numbers 1 , 2 , 3 … is given for each question. Mark your answer in the same row of the answer sheet.

受験番号　Examinee Registration Number	

名前　Name	

問題１　つぎの文の（　　）に入れるのに最もよいものを、１・２・３・４から一つえらびなさい。

1　生産性(せいさんせい)という点では、日本はほかのどの国（　　）負(ま)けないだろう。

1 にも　2 のも　3 とは　4 では

2　３年A組はクラス委員(いいん)の真子(まこ)（　　）中心によくまとまっているそうだ。

1 は　2 で　3 に　4 を

3　いろいろ試(ため)したが、（　　）インターネットに接続(せつぞく)できない。

1 どうか　2 どうしても　3 必ず　4 必ずしも

4　この２回目のテスト結果(けっか)は１回目（　　）大進歩(だいしんぽ)ですね。

1 にしたがって　2 によって　3 において　4 にくらべて

5　その毛皮(けがわ)のコートは（　　）高すぎてだれも手が出なかった。

1 ちっとも　2 あまりにも　3 ようやく　4 せっかく

6　私には自分のルールがあって、少しでも「読みたい」と思った本は（　　）。

1 買うはずだ　2 買うところだ

3 買うことにしている　4 買うようになっている

7　店員　「いらっしゃいませ、何名様でいらっしゃいますか。」
客　「３名です。」
店員　「かしこまりました。お席にご案内(あんない)（　　）。こちらへどうぞ。」

1 いたします　2 まいります　3 なさいます　4 くださいます

8　子どもたちはみんな家を出た。(　　　) 後には夫婦２人だけが古い家に残った。

1 なかなか　　2 ところが　　3 そして　　4 たとえば

9　ここでコーヒーを飲みながら待っていてください。１時間もたたない (　　　) 帰ってきます。

1 ように　　2 うちに　　3 ために　　4 までに

10　先食べてていいよ。料理 (　　　) から。

1 冷めなきゃ　　2 冷めてる　　3 冷めとく　　4 冷めちゃう

11　息子「ねえ、お母さん、ぼくの国語の教科書知らない？ ないんだけど。」
母「えっ、(　　　) でしょ？ 昨日寝る前に宿題をするとき、見ていたよね。もう一度探してみなさい。」

1 ないはずがない　　2 なくてはいけない
3 ないにちがいない　　4 なくてもおかしくない

12　インターネットで注文したセーターは、実際に着てみるまでサイズが (　　　) が、ちょうどよかった。

1 合わなかった　　2 合ったことがある
3 合うか不安だった　　4 合わないかもしれない

13　田中「いろいろなペンが置いてあるんだね。どれを買うか迷うなあ。」
山田「これがいいんじゃない？ ほかのペンと比べて、ペン先に重みがあるし、(　　　) よ。」

1 書きすぎている　　2 書きやすくてもいい
3 書きすぎるらしい　　4 書きやすそうだ

問題2　つぎの文の ＿★＿ に入る最もよいものを、1・2・3・4から一つえらびなさい。

（問題例）

つくえの ＿＿ ＿＿ ＿★＿ ＿＿ あります。

1 が　　2 に　　3 上　　4 ペン

（解答のしかた）

1. 正しい答えはこうなります。

つくえの ＿＿ ＿＿ ＿★＿ ＿＿ あります。
3 上　2 に　4 ペン　1 が

2. ＿★＿ に入る番号を解答用紙にマークします。

（解答用紙）

(例)	① ② ③ ●

---

14 少しの運動を毎日加えるようにしましょう。たとえば、車を使ったりだれかに ＿＿ ＿＿ ＿★＿ ＿＿ 行くのも有益でしょう。

1 車で送って　　2 かわりに　　3 もらったりする　4 徒歩で駅まで

15 A「彼は辞めるぞって脅かしたんだよ。」
B「知るもんか、彼は ＿＿ ＿＿ ＿★＿ ＿＿ さ。」

1 ように　　2 すればいい　　3 やりたい　　4 彼の

16 A 「あのう、きみにおわびしないといけないんだ。」

B 「どうして？」

A 「昨日は ＿＿＿ ＿＿＿ ＿★＿ ＿＿＿ 、すっかり忘れてたんだ。」

1 のに　　2 なってた　　3 映画を見に　　4 行くことに

17 A 「大学院に進むべきか、就職活動をすべきかどうしたものか本当にわからないの。」

B 「助言に ＿＿＿ ＿＿＿ ＿★＿ ＿＿＿ できる時にしておくものだということよ。」

1 勉強は　　2 なるかどうかは

3 ただ言えることは　　4 わからないけれど

18 A 「今夜のコンサートの切符を２枚手配してくれますか。」

B 「はい。午後２時 ＿＿＿ ＿＿＿ ＿★＿ ＿＿＿ 、こちらへおいでください。」

1 お渡し　　2 できます　　3 ごろ　　4 から

問題３　つぎの文章を読んで、文章全体の内容を考えて、［19］から［23］の中に入る最もよいものを、１・２・３・４から一つえらびなさい。

［19］、ぼくは、鏡に映る外の景色に気をとられていた。自転車、自動車、スクーター、いろいろなものがひっきりなしに通っていく。急に大きな手がにゅうっと出て来て、ぼくの頭を、［20］人形の首でも回すように、鏡の真正面にもどした。ラララララーン、タタタターンと、音楽が鳴っている。「いらっしゃいませ。」という声と同時に、あかんぼうをだいた女の人が入って来た。そばにいたおじさんが、「ベロベロベロバー。」と言いながら、あかんぼうをあやした。［21］の顔が、とってもこっけいだった。知らぬ間に、ぼくのかみはかられてしまった。今度は顔そりだ。おじさんは、かみそりを軽くといだ。石けんであわを作り、ぼくの顔をあわで真っ白にしてしまった。［22］、さあっと、ぼくのほっぺたをかみそりでそった。顔の右側をそるので、外の景色がよく見られた。送電線が何本も走っていた。1本、2本と数えるうちに、36本になった。その時、大きな手で、また、反対の方向へ向けられてしまった。最後に、ぽんぽんと天花粉(注)をつけ、ぼくの顔をじろりと見て、かみそりで少し直し、「よし。」と、［23］言った。

（注）天花粉：植物の根で作った白いこな

19

1 いつのまにか　2 いつ　3 いつから　4 いつごろ

20

1 また　2 そのうえ　3 特に　4 まるで

21

1 その女の人　2 この人形

3 その時のおじさん　4 この時のあかんぼう

22

1 一方　2 そして　3 つまり　4 ところが

23

1 はずかしそうな様子で　2 かなしそうなようすで

3 かわいそうな声で　4 じまんそうな声で

問題4　つぎの(1)から(4)の文章を読んで、質問に答えなさい。答えは、1・2・3・4から最もよいものを一つえらびなさい。

（1）

留守番電話

スミスです。原田さん、お留守のようですね。今出張で東京に来ています。日本には２週間いる予定ですが、これから大阪を始め日本各地を回る予定です。あさって大阪に出発しなければならないので、東京滞在中にお会いできないかと思って電話しました。さくらホテルの1204号室に宿泊しています。電話番号は0303－1234、内線1204番です。夜７時過ぎにはホテルにいる予定です。遅くてもいいですから必ず連絡してください。お待ちしております。

24　内容と合っているのはどれか。

1 スミスさんは原田さんに夜遅く電話する。

2 スミスさんは原田さんに会いに日本へ来た。

3 スミスさんが行くのは大阪だけではない。

4 スミスさんは２週間東京にいる予定だ。

（2）

忘年会のお知らせ

今年も残り少なくなって参りました。忘年会の日時が決まりましたのでお知らせ致します。今年は会社の業績も回復してきました。会社から各課に30万円の寄付をいただきました。ですから去年より会費を安くすることができました。

ぜひ皆様さまのご参加をお待ちしています。参加できる方は２枚目の用紙にお名前をお書きください。

● 日時：12月23日(金)
　午後５時より８時まで

● 場所：「星野ホテル」
　電話番号　03－123－4567

● 会費：1,000円(当日集めます)

森田

25 このお知らせでわからないことは何か。

1 申し込み方法

2 集金日

3 「星野ホテル」の場所

4 「星野ホテル」の連絡先

（3）

道子、今どこにいるの。鍵を紛失して家に入れないで困っているの。今日はお父さんは接待で遅くなる予定だし、明は当てにならないから道子だけが頼りなのよ。今どこにいるの。すぐに帰れそう？

お母さん、ごめん。6時まで家に帰れないのよ。
それまでどこかで時間を潰していて。

じゃ、そうするわ。でも万一早く着きそうだったらメールくれない？

り
(注)

（注）り：了解。わかった。OK

26 このメールからわかることは何か。

1 お母さんは家の前で娘の帰りを待つ。

2 お母さんは家の前で息子の帰りを待つ。

3 お母さんは買い物などをしながら娘の連絡を待つ。

4 お母さんは6時まで息子の連絡を待つ。

（4）

日本には世界で初めて作られた缶詰も多い。ある会社がチーズケーキの缶詰を作ることに成功した。チーズケーキを缶に入れてしっかり蓋をして熱して缶詰を作っていたが、何度作ってもおいしくできなかった。そこで今までのやり方ではできないと考えて全く違った方法にすることにした。できたチーズケーキを缶に入れるのではなく焼く前の状態の材料を缶の中に入れふたをして120度で熱を加えた。すると店で売っているのと同じようにとてもおいしいチーズケーキの缶詰ができた。

27 全く違った方法とはどんな方法か。

1 缶詰を熱する前に混ぜた材料を入れること

2 できたケーキを缶に入れてもう一度熱すること

3 材料を混ぜて熱してから缶に入れること

4 店で売っているケーキを缶に入れて熱を加えること

問題5　つぎの(1)と(2)の文章を読んで、質問に答えなさい。答えは、1・2・3・4から最もよいものを一つえらびなさい。

（1）

友人が外国人に「日本人はどうして電車で席を譲る時に次で降りますからどうぞと言うのですか。いらない物をあげるのは失礼だと思います」と言われた。そこで彼女は「日本人は譲られた人が悪いなあと思わないようにわざわざそう言っていると思います」と答えた。彼女は他の人はどう思っているのか気になってアンケートを集めることにした。結果は予想通りほとんどの日本人がそう言われたら譲られた時に気が楽になる、譲った人は相手の気が楽になるだろう思ってそう言ったと答えた。外国人に会う機会が多い私もこのことには驚いた。私も同じようにしていたからだ。そして相手を気遣って言ったりしたりしたことが反対に取られることもあるのだと、異文化(注)を理解することの難しさを感じた。率直に言ってくれる外国人ばかりではないから、私も知らずに外国の人に失礼な態度を取っていたかもしれないと冷やりとさせられた。

（注）異文化：文化が違うこと

28　どうして友人はアンケートを取ろうと考えたのか。

1　自分の考えが正しいと思ったから

2　他の人の考えを知りたかったから

3　外国人の気持ちを知りたかったから

4　今までこのようなアンケートがなかったから

29 筆者が冷やりとさせられたのはなぜか。

1 席を譲(ゆず)ったことがあるから

2 失礼だとはっきり言う外国人がいないから

3 しようと思わずに失礼なことをしたかもしれないので

4 すぐ降りますからと言ったほうがよいと考えていたから

30 筆者の外国人に対する考えはどれか。

1 外国人か日本人かで態度を変えたほうがよい。

2 いつも相手の文化を受け入れなければならない。

3 文化の違いがあることを考えて行動したほうがいい。

4 いつも誤解(ごかい)されるかもしれないと考えたほうがいい。

（2）

お茶の先生のご主人が植物人間状態(注1)になって５年が経ちます。実はご主人が倒れて救急車が到着した時、心肺停止状態(注2)でした。お互いにいつも延命措置(注3)は止めようと話し合って決めていたにもかかわらず、救急隊員に必死に助けてくださいと頼んでしまったそうです。先生は看護師でしたから、よく考えればそれがどのような結果になるかわかったはずですが、目の前のご主人をどうしても死なせたくないという気持ちになったと話してくれました。これは家族や親しい人に対する普通の気持ちだと思います。奇跡を信じたくなるのでしょう。入院後は積極的な治療はしませんでしたが、ただ栄養を与えるだけでずっと生き続けています。一度も目覚めることもなく亡くなるまでこの状態が続くそうです。ご主人は早く死なせてくれと望んでいるかもしれませんが、それを知る方法もありません。毎日病院に通うのは大変ですが、生きているだけでありがたく自分が生きる力になっているそうです。

（注１）植物人間状態：心臓は動いているが、頭が働かないで死んでいるのと同じ状態

（注２）心肺停止状態：心臓と肺臓が止まっている状態

（注３）延命措置：病気を治すのではなくただ生きるだけのための治療をすること

31 これは何を指しているか。

1 ぜったいに助かりたいという気持ちになること

2 ぜったいに救いたいという気持ちになること

3 ぜったいに死にたくないという気持ちになること

4 ぜったいに死んだら嫌だという気持ちになること

32 ご主人はどうして植物人間になったのか。

1 心肺停止（しんぱいていし）のままだったから

2 心肺停止（しんぱいていし）が続いているから

3 心肺停止（しんぱいていし）だったのを助けたから

4 心肺停止（しんぱいていし）が止められなかったから

33 お茶の先生の気持ちはどれか。

1 ご主人の世話をするのが楽しい

2 ご主人を早く死なせてやりたい

3 ご主人が生きているだけでもいい

4 ご主人の目が覚めるのを待とう

問題６　つぎの文章を読んで、質問に答えなさい。答えは、１・２・３・４から最もよいものを一つえらびなさい。

日本で一番多い名字(注)は佐藤で186万人、２番は鈴木で179万人、３番は高橋140万人、４番田中133万人、５番伊藤107万人と続く。日本では１位といっても人口の1.4237％しかいないが、韓国には金さんが21％もいるそうだ。また中国も７％が王さんで韓国と比べると少なく感じるが人数では約9,280万人にも上るそうだ。日本は両国に比較すると本当に少ない。これも日本の名字が30万近くあるせいだと思う。日本では同じ珍しい名字を使う人が全員親戚だということも多いし、100人以下の名字も多い。「酢」という名字はたった10人しかいないそうだ。

なぜこんなにいろいろな名字があるのか。実は明治時代(1868年～1912年)に全ての国民を登録するために名字が必要になったのだ。多くの日本人はそれまで名字を持っていなかったので、名字を付ける必要ができたのだ。そして新しい名字がたくさん生まれた。多くの人々は尊敬する人の名字や、住んでいる場所や職業などから好きな名字を付けた。そして決めた名前を登録してもらったのだが、当時は字が書けない人も多かったから名字を口で言うと係の人がそれを筆で書いて登録した。そのため字がはっきりしなかったり難しい漢字を間違えて書いてしまったり省略した漢字を書いたりしたこともあった。それらはそのまま登録された。だから例えば「齋藤」の「齋」の字は斎、齊、斉など様々に書かれてしまった。また例えば「西東」のように「さい」や「とう」の発音を持つ他の漢字も使ったので85の違う漢字の「さいとう」さんが生まれてしまった。

またどんな名字でもよかったので、読めないような珍しい名前を付けた人もいる。例えば「四月一日」は「わたぬき」、「八月一日」は「ほずみ / はっさく / やぶみ」などと言うがそれぞれその日に関係がある行事から名づけられた。また「小鳥遊」は「たかなし」と読むが、こわい鷹がいなくて小鳥が安心して遊べるからだと言われる。そう言われるとなるほどなあと思う。このような遊び心がある名字がいろいろある。

（注）名字：家族の名前

34 日本人の名字(みょうじ)が多いのはなぜか。

1 どんな名字(みょうじ)を付けてもよかったから

2 漢字を間違えていろいろ増やしてしまったから

3 明治(めいじ)時代の前には名字(みょうじ)がある人が少なかったから

4 名前を登録する係が一人一人に名字(みょうじ)を付けたから

35 どうして85の違う漢字の「さいとう」さんが生まれてしまったのか。

1 自分の名字(みょうじ)が書けなかったから

2 係の人によって違う「さい」の字が書かれたから

3 自分の名字の漢字がいくつあるかわからなかったから

4 係りの人がかってに名字を付けたから

36 日本人の名字(みょうじ)の特徴(とくちょう)は何か。

1 明治(めいじ)時代以前は名字(みょうじ)がなかった。

2 同じ名字(みょうじ)を使う人はみんな親戚(しんせき)だ。

3 読めないような珍しい名字(みょうじ)もある。

4 名字(みょうじ)は主に遊び心(あそびごころ)で付けられた。

37 文章に主に書かれていることは何か。

1 珍しい名字(みょうじ)について

2 名字(みょうじ)の歴史について

3 名字(みょうじ)が多い理由について

4 読めない名字(みょうじ)を作ったわけについて

問題７　右のページは配達業者のリストである。これを読んで、下の質問に答えなさい。答えは１・２・３・４から最もよいものを一つえらびなさい。

38　山田さんは初めて北海道のコンビニから東京の友達に荷物を送る。80㎝の荷物を２つ送る時どの会社が一番安いか。

1 A社

2 B社

3 C社

4 D社

39　間違っている説明はどれか。

1 A社とB社の基本料金は同じである。

2 コンビニの持ち込み割引が100円でない会社がある。

3 B社はセンターに持ち込む時100円引きである。

4 １年以内に同じ住所に配達しても割引がない会社もある。

【A社】

到着地／発送地	サイズ	基本料金		
		北海道地方	関東地方（注1）	近畿地方（注2）
北海道地方	～60cm	900円	1,300円	1,600円
	～100cm	1,300円	1,700円	2,100円
	～140cm	1,800円	2,200円	2,500円

※ センターに持ち込みは1個につき200円引き、コンビニに持ち込みは1個につき100円引き
※ 1年以内に同じ住所の配達は1個につき100円引き

【B社】

到着地／発送地	サイズ	基本料金		
		北海道地方	関東地方	近畿地方
北海道地方	～60cm	900円	1,300円	1,600円
	～100cm	1,300円	1,700円	2,100円
	～140cm	1,800円	2,200円	2,500円

※ コンビニに持ち込み1個につき100円引き
※ 1年以内に同じ住所の配達は1個につき100円引き

【C社】

到着地／発送地	サイズ	基本料金		
		北海道地方	関東地方	近畿地方
北海道地方	～60cm	800円	1,200円	1,500円
	～100cm	1,200円	1,600円	2,000円
	～140cm	1,700円	2,100円	2,400円

※ センター、コンビニに持ち込み1個につき150円引き
※ 1年以内に同じ住所の配達は1個につき100円引き

【D社】

到着地／発送地	サイズ	基本料金		
		北海道地方	関東地方	近畿地方
北海道地方	～60cm	750円	1,150円	1,450円
	～100cm	1,150円	1,550円	1,950円
	～140cm	1,650円	1,950円	2,350円

※ センター、コンビニに持ち込み1個につき50円引き

(注1) 関東地方：東京都、神奈川県、埼玉県、群馬県、栃木県、茨城県、千葉県
(注2) 近畿地方：京都府、大阪府、三重県、滋賀県、兵庫県、奈良県、和歌山県

Listening

問題用紙

N3

聴解（ちょうかい）

（40分）

注　意
Notes

1. 試験が始まるまで、この問題用紙を開けないでください。
   Do not open this question booklet until the test begins.

2. この問題用紙を持って帰ることはできません。
   Do not take this question booklet with you after the test.

3. 受験番号（じゅけんばんごう）と名前を下の欄（らん）に、受験票（じゅけんひょう）と同じように書（か）いてください。
   Write your examinee registration number and name clearly in each box below as written on your test voucher.

4. この問題用紙は、全部（ぜんぶ）で１３ページあります。
   This question booklet has 13 pages.

5. この問題用紙にメモをとってもいいです。
   You may make notes in this question booklet.

受験番号（じゅけんばんごう） Examinee Registration Number	

名前 Name	

もんだい
問題 1

問題1では、まず質問を聞いてください。それから話を聞いて、問題用紙の1から4の中から、最もよいものを一つえらんでください。

れい

1　8時45分

2　9時

3　9時15分

4　9時30分

1ばん

1 ゴミのスケジュール表をもらう

2 ゴミ置き場に行く

3 自転車置き場に行く

4 隣に挨拶に行く

2ばん

1 仕事を減らす

2 温泉に行く

3 お湯につかる

4 温泉の素を買う

3ばん

1　6時（じ）

2　8時（じ）

3　9時（じ）

4　10時半（じはん）

4ばん

1　普通（ふつう）の給食（きゅうしょく）だけ

2　普通（ふつう）の給食（きゅうしょく）とアレルギーの給食（きゅうしょく）

3　普通（ふつう）の給食（きゅうしょく）とイスラムの給食（きゅうしょく）

4　普通（ふつう）の給食（きゅうしょく）とアレルギーの給食（きゅうしょく）とイスラムの給食（きゅうしょく）

5 ばん

1　お茶(ちゃ)とお菓子(かし)を準備(じゅんび)する

2　座席(ざせき)を確認(かくにん)する

3　座席表(ざせきひょう)を取(と)りに行(い)く

4　受付(うけつけ)をする

6 ばん

1　食料(しょくりょう)などを用意(ようい)する

2　ベッドのそばに靴(くつ)を置(お)く

3　逃(に)げる場所(ばしょ)を調(しら)べる

4　逃(に)げる場所(ばしょ)を子供(こども)に言(い)う

問題 2

問題 2 では、まず質問を聞いてください。そのあと、問題用紙を見てください。読む時間があります。それから話を聞いて、問題用紙の 1 から 4 の中から、最もよいものを一つえらんでください。

れい

1　いそがしくて時間がないから

2　料理がにがてだから

3　ざいりょうがあまってしまうから

4　いっしょに食べる人がいないから

1ばん

1 日本(にほん)で暮(く)らさないとわからないから

2 使(つか)い方(かた)がわからないことがあるから

3 言葉(ことば)を間違(まちが)うと人(ひと)に笑(わら)われるから

4 言葉(ことば)の意味(いみ)を知(し)らなかったから

2ばん

1 安(やす)い店(みせ)ばかりだから

2 同(おな)じ場所(ばしょ)の店(みせ)とは競争(きょうそう)しないから

3 どの店(みせ)に入(はい)っても同(おな)じだから

4 いい店(みせ)が多(おお)いからお客(きゃく)さんがたくさん来(く)るから

3ばん

1　引っ越しの荷物がないから
2　４万円で引っ越せるから
3　３か月住んで飽きたから
4　いろいろな人と会いたいから

4ばん

1　もうまずくなったから
2　もう悪くなったから
3　賞味期限が過ぎたから
4　消費期限が過ぎたから

5 ばん

1 日本(にほん)でしか売(う)っていないから

2 おいしいので１個(こ)で十分(じゅうぶん)だから

3 安(やす)いチョコはおいしくないから

4 おいしいしプレゼントにいいから

6 ばん

1 部品(ぶひん)は全(すべ)て買(か)って製品(せいひん)を作(つく)る

2 利益(りえき)がある製品(せいひん)だけをいろいろ作(つく)る

3 他(ほか)の会社(かいしゃ)に売(う)るために新(あたら)しい部品(ぶひん)はたくさん作(つく)る

4 製品(せいひん)の数(かず)も種類(しゅるい)も減(へ)らして部品(ぶひん)を買(か)うことも考(かんが)える

もんだい
問題 3

問題 3 では、問題用紙に何もいんさつされていません。この問題は、ぜんたいとしてどんなないようか聞く問題です。話の前に質問はありません。まず話を聞いてください。それから、質問とせんたくしを聞いて、 1 から 4 の中から、最もよいものを一つえらんでください。

−メモ−

もんだい 問題 4

問題４では、えを見ながら質問を聞いてください。やじるし(➡)の人は何と言いますか。１から３の中から、最もよいものを一つえらんでください。

れい

1ばん

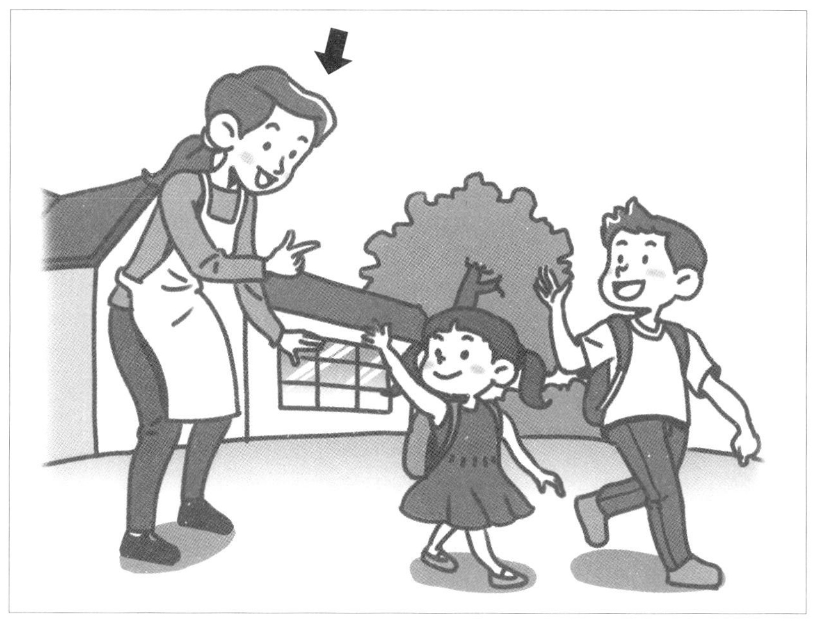

2ばん

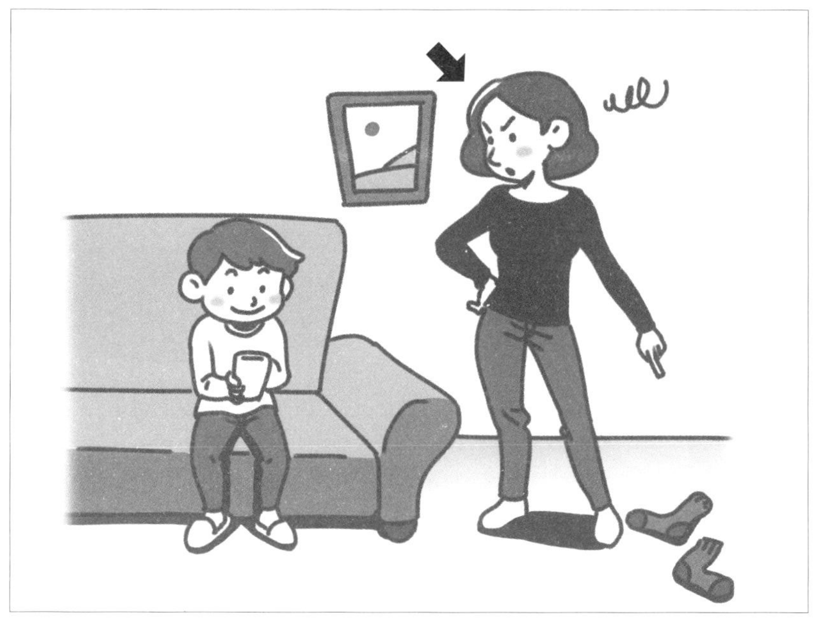

3 ばん

4 ばん

聴解 － 13

もんだい
問題 5

問題５では、問題用紙に何もいんさつされていません。まず文を聞いてください。それから、そのへんじを聞いて、１から３の中から、最もよいものを一つえらんでください。

－メモ－

JLPT N3
제1회 실전모의테스트 | 정답 및 해석 |

1교시 언어지식(문자·어휘·문법) • 독해

언어지식(문자 • 어휘)

문제 1 1 ④ 2 ① 3 ③ 4 ④ 5 ② 6 ③ 7 ① 8 ④

문제 2 9 ② 10 ③ 11 ② 12 ③ 13 ④ 14 ②

문제 3 15 ② 16 ③ 17 ① 18 ② 19 ① 20 ③ 21 ④ 22 ① 23 ④ 24 ① 25 ④

문제 4 26 ① 27 ① 28 ④ 29 ② 30 ④

문제 5 31 ③ 32 ② 33 ③ 34 ② 35 ③

언어지식(문법)/독해

문제 1 1 ④ 2 ④ 3 ① 4 ③ 5 ④ 6 ② 7 ① 8 ② 9 ① 10 ④ 11 ②
12 ④ 13 ③

문제 2 14 ① (4312) 15 ③ (2134) 16 ④ (3142) 17 ④ (3142) 18 ① (2314)

문제 3 19 ② 20 ① 21 ④ 22 ③ 23 ①

문제 4 24 ③ 25 ③ 26 ④ 27 ③

문제 5 28 ① 29 ④ 30 ② 31 ② 32 ② 33 ④

문제 6 34 ③ 35 ② 36 ① 37 ④

문제 7 38 ① 39 ③

2교시 청해

문제 1 1 ③ 2 ③ 3 ④ 4 ③ 5 ④ 6 ④

문제 2 1 ③ 2 ③ 3 ② 4 ③ 5 ② 6 ④

문제 3 1 ④ 2 ④ 3 ③

문제 4 1 ③ 2 ② 3 ③ 4 ①

문제 5 1 ① 2 ② 3 ② 4 ③ 5 ① 6 ③ 7 ① 8 ② 9 ②

1교시 언어지식(문자·어휘)

문제 1 ＿＿의 단어 읽기로 가장 적당한 것을 1·2·3·4에서 하나 고르시오.

1 혼다 씨는 10시에 치과 **예약**을 했습니다.
2 중요한 단어 아래에 **선**을 그었습니다.
3 그녀는 언제나 **고상**한 옷차림을 하고 있습니다.
4 짐은 **우편**으로 도착했습니다.
5 100년 후의 **미래**를 예측하는 것은 어렵지 않다.
6 산에서는 자주 **방향**을 알 수 없게 됩니다.
7 우리 팀이 5대 0으로 **이겼다**.
8 오늘은 **점심**으로 새우튀김 정식과 커피를 주문했습니다.

문제 2 ＿＿의 단어를 한자로 쓸 때, 가장 적당한 것을 1·2·3·4에서 하나 고르시오.

9 아버지는 건강상의 **이유**로 담배를 끊었습니다.
10 어젯밤 1시간 정도 **정전**되었다.
11 이거, 여행 **기념**으로 받으세요.
12 저희 집에는 **가구**가 많이 있습니다.
13 그는 **반드시** 시험에 합격한다고 생각하고 있습니다.
14 이 호수는 수심이 **얕습**니다.

문제 3 (　)에 들어갈 가장 적당한 것을 1·2·3·4에서 하나 고르시오.

15 야마다 씨는 대학 졸업 후, 은행에 **취직**했습니다.
16 음악, 미술, 문학 등은 **예술**의 일종이다.
17 이 원고는 **마감 날짜**에 맞출 수 있을 것 같습니다.
18 남동생은 **적극적인** 성격이지만, 여동생은 소극적입니다.
19 그 그룹은 **갑자기** 남은 콘서트 투어를 취소했다.
20 어젯밤에는 밖에 소리가 시끄러워서 영어 숙제에 **집중**할 수 없었다.
21 무대에 올라가면 **두근**거려서 대사를 까먹을 뻔 한다.
22 캐비닛에 이 파일을 **넣어**주세요.
23 요리를 하는 것은 좋아하지만 설거지는 **귀찮다**.
24 앞차와의 **간격**을 충분히 두지 않고 운전하는 것은 위험합니다.
25 어떠한 **사정**이라도, 전액 지불 확인이 끝날 때까지는 등록은 완료되지 않습니다.

문제 4 ＿＿에 의미가 가장 가까운 것을 1·2·3·4에서 하나 고르시오.

26 내일은 **오프다**(쉰다).
27 **바로** 다카야마 씨에게 답장을 썼다.
28 나는 그녀에게 들은 것을 **그대로** 이야기했다.
29 배가 **고파**.
30 그는 **잠자코** 앉아 있었다.

문제 5 다음 단어의 사용법으로 가장 적당한 것을 1·2·3·4에서 하나 고르시오.

31 건강
❸ **건강**을 유지하기 위해 나는 매일 아침 조깅을 하고 있다.

32 만원
❷ 통근 전철은 **만원**이라, 많은 사람이 서 있었다.

33 중순
❸ 그 가수는 11월 **중순**에 일본에 옵니다.

34 서로
❷ 우리들은 **서로** 상대가 무엇을 갖고 싶은지 알고 있다.

35 짖다
❸ 그 강아지는 캥캥 **짖고** 있었다.

1교시 언어지식(문법) / 독해

문제 1 다음 문장의 ( )에 들어갈 가장 적당한 것을 1·2·3·4에서 하나 고르시오.

1 할머니가 집을 나간 후 벌써 몇 시간**이나** 지났다.

2 저는 피곤하다**든가** 나른하다**든가**, 그런 말을 들으면 저까지 지치기 때문에, 저는 말하지 않도록 하고 있습니다.

3 텔레비전을 보고 있자니, **어느 새인가** 꾸벅꾸벅 졸고 말았습니다.

4 일본에 유학하**려면** 좀더 일본어를 공부할 필요가 있다.

5 이 가게는 빵 **외에** 케이크 등도 팔고 있습니다.

6 선생님 "다나카 씨, 대학 합격 축하해요."
다나카 "선생님이 항상 친절하게 가르쳐주신 **덕분이에요.**"

7 우리 학교 근처에는 나카노역과 히가시나카노역이 있어서, 학교에는 **어디에서든** 걸어서 갈 수 있다.

8 제가 할 수 있는 일이 있으면 **말씀해** 주세요.

9 가게를 **열려고 결정한 후**, 약 1년을 들여 꾸준히 손을 봐서, 마치 별장지의 컨트리하우스(시골의 저택)같은 건물로 다시 태어나게 했습니다.

10 엊그제 처음으로 초코 바나나빵을 만들어 봤다. 인터넷에서 본 레시피에는 '처음이라도 간단하게 만들 수 있다'고 **써 있었는데** 실패하고 말았다.

11 사장님은 외출할 때 등에 모든 사원에게 자주 선물을 사다 **주십니다.**

12 신선한 복숭아가 왔습니다. 조금 **부드러워질 때까지** 기다렸다가 가족끼리 먹었는데 너무 맛있었습니다.

13 이케다 "나, 테니스를 배우기로 했어. 스즈키 씨는 테니스 칠 줄 알아?"
스즈키 "응. 옛날에 잠깐 테니스 클럽에 **가입한 적이 있어.**"

문제 2 다음 문장의 ___★___ 에 들어갈 가장 적당한 것을 1·2·3·4에서 하나 고르시오.

14 교사가 학생에 의한 평가를 받아야 한다는 의견에 찬성한다. 한 가지 이유는 교사를 **평가하는 것으로 가르치는 기술이 늘 가능성이** 높기 때문이다.

15 아침부터 **어머니에게 정원일을 부탁받아 동생에게도 돕게 해서** 빨리 끝내려고 한다. 그런데도 동생은 전혀 하고 싶어하지 않는다.

16 야마다 씨는 시합에 나가고 싶어하지 않을지도 몰라. 게다가 야마다 씨가 올지 **안 올지도 모르잖아.**

17 A "**취소한 경우의 환불에 관한 예약 조건은** 어떻게 되어 있습니까?"
B "출발 30일 전이라면 전액 환불됩니다."

18 A "댁의 개를 매어놓아 주시겠습니까?"
B "우리 집 개가 무슨 폐를 끼치는 건가요?"
A "아니, 야단스럽게 말할 것도 없지만, **댁의 커다란 개를 이웃집 아이들이 무서워 하고** 있어서요."

문제 3 다음 문장을 읽고, 문장 전체 내용을 생각해서 19 부터 23 안에 들어갈 가장 적당한 것을 1·2·3·4에서 하나 고르시오.

문득, 소녀는 누군가 자신을 부른 듯한 기분이 들었습니다.

"네?" 소녀는 엉겁결에 그렇게 말하고, 서서 그 근처를 둘러보았지만, 그곳에는 아무 모습도 보이지 않았습니다.

"나를 부른 건 누구야?" 소녀는 다시 한 번 큰 소리로 이렇게 말해 보았지만 역시 대답하는 것은 없었습니다.

소녀는 두 세 번 그런 기분이 들어, 비로소 정신을 차리니, 그것은 잡초 속에서 단 한 송이, 간신히 고개를 내밀고 있는 작은 유채꽃이었습니다.

소녀는 머리에 쓰고 있던 수건으로, 얼굴의 땀을 닦으며,

"너 이런 곳에서 잘도 외롭지 않구나" 라고 말했습니다.

"외로워요"하고 유채꽃은 친한듯이 대답했습니다.

"그렇다면 왜 온 거야?" 소녀는 꾸짖기라도 하는 듯한 말투로 말했습니다. 유채꽃은

"종달새(주1)의 가슴털(주2)에 붙어 온 씨가 여기에 빠졌어요. 곤란해요"라고 슬픈 듯이 대답했습니다. 그리고, 제발 저를 동료가 많은 산기슭의 마을로 데려다 주세요 라고 부탁했습니다.

소녀는 가엾게 생각했습니다. 소녀는 유채꽃의 소원을 들어줘야겠다고 생각했습니다. 그리고 조용히 그것을 뿌리부터 뽑아 주었습니다.

(시가 나오야『유채꽃과 소녀』에서)

(주1) 雲雀 : 새의 한 종류
(주2) 胸毛 : 새의 가슴 깃털

문제 4 다음 (1)부터 (4)의 문장을 읽고 질문에 답하시오. 답은 1・2・3・4에서 가장 적당한 것을 하나 고르시오.

1

해석

메이 씨는 22.5㎝ 신발을 23㎝로 바꾸고 싶었지만, 매진되었기 때문에 환불을 신청하기로 했습니다. 반품 방법을 체크했더니, '반품을 희망하시는 경우에는 물건과 함께 들어있던 교환반품카드에 필요 사항을 기입한 후 물건과 함께 보내주십시오. 교환반품카드를 분실한 경우에는 '교환반품카드 분실' 페이지를 보시고 필요 사항을 적어 보내주세요. 반품은 물건이 불량품인 경우에는 착불로, 고객님의 사정인 경우에는 고객님 부담으로 부탁드립니다.'라고 적혀 있었습니다.

단어 **靴**(くつ) 신발, 구두 | **変更**(へんこう)**する** 변경하다 | **売**(う)**り切**(き)**れる** 다 팔리다, 매진되다 | **返金**(へんきん) 돈을 돌려줌, 변제함 | **申**(もう)**し込**(こ)**む** 신청하다 | **返品**(へんぴん) 반품 | **仕方**(しかた) 방법 | **希望**(きぼう) 희망 | **場合**(ばあい) 경우 | **品物**(しなもの) 물건 | **交換**(こうかん) 교환 | **事項**(じこう) 사항 | **記入**(きにゅう) 기입 | **～上**(うえ) ~한 뒤 | **送**(おく)**る** 보내다 | **紛失**(ふんしつ)**する** 분실하다 | **ご覧**(らん)**になる** 보시다 | **不良品**(ふりょうひん) 불량품 | **着払**(ちゃくばら)**い** 착불 | **都合**(つごう) 사정 | **負担**(ふたん) 부담

24 교환반품카드가 없을 경우 어떻게 반품하면 되는가?

1 신발만 착불로 보낸다.
2 '교환반품카드 분실'이라고 적어서 신발과 함께 보낸다.
3 교환반품카드와 같은 내용을 적어서 신발과 함께 보낸다.
4 자신이 작성한 교환카드를 넣고 신발을 착불로 보낸다.

2

해석

11월 1일에 이탈리안 레스토랑이 문을 열었습니다. 모든 피자나 파스타가 무한리필(주)인 코스가 1,500엔으로 저렴합니다. 샐러드와 음료를 포함하면 2,000엔입니다. 점심은 평일 피자 또는 파스타에 샐러드, 음료 커피 또는 홍차 포함으로 1,000엔입니다. 주말에는 1200엔입니다. 개점 기념으로 2주간은 모두 20% 할인됩니다. 처음 먹으러 갔을 때 다음에 2,000엔 이상 지불할 때 쓸 수 있는 200엔 쿠폰을 주었습니다. 그래서 11월 10일 월요일에 친구와 둘이서 가기로 했습니다. 무한리필 코스로 해서 식후에 150엔짜리 커피를 마실 예정입니다.

(주) 食べ放題 : 원하는 만큼 먹을 수 있을 것.

단어 **開店**(かいてん)**する** 개점하다 | **全**(すべ)**て** 모든 | **得**(とく) 이득 | **つける** 포함하다, 붙이다 | **平日**(へいじつ) 평일 | **紅茶**(こうちゃ) 홍차 | **記念**(きねん) 기념 | **初**(はじ)**めて** 처음 | **払**(はら)**う** 지불하다 | **食後**(しょくご) 식후 | **予定** (よてい) 예정

25 예정대로 먹는다면 전부해서 얼마 이득인가?

1 600엔
2 660엔
3 860엔
4 1,160엔

3

해석

사쿠라 시에서는 쓰레기를 관리하는 사람이 있는 아파트 등을 제외하고 쓰레기가 호별 수거(주)가 되었다. 버리는 일시를 지키지 않거나 분리하지 않고 내놓거나, 쓰레기가 어지러져 있는 등의 불만이 자주 시청에 들어오게 되었기 때문이다. 게다가 모두 자기 집 옆에 쓰레기장을 만들고 싶지 않다. 물론 다 같이 청소하고 있어 불만이 나오지 않는 곳이 더 많지만, 쓰레기는 자기 집 마당 등에 놓게 되었다. 수거하는 사람은 집집마다 돌아야 했다. 호별이 되어 다른 이유로 좋아하는 사람도 있다. 멀리 떨어진 쓰레기장까지 가는 것이 힘들었던 노인들이다.

(주) 戸別収集 : 각각의 집에 수거하러 가는 것

단어 **ゴミ** 쓰레기 | **世話(せわ)をする** 돌봐 주다 | **マンション** 고층 아파트 | **除(のぞ)く** 제외하다 | **捨(す)てる** 버리다 | **日時(にちじ)** 일시 | **守(まも)る** 지키다 | **分(わ)ける** 분류하다 | **散(ち)らかる** 흩어지다, 어지러지다 | **不満(ふまん)** 불만 | **たびたび** 여러 번, 자주 | **市役所(しやくしょ)** 시청 | **寄(よ)せる** 오게 하다, 보내다 | **そば** 옆 | **ゴミ置(お)き場(ば)** 쓰레기장 | **勿論(もちろん)** 물론 | **掃除(そうじ)する** 청소하다 | **庭(にわ)** 정원, 마당 | **収集(しゅうしゅう)する** 수집하다 | **一軒(いっけん)** 집 한 채, 한 집 | **回(まわ)る** 돌다 | **喜(よろこ)ぶ** 기뻐하다 | **老人(ろうじん)** 노인

26 사쿠라시의 쓰레기 수거는 어떻게 되었는가?

1 아파트의 쓰레기도 호별 수거가 되었다.
2 시청에 쓰레기를 버리게 되었다.
3 노인들은 먼 곳의 쓰레기장까지 가야만 하게 되었다.
4 쓰레기를 모으는 사람들이 힘들어졌다.

4

해석 이것은 ABC 아파트에 붙어 있는 알림이다.

A동 엘리베이터 정기 점검에 대해서

20XX년 10월 5일 오전 10시부터 오후 3시경까지 정기점검을 위해 A동 엘리베이터는 운전이 중지됩니다. 그 동안에는 계단이나 B동 엘리베이터를 이용해 주시도록 부탁드립니다. 대단히 폐를 끼치게 되었습니다만, 여러분의 안전을 위해서 협력 부탁드립니다 .

ABC 아파트 관리인

단어 **～棟(とう)** ～동〈건물을 세는 말〉 | **エレベーター** 엘리베이터 | **定期点検(ていきてんけん)** 정기점검 | **～について** ～에 대해서 | **～ごろ** ～경, ～쯤 | **運転(うんてん)** 운전 | **中止(ちゅうし)** 중지 | **階段(かいだん)** 계단 | **お(ご)～くださる** ～해 주시다 | **～ように** ～하도록 | **お願(ねが)い申(もう)し上(あ)げる** 부탁드리다 | **迷惑(めいわく)をかける** 폐를 끼치다 | **安全(あんぜん)** 안전 | **協力(きょうりょく)** 협력 | **管理人(かんりにん)** 관리인 | **～なければならない** ～하지 않으면 안 된다

27 10월 5일, A동 사람은 어떻게 해야 하는가?

1 하루 동안 계단을 사용해야 한다.
2 저녁 5시에는 B동의 엘리베이터를 사용해야 한다.
3 오전 11시에는 계단이나 B동 엘리베이터를 사용해야 한다.
4 오후 2시에 A동 엘리베이터를 사용해도 된다.

문제 5 다음 (1)과 (2)의 문장을 읽고 질문에 답하시오. 답은 1·2·3·4에서 가장 적당한 것을 하나 고르시오.

1

해석 외국인 친구에게 일본인은 왜 곧바로 「すみません」이라고 말하느냐고 질문을 받은 적이 있습니다. 「すみません」은 편리한 말이라서 무심코 써버리고 맙니다. 말하기 쉽기 때문에 「すみません」이 아니라 「すいません」이라고 말할 때도 있습니다. 「すみません」은 사과할 때 쓰는 말이라고 배우겠지만, 사람을 부를 때도, 무언가를 부탁할 때도 감사의 말을 할 때도 쓰입니다. 이쪽의 경우가 더 자주 사용되고 있을지도 모릅니다. 어른이 되면 사과할 때 공손하게 「申し訳ありません/申し訳ございません(죄송합니다)」을 사용할 때가 많기 때문입니다. 비즈니스에서는 사과할 때 이쪽을 사용하는 것이 보통입니다. 「すみません」은 가게에서 점원을 오게 하고 싶거나, 무언가를 부탁하고 싶을 때에도 자주 쓰입니다. 무언가를 받거나 무언가를 상대가 해주었을 때 답례로 「ありがとう(감사합니다)」라고 하는 대신에 「すみません」이라고 하는 일도 자주 있습니다. 「ありがとう/ありがとうございます(고마워요/감사합니다)」라는 말을 듣는 것이 좋다고 하는 사람도 있습니다. 사람을 부르거나, 무언가를 부탁하거나, 감사의 말을 할 때의 「すみません」은 모두 상대방에게 미안한 마음이 있어서 쓰이는 것 같습니다.

단어 **どうして** 왜, 어째서 | **すぐに** 곧, 즉시 | **便利(べんり)な** 편리한 | **言葉(ことば)** 말 | **つい** 그만, 무심코 | **～やすい** ～하기 쉽다 | **謝(あやま)る** 사과하다 | **習(なら)う** 배우다 | **呼(よ)ぶ** 부르다 | **頼(たの)む** 부탁하다 | **お礼(れい)** 감사, 감사의 말 | **～かもしれない** ～일지도 모른다 | **大人(おとな)** 어른 | **丁寧(ていねい)に** 공손하게 | **ビジネス** 비즈니스 | **普通(ふつう)** 보통 | **店員(てんいん)** 점원 | **代(か)わりに** 대신에 | **嬉(うれ)しい** 기쁘다 | **相手(あいて)** 상대 | **申(もう)し訳(わけ)ない** 미안하다 | **気持(きも)ち** 마음, 기분

28 왜 이쪽의 경우가 더 사용되고 있을지도 모릅니다라고 말하고 있는가?

1 사과할 때는 정중한 말을 쓰니까
2 「すみません」은 가게에서 많이 쓰니까
3 「ありがとう」 대신 「すみません」을 쓰니까
4 무슨 일이든 「すみません」을 쓰는 사람이 많으니까

29 왜 필자는 감사의 말을 할 때 '미안합니다'를 쓴다고 말하고 있는가?

1 '고마워' 보다 공손하다고 생각하니까
2 「すみません」을 사용하는 것이 말하기 쉬우니까
3 「ありがとう」 보다 「すみません」을 듣는 것이 좋다는 사람이 있으니까
4 상대방에게 미안하다는 마음이 있으니까

30 문장의 내용과 맞는 것은 어떤 것인가?

1 외국인은 사과하는 것 이외의 「すみません」을 모른다.
2 「すみません」은 사과하는 것 이외에도 사용할 수 있는 편리한 말이다.
3 비즈니스에서는 「すいません」을 사용해서는 안 된다.
4 「すみません」보다 「ありがとう」라고 말하는 편이 좋다.

2

해석 프리쿠라(스티커 사진)란 프린트 클럽의 약자로 1995년에 나온 자기 얼굴을 카메라로 찍어 스티커로 만드는 기계를 말한다. 300엔으로 세로 1.5cm, 가로 2.5cm의 16장의 사진 스티커가 만들어졌다. 여고생을 중심으로 인기가 있어, 수첩에 붙여 보거나 서로 보여 주거나 교환하거나 하며 즐기는 젊은 여성이 늘어 갔다. 2002년에는 매상이 600억엔 정도 되었지만, 스마트폰이 유행하여 사진을 찍을 수 있게 되자 3분의 1 정도가 되어 버렸다. 스마트폰이라면 어디서든 언제든 찍을 수 있고, 돈도 들지 않기 때문이다. 그래도 아직 스티커 사진을 이용하는 젊은 여성은 많다. 스티커 사진이 진보하고 있기 때문이다. 그대로의 자신이 아니라 '사진이 잘 나오기' 때문이다. 「盛る(담다)」는 높이 쌓아올리는 것이지만, 젊은이 말로는 사진을 가공해(주1) 실제보다 좋게 보여주는 것으로 자주 쓰인다. 완성된 사진이 닮지 않아도 문제 없다. 오히려 변화를 즐기고 있다. 스티커 사진은 400엔으로, 사진을 찍을 때도 그것을 가공할 때도, 마지막에 사진에 문자를 넣을 때도 즐길 수 있고, 그 동안의 자신을 스마트폰으로 찍을 수도 있다. 또 그것을 SNS(注2)에 올려 이목을 끌면 더욱 만족도가 오르는 것 같다.

(주1) 加工する: 여기서는 원래의 얼굴을 다시 만든다. 색을 하얗게 하거나 눈을 크게 하거나, 최근에는 얼굴 모양이나 다리 길이도 바꿀 수 있다.
(주2) SNS : Social Networking Service의 약자로 등록된 이용자끼리 교류할 수 있는 웹사이트의 회원제 서비스

단어 **倶楽部(くらぶ)** 클럽 | **略(りゃく)** 줄임, 생략 | **売(う)り出(だ)す** 팔기 시작하다, 유명해지다 | **顔(かお)** 얼굴 | **撮(と)る** 찍다 | **シール** 실〈seal〉, 스티커 | **機械(きかい)** 기계 | **縦(たて)** 세로 | **横(よこ)** 가로 | **できる** 만들어지다 | **～を中心(ちゅうしん)に** ～을 중심으로 | **人気(にんき)** 인기 | **手帳(てちょう)** 수첩 | **貼(は)る** 붙이다 | **交換(こうかん)する** 교환하다 | **若(わか)い** 젊다 | **女性(じょせい)** 여성 | **増(ふ)える** 늘다 | **売(う)り上(あ)げ** 매상 | **億(おく)** 억 | **スマホ** 스마트폰 | **流行(はや)る** 유행하다 | **進歩(しんぽ)する** 진보하다 | **盛(も)る** 담다 | **加工(かこう)する** 가공하다 | **実際(じっさい)** 실제 | **似(に)る** 닮다 | **かえって** 오히려 | **変化(へんか)** 변화 | **アップする** 올리다 | **人目(ひとめ)を引(ひ)く** 남의 이목을 끌다 | **満足度(まんぞくど)** 만족도 | **上(あ)がる** 오르다, 올라가다 | **～らしい** ～인 것 같다 | **登録(とうろく)** 등록 | **～同士(どうし)** ～끼리 | **交流(こうりゅう)** 교류

31 현재 스티커 사진은 어떻게 되고 있는가?

1 이용자는 여고생뿐이다.
2 다양하게 즐기는 방법이 늘어났다.
3 스마트폰 탓에 거의 사용되지 않게 되었다.
4 스티커 사진을 찍는 가격이 3분의 1이 되었다.

32 스티커 사진이 유행하지 않게 된 것은 무엇 때문인가?

1 스티커 사진은 여고생밖에 찍지 않으니까
2 스티커 사진은 돈이 드니까
3 스티커 사진은 붙여야만 하니까
4 스티커 사진은 어디서나 찍을 수 있으니까

33 문장의 내용과 맞는 것은 어떤 것인가?

1 가공하면 가공할수록 좋은 사진이 나온다.
2 완성된 사진이 닮지 않아서 문제다.
3 스티커 사진은 찍을 때가 가장 즐거운 기계이다.
4 젊은이는 '담다'를 사진 가공의 말로서 자주 사용하고 있다.

문제 6 다음 문장을 읽고 질문에 답하시오. 답은 1・2・3・4에서 가장 적당한 것을 하나 고르시오.

해석

세계에는 수돗물을 마실 수 없는 나라가 많지만, 일본의 수돗물은 싸고 안전하며 맛있다고 한다. 그런데도 1990년경부터 미네랄워터가 잘 팔리게 되었다. '수돗물은 맛이 없고 위험하다'라는 잘못된 이미지가 저절로 확산되었기 때문이다. 2010년경부터는 커피나 차보다 팔리고 있어, 매상이 연간 3,200억 엔이나 된다. 미네랄워터는 500ml에 싼 것이라도 100엔은 한다. 수돗물이라면 지역에 따라 다르지만 1엔도 안 할 것이다. 그럼 왜 사람들은 물을 사는 걸까. 한 번 확산된 이미지는 좀처럼 바뀌지 않기 때문이다. 실제로는 수돗물의 안전성은 보장되어 있으며 맛도 좋다. 물론 맛은 강이 깨끗한지 어떤지 지하수를 얼마나 섞는지 등 물을 채취하는 장소에 따라 다르기 때문에 시골이 더 맛있을 때가 많고, 듣는 것처럼 한때 도쿄의 수돗물은 매우 맛이 없었다. 그러나 지금은 물에 가장 까다로운 술 빚기조차 도쿄의 수돗물을 사용하고 있다. 도쿄도 등 60곳 이상의 수도국이 수돗물을 페트병에 담아 100~120엔 정도에 팔고 있어 장사가 될 정도다. 도쿄도의 수도국이 약 3만명에게 마시게 해 비교해본 결과는 수돗물이 더 맛있다가 39.1%, 미네랄 워터가 더 맛있다가 41%, 모두 맛있다가 19.8%였다고 한다. 그래서 다른 이유로 물을 산다면 어쩔 수 없지만 맛 때문에 살 필요는 없다고 생각한다. 또 물의 맛은 온도에 관계하고 있다. 미네랄워터라도 미지근해지면 맛이 없고 수돗물도 차갑게 하면 아주 맛있어진다. 이런 것도 알아두는 편이 좋다.

단어 **水道水**(すいどうすい) 수돗물 | **それでも** 그런데도, 그래도 | **ミネラルウォーター** 미네랄워터 | **まずい** 맛없다 | **危険**(きけん)**だ** 위험하다 | **間違**(まちが)**う** 잘못되다 | **イメージ** 이미지 | **ひとり歩**(ある)**き** (남의 도움 없이) 혼자 걸음, 당사자의 의도와 관계없이 사물이 진행되는 것 | **地域**(ちいき) 지역 | **～によって** ~에 따라 | **なぜ** 왜 | **広**(ひろ)**まる** 퍼지다, 번지다 | **なかなか～ない** 좀처럼 ~않다 | **実際**(じっさい) 실제 | **安全性**(あんぜんせい) 안전성 | **保障**(ほしょう)**する** 보장하다 | **味**(あじ) 맛 | **勿論**(もちろん) 물론 | **地下水**(ちかすい) 지하수 | **混**(ま)**ぜる** 섞다 | **採**(と)**る** 채취하다 | **田舎**(いなか) 시골 | **一時期**(いちじき) 한때, 한 시기 | **しかし** 그러나 | **最**(もっと)**も** 가장 | **うるさい** 까다롭다 | **酒造**(さかづくり) 주조 | **～さえ** ~조차 | **箇所**(かしょ) 개소, 군데 | **水道局**(すいどうきょく) 수도국 | **商売**(しょうばい) 장사 | **比**(くら)**べる** 비교하다 | **結果**(けっか) 결과 | **仕方**(しかた)**がない** 어쩔 수 없다 | **温度**(おんど) 온도 | **関係**(かんけい) 관계 | **温**(ぬる)**い** 미지근하다 | **冷**(ひ)**やす** 식히다, 차게하다 | **消**(き)**える** 지워지다, 사라지다 | **～に比**(くら)**べて** ~에 비해

34 왜 일본에서 미네랄워터가 잘 팔리고 있는가?

1 맛있는 수돗물이 없어서
2 수돗물은 맛이 없고 위험해서
3 수돗물의 나쁜 이미지가 지워지지 않아서
4 수돗물에 비해 싸서

35 왜 장사가 될 정도다 라고 하는가?

1 미네랄워터 보다 비싸니까
2 팔려서 이익도 있으니까
3 술 빚기에 사용하니까
4 수돗물을 마실수 있는 나라니까

36 문장의 내용과 맞는 것은 어느 것인가?

1 도쿄의 수돗물은 술의 원료로서도 사용되고 있다.
2 앙케트에서는 수돗물 쪽이 맛있다고 대답한 사람이 많았다.
3 수돗물을 마실 수 있는 나라는 일본밖에 없다.
4 어디의 물이라도 수돗물의 맛은 같다.

37 수돗물에 대한 필자의 생각은 어느 것인가?

1 미지근한 물만큼 차가운 물은 맛있지 않다.
2 안전성에서는 미네랄워터 쪽이 위다.
3 수돗물의 이미지를 바꾸는 것이 좋다.
4 맛 때문이라면 미네랄워터를 사지 않아도 된다.

문제 7 오른쪽 페이지는 다카야마구의 자원봉사 모집 안내이다. 이것을 읽고 아래 질문에 답하시오. 답은 1·2·3·4중에서 가장 적당한 것을 하나 고르시오.

해석

【다카야마구 자원 봉사자 모집】

다카야마구 자원 봉사 센터에서는 내년도 자원 봉사자를 모집하고 있습니다.
우리 다카야마구를 살기 좋은 구로 만들기 위해 꼭 협력을 부탁드립니다.

	내용	자격 조건	일시	모집 인원
A 무료 학원	초등학교 5학년부터 중학교 3학년의 학습 지도	대학생 이상	매주 월요일과 목요일 19：00~21：00	10명
B 어린이 식당	저녁 만들기와 식사후 아이의 놀이 상대	연령은 묻지 않습니다	매주 금요일 17：00~19：00	5명
C 방과후 카페	구 내의 중학교에서 아이들에게 간식을 나눠주거나 이야기를 들어주거나 한다.	18세 이상	월요일~금요일 15：00~17：00 학교에 따라 카페가 열리지 않는 요일이 다르므로 가능한 요일을 선택해 주세요.	각 요일 5명
D 어린이 돌봄	공부 모임에 참가하고 있는 사람의 아이 돌봄. 2~6세	연령은 묻지 않습니다	매주 토요일 10：00~12：00	2명

* 자원 봉사 기간：20XX년 4월~익년 3월
* 마감：20XX년 2월 28일
* 신청： 홈페이지에서 신청서를 다운로드해서 필요 사항을 기입하고, 반드시 자원봉사 센터로 우편 또는 팩스로 보내주세요. 2월 28일 소인은 접수합니다. 신청서는 2월 1일부터 다운로드할 수 있습니다. 또한 신청 용지는 자원봉사센터 및 구청에도 비치되어 있습니다.
* 참가 여부는 이메일로 알려드립니다. 신청자가 많은 경우는 추첨을 합니다.
* 문의：다카야마구 자원봉사 센터(전화 098-321-0987)
* 홈페이지：http://www.takayama-ku.co.jp
* FAX：098-321-9876

단어 **ボランティア** 자원 봉사(자) | **募集**(ぼしゅう) 모집 | **申**(もう)**し込**(こ)**み** 신청 | **届**(とど)**ける** 보내다 | **区役所**(くやくしょ) 구청 | **協力**(きょうりょく) 협력 | **資格**(しかく) 자격 | **条件**(じょうけん) 조건 | **人数**(にんずう) 인수, 인원 | **塾**(じゅく) 학원 | **指導**(しどう) 지도 | **相手**(あいて) 상대 | **年齢**(ねんれい) 연령 | **問**(と)**う** 묻다 | **おやつ** 간식 | **配**(くば)**る** 나눠주다 | **締**(し)**め切**(き)**り** 마감 | **必要**(ひつよう) 필요 | **事項**(じこう) 사항 | **消印**(けしいん) 소인 | **抽選**(ちゅうせん) 추첨 | **問**(と)**い合**(あ)**わせ** 문의

38 **다케시 군은 대학교 1학년이다. 수업은 월요일부터 금요일 4시 반까지이고, 주말 오전 중은 아르바이트를 하고 있다. 참가할 수 있는 자원봉사는 어느 것인가?**

1 A와 B
2 B와 C
3 B와 D
4 A와 B와 D

39 **자원봉사 신청 방법은 어느 것인가?**

1 2월 1일까지 홈페이지에서 신청한다.
2 2월 1일까지 신청서를 자원봉사 센터에 보낸다.
3 2월 28일까지 자원봉사 센터에 우편이나 팩스로 신청한다.
4 2월 28일까지 구청에 우편이나 팩스로 신청한다.

2교시 청해

問題 1

問題１では、まず質問を聞いてください。それから話を聞いて、問題用紙の１から４の中から、最もよいものを一つえらんでください。

例

ホテルで会社員の男の人と女の人が話しています。女の人は明日何時までにホテルを出ますか。

M: では、明日は、９時半に事務所にいらしてください。

F : はい、ええと、このホテルから事務所まで、タクシーでどのぐらいかかりますか。

M: そうですね、30分もあれば着きますね。

F : じゃあ、９時に出ればいいですね。

M: あ、朝は道が混むかもしれません。
15分ぐらい早めに出られたほうがいいですね。

F : そうですか。じゃ、そうします。

女の人は明日何時までにホテルを出ますか。

1 8時45分
2 9時
3 9時15分
4 9時30分

1番

男の学生と女の留学生が話しています。二人は何時にどこで会いますか。

M: アニーさん、今度の日曜日にいこい公園の隣の神社で饅頭祭りがあるんだけど興味ある？

F : えっ、饅頭祭り？ 饅頭って日本の甘いお菓子でしょう？ 大好きよ。

M: じゃ、行こう。いろいろな場所の饅頭が見られるよ。それにお茶と饅頭がもらえるんだ。

F : わあ、嬉しい。何時から始まるの？

M: お祭りは10時からだよ。でもお饅頭とお茶は100人しかもらえないんだ。

F : じゃ、早く行って並ぼうよ。

문제 1

문제1에서는 먼저 질문을 들어 주세요. 그리고 이야기를 듣고 문제 용지의 1에서 4 중에서 가장 적당한 것을 하나 고르세요.

예

호텔에서 회사원인 남자와 여자가 이야기하고 있습니다. 여자는 내일 몇 시까지 호텔을 나갑니까?

남 : 그럼, 내일은 9시 반에 사무소에 와 주십시오.

여 : 네, 음, 이 호텔에서 사무소까지 택시로 어느 정도 걸립니까?

남 : 글쎄요, 30분 정도면 도착합니다.

여 : 그럼, 9시에 나가면 되겠네요.

남 : 아, 아침은 길이 막힐지도 모릅니다.
15분 정도 빨리 나오는 것이 좋습니다.

여 : 그렇습니까? 그럼, 그렇게 하겠습니다.

여자는 내일 몇 시까지 호텔을 나갑니까?

1 8시 45분
2 9시
3 9시 15분
4 9시 30분

1번

남학생과 여자 유학생이 이야기하고 있습니다. 두 사람은 몇 시에 어디에서 만납니까?

남 : 애니 씨, 이번 일요일에 이코이공원 옆의 신사에서 만쥬 축제가 있는데 관심 있어?

여 : 뭐? 만쥬 축제? 만쥬는 일본의 달콤한 과자지? 아주 좋아해.

남 : 그럼, 가자. 여러 곳의 만쥬를 볼 수 있어. 게다가 차와 만쥬를 받을 수 있어.

여 : 와~ 좋다. 몇 시부터 시작돼?

남 : 축제는 10시부터야. 하지만 만쥬랑 차는 100명밖에 못 받아.

여 : 그럼 빨리 가서 줄 서자.

남 : 대기표를 받으면 돼. 한 시간 정도 전에 줄 서면 괜찮으니까 8시 45분에 역에서 만나자.

M: 整理券をもらえばいいんだ。１時間ぐらい前に並べば大丈夫だから８時45分に駅で会おう。

F : 公園、知っているから大丈夫よ。神社は公園の隣でしょう。神社でいいわ。

M: じゃ、お祭りの１時間前に。

二人は何時にどこで会いますか。

1 ８時45分に駅で
2 ９時に公園で
3 ９時に神社で
4 10時に神社で

여 : 공원, 알고 있으니까 괜찮아. 신사는 공원 옆이지? 신사에서 괜찮아.

남 : 그럼, 축제 1시간 전에.

두 사람은 몇 시에 어디에서 만납니까?

1 8시 45분에 역에서
2 9시에 공원에서
3 9시에 신사에서
4 10시에 신사에서

2番

電話で男のお客さんと女の店員が話しています。男の人はどうしますか。

F : お待たせいたしました。

M: カタログのA-1番の商品の黒を注文したいんですが。

F : A-1番の黒ですね。申し訳ありませんがA-1番の黒は売り切れとなっております。白ならまだ残っておりますが。

M: 白か。

F : A-2番はいかがでしょうか。こちらなら黒もございますが。

M: ２番もいいけど、ちょっと10,000円高いから。黒はいつ頃、入ってくる予定ですか？ ２、３日なら注文したいんだけど。

F : では確認してこちらからお電話差し上げます。お電話番号をお願いいたします。

M: 012-345-6789です。

F : 少々お待ちください。

男の人はどうしますか。

1 A-１番の黒がなかったら白にする
2 A-１番の黒があったら注文する
3 A-１番の黒が数日で買えるなら買う
4 A-１番の黒を２～３日後に注文する

2번

전화로 남자 손님과 여자 점원이 이야기하고 있습니다. 남자는 어떻게 합니까?

여 : 오래 기다리셨습니다.

남 : 카탈로그의 A-1번 상품의 검정색을 주문하고 싶은데요.

여 : A-1번 검정색이죠? 죄송합니다만 A-1번 검정색은 품절되었습니다. 흰색이라면 아직 남아있습니다만.

남 : 하얀색…

여 : A-2번은 어떠세요? 이쪽이라면 검정색도 있습니다만.

남 : 2번도 좋지만, 좀 10,000엔 비싸니까. 검정색은 언제쯤 들어올 예정이에요? 2, 3일이면 주문하고 싶은데요.

여 : 그럼 확인해서 저희가 전화드리겠습니다. 전화번호를 부탁합니다.

남 : 012-345-6789입니다.

여 : 잠시 기다려 주세요.

남자는 어떻게 합니까?

1 A-1번 검정색이 없으면 흰색으로 한다
2 A-1번 검정색이 있으면 주문한다
3 A-1번 검정색을 며칠 안에 살 수 있으면 산다
4 A-1번 검정색을 2~3일 후에 주문한다

3番

女の人と男の人が話しています。男の人はこれから何をしますか。

F : ねえ、もう名古屋の生活に慣れた？

M: まあね。

3번

여자와 남자가 이야기하고 있습니다. 남자는 이제부터 무엇을 합니까?

여 : 있잖아, 이제 나고야 생활에 익숙해졌어?

남 : 뭐 그렇지.

F：わからないことがあったら何でもいいから電話して。もう、名古屋モーニング食べた？

M：食べたよ。トースト、ハムエッグつきとか。うどんが付いていたのには驚いたよ。

F：うどんは珍しいけど、おにぎりに味噌汁まで定食みたいなセットのところもあるし、いろいろな店に入ってみたら。

M：そうするよ。そうそう、コーヒーだけ注文したら驚かれたよ。

F：モーニング頼むのが当たり前だから。

M：その店、お客が次々入ってくるんだけど注文しないのに店員が飲み物、卵、サラダ、トーストを持って来るんだよ。

F：毎日、通っていてもうわかっているのよ。あなたもどこか気に入った店を見つけてモーニングを食べるために通うと良いわよ。名古屋に慣れるいい方法だから。

M：アドバイス、ありがとう。そうするよ。

男の人はこれから何をしますか。

1 名古屋に慣れる方法を探す
2 女の人に電話する
3 コーヒーだけじゃなくモーニングを頼む
4 気に入った店にモーニングを食べに通う

여 : 모르는 게 있으면 뭐든지 괜찮으니까 전화해. 나고야 모닝 벌써 먹었어?

남 : 먹었어. 토스트, 햄에그 포함이라든가. 우동이 같이 나온 거에는 놀랐어.

여 : 우동은 드물지만, 주먹밥에 된장국까지 정식같은 세트인 곳도 있고, 여러 가게에 들어가 보는 게 어때?

남 : 그럴게. 맞다, 커피만 주문하니까 놀라더라.

여 : 모닝 시키는 게 당연하니까.

남 : 그 가게, 손님이 계속 들어오는데 주문 안 하는데도 점원이 음료, 계란, 샐러드, 토스트를 가져오더라.

여 : 매일 다니고 있어서 이미 알고 있는 거야. 너도 어딘가 마음에 든 가게를 찾아서 모닝을 먹기 위해 다니면 좋아. 나고야에 익숙해지는 좋은 방법이니까.

남 : 충고 고마워. 그렇게 할게.

남자는 이제부터 무엇을 합니까?

1 나고야에 익숙해지는 방법을 찾는다
2 여자에게 전화를 한다
3 커피뿐만 아니라 모닝을 시킨다
4 마음에 든 가게에 모닝을 먹으러 다닌다

4番

女の人と男の人が話しています。女の人はこの後まず何をしますか。

F：ねえ、うちのココがいなくなっちゃったのよ。もう3日も帰ってこないのよ。

M：ココって君のねこだよね。張り紙とかした？

F：うん、今日、写真付きで。

M：ちゃんと全身がわかる写真にした？

F：ええ、近所の人に聞いたりしていろいろな場所を捜しているんだけど、もう遠くに行っちゃったのかしら。

M：ねこは1日に100メートルぐらいしか移動しないらしいから、そんなに遠くに行っていないよ。警察にはすぐに届けたほうがいいね。

F：警察までは気が付かなかったわ。すぐにするわ。ペット探偵に頼もうと思っていたのよ。1週間待っても帰らなかったら自分では無理だと思うから。

M：それいいらしいよ。70%は見つけてくれるんだって。

4번

여자와 남자가 이야기하고 있습니다. 여자는 이후 우선 무엇을 합니까?

여 : 있지, 우리 코코가 없어져 버렸어. 벌써 사흘이나 돌아오지 않아.

남 : 코코는 너의 고양이지? 벽보 같은 거 했어?

여 : 응, 오늘 사진 첨부해서.

남 : 전신을 확실히 알 수 있는 사진으로 했어?

여 : 응, 이웃 사람에게 물어보거나 해서 여러 곳을 찾고 있지만, 벌써 멀리 가버린걸까?

남 : 고양이는 하루에 100미터 정도 밖에 이동하지 않는다고 하니까, 그렇게 멀리 안 갔어. 경찰에는 바로 신고하는 게 좋겠어.

여 : 경찰까지는 생각을 못했어. 당장 할게. 반려동물 탐정에게 의뢰하려고 했어. 1주일 기다려도 돌아오지 않으면 나는 무리라고 생각하니까.

남 : 그거 좋은 것 같아. 70%는 찾아준대.

여 : 요금은 최대 100만 엔이래.

남 : 100만? 못 찾아도 100만 엔을 지불하는 거야?

여 : 하지만 코코를 위해서라면 어쩔 수 없어.

F：料金は最大で100万円だって。

M: 100万？ 見つからなくても100万円払うの？

F：でもココのためなら仕方がないわ。

女の人はこの後まず何をしますか。

1 近所を捜す
2 ペット探偵を雇う
3 警察に届ける
4 張り紙をする

여자는 이후 우선 무엇을 합니까?

1 근처를 찾는다
2 반려동물 탐정을 고용한다
3 **경찰에 신고한다**
4 벽보를 붙인다

5番

学校の食堂で男の人と女の人が話しています。男の人はこれからどんなことをしますか。

M: あれ、自分の箸を使っているの？

F：そうよ。マイハシよ。

M: へえ、環境のことを考えているんだ。
僕はそこまでできないよ。

F：できることは何でもしようと思っているのよ。
買い物にもマイバッグを持っていくし。
石田さんもそうしたら？

M: 瓶、缶なんかはリサイクルしているけど、マイバッグはかさばるから。

F：エコバックなら小さい物もあるし、ポケットに入るよ。

M: そうか。それはいいね。

F：お店も割り箸じゃなくて洗って使う箸のところを選んだら？

M: う～ん。店はやっぱり味だから。

男の人はこれからどんなことをしますか。

1 自分の箸を持つ
2 瓶と缶をリサイクルする
3 割り箸を使わない
4 エコバックを持つ

5번

학교 식당에서 남자와 여자가 이야기하고 있습니다. 남자는 앞으로 어떤 일을 합니까?

남 : 어라? 자기 젓가락을 쓰고 있는 거야?

여 : 맞아. 개인 젓가락이야.

남 : 음, 환경을 생각하고 있구나. 난 그렇게까지 못해.

여 : 할 수 있는 것은 뭐든지 하려고 생각하고 있어. 쇼핑에도 장바구니를 가지고 가고. 이시다 씨도 그렇게 하면 어때?

남 : 병, 캔 같은 것은 재활용하고 있지만, 장바구니는 부피가 커지니까.

여 : 에코백이라면 작은 것도 있고, 주머니에 들어가.

남 : 그래? 그거 좋네.

여 : 가게도 나무젓가락 말고 씻어서 쓰는 젓가락인 곳을 선택하면 어때?

남 : 음, 가게는 역시 맛이니까.

남자는 앞으로 어떤 일을 합니까?

1 자신의 젓가락을 지닌다
2 병과 캔을 재활용한다
3 나무젓가락을 사용하지 않는다
4 **에코백을 지닌다**

6番

女の人と男の人が話しています。今年のお中元はどうしますか。

F：ねえ、お中元だけどどうする？
給料が減ったからあまりお金を使いたくないわ。

M: そうだな。お中元は止めてお歳暮だけにしようか。

F：それはちょっと。

M: じゃ、あげる人を減らしたら？

6번

여자와 남자가 이야기하고 있습니다. 올해 백중선물은 어떻게 합니까?

여 : 있지, 백중선물 말인데 어떻게 할래?
월급이 줄어서 그다지 돈을 쓰고 싶지 않아.

남 : 그렇구나. 백중선물은 그만두고 연말선물만 할까?

여 : 그건 좀.

남 : 주는 사람을 줄이면?

F：いいね。そうしよう。じゃ、リストから止める人を選んでくれない？

M: うん、林さんと木村さんはみんなお世話になっているから駄目だ。両親をカットする？

F：両親は駄目よ。急にあげなくなったら心配するし、私は一番あげたい人よ。

M: じゃ、減らすのは無理だよ。

F：う〜ん、仕方がないね。じゃ、安い同じものにしょう。

今年のお中元はどうしますか。

1 お中元はしない
2 あげる人を選ぶ
3 両親にはあげない
4 安い同じ物をあげる

여 : 좋아. 그렇게 하자. 그럼 목록에서 그만둘 사람을 골라주지 않을래?

남 : 응, 하야시 씨와 기무라 씨는 모두 신세를 지고 있어서 안 돼. 부모님을 커트할까?

여 : 부모님은 안돼. 갑자기 주지 않게 되면 걱정하고, 나는 제일 주고 싶은 사람이야.

남 : 그럼, 줄이는 것은 무리야.

여 : 음, 어쩔 수 없네. 그럼, 저렴한 같은 물건으로 하자.

올해 백중선물은 어떻게 합니까?

1 백중선물은 하지 않는다
2 줄 사람을 고른다
3 부모님께는 주지 않는다
4 저렴한 같은 물건을 준다

問題 2

問題2では、まず質問を聞いてください。そのあと、問題用紙を見てください。読む時間があります。それから話を聞いて、問題用紙の1から4の中から、最もよいものを一つえらんでください。

문제 2

문제2에서는 먼저 질문을 들어 주세요. 그 후 문제 용지를 보세요. 읽는 시간이 있습니다. 그런 다음 이야기를 듣고 문제 용지의 1에서 4 중에서 가장 적당한 것을 하나 고르세요.

例

女の人と男の人がスーパーで話しています。男の人はどうして自分で料理をしませんか。

F：あら、田中君、お買い物？

M: うん、夕飯を買いにね。

F：お弁当？ 自分で作らないの？ 時間ないか。

M: いや、そうじゃないんだ。

F：じゃあ、作ればいいのに。

M: 作るのは嫌いじゃないんだ。でも、一人だと。

F：材料が余っちゃう？

M: それはいいんだけど、一生懸命作っても一人で食べるだけじゃ、なんか寂しくて。

F：それもそうか。

男の人はどうして自分で料理をしませんか。

1 いそがしくて時間がないから
2 料理がにがてだから
3 ざいりょうがあまってしまうから
4 いっしょに食べる人がいないから

예

여자와 남자가 슈퍼마켓에서 이야기하고 있습니다. 남자는 왜 스스로 요리를 하지 않습니까?

여 : 어, 다나카 군, 쇼핑?

남 : 응, 저녁을 사러.

여 : 도시락? 스스로 만들지 않아? 시간 없나?

남 : 아니, 그렇지 않아.

여 : 그럼, 만들면 좋을 텐데.

남 : 만드는 건 싫어하지 않아. 그런데 혼자라면.

여 : 재료가 남아버려서?

남 : 그것은 괜찮지만, 열심히 만들어도 혼자서 먹기만 하면, 뭔가 쓸쓸해서.

여 : 그것도 그런가.

남자는 왜 스스로 요리를 하지 않습니까?

1 바쁘고 시간이 없으니까
2 요리를 잘 못하니까
3 재료가 남아버리니까
4 **함께 먹을 사람이 없으니까**

1番

公園の入り口で男の人と女の人が話しています。二人はどうしてここに自転車を止めませんか。

M: あれ、今日は自転車が一台も止まっていないよ。

F：本当、いつもはいっぱい止まっているのに、どうしたんだろう。

M: 公園に来てる人が少ないのかな。

F：日曜だしそんなことないわ。ほら、あっち見て。

M: 本当だ。今日だけ歩いて来ているってことないだろうし…。

F：あら、「ここに止めるな。駐輪場はあちら」って看板が立っている。

M: 本当だ。でも急に止めなくなるなんて不思議だなあ。

F：そうね。前から止める場所じゃないって知っていたんだから。

M: ルールを破るのって一人ではしにくいのかも。

F：そうね。「赤信号みんなで渡れば怖くない」っていうものね。私達もあっちに止めましょう。

M: そうだな。

二人はどうしてここに自転車を止めませんか。

1 自転車がいっぱい止まっているから
2 禁止だと初めて知ったから
3 みんなが止めていないから
4 ルールを破りたくないから

1번

공원 입구에서 남자와 여자가 이야기하고 있습니다. 두 사람은 왜 여기에 자전거를 세우지 않습니까?

남 : 어? 오늘은 자전거가 한 대도 세워져 있지 않아.

여 : 정말, 평소에는 가득 세워져 있는데, 무슨 일이지?

남 : 공원에 와있는 사람이 적은 건가?

여 : 일요일이고 그렇지 않아. 봐봐, 저쪽 봐.

남 : 정말이네. 오늘만 걸어서 오는 건 아닐 테고….

여 : 어머, '여기에 세우지 마시오. 자전거 주차장은 저쪽'이라고 간판이 서 있어.

남 : 진짜네. 하지만 갑자기 세우지 않게 되다니 이상하네.

여 : 그러게. 전부터 세우는 장소가 아니란 건 알고 있었으니까.

남 : 규칙을 어기는 것은 혼자서는 하기 어려울지도 몰라.

여 : 맞아. '빨간불 모두 함께 건너면 무섭지 않아'라는 것이지. 우리도 저기에 세우자.

남 : 그렇군.

두 사람은 왜 여기에 자전거를 세우지 않습니까?

1 자전거가 가득 세워져 있으니까
2 금지라고 처음 알았으니까
3 모두가 세우지 않으니까
4 규칙을 어기고 싶지 않으니까

2番

家で夫と妻が話しています。夫がボランティアの先生になりたい一番の理由は何ですか。

M: 趣味も楽しいんだけど、もっと何かしたいなあ。

F：定年後半年も家にばかりいたから当然ね。社会と関係を持たなきゃよくないわ。

M: 僕もそう思う。専門の仕事で週に3日ぐらい働けるといいんだけど。

F：お隣のご主人はシルバーセンターでパソコン教室の先生をしているらしいわよ。あなたもシルバーに登録する？

M: いいけど教える仕事があるかな。パソコンはできないけど。英語なら得意だから塾の先生でもするかな。

F：雇ってもらうのは難しいかも。でも教えたいならボランティアで教えるのはどう？ 先生が足りないらしいわよ。

2번

집에서 남편과 아내가 이야기하고 있습니다. 남편이 자원봉사 선생님이 되고 싶은 가장 큰 이유는 무엇입니까?

남 : 취미도 즐겁지만, 좀 더 뭔가 하고 싶어.

여 : 정년 후 반년이나 집에만 있었으니까 당연하지. 사회와 관계를 가지지 않으면 좋지 않아.

남 : 나도 그렇게 생각해. 전문적인 일로 일주일에 3일 정도 일할 수 있으면 좋겠는데.

여 : 옆집 남편은 실버센터에서 컴퓨터 교실 선생님을 하고 있는 것 같아. 당신도 실버에 등록할래?

남 : 좋지만 가르치는 일이 있을까? 컴퓨터는 못하지만. 영어라면 잘하니까 학원 선생님이라도 할까?

여 : 고용되는 것은 어려울지도 몰라. 하지만 가르치고 싶다면 자원봉사로 가르치는 것은 어때? 선생님이 부족한 것 같아.

남 : 해보고 싶다. 나를 위한 것도 되고.

여 : 그래.

M: やってみたいな。自分のためにもなるし。

F : そうね。

夫がボランティアの先生になりたい一番の理由は何ですか。

1 趣味に飽きたから
2 ボランティアがしたいから
3 社会との関係ができるから
4 塾で教えられないから

남편이 자원봉사 선생님이 되고 싶은 가장 큰 이유는 무엇입니까?

1 취미에 싫증이 났으니까
2 봉사를 하고 싶으니까
3 **사회와의 관계가 생기니까**
4 학원에서 가르치지 못하니까

3番

女の人と男の人が話しています。女の人はどうして日本で自転車がよく盗まれると思っていますか。

F : アリさん、どうしたの。

M: ショックなことがあったんです。日本は落とした財布も戻ってくるって聞いていたのに、家の前に置いておいた自転車が盗まれちゃったんです。古くて汚い自転車なんて欲しがる人がいるなんて思わなかったから鍵かけてなかったんです。

F : 鍵はかけなきゃ。日本では自転車がよく盗まれるのよ。ぼろ自転車だから大丈夫ってわけじゃないのよ。私が盗まれた自転車は10キロも離れたところに捨ててあったのよ。

M: そこまで乗って行って捨てたんですか。

F : そうなのよ。特別いい自転車は欲しくて盗むのかもしれないけど、普通の自転車はほとんど乗り捨てするために盗むらしいわ。ちょっと借りるという気持ちで。

M: じゃ、悪いことをしたという気持ちはないのかな。自転車だって盗んだら泥棒だと思うんですが。

F : 当たり前よ。

女の人はどうして日本で自転車がよく盗まれると思っていますか。

1 古くて汚い自転車は盗んでもいいから
2 自転車を盗んでも盗んだと思わない人が多いから
3 みんなが自転車の鍵をかけないから
4 自転車は盗んでも泥棒にならないから

3번

여자와 남자가 이야기하고 있습니다. 여자는 왜 일본에서 자전거를 자주 도둑맞는다고 생각합니까?

여 : 아리 씨, 왜 그래?

남 : 충격적인 일이 있었습니다. 일본은 잃어버린 지갑도 돌아온다고 들었는데, 집 앞에 놓아 둔 자전거를 도둑맞아 버렸어요. 낡고 더러운 자전거라 갖고 싶어하는 사람이 있을 거라고는 생각하지 않아서 열쇠로 잠그지 않았거든요.

여 : 열쇠는 잠궈야 돼. 일본에서는 자전거가 자주 도난당해. 낡은 자전거니까 괜찮은 건 아니야. 내가 도둑맞은 자전거는 10킬로미터나 떨어진 곳에 버려져 있었어.

남 : 거기까지 타고 가서 버린 겁니까?

여 : 맞아. 특별히 좋은 자전거는 갖고 싶어서 훔칠지도 모르지만, 보통 자전거는 대부분 타고 버리기 위해 훔치는 것 같아. 잠깐 빌린다는 마음으로.

남 : 그럼 나쁜 짓을 했다는 기분은 없는 건가. 자전거도 훔치면 도둑일 것 같은데요.

여 : 당연하지.

여자는 왜 일본에서 자전거를 자주 도둑맞는다고 생각합니까?

1 낡고 더러운 자전거는 훔쳐도 되니까
2 **자전거를 훔쳐도 훔친다고 생각하지 않는 사람이 많으니까**
3 모두 자전거 열쇠를 잠그지 않으니까
4 자전거는 훔쳐도 도둑질이 되지 않으니까

4番

クラスで男の留学生が日本の生活について話しています。男の人はどうして困りましたか。

M: 日本語学校の生活ではあまり困ることはありません。学校の先生も優しいし他の国の友達もできて毎日楽しいです。日本語もだんだん上手になってきたのでアルバイトを始めました。その時に店の人に「もう飯食ったか」と言われて意味がわからなくて困りました。みなさんはわかりますか。「もうご飯を食べましたか」という意味です。こう言われればわかりますよね。初めはこのようなことがときどきあって困りました。

男の人はどうして困りましたか。

1 店の人がときどき話しかけるから
2 仕事で使う言葉は違うことを知らなかったから
3 意味は同じでも言い方が違う言葉があったから
4 「もうご飯を食べましたか」を習っていなかったから

4번

반에서 남자 유학생이 일본 생활에 대해 이야기하고 있습니다. 남자는 왜 곤란했습니까?

남 : 일본어학교 생활에서는 그다지 곤란한 일은 없습니다. 학교 선생님도 상냥하고 다른 나라 친구도 생겨서 매일 즐겁습니다. 일본어도 점점 능숙해져서 아르바이트를 시작했습니다. 그때 가게 사람이 '벌써 밥 먹었냐?'고 해서 의미를 몰라서 곤란했습니다. 여러분들은 아시나요? '벌써 밥을 먹었습니까?"라는 뜻입니다. 이렇게 들으면 알지요? 처음에는 이런 일이 가끔 있어서 곤란했습니다.

남자는 왜 곤란했습니까?

1 가게 사람이 가끔 말을 걸기 때문에
2 일할 때 쓰는 말은 다르다는 것을 몰랐기 때문에
3 **의미는 같아도 표현이 다른 말이 있었기 때문에**
4 '벌써 밥을 먹었습니까?'를 배우지 않았기 때문에

5番

女の人と男の人が話しています。男の人はどうして驚きましたか。

F : この間、ママチャリでしまなみ海道を走ってきたんだ。
M: え！ 本当ですか？ すごいなあ。70歳過ぎているのによく長い距離が走れたね。大変だったでしょう？
F : 橋が70メートルぐらい高いところにあるので上ってまた下らなきゃならなかったのが苦しかった。でも、そのほかは大丈夫だった。ゆっくり2日間かけて走ったから。
M: でも、70キロぐらいあるでしょう？
F : そうね。実は寄り道して95キロ以上走ったのよ。
M: 元気だねえ。大勢の人が走っていた？
F : 日本人だけじゃなくって外国人も多かったわ。
M: 外国人にも人気があるって言われているからなあ。景色がいいって聞いたけど。
F : 橋の上から見た瀬戸内海がすごくきれいだったわ。
M: いいなあ。僕も行ってみよう。

男の人はどうして驚きましたか。

1 外国人が大勢自転車で走っていたから
2 70代で自転車でしまなみ海道を走ったから
3 瀬戸内海が綺麗だったと聞いたから

5번

여자와 남자가 이야기하고 있습니다. 남자는 왜 놀랐습니까?

여 : 일전에, 주부용 자전거로 시마나미 바닷길을 달리고 왔어.
남 : 네! 정말입니까? 굉장하네. 70세가 넘었는데도 용케 장거리를 달렸네. 힘들었죠?
여 : 다리가 70m 정도 높은 곳에 있어서 올라갔다 다시 내려가야 하는 게 힘들었어. 하지만 그 외에는 괜찮았어. 천천히 이틀을 들여서 달렸으니까.
남 : 하지만, 70킬로미터 정도 되지?
여 : 맞아. 실은 다른 곳에 들려서 95킬로미터 이상 달렸어.
남 : 건강하네. 많은 사람들이 달리고 있었어?
여 : 일본인뿐만 아니라 외국인도 많았어.
남 : 외국인에게도 인기가 있다고 하니까 말야. 경치가 좋다고 들었는데.
여 : 다리 위에서 본 세토내해가 굉장히 예뻤어.
남 : 좋겠다. 나도 가봐야지.

남자는 왜 놀랐습니까?

1 외국인이 많이 자전거로 달리고 있었기 때문에
2 **70대에 자전거로 시마나미 바닷길을 달렸으니까**
3 세토내해가 예뻤다고 들었기 때문에
4 시마나미 바닷길이 95킬로나 되는 걸 알았으니까

4 しまなみ海道が95キロもあるとわかったから

6番

男の人と女の人が話しています。女の人はどうしてこのパンを買いましたか。

M: 今日のパン、何だかずいぶんおいしいね。
F : 当たり前よ。1個、500円したんだから。
M: 高いな。でもふわふわでおいしい。
F : 驚いた。何もつけなくてもおいしいのね。
M: 今までのパンと全然違うね。
F : そうでしょう？ 1時間も並んで買ってきたのよ。
M: えっ。時間の無駄でしょう。
F : でも、一度食べてみたかったのよ。
友達においしいって薦められたから。
M: 食べてみないと味がわからないからなあ。
これからこのパンにするの？
F : おいしいけど高すぎるからたまに買うことにしようかな。
M: いいね。

女の人はどうしてこのパンを買いましたか。

1 何もつけなくてもおいしいから
2 みんなが並んでいたから
3 これからはこのパンを買うことにしたから
4 友達がおいしいと言って食べてみたかったから

6번

남자와 여자가 이야기하고 있습니다. 여자는 왜 이 빵을 샀습니까?

남 : 오늘 빵, 왠지 꽤 맛있네.
여 : 당연하지. 한 개에 500엔 했으니까.
남 : 비싸네. 하지만 폭신폭신하고 맛있어.
여 : 놀랐어. 아무것도 안 찍어도 맛있네.
남 : 지금까지 먹던 빵이랑 전혀 다르네.
여 : 그렇지? 1시간이나 줄 서서 사 왔어.
남 : 어? 시간낭비야.
여 : 하지만, 한번 먹어보고 싶었어. 친구가 맛있다고 추천해서.
남 : 먹어 보지 않으면 맛을 모르니까. 앞으로 이 빵으로 할 거야?
여 : 맛있지만 너무 비싸니까 가끔 사기로 할까 봐.
남 : 좋아.

여자는 왜 이 빵을 샀습니까?

1 아무것도 안 찍어도 맛있으니까
2 모두가 줄을 서 있었으니까
3 앞으로는 이빵을 사기로 했으니까
4 **친구가 맛있다고 해서 먹어보고 싶었으니까**

問題 3

問題3では、問題用紙に何もいんさつされていません。この問題は、ぜんたいとしてどんなないようかを聞く問題です。話の前に質問はありません。まず話を聞いてください。それから、質問とせんたくしを聞いて、1から4の中から、最もよいものを一つえらんでください。

문제 3

문제3에서는 문제 용지에 아무것도 인쇄되어 있지 않습니다. 이 문제는 전체로서 어떤 내용인지를 묻는 문제입니다. 이야기 전에 질문은 없습니다. 먼저 이야기를 들어 주세요. 그런 다음 질문과 선택지를 듣고 1에서 4 중에서 가장 적당한 것을 하나 고르세요.

例

女の人が友達の家に来て話しています。

F1: 田中です。
F2: あ、はあい。昨日友達が泊まりに来てたんで、片付いてないけど、入って。
F1: あ、でもここで。すぐ帰るから。あのう、この前借りた本なんだけど、ちょっとやぶれちゃって。
F2: え、本当？

예

여자가 친구 집에 와서 이야기하고 있습니다.

여1 : 다나카입니다.
여2 : 아, 네. 어제 친구가 자러 와서, 정리 안 했는데, 들어와.
여1 : 아, 그래도 여기서. 바로 돌아갈 거니까. 저, 요전에 빌린 책 말인데, 조금 망가뜨려서.
여2 : 어, 정말?
여1 : 응, 이 페이지인데.
여2 : 앗, 응, 이 정도라면 괜찮아. 읽을 수 있고.

F1: うん、このページなんだけど。

F2: あっ、うん、このくらいなら大丈夫、読めるし。

F1: ほんと？ ごめん。これからは気をつけるから。

F2: うん、いいよ。ねえ、入ってコーヒーでも飲んでいかない？

F1: ありがとう。

女の人は友達の家へ何をしに来ましたか。

1 謝りに来た
2 本を借りに来た
3 泊まりに来た
4 コーヒーを飲みに来た

여1 : 정말? 미안해. 앞으로는 조심할 테니까.

여2 : 응, 괜찮아. 있잖아, 들어와서 커피라도 마시고 가지 않을래?

여1 : 고마워.

여자는 친구의 집에 무엇을 하러 왔습니까?

1 **사과하러 왔다**
2 책을 빌리러 왔다
3 자러 왔다
4 커피를 마시러 왔다

1番

女の人と男の人が話しています。

F : 中山さん、いい家庭教師のアルバイトがあるんだけどやらない？

M: やりたいけど…何曜日なの？

F : 月木の7時から9時まで2時間で1万円くれるって。

M: 残念だな。僕、月曜日は市民学習センターで教えなければならないから。

F : 市民学習センターってボランティアでしょう？ 辞めちゃえば。

M: 辞められないよ。僕もずっとボランティアの先生に勉強を習っていたんだ。ずいぶんお世話になっていたんだから。

F : まあ、そうだったの。

M: おかげで大学に入れたし、奨学金ももらえているから。

F : じゃ、市民学習センターの曜日を変えてもらったら?

M: 教える人が減っているから無理なんだよ。家庭教師、木曜だけでもできるといいんだけど。

F : じゃ、聞いてみてあげるわ。

M: 無理しないでいいよ。

男の人の気持ちはどれですか。

1 市民学習センターで勉強を続けたい
2 家庭教師はどうしてもやりたい
3 家庭教師の仕事は諦めている
4 市民学習センターで教える方が大切だ

1번

여자와 남자가 이야기하고 있습니다.

여 : 나카야마 씨, 좋은 가정교사 아르바이트가 있는데 하지 않을래?

남 : 하고 싶은데... 무슨 요일이야?

여 : 월목 7시부터 9시까지 2시간에 만 엔 준대.

남 : 아쉽다. 나, 월요일은 시민학습센터에서 가르쳐야 해서.

여 : 시민학습센터는 봉사활동이지? 그만두면?

남 : 그만둘 수 없어. 나도 계속 자원봉사 선생님에게 공부를 배우고 있었어. 신세를 많이 졌으니까.

여 : 어머, 그랬어?

남 : 덕분에 대학에 입학했고, 장학금도 받을 수 있으니까.

여 : 그럼, 시민학습센터의 요일을 바꿔달라고 하면 어때?

남 : 가르치는 사람이 줄어들고 있어서 무리야. 가정교사, 목요일만이라도 할 수 있으면 좋은데.

여 : 그럼 물어봐 줄게.

남 : 무리하지 않아도 돼.

남자의 심정은 어떤 것입니까?

1 시민학습센터에서 공부를 계속하고 싶다
2 가정교사는 어떤 일이 있어도 하고 싶다
3 가정교사 일은 포기하고 있다
4 **시민학습센터에서 가르치는 것이 더 중요하다**

2番

女の人と男の人が話しています。

F：合唱サークルの会費が１万ほど残っているんだけどどうする？ みんなに返す？

M：一人当たりだと300円ぐらいにしかならないよ。それに会員が減ったら先生に払うお金が足りなくなるかもしれないから、そのまま残しておいたらどう？

F：そう？ でも月謝は月に800円だからまだ値上げしても大丈夫よ。1,000円ぐらいまでは値上げしても誰も文句を言わないと思うわ。安い月謝で教えてくださっている先生に何か差し上げませんか。

M：うん、それがいいかも。あの先生なら物じゃないほうが喜ぶと思うけど。

F：そうね。そうしましょうか。でもみんなに聞いてみてからね。

M：そうだね。みんな賛成してくれると思うよ。

１万円の使い道はどれがいいと言っていますか。

1 会員に全額返す

2 そのままためておく

3 先生にお礼の品物を買う

4 先生にお金をあげる

2번

여자와 남자가 이야기하고 있습니다.

여：합창 동아리 회비가 만 엔 정도 남았는데 어떻게 할래? 애들한테 돌려줄까?

남：한 사람당 하면 300엔 정도 밖에 안돼. 게다가 회원이 줄어들면 선생님께 지불할 돈이 부족해질지도 모르니까 그대로 남겨두는 게 어때?

여：그래? 하지만 수강료는 한 달에 800엔이니까 아직 인상해도 괜찮아. 1,000엔 정도까지는 인상해도 아무도 불평하지 않을 거야. 저렴한 수강료로 가르쳐 주시는 선생님께 뭔가 드리지 않을래?

남：응, 그게 좋을지도 몰라. 그 선생님이라면 물건이 아닌 걸 더 좋아하실 것 같은데.

여：맞아. 그렇게 할까? 그래도 모두에게 물어보고 나서 하자.

남：그래, 모두 찬성해 줄 거야.

만 엔의 용도는 어떤 것이 좋다고 말하고 있습니까?

1 회원에게 전액 돌려준다

2 그대로 모아둔다

3 선생님에게 감사의 물건을 산다

4 선생님께 돈을 드린다

3番

外国人の男の人と女の人が話しています。

M：うちの妻が日本に来て初めて近くの美容院で髪を切ってもらったんですが８千円かかったんです。８千円は普通でしょうか。私には高く感じられるんですが。

F：ちょっと高いと思います。５千円ぐらいが多いんですが、カリスマ美容師だったらもっと高いです。

M：高山さんも８千円ぐらい払っているんですか。

F：私は安いカット２千円の店に行っているんです。それで十分ですから。私のような年寄りは200円引きだし、雨の日にも200円引きサービスがあるんです。

M：ずいぶん安いですね。じゃ、お年寄りが雨の日に行ったら1,600円ですか。

F：いいえ、両方のサービスは受けられないんです。

M：そうですか。妻にも高山さんの美容院を紹介してくださいよ。

3번

외국인 남자와 여자가 이야기하고 있습니다.

남：저희 아내가 일본에 와서 처음으로 근처 미용실에서 머리를 잘랐는데 8천 엔 들었습니다. 8천 엔은 보통인가요? 저한테는 비싸게 느껴지는데요.

여：조금 비싸다고 생각해요. 5천 엔 정도가 많은데, 카리스마 미용사라면 더 비싸요.

남：다카야마 씨도 8천 엔정도 지불하고 있나요?

여：저는 저렴한 커트 2천 엔인 가게에 가요. 그걸로 충분하니까요. 저 같은 노인은 200엔 할인이고, 비오는 날에도 200엔 할인 서비스가 있어요.

남：굉장히 싸네요. 그럼 어르신이 비오는 날에 가면 1,600엔입니까?

여：아니요, 두 서비스는 다 받을 수 없어요.

남：그래요? 아내에게도 다카야마 씨의 미용실을 소개해 주세요.

여：소개할 수 있지만 마음에 드실지 어떨지 모르겠어요. 그냥 잘 잘라 주면 되는 게 아니니까요. 기분 좋게 즉 릴랙스 할 수 있다든가 기술 이외의 것도 중요해요. 그것이 사람에 따라 무엇을 중시하는지 다르기 때문에 어렵죠.

F：紹介できますが気に入るかどうかわかりませんよ。ただ上手に切ってくれればよいというわけじゃないですから。気持ちよくつまりリラックスできるとか技術以外のことも大切です。それが人によって何を重視するか違いますから難しいです。

M: 気に入ったところが見つかるまでいろいろ行ったほうがいいんですね。

F：そうだと思います。

女の人はどんな美容院が一番いいと言っていますか。

1 カットが安い美容院
2 割引サービスがある美容院
3 自分が気に入った美容院
4 安くて上手な美容院

남 : 마음에 드는 곳이 발견될 때까지 여러 곳을 가는 편이 좋군요?

여 : 그런 것 같아요.

여자는 어떤 미용실이 제일 좋다고 말하고 있습니까?

1 커트가 싼 미용실
2 할인 서비스가 있는 미용실
3 **자기 마음에 드는 미용실**
4 싸고 잘하는 미용실

問題4

問題４では、えを見ながら質問を聞いてください。やじるし(➡)の人は何と言いますか。１から３の中から、最もよいものを一つえらんでください。

例

ホテルのテレビが壊れています。何と言いますか。

F：1 テレビがつかないんですが。
2 テレビをつけてもいいですか。
3 テレビをつけたほうがいいですよ。

1番

電車におばあさんが乗ってきました。何と言いますか。

M: 1 立ちましたよ。
2 座ってくれませんか。
3 どうぞ、こちらに。

2番

おやつを持って来たお母さんが息子がまんがを読んでいるのを見ました。何と言いますか。

F：1 まだ勉強が終わっていないの。
2 勉強していると思ったのに。
3 勉強するところなんだよ。

문제 4

문제4에서는 그림을 보면서 질문을 들어 주세요. 화살표의 사람은 뭐라고 말합니까? 1에서 3 중에서 가장 적당한 것을 하나 고르세요.

예

호텔의 텔레비전이 고장났습니다. 뭐라고 말합니까?

여 : 1 **텔레비전이 켜지지 않는데요.**
2 텔레비전을 켜도 됩니까?
3 텔레비전을 켜는 것이 좋습니다.

1번

전철에 할머니가 탔습니다. 뭐라고 말합니까?

남 : 1 섰습니다.
2 앉아주지 않을래요?
3 **이쪽으로 앉으세요.**

2번

간식을 가지고 온 엄마가 아들이 만화를 읽고 있는 것을 봤습니다. 뭐라고 말합니까?

여 : 1 아직 공부가 안 끝났어?
2 **공부하고 있는 줄 알았는데.**
3 공부할 참이야.

3番

男の人と女の人がホームを走っています。何と言いますか。

F : 1 走らないと間に合わないわよ。
2 もう少しだから頑張って。
3 次の電車でいいじゃない。

4番

女の人が男の人に料理を勧めています。何と言いますか。

F : 1 遠慮しないで、どうぞ。
2 どうぞ、遠慮してください。
3 遠慮なくいただきます。

問題 5

問題５では、問題用紙に何もいんさつされていません。まず文を聞いてください。それから、そのへんじを聞いて、１から３の中から、最もよいものを一つえらんでください。

例

M: すみません、今、時間、ありますか。
F : 1 ええと、10時20分です。
2 ええ。何ですか。
3 時計はあそこですよ。

1番

M: スマホの音がうるさくて勉強できないよ。
F : 1 じゃ、イヤホンにするわ。
2 そんなこと気にしないでいいよ。
3 もう少し大きくしましょうか。

2番

F : 空が次第に暗くなってきました。
M: 1 雨が降っていますから。
2 傘を持ってきましたか。
3 天気がよくていいですね。

3번

남자와 여자가 플랫폼을 뛰고 있습니다. 뭐라고 합니까?

여 : 1 뛰지 않으면 시간에 대지 못해.
2 조금 남았으니까 힘내.
3 다음 전철 타면 되잖아.

4번

여자가 남자에게 요리를 권하고 있습니다. 뭐라고 말합니까?

여 : **1 사양하지 말고 드세요.**
2 아무쪼록, 사양해 주세요.
3 사양하지 않고 먹겠습니다.

문제 5

문제5에서는 문제 용지에 아무것도 인쇄되어 있지 않습니다. 먼저 문장을 들어 주세요. 그런 다음 그 응답을 듣고, 1에서 3 중에서 가장 적당한 것을 하나 고르세요.

예

남 : 실례합니다, 지금 시간 있습니까?
여 : 1 음, 10시 20분입니다.
2 네. 무슨 일이죠?
3 시계는 저쪽에 있어요.

1번

남 : 스마트폰 소리가 시끄러워서 공부를 못 하겠어.
여 : **1 그럼 이어폰을 꽂을게.**
2 그런 건 신경 쓰지 않아도 돼.
3 좀 더 크게 할까요?

2번

여 : 하늘이 점점 어두워졌습니다.
남 : 1 비가 오고 있으니까요.
2 우산을 가지고 왔습니까?
3 날씨가 좋아서 다행이네요.

3番
M: 山田さん、風邪はどう？ 治った？
F : 1 強い風が吹いてるよ。
2 うん、すっかり。
3 お大事に。

4番
M: ちょっとノートを貸してほしいんだけど。
F : 1 明日まで借りてほしい。
2 すぐに返すから。
3 また、さぼったの？

5番
M: サッカーの試合、負けちゃったよ。
F : 1 残念だったね。
2 よかったね。
3 元気を出します。

6番
F : このコピー機、動かないんですが、故障しているんですか。
M: 1 私がコピーするんですか。
2 一緒に動かしてあげますよ。
3 変ですね。ちょっと見てみましょう。

7番
M: 会えば会うほどアミさんが好きになります。
F : 1 すごく好きなんですね。
2 2回も会ったんですか。
3 もっと会ったほうが好きになれますよ。

8番
F : あのう、言いづらいんですが、息子さんの成績は……。
M: 1 良くなったんですね。
2 そんなに悪いんですか。
3 聞かなくてもいいですか。

9番
F : 肉ばかり食べないで。
M: 1 肉しか食べていないよ。
2 だっておいしいから。
3 野菜のほうがいいから。

3번
남 : 야마다 씨, 감기는 어때? 나았어?
여 : 1 강한 바람이 불고 있어요.
2 응, 완전히.
3 몸 조심하세요.

4번
남 : 공책을 좀 빌려주었으면 하는데.
여 : 1 내일까지 빌렸으면 좋겠어.
2 곧 돌려줄게.
3 또 땡땡이 쳤어?

5번
남 : 축구 시합, 졌어.
여 : **1 안타깝네.**
2 잘됐네.
3 기운을 낼게요.

6번
여 : 이 복사기 작동을 안 하는데요. 고장났나요?
남 : 1 제가 복사합니까?
2 같이 옮겨 드리겠습니다.
3 이상하네요. 잠깐 볼까요?

7번
남 : 만나면 만날수록 아미 씨가 좋아집니다.
여 : **1 굉장히 좋아하시네요.**
2 두 번이나 만났어요?
3 더 만나는 편이 좋아질 수 있어요.

8번
여 : 저기요, 말하기 어려운데요, 아드님의 성적은…….
남 : 1 좋아졌죠?
2 그렇게 나쁩니까?
3 묻지 않아도 돼요?

9번
여 : 고기만 먹지 마.
남 : 1 고기밖에 안 먹었어.
2 그렇지만 맛있으니까.
3 채소가 더 좋으니까.

JLPT N3
제2회 실전모의테스트 | 정답 및 해석 |

1교시 언어지식(문자·어휘·문법) • 독해

언어지식(문자 • 어휘)

문제 1 1 ② 2 ① 3 ④ 4 ① 5 ② 6 ① 7 ④ 8 ④
문제 2 9 ③ 10 ③ 11 ① 12 ② 13 ③ 14 ④
문제 3 15 ④ 16 ② 17 ① 18 ① 19 ③ 20 ② 21 ① 22 ② 23 ③ 24 ① 25 ④
문제 4 26 ④ 27 ③ 28 ④ 29 ② 30 ③
문제 5 31 ③ 32 ② 33 ① 34 ② 35 ③

언어지식(문법)/독해

문제 1 1 ① 2 ④ 3 ② 4 ④ 5 ② 6 ③ 7 ① 8 ③ 9 ② 10 ④ 11 ①
12 ③ 13 ④
문제 2 14 ② (1324) 15 ① (4312) 16 ② (3421) 17 ③ (2431) 18 ② (3124)
문제 3 19 ① 20 ④ 21 ③ 22 ② 23 ④
문제 4 24 ③ 25 ③ 26 ③ 27 ①
문제 5 28 ② 29 ③ 30 ③ 31 ② 32 ③ 33 ③
문제 6 34 ① 35 ② 36 ③ 37 ③
문제 7 38 ③ 39 ③

2교시 청해

문제 1 1 ② 2 ④ 3 ③ 4 ② 5 ③ 6 ④
문제 2 1 ② 2 ④ 3 ④ 4 ④ 5 ④ 6 ④
문제 3 1 ④ 2 ② 3 ①
문제 4 1 ① 2 ① 3 ② 4 ②
문제 5 1 ② 2 ① 3 ① 4 ① 5 ① 6 ③ 7 ② 8 ② 9 ③

1교시 언어지식(문자・어휘)

문제 1 ____의 단어 읽기로 가장 적당한 것을 1・2・3・4에서 하나 고르시오.

1 평소보다 30분 **늦게** 회의가 시작되었습니다.
2 여기는 **젊은** 사람들을 위한 가게인 것 같네.
3 정부는 그 사고의 **조사**를 실시했습니다.
4 그녀는 아르바이트를 해서 가계를 **돕고** 있습니다.
5 어제부터 **허리**가 아픕니다.
6 이 전철은 급행입니까, 아니면 **각역 정차(보통)**입니까?
7 이것을 선물용으로 **포장해** 주세요.
8 그 영화의 어디가 가장 **인상**에 남아 있습니까?

문제 2 ____의 단어를 한자로 쓸 때, 가장 적당한 것을 1・2・3・4에서 하나 고르시오.

9 **처음**부터 다시 한 번 말해주지 않을래요?
10 그 **섬**에는 가게가 한 채밖에 없습니다.
11 이 편지를 이탈리아어로 **번역해** 주세요.
12 **일반적**으로 일본의 건물은 낮다.
13 그녀는 문 **안쪽**에 서 있었습니다.
14 태양이 구름 사이에서 **나타났다.**

문제 3 ( )에 들어갈 가장 적당한 것을 1・2・3・4에서 하나 고르시오.

15 우리는 문을 **노크**하는 소리를 들었습니다.
16 그 드레스는 이 영화를 위해 특별히 **디자인**된 것입니다.
17 이제 와서 다시 시작하자니 **농담**도 유분수지.
18 그 캐스터는 **통역**을 세우지 않고 그를 인터뷰했습니다.
19 가토 씨의 집과는 10년 이상 **친하게** 지내고 있습니다.
20 야마다 씨는 거짓말을 하고 있지 않다고 저는 **믿고** 있습니다.
21 예정된 일정을 잘못 안 것을 깨닫고, 며칠 후 예약을 **취소했다.**
22 어머니는 입버릇처럼 '항상 손을 **청결**히 해두거라'라고 말한다.
23 보너스가 나와서 바로 새 스마트폰을 샀다.
24 빨리 먹지 않으면 아이스크림이 **녹아.**
25 그녀는 방 안을 초조하게 **이리저리** 돌아다니며 그 소식을 기다리고 있었다.

문제 4 ____에 의미가 가장 가까운 것을 1・2・3・4에서 하나 고르시오.

26 이시다 씨에게 **감사**의 편지를 보냈습니다.
27 아내는 **부엌**에 있습니다.
28 회의 서류를 **정리했다.**
29 그의 보고에는 **이상한** 점이 있었다.
30 **불안**해서 안 가기로 했습니다.

문제 5 다음 단어의 사용법으로 가장 적당한 것을 하나 1・2・3・4에서 고르시오.

31 보고
❸ 그 사고에 대해서는 그녀에게서 아무것도 **보고**를 받지 않았다.

32 참가
❷ 이 캠페인에는 100개가 넘는 기업이 **참가**하고 있다.

33 뒤섞다
❶ 올리브 오일과 식초를 잘 **섞어** 주세요.

34 진정하다
❷ 따뜻한 커피를 마시면 **진정될** 거야.

35 발생
❸ 손해가 **발생**되었을 경우, 우리 쪽은 책임지지 않습니다.

1교시 언어지식(문법) / 독해

문제 1 다음 문장의 ( )에 들어갈 가장 적당한 것을 1·2·3·4에서 하나 고르시오.

1 생산성이라는 점에서는, 일본은 다른 어떤 나라**에도** 지지 않을 것이다.

2 3학년 A반은 학급 위원인 마코**를** 중심으로 잘 뭉쳐 있다고 한다.

3 이것저것 시도했지만, **아무리 해도** 인터넷에 접속할 수 없다.

4 이 두 번째 테스트 결과는 첫 번째**에 비해** 크게 향상됐네요.

5 그 모피 코트는 **너무** 비싸서 아무도 살 엄두가 나지 않았다.

6 나에게는 나의 규칙이 있어서, 조금이라도 '읽고 싶다'고 생각한 책은 **사는 것으로 하고 있다.**

7 점원 "어서 오세요, 몇 분이세요?"
손님 "3명이요."
점원 "알겠습니다. 자리로 안내**해 드리겠습니다.** 이쪽으로 오세요."

8 아이들은 모두 집을 나갔다. **그리고** 나중에는 부부 2명만이 오래된 집에 남았다.

9 여기서 커피를 드시면서 기다리고 계세요. 1시간도 안 **돼서** 돌아올게요.

10 먼저 먹고 있어도 돼. 음식 **식어버리**니까.

11 아들 "있잖아, 엄마, 내 국어 교과서 못 봤어? 없는데."
엄마 "어? **없을 리가 없**잖아. 어제 자기 전에 숙제할 때 보고 있었지? 다시 한 번 찾아봐."

12 인터넷으로 주문한 스웨터는, 실제로 입어볼 때까지 사이즈가 **맞을지 불안했지**만, 딱 좋았다.

13 다나카 "다양한 펜이 놓여져 있네. 어떤 것을 살까 고민되네."
야마다 "이게 좋지 않아? 다른 펜에 비해, 펜 촉에 무게가 있고, **쓰기 쉬울 것 같아.**"

문제 2 다음 문장의 __★__ 에 들어갈 가장 적당한 것을 1·2·3·4에서 하나 고르시오.

14 약간의 운동을 매일 늘리도록 합시다. 예를 들어 차를 쓴다거나 누군가가 **차로 바래다주거나 하는 대신에 걸어서 역까지** 가는 것도 유익하겠지요.

15 A "그는 그만두겠다고 협박했어."
B "알 게 뭐야, 그는 **그가 하고 싶은 대로 하면 돼.**"

16 A "저기, 너한테 사과해야 돼."
B "왜?"
A "어제는 **영화를 보러 가기로 되어 있었는데** 까맣게 잊고 있었어."

17 A "대학원에 진학해야 할지, 구직 활동을 해야 할지, 어떻게 할지 정말 모르겠어."
B "조언이 **될지 어떨지는 모르겠지만, 단지 할 수 있는 말은 공부는** 할 수 있을 때 해두는 거라는 거야.

18 A "오늘 밤 콘서트표 두 장 준비해 줄래요?"
B "네. 오후 2시**쯤 드릴 수 있으니까**, 이쪽으로 와주세요."

문제 3 다음 문장을 읽고, 문장 전체 내용을 생각해서 [19] 부터 [23] 안에 들어갈 가장 적당한 것을 1·2·3·4에서 하나 고르시오.

어느새, 나는 거울에 비치는 바깥 경치에 정신을 빼앗기고 있었다. 자전거, 자동차, 스쿠터, 여러 가지가 쉴 새 없이 지나간다. 갑자기 커다란 손이 불쑥 나와, 내 머리를 마치 인형의 목이라도 돌리듯이 거울의 정면으로 되돌렸다. 랄라랄라 따따따따따 하고 음악 소리가 난다. "어서 오세요" 라는 소리와 함께 아기를 안은 여자가 들어왔다. 옆에 있던 아저씨가 '메롱메~롱'하면서 아기를 달랬다. **그때의 아저씨**의 얼굴이, 아주 우스꽝스러웠다. 나도 모르는 사이에 내 머리는 깎이고 말았다. 이번에는 얼굴 면도다. 아저씨는 면도칼을 가볍게 갈았다. 비누로 거품을 만들어, 내 얼굴을 거품으로 새하얗게 만들어 버렸다. **그리고**, 삭 하고, 내 빰을 면도칼로 깎았다. 얼굴의 오른쪽을 깎아서 바깥 경치가 잘 보였다. 송전선이 몇 개나 빨리 지나가고 있었다. 하나, 둘 세다 보니 36개가 되었다. 그때 큰 손으로, 또 반대 방향으로 향해지고 말았다. 마지막으로 톡톡 천화분(주)을 묻혀 내 얼굴을 힐끗 보고 면도칼로 조금 고치며, "좋아."하고 **자랑스러운** 목소리로 말했다.

(주) 天花粉 : 식물의 뿌리로 만든 하얀 가루

문제 4 다음 (1)부터 (4)의 문장을 읽고 질문에 답하시오. 답은 1·2·3·4에서 가장 적당한 것을 하나 고르시오.

1

해석

자동 응답 전화

스미스입니다. 하라다 씨, 부재중인 것 같군요. 지금 출장으로 도쿄에 와 있습니다. 일본에는 2주 동안 있을 예정입니다만, 앞으로 오사카를 비롯해서 일본 각지를 순회할 예정입니다. 모레 오사카로 출발해야 하기 때문에 도쿄에 있을 때 만나뵐 수 없을까 해서 전화했습니다. 사쿠라 호텔 1204호실에 숙박하고 있습니다. 전화번호는 0303-1234, 내선 1204번입니다. 밤 7시 지나서는 호텔에 있을 예정입니다. 늦어도 괜찮으니 꼭 연락해 주세요. 기다리고 있겠습니다.

단어 **留守番電話**(るすばんでんわ) 자동 응답 전화 | **留守**(るす) 부재중 | **出張**(しゅっちょう) 출장 | **予定**(よてい) 예정 | **～を始**(はじ)**め** ～을 비롯해 | **各地**(かくち) 각지 | **回**(まわ)**る** 돌다, 순회하다 | **あさって** 모레 | **出発**(しゅっぱつ)**する** 출발하다 | **滞在**(たいざい) 체재, 체류 | **～中**(ちゅう) ～하는 중 | **会**(あ)**う** 만나다 | **ホテル** 호텔 | **～号室**(ごうしつ) ～호실 | **宿泊**(しゅくはく)**する** 숙박하다 | **電話番号**(でんわばんごう) 전화번호 | **内線**(ないせん) 내선 | **～過**(す)**ぎ** ～지남 | **遅**(おそ)**い** 늦다 | **必**(かなら)**ず** 반드시 | **連絡**(れんらく)**する** 연락하다 | **内容**(ないよう) 내용 | **合**(あ)**う** 맞다, 일치하다

24 내용과 맞는 것은 어느 것인가?

1 스미스 씨는 하라다 씨에게 밤늦게 전화한다.
2 스미스 씨는 하라다 씨를 만나러 일본에 왔다.
3 스미스 씨가 가는 것은 오사카만이 아니다.
4 스미스 씨는 2주간 도쿄에 있을 예정이다.

2

해석

송년회 공지

올해도 얼마남지 않았습니다. 송년회의 일시가 정해졌기에 알려 드립니다. 올해는 회사의 실적도 회복되었습니다. 회사가 각 부서에 30만 엔을 기부했습니다. 그래서 작년보다 회비를 저렴하게 할 수 있었습니다. 여러분이 꼭 참가하시기를 기다리고 있겠습니다. 참가할 수 있는 분은 두 번째 용지에 성함을 써 주세요.

- 일시 : 12월 23일(금)
  오후 5시부터 8시까지
- 장소 : '호시노 호텔'
  전화번호 03-123-4567
- 회비 : 1,000엔(당일 걷습니다)

모리타

단어 **忘年会**(ぼうねんかい) 송년회 | **お知**(し)**らせ** 알림, 공지 | **残**(のこ)**り少**(すく)**ない** 얼마 남지 않다 | **参**(まい)**る** '가다(行く), 오다(来る)'의 겸양어 | **日時**(にちじ) 일시 | **決**(き)**まる** 정해지다 | **お～致**(いた)**す** ～해 드리다 | **業績**(ぎょうせき) 업적, 실적 | **回復**(かいふく)**する** 회복되다 | **各課**(かくか) 각 과, 각 부서 | **寄付**(きふ) 기부 | **いただく** '받다(もらう)'의 겸양어 | **去年**(きょねん) 작년 | **～より** ～보다, ～부터 | **会費**(かいひ) 회비 | **是非**(ぜひ) 꼭, 반드시 | **皆様**(みなさま) 여러분 | **参加**(さんか) 참가 | **～目**(め) ～째 | **用紙**(ようし) 용지 | **場所**(ばしょ) 장소 | **当日**(とうじつ) 당일 | **集**(あつ)**める** 모으다 | **申**(もう)**し込**(こ)**み** 신청 | **方法**(ほうほう) 방법 | **集金日**(しゅうきんび) 수금일 | **連絡先**(れんらくさき) 연락처

25 이 공지로 알 수 없는 것은 무엇인가?

1 신청 방법
2 수금일
3 '호시노 호텔'의 장소
4 '호시노 호텔'의 연락처

3

해석

엄마의 문자 미치코, 지금 어디에 있니? 열쇠를 잃어버려서 집에 들어가지 못해서 난처해. 오늘은 아빠는 접대로 늦을 예정이고, 아키라는 믿을 수 없으니까 미치코만 믿고 있어. 지금 어디 있어? 금방 올 수 있을 것 같아?

미치코의 문자 엄마, 미안. 6시까지 집에 못 가. 그때까지 어디선가 시간을 때우고 있어.

엄마의 문자 그럼 그렇게 할게. 그래도 혹시 빨리 도착할 것 같으면 문자 주지 않을래?

미치코의 문자 알았어(주).

(주) り : 알겠습니다. 알았어. OK.

단어 **鍵**(かぎ) 열쇠 | **紛失**(ふんしつ)**する** 분실하다 | **困**(こま)**る** 곤란하다 | **接待**(せったい) 접대 | **遅**(おそ)**い** 늦다 | **予定**(よてい) 예정 | **当**(あ)**てにならない** 믿을 수 없다, 기대할 수 없다 | **頼**(たよ)**り** 의지 | **すぐに** 곧바로 | **帰**(かえ)**る** 돌아가다 | **時間**(じかん)**を潰**(つぶ)**す** 시간을 때우다 | **万一**(まんいち) 만일 | **着**(つ)**く** 도착하다 | **り** 알았다〈了解(りょうかい)의 약자〉

26 **이 문자 메시지에서 알 수 있는 것은 무엇인가?**

1 엄마는 집 앞에서 딸의 귀가를 기다린다.
2 엄마는 집 앞에서 아들의 귀가를 기다린다.
3 엄마는 쇼핑 등을 하면서 딸의 연락을 기다린다.
4 엄마는 6시까지 아들의 연락을 기다린다.

4

해석

일본에는 세계에서 처음으로 만들어진 통조림도 많다. 한 회사가 치즈 케이크 통조림을 만드는 것에 성공했다. 치즈케이크를 캔에 넣고 뚜껑을 꽉 덮고 가열해서 통조림을 만들었는데, 여러 번 만들어도 맛있게 되지 않았다. 그래서 지금까지의 방식으로는 안 된다고 생각해서 전혀 다른 방법으로 하기로 했다. 완성된 치즈 케이크를 캔에 넣는 것이 아니라 굽기 전 상태의 재료를 캔 속에 넣고 뚜껑을 닫아 120도로 열을 가했다. 그러자 가게에서 파는 것과 똑같이 아주 맛있는 치즈 케이크 통조림이 만들어졌다.

단어 **初**(はじ)**めて** 처음 | **缶詰**(かんづめ) 통조림 | **ある** 어떤 | **成功**(せいこう)**する** 성공하다 | **入**(い)**れる** 넣다 | **しっかり** 꼭, 꽉 | **蓋**(ふた)**をする** 뚜껑을 덮다 | **熱**(ねっ)**する** 가열하다 | **何度**(なんど) 몇 번, 여러번 | **全**(まった)**く** 전혀 | **違**(ちが)**う** 다르다 | **焼**(や)**く** 굽다 | **状態**(じょうたい) 상태 | **材料**(ざいりょう) 재료 | **加**(くわ)**える** 더하다, 가하다 | **できる** 만들어지다

27 **전혀 다른 방법이란 어떤 방법인가?**

1 통조림을 가열하기 전에 섞은 재료를 넣는 것
2 만들어진 케이크를 캔에 넣고 다시 한번 가열하는 것
3 재료를 섞어서 가열한 후 캔에 넣는 것
4 가게에서 팔고 있는 케이크를 캔에 넣어 열을 가하는 것

문제 5 다음 (1)과 (2)의 문장을 읽고 질문에 답하시오. 답은 1·2·3·4에서 가장 적당한 것을 하나 고르시오.

1

해석

친구가 외국인에게 '일본인은 왜 전철에서 자리를 양보할 때 다음에 내리니까 앉으세요 라고 합니까? 필요 없는 것을 주는 것은 실례라고 생각합니다'라고 들었다. 그래서 그녀는 '일본인은 양보를 받은 사람이 미안하다고 생각하지 않도록 일부러 그렇게 말한다고 생각합니다'라고 대답했다. 그녀는 다른 사람은 어떻게 생각하고 있는지 궁금해서 앙케트를 모으기로 했다. 결과는 예상대로 대부분의 일본인이 그렇게 들으면 양보받았을 때에 마음이 편해진다, 양보한 사람은 상대의 마음이 편해질 거라 생각해서 그렇게 말했다고 대답했다. 외국인을 만날 기회가 많은 나도 이 말에는 놀랐다. 나도 똑같이 하고

있었기 때문이다. 그리고 상대를 배려해서 말하거나 행동했던 것이 반대로 받아들여지는 일도 있구나 라고, 이문화(주)를 이해하는 것의 어려움을 느꼈다. 솔직히 말해 주는 외국인만 있는 것은 아니어서, 나도 모르게 외국인에게 무례한 태도를 취하고 있었는지도 모른다고 가슴이 철렁했다.

(주) 異文化 : 문화가 다른 것

단어 **席**(せき) 자리 | **譲**(ゆず)**る** 양보하다 | **次**(つぎ) 다음 | **あげる** 주다 | **失礼**(しつれい) 실례 | **わざわざ** 일부러 | **答**(こた)**える** 대답하다 | **気**(き)**になる** 걱정되다, 궁금하다 | **アンケート** 앙케트 | **集**(あつ)**める** 모으다 | **~ことにする** ~하기로 하다 | **結果**(けっか) 결과 | **予想通**(よそうどお)**り** 예상대로 | **ほとんど** 거의 | **相手**(あいて) 상대방 | **機会**(きかい) 기회 | **驚**(おどろ)**く** 놀라다 | **気遣**(きづか)**う** 염려하다, 마음을 쓰다 | **反対**(はんたい) 반대 | **理解**(りかい)**する** 이해하다 | **感**(かん)**じる** 느끼다 | **率直**(そっちょく)**に** 솔직하게 | **~ばかりだ** ~뿐이다 | **失礼**(しつれい) 실례 | **態度**(たいど)**を取**(と)**る** 태도를 취하다 | **~かもしれない** ~일지도 모른다 | **冷**(ひ)**やりとする** 철렁하다, 오싹하다 | **アンケートを取**(と)**る** 앙케트를 하다

28 왜 친구는 앙케트를 하려고 생각했는가?

1 자신의 생각이 옳다고 생각했기 때문에
2 다른 사람의 생각을 알고 싶었기 때문에
3 외국인의 마음을 알고 싶었기 때문에
4 지금까지 이런 앙케트가 없었기 때문에

29 필자가 가슴이 철렁했다는 것은 왜인가?

1 자리를 양보한 적이 있어서
2 실례라고 분명하게 말하는 외국인이 없어서
3 의도치 않게 무례한 짓을 했을지도 몰라서
4 곧 내리니까요 라고 하는 편이 좋다고 생각하고 있었기 때문에

30 필자의 외국인에 대한 생각은 어떤 것인가?

1 외국인인지 일본인인지로 태도를 바꾸는 편이 좋다.
2 항상 상대의 문화를 받아들여야 한다.
3 문화의 차이가 있다는 것을 생각하고 행동하는 편이 좋다.
4 항상 오해를 살지도 모른다고 생각하는 편이 좋다.

2

해석 다도 선생님의 남편이 식물인간상태(주1)가 되고 5년이 지났습니다. 실은 남편이 쓰러지고 구급차가 도착했을 때, 심폐정지 상태(주2)였습니다. 항상 서로 연명조치(주3)는 그만두자고 이야기하고 결정했음에도 불구하고, 구급 대원에게 필사적으로 살려달라고 부탁했다고 합니다. 선생님은 간호사였기 때문에 잘 생각하면 그것이 어떠한 결과가 될지 알았겠지만, 눈앞의 남편을 어떻게 해서든 죽게 하고 싶지 않다는 마음이 들었다고 말해 주었습니다. 이것은 가족이나 친한 사람에 대한 보통의 심정이라고 생각합니다. 기적을 믿고 싶어지겠지요. 입원 후에는 적극적인 치료는 하지 않았지만, 그저 영양을 주는 것만으로 계속 살아 있습니다. 한 번도 깨어나지 못하고 돌아가실 때까지 이 상태가 계속된다고 합니다. 남편은 빨리 죽게 해 달라고 바라고 있을지도 모르지만, 그것을 알 방법도 없습니다. 매일 병원에 다니는 것은 힘들지만, 살아 있는 것만으로 고맙고 자신이 살아가는 힘이 되고 있다고 합니다.

(주1) 植物人間状態 : 심장은 뛰고 있지만 머리가 기능을 하지 못하고 죽은 것과 같은 상태
(주2) 心肺停止状態: 심장과 폐가 멈춰 있는 상태
(주3) 延命措置: 병을 고치는 것이 아니라 단지 살기만을 위한 치료를 하는 것

단어 **ご主人**(しゅじん) 남편 | **植物人間**(しょくぶつにんげん) 식물인간 | **状態**(じょうたい) 상태 | **経**(た)**つ** 지나다, 흐르다 | **実**(じつ)**は** 실은, 사실은 | **倒**(たお)**れる** 쓰러지다 | **救急車**(きゅうきゅうしゃ) 구급차 | **到着**(とうちゃく)**する** 도착하다 | **心肺停止**(しんぱいていし) 심폐정지 | **お互**(たが)**いに** 서로 | **延命措置**(えんめいそち) 연명조치 | **止**(や)**める** 그만두다 | **話**(はな)**し合**(あ)**う** 서로 이야기하다 | **決**(き)**める** 정하다 | **~にもかかわらず** ~임에도 불구하고 | **救急隊員**(きゅうきゅうたいいん) 구급 대원 | **必死**(ひっし) 필사 | **助**(たす)**ける** 살리다, 돕다 | **頼**(たの)**む** 부탁하다 | **看護師**(かんごし) 간호사 | **結果**(けっか) 결과 | **どうしても** 무슨 일이 있어도 | **親**(した)**しい** 친하다 | **~に対**(たい)**する** ~에 대해 | **奇跡**(きせき) 기적 | **積極的**(せっきょくてき) 적극적 | **治療**(ちりょう) 치료 | **栄養**(えいよう) 영양 | **与**(あた)**える** 주다 | **ずっと** 계속 | **生**(い)**き続**(つづ)**ける** 계속 살아있다 | **目覚**(めざ)**める** 깨다, 깨어나다 | **望**(のぞ)**む** 바라다, 원하다 | **通**(かよ)**う** 다니다

31 이것은 무엇을 가리키는가?

1 반드시 살아나고 싶다는 마음이 드는 것
2 반드시 구하고 싶다는 마음이 드는 것
3 절대 죽고 싶지 않다는 마음이 드는 것
4 절대로 죽으면 싫다는 마음이 드는 것

32 남편은 왜 식물인간이 되었는가?

1 심폐정지 그대로였기 때문에
2 심폐정지가 계속되고 있기 때문에
3 심폐정지였던 것을 살렸기 때문에
4 심폐정지를 멈출 수 없었기 때문에

33 다도 선생님의 마음은 어느 것인가?

1 남편을 돌보는 것이 즐겁다
2 남편을 빨리 죽게 해주고 싶다
3 남편이 살아있기만 해도 좋다
4 남편이 눈을 뜨기를 기다리자

문제 6 다음 문장을 읽고 질문에 답하시오. 답은 1·2·3·4에서 가장 적당한 것을 하나 고르시오.

해석

일본에서 가장 많은 성(주)은 사토로 186만 명, 2번째는 스즈키로 179만 명, 3번째는 다카하시 140만 명, 4번째 다나카 133만 명, 5번째 이토 107만 명으로 이어진다. 일본에서는 1위라고 해도 인구의 1.4237%밖에 없지만, 한국에는 김 씨가 21%나 있다고 한다. 또 중국도 7%가 왕 씨로 한국과 비교하면 적게 느끼지만, 인원수로는 약 9,280만 명에나 이른다고 한다. 일본은 양국에 비교하면 정말로 적다. 이것도 일본의 성이 30만 가까이 있는 탓이라고 생각한다. 일본에서는 같은 희귀한 성을 사용하는 사람이 모두 친척인 경우도 많고, 100명 이하의 성도 많다. 「酢(す)」라는 성은 겨우 10명밖에 없다고 한다.

왜 이렇게 다양한 성이 있을까? 사실은 메이지 시대(1868년~1912년)에 모든 국민을 등록하기 위해 성이 필요해진 것이다. 대부분의 일본인은 그때까지 성을 갖고 있지 않았기 때문에, 성을 지을 필요가 생긴 것이다. 그리고 새로운 성이 많이 생겨났다. 많은 사람들은 존경하는 사람의 성이나 살고 있는 곳, 직업 등에서 좋아하는 성을 지었다. 그리고 정한 이름을 등록해 주었는데, 당시에는 글씨를 쓸 수 없는 사람도 많았기 때문에 성을 입으로 말하면 담당자가 그것을 붓으로 써서 등록했다. 그 때문에 글자가 분명치 않거나 어려운 한자를 잘못 써 버리거나 생략한 한자를 쓰는 일도 있었다. 그것들은 그대로 등록되었다. 그래서 예를 들면 齋藤(さいとう)의 齋(さい)자는 斎(さい), 齊(さい), 斉(さい) 등 여러 가지로 쓰이고 말았다. 또 예를 들면 西東(さいとう)와 같이 さい나 とう의 발음을 가진 다른 한자도 썼기 때문에 85개의 다른 한자의 「사이토」 씨가 태어나 버렸다.

또 어떤 성이든 좋았기 때문에 읽을 수 없는 희귀한 이름을 붙인 사람도 있다. 예를 들어 '사월 초하루'는 'わたぬき', '팔월 초하루'는 'ほずみ / はっさく / やぶみ' 등으로 말하는데 각각 그 날짜와 관련된 행사에서 명명되었다. 또 '小鳥遊'는 'たかなし(매가 없음)'라고 읽는데, 무서운 매가 없어서 작은 새가 안심하고 놀 수 있기 때문이라고 한다. 그런 말을 들으면 과연 그렇구나 라고 생각한다. 이런 반 장난인 성이 여러 가지 있다.

(주) 名字 : 가족의 이름

단어 **名字(みょうじ)** 성, 성씨 | **〜といっても** 〜라고 해도 | **人口(じんこう)** 인구 | **比(くら)べる** 비교하다 | **感(かん)じる** 느끼다 | **人数(にんずう)** 인원수 | **比較(ひかく)する** 비교하다 | **〜せいだ** 〜탓이다 | **珍(めずら)しい** 희귀하다 | **親戚(しんせき)** 친척 | **遊(あそ)び心(ごころ)** 반장난인 기분 | **たった** 겨우, 단지 | **なぜ** 왜 | **登録(とうろく)する** 등록하다 | **〜ために** 〜때문에 | **付(つ)ける** 붙이다 | **尊敬(そんけい)する** 존경하다 | **職業(しょくぎょう)** 직업 | **係(かかり)の人(ひと)** 담당자 | **筆(ふで)** 붓 | **省略(しょうりゃく)する** 생략하다 | **例(たと)えば** 예를 들면 | **行事(ぎょうじ)** 행사 | **名(な)づける** 명명하다, 이름짓다 | **鷹(たか)** 매 | **安心(あんしん)する** 안심하다 | **遊(あそ)ぶ** 놀다

34 일본인의 성이 많은 것은 왜인가?

1 어떤 성을 지어도 좋았기 때문에
2 한자를 잘못 써서 다양하게 늘려 버렸기 때문에
3 메이지 시대 전에는 성이 있는 사람이 적었기 때문에
4 이름을 등록하는 담당자가 한 사람 한 사람에게 성을 지었기 때문에

35 왜 85개의 다른 한자의 '사이토' 씨가 태어나 버린 것인가?

1 자기 성을 쓸 수 없었기 때문에
2 담당자에 따라 다른 '사이' 자가 쓰여졌기 때문에
3 자신의 성의 한자가 몇 개 있는지 몰랐기 때문에
4 담당자가 제멋대로 성을 지었기 때문에

36 일본인의 성의 특징은 무엇인가?

1 메이지 시대 이전에는 성이 없었다.
2 같은 성을 사용하는 사람은 모두 친척이다.
3 읽을 수 없는 희귀한 성도 있다.
4 성은 주로 반장난으로 지어졌다.

37 문장에 주로 쓰여져 있는 것은 무엇인가?

1 희귀한 성에 대해서
2 성의 역사에 대해서
3 성이 많은 이유에 대해서
4 읽을 수 없는 성을 만든 이유에 대해서

문제 7 오른쪽 페이지는 배달업자 리스트이다. 이것을 읽고 아래 질문에 답하시오. 답은 1·2·3·4 중에서 가장 적당한 것을 하나 고르시오.

해석

【A사】

도착지 / 출발지	사이즈	기본 요금		
		홋카이도 지방	간토 지방 (주1)	긴키 지방 (주2)
홋카이도 지방	~60cm	900엔	1300엔	1600엔
	~100 cm	1300엔	1700엔	2100엔
	~140 cm	1800엔	2200엔	2500엔

※ 센터 반입은 1개당 200엔 할인, 편의점 반입은 1개당 100엔 할인
※ 1년 이내에 같은 주소의 배달은 1개당 100엔 할인

【B사】

도착지 / 출발지	사이즈	기본 요금		
		홋카이도 지방	간토 지방	긴키 지방
홋카이도 지방	~60cm	900엔	1300엔	1600엔
	~100 cm	1300엔	1700엔	2100엔
	~140 cm	1800엔	2200엔	2500엔

※ 편의점 반입 1개당 100엔 할인
※ 1년 이내에 같은 주소의 배달은 1개당 100엔 할인

【C사】

도착지 / 출발지	사이즈	기본 요금		
		홋카이도 지방	간토 지방	긴키 지방
홋카이도 지방	~60cm	800엔	1200엔	1500엔
	~100 cm	1200엔	1600엔	2000엔
	~140 cm	1700엔	2100엔	2400엔

※ 센터, 편의점 반입 1개당 150엔 할인
※ 1년 이내에 같은 주소의 배달은 1개당 100엔 할인

【D사】

도착지 / 출발지	사이즈	기본 요금		
		홋카이도 지방	간토 지방	긴키 지방
홋카이도 지방	~60cm	750엔	1150엔	1450엔
	~100 cm	1150엔	1550엔	1950엔
	~140 cm	1650엔	1950엔	2350엔

※ 센터, 편의점 반입 1개당 50엔 할인

(주1) 関東地方: 도쿄도, 가나가와현, 사이타마현, 군마현, 도치기현, 이바라키현, 지바현
(주2) 近畿地方: 교토부, 오사카부, 미에현, 사가현, 효고현, 나라현, 와카야마현

단어 **コンビニ** 편의점 | **荷物**(にもつ) 짐 | **送**(おく)**る** 보내다 | **間違**(まちが)**う** 틀리다 | **説明**(せつめい) 설명 | **基本**(きほん) 기본 | **料金**(りょうきん) 요금 | **持**(も)**ち込**(こ)**み** 가지고 옴, 반입 | **持**(も)**ち込**(こ)**む** 가지고 가다, 반입하다 | **住所**(じゅうしょ) 주소 | **配達**(はいたつ)**する** 배달하다 | **割引**(わりびき) 할인 | **到着地**(とうちゃくち) 도착지 | **発送地**(はっそうち) 발송지 | **~個**(こ) ~개 | **~につき** ~당 | **引**(び)**き** 할인 | **以内**(いない) 이내

38 야마다 씨는 처음으로 홋카이도의 편의점에서 도쿄의 친구에게 짐을 보낸다. 80㎝의 짐을 2개 보낼 때 어느 회사가 가장 저렴한가.

1 A사
2 B사
3 C사
4 D사

39 잘못된 설명은 어느 것인가?

1 A사와 B사의 기본 요금은 같다.
2 편의점 반입 할인이 100엔이 아닌 회사가 있다.
3 B사는 센터에 반입할 때 100엔 할인이 된다.
4 1년 이내에 같은 주소에 배달해도 할인이 없는 회사도 있다.

問題 1

問題１では、まず質問を聞いてください。それから話を聞いて、問題用紙の１から４の中から、最もよいものを一つえらんでください。

例

ホテルで会社員の男の人と女の人が話しています。女の人は明日何時までにホテルを出ますか。

M: では、明日は、９時半に事務所にいらしてください。

F：はい、ええと、このホテルから事務所まで、タクシーでどのぐらいかかりますか。

M: そうですね、30分もあれば着きますね。

F：じゃあ、９時に出ればいいですね。

M: あ、朝は道が混むかもしれません。15分ぐらい早めに出られたほうがいいですね。

F：そうですか。じゃ、そうします。

女の人は明日何時までにホテルを出ますか。

1　8時45分
2　9時
3　9時15分
4　9時30分

1番

女の留学生と男の管理人が話しています。女の人は最初に何をしますか。

F：今日からお世話になります。ホンと申します。どうぞ、よろしくお願いいたします。

M: 管理人の南です。こちらこそ、よろしくお願いします。わからないことがあったら何でも聞いてください。じゃ、まず最初にゴミ置き場を教えますね。

F：ゴミは何曜日に出すんでしょうか。

M: 戻ってきてからゴミのスケジュール表を渡しますね。ホンさんは自転車を使いますか。

F：ええ、買うつもりです。

M: じゃ、後で自転車置き場にも行きましょう。ところでお隣の部屋の人に挨拶に行きましたか。

문제 1

문제1에서는 먼저 질문을 들어 주세요. 그리고 이야기를 듣고 문제 용지의 1에서 4 중에서 가장 적당한 것을 하나 고르세요.

예

호텔에서 회사원인 남자와 여자가 이야기하고 있습니다. 여자는 내일 몇 시까지 호텔을 나갑니까?

남 : 그럼, 내일은 9시 반에 사무실에 와 주십시오.

여 : 네, 음, 이 호텔에서 사무소까지 택시로 어느 정도 걸립니까?

남 : 글쎄요, 30분 정도면 도착합니다.

여 : 그럼, 9시에 나가면 되겠네요.

남 : 아, 아침은 길이 막힐지도 모릅니다. 15분 정도 빨리 나오는 것이 좋습니다.

여 : 그렇습니까? 그럼, 그렇게 하겠습니다.

여자는 내일 몇 시까지 호텔을 나갑니까?

1　8시 45분
2　9시
3　9시 15분
4　9시 30분

1번

여자 유학생과 남자 관리인이 이야기하고 있습니다. 여자는 처음에 무엇을 합니까?

여 : 오늘부터 신세를 지겠습니다. 홍이라고 합니다. 아무쪼록 잘 부탁드립니다.

남 : 관리인인 미나미입니다. 저야말로 잘 부탁드립니다. 모르는 것이 있으면 무엇이든 물어보세요. 그럼, 우선 첫 번째로 쓰레기장을 가르쳐줄게요.

여 : 쓰레기는 무슨 요일에 내놓나요?

남 : 다녀와서 쓰레기 스케줄표를 건네줄게요. 홍 씨는 자전거를 사용합니까?

여 : 예, 살 생각이에요.

남 : 그럼, 이따가 자전거 두는 곳에도 갑시다. 그런데 옆방 사람에게 인사하러 갔습니까? 인사를 해 두는 것이 좋아요.

여 : 감사합니다. 돌아가면 바로 갈게요.

挨拶しておいたほうがいいですよ。

F：ありがとうございます。戻ったらすぐに行きます。

女の人は最初に何をしますか。

1 ゴミのスケジュール表をもらう
2 ゴミ置き場に行く
3 自転車置き場に行く
4 隣に挨拶に行く

여자는 처음에 무엇을 합니까?

1 쓰레기 스케줄표를 받는다
2 쓰레기장에 간다
3 자전거 두는 곳에 간다
4 이웃에게 인사하러 간다

2番

家で妻と夫が話しています。妻は疲れを取るために最初に何をしますか。

F：この頃疲れて。温泉にでも行こうかしら。

M：温泉もいいけど、すぐに行けるわけじゃないから、毎日の生活を変えたほうがいいよ。

F：でも、仕事を減らすことはできないし。

M：お風呂の入り方を変えたら。シャワーだけでなくお湯の中に入ったほうが体が温まって疲れが取れるから。

F：そうするわ。温泉の素を買ってきてお湯に入れようかしら。

M：いいね。温泉の素って温泉と同じ物でできているから、きっと同じ効果があるよ。

妻は疲れを取るために最初に何をしますか。

1 仕事を減らす
2 温泉に行く
3 お湯につかる
4 温泉の素を買う

2번

집에서 아내와 남편이 이야기하고 있습니다. 아내는 피로를 풀기 위해 처음에 무엇을 합니까?

여：요즘 피곤해. 온천에라도 갈까?

남：온천도 좋지만, 바로 갈 수 있는 것은 아니니까, 평소의 생활을 바꾸는 것이 좋아.

여：하지만, 일을 줄일 수는 없고.

남：목욕하는 방법을 바꾸면 어떨까. 샤워뿐만 아니라 뜨거운 물 속에 들어가는 편이 몸이 따뜻해져서 피로가 풀리니까.

여：그렇게 할게. 입욕제를 사 와서 뜨거운 물에 넣을까?

남：좋네. 입욕제는 온천과 같은 성분으로 되어 있으니까 분명 같은 효과가 있어.

아내는 피로를 풀기 위해 처음에 무엇을 합니까?

1 일을 줄인다
2 온천에 간다
3 뜨거운 물에 담근다
4 입욕제를 산다

3番

ホテルで夫と妻が話しています。二人は明日何時にホテルを出ますか。

M：明日は９時に出るホテルのバスで駅まで行って、電車に乗って空港まで行こう。

F：荷物が重いから空港までタクシーで行きたいわ。

M：日本のタクシーは高いから。じゃ、空港へ行く高速バスがホテルを８時に出るからそれにしようか。電車より時間はかかるけど楽だから。

F：８時のバスだと空港に着くのは10時半ごろね。その前のバスじゃないと遅れるかも。

M：でもその前のバスは６時だよ。早く起きるのは苦手だから、それは無理だろう。

3번

호텔에서 남편과 아내가 이야기하고 있습니다. 둘은 내일 몇 시에 호텔을 나갑니까?

남：내일은 9시에 출발하는 호텔 버스로 역까지 가서, 전철을 타고 공항까지 가자.

여：짐이 무거워서 공항까지 택시로 가고 싶어.

남：일본 택시는 비싸니까. 그럼 공항으로 가는 고속버스가 8시에 호텔을 출발하니까 그걸로 할까? 전철보다 시간은 걸리지만 편하니까.

여：8시 버스라면 공항에 도착하는 것은 10시 반쯤이네. 그 전 버스가 아니면 늦을지도 몰라.

남：근데 그전 버스는 6시야. 일찍 일어나는 것은 잘 못하니까, 그건 무리야.

여：그렇네. 어쩔 수 없으니까 전철로 갑시다.

F：そうね。仕方がないから電車で行きましょう。

二人は明日何時にホテルを出ますか。

1 6時
2 8時
3 9時
4 10時半

4番

保育園で男の人と女の人が話しています。保育園ではこれからどんな給食を作りますか。

M: 今度、保育園にイスラム教の子供が二人入って来るんだけど、給食は作れそうですか。

F：今でもアレルギーのある子供のために違う給食を作るのは大変だと言っています。イスラムの食事は豚肉は駄目とかいろいろ厳しいですからもっと大変だと思います。

M: そうですね。家からお弁当を持って来てもらうことにしましょうか。

F：ええ、でも、最近給食センターではイスラムの小学生や中学生のために特別な給食を作っているそうですよ。保育園にも届けてくれるかどうか聞いてみたらどうですか。

M: アレルギーの食事もできるかどうか聞いてみましょう。

F：でも、アレルギーは一人一人違うのでここで作ったほうが安全だと思います。

M: わかりました。

保育園ではこれからどんな給食を作りますか。

1 普通の給食だけ
2 普通の給食とアレルギーの給食
3 普通の給食とイスラムの給食
4 普通の給食とアレルギーの給食とイスラムの給食

5番

パーティー会場で女の人と男の人が話しています。男の人はこのあとまず何をしますか。

F：佐藤さん、川田先生がいらっしゃったら待合室にご案内してくださいね。

M: あのう、川田先生は30分くらい遅れるって連絡がありました。

F：そうですか。じゃあ、お茶とお菓子を準備してくれる?

둘은 내일 몇 시에 호텔을 나갑니까?

1 6시
2 8시
3 9시
4 10시 반

4번

어린이집에서 남자와 여자가 이야기하고 있습니다. 어린이집에서는 앞으로 어떤 급식을 만듭니까?

남 : 이번에 어린이집에 이슬람교 아이가 두 명 들어오는데, 급식은 만들 수 있을 것 같습니까?

여 : 지금도 알레르기가 있는 아이들을 위해서 다른 급식을 만드는 것은 힘들다고 해요. 이슬람 식사는 돼지고기는 안 된다든가 여러 가지 엄격하기 때문에 더 힘들다고 생각해요.

남 : 그렇군요. 집에서 도시락을 싸오도록 할까요?

여 : 음, 그런데 요즘 급식센터에서는 이슬람 초등학생이나 중학생을 위해 특별한 급식을 만들고 있다고 해요. 어린이집에도 배달해 줄지 어떤지 물어 보면 어떨까요?

남 : 알레르기 식사도 가능한지 어떤지 물어 봅시다.

여 : 하지만 알레르기는 한 사람 한 사람 다르기 때문에 여기서 만드는 것이 안전할 것 같아요.

남 : 알겠습니다.

어린이집에서는 앞으로 어떤 급식을 만듭니까?

1 보통 급식만
2 보통 급식과 알레르기 급식
3 보통 급식과 이슬람 급식
4 보통 급식과 알레르기 급식과 이슬람 급식

5번

파티장에서 여자와 남자가 이야기하고 있습니다. 남자는 이후 우선 무엇을 합니까?

여 : 사토 씨, 가와다 선생님이 오시면 대기실로 안내해 주세요.

남 : 저, 가와다 선생님은 30분 정도 늦는다고 연락이 있었습니다.

여 :그래요? 그럼 차와 과자를 준비해 줄래요?

남 : 그것은 이미 했습니다.

여 : 그럼, 자리를 확인해 줄래요? 좌석에 이름표가 놓여져 있을

M: それはもうできました。

F : じゃ、席を確認してくれる？ 席にお名前の札がおいてあると思いますが、間違いがないか確認しておいてくださいね。座席表は受付においてありますよ。その後は受付にいてくださいね。

M: はい。わかりました。

男の人はこのあとまず何をしますか。

1 お茶とお菓子を準備する
2 座席を確認する
3 座席表を取りに行く
4 受付をする

건데요, 틀린 것이 없는지 확인해 두세요. 좌석표는 접수처에 비치되어 있어요. 그 후에는 접수처에 있어 주세요.

남 : 네. 알겠습니다.

남자는 이후 우선 무엇을 합니까?

1 차와 과자를 준비한다
2 좌석을 확인한다
3 좌석표를 가지러 간다
4 접수를 한다

6番

家で妻と夫が話しています。夫は今から何をしなければなりませんか。

F : 最近、地震が多いわね。準備はしてあるけど不安だわ。

M: ソーラーパネルも買ったし、食料も水も３日分用意してあるし。

F : ベッドのそばに靴を置いてあったかしら。ガラスが割れたら歩けなくなるから。

M: ちゃんと、ビニールの袋に入れてベッドの下に置いてあるよ。逃げる場所は東小学校でいいよね。

F : ええ、確かめたから大丈夫。子供にも言ってくれたわよね。

M: えっ、君が言ったと思っていたよ。

夫は今から何をしなければなりませんか。

1 食料などを用意する
2 ベッドのそばに靴を置く
3 逃げる場所を調べる
4 逃げる場所を子供に言う

6번

집에서 아내와 남편이 이야기하고 있습니다. 남편은 지금부터 무엇을 해야 합니까?

여 : 요즘 지진이 많네. 준비는 되어 있지만 불안해.

남 : 태양 전지판도 샀고, 식재료도 물도 3일분 준비되어 있고.

여 : 침대 옆에 신발을 놓아두었었나? 유리가 깨지면 걸을 수 없게 되니까.

남 : 비닐 봉지에 넣어서 침대 밑에 잘 두었지. 대피 장소는 히가시 초등학교면 되지?

여 : 응, 확인했으니까 괜찮아. 애한테도 말해줬지?

남 : 어? 네가 말한 줄 알았어.

남편은 지금부터 무엇을 해야 합니까?

1 식재료 등을 준비한다
2 침대 옆에 신발을 둔다
3 대피하는 장소를 찾아본다
4 대피하는 장소를 아이에게 말한다

問題 2

問題２では、まず質問を聞いてください。そのあと、問題用紙を見てください。読む時間があります。それから話を聞いて、問題用紙の１から４の中から、最もよいものを一つえらんでください。

문제 2

문제2에서는 먼저 질문을 들어 주세요. 그 후 문제 용지를 보세요. 읽는 시간이 있습니다. 그런 다음 이야기를 듣고 문제 용지의 1에서 4 중에서 가장 적당한 것을 하나 고르세요.

例

女の人と男の人がスーパーで話しています。男の人はどうして自分で料理をしませんか。

F：あら、田中君、お買い物？

M：うん、夕飯を買いにね。

F：お弁当？ 自分で作らないの？ 時間ないか。

M：いや、そうじゃないんだ。

F：じゃあ、作ればいいのに。

M：作るのは嫌いじゃないんだ。でも、一人だと。

F：材料が余っちゃう？

M：それはいいんだけど、一生懸命作っても一人で食べるだけじゃ、なんか寂しくて。

F：それもそうか。

男の人はどうして自分で料理をしませんか。

1 いそがしくて時間がないから
2 料理がにがてだから
3 ざいりょうがあまってしまうから
4 いっしょに食べる人がいないから

예

여자와 남자가 슈퍼마켓에서 이야기하고 있습니다. 남자는 왜 스스로 요리를 하지 않습니까?

여 : 어, 다나카 군, 쇼핑?

남 : 응, 저녁을 사러.

여 : 도시락? 스스로 만들지 않아? 시간 없나?

남 : 아니, 그렇지 않아.

여 : 그럼, 만들면 좋을 텐데.

남 : 만드는 건 싫어하지 않아. 그런데 혼자라면.

여 : 재료가 남아버려서?

남 : 그것은 괜찮지만, 열심히 만들어도 혼자서 먹기만 하면, 뭔가 쓸쓸해서.

여 : 그것도 그런가.

남자는 왜 스스로 요리를 하지 않습니까?

1 바쁘고 시간이 없으니까
2 요리를 잘 못하니까
3 재료가 남아버리니까
4 함께 먹을 사람이 없으니까

1番

留学生の男の人と女の人が話しています。どうして言葉は難しいと言っていますか。

M：昨日、ホームステイしている家のお母さんに外で会ったので「こんにちは」と言ったら笑われてしまいました。

F：そうでしょう。「こんにちは」も「こんばんは」も家族やいつも一緒に働いているような人には使わないですから。私は10時半ごろに「おはよう」と言ったら、「もう、おはようじゃないよ。今はこんにちはって言ったほうがいいよ」と言われたことがありました。

M：エミリさんもですか。「おはよう」は「朝早いですね」の意味ですから使えるのは10時ごろまでのようですよ。

F：そうですね。でも私は夜アルバイトに行って「おはよう」と言われたこともありますよ。

M：僕も驚きました。「おはよう」は朝だけ使うと思っていましたから。

F：言葉は難しいですね。日本で生活して初めてわかったこともありますね。

M：ええ、使い方まで習わなかったですから。

1번

유학생 남자와 여자가 이야기하고 있습니다. 왜 말은 어렵다고 말하고 있습니까?

남 : 어제, 홈스테이 하고 있는 집의 어머니를 밖에서 만나서 「こんにちは」라고 말했더니 웃었습니다.

여 : 그렇죠. 「こんにちは」도 「こんばんは」도 가족이나 항상 같이 일하는 사람에게는 쓰지 않으니까요. 나는 10시 반쯤에 「おはよう」라고 했더니, 「이젠, おはよう가 아니야. 지금은 こんにちは라고 말하는 편이 좋아」 라고 들은 적이 있었어요.

남 : 에밀리 씨도요? 「おはよう」는 '아침 일찍이네요'의 의미이기 때문에 쓸 수 있는 것은 10시경까지인 것 같습니다.

여 : 그렇군요. 그렇지만 저는 밤에 아르바이트하러 가서 「おはよう」라고 들은 적도 있어요.

남 : 저도 놀랐습니다. 「おはよう」는 아침에만 쓴다고 생각했으니까요.

여 : 말은 어렵네요. 일본에서 생활하면서 처음으로 알게 된 것도 있네요.

남 : 네, 사용법까지 배우지 않았으니까요.

왜 말은 어렵다고 말하고 있습니까?

1 일본에서 살지 않으면 모르니까
2 사용법을 모르는 것이 있기 때문에
3 말을 틀리면 사람들이 웃으니까
4 말의 의미를 몰랐기 때문에

どうして言葉は難しいと言っていますか。

1 日本で暮らさないとわからないから
2 使い方がわからないことがあるから
3 言葉を間違うと人に笑われるから
4 言葉の意味を知らなかったから

2番

女の人と男の人が同じ店があることについて話しています。どうして同じ店が集まっていても大丈夫なのですか。

F：ここは寿司屋がたくさんありますね。寿司屋ばかりで大丈夫ですか。

M：ええ、大丈夫ですよ。どの店もお客でいっぱいでしょう。

F：そうですね。どうしてでしょうか。

M：競争するから、他の場所の寿司屋より安くておいしくていい店が多いです。他の店より良くしようと工夫もしますから、どの店もレベルが高いんです。だから遠くからもお客さんが来ますから、同じ店がたくさんあってもつぶれないんです。

F：だから、ラーメン屋ばかりあったり、焼き肉屋がたくさんあったりするんですね。

どうして同じ店が集まっていても大丈夫なのですか。

1 安い店ばかりだから
2 同じ場所の店とは競争しないから
3 どの店に入っても同じだから
4 いい店が多いからお客さんがたくさん来るから

2번

여자와 남자가 같은 가게가 있는 것에 대해서 이야기하고 있습니다. 왜 같은 가게가 모여 있어도 괜찮은 것입니까?

여 : 여기는 초밥집이 많네요. 초밥집만 있어도 괜찮은가요?

남 : 네, 괜찮아요. 어느 가게나 손님으로 가득하죠?

여 : 그렇군요. 왜 그럴까요?

남 : 경쟁하기 때문에, 다른 곳의 초밥집보다 싸고 맛있고 좋은 가게가 많습니다. 다른 가게보다 좋게 만들려고 연구도 하기 때문에 어느 가게나 수준이 높습니다. 그래서 먼 곳에서도 손님이 오기 때문에, 같은 가게가 많이 있어도 망하지 않습니다.

여 : 그러니까, 라면집만 있거나, 불고기집이 많이 있거나 하는 거군요.

왜 같은 가게가 모여 있어도 괜찮은 것입니까?

1 싼 가게뿐이라서
2 같은 장소의 가게와는 경쟁하지 않으니까
3 어느 가게에 들어가도 똑같으니까
4 **좋은 가게가 많아서 손님이 많이 오니까**

3番

女の人と男の人が話しています。男の人が引っ越す一番の理由は何ですか。

F：山田君、引っ越すそうだけど、3か月ぐらいしか住んでいないのにもう引っ越すの。

M：今度もシェアハウスなのでまた違う人に会えるから。

F：でも、そんなに引っ越したらお金がかかるでしょう。

M：荷物はほとんどないからお金はかからないんです。

F：でも、引っ越すといろいろ面倒なことがあるでしょう。

M：いいえ、住み放題というのに入ったので4万円で日本中どこにでも住めるんです。

3번

여자와 남자가 이야기하고 있습니다. 남자가 이사하는 가장 큰 이유는 무엇입니까?

여 : 야마다 군, 이사한다던데, 3개월 정도 밖에 살지 않았는데 벌써 이사해?

남 : 이번에도 셰어하우스라서 또 다른 사람을 만날 수 있으니까요.

여 : 하지만, 그렇게 이사하면 돈이 들잖아.

남 : 짐은 거의 없으니까 돈은 들지 않아요.

여 : 하지만, 이사하면 이것저것 귀찮은 일이 있잖아.

남 : 아니요, 주거 무제한이라는 곳에 들어갔기 때문에 4만 엔으로 일본 전국 어디서든 살 수 있어요.

여 : 와~. 그건 무한 리필 같네. 그럼 여름에만 산에서 살 수도 있겠네.

남 : 네, 다양한 사람을 만날 수 있는 게 굉장히 좋아요.

F：へえ。それって食べ放題みたいね。じゃ、夏だけ山に住むこともできるわね。

M：ええ、いろいろな人に出会えるのがすごくいいんです。

男の人が引っ越す一番の理由は何ですか。

1 引っ越しの荷物がないから
2 4万円で引っ越せるから
3 3か月住んで飽きたから
4 いろいろな人と会いたいから

남자가 이사하는 가장 큰 이유는 무엇입니까?

1 이삿짐이 없으니까
2 4만 엔으로 이사할 수 있으니까
3 3개월 살아서 싫증났으니까
4 다양한 사람과 만나고 싶으니까

4番

男の人と女の人が話しています。どうしてコンビニでお弁当が捨てられていますか。

M：これ賞味期限を過ぎたから捨てるよ。

F：待って、賞味期限はおいしく食べられる期限だからまだ食べられるよ。

M：そうなの？でもまずくなっていたら食べたくないよ。

F：2，3日でまずくなったりしないから大丈夫よ。

M：食べてはいけない期限はないの？

F：それは消費期限といってお弁当、ケーキ、サンドイッチなどすぐに悪くなるものにつけられているのよ。

M：ああ、だからコンビニでお弁当なんかが捨てられていたんだ。

どうしてコンビニでお弁当が捨てられていますか。

1 もうまずくなったから
2 もう悪くなったから
3 賞味期限が過ぎたから
4 消費期限が過ぎたから

4번

남자와 여자가 이야기하고 있습니다. 왜 편의점에 도시락이 버려져 있습니까?

남 : 이거 유통기한 지났으니까 버릴게.

여 : 잠깐만, 유통기한은 맛있게 먹을 수 있는 기한이라서 아직 먹을 수 있어.

남 : 그래? 하지만 맛이 없어졌으면 먹고 싶지 않아.

여 : 2, 3일 안에 맛이 없어지거나 하지 않으니까 괜찮아.

남 : 먹어서는 안 되는 기한은 없어?

여 : 그건 소비기한이라고 해서 도시락, 케이크, 샌드위치 등 금방 상하는 것에 붙여져 있는 거야.

남 : 아~, 그래서 편의점에 도시락 같은 게 버려져 있었구나.

왜 편의점에 도시락이 버려져 있습니까?

1 이제 맛이 없어졌으니까
2 벌써 상했으니까
3 유통기한이 지났으니까
4 소비기한이 지났으니까

5番

男の人と女の人がチョコレートについて話しています。どうして高いチョコレートが売れていますか。

M：どうして1個300円もするチョコレートが売れるんだろう。

F：すごくおいしいからだと思うけど。

M：おいしくても高すぎるよ。僕は300円のチョコを1個食べるより同じ値段で20個ぐらい食べたほうがずっといいと思うよ。日本のチョコは安くてもすごくおいしいと思うから。

5번

남자와 여자가 초콜릿에 대해 이야기하고 있습니다. 왜 비싼 초콜릿이 팔리고 있습니까?

남 : 왜 한 개에 300엔이나 하는 초콜릿이 팔리는 걸까?

여 : 너무 맛있어서 그런 것 같은데.

남 : 맛있어도 너무 비싸. 나는 300엔짜리 초콜릿을 한 개 먹는 것보다 같은 가격에 20개 정도 먹는 것이 훨씬 좋다고 생각해. 일본의 초콜릿은 저렴해도 굉장히 맛있다고 생각하니까.

여 : 맛은 있어서 내가 먹기에는 좋지만 선물로는 적합하지 않은 것 같아. 역시 고급품을 주는 걸 더 좋아하니까.

F：味はいいので自分が食べるのにはいいけれど、プレゼントには向かないと思うわ。やっぱり高級品をあげたほうが喜ばれるから。

M：そうか。プレゼント用か。でも、空港で外国人が日本の安いチョコを山のように買っているのをよく見るよ。

F：あれは日本にしかないチョコだからだと思うわ。

どうして高いチョコレートが売れていますか。

1 日本でしか売っていないから
2 おいしいので1個で十分だから
3 安いチョコはおいしくないから
4 おいしいしプレゼントにいいから

남：그렇구나. 선물용이구나. 하지만 공항에서 외국인이 일본의 싼 초콜릿을 산더미처럼 사는 걸 자주 봐.

여：그건 일본밖에 없는 초콜릿이라서 그런 것 같아.

왜 비싼 초콜릿이 팔리고 있습니까?

1 일본에서 밖에 팔지 않으니까
2 맛있어서 1개면 충분하니까
3 싼 초콜릿은 맛이 없으니까
4 맛있고 선물로 좋으니까

6番

経営コンサルタントが話しています。この会社はどうしたらいいと言っていますか。

F：お宅の会社はまずほとんどすべての電器製品を作っていること、また一つの製品の種類が多すぎることが問題です。とても利益が多いところもマイナスのところもありますが、全体では大きな赤字を作っています。まず、今は得意な製品以外は止めてまた種類も減らしたほうがいいです。次に部品を全て自分の会社で作っていますが、他から買ったほうが安いことが多いので比べて安いほうを使いましょう。もし他の会社が欲しがるような部品を作っているのであれば、その生産量を増やして他の会社に売ることも考えましょう。

この会社はどうしたらいいと言っていますか。

1 部品は全て買って製品を作る
2 利益がある製品だけをいろいろ作る
3 他の会社に売るために新しい部品をたくさん作る
4 製品の数も種類も減らして部品を買うことも考える

6번

경영 컨설턴트가 말하고 있습니다. 이 회사는 어떻게 하면 좋다고 말하고 있습니까?

여：댁의 회사는 우선 거의 모든 전기제품을 만들고 있는 점, 또 한 가지 제품의 종류가 너무 많은 점이 문제입니다. 이익이 매우 많은 곳도 마이너스인 곳도 있지만, 전체적으로는 큰 적자를 만들고 있습니다. 우선 지금은 자신 있는 제품 이외는 그만두고 또 종류도 줄이는 것이 좋습니다. 그 다음으로 부품을 모두 자사에서 만들고 있는데, 다른 곳에서 사는 편이 저렴한 경우가 많기 때문에 비교해서 싼 쪽을 사용합시다. 만약 다른 회사가 원할 만한 부품을 만들고 있다면, 그 생산량을 늘려 다른 회사에 파는 것도 생각해봅시다.

이 회사는 어떻게 하면 좋다고 말하고 있습니까?

1 부품은 모두 사서 제품을 만든다
2 이익이 있는 제품만을 다양하게 만든다
3 다른 회사에 팔기 위해서 새 부품을 많이 만든다
4 제품의 수도 종류도 줄이고 부품을 사는 것도 생각한다

問題 3

問題3では、問題用紙に何もいんさつされていません。この問題は、ぜんたいとしてどんなないようかを聞く問題です。話の前に質問はありません。まず話を聞いてください。それから、質問とせんたくしを聞いて、1から4の中から、最もよいものを一つえらんでください。

문제 3

문제3에서는 문제 용지에 아무것도 인쇄되어 있지 않습니다. 이 문제는 전체로서 어떤 내용인지를 묻는 문제입니다. 이야기 전에 질문은 없습니다. 먼저 이야기를 들어 주세요. 그런 다음 질문과 선택지를 듣고 1에서 4 중에서 가장 적당한 것을 하나 고르세요.

例

女の人が友達の家に来て話しています。

F1: 田中です。

F2: あ、はあい。昨日友達が泊まりに来てたんで、片付いてないけど、入って。

F1: あ、でもここで。すぐ帰るから。あのう、この前借りた本なんだけど、ちょっとやぶれちゃって。

F2: え、本当？

F1: うん、このページなんだけど。

F2: あっ、うん、このくらいなら大丈夫、読めるし。

F1: ほんと？ ごめん。これからは気をつけるから。

F2: うん、いいよ。ねえ、入ってコーヒーでも飲んでいかない？

F1: ありがとう。

女の人は友達の家へ何をしに来ましたか。

1 謝りに来た
2 本を借りに来た
3 泊まりに来た
4 コーヒーを飲みに来た

1番

男の人と女の人が話しています。

M: 偉いね。毎日頑張って歩いているね。

F : 体にいいし、7,000歩歩くとスマホが褒めるのよ。ほら紙吹雪が落ちて来るでしょう。

M: 本当だ。スマホが君を褒めているね。

F : スマホでも褒められると嬉しいし頑張ろうという気持ちになるのよ。だから私、なるべく他の人のよいところを見つけて褒めるようにしているのよ。

M: 偉いね。人間関係もよくなると思うよ。僕も褒めてもらえたら頑張れると思うよ。

F : 自分で褒めれば。私は「ほめ日記」で自分を褒めているの。毎日褒めることを探して書くと何だか嬉しくなるから。人に褒められても自分で褒めても効果があるんですって。

M: 自分で探せばいいんだね。僕も書きたくなったよ。

예

여자가 친구 집에 와서 이야기하고 있습니다.

여1 : 다나카입니다.

여2 : 아, 네. 어제 친구가 자러 와서, 정리 안 했는데, 들어와.

여1 : 아, 그래도 여기서. 바로 돌아갈 거니까. 저, 요전에 빌린 책 말인데, 조금 망가뜨려서.

여2 : 어, 정말?

여1 : 응, 이 페이지인데.

여2 : 앗, 응, 이 정도라면 괜찮아. 읽을 수 있고.

여1 : 정말? 미안해. 앞으로는 조심할 테니까.

여2 : 응, 괜찮아. 있잖아, 들어와서 커피라도 마시고 가지 않을래?

여1 : 고마워.

여자는 친구의 집에 무엇을 하러 왔습니까?

1 사과하러 왔다
2 책을 빌리러 왔다
3 자러 왔다
4 커피를 마시러 왔다

1번

남자와 여자가 이야기하고 있습니다.

남 : 장하다. 매일 열심히 걷고 있네.

여 : 몸에 좋고, 7,000보 걸으면 스마트폰이 칭찬해줘. 봐봐 종이 꽃가루가 떨어져 내리지?

남 : 정말이네. 스마트폰이 너를 칭찬하고 있네.

여 : 스마트폰이라도 칭찬을 받으면 기뻐서 열심히 해야겠다는 기분이 들어. 그래서 나는 가능한 한 다른 사람의 좋은 점을 찾아서 칭찬하도록 하고 있어.

남 : 훌륭하네. 인간관계도 좋아질 거야. 나도 칭찬받을 수 있으면 열심히 할 것 같아.

여 : 스스로 칭찬하면 어때? 나는 '칭찬 일기'에서 나를 칭찬하고 있어. 매일 칭찬할 것을 찾아서 쓰면 왠지 기분이 좋아지니까. 남에게 칭찬을 듣든 스스로 칭찬을 하든 효과가 있대.

남 : 스스로 찾으면 되겠네. 나도 쓰고 싶어졌어.

女の人が言いたいことは何ですか。

1 褒めるより褒められるほうが頑張れる
2 スマホより人に褒められるほうがやる気がでる
3 他の人より自分を褒めるほうがいい
4 自分で褒めるのも力になる

2番

男の人と女の人がカジノについて話しています。

M: 港にカジノを造る話があるけど、これで経済がよくなると思うよ。

F : そうだけど、ギャンブル中毒の人が増えるわよ。パチンコだって止められない人が多いのに。日本人は他の国の人よりギャンブル中毒になりやすいのよ。

M: そうなの。でも、カジノは外国人のために造るんだから大丈夫だよ。日本人は高い入場料を払わなければならないし、入れる回数も決まっているんだから。

F : でも、他の国を見ればそれが守られていないことがわかるわよ。

M: そうかな、いろいろな仕事が増えてみんなが助かると思うんだけど。

F : 利益のほとんどはカジノを開く外国の会社が持って行っちゃうのよ。

M: そんなことないと思うよ。

男の人はカジノについてどう言っていますか。

1 日本人がギャンブル中毒になる
2 仕事が増えて経済がよくなる
3 日本人は入れないから大丈夫だ
4 カジノの利益は日本に残らない

3番

男の人と女の人が紅葉を植えることについて話しています。

M: 田中さん、山に行くんですか。

F : ええ、毎年、山に紅葉を植える手伝いに行くんです。

M: どうして紅葉を植えているんですか。

F : 年寄りばかりの村ですから、植えないと村がなくなってしまうからです。もう8,000本以上植えましたから、100年後には素晴らしい紅葉の里になっているでしょう。楽しみです。

여자가 말하고 싶은 것은 무엇입니까?

1 칭찬하기보다 칭찬받는 편이 힘을 낼 수 있다
2 스마트폰보다 사람에게 칭찬받는 편이 의욕이 난다
3 다른 사람보다 자신을 칭찬하는 편이 좋다
4 **스스로 칭찬하는 것도 힘이 된다**

2번

남자와 여자가 카지노에 대해 이야기하고 있습니다.

남 : 항구에 카지노를 만드는 이야기가 있는데, 이걸로 경제가 좋아질 거라고 생각해.

여 : 그렇긴 하지만, 도박 중독인 사람이 늘어나. 파친코도 끊지 못하는 사람이 많은데. 일본인은 다른 나라 사람보다 도박 중독이 되기 쉬워.

남 : 그래? 하지만 카지노는 외국인을 위해서 만드는 거니까 괜찮아. 일본인은 비싼 입장료를 내야 하고, 들어갈 수 있는 횟수도 정해져 있으니까.

여 : 하지만, 다른 나라를 보면 그것이 지켜지지 않고 있는 걸 알 수 있어.

남 : 그런가, 여러 일자리가 늘어나서 모두가 도움이 될 것 같은데.

여 : 이익의 대부분은 카지노를 여는 외국 회사가 가져가버려.

남 : 그렇지 않다고 생각해.

남자는 카지노에 대해서 어떻게 말하고 있습니까?

1 일본인이 도박 중독이 된다
2 **일자리가 늘어서 경제가 좋아진다**
3 일본인은 들어갈 수 없어서 괜찮다
4 카지노의 이익은 일본에 남지 않는다

3번

남자와 여자가 단풍을 심는 것에 대해서 이야기하고 있습니다.

남 : 다나카 씨, 산에 갑니까?

여 : 네, 매년 산에 단풍을 심는 일을 도우러 가요.

남 : 왜 단풍을 심고 있어요?

여 : 노인들만 있는 마을이라서, 심지 않으면 마을이 없어져 버리기 때문이에요. 이미 8,000그루 이상 심었기 때문에, 100년 후에는 멋진 단풍마을이 되어 있을 거예요. 기대돼요.

남 : 단풍 마을이 생기면 많은 사람이 찾아오겠지요. 분명 젊은 사람도 살게 될 거라고 생각합니다. 하지만 지금 심고 있는 사람은 못 보겠네요.

여 : 네, 하지만 단풍을 보러 오는 많은 사람들과 마을에 살 젊은 사람들을 상상하기만 해도 기분이 좋아져요. 심는 것은 힘들지만, 가을에는 작은 단풍이 붉어지는 것을 볼 수 있어요.

M: 紅葉の里ができたら大勢の人がやって来るでしょうね。きっと若い人も住むようになると思います。でも今植えている人は見られないですね。

F：ええ、でも紅葉を見に来る大勢の人や村に住む若い人達のことを想像するだけで嬉しくなります。植えるのは大変ですが、小さい紅葉が秋には赤くなるのが見られますよ。

女の人は紅葉の里についてどう言っていますか。

1 100年後の村を想像すると嬉しい
2 100年後は紅葉が8,000本になるから楽しみだ
3 今年は8,000本も植えたから大変だった
4 紅葉の里ができるのが見られなくて残念だ

여자는 단풍마을에 대해서 어떻게 말하고 있습니까?

1 **100년 후의 마을을 상상하면 기쁘다**
2 100년 후는 단풍이 8,000그루가 되므로 기대된다
3 올해는 8,000그루나 심었기 때문에 힘들었다
4 단풍마을이 생기는 것을 볼 수 없어서 안타깝다

問題4

問題４では、えを見ながら質問を聞いてください。やじるし(➡)の人は何と言いますか。１から３の中から、最もよいもの一つえらんでください。

例

ホテルのテレビが壊れています。何と言いますか。

F：1 テレビがつかないんですが。
2 テレビをつけてもいいですか。
3 テレビをつけたほうがいいですよ。

1番

子どもが朝学校に行きます。何と言いますか。

F：1 花子の世話を頼むわね。
2 正男の世話をしてあげて。
3 花子に世話を頼んで。

2番

お母さんがくつしたを指しています。何と言いますか。

F：1 明、くつしたを片付けなさい。
2 明、くつしたを脱ぎたいの？
3 明、どのくつしたがいいの？

문제 4

문제4에서는 그림을 보면서 질문을 들어 주세요. 화살표의 사람은 뭐라고 말합니까? 1에서 3 중에서 가장 적당한 것을 하나 고르세요.

예

호텔의 텔레비전이 고장났습니다. 뭐라고 말합니까?

여 : 1 **텔레비전이 켜지지 않는데요.**
2 텔레비전을 켜도 됩니까?
3 텔레비전을 켜는 것이 좋습니다.

1번

아이가 아침에 학교에 갑니다. 뭐라고 말합니까?

여 : 1 **하나코 돌보는 거 부탁해.**
2 마사오를 잘 돌봐줘.
3 하나코에게 돌보는 거 부탁해.

2번

엄마가 양말을 가리키고 있습니다. 뭐라고 말합니까?

여 : 1 **아키라, 양말을 치워라.**
2 아키라, 양말을 벗고 싶어?
3 아키라, 어느 양말이 좋아?

3番

店で女の人がドレスを2着手に持っています。店員は何と言いますか。

F：1　試着してもいいですか。
　2　ご試着なさいますか。
　3　試着してほしいです。

4番

よくそうに手を入れています。何と言いますか。

M：1　おふろ、作ったよ。
　2　おふろ、入れるよ。
　3　水がわいたよ。

問題 5

問題5では、問題用紙に何もいんさつされていません。まず文を聞いてください。それから、そのへんじを聞いて、1から3の中から、最もよいものを一つえらんでください。

例

M：すみません、今、時間、ありますか。

F：1　ええと、10時20分です。
　2　ええ。何ですか。
　3　時計はあそこですよ。

1番

M：ABC貿易の石田と申しますが、営業の鈴木さんにお目にかかりたいんですが。

F：1　鈴木様にお会いになりたいのですか。
　2　石田様、お待ちいたしておりました。
　3　石田様、ここでお待ちになられますか。

2番

F：ちょっと買い物に行ってくるから留守番お願いね。

M：1　じゃ、ついでにタバコ買ってきてよ。
　2　じゃ、ついでに食事したいよ。
　3　じゃ、ついでに僕も行こうかな。

3번

가게에서 여자가 드레스를 두 벌 손에 들고 있습니다. 점원은 뭐라고 합니까?

여：1　입어 봐도 되나요?
　2　입어보시겠습니까?
　3　입어보셨으면 합니다.

4번

욕조에 손을 넣고 있습니다. 뭐라고 말합니까?

남：1　목욕물 만들었어.
　2　목욕 할 수 있어.
　3　물이 끓었어.

문제 5

문제5에서는 문제 용지에 아무것도 인쇄되어 있지 않습니다. 먼저 문장을 들어 주세요. 그런 다음 그 응답을 듣고, 1에서 3 중에서 가장 적당한 것을 하나 고르세요.

예

남：실례합니다, 지금 시간 있습니까?

여：1　음, 10시 20분입니다.
　2　네. 무슨 일이죠?
　3　시계는 저쪽에 있어요.

1번

남：ABC무역의 이시다라고 합니다만, 영업의 스즈키 씨를 만나뵙고 싶습니다만.

여：1　스즈키 님을 만나고 싶으신가요?
　2　이시다 님, 기다리고 있었습니다.
　3　이시다 님, 여기서 기다리실 수 있습니까?

2번

여：쇼핑하러 좀 다녀올 테니까 집 좀 봐줘.

남：**1　그럼, 그 김에 담배 좀 사다 줘.**
　2　그럼, 그 김에 식사하고 싶어.
　3　그럼, 그 김에 나도 갈까?

3番

F：こんなに雨が強く降っているのに出かけるんですか。

M：1　仕事で行かないわけにはいかないんだ。

2　しとしと雨だから気にしないよ。

3　止んでから出かけたらどう？

3번

여：이렇게 비가 세차게 내리고 있는데도 나가요?

남：**1　일 때문에 안 갈 수가 없어.**

2　부슬비니까 신경 안 써.

3　그치고 나서 나가는 게 어때?

4番

F：この店は時間によっては入れないこともあるのよ。

M：1　じゃ、結構人気があるんだね。

2　じゃ、すいている日もあるんだね。

3　じゃ、味はまあまあなんだね。

4번

여：이 가게는 시간에 따라서는 들어가지 못할 때도 있어.

남：**1　그럼, 꽤 인기가 있구나.**

2　그럼, 비어 있는 날도 있구나.

3　그럼, 맛은 그저 그렇구나.

5番

F：寒いので窓を閉めてもいいですか。

M：1　ええ、かまいませんよ。

2　いいえ、どういたしまして。

3　ええ、開けましょう。

5번

남：추우니까 창문을 닫아도 됩니까?

여：**1　네, 상관없어요.**

2　아니요, 천만에요.

3　네, 엽시다.

6番

M：コーヒーが苦すぎて飲めないよ。

F：1　少し冷ましたらどうですか。

2　砂糖、くれませんか。

3　あっ、失礼いたしました。

6번

남：커피가 너무 써서 마실 수가 없어요.

여：1　좀 식히는 게 어때요?

2　설탕 좀 줄래요?

3　아, 실례했습니다.

7番

M：森さん、今朝のテレビのニュース、見ましたか。

F：1　ニュースも見ないんですか。

2　え、何かあったんですか。

3　そんなことないよ。

7번

남：모리 씨, 오늘 아침 텔레비전 뉴스 봤습니까?

여：1　뉴스도 안 봐요?

2　네? 무슨 일 있었어요?

3　그렇지 않아요.

8番

F：ご飯、冷めないうちに食べて。

M：1　わ、本当に冷たいね。

2　はい、すぐ食べます。

3　ごちそうさまでした。

8번

남：밥 식기 전에 먹어.

여：1　와, 진짜 차갑네요.

2　네, 바로 먹을게요.

3　잘 먹었습니다.

9番

F：いらっしゃいませ。何名様ですか。

M：1　山田と申します。

2　お客様です。

3　４人です。

9번

남：어서 오세요. 몇 분이십니까?

여：1　야마다라고 합니다.

2　손님입니다.

3　4명입니다.

にほんごのうりょくしけん かいとうようし

N3 제1회 실전모의테스트

げんごちしき (もじ·ごい)

受験番号 Examinee Registration Number	

名前 Name	

< ちゅうい Notes >

1. くろいえんぴつ（ＨＢ、Ｎｏ.２）でかいてください。 Use a black medium soft (HB or No.2) pencil.
2. かきなおすときは、けしゴムできれいにけしてください。 Erase any unintended marks completely.
3. きたなくしたり、おったりしないでください。 Do not soil or bend this sheet.
4. マークれい Marking examples

よい Correct	わるい Incorrect
●	⊘ ◒ ◎ ◎ ⦶ ●

問題 1				
1	①	②	③	④
2	①	②	③	④
3	①	②	③	④
4	①	②	③	④
5	①	②	③	④
6	①	②	③	④
7	①	②	③	④
8	①	②	③	④
問題 2				
9	①	②	③	④
10	①	②	③	④
11	①	②	③	④
12	①	②	③	④
13	①	②	③	④
14	①	②	③	④

問題 3				
15	①	②	③	④
16	①	②	③	④
17	①	②	③	④
18	①	②	③	④
19	①	②	③	④
20	①	②	③	④
21	①	②	③	④
22	①	②	③	④
23	①	②	③	④
24	①	②	③	④
25	①	②	③	④

問題 4				
26	①	②	③	④
27	①	②	③	④
28	①	②	③	④
29	①	②	③	④
30	①	②	③	④
問題 5				
31	①	②	③	④
32	①	②	③	④
33	①	②	③	④
34	①	②	③	④
35	①	②	③	④